大学赤本シリーズ

421

立教大学

文系学部－一般入試
〈大学独自の英語を課さない日程〉

教学社

は し が き

おかげさまで，大学入試の「赤本」は，今年で創刊70周年を迎えました。

これまで，入試問題や資料をご提供いただいた大学関係者各位，掲載許可をいただいた著作権者の皆様，各科目の解答や対策の執筆にあたられた先生方，そして，赤本を使用してくださったすべての読者の皆様に，厚く御礼を申し上げます。

以下に，創刊初期の「赤本」のはしがきを引用します。これからも引き続き，受験生の目標の達成や，夢の実現を応援してまいります。

本書を活用して，入試本番では持てる力を存分に発揮されることを心より願っています。

編者しるす

＊　＊　＊

学問の塔にあこがれのまなざしをもって，それぞれの志望する大学の門をたたかんとしている受験生諸君！　人間として生まれてきた私たちは，自己の欲するままに，美しく，強く，そして何よりも人間らしく生きることをねがっている。しかし，一朝一夕にして，この純粋なのぞみが達せられることはない。私たちの行く手には，絶えずさまざまな試練がまちかまえている。この試練を克服していくところに，私たちのねがう真に人間的な世界がはじめて開かれてくるのである。

人生最初の最大の試練として，諸君の眼前に大学入試がある。この大学入試は，精神的にも身体的にも，大きな苦痛を感ぜしめるであろう。あるスポーツに熟達するには，たゆみなき，はげしい練習を積み重ねることが必要であるように，私たちは，計画的・持続的な努力を払うことによって，この試練を克服し，次の一歩を踏みだすことができる。厳しい試練を経たのちに，はじめて満足すべき成果を獲得できるのである。

本書は最近の入学試験の問題に，それぞれ解答を付し，さらに問題をふかく分析することによって，その大学独特の傾向や対策をさぐろうとした。本書を一般の参考書とあわせて使用し，まとはずれのない，効果的な受験勉強をされるよう期待したい。

（昭和35年版「赤本」はしがきより）

挑む人の、いちばんの味方

赤本創刊70周年

1954年に大学入試の過去問題集を刊行してから70年。赤本は大学に入りたいと思う受験生を応援しつづけてきました。これからも，苦しいとき落ち込むときにそばで支える存在でいたいと思います。

そして，勉強をすること，自分で道を決めること，努力が実ること，これらの喜びを読者の皆さんが感じることができるよう，伴走をつづけます。

そもそも赤本とは…

受験生のための大学入試の過去問題集！

70年の歴史を誇る赤本は，500点を超える刊行点数で全都道府県の370大学以上を網羅しており，過去問の代名詞として受験生の必須アイテムとなっています。

…………… なぜ受験に過去問が必要なのか？ ……………

大学入試は大学によって問題形式や頻出分野が大きく異なるからです。

赤本の掲載内容

傾向と対策

これまでの出題内容から，問題の「**傾向**」を分析し，来年度の入試に向けて具体的な「**対策**」の方法を紹介しています。

問題編・解答編

- 年度ごとに問題とその解答を掲載しています。
- 「**問題編**」ではその年度の試験概要を確認したうえで，実際に出題された過去問に取り組むことができます。
- 「**解答編**」には高校・予備校の先生方による解答が載っています。

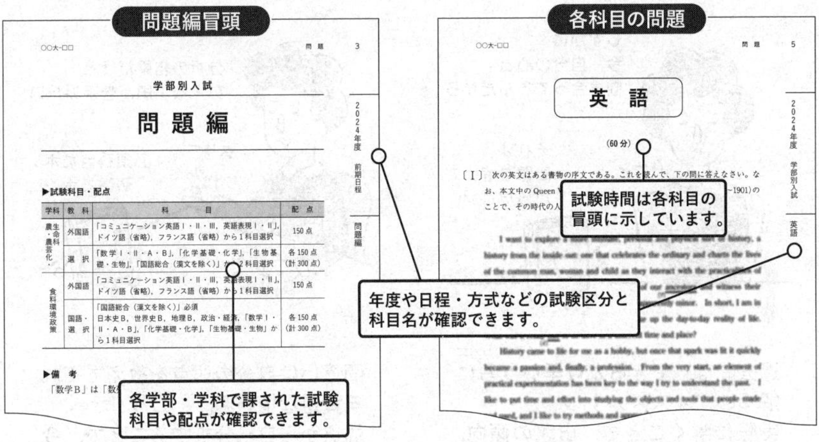

他にも，大学の基本情報や，先輩受験生の合格体験記，在学生からのメッセージなどが載っていることがあります。

掲載内容について

著作権上の理由やその他編集上の都合により問題や解答の一部を割愛している場合があります。なお，指定校推薦入試，社会人入試，編入学試験，帰国生入試などの特別入試，英語以外の外国語科目，商業・工業科目は，原則として掲載しておりません。また試験科目は変更される場合がありますので，あらかじめご了承ください。

受験勉強は

過去問に始まり，

STEP 1

なにはともあれ

まずは解いてみる

しずかに…
今，自分の心と
向き合ってるんだから
ムーン
それは
問題を解いて
からだホン!

過去問は，**できるだけ早いうちに解く**のがオススメ！
実際に解くことで，**出題の傾向，問題のレベル，今の自分の実力**がつかめます。

STEP 2

じっくり具体的に

弱点を分析する

分析の結果だけど
英・数・国が苦手みたい
スリー
必須科目だホン
頑張るホン

間違いは自分の弱点を教えてくれる**貴重な情報源**。
弱点から自己分析することで，**今の自分に足りない力や苦手な分野**が見えてくるはず！

合格者があかす
赤本の使い方

傾向と対策を熟読
(Fさん／国立大合格)

大学の出題傾向を調べるために，赤本に載っている「傾向と対策」を熟読しました。

繰り返し解く
(Tさん／国立大合格)

1周目は問題のレベル確認，2周目は苦手や頻出分野の確認に，3周目は合格点を目指して，と過去問は繰り返し解くことが大切です。

過去問に終わる。

STEP 3

志望校にあわせて

苦手分野の重点対策

明日からはみんなで頑張るよ！
参考書も！ 問題集も！
よろしくね！
呼んだ？
なにを!?
どこから!?
グッ
グッ

参考書や問題集を活用して，苦手分野の**重点対策**をしていきます。
過去問を指針に，合格へ向けた具体的な学習計画を立てましょう！

STEP 1 ▶ 2 ▶ 3

サイクルが大事！

実践を繰り返す

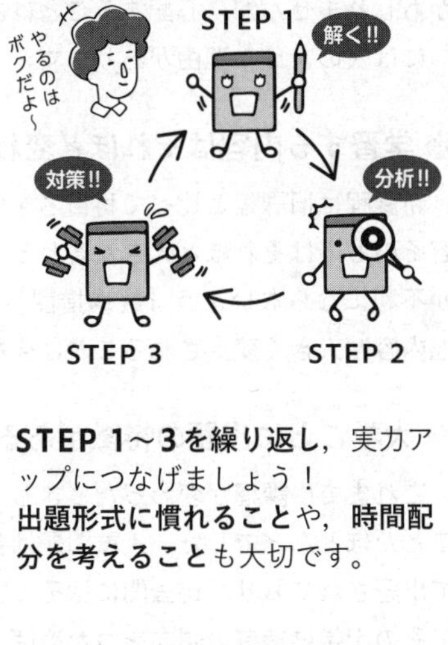
やるのはボクだよ～
STEP 1
解く!!
分析!!
対策!!
STEP 3
STEP 2

STEP 1～3を繰り返し，実力アップにつなげましょう！
出題形式に慣れることや，**時間配分を考えること**も大切です。

目標点を決める

(Yさん／私立大合格)

赤本によっては合格者最低点が載っているので，それを見て目標点を決めるのもよいです。

時間配分を確認

(Kさん／私立大学合格)

赤本は時間配分や解く順番を決めるために使いました。

添削してもらう

(Sさん／私立大学合格)

記述式の問題は先生に添削してもらうことで自分の弱点に気づけると思います。

新課程入試 Q&A

2022 年度から新しい学習指導要領（新課程）での授業が始まり，2025 年度の入試は，新課程に基づいて行われる最初の入試となります。ここでは，赤本での新課程入試の対策について，よくある疑問にお答えします。

Q1. 赤本は新課程入試の対策に使えますか？

A. もちろん使えます！

旧課程入試の過去問が新課程入試の対策に役に立つのか疑問に思う人もいるかもしれませんが，心配することはありません。旧課程入試の過去問が役立つのには次のような理由があります。

● 学習する内容はそれほど変わらない

新課程は旧課程と比べて科目名を中心とした変更はありますが，学習する内容そのものはそれほど大きく変わっていません。また，多くの大学で，既卒生が不利にならないよう「経過措置」がとられます（Q３参照）。したがって，出題内容が大きく変更されることは少ないとみられます。

● 大学ごとに出題の特徴がある

これまでに課程が変わったときも，各大学の出題の特徴は大きく変わらないことがほとんどでした。入試問題は各大学のアドミッション・ポリシーに沿って出題されており，過去問にはその特徴がよく表れています。過去問を研究してその大学に特有の傾向をつかめば，最適な対策をとることができます。

出題の特徴の例	・英作文問題の出題の有無 ・論述問題の出題（字数制限の有無や長さ） ・計算過程の記述の有無

新課程入試の対策も，赤本で過去問に取り組むところから始めましょう。

Q2. 赤本を使う上での注意点はありますか？

A. 志望大学の入試科目を確認しましょう。

過去問を解く前に，過去の出題科目（問題編冒頭の表）と 2025 年度の募集要項とを比べて，課される内容に変更がないかを確認しましょう。ポイントは以下のとおりです。科目名が変わっていても，実際は旧課程の内容とほとんど同様のものもあります。

英語・国語	科目名は変更されているが，実質的には変更なし。 ▶▶ **ただし，リスニングや古文・漢文の有無は要確認。**
地歴	科目名が変更され，「歴史総合」「地理総合」が新設。 ▶▶ **新設科目の有無に注意。ただし，「経過措置」（Q3参照）により内容は大きく変わらないことも多い。**
公民	「現代社会」が廃止され，「公共」が新設。 ▶▶ **「公共」は実質的には「現代社会」と大きく変わらない。**
数学	科目が再編され，「数学 C」が新設。 ▶▶ **「数学」全体としての内容は大きく変わらないが，出題科目と単元の変更に注意。**
理科	科目名も学習内容も大きな変更なし。

数学については，科目名だけでなく，どの単元が含まれているかも確認が必要です。例えば，出題科目が次のように変わったとします。

旧課程	「数学Ⅰ・数学Ⅱ・数学 A・数学 B（数列・ベクトル）」
新課程	「数学Ⅰ・数学Ⅱ・数学 A・**数学 B（数列）・数学 C（ベクトル）**」

この場合，新課程では「数学C」が増えていますが，単元は「ベクトル」のみのため，実質的には旧課程とほぼ同じであり，過去問をそのまま役立てることができます。

Q3. 「経過措置」とは何ですか？

A. 既卒の旧課程履修者への対応です。

多くの大学では，既卒の旧課程履修者が不利にならないように，出題において「経過措置」が実施されます。措置の有無や内容は大学によって異なるので，募集要項や大学のウェブサイトなどで確認しておきましょう。

○旧課程履修者への経過措置の例

- 旧課程履修者にも配慮した出題を行う。
- 新・旧課程の共通の範囲から出題する。
- 新課程と旧課程の共通の内容を出題し，共通範囲のみでの出題が困難な場合は，旧課程の範囲からの問題を用意し，選択解答とする。

例えば，地歴の出題科目が次のように変わったとします。

旧課程	「日本史 B」「世界史 B」から１科目選択
新課程	「**歴史総合**，日本史探究」「**歴史総合**，世界史探究」から１科目選択※ ※旧課程履修者に不利益が生じることのないように配慮する。

「歴史総合」は新課程で新設された科目で，旧課程履修者には見慣れないものですが，上記のような経過措置がとられた場合，新課程入試でも旧課程と同様の学習内容で受験することができます。

新課程の情報は WEB もチェック！
より詳しい解説が赤本ウェブサイトで見られます。
https://akahon.net/shinkatei/

科目名が変更される教科・科目

	旧課程	新課程
国語	国語総合 国語表現 現代文A 現代文B 古典A 古典B	現代の国語 言語文化 論理国語 文学国語 国語表現 古典探究
地歴	日本史A 日本史B 世界史A 世界史B 地理A 地理B	歴史総合 日本史探究 世界史探究 地理総合 地理探究
公民	現代社会 倫理 政治・経済	公共 倫理 政治・経済
数学	数学Ⅰ 数学Ⅱ 数学Ⅲ 数学A 数学B 数学活用	数学Ⅰ 数学Ⅱ 数学Ⅲ 数学A 数学B 数学C
外国語	コミュニケーション英語基礎 コミュニケーション英語Ⅰ コミュニケーション英語Ⅱ コミュニケーション英語Ⅲ 英語表現Ⅰ 英語表現Ⅱ 英語会話	英語コミュニケーションⅠ 英語コミュニケーションⅡ 英語コミュニケーションⅢ 論理・表現Ⅰ 論理・表現Ⅱ 論理・表現Ⅲ
情報	社会と情報 情報の科学	情報Ⅰ 情報Ⅱ

目　次

大学情報 ……… 1
在学生メッセージ ……… 19
合格体験記 ……… 25
傾向と対策 ……… 35

2024年度 問題と解答

●一般入試（文系学部〈大学独自の英語を課さない日程〉）

日本史 ……… 6　解答 112
世界史 ……… 26　解答 121
地　理 ……… 41　解答 131
政治・経済 ……… 54　解答 135
数　学 ……… 65　解答 141
国　語 ……… 111　解答 179

2023年度 問題と解答

●一般入試（文系学部〈大学独自の英語を課さない日程〉）

日本史 ……… 7　解答 117
世界史 ……… 27　解答 127
地　理 ……… 43　解答 135
政治・経済 ……… 55　解答 140
数　学 ……… 68　解答 146
国　語 ……… 116　解答 182

2022年度 問題と解答

●一般入試（文系学部〈大学独自の英語を課さない日程〉）

日本史 …… 6　解答 108
世界史 …… 22　解答 119
地　理 …… 38　解答 128
政治・経済 …… 49　解答 133
数　学 …… 61　解答 139
国　語 …… 107　解答 181

掲載内容についてのお断り

- 理学部以外の文系学部の一般入試のうち，「日本史」「世界史」「数学」「国語」については各２日程分を，「地理」「政治・経済」については各１日程分を掲載しています。
- 文学部のみの日程（大学独自の英語を課す日程）については，No. 424『立教大学（文学部－一般入試〈大学独自の英語を課す日程〉)』に掲載しています。
- 立教大学の赤本には，ほかに下記があります。ラインナップの詳細は表紙裏面をご覧ください。

『立教大学（文学部－一般入試〈大学独自の英語を課す日程〉)』
『立教大学（理学部－一般入試)』
『立教大学（国語〈３日程×３カ年〉)』
『立教大学（日本史・世界史〈２日程×３カ年〉)』

UNIVERSITY GUIDE

大学情報

基本情報

沿革

1874（明治 7）	ウィリアムズ主教，築地に私塾を数名の生徒で始める 間もなく立教学校と称する
	ウィリアムズ主教は聖書と英学を教えていた
1883（明治 16）	立教大学校と称する
1907（明治 40）	専門学校令により，「立教大学」と称する
1922（大正 11）	大学令による大学として認可される
1949（昭和 24）	新制大学として認可される 文学部・経済学部・理学部を設置
1958（昭和 33）	社会学部を設置
1959（昭和 34）	法学部を設置
1998（平成 10）	観光学部・コミュニティ福祉学部を設置
2002（平成 14）	江戸川乱歩の邸宅と書庫として使用していた土蔵が，立教大学に譲渡される
2006（平成 18）	経営学部・現代心理学部を設置
2008（平成 20）	異文化コミュニケーション学部を設置

2014（平成 26）　創立 140 周年
文部科学省「スーパーグローバル大学創成支援」に採択される
2017（平成 29）　Global Liberal Arts Program（GLAP）を設置
2023（令和　5）　スポーツウエルネス学部を設置
2024（令和　6）　創立 150 周年

オフィシャル・シンボル

立教大学のオフィシャル・シンボル，楯のマークには，十字架と聖書が描かれています。中心に置かれた聖書の標語「PRO DEO ET PATRIA」は「神と国のために」というラテン語で，立教大学では，「普遍的なる真理を探究し，私たちの世界，社会，隣人のために」ととらえています。楯の下にある「MDCCCLXXIV」は創立年度の 1874 をローマ数字で記しています。

学部・学科の構成

大 学

●文学部 池袋キャンパス

キリスト教学科

文学科（英米文学専修，ドイツ文学専修，フランス文学専修，日本文学専修，文芸・思想専修）

史学科（世界史学専修，日本史学専修，超域文化学専修）

教育学科（教育学専攻，初等教育専攻）

●異文化コミュニケーション学部 池袋キャンパス

異文化コミュニケーション学科

●経済学部 池袋キャンパス

経済学科

経済政策学科

会計ファイナンス学科

●経営学部 池袋キャンパス

経営学科

国際経営学科

●理学部 池袋キャンパス

数学科

物理学科

化学科

生命理学科

●社会学部 池袋キャンパス

社会学科

現代文化学科

メディア社会学科

●法学部 池袋キャンパス

法学科

国際ビジネス法学科

政治学科

●観光学部 新座キャンパス

観光学科

交流文化学科

●コミュニティ福祉学部 新座キャンパス

コミュニティ政策学科（コミュニティ学専修，政策学専修）

福祉学科

●現代心理学部 新座キャンパス

心理学科

映像身体学科

●スポーツウエルネス学部 新座キャンパス

スポーツウエルネス学科

● Global Liberal Arts Program（GLAP） 池袋キャンパス

（備考）

- 専修・専攻・コース等に分属する年次はそれぞれで異なる。
- Global Liberal Arts Program（GLAP）はリベラルアーツ教育を基盤とし，英語による授業科目のみで学士の学位を取得できるコースである。「国際コース選抜入試（秋季）」のみで募集。

大学院

キリスト教学研究科／文学研究科／異文化コミュニケーション研究科／経済学研究科／経営学研究科／理学研究科／社会学研究科／法学研究科／観光学研究科／コミュニティ福祉学研究科／現代心理学研究科／スポーツウエルネス学研究科／ビジネスデザイン研究科／社会デザイン研究科／人工知能科学研究科

大学所在地

新座キャンパス

池袋キャンパス

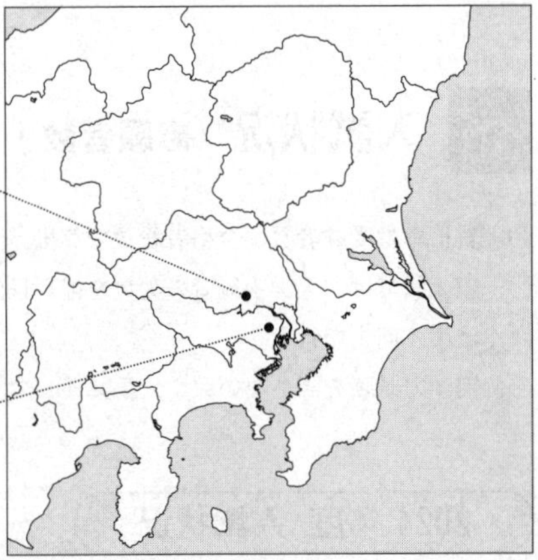

池袋キャンパス　〒171-8501　東京都豊島区西池袋 3-34-1
新座キャンパス　〒352-8558　埼玉県新座市北野 1-2-26

入試データ

入試状況（志願者数・実質倍率など）

○実質倍率は受験者数÷合格者総数で算出。

○一般入試では，入学手続者の欠員を補う目的で合格者の発表を第1回から第3回もしくは第4回まで行う。

○個別学力試験を課さない大学入学共通テスト利用入試は1カ年のみの掲載としている。

2024年度　入試状況

●一般入試：2月6日，8日，9日，12日，13日

（　）内は女子内数

学部・学科・専修			募集人員（約）	志願者数	受験者数	合格者総数	実質倍率
文	キリスト教		29	262(173)	249(163)	55(35)	4.5
	文	英米文学	80	966(655)	923(633)	289(205)	3.2
		ドイツ文学	45	390(287)	377(277)	127(88)	3.0
		フランス文学	45	425(326)	413(316)	127(100)	3.3
		日本文学	71	600(464)	569(442)	159(126)	3.6
		文芸・思想	57	672(461)	637(442)	175(126)	3.6
	史		91	1,113(565)	1,049(537)	257(141)	4.1
	教育		63	718(510)	691(490)	185(129)	3.7
異文化コミュニケーション	異文化コミュニケーション		95	1,335(920)	1,282(886)	289(184)	4.4
経済	経済		184	2,656(928)	2,503(887)	725(267)	3.5
	会計ファイナンス		95	819(407)	776(390)	229(113)	3.4
	経済政策		95	817(369)	790(359)	235(104)	3.4
経営	経営		128	1,406(671)	1,327(641)	311(142)	4.3
	国際経営		78	872(489)	831(471)	227(115)	3.7
理	数		40	743(138)	697(126)	202(32)	3.5
	物理		45	987(193)	936(175)	244(32)	3.8
	化		47	864(340)	817(317)	253(92)	3.2
	生命理		42	829(435)	783(415)	253(132)	3.1
社会	社会		97	1,952(1,191)	1,869(1,150)	466(284)	4.0
	現代文化		97	1,278(913)	1,235(883)	342(247)	3.6
	メディア社会		97	1,398(1,004)	1,350(970)	317(223)	4.3

（表つづく）

学部・学科・専修		募集人員(約)	志願者数	受験者数	合格者総数	実質倍率
法	法	183	2,159(1,234)	2,055(1,171)	665(376)	3.1
	政治	58	638(341)	612(329)	234(127)	2.6
	国際ビジネス法	40	489(304)	471(294)	173(116)	2.7
観光	観光	125	1,566(1,006)	1,506(966)	456(289)	3.3
	交流文化	100	1,300(971)	1,269(947)	396(300)	3.2
コミュニティ福祉	福祉	76	550(427)	534(418)	181(146)	3.0
	コミュニティ政策	130	1,000(671)	970(656)	309(218)	3.1
現代心理	心理	63	904(656)	845(612)	149(107)	5.7
	映像身体	82	1,090(817)	1,037(780)	182(135)	5.7
スポーツウエルネス	スポーツウエルネス	108	1,151(433)	1,114(421)	353(138)	3.2
合計		2,586	31,949(18,299)	30,517(17,564)	8,565(4,869)	—

(備考)
- 募集人員は一般入試のすべての入試日程の合計（文学部は2月11日も含む)。
- 志願者数・受験者数・合格者総数は同一学科における複数併願を含む。

●一般入試：2月11日

( )内は女子内数

学部・学科・専修			募集人員(約)	志願者数	受験者数	合格者総数	実質倍率
文	キリスト教		29	94(60)	87(55)	22(13)	4.0
	文	英米文学	80	372(226)	354(214)	120(71)	3.0
		ドイツ文学	45	158(100)	147(92)	49(30)	3.0
		フランス文学	45	136(101)	130(95)	42(31)	3.1
		日本文学	71	329(259)	315(248)	89(72)	3.5
		文芸・思想	57	288(193)	272(182)	78(57)	3.5
	史		91	542(267)	511(253)	128(57)	4.0
	教育		63	356(244)	336(232)	93(62)	3.6
合計			481	2,275(1,450)	2,152(1,371)	621(393)	—

(備考)
- 募集人員は一般入試のすべての入試日程の合計（2月6日，8日，9日，12日，13日も含む)。
- 志願者数・受験者数・合格者総数は同一学科における複数併願を含む。

〈一般入試の合格者発表状況〉

●一般入試：2月6日，8日，9日，12日，13日

（　）内は女子内数

学部	学科・専修		第1回発表合格者数	第2回発表合格者数	第3回発表合格者数	第4回発表合格者数	合格者総数
文	キリスト教		39(25)	13(8)	3(2)	0(0)	55(35)
	文	英米文学	260(190)	9(4)	6(4)	14(7)	289(205)
		ドイツ文学	127(88)	0(0)	0(0)	0(0)	127(88)
		フランス文学	89(71)	22(19)	8(6)	8(4)	127(100)
		日本文学	121(97)	22(18)	16(11)	0(0)	159(126)
		文芸・思想	137(98)	15(7)	14(14)	9(7)	175(126)
文	史		217(115)	8(5)	25(17)	7(4)	257(141)
	教育		169(118)	0(0)	3(2)	13(9)	185(129)
異文化コミュニケーション	異文化コミュニケーション		147(93)	69(42)	40(28)	33(21)	289(184)
経済	経済		649(241)	14(4)	45(16)	17(6)	725(267)
	会計ファイナンス		222(110)	0(0)	7(3)	0(0)	229(113)
	経済政策		192(85)	19(11)	14(5)	10(3)	235(104)
経営	経営		240(111)	42(19)	18(6)	11(6)	311(142)
	国際経営		123(61)	93(48)	11(6)	0(0)	227(115)
理	数		144(20)	20(3)	7(0)	31(9)	202(32)
	物理		244(32)	0(0)	0(0)	0(0)	244(32)
	化		204(74)	49(18)	0(0)	0(0)	253(92)
	生命理		176(95)	25(11)	16(11)	36(15)	253(132)
社会	社会		353(217)	77(45)	27(16)	9(6)	466(284)
	現代文化		257(184)	85(63)	0(0)	0(0)	342(247)
	メディア社会		286(201)	9(7)	22(15)	0(0)	317(223)
法	法		603(337)	8(4)	46(28)	8(7)	665(376)
	政治		191(103)	13(9)	18(9)	12(6)	234(127)
	国際ビジネス法		156(105)	0(0)	7(5)	10(6)	173(116)
観光	観光		336(208)	95(63)	10(7)	15(11)	456(289)
	交流文化		356(268)	32(27)	4(3)	4(2)	396(300)
コミュニティ福祉	福祉		139(117)	40(27)	2(2)	0(0)	181(146)
	コミュニティ政策		239(166)	19(12)	30(21)	21(19)	309(218)
現代心理	心理		149(107)	0(0)	0(0)	0(0)	149(107)
	映像身体		182(135)	0(0)	0(0)	0(0)	182(135)
スポーツウエルネス	スポーツウエルネス		292(108)	23(11)	14(6)	24(13)	353(138)
合計			7,039(3,980)	821(485)	413(243)	292(161)	8,565(4,869)

●一般入試：2月11日

(　)内は女子内数

学部・学科・専修			第1回発表合格者数	第2回発表合格者数	第3回発表合格者数	第4回発表合格者数	合格者総数
文	キリスト教		14(7)	6(4)	2(2)	0(0)	22(13)
	文	英米文学	102(62)	6(4)	5(1)	7(4)	120(71)
		ドイツ文学	49(30)	0(0)	0(0)	0(0)	49(30)
		フランス文学	29(20)	6(5)	4(3)	3(3)	42(31)
		日本文学	68(53)	13(11)	8(8)	0(0)	89(72)
		文芸・思想	59(46)	6(3)	7(4)	6(4)	78(57)
	史		109(47)	7(5)	6(4)	6(1)	128(57)
	教育		87(57)	0(0)	3(2)	3(3)	93(62)
合計			517(322)	44(32)	35(24)	25(15)	621(393)

●大学入学共通テスト利用入試

※3科目型，4科目型，6科目型の総計。　　(　)内は女子内数

学部・学科・専修			募集人員(約)	志願者数	合格者数	実質倍率
文	キリスト教		7	471(278)	62(45)	7.6
	文	英米文学	27	630(406)	297(195)	2.1
		ドイツ文学	9	194(135)	90(62)	2.2
		フランス文学	9	592(410)	159(114)	3.7
		日本文学	15	366(276)	102(81)	3.6
		文芸・思想	6	371(248)	71(51)	5.2
	史		22	846(432)	269(136)	3.1
	教育		9	486(320)	122(88)	4.0
異文化コミュニケーション	異文化コミュニケーション		13	675(451)	201(139)	3.4
経済	経済		45	1,619(516)	582(200)	2.8
	会計ファイナンス		25	884(363)	271(120)	3.3
	経済政策		25	1,061(403)	303(128)	3.5
経営	経営		25	790(325)	147(68)	5.4
	国際経営		20	561(264)	113(55)	5.0
理	数		11	749(143)	221(33)	3.4
	物理		14	745(146)	303(63)	2.5
	化		10	720(297)	231(86)	3.1
	生命理		14	671(393)	230(131)	2.9
社会	社会		24	981(580)	269(178)	3.6
	現代文化		24	1,016(664)	253(180)	4.0
	メディア社会		24	766(518)	217(148)	3.5
法	法		32	1,430(786)	617(362)	2.3
	政治		9	591(288)	247(136)	2.4
	国際ビジネス法		7	562(316)	240(135)	2.3
観光	観光		20	506(307)	143(90)	3.5
	交流文化		20	481(377)	136(105)	3.5

(表つづく)

学部・学科・専修		募集人員(約)	志願者数	合格者数	実質倍率
コミュニティ福祉	福祉	17	734(410)	205(129)	3.6
	コミュニティ政策	26	636(377)	209(118)	3.0
現代心理	心理	23	658(445)	234(161)	2.8
	映像身体	31	792(568)	176(129)	4.5
スポーツウエルネス	スポーツウエルネス	30	687(227)	188(56)	3.7
合計		593	22,271(11,669)	6,908(3,722)	—

（備考）実質倍率は志願者数÷合格者数で算出。

2023 年度 入試状況

●一般入試：2 月 6 日，8 日，9 日，12 日，13 日

（　）内は女子内数

学部・学科・専修			募集人員(約)	志願者数	受験者数	合格者総数	実質倍率
文	キリスト教		29	106(70)	97(64)	42(33)	2.3
	文	英米文学	80	1,105(742)	1,062(718)	303(193)	3.5
		ドイツ文学	45	394(273)	377(260)	104(71)	3.6
		フランス文学	45	474(367)	458(356)	105(85)	4.4
		日本文学	71	710(520)	682(499)	175(137)	3.9
		文芸・思想	57	724(508)	700(491)	167(128)	4.2
	史		91	896(451)	866(437)	246(140)	3.5
	教育		63	843(588)	805(567)	182(135)	4.4
異文化コミュニケーション	異文化コミュニケーション		75	1,402(964)	1,360(940)	196(136)	6.9
経済	経済		184	3,156(1,133)	3,004(1,085)	954(368)	3.1
	会計ファイナンス		95	822(384)	789(363)	267(124)	3.0
	経済政策		95	826(394)	793(380)	268(130)	3.0
経営	経営		128	1,678(778)	1,582(740)	308(142)	5.1
	国際経営		78	803(440)	789(432)	235(127)	3.4
理	数		40	573(115)	537(109)	187(32)	2.9
	物理		45	1,124(220)	1,079(206)	282(48)	3.8
	化		47	875(367)	843(356)	255(101)	3.3
	生命理		42	874(488)	833(468)	237(129)	3.5
社会	社会		97	1,854(1,088)	1,774(1,044)	418(238)	4.2
	現代文化		97	1,373(1,038)	1,343(1,015)	374(273)	3.6
	メディア社会		97	1,513(1,076)	1,459(1,048)	438(316)	3.3
法	法		183	1,899(1,037)	1,825(992)	778(437)	2.3
	政治		58	554(262)	532(252)	244(124)	2.2
	国際ビジネス法		40	470(268)	455(260)	186(115)	2.4
観光	観光		125	1,497(948)	1,452(915)	492(290)	3.0
	交流文化		100	985(732)	964(715)	410(299)	2.4
コミュニティ福祉	福祉		76	648(477)	633(472)	189(143)	3.3
	コミュニティ政策		134	1,281(832)	1,253(818)	394(263)	3.2
現代心理	心理		63	933(613)	889(585)	204(140)	4.4
	映像身体		82	1,013(798)	979(778)	241(191)	4.1
スポーツウエルネス	スポーツウエルネス		90	1,088(427)	1,053(410)	384(153)	2.7
合計			2,552	32,493(18,398)	31,267(17,775)	9,265(5,241)	―

（備考）

- 募集人員は一般入試のすべての入試日程の合計（文学部は 2 月 11 日も含む）。
- 志願者数・受験者数・合格者総数は同一学科における複数併願を含む。

●一般入試：2月11日

( )内は女子内数

学部・学科・専修			募集人員（約）	志願者数	受験者数	合格者総数	実質倍率
文	キリスト教		29	54(34)	51(32)	22(16)	2.3
	文	英米文学	80	371(226)	352(216)	100(65)	3.5
		ドイツ文学	45	192(114)	180(106)	54(38)	3.3
		フランス文学	45	173(129)	163(121)	38(32)	4.3
		日本文学	71	322(216)	306(204)	84(52)	3.6
		文芸・思想	57	287(192)	268(179)	67(48)	4.0
	史		91	435(203)	411(192)	125(67)	3.3
	教育		63	315(215)	305(208)	84(62)	3.6
合計			481	2,149(1,329)	2,036(1,258)	574(380)	—

（備考）

- 募集人員は一般入試のすべての入試日程の合計（2月6日，8日，9日，12日，13日も含む）。
- 志願者数・受験者数・合格者総数は同一学科における複数併願を含む。

〈一般入試の合格者発表状況〉

●一般入試：2月6日，8日，9日，12日，13日

( )内は女子内数

学部・学科・専修			第1回発表合格者数	第2回発表合格者数	第3回発表合格者数	第4回発表合格者数	合格者総数
文	キリスト教		42(33)	0(0)	0(0)	0(0)	42(33)
	文	英米文学	289(186)	0(0)	0(0)	14(7)	303(193)
		ドイツ文学	104(71)	0(0)	0(0)	0(0)	104(71)
		フランス文学	105(85)	0(0)	0(0)	0(0)	105(85)
		日本文学	172(135)	0(0)	0(0)	3(2)	175(137)
		文芸・思想	126(96)	26(21)	15(11)	0(0)	167(128)
文	史		207(114)	0(0)	25(18)	14(8)	246(140)
	教育		166(122)	0(0)	12(9)	4(4)	182(135)
異文化コミュニケーション	異文化コミュニケーション		103(75)	40(25)	29(22)	24(14)	196(136)
経済	経済		753(290)	78(26)	64(27)	59(25)	954(368)
	会計ファイナンス		263(121)	4(3)	0(0)	0(0)	267(124)
	経済政策		250(122)	0(0)	18(8)	0(0)	268(130)
経営	経営		192(88)	84(39)	16(9)	16(6)	308(142)
	国際経営		149(87)	20(11)	66(29)	0(0)	235(127)
理	数		187(32)	0(0)	0(0)	0(0)	187(32)
	物理		200(32)	41(8)	41(8)	0(0)	282(48)
	化		197(80)	51(18)	7(3)	0(0)	255(101)
	生命理		213(112)	11(8)	13(9)	0(0)	237(129)
社会	社会		396(229)	0(0)	0(0)	22(9)	418(238)
	現代文化		289(215)	28(20)	57(38)	0(0)	374(273)
	メディア社会		243(180)	98(68)	86(60)	11(8)	438(316)

（表つづく）

学部・学科・専修		第1回発表合格者数	第2回発表合格者数	第3回発表合格者数	第4回発表合格者数	合格者総数
法	法	531(313)	193(99)	54(25)	0(0)	778(437)
	政治	203(107)	14(3)	27(14)	0(0)	244(124)
	国際ビジネス法	83(54)	86(53)	17(8)	0(0)	186(115)
観光	観光	306(171)	113(72)	64(40)	9(7)	492(290)
	交流文化	326(236)	76(57)	8(6)	0(0)	410(299)
コミュニティ福祉	福祉	179(136)	0(0)	8(5)	2(2)	189(143)
	コミュニティ政策	263(173)	50(29)	75(55)	6(6)	394(263)
現代心理	心理	103(73)	81(56)	20(11)	0(0)	204(140)
	映像身体	181(147)	17(15)	43(29)	0(0)	241(191)
スポーツウエルネス	スポーツウエルネス	250(99)	74(26)	60(28)	0(0)	384(153)
合計		7,071(4,014)	1,185(657)	825(472)	184(98)	9,265(5,241)

●一般入試：2月11日

( )内は女子内数

学部・学科・専修			第1回発表合格者数	第2回発表合格者数	第3回発表合格者数	第4回発表合格者数	合格者総数
文	キリスト教		22(16)	0(0)	0(0)	0(0)	22(16)
	文	英米文学	95(61)	0(0)	0(0)	5(4)	100(65)
		ドイツ文学	54(38)	0(0)	0(0)	0(0)	54(38)
		フランス文学	38(32)	0(0)	0(0)	0(0)	38(32)
		日本文学	81(49)	0(0)	0(0)	3(3)	84(52)
		文芸・思想	51(40)	13(5)	3(3)	0(0)	67(48)
	史		101(55)	0(0)	13(5)	11(7)	125(67)
	教育		71(53)	0(0)	10(7)	3(2)	84(62)
合計			513(344)	13(5)	26(15)	22(16)	574(380)

2022 年度 入試状況

●一般入試：2 月 6 日，8 日，9 日，12 日，13 日

（ ）内は女子内数

学部・学科・専修			募集人員（約）	志願者数	受験者数	合格者総数	実質倍率
文	キリスト教		29	265(191)	253(184)	43(29)	5.9
	文	英米文学	80	1,264(851)	1,218(828)	310(214)	3.9
		ドイツ文学	45	336(246)	322(238)	117(88)	2.8
		フランス文学	45	399(302)	380(286)	131(94)	2.9
		日本文学	71	723(530)	695(508)	206(160)	3.4
		文芸・思想	57	958(657)	923(630)	148(106)	6.2
	史		91	1,229(582)	1,160(556)	258(119)	4.5
	教育		63	964(629)	929(606)	219(140)	4.2
異文化コミュニケーション	異文化コミュニケーション		75	1,618(1,159)	1,557(1,126)	212(155)	7.3
経済	経済		184	2,649(773)	2,518(744)	879(280)	2.9
	経済政策		95	1,024(439)	998(426)	337(148)	3.0
	会計ファイナンス		95	989(445)	954(431)	326(154)	2.9
経営	経営		128	1,891(906)	1,798(869)	301(148)	6.0
	国際経営		78	964(515)	924(499)	211(117)	4.4
理	数		40	776(167)	742(162)	205(39)	3.6
	物理		45	1,017(162)	974(153)	293(41)	3.3
	化		47	952(329)	914(314)	349(122)	2.6
	生命理		42	900(463)	864(451)	235(131)	3.7
社会	社会		97	2,075(1,175)	1,979(1,129)	516(315)	3.8
	現代文化		97	1,825(1,371)	1,755(1,323)	322(239)	5.5
	メディア社会		97	1,772(1,235)	1,727(1,204)	359(254)	4.8
法	法		183	3,144(1,606)	2,988(1,538)	781(454)	3.8
	国際ビジネス法		46	1,422(780)	1,366(754)	338(199)	4.0
	政治		58	946(508)	906(486)	252(152)	3.6
観光	観光		125	1,339(807)	1,295(786)	408(261)	3.2
	交流文化		100	1,306(918)	1,267(895)	385(284)	3.3
コミュニティ福祉	コミュニティ政策		91	822(546)	796(529)	274(194)	2.9
	福祉		86	854(615)	815(585)	287(226)	2.8
	スポーツウエルネス		49	738(293)	712(280)	179(79)	4.0
現代心理	心理		63	1,065(697)	1,016(666)	85(58)	12.0
	映像身体		82	1,448(1,101)	1,384(1,057)	161(118)	8.6
合計			2,484	37,674(20,998)	36,129(20,243)	9,127(5,118)	—

（備考）

- 募集人員は一般入試のすべての入試日程の合計（文学部は 2 月 11 日も含む）。
- 志願者数・受験者数・合格者総数は同一学科における複数併願を含む。

●一般入試：2月11日

( )内は女子内数

学部・学科・専修			募集人員(約)	志願者数	受験者数	合格者総数	実質倍率
文	キリスト教		29	109(77)	100(72)	18(14)	5.6
	文	英米文学	80	456(286)	434(271)	115(70)	3.8
		ドイツ文学	45	175(111)	166(105)	68(47)	2.4
		フランス文学	45	159(112)	152(107)	62(39)	2.5
		日本文学	71	295(205)	275(192)	80(63)	3.4
		文芸・思想	57	401(263)	376(246)	64(41)	5.9
	史		91	507(223)	467(206)	116(46)	4.0
	教育		63	370(229)	350(217)	90(60)	3.9
合計			481	2,472(1,506)	2,320(1,416)	613(380)	―

(備考)

- 募集人員は一般入試のすべての入試日程の合計（2月6日，8日，9日，12日，13日も含む)。
- 志願者数・受験者数・合格者総数は同一学科における複数併願を含む。

〈一般入試の合格者発表状況〉

●一般入試：2月6日，8日，9日，12日，13日

( )内は女子内数

学部・学科・専修			第1回発表合格者数	第2回発表合格者数	第3回発表合格者数	第4回発表合格者数	合格者総数
文	キリスト教		40(27)	0(0)	3(2)	0(0)	43(29)
	文	英米文学	281(194)	10(5)	19(15)	0(0)	310(214)
		ドイツ文学	94(72)	23(16)	0(0)	0(0)	117(88)
		フランス文学	84(60)	29(20)	18(14)	0(0)	131(94)
		日本文学	178(143)	28(17)	0(0)	0(0)	206(160)
		文芸・思想	130(92)	12(9)	6(5)	0(0)	148(106)
	史		156(74)	69(29)	33(16)	0(0)	258(119)
	教育		127(82)	92(58)	0(0)	0(0)	219(140)
異文化コミュニケーション	異文化コミュニケーション		212(155)	0(0)	0(0)	0(0)	212(155)
経済	経済		490(149)	184(60)	205(71)	0(0)	879(280)
	経済政策		226(102)	27(10)	74(30)	10(6)	337(148)
	会計ファイナンス		220(108)	66(28)	34(15)	6(3)	326(154)
経営	経営		162(78)	86(43)	53(27)	0(0)	301(148)
	国際経営		123(68)	35(22)	53(27)	0(0)	211(117)
理	数		137(26)	39(10)	29(3)	0(0)	205(39)
	物理		208(34)	65(5)	20(2)	0(0)	293(41)
	化		209(76)	112(38)	20(8)	8(0)	349(122)
	生命理		196(106)	39(25)	0(0)	0(0)	235(131)
社会	社会		286(177)	159(92)	71(46)	0(0)	516(315)
	現代文化		268(199)	51(38)	3(2)	0(0)	322(239)
	メディア社会		236(170)	68(45)	55(39)	0(0)	359(254)

(表つづく)

学部・学科・専修		第1回発表 合格者数	第2回発表 合格者数	第3回発表 合格者数	第4回発表 合格者数	合格者総数
法	法	574(341)	109(59)	87(49)	11(5)	781(454)
	国際ビジネス法	211(120)	89(54)	29(20)	9(5)	338(199)
	政治	179(114)	35(20)	32(14)	6(4)	252(152)
観光	観光	357(233)	23(12)	9(5)	19(11)	408(261)
	交流文化	268(196)	95(73)	11(9)	11(6)	385(284)
コミュニティ福祉	コミュニティ政策	248(178)	1(0)	18(12)	7(4)	274(194)
	福祉	271(216)	9(5)	4(2)	3(3)	287(226)
	スポーツウエルネス	131(62)	16(6)	32(11)	0(0)	179(79)
現代心理	心理	63(44)	22(14)	0(0)	0(0)	85(58)
	映像身体	123(85)	27(23)	11(10)	0(0)	161(118)
合計		6,488(3,781)	1,620(836)	929(454)	90(47)	9,127(5,118)

●一般入試：2月11日

( )内は女子内数

学部・学科・専修			第1回発表 合格者数	第2回発表 合格者数	第3回発表 合格者数	第4回発表 合格者数	合格者総数
文	キリスト教		15(11)	0(0)	3(3)	0(0)	18(14)
	文	英米文学	101(59)	5(3)	9(8)	0(0)	115(70)
		ドイツ文学	52(36)	16(11)	0(0)	0(0)	68(47)
		フランス文学	32(22)	17(7)	13(10)	0(0)	62(39)
		日本文学	69(54)	11(9)	0(0)	0(0)	80(63)
		文芸・思想	56(37)	4(2)	4(2)	0(0)	64(41)
	史		65(25)	28(11)	23(10)	0(0)	116(46)
	教育		58(41)	32(19)	0(0)	0(0)	90(60)
合計			448(285)	113(62)	52(33)	0(0)	613(380)

募集要項（出願書類）の入手方法

立教大学の一般入試・大学入学共通テスト利用入試要項は 11 月上旬頃から公表されます。ホームページ（www.rikkyo.ac.jp）より無料でダウンロードできます。

問い合わせ先

立教大学　入学センター
〒171-8501　東京都豊島区西池袋 3-34-1
TEL　03-3985-2660（直通）

気になること、聞いてみました！

在学生メッセージ

大学ってどんなところ？ 大学生活ってどんな感じ？
ちょっと気になることを，在学生に聞いてみました。

以下の内容は 2020～2023 年度入学生のアンケート回答に基づくものです。ここで触れられている内容は今後変更となる場合もありますのでご注意ください。

メッセージを書いてくれた先輩　［文学部］A.Y. さん　小沼泰樹さん　［経営学部］松居留輝さん　［コミュニティ福祉学部］S.F. さん

大学生になったと実感！

ズバリ自由なことです！　生活のすべてが自分に委ねられています。1人でいても，サークルに入ってもよし。教職を取って授業詰め詰めにしても，バイトをいっぱいしてもよし。どう充実させるかはすべて自分次第です！　また立教大学では，毎週のようにいろんな講演会があったり，留学生がとにかくたくさんいて交流する機会が多いのも特徴です！（A.Y. さん／文）

なんといっても起床時間が曜日によって異なることです。基本的に授業の履修登録は学生自身で行うため，午前中に授業を一切いれないことが可能になります。さらに，平日に一日まるまる授業がない“全休”というものを作ることができます。しかし経営学部は他学部に比べて課題が多くでることから，常に時間に追われてしまうため，毎日夜 1 時就寝，朝 7 時起床は基本的に変わりません。（松居さん／経営）

学ぶ分野を決めたり，取る授業を決めたりなど自分で選択しなければならない機会が増えました。しかし，その機会が増えたことで自分の学びたいことだけに集中できるので，とても効率がいい気がします。また，クラスなどがないので（大学によりますが）特定の人とだけ関わるのではなく，広い大学で様々な人と関わる機会が増えました。（S.F. さん／コミュニティ福祉）

大学生活に必要なもの

タスク管理能力です。一人ひとりカリキュラムや生活が違うからこそ，自分でスケジュールを組み立て管理する力が必要になってきます。課題の締め切り日や提出方法，評価方法も教授によって全然違うので，きちんと整理できることが大事だと思います。（A.Y. さん／文）

パソコンは，課題のレポートを書いたり，授業で用いる資料を PowerPoint で作成するときなどに必須なので，確実に必要になると思います。入学後すぐに授業の履修登録等をする必要があるので，早めに準備しておいて損はないと思います。（小沼さん／文）

この授業がおもしろい！

GL101 という授業です。経営学部を除くすべての学部・学年で取れる授業で（経営学部はこれに相当する独自の授業があります），いろんな友達が一気にできます。この授業は，グローバル・リーダーシップ・プログラムという自分らしいリーダーシップを開発するプログラムの基礎となる最初の科目で，毎年，有名企業をクライアントとして迎え，チームごとに課題を解決するプランを提案します。その過程でお互いにフィードバックを送り合うので，自分の強みや成長ポイントを楽しみながら学べるのがおもしろいです。（A.Y. さん／文）

経営学部独自のカリキュラムである，“ビジネス・リーダーシップ・プログラム”がおすすめです。少人数のクラスに振り分けられ，企業からの案件を受けて実際に対象企業にプレゼンをするという授業です（2020 年度は大手マスコミ企業の TBS でした）。よりよいプレゼンを作り上げるために，夜中まで Zoom 上でクラスメイトと議論を交わしていました。この授業のおかげで，オンライン上であっても友達作りに苦戦することなく，大学生活にすんなりと入ることができました。（松居さん／経営）

大学の学びで困ったこと＆対処法

ただ授業を聞いているだけで終わらないところです。たいていの授業で，その授業に対してリアクションペーパーを書きますが，単純に感想のみを書けばよいのではありません。まず学んだことに始まり，そこから何を考えたか，さらに発展して具体的事例，授業を通じて考えた結果わからないこと，そして学んだことに対する批判的検討などの要素をふまえて書かなければならず，自分だったらどう考えるかといったように主体的に学ぶ必要があるのが高校までと違い大変だったところです。（A.Y. さん／文）

入学してすぐの初めての履修決めが大変でした。高校のように受動ではなく自分から動かなければならないので，一から決めるのがとても大変でした。その対処法としては先輩に聞くのが一番かと思います。初めは特に混乱すると思うので，同じ高校出身の先輩がいなければ，友達づてに聞くのもありかと思います。（S.F. さん／コミュニティ福祉）

部活・サークル活動

立教大学三大サークルの 1 つである ESS という英語のサークルに入っています。ディベート，ディスカッション，スピーチ，ドラマの 4 つのセミナー（部門）があり，そのなかのディベートに所属しています。ディベートとは決まったお題に対して肯定・否定どちらかの立場でジャッジを説得し合うゲームです。アカデミックディベートでは，半期ごとに決まっているお題に対して事前に反論を考えたり練習を積んだりしています。一見筋が通っていそうな相手の意見に的確に反論できたときがとても楽しいです。また，レクリエーションもいっぱいしています。ドライブや遊園地に行ったり伊豆に旅行したり，楽しいこと満載です！（A.Y. さん／文）

私は「立教 S.B.Breakers」というバスケットボールサークルに所属しており，池袋キャンパスの体育館で週に 2 回か 3 回のペースで同級生・先輩と汗を流しています。大学は運動系の科目が必修ではないので，ともすれば運動不足になります。なまった体を叩き直せる場である運動系サークルに籍を置くのも，悪くないかなと思います。（小沼さん／文）

交友関係は？

「ご飯行こ！」の一言で親密度が格段に上がります。なんだかんだとご飯を食べているときが話題も弾むし楽しいです。SNS を交換しただけで交流が終わってしまうことも多い今の時代だからこそ，一緒に空間を共有し合える時間は大切にしたほうがよいと思います！（A.Y. さん／文）

語学や学部専門科目の授業，サークル活動を通してつながりを増やしていくことがほとんどだと思います。なかでも同学科の人やサークルの同期に関しては長く一緒にいることになると思うので，友達になりやすいかなと思います。（小沼さん／文）

いま「これ」を頑張っています

塾講師のアルバイトです。生徒がつまずいている分野について，自分が学んだときに理解に苦しんだ部分はどこかを思い出し，言語化して生徒に教えることの難しさを日々痛感しています。その一方で，生徒が教えたことを理解し，テストの点など目に見える形で成果が表れたときの嬉しさも

ひとしおで，やりがいを感じています。（小沼さん／文）

中学生の頃から続けている，アーチェリーに熱中しています。今は体育会洋弓部に所属しており，週4で練習しています。池袋キャンパスから電車とスクールバスで約40分のところに立教大学富士見総合グラウンドがあり，洋弓部を含む10部の体育会が活動しています。（松居さん／経営）

言語系科目を頑張っています。特に英語は受験生の頃の学力を維持できるように頑張っています。英語は社会に出たときも必要だと社会人の人から何度も聞いたので特に力を入れています。英語の授業はすべて英語で行われるので，リーディングだけでなくリスニングもセットで学べてとても助かっています。また就活のときに使えるようにTOEIC® などの取得にも力を入れています。大学でもTOEIC® の取得に力を入れているので，通っているだけで対策もできてとても助かっています。（S.F. さん／コミュニティ福祉）

おススメ・お気に入りスポット

15号館（マキムホール）のグローバルラウンジです。いつ行っても留学生と気軽に話せます。1人で作業したいときも，周りで会話している声がちょうどよい環境音になって集中しやすいです。空間のデザインもおしゃれなので何度も足を運びたくなります。（A.Y. さん／文）

入学してよかった！

校舎がきれいなのは言うまでもないので他のよいところを挙げると，2つあるキャンパスが近いことと，1年生から4年生まで同じキャンパスにいることが意外と大きなメリットです。いろんな学部・学年の人とすぐに会えるので交友関係も広がりますし，相談もしやすいです！（A.Y. さん／文）

やはり全国的に知名度も高いですし，有名なツタの絡まった本館を目にするたびに，立教生になれたんだなという実感が湧いてきます。また「全学共通カリキュラム」という授業など，専門分野以外の見識を広げることが可能な環境が整っていることもよかった点です。（小沼さん／文）

高校生のときに「これ」をやっておけばよかった

美術館や博物館に行くことです。高校生までチケットの値段が安かったりするので，たくさん行っておくとお得だと思います。また，そのときに得た知識が授業や人と話すときに役立つこともあるので，行っておいて絶対損はないです！（A.Y. さん／文）

とにかく英語です。必修の授業では英語でのプレゼンテーションやディベートをしたりと，スピーキングやリスニングの能力が求められます。大学受験では，暗記やリーディングやライティングの勉強一辺倒になりがちですが，ALT の先生と積極的に会話し，自分の考えを英語で手早く伝えるトレーニングをしておけばよかったと切に感じています。（小沼さん／文）

合格体験記

みごと合格を手にした先輩に，入試突破のためのカギを伺いました。入試までの限られた時間を有効に活用するために，ぜひ役立ててください。

（注）ここでの内容は，先輩方が受験された当時のものです。2025 年度入試では当てはまらないこともありますのでご注意ください。

・アドバイスをお寄せいただいた先輩・

Message

T.S. さん　法学部（法学科）
一般入試 2024 年度合格，神奈川県出身

合格のポイントは，自分は絶対この大学に入学するんだ！という強い意志をもって，あきらめないで勉強を続けること。

その他の合格大学　中央大（経済〈共通テスト利用〉），青山学院大（法〈共通テスト利用〉），東洋大（国際〈共通テスト利用〉，経済〈共通テスト利用〉）

Message

M.K. さん　観光学部（交流文化学科）
一般入試 2024 年度合格，茨城県出身

大学受験において一番重要なことは基礎の徹底だと思います。入試問題ではたくさんの難題が出題されますが，その多くは基礎知識をひねったものです。また，受験勉強は自分との勝負とよく言われるように，絶対にその大学に行くんだ！という精神のもと一つひとつの分野をしっかりとこなしていくことが，ライバルと差をつける大きな一歩になると思います。

その他の合格大学　中央大（総合政策），法政大（グローバル教養），学習院大（国際社会科）

Message

H.I. さん　文学部（文学科）
一般入試 2022 年度合格，埼玉県出身

自分の志望校について多くの情報を知っていることが重要だと思います。合格するための学力はもちろん必要ですが，複数の入試方式があり，自分に合った入試方式で受験することで合格のチャンスが広がります。大学受験は情報戦の一面もあります。優先度の高い志望校に関しては入試方式，問題傾向などを知り尽くして受験を有利に進めましょう！

その他の合格大学　中央大（文），津田塾大（学芸），東京女子大（現代教養〈共通テスト利用〉）

Message

H.H. さん　経済学部（会計ファイナンス学科）
一般入試 2022 年度合格，神奈川県出身

実際のキャンパスを見に行ったことが合格した一因だと思います。合格後の自分を想像するきっかけになり，「この大学に絶対に行く。絶対に負けない」という強い気持ちが生まれ，その心緒は実際の建物を見たときから本番のチャイムまであなたを支え続けるはずです。

その他の合格大学　法政大（経営），明治学院大（経済），東洋大（経営〈共通テスト利用〉，経済〈共通テスト利用〉）

Message

佐々木かずきさん　経済学部（経済学科）
一般入試 2021 年度合格，市川高校（千葉）卒

自分の第一志望校を貫き通すことが大切だと思います。これはよく言われることですが，意外と簡単なことではありません。だからこそ，貫くことができた人は強いと思うし，受験が終わった後もやりきった，自分は頑張ったと思えると思います。必ず第一志望に合格するんだ！と思って頑張ってください！

その他の合格大学　中央大（文〈共通テスト利用〉, 商〈共通テスト利用〉），学習院大（経済），日本女子大（人間社会）

入試なんでもQ&A

受験生のみなさんからよく寄せられる，
入試に関する疑問・質問に答えていただきました。

Q 「赤本」の効果的な使い方を教えてください。

A 私が初めて赤本を解いたのは夏休み前でした。自分が行きたい大学は１年生の頃から決まっていたので，いまの自分にどれだけの実力があるか，どれだけの難易度なのかを測るために解いたと思います。大学の過去問が一番の勉強法だと思っていたので，大学独自の形式や難易度を知るという面では赤本が本当に役に立ちました！　夏休み前に赤本を初めて解いた理由は，苦手だなと強く感じる分野を夏休みのうちに克服できると思ったからです。夏休みのうちは赤本で出ていた苦手分野をひたすら克服することに使い，次は共通テストが終わった頃に以前やったものをやり，そして一般入試の直前期に最新年度にチャレンジしてみました。そうしたところ，「あれ，思ったよりできる」みたいな感じになったので，赤本を使うことで大学のクセを見抜くというのが効果的な使い方だなと思いました。 （T.S. さん／法）

A 大学の傾向を知るために赤本を活用しました。大学によっては，文学史などの対策が個別に必要だったり時間配分に工夫が必要だったりと，普段の学習で対処しきれない部分が数々あります。私は少しでも合格に近づけるように隅から隅まで取り組みました。その際，できなかった問題はどこの知識が不足していたのかをしっかりと分析し，その範囲を再度見直しました。赤本は知識の抜け穴を見つけ出すことにも一役買ってくれると思います。 （M.K. さん／観光）

Q　1年間の学習スケジュールはどのようなものでしたか？

A　高校2年生の冬から3年生の春までは，英語は英単語や英文法，英熟語の基礎を繰り返し復習して，国語は古文単語や漢文句法，古文文法を定着させていました。この時期はまだ部活をやっていて，勉強に多くの時間をとることが難しかったので，電車やバスでの移動時間で復習するようにしていました。国語が苦手だったため，3年生の夏休みは評論読解用の問題集を1日に1題，20分〜25分で時間を計って解いていました。また，この頃から優先度の高い志望校の過去問をやり始めました。9月〜11月は毎月1，2回模試があったので，模試の結果を見て優先度の高い分野の復習をやって，次の模試に備えるようにしていました。また，赤本も並行してやっていました。直前期の12月〜1月は共通テストタイプの問題の演習に重点を置きつつ，志望校の赤本を時間を計って解いては復習を繰り返していました。　(H.I. さん／文)

Q　共通テストと個別試験とでは，それぞれの対策の仕方や勉強の時間配分をどのようにしましたか？

A　立教大学では，英語は文学部の独自日程以外は外国語検定のスコアもしくは共通テストの利用が採用されています。私の場合は，9月に受けた英検準1級に不合格になってから共通テスト対策に本腰を入れました。日本史や国語は引き続き赤本を使えばよかったけれど，英語は共通テストで勝負しなければいけなかったので，10月頃からは共通テスト対策の比率が多かったと思います。結果としては，共通テスト対策をしたことで，共通テスト利用で多くの大学に合格することもできました。共通テスト利用合格を目指す面でも，一般入試での英語を少しでも有利にする面でも，共通テスト対策の比率を上げて損はないと思います。

(T.S. さん／法)

Q どのように学習計画を立て，受験勉強を進めていましたか？

A 勉強時間については鉄道のダイヤのように時間を区切って前日の夜のうちに次の日にやることと時間を決めていました。また，１週間単位，１カ月単位で身につけること，やりきることを決めていました。自習室にいる時間やご飯の時間もきっちり決めてルーティン化させ，進度が遅れたり，学び足りない分野のために，それを回復できる復習デーなるものを作ったりしました。 （H.H. さん／経済）

Q 時間をうまく使うために，どのような工夫をしていましたか？

A 私は集中力が続かないことがよくあったので，１日の勉強スケジュールを作ってどの時間帯にどの科目を勉強するのかの見通しをもった上で，全力で集中することを意識しました。例えば，朝は国語，昼は英語，夜は世界史と決めて，そのうち朝の１時間は古文の参考書を５ページ進めるといった目標をあらかじめ設定しておき，それに向けてひたすら取り組みました。それらを積み重ねることによって勉強のメリハリがつき，覚えやすくなるので，個人的にはおすすめです。 （M.K. さん／観光）

Q 立教大学文系学部を攻略する上で特に重要な科目は何ですか？

A 国語だと思います。国語は多くの学部で地歴，数学より高い配点になっているので，頑張りしだいで逆転できると思います。立教大学の国語は，特に正誤判定の問題の対策に一番時間がかかると思いますが，本番の入試で完答できたときの爽快感はいまでも忘れられません。赤本で数をこなして形式やこんな箇所にも答えが書かれているんだという不規則性に慣れることで，攻略できると思います！　早いうちから赤本に取り組むことが最大の対策です。 （T.S. さん／法）

A　英語だと思います。英語に関しては共通テストの得点や英検などの外部検定試験のスコアが点数化されるので，勉強の頑張りが直接反映されると感じました。私は英検を利用しましたが，英検の対策としては『英検 でる順パス単』シリーズ（旺文社）をひたすら覚えて過去問を解きまくり，わからない単語をまとめて覚えました。（M.K. さん／観光）

Q 苦手な科目はどのように克服しましたか？

A　私の苦手な科目は古文でした。単語帳を何周しても長文を解きまくってもできませんでした。できなかった原因は，平安時代の常識を考慮していなかったことと，文章だけを追っていて中身を追えていなかったことでした。私はそのことを塾の授業で思い知らされ，当時の人たちから見た世界を頭に思い描けるように赤本を繰り返し解きました。具体的には，平安時代の常識が絡む問題にはチェックをつけ，どういう点でこういう行動になってるのかを説明できるまで徹底的に読み込みました。その結果，成績が安定して，本番では難なく解けました。（M.K. さん／観光）

A　私は現代文が苦手だったのですが，比較的時間のとれる休日に読解の方法を意識しながら問題演習をしていました。秋ぐらいまではあまり成績に変化が出ず，不安になりましたが，直前期も演習を繰り返しているうちに得点が安定してきました。現代文は急激には成績が上がらない科目なので，すぐには伸びなくても評論の読み方を意識して問題演習を繰り返していけば徐々に安定してくると思います。また，私の場合は，語彙力が不足していたので，評論キーワード集で語彙を少しずつ増やすと評論を読むのに抵抗がなくなったように感じます。（H.I. さん／文）

Q 併願をする大学を決める上で重視したことは何ですか？また，注意すべき点があれば教えてください。

A 2つ気にかけたことがあります。1つは対策がそれなりにかぶるように出願することです。立教大学の日本史では記述と論述が出るので漢字などを間違えないように専用の対策を組んだのですが，そのほかはあまり時間をとれなかったので，記述が多かったり論述のある大学を併願しました。2つ目は「本命の前日はあけておく」ということです。試験というのはとてつもなく疲れます。朝は気合十分で電車に乗り，人生をかけて挑み，全力を出しきって帰る。次の日も同じ最高の力が出るとは限りません。万全の状態で当日の朝を迎えましょう。　（H.H. さん／経済）

Q 試験当日の試験場の雰囲気はどのようなものでしたか？緊張のほぐし方，交通事情，注意点等があれば教えてください。

A 憧れている池袋キャンパスについに来た！という気持ちが一番大きかったです（笑）。立教大学を象徴する蔦が絡まる一号館での入試だったので，謎に燃えました。試験当日はめちゃめちゃ緊張すると思います。実際に自分も手汗が止まらないほど緊張しましたが，いま思えばリラックスしすぎてもあまりよくない気がするので，多少の緊張感をもって試験に臨めたのはよかったのかなと思っています。周りの受験生も含めて張り詰めた雰囲気が漂っていますが，ゆったり深呼吸して試験を受けましょう。　（T.S. さん／法）

Q 受験生のときの失敗談や後悔していることを教えてください。

A やはり何度も英検にチャレンジしておくべきだったと思います。結果論で言えば共通テストの英語で受かったからよかったのですが，掲示板やオープンチャットを見ているとレベルが高い受験生ばかりでめちゃめちゃ不安になったことを覚えています。なので，早くから英検の勉強に本腰を入れて，S-CBT なども含めて何度も英検にチャレンジしてほし

いなと思います。　(T.S. さん／法)

A　後悔していることは赤本を解くのが遅かったことです。私は基礎問題ばかり解いていて，赤本を解ける時間がろくにありませんでした。実際，過去問を解かないで本番を迎えた大学が何校もあった結果，時間配分をミスしたり，その大学特有の問題に対処するのに苦労したりしました。過去問を解かないと周りのライバルに大きなハンデを背負っていることを受験が終わって初めて痛感しました。赤本は基礎がある程度固まったと思った瞬間にやるといいと思います。　(M.K. さん／観光)

科目別攻略アドバイス

みごと入試を突破された先輩に，独自の攻略法や
おすすめの参考書・問題集を，科目ごとに紹介していただきました。

日本史

多くの知識を一度で獲得できるように効率よく勉強したほうがよいと思います。立教大学の日本史はユニークなテーマからの出題が多くなっています。また，記述問題も出題されており，細かい漢字のミスをなくすことが高得点につながるカギかなと思います。　(T.S. さん／法)

おすすめ参考書　『実力をつける日本史 100 題』(Z 会)

用語の書き取りの対策は必須だと思います。漢字を間違えて失点なんて悲しすぎます。普段から書く練習を積むことが大切です。また，過去問をやるとわかると思いますが，教科書からそのまま抜き出している表現もあるので教科書学習も侮れません。　(H.H. さん／経済)

おすすめ参考書　『実力をつける日本史 100 題』(Z 会)

世界史

共通テストにも出る重要単語を一通りやってからマイナー単語をやると効率がよいです。立教大学の世界史はマイナー単語がバシバシ出るので，通学中などの少しの時間にも覚えたほうがよいです。（M.K. さん／観光）

おすすめ参考書 『**世界史 B 一問一答【完全版】**』（ナガセ）

世界史は基本の用語記述問題を確実に得点することです。記号選択問題は判断に迷うものがあり，論述問題が出題されることもあるため，教科書で歴史の流れを確認しておくといいです。（H.I. さん／文）

おすすめ参考書 『**詳説世界史**』（山川出版社）

数　学

基礎事項は何度も繰り返して自分に染み込ませるようにすること。典型問題は，問題を見た瞬間にぱっと解法が思いつくようになることを目標にしていました。（佐々木さん／経済）

国　語

問題を解いてから解説を見ると，何が足りなかったかが見えてきます。（M.K. さん／観光）

おすすめ参考書 『**入試現代文へのアクセス 発展編**』（河合出版）

現代文は漢字，古文は助動詞の意味など基礎事項で落とさないようにすることが大切です。立教大学の国語は他大学とはやや傾向が異なるので，過去問演習をしっかりやっておいたほうがいいです。また，問題数も多いので時間配分には気をつけましょう。（H.I. さん／文）

おすすめ参考書 『**古文上達 読解と演習 56**』（Z会）

TREND & STEPS

傾向と対策

科目ごとに問題の「傾向」を分析し，具体的にどのような「対策」をすればよいか紹介しています。まずは出題内容をまとめた分析表を見て，試験の概要を把握しましょう。

注意

「傾向と対策」で示している，出題科目・出題範囲・試験時間等については，2024年度までに実施された入試の内容に基づいています。2025年度入試の選抜方法については，各大学が発表する学生募集要項を必ずご確認ください。

試験日が異なっても出題傾向に大きな差はないから
過去問をたくさん解いて傾向を知ることが合格への近道

立教大学の一般入試は，複数の日程を併願できる全学部日程で実施されています（ただし文学部は，加えて大学独自の英語試験で受験できる独自日程も実施）。

国語（必須），選択科目のいずれも，試験日が異なっても同じ出題形式で，出題傾向にも大きな差はみられませんので，受験する日程以外の過去問も対策に使うことができます。

多くの過去問にあたり，苦手科目を克服し，得意科目を大きく伸ばすことが，立教大学の合格への近道と言えます。

立教大学の赤本ラインナップ

Check!

総合版　まずはこれで全体を把握！

✓『立教大学（文系学部－一般入試〈大学独自の英語を課さない日程〉）』

✓『立教大学（文学部－一般入試〈大学独自の英語を課す日程〉）』

✓『立教大学（理学部－一般入試）』

科目別版　苦手科目を集中的に対策！（総合版との重複なし）

✓『立教大学（国語〈3日程×3カ年〉）』※

※漢文を含まない日程

✓『立教大学（日本史・世界史〈2日程×3カ年〉）』

◎総合版＋科目別版で全日程を網羅◎

日本史

『No. 423 立教大学（日本史・世界史〈2日程×3カ年〉）』に，本書に掲載していない日程の日本史の問題・解答を2日程分収載しています。立教大学の入試問題研究にあわせてご活用ください。

年度		番号	内　容	形　式
2024 ◑	2月8日	〔1〕	原始～近世の動物と日本人との関わり ⊘**視覚資料・史料**	記述・選択
		〔2〕	近現代の政治・経済・外交（55字）⊘**史料・視覚資料**	記述・選択・配列・正誤・論述
	2月9日	〔1〕	古代～現代の食文化の歴史（70字） ⊘**史料**	記述・正誤・選択・配列・論述
		〔2〕	近世～現代の島嶼部の歴史 ⊘**史料・地図**	記述・配列・選択・正誤
2023 ◑	2月8日	〔1〕	原始～近代の生活と文学（50字） ⊘**視覚資料**	記述・選択・正誤・論述
		〔2〕	近世～現代の日露・日ソ外交史 ⊘**地図・史料**	記述・選択・正誤・配列
	2月9日	〔1〕	古代～中世の日中・日朝外交史（50字）⊘**史料・地図・視覚資料**	記述・選択・論述
		〔2〕	近世～現代の神道・キリスト教史	記述・選択・正誤・配列
2022 ◑	2月8日	〔1〕	古代～近代の東北史（35字）	記述・選択・配列・正誤・論述
		〔2〕	近代～現代の文学史	記述・配列・選択・正誤
	2月9日	〔1〕	古代～近世の日中外交史（30字） ⊘**史料**	記述・配列・正誤・選択・論述
		〔2〕	近世～現代の農業史	記述・選択・正誤・配列

（注）●印は全問，◑印は一部マークシート式採用であることを表す。

傾向 テーマ史2題 政治・経済・外交・社会・文化の総合問題

01 出題形式は？

例年，大問2題の出題で，試験時間は60分。両日程で論述問題が出題されている。解答個数は40～50個程度である。出題形式は，比較的長い時代を対象とするテーマ史的なリード文が用いられ，空所を補充させる問題と下線部に対する関連事項を問う問題で構成されている。解答形式は，記述式とマークシート式による選択式が併用されており，記述式と選択式の比率はほぼ同じである。

なお，2025年度は出題科目が「歴史総合，日本史探究」となる予定である（本書編集時点）。

02 出題内容はどうか？

例年，複数の時代にまたがったテーマ史が出題の中心を占めている。**時代別**では，例年，古代から現代までの範囲から出題され，特定の時代のみを扱った出題はない。

分野別では，政治・経済・外交・社会・文化など多彩な分野から出題されているが，扱われるテーマ史の関係で偏りが生じることもある。近年は2024年度に出題されたリーマン=ブラザーズのように，時事的テーマ，経済・社会，外交の出題が目立っている。また，史料や視覚資料（写真）・地図が用いられる出題もみられる。

03 難易度は？

標準レベルであるが，やや詳細な知識を問う設問が含まれることがある。選択問題では，ある程度選択肢をしぼることができても，最後の1つを選択する際に迷うと思われる設問も一部にみられるが，多くは消去法で解答できるように工夫された出題となっている。年代配列問題の中にはかなり細かい年代を知らないと解けない問題も見受けられるので，その意味では難度は高いといえる。一部の教科書のみでみられる歴史用語が出題されることもあるが，『日本史用語集』（山川出版社）に記載されていないものは出題されていない。問題の難易を見極め，標準レベルの問題から手早く解答していくこと。見直しの時間も十分に確保しておきたい。

対策

01 教科書学習の徹底

教科書の内容を徹底的に理解することが先決である。語句選択や文章選択問題に対応するためには，教科書の文章を読み込んでおくことが必要となる。歴史用語は文章のなかで把握する習慣をつけ，補助教材として用語集などを利用しよう。教科書については，欄外の注・図版・史料にも注意したい。視覚資料や地図の出題もあり，教科書や図説できちんと写真・地図を確認しておかないと対応しにくいものもあるので注意したい。文化史については，建築物・絵画・彫刻・工芸品など，まずは教科書に掲載されているものを優先して確認し，余裕があれば資料集などで情報を追加していくとよい。さらに，年代配列問題では，細かい年代を把握していなくても，因果関係や大まかな流れをおさえておけば解答できるものが多いが，年代そのものを問う設問もあるため，教科書に記載のある年表や，『風呂で覚える日本史〔年代〕』（教学社）などできちんと把握しておくと解きやすくなるだろう。

02 記述・論述問題への対策

記述式の問題に対応するために，歴史用語は正しく漢字で書けるよう，平素からトレーニングを積んでおかなければならない。問題そのもののレベルは比較的平易であるので，漢字でミスをすると命取りになりかねない。また，論述問題は毎年出題されており，2024 年度は 55 字～70 字の論述問題が出題された。標準的な論述問題集を利用して，与えられた問題に的確に答えられるように準備をしておきたい。

03 テーマ史対策

テーマ史の出題が定着している。対外関係史では，日米外交史や日中外交史，日朝外交史，日露・日ソ外交史，社会経済史では土地制度史・農業史や貨幣史，文化史では宗教史・美術史・教育史・文学史などの定番のテーマに注意しておこう。また，2022 年度の地域史，2023 年度の生活と文学，2024 年度の動物と日本人との関わりや島嶼部の歴史，食文化の歴史など，特徴的なテーマが出題されることもある。対策としては，テーマ史の問題集をこなすのもいいし，教科書のコラムなどを十分に読み込むのも効果的である。その際，サブノートを用意し，時代別に要点を整理していくと，いっそう効果的な学習ができるはずである。

04 過去問の研究

早い段階で過去問に取り組み，出題形式・難易度を把握しておけば，学習方針も定まってくるはずである。論述問題もあるため，本番が近づいたころには，時間を計って解くなど，ミスをしない答案を作成するための訓練をしておきたい。その際，60 分という本番の試験時間ではなく 50 分程度で解く訓練をしておくと，本番で余裕をもって対応できる。

世界史

『No. 423 立教大学（日本史・世界史〈2日程×3カ年〉）』に，本書に掲載していない日程の世界史の問題・解答を2日程分収載しています。立教大学の入試問題研究にあわせてご活用ください。

年度		番号	内容	形式
2024 ◑	2月6日	〔1〕	図書館と書物をめぐる古代～現代の世界史 ⊘地図	選択・記述・配列
		〔2〕	華僑をめぐる近現代史 ⊘地図	記述・選択・配列
	2月8日	〔1〕	カフカス地方の古代～現代の歴史	記述・選択・配列
		〔2〕	高い建造物をめぐる古代～現代の世界史 ⊘グラフ・地図	記述・選択・配列
2023 ◑	2月6日	〔1〕	歴史の記述方法から見た古代～現代の世界 ⊘地図	選択・記述・論述・配列
		〔2〕	感染症の流行から考える古代～現代の世界	選択・記述
	2月8日	〔1〕	動物をテーマに考える先史～近世の世界史 ⊘視覚資料	記述・選択・正誤
		〔2〕	食糧不足や感染症の伝播から見た近代～現代初頭の世界 ⊘地図	記述・選択・配列
2022 ◑	2月6日	〔1〕	学問の発展から見た古代～近代のヨーロッパと中国 ⊘地図	記述・選択
		〔2〕	発酵食品から考える古代～現代の世界	記述・選択・配列
	2月8日	〔1〕	言語の獲得と文字の発明から見た人類の歴史 ⊘史料	選択・記述・論述
		〔2〕	チェスや将棋の伝播から見たユーラシア大陸の世界通史	記述・選択・配列

（注）●印は全問，◑印は一部マークシート式採用であることを表す。

傾向 多地域から幅広く出題　2022・2023年度は論述も 地理的問題や時事的問題に注意

01 出題形式は？

大問2題の出題。解答個数は40個程度。試験時間は60分。解答形式は記述式とマークシート式による選択式の併用だが，2022年度2月8日実施分，2023年度2月6日実施分では論述法が1問出題された。配列法のほか，年代を直接問うたり，年代が解答を導くカギになっている問題もよく出題されている。地図を使った問題がよく出題されており，グラフや史料，視覚資料を使った問題も出題されている。

なお，2025年度は出題科目が「歴史総合，世界史探究」となる予定である（本書編集時点）。

02 出題内容はどうか？

地域別では，各大問で東西の多様な地域が問われることが多くなっている。アジア地域では中国をはじめとする東アジア，中央アジア，東南アジア，インド，イスラーム世界など幅広く出題されている。欧米地域ではヨーロッパからの出題が多いが，2023年度はアフリカからも出題されている。

時代別では，1つの大問の中で古代から現代までのように長い期間が問われることが多く，2022・2023年度には先史時代も問われている。第二次世界大戦後も含めて，偏りのない学習を要求する内容となっている。また，2024年度2月8日実施分〔1〕では2000年代の事項が出題されており，時事的問題も目につく。

分野別では，政治・外交史を中心に，社会経済史，文化史からの出題も目立つ。過去には1つの大問の中で設問の半数以上が文化史の出題であったこともある。2022年度2月8日実施分〔1〕「言語と文字から見た人類の歴史」，2023年度2月6日実施分〔2〕「感染症の流行から見た世界」，2024年度2月6日実施分〔2〕「華僑をめぐる近現代史」のようなテーマ史が多く，今後も要注意である。また，地理的要素の強い問題も頻出である。

03 難易度は？

教科書レベルの標準的な問題が大半であるが，年代や地理に関連して，やや詳細な知識が問われることも多く，用語集の説明文レベルの内容を踏まえた出題もあるため得点差の出やすい問題と言える。また，誤文選択問題では，いくつかの選択肢で詳細な知識が求められることがあり，判断に迷うものもある。年代配列や正文・誤文選択問題に時間を使いたい。

対策

01 教科書・用語集を中心とした学習を

教科書レベルの基本事項を問う問題が大半なので，教科書の徹底理解が求められる。教科書学習によって歴史の理解を深め，基本事項で点を落とさないことが肝心である。正文・誤文選択問題の対策として，教科書の本文を精読するだけでなく，欄外の注や図表にも気を配っておきたい。さらに，コラムなどもしっかり読んでおくと，テーマ史問題対策として有効である。それに加えて，『世界史用語集』（山川出版社）などの用語集を常に参照しながら学習を進めるとよい。

02 テーマ史・現代史対策を

東西交渉の3つのルートやヒト・モノの移動のように，広い地域・時代をカバーするテーマについて，教科書や世界史図説を用いて視覚的に学習しておきたい。テーマ史の学習には，市販のサブノートや『体系世界史』（教学社）などの問題集を用いることも有効である。また，現代史も頻出であるので，冷戦終結までの現代史の展開は最低限おさえておきたい。冷戦終結から現在に至る国際的な諸問題や国際的な条約などについても，ニュース報道などを通じてチェックしておきたい。なお，2022・2023年度は論述法が出題されたが，1行程度の問題であり，基礎学習の徹底で対応可能な内容である。

03 年代対策をしっかりと

例年，配列法や年代を直接問う問題や年代が解答のカギとなる問題が出題されている。重要な年代はできる限り暗記しておくこと。年代に関する専門の参考書などを利用して，数多く覚えるよう努力したい。

04 地理的問題・文化史に注意

地図問題が連続して出題されており，地理的知識を問う問題も多くみられるため，地域や都市の位置，時代による国家の領域の変遷はもちろん，主な山脈・河川・海域などについても南アメリカやアフリカなども含めて正確に確認しておこう。また，教科書はもちろん，図説なども活用して視覚資料にも目を通しておきたい。文化史もよく出題されているため，教科書の章末などにまとめられている文化史について未学習にならないように注意すること。

05 過去問演習を

過去の問題にあたり，難易度を自分の力で確認しながら出題形式に慣れておこう。過去問を本番さながらに解いて，論述法が出題されたとしても試験時間 60 分が有効に使えるよう工夫したい。

地　理

年度	番号	内　容	形　式
2024 ◑	〔1〕	小麦の栽培と利用 **⊘グラフ・地図・統計表**	記述・選択
	〔2〕	イタリアの地誌 **⊘地図・グラフ**	記述・選択
	〔3〕	九州地方の自然・産業と熊本県熊本市・菊陽町付近の地形図読図 **⊘地形図・視覚資料・地図**	記述・論述・選択・描図
2023 ◑	〔1〕	グローバル化が世界にもたらす影響 **⊘統計表・グラフ**	記述・選択・論述
	〔2〕	北欧の地誌 **⊘グラフ・統計表**	記述・選択・論述・計算・描図
	〔3〕	長野県白馬村付近の地形図読図と地域調査 **⊘視覚資料・地形図**	記述・選択・論述・描図
2022 ◑	〔1〕	『三国志』からみる中国地誌 **⊘地図・グラフ・統計地図**	記述・選択・論述
	〔2〕	アンデス山脈周辺の地誌 **⊘視覚資料・統計表**	記述・論述・選択
	〔3〕	福岡県平尾台付近の地形図読図とカルスト地形 **⊘視覚資料・地形図**	記述・描図・論述・選択

（注）●印は全問，◑印は一部マークシート式採用であることを表す。

傾向

地形図の読図は頻出
自然環境，地誌，産業など多彩な出題

01　出題形式は？

大問3題の出題で，解答個数は40～50個程度，試験時間は60分。選択法・記述法・論述法など多様な形式で出題されている。地形図もよく出題されており，地図記号の書き取りや，断面図の描図なども出題されている。論述法は字数制限はないが，行数が指定されている。

なお，2025年度は出題科目が「地理総合，地理探究」となる予定である（本書編集時点）。

02 出題内容はどうか？

自然環境，地形図読図，地誌，産業など，さまざまな分野から出題されている。数年を通して見ると，自然環境の成因と分布，地形図の読図，都市などの地名とその地図上の位置などがよく問われている。また，地図・地形図・視覚資料・統計表・グラフなど，多彩な資料を用いた出題となっている。地誌ではヨーロッパ・ラテンアメリカ・中国などからの出題が見られる。

03 難易度は？

論述問題にやや難問が見られることもあるが，全体としては基本事項中心の標準的な問題である。記述問題に難問は見られないため，論述と地形図読図に時間をかけて解答したい。

対策

01 基本事項の徹底理解

基本的な地名や地理用語を問う問題が大部分を占めているので，まずは教科書をよく読んで，地理の基礎を固めておこう。教科書とともに『地理用語集』（山川出版社）などの用語集も利用して，地理用語の定義をきちんと理解し，正確に書けるようにしておくこと。特に，自然環境に関する用語は徹底的にマスターしておこう。

02 地名に強くなる

あまり細かい地名は出題されていないが，基本的な山脈・河川・都市名などのほか，世界遺産や国立公園，歴史的な遺跡など，観光・保養都市に関する地名についてもできるだけ広く身につけておこう。

03 地理的考察力と論述力を磨こう

短い論述問題は毎年出題されているので，論述対策は怠らないようにしよう。地理的考察力や論述力は一朝一夕には身につかない。教科書や資料集などに掲載されている住居や景観の写真を見て，どこにどのような特徴があり，その特徴はどのような地理的事象と関係するのか，などと普段から疑問をもちながら学習をしよう。考えたことを短めの文章にまとめてみると，論述対策にもなる。

04 地形図の読図練習は必ずやっておこう

地形図の読図問題はほぼ定着している。標高，尾根・谷，傾斜の緩急などの基本的な等高線の読み取り方や，距離，面積，勾配などの計算方法といった読図の基本を身につけるとともに，扇状地や河岸段丘などの地形や，集落立地と地形との関係などが読み取れるように練習しておこう。教科書掲載の地形図のほか，地形図集や入試問題の地形図を利用するのもよいが，実際の地形図を購入したり，ネット上で見ることができる地理院地図を積極的に活用するとよいだろう。

05 統計データを読み取る力を身につけよう

農作物の生産や各種鉱産資源の産出だけでなく，貿易や人の移動に関する統計など，さまざまな統計を用いた問題がよく出題される。また，気温や降水量についての出題も多い。普段から，各種統計データの読み取りを練習しておきたい。『データブック オブ・ザ・ワールド』（二宮書店）や『世界国勢図会』『日本国勢図会』（ともに矢野恒太記念会）に掲載されている統計データが出題されることもあり，ぜひ学習に役立ててほしい。

政治・経済

2025年度は「政治・経済」に代えて「公共，政治・経済」が課される予定である（本書編集時点）。

年度	番号	内容	形式
2024 ◑	〔1〕	日本の戦後政治と国際社会	記述・配列・選択・計算
	〔2〕	現代経済 ⊘グラフ	記述・選択・計算
2023 ◑	〔1〕	平等の理念と東西冷戦 ⊘グラフ・図	記述・選択・配列
	〔2〕	国際経済と日本の金融・財政	記述・選択・計算
2022 ◑	〔1〕	日本の選挙制度改革の現状と課題	記述・配列・選択
	〔2〕	日本経済史 ⊘グラフ	記述・選択・計算

（注）●印は全問，◑印は一部マークシート式採用であることを表す。

傾向 国内外から幅広く出題 多様な形式に注意しよう

01 出題形式は？

大問2題，出題形式はマークシート式による選択式と記述式からなり，解答個数は50～60個程度である。試験時間は60分。選択問題は語句選択と文章選択からなり，記述問題については政治・経済用語を答えさせるものがほとんどである。リード文の空所補充と下線部に関する問題となっている。配列問題や計算問題も出題されている。

02 出題内容はどうか？

大問２題のうち，2022 年度は政治分野と経済分野に重点を置く構成であったが，2023・2024 年度は全分野から幅広く出題されている。経済分野，国際経済分野，とりわけ金融，財政，市場，社会保障，地域経済統合，外国為替相場などに関して，やや詳細な知識が問われている。また，計算問題が例年見られる。

03 難易度は？

大問は２題と少ないが，小問数が比較的多く，記述式の問題も多いため，素早く正確に答えなくてはならない。全体的には教科書レベルの問題が多いものの，出題形式が多様なので，難度は高めだと思われる。時事的問題の対策もおろそかにできない。試験時間内にできる限り多くの問題を確実に解答できるように，〈対策〉をよく読んで学習してほしい。

対策

01 教科書をよく読もう

幅広い分野から出題されているので，まず教科書のすべての分野によく目を通し，苦手な分野をなくしていくように心がけよう。教科書に書かれている語句や年代，重要資料，グラフの読み取り方，計算式などを正確に覚えることが大切である。政治・経済には定番の計算問題がある。『政治・経済計算＆論述特訓問題集』（河合出版）をすすめる。苦手意識をもたず，じっくり考えてノートに書いて計算してみよう。

02 資料集を活用しよう

やや詳細な資料に関しては資料集に掲載されていることが多い。国民所得・国際収支表・金融政策などさまざまな経済分野において資料集を活用しておけば，思考力や推論する力がつく。詳細な資料が多く掲載され，わかりやすい解説がついている『最新図説政経』（浜島書店）などの資料集を利用するとよい。

03 問題集を解いておこう

自分はどの分野が得意でどの分野が不得意なのか，問題を解いて現状を正しく理解することが大切である。詳しい解説のついた難関私立大学受験用の問題集を解いたり，同レベルの大学の過去問を解いておくことも重要である。

04 記述対策をしっかりしよう

記述問題に関しては誤字脱字，ひらがなによる解答では減点，もしくは０点になることもあるので，重要語句については実際に何度も書いて正確に覚えるようにしよう。小さなミスをしないために日々の努力を惜しまないようにしたい。

数　学

年度		番号	項目	内容
2024	2月6日	〔1〕	小問6問	(i)対数と２次関数　(ii)恒等式　(iii)確率　(iv)三角関数の相互関係　(v) a_n と S_n の漸化式　(vi)積分方程式
		〔2〕	図形と方程式, 微分法	接線，点と直線の距離，三角形の面積，相加平均と相乗平均の関係
		〔3〕	ベクトル	内積計算，垂線の足の位置ベクトル，対称点の位置ベクトル
	2月9日	〔1〕	小問6問	(i)２進法と10進法　(ii)確率　(iii)中線定理，三角比　(iv)式の値　(v)３次関数の最大最小　(vi)直線と平面の交点
		〔2〕	数列, 指数・対数関数	指数・対数計算，数列の漸化式，階差数列，等比数列の和，Σ 計算
		〔3〕	２次関数, 積分法	放物線と直線が接する条件，直線と曲線が囲む部分の面積
2023	2月6日	〔1〕	小問7問	(i) $\sin\theta$ の２次関数　(ii)条件下でのある式の値の範囲　(iii)三角比　(iv)確率　(v)空間ベクトル　(vi)関数の決定　(vii)軌跡と集合
		〔2〕	数列, 対数関数	積み立て預金と複利法，２項間の漸化式，対数計算と不等式
		〔3〕	微・積分法	２次関数の接線，直線に関する対称移動，線分と放物線が囲む部分の面積
	2月9日	〔1〕	小問7問	(i)三角比　(ii)２項定理　(iii)対数の計算　(iv)三角形の外心の座標　(v)複素数の計算　(vi)平面ベクトル　(vii)漸化式と Σ 計算
		〔2〕	確率	４人でじゃんけんをするときの確率，あいこになる確率
		〔3〕	微・積分法	２次関数と直線が囲む部分の面積，最小にする傾き
2022	2月6日	〔1〕	小問6問	(i)式の値　(ii)絶対値記号のついた方程式　(iii)剰余定理　(iv)確率　(v)群数列　(vi)データの分析
		〔2〕	ベクトル	ベクトルの内積，垂直，相加平均と相乗平均の関係，２次不等式
		〔3〕	微・積分法	２次関数の接線，法線，円と放物線の共有点，領域の面積
	2月9日	〔1〕	小問7問	(i)複素数の相当　(ii)絶対値記号のついた不等式　(iii)整数　(iv)対数と桁数　(v)組み分け　(vi)データの分析　(vii)平面ベクトル
		〔2〕	三角比, 三角関数	三角形の面積，２倍角の公式，余弦定理，三角形の相似と $\cos 36^\circ$
		〔3〕	微・積分法	３次関数の極値，面積の最小値，相加平均と相乗平均の関係

出題範囲の変更

2025年度入試より，数学は新教育課程での実施となります。詳細については，大学から発表される募集要項等で必ずご確認ください（以下は本書編集時点の情報）。

2024年度（旧教育課程）	2025年度（新教育課程）
数学Ⅰ・Ⅱ・A・B（数列，ベクトル）	数学Ⅰ・Ⅱ・A・B（数列）・C（ベクトル）

旧教育課程履修者への経過措置

2025年度に限り，旧教育課程の学修内容に配慮した出題範囲とする。

傾向 微・積分法，図形問題は頻出 複数分野にまたがる融合問題に注意

01 出題形式は？

試験時間60分で大問3題の出題。〔1〕は空所補充形式の小問集合となっている。〔2〕〔3〕は例年，途中経過が求められる記述式であるが，一部の問題は答えのみを書くものとなっている。それぞれ小問で誘導する形になっている。

02 出題内容はどうか？

空所補充形式の小問集合では，各分野からバランスよく出題されている。記述式は，微・積分法や図形やグラフに関する問題，三角関数，数列が頻出で，複数の分野にまたがる融合問題もよく出題されているので，弱点のないように幅広い学習をしておきたい。高校数学の総合的な理解を問う出題であると言える。

03 難易度は？

小問集合は，教科書の例題～章末問題程度の難易度で，それほど難しくはないが，中には考えさせられる問題も含まれている。2023年度2月6日実施分〔1〕(vi)や，2月9日実施分〔1〕(vii)，2024年度2月6日実施分〔1〕(vi)は，とまどった受験生も多かっただろう。記述式は，標準かそれよりや

や上のレベルの出題が多く，計算量の多い問題や，類題の経験や的確な着眼を要求する問題もある。ふだんの問題演習を通じて，計算ミスをなくすこと，問題の誘導に従って解き進められる力を身につけること，見直しも含めて効率的に時間配分をすることが大切である。

対策

01 教科書の徹底理解

基本問題が中心であるから，教科書を完全に学習することが大切である。教科書に出てくる用語，定義，定理などをしっかり身につけ，公式は導出過程まで含めておさえておきたい。そして，それらを用いて確実に解けるようになるまで，例題や練習問題，章末問題を繰り返し解くこと。

02 苦手分野の克服

問題は毎年いろいろな分野から出題されている。したがって，弱点項目を集中的に学習し，苦手な分野を克服しておくことが大切である。『チャート式 解法と演習』（数研出版）は重要事項がよく整理されていて，弱点を補強したり応用力をつけたりするのに効果的である。

03 実戦力の養成

基礎的な知識を身につけたら，問題集・参考書で問題演習を積んでおきたい。問題を解くことで，基礎的な事項をより深く正しく理解することができる。また，普段から正確かつ迅速な計算を心がけ，問題演習を通じて計算力を強化しておきたい。さらに，解いて答えを出すだけでなく，解答が数学的に正しいかどうか吟味する，別の解法を考えてみるなど，一つの問題からより多くの事柄を学ぼうとする姿勢も必要である。小問集合は，教科書の例題等で学んだことより一歩踏み込んだ応用的な理解と練習が要求されていると考えて準備しておきたい。

なお，過去問は必ず何度か解いてみて，出題の内容や難易度などを自分で把握しておくこと。また，問題演習は教科書の内容をより深く，より正確に理解するために行うのだから，疑問点があればそのつど教科書に戻って復習するようにしたい。

04 融合問題に慣れる

例年，記述式の問題には融合問題が多くみられる。これらの問題は複数の分野の知識を有機的に結びつける力を必要とするため，分野ごとの学習だけでは対応が難しい。それゆえ，分野別の問題集だけでなく，融合問題の多い入試問題集で総合力を養っておきたい。『国公立標準問題集 CanPass 数学Ⅰ・A・Ⅱ・B・C［ベクトル］』（駿台文庫）は適切な難易度で良問が多く，適当である。記述式の模擬試験を活用するのも有益である。

国　語

『No. 422 立教大学（国語〈3日程×3カ年〉）』に，本書に掲載していない日程の国語の問題・解答を3日程分収載しています。立教大学の入試問題研究にあわせてご活用ください。

年度		番号	種類	類別	内　容	出　典
2024 ◑	2月6日	〔1〕	現代文	評論	選択：語意，空所補充，内容説明 記述：内容説明（50字）	「人間非機械論」 西田洋平
		〔2〕	現代文	評論	選択：内容説明，四字熟語，内容真偽 記述：書き取り	「天使の記号学」 山内志朗
		〔3〕	古　文	随筆	選択：口語訳，内容説明，語意，空所補充，文法，内容真偽 記述：書き取り	「独ごと」 上島鬼貫
	2月8日	〔1〕	現代文	随筆	選択：内容説明，内容真偽 記述：内容説明（30字）	「はつ夏」 岡本かの子
		〔2〕	現代文	評論	選択：内容説明，空所補充，内容真偽 記述：書き取り	「近代性の構造」 今村仁司
		〔3〕	古　文	俳文	選択：文法，人物指摘，内容説明，語意，俳句解釈 記述：口語訳	「鶉衣」 横井也有
2023 ◑	2月6日	〔1〕	現代文	随筆	選択：内容説明，空所補充，内容真偽 記述：書き取り，内容説明（40字）	「硝子戸の中」 夏目漱石
		〔2〕	現代文	評論	選択：内容説明，空所補充，内容真偽，欠文挿入箇所	「まなざしの革命」 ハナムラチカヒロ
		〔3〕	古　文	日記	選択：内容説明，古文常識，口語訳，空所補充，人物指摘，内容真偽 記述：口語訳	「成尋阿闍梨母集」
	2月8日	〔1〕	現代文	評論	選択：内容説明，空所補充，内容真偽 記述：内容説明（35字）	「ゼロからの美学」　淺沼圭司
		〔2〕	現代文	評論	選択：語意，内容説明，内容真偽 記述：書き取り	「人権と国家」 筒井清輝
		〔3〕	古　文	説話	選択：内容説明，口語訳，文法，古文常識 記述：語意，空所補充	「今昔物語集」

2022 ◑	2月6日	〔1〕	現代文	評論	選択：空所補充，内容説明 記述：内容説明（40字）	「闊歩するゲーテ」　柴田翔
		〔2〕	現代文	評論	選択：語意，内容説明，空所補充 記述：書き取り	「〈ひと〉の現象学」　鷲田清一
		〔3〕	古　文	説話	選択：内容説明，口語訳，語意，空所補充，文法，内容真偽 記述：語意	「古本説話集」
	2月8日	〔1〕	現代文	評論	選択：内容説明，内容真偽 記述：内容説明（35字）	「思考の整理学」　外山滋比古
		〔2〕	現代文	評論	選択：内容説明，空所補充，内容真偽	「現代の復讐者・松本清張」　山田稔
		〔3〕	古　文	擬古物語	選択：内容説明，語意，口語訳，省略語補充，文法 記述：読み，口語訳	「あきぎり」

（注）●印は全問，◑印は一部マークシート式採用であることを表す。

傾向　選択肢の紛らわしい設問に注意　内容真偽は合致・不合致の判断理由を明確に

01 出題形式は？

例年，大問３題の出題で，現代文２題・古文１題という構成になっている。解答形式は，記述式とマークシート式による選択式の併用であるが，選択式がかなりの割合を占める。記述式は，主に漢字の書き取り，口語訳などであるが，本文から抜き出して答える形の問題や内容説明問題も出題されている。試験時間は75分。

02 出題内容はどうか？

現代文は，評論２題の出題となることが多いが，評論１題，随筆１題の出題の場合もある。評論の内容は文化論や哲学論が中心で，文章そのものは比較的読みやすい平易なものが多い。設問は，内容説明を中心に，空所補充，内容真偽などで構成されている。内容真偽は択一式ではなく選択肢それぞれの適否を判断させるものである。

古文は，2024年度は近世の文章が出題されたが，例年，平安時代の物語（中世の擬古物語を含む）を中心に出題されており，日記や説話の出題もみられる。設問は例年，文法・語意・口語訳・敬語・内容説明などオーソドックスなものが主体であるが，古文常識や表現効果に関する問題も出題されることがある。また，本文に和歌や俳句が含まれる場合は，その内容や修辞について問われることが多い。

03 難易度は？

全体としては標準的なレベルであるが，問題量・試験時間を考えると，決して侮ることはできない。つまずいたり，手間のかかる設問に時間を取られすぎないよう，時間配分には特に気をつけたい。古文を20分，現代文の2題をそれぞれ25分ずつ程度で済ませ，残りの時間を見直しに充てるとよいだろう。

対策

01 現代文

評論文を中心に，確実な読解力を養うことが大切である。文脈を正確に読み取る練習を平素から心がけ，指示語の内容や接続関係などを確認しつつ，文章全体の主旨をつかむ練習をしていくこと。どのような文章にも対応できるよう，新聞の文化欄の評論や随筆，話題になっている新書などさまざまな文章にふれるようにしよう。『ちくま評論文の論点21』（筑摩書房）などの評論アンソロジーを利用してもよい。さらに力を伸ばすには，文章の要旨を自分の言葉でまとめてみるなどすると，より理解力・表現力が身につくようになる。

文章に慣れてきたら，『体系現代文』（教学社）などの問題集に取り組もう。選択問題にあたる際には，正解の選択肢だけでなく，不正解の選択肢の根拠まで説明できるくらい，明確に理解するようにしておくとよい。特に，内容真偽の問題がよく出題されているので，こうした取り組みは大切である。解く際には自分の安易な思い込みや直感に頼るのではなく，なぜ合致するのか，あるいはしないのかを，本文と照らし合わせながら判断する癖をつけること。そうして問題演習を重ねていけば，素早く正確に判断できるようになる。また，設問の選択肢に本文中の言葉がそのまま出てこない場合もあるので，語彙を増やすことも必要である。わからない言葉はそのつど辞書で意味を確認するようにしよう。

漢字の書き取りの問題は，全体としては標準的である。漢字の問題集を１冊繰り返し解き，知識を確実なものにして，得点源としたい。

02 古 文

まずは，授業の予習・復習を基本に据え，基礎的な知識（文法・重要古語）を確実に身につけることが大切である。特に，動詞・助動詞の活用をおさえて確実に品詞分解ができるようにしておくことや，敬語の使い方に習熟することは重要である。文法書を利用して整理しておきたい。重要古語については，基本的なものは単語集などできちんと覚えた上で，文章を読む際に前後の内容との整合を踏まえて解釈することが大切である。古典常識に関しては，『大学入試 知らなきゃ解けない古文常識・和歌』（教学社）を利用するとよい。基本事項が固まったら，問題集などで演習をしておくこと。主語・目的語を確かめ，敬語の用法などにも注意しながら，人物関係を把握し，内容を読み取る練習をしておく必要がある。

03 過去問での演習を

内容真偽など解くのに時間を要する問題も含まれているので，時間配分なども考えながら過去問演習をしておこう。また，必ず答え合わせをして，現代文の漢字や古文の文法などの知識問題はもちろんのこと，読解問題についても間違えた箇所は原因を分析し，正解に至る過程と根拠を明らかにしておくことが大切である。

立教大「国語」におすすめの参考書

Check!

- ✓『ちくま評論文の論点 21』（筑摩書房）
- ✓『体系現代文』（教学社）
- ✓『大学入試 知らなきゃ解けない古文常識・和歌』（教学社）

2024年度

問題と解答

一般入試（文系学部〈大学独自の英語を課さない日程〉）

問題編

▶試験科目・配点

学　部		教　科	科　　　目	配　点
文	キリスト教、文、教育	外国語	英語資格・検定試験のスコアまたは大学入学共通テスト「英語」を得点化	200点
		国　語	国語総合（漢文を除く），現代文Ｂ，古典Ｂ（漢文を除く）	200点
		地歴・数学	日本史Ｂ，世界史Ｂ，地理Ｂ，「数学Ⅰ・Ⅱ・Ａ・Ｂ（数列，ベクトル）」のうちから１科目選択	150点
	史	外国語	英語資格・検定試験のスコアまたは大学入学共通テスト「英語」を得点化	200点
		国　語	国語総合（漢文を除く），現代文Ｂ，古典Ｂ（漢文を除く）	200点
		地歴・数学	日本史Ｂ，世界史Ｂ，地理Ｂ，「数学Ⅰ・Ⅱ・Ａ・Ｂ（数列，ベクトル）」のうちから１科目選択	200点
異文化コミュニケーション，観光		外国語	英語資格・検定試験のスコアまたは大学入学共通テスト「英語」を得点化	200点
		国　語	国語総合（漢文を除く），現代文Ｂ，古典Ｂ（漢文を除く）	200点
		地歴・公民・数学	日本史Ｂ，世界史Ｂ，地理Ｂ，政治・経済，「数学Ⅰ・Ⅱ・Ａ・Ｂ（数列，ベクトル）」のうちから１科目選択	150点
経　済		外国語	英語資格・検定試験のスコアまたは大学入学共通テスト「英語」を得点化	150点
		国　語	国語総合（漢文を除く），現代文Ｂ，古典Ｂ（漢文を除く）	150点
		地歴・公民・数学	日本史Ｂ，世界史Ｂ，政治・経済，「数学Ⅰ・Ⅱ・Ａ・Ｂ（数列，ベクトル）」のうちから１科目選択	100点
経　営		外国語	英語資格・検定試験のスコアまたは大学入学共通テスト「英語」を得点化	150点
		国　語	国語総合（漢文を除く），現代文Ｂ，古典Ｂ（漢文を除く）	100点
		地歴・公民・数学	日本史Ｂ，世界史Ｂ，政治・経済，「数学Ⅰ・Ⅱ・Ａ・Ｂ（数列，ベクトル）」のうちから１科目選択	100点

社 会	外国語	英語資格・検定試験のスコアまたは大学入学共通テスト「英語」を得点化	100 点
	国 語	国語総合（漢文を除く），現代文Ｂ，古典Ｂ（漢文を除く）	100 点
	地歴・公民・数学	日本史Ｂ，世界史Ｂ，地理Ｂ，政治・経済，「数学Ⅰ・Ⅱ・Ａ・Ｂ（数列，ベクトル）」のうちから１科目選択	100 点
法	外国語	英語資格・検定試験のスコアまたは大学入学共通テスト「英語」を得点化	200 点
	国 語	国語総合（漢文を除く），現代文Ｂ，古典Ｂ（漢文を除く）	200 点
	地歴・公民・数学	日本史Ｂ，世界史Ｂ，政治・経済，「数学Ⅰ・Ⅱ・Ａ・Ｂ（数列，ベクトル）」のうちから１科目選択	100 点
コミュニティ福祉	外国語	英語資格・検定試験のスコアまたは大学入学共通テスト「英語」を得点化	200 点
	国 語	国語総合（漢文を除く），現代文Ｂ，古典Ｂ（漢文を除く）	200 点
	地歴・公民・数学	日本史Ｂ，世界史Ｂ，地理Ｂ，政治・経済，「数学Ⅰ・Ⅱ・Ａ・Ｂ（数列，ベクトル）」のうちから１科目選択	100 点
現代心理	外国語	英語資格・検定試験のスコアまたは大学入学共通テスト「英語」を得点化	150 点
	国 語	国語総合（漢文を除く），現代文Ｂ，古典Ｂ（漢文を除く）	150 点
	地歴・公民・数学	日本史Ｂ，世界史Ｂ，地理Ｂ，政治・経済，「数学Ⅰ・Ⅱ・Ａ・Ｂ（数列，ベクトル）」のうちから１科目選択	100 点
スポーツウエルネス	外国語	英語資格・検定試験のスコアまたは大学入学共通テスト「英語」を得点化	150 点
	国 語	国語総合（漢文を除く），現代文Ｂ，古典Ｂ（漢文を除く）	100 点
	地歴・公民・数学	日本史Ｂ，世界史Ｂ，地理Ｂ，政治・経済，「数学Ⅰ・Ⅱ・Ａ・Ｂ（数列，ベクトル）」のうちから１科目選択	100 点

▶備　考

- 各試験日の対象学部と実施科目は以下の通り。
（◎印＝本書に掲載，●印＝掲載省略）

試験日	学部＼科目	英語	国語	選択科目 日本史※	世界史※	政治・経済	地理	数学※
2/6(火)	文学部 異文化コミュニケーション学部 経済学部 経営学部 社会学部 法学部 観光学部 コミュニティ福祉学部 現代心理学部 スポーツウエルネス学部	英語外部試験のスコアまたは大学入学共通テストの英語得点を活用	◎		◎			◎
2/8(木)			◎	◎	◎		◎ ※2	
2/9(金)			●	◎				◎
2/12(月)			●	●	●	◎ ※1		
2/13(火)			●	●	●			

※１　「政治・経済」は文学部以外の学部が対象
※２　「地理」は経済・経営・法学部以外の学部が対象
※「日本史」・「世界史」・「数学」は全学部対象

- 「外国語」については，大学指定の英語資格・検定試験を利用することができる。いずれの資格・検定試験にも最低スコア基準の設定はない。複数の資格・検定試験のスコアを提出することも可能。また，大学入学共通テストの「外国語（『英語』）」も利用できる。

日本史

◀2月8日実施分▶

(60分)

I．次の文を読み，下記の設問A・Bに答えよ。解答は解答用紙の所定欄にしるせ。

(高校生のXさんとYさんの会話)

X：自分なりの視点で日本史の教科書を読みなおせというレポート課題が出たんだけど，私たちの班は動物の歴史にしようか。人間にとって身近な存在だからね。でも，そもそも教科書にはあまり出てこないかな。

Y：そんなことはないよ。教科書の冒頭には，氷河期に日本列島が大陸と地続きになって，オオツノジカやナウマンゾウのような大型動物がやってきて，人間たちもこれを追って渡ってきたという話が出てくる。よく読むと，動物も人間の歴史と密接に関わっているんじゃないかな。一緒に読んでみようよ。

X：うん。その後，温暖化の中で，日本列島では森林が広がり，それを利用した生活がみられるようになる1)とともに，比較的小さくて動きの早いイノシシやニホンシカが中心になった，と書かれている。

Y：「魏志」倭人伝2)には「その地，牛・馬・虎・豹・羊・鵲(かささぎ)なし」とある。教科書をみると，馬は古墳3)の埋葬品に関する記述によく登場するが，もともと日本にはいなかったんだね。ただ，豚は弥生時代には地域によって飼育されていたという説が教科書には書かれている。豚はイノシシが家畜化されたものと考えられている。鹿はどうだったんだろう。

X：弥生時代の祭器には，鹿の姿が描かれていることがある4)。稲作儀礼に捧げられる生贄だったようだ。

Y：古墳時代のところでは，鹿などの動物の骨を焼いて吉凶を占う「(　イ　)の法」なるものもでてくる。鹿はそうした神秘的な存在だった一方で，人間にとって利用可能な資源の宝庫だ。縄文時代には骨角器にも使われていたが，『万葉集』5)には角や耳，目，爪，毛，皮，肝など鹿は身体のすべてが利用可能だという歌が出てくる。

X：神秘的な存在であるといえば，アイヌ6)文化における熊みたいだね。

Y：一方，いまの私たちにとって身近な動物があまり出てこない。『枕草子』には猫の話が出てくるし，和歌7)にもよまれているのに。動物が出てくるシーンは生産や流通との関連が多いよね。人間に身近な存在としては動物は出てこないね。

X：兼好法師の著名な随筆『(　ロ　)』には，「養い飼うものには，馬牛」がよく，犬は「守り防ぐつとめ」を果たすから家ごとに飼うようにと書かれている。有用性の観点から牛馬犬が挙げられている。ほかの鳥や獣は飼ってはいけない，と。

Y：中世のところをみると，牛を農耕に使っている図8)が出てくる。一方，馬は軍事目的でも使われているね。(　ハ　)という武士がつくらせ，自己の姿を描かせたという『蒙古襲来絵詞（絵巻）』には，血を流す馬の姿も描かれている。「東郷荘絵図」9)には牧野を駆ける馬の姿も描かれており，貴重な財産だったことが分かる。

X：犬は意外と出てこないね。日本史では，流鏑馬・笠懸とならんで騎射三物のひとつとされる(　ニ　)くらいか。

Y：犬といえば，近世には徳川綱吉10)の時代の生類憐みの令がある。それ以前の犬の歴史をみると，可愛がってきただけじゃなく，犬を競わせたり，犬を食べたりしていた11)という記録もある。

X：授業で先生が言っていたけど，豊臣秀吉12)はある宣教師に対して牛馬を食べているのは本当かと質問し，宣教師側は「ポルトガル人は牛は食べるが馬は食べない」と答えたらしい。

Y：日本でも，肉を食べていたけど，海や川が多くて，人間はそこからたんぱく質をとっていたからね13)。山がちだから馬車は発達しなかったが，馬は運送にも使われていた。

X：近代になると，文明開化で牛鍋を食べだすというイメージがある。

Y：軍事利用も進むよ。軍用犬が重要になるが，教科書には出てこないね。絶滅する動物も増える。有名なのはニホンオオカミで，1905年14)を最後に確実な生存情報がなく，絶滅してしまったらしい。

X：「天敵」だったニホンオオカミが絶滅したせいで，イノシシや鹿が増えてしまって，作物を食い荒らしているとニュースで見たよ。

Y：一方で，台湾15)では野生のタイワンジカはいったん絶滅してしまったという。日本ではいまでも奈良16)に行くと，鹿は神様の使いとして大事にされているけどね。日本人は森や動物と長い間共生してきましたというお決まりのお話にしないよう，教科書の記述のなかにも動物の姿をきちんと読みとりたい。よいレポートを書こう。

A．文中の空所(イ)～(ニ)それぞれにあてはまる適当な語句をしるせ。

B．文中の下線部１)～16)にそれぞれ対応する次の問１～16に答えよ。

1．これに関する記述として正しくないのはどれか。次のａ～ｄから１つ選び，その記号をマークせよ。

ａ．完新世には，東日本には照葉樹の森，西日本には落葉広葉樹の森が広がった

ｂ．縄文時代の三内丸山遺跡からクリの遺物が出土している

ｃ．平安時代には，真言宗・天台宗と山岳信仰が結びつき，修験道の源流となった

ｄ．室町時代には大鋸が伝わり，幅広い薄板を簡単に切り出せるようになった

2．これに書かれていることとして正しいのはどれか。次のａ～ｄから１つ選び，その記号をマークせよ。

ａ．王はいたが，身分差は生まれず，奴隷も存在しなかった

ｂ．国々に市があり，中国から輸入した永楽通宝が利用されていた

ｃ．女王には夫がおり，国政を補佐していた

ｄ．男子は顔や体に入れ墨をしていた

3．これに関する記述として正しいのはどれか。次のａ～ｄから１つ選び，その記号をマークせよ。

ａ．埼玉県の稲荷山古墳からは「辛亥」年と刻まれた鉄剣が出土した

ｂ．出現期の前方後方墳として箸墓古墳は最大の規模をもつ

ｃ．前方後円墳は東北地方にはつくられなかった

ｄ．竪穴式石室には，家族を追葬することができた

4．次の図はこれに関するものである。この祭器の名を漢字２字でしるせ。

(全体図)

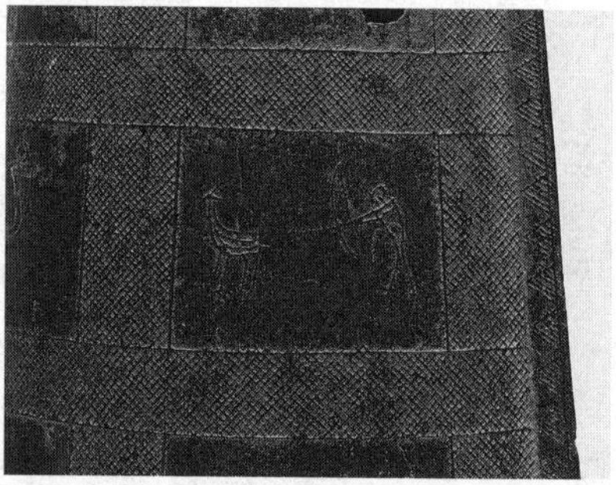

(部分拡大図)

著作権の都合により，２枚とも類似の写真と差し替えています。

5．これに関する記述として正しくないのはどれか。次のａ～ｄから１つ選び，その記号をマークせよ。

ａ．歌約4500首を収録した

ｂ．最終的な編者は柿本人麻呂であるといわれている

ｃ．民衆たちがよんだ東歌や防人歌がある

ｄ．山上憶良は貧窮問答歌で農民の苦しみをよんだ

6．実際には開拓使以来の同化政策であったが，1899年にこれの保護を名目として制定された法律は何か。その名をしるせ。

7．これとともに，平安期には漢詩文も盛んになり，藤原公任はこれと漢詩文を集めた選集をあらわした。その名をしるせ。

8．次の図はこれに関するものである。牛に引かせて，田を起こしている道具は何か。下記のａ～ｄから１つ選び，その記号をマークせよ。

ａ．犂　　ｂ．鍬　　ｃ．千歯扱　　ｄ．唐箕

9．これは，田地・山林・牧野などをそれぞれ地頭分・領家分に二分したことにもとづいて作成された絵図である。このように分割することを何と呼ぶか。その名をしるせ。

10．この人物の発した武家諸法度の次の文中の空所〈あ〉・〈い〉にあてはまる語句の組み合わせとして正しいのはどれか。次のａ～ｄから１つ選び，その記号をマークせよ。なお，史料は一部改変してある。

一　文武＜　あ　＞を励し，礼儀を正すべき事

(中略)

附（つけたり），＜　い　＞の儀，弥（いよいよ）制禁せしむる事

ａ．〈あ〉：弓馬　　〈い〉：殉死

ｂ．〈あ〉：弓馬　　〈い〉：末期養子

ｃ．〈あ〉：忠孝　　〈い〉：殉死

d．〈あ〉：忠孝　　〈い〉：末期養子

11．これに関する次の文中の空所〈う〉・〈え〉にあてはまる語句の組み合わせとして正しいのはどれか。下記のａ～ｄから１つ選び，その記号をマークせよ。

鎌倉幕府最後の得宗である北条＜　う　＞は，『太平記』によれば，田楽と闘犬を好んだという。また，織田信長に面会したり，日本布教史となる『日本史』を執筆した＜　え　＞は「ヨーロッパ人は犬は食べないで，牛を食べる。日本人は牛を食べず，家庭薬として見事に犬を食べる」と書いている。しかし，生類憐みの令では，野犬を殺して食べることが禁じられ，闘犬も今では土佐など一部の地域でみられる程度である。

ａ．〈う〉：貞時　　〈え〉：ヴァリニャーニ（ヴァリニャーノ）

ｂ．〈う〉：貞時　　〈え〉：フロイス

ｃ．〈う〉：高時　　〈え〉：ヴァリニャーニ（ヴァリニャーノ）

ｄ．〈う〉：高時　　〈え〉：フロイス

12．次の図は，この人物が鋳造させた貨幣である。その名を漢字４字でしるせ。

13．これに関連する記述として**正しくない**のはどれか。次のａ～ｄから１つ選び，その記号をマークせよ。

ａ．大原女は鵜飼い集団の女性で，中世には鮎売りの商人として活躍した

ｂ．紀伊・土佐などでは，江戸時代には網や銛を駆使した捕鯨が行われた

ｃ．薩摩・土佐・伊豆では，江戸時代には鰹節が特産品となった

ｄ．長屋王邸宅跡出土木簡によれば，アワビや海草が贄として貢納されていた

14．この年の出来事として正しいのはどれか。次のａ～ｄから１つ選び，その記号をマークせよ。

ａ．桂・タフト協定がむすばれた

ｂ．第１次日英同盟協約がむすばれた

c．朝鮮総督府がおかれた

d．鉄道国有法が成立した

15. これに関する記述として正しくないのはどれか。次のa～dから1つ選び，その記号をマークせよ。

a．樺山資紀が，これにおかれた総督府の初代総督に任命された

b．鄭成功は，これを拠点に明朝の復興運動をおこなった

c．豊臣秀吉は，高山国と呼ばれていたこれに対して服属・朝貢を要求したが，実現しなかった

d．琉球処分ののち，日本は琉球漂流民殺害事件を機にしてこれに出兵した

16. この地にある，藤原氏の氏社で，その神木である榊が強訴に利用されたことで知られる神社を何というか。その名をしるせ。

Ⅱ．次の文1～6を読み，下記の設問A・Bに答えよ。解答は解答用紙の所定欄にしるせ。

1．18世紀後半以降，イギリスをはじめとする欧州各国やアメリカの工業生産力は飛躍的に進展した。欧米列強は，市場と原料の確保をめざしてアジアへの進出を本格化させた[1)]。1853年に日本の開国を求める東インド艦隊司令官ペリーが浦賀沖に来航し，翌年には強い軍事的な圧力の下で，日米和親条約[2)]が締結され，幕府の対外政策は大きな転換点を迎えることとなった。1858年に日米修好通商条約が締結され，翌年から横浜・長崎・箱館の3港で自由貿易が開始された。開港に際して，海外と日本で異なる金銀比価により，10万両以上の金貨が海外に流出したため，幕府は金貨の品質を大幅に引き下げた（　イ　）小判を鋳造して対処した。しかし，貨幣の実質価値の低下は，物価高騰に拍車をかけ，貿易への反感が強まって攘夷運動[3)]を激化させた。

2．戊辰戦争での戦費や行政費をまかなうには明治新政府の財政基盤[4)]は弱く，新政府は福岡孝弟らとともに五箇条の誓文を起草した（　ロ　）の建議に基づいて，太政官札などを大量に発行した。新政府は混乱した通貨制度を統一するため，1871年に新貨条例を公布し，円・銭・厘の単位を用いる新たな貨幣体系を採用した。翌年に新政府はドイツで印刷され，新紙幣やゲルマン札とも称された（　ハ　）札を発行し，紙幣の整理統一を図った。

続いて新政府は，近代的な銀行制度を導入するため，1872年に国立銀行条例を公布[5)]

し，1879年までに全国で153の国立銀行の設立が許可された。1882年には中央銀行として日本銀行が設立された。1885年から銀兌換の銀行券も発行され，銀本位の貨幣制度が整えられた。

3．日清戦争後，清から巨額の賠償金を得た政府は，賠償金の一部を準備金として，金本位制を確立した。産業に資金を供給する特殊銀行として，1897年に（　ニ　）銀行，1899年に台湾銀行，1902年に日本興業銀行，そして各府県に農工銀行が設立された。金融制度の整備が進む中で，この間に産業も大きく発展し，三井・三菱などの政商は，官業払下げを受けて，金融・貿易・運輸・鉱山業などを中心に多角的経営を展開し，やがて財閥に成長6)していった。

4．1920年代の長期不況の中で，第一次世界大戦中に停止した金本位制への復帰が待望されるようになった。張作霖爆殺事件の処理で天皇の不信を買った（　ホ　）内閣が総辞職し，その後に組閣した立憲民政党の浜口雄幸内閣は，大蔵大臣に井上準之助を起用して金解禁を実施7)した。しかし，1929年に生じた世界恐慌の波及と金解禁実施のための物価引下げによる不況が重なり，日本は深刻な恐慌状態となった。第２次若槻礼次郎内閣8)を経て，1931年12月に成立した犬養毅内閣の高橋是清蔵相は，金輸出再禁止を断行した。日本経済は金本位制を離脱し，事実上の管理通貨制度に移行した。

5．1945年９月２日，東京湾内のアメリカ軍艦（　ヘ　）号上で日本政府および軍代表が降伏文書に署名して，約４年にわたった太平洋戦争は終結した。極度の物不足に加えて，終戦処理などで通貨が増発されたため，猛烈なインフレーションが発生した。日本政府は1946年に（　ト　）令を施行し，預金封鎖を実施してインフレを押さえ込もうとした。しかし，効果は一時的で経済事情はさらに悪化した。

1948年にＧＨＱは，第２次吉田茂内閣に対して経済安定九原則を指示した。翌年に銀行家のドッジがＧＨＱ顧問として来日し，九原則の施策をドッジ＝ラインとして指導し9)た。その結果，インフレは沈静化し，日本経済の自立と安定が図られた。

6．高度経済成長を経て経済大国となった日本は，ドル危機による変動相場制への移行，２度の石油危機を乗り越えて，安定成長を続けた。日本の貿易黒字は大幅に拡大し，為替相場では円高基調が定着した。1985年のプラザ合意後は，円高が一気に加速していった。1980年代以降，アメリカのレーガン政権やイギリスのサッチャー政権に代表される大幅減税や規制緩和による「小さな政府」をめざす（　チ　）主義の思想が強い影響力を持つようになった。1980年代後半に「バブル経済」を迎えるものの，日本経済は1990年代以降，長期不況と低成長の時代が続くことになった。2000年代後半には，アメリカ４位の投資銀行（　リ　）の2008年９月の破綻をきっかけとして，世界的な金融危機が生じ，日本も大きな影響を受けた。

A．文中の空所(イ)～(リ)それぞれにあてはまる適当な語句をしるせ。

B．文中の下線部１)～９)にそれぞれ対応する次の問１～９に答えよ。

1．これに関する次の文中の空所〈あ〉・〈い〉それぞれにあてはまる語句の組み合わせとして正しいのはどれか。下記のａ～ｄから１つ選び，その記号をマークせよ。なお，史料は一部改変してある。

　オランダ国王は，将軍＜　あ　＞に対して，アヘン戦争を教訓に日本は開国して，欧米諸国との紛争を回避するように，下記のような親書を送った。

　謹(つつし)んで古今の時勢を通考するに，天下の民ハ速(すみやか)ニ相親(あいした)しむものにして，其勢(いきおい)ハ人力のよく防ぐ所に非(あら)ず。＜　い　＞を創製せるにより，以来(このかた)各国相距(へだた)ること遠くて猶(なお)近きに異ならず。・・・是(ここ)に殿下に丁寧(ていねい)に忠告する所なり。

ａ．〈あ〉：家定　　〈い〉：蒸気船　　ｂ．〈あ〉：家定　　〈い〉：電信
ｃ．〈あ〉：家慶　　〈い〉：蒸気船　　ｄ．〈あ〉：家慶　　〈い〉：電信

2．これに関する次の文中の空所〈う〉にあてはまる語句を漢字５字でしるせ。

　他国と結んだ条約において，日本がアメリカ以外の国に対して，より有利な条件を与えた時はアメリカに自動的にその条件を認める＜　う　＞を与えることが取り決められた。

3．これに関する記述として**正しくない**のはどれか。次のａ～ｄから１つ選び，その記号をマークせよ。

ａ．品川御殿山に建築中のイギリス公使館が，高杉晋作らによって焼打ちされた
ｂ．島津久光の行列を横切ったイギリス人が，生麦で殺傷された
ｃ．高輪東禅寺のフランス仮公使館が，水戸脱藩浪士に襲撃された
ｄ．ハリスの通訳であったヒュースケンが斬殺された

4．これを安定させるために地租改正が実施され，土地所有者に地券が発行された。次の地券について，1877年の税率改正後の地租として正しいのはどれか。下記のａ～ｄから１つ選び，その記号をマークせよ。なお，下記のａ～ｄの数値は，厘未満で四捨五入している。

大日本帝國政府
明治九年改正
地券
若狭國三方郡世久見浦第五拾七號
字小坂第貮拾五番
一柴山壹町三反八畝廿壹歩
同國同郡同浦
持主 長谷利吉
地價*1 三圓*2四拾*3七錢*4
[redacted]
地租
地租
右検査之上授與之
明治十二年十月四日
滋賀縣

*1価　*2円　*3十　*4銭

注：図は一部を加工している。

a．1円21銭5厘　b．17銭4厘

c．10銭4厘　d．8銭7厘

5．これに関する記述として正しくないのはどれか。次のa～dから1つ選び，その記号をマークせよ。

a．アメリカの制度を参考にして，この条例が制定された

b．華族の金禄公債を原資として，第十五国立銀行が設立された

c．渋沢栄一が中心となって，第一国立銀行が設立された

d．1876年の条例改正により，正貨兌換義務が課された

6．これに関する次の出来事ⅰ～ⅲについて，もっとも古いものから年代順に並んでいる組み合わせはどれか。下記のa～fから1つ選び，その記号をマークせよ。

ⅰ．北海道の開拓使官有物払下げが批判を招いて中止された

ⅱ．三菱が長崎造船所の払下げを受けた

ⅲ．持株会社の三井合名会社が設立された

a．ⅰ－ⅱ－ⅲ　b．ⅰ－ⅲ－ⅱ　c．ⅱ－ⅰ－ⅲ

d．ⅱ－ⅲ－ⅰ　e．ⅲ－ⅰ－ⅱ　f．ⅲ－ⅱ－ⅰ

7．これに関する次の文ⅰ・ⅱについて，その記述の正誤の組み合わせとして正しいのはどれか。下記のa～dから1つ選び，その記号をマークせよ。

ⅰ．金解禁による円相場の下落により，輸出が大きく増加したが，原料輸入により，正貨（金）が大量に海外に流出した

ⅱ．立憲民政党は1930年初めの総選挙で，金解禁を掲げて勝利し，衆議院で過半数を得た

a．ⅰ：正　ⅱ：正　　b．ⅰ：正　ⅱ：誤

c．ⅰ：誤　ⅱ：正　　d．ⅰ：誤　ⅱ：誤

8．これの時に発生した出来事に関する記述として正しいのはどれか。次のａ～ｄから1つ選び，その記号をマークせよ。

a．関東軍が奉天郊外の柳条湖で，南満州鉄道の線路を爆破した

b．緊急勅令による日本銀行の特別融資で，台湾銀行の救済を試みた

c．国際連盟にリットン調査団の報告書が提出された

d．日満議定書を取り交わして，満州国を承認した

9．これについて，「ドッジは」という書き出しで，55字以内（「ドッジは」も含む）で説明せよ。

◀2月9日実施分▶

(60分)

I. 次の文1～5を読み，下記の設問A・Bに答えよ。解答は解答用紙の所定欄にしるせ。

1．律令国家の制度のもとで人民に課せられた負担のうち，租は口分田[1)]などの広さに応じて収穫した稲を納めさせる税であった。米の生産と流通をめぐる事柄は，この後も日本の社会経済の中心的な課題となっていく。

日本列島における農耕の始期については諸説あるが，麦類や雑穀類なども長い栽培の歴史を有していると考えられる。蒙古襲来の前後から農業の発展が広く見られるようになり，早くから開発の進んだ畿内とその周辺地域では麦を裏作とする二毛作が普及していった。1420年に朝鮮からの使節として来日した宋希璟[2)]が，当時の道中での見聞を著した『老松堂日本行録』では，尼崎付近で大麦・小麦，米，そばの三毛作がおこなわれていたことも記されている。

2．3世紀に晋の（　イ　）によって編纂された『三国志』の一つである『魏書』の東夷伝倭人条では，倭の地では飲食の際には手づかみで食べていたと記されていた。奈良時代[3)]や平安時代の朝廷の宴会では，箸と匙(さじ)を用いる中国からもたらされた食事のマナーがとり入れられることとなった。箸の使用は，やがて民衆にも普及していった。

中国の食文化は，その後も日本の食文化にとり入れられていった。茶も中国から日本に伝えられたものの一つであり，9世紀前半，嵯峨天皇[4)]が中国に留学経験をもつ僧侶の寺院で茶を飲んだことが記録されている。遣唐使[5)]の渡海は830年代に出発したものを最後に途絶えたが，中国からの商人の来航や僧侶の往来は続き，入宋した栄西によって茶樹が持ち帰られた。栄西は将軍源実朝[6)]に茶を良薬として飲ませ，『喫茶養生記』も著した。茶を飲む習慣は寺院と上級武士からやがて民衆の間にも広まり，薬効を求めるものから嗜好品としての飲み物になっていった。南北朝時代になる頃には，武士社会で茶寄合がおこなわれ，茶の種類を当てる（　ロ　）が流行した。『建武式目』[7)]の中では，茶寄合や連歌会と称して多数の人が集まり賭け事が盛んに行われている状況への言及がみられる。やがて15世紀後半になると質素な茶室で心の静けさを求める侘茶が創始された。この侘茶の方式は，千利休によって大成されることとなる。侘茶からは，書院造の中に[8)]

草庵風の茶室を取り入れた新たな建築様式が生み出され，茶会の前半の食事として懐石料理も生み出された。

3．大航海時代と呼ばれる時代に入ると，ヨーロッパ人によって様々な新たな文物がアジアにもたらされていった。中央アメリカ原産であるサツマイモも，スペイン人がルソンにもたらし，それが中国南東部，さらには琉球に伝えられ，琉球から平戸に伝えられたとされる。また，ルソンから薩摩に伝えられたことも知られている。

琉球王国は，15世紀前半に中山王の（　ハ　）が三山を統一して成立し，中継貿易で繁栄していたが，1609年，島津氏に征服され薩摩藩の支配下に入った。江戸幕府は薩摩藩の琉球支配を認めつつ，中国との関係を維持するため，琉球を王国として存続させた。琉球では，新しい王の即位のたびに，中国の皇帝から（　ニ　）使と呼ばれる使節団が送られ，（　ニ　）を受けて中国と朝貢貿易をおこなう関係を続けた。薩摩藩は琉球の通商交易権を掌握し，琉球で生産された黒砂糖を上納させ，利益を得ていった。

4．江戸幕府の政策では，豊臣政権[9)]が確立した石高制が引き継がれた。幕府は，17世紀半ばから後半にかけては，年貢負担者である本百姓の小経営を維持する農政[10)]を打ち出していった。しかし，商品作物の栽培の普及などがもたらす農村社会の変化は，やがて幕府の様々な対応策をもってしても押しとどめることは困難となっていった。

江戸時代には，河川の舟運や海上交通の整備が進んだ。とりわけ大坂[11)]には全国の物資が集中し，最大の消費都市である江戸に物資が廻送された。例えば，醸造業の発達の中で（　ホ　）や酒は，大坂から江戸への代表的な「下り荷」となった。しかし，のちに江戸地廻り経済圏が成立するようになると，下総の野田や銚子で作られた濃口の（　ホ　）は地廻り商品として著名な存在となっていった。

5．近代以降の日本では牛肉食の広がりなど新たな食文化が展開していった。そして，地域差や生活環境による差を前提としつつも，近代の産業化が進む中で，国民の主食における米食率の向上と雑穀食の減少という変化があらわれた。シベリア出兵を前に米の投機的買占めがおこなわれて米価が高騰した際には，米騒動が起こり，この責任をとる形で（　へ　）を首相とする内閣は総辞職した。

アジア太平洋戦争末期には配給されるべき食糧が欠乏していたが，1945年は記録的な凶作でもあり，日本の降伏後においても深刻な食糧不足は続いた。1946年[12)]5月には食糧メーデーと呼ばれる「飯米獲得人民大会」が開催された。占領政策を円滑に進めていくことを意識したＧＨＱは食糧支援を実施し，大量の脱脂粉乳と小麦粉が日本に運び込まれた。これらによって，ミルクとパンによる戦後の学校給食が始まった。1950年代，アメリカ国内で余剰生産された小麦の処理が課題となる。1954年，日本が調印したＭＳＡ協定13)は，食糧援助と軍備増強がセットとなるものであった。パンを主食とする学校給食は，徐々に日本の食文化におけるパン食を広げていくことにつながったと考えられる。

A．文中の空所(イ)～(ヘ)それぞれにあてはまる適当な語句をしるせ。

B．文中の下線部１)～13)にそれぞれ対応する次の問１～13に答えよ。

1．これに関する次の文ⅰ・ⅱについて，その記述の正誤の組み合わせとして正しいのはどれか。下記のａ～ｄから１つ選び，その記号をマークせよ。

ⅰ．これは良民男子の正丁には２段，次丁にはその３分の２が班給された

ⅱ．これは６年に１度作成される計帳をもとに班給された

ａ．ⅰ：正　ⅱ：正　　ｂ．ⅰ：正　ⅱ：誤

ｃ．ⅰ：誤　ⅱ：正　　ｄ．ⅰ：誤　ⅱ：誤

2．この来日の前年に起こった，朝鮮による対馬への襲撃を何というか。その名をしるせ。

3．これに関する次の文ⅰ・ⅱについて，その記述の正誤の組み合わせとして正しいのはどれか。下記のａ～ｄから１つ選び，その記号をマークせよ。

ⅰ．宇佐八幡の神託と称して恵美押勝を天皇にしようとする動きがあったが，和気清麻呂らによって阻止された

ⅱ．720年代に渤海国から初めての日本への使節が派遣された

ａ．ⅰ：正　ⅱ：正　　ｂ．ⅰ：正　ⅱ：誤

ｃ．ⅰ：誤　ⅱ：正　　ｄ．ⅰ：誤　ⅱ：誤

4．この人物に関する記述として正しいのはどれか。次のａ～ｄから１つ選び，その記号をマークせよ。

ａ．畿内に官田を設けた

ｂ．この人物の命によって，『日本三代実録』が編纂された

ｃ．この人物のもとで貞観格式が完成した

ｄ．令外官として蔵人頭を設けた

5．これに関する記述として**正しくない**のはどれか。次のａ～ｄから１つ選び，その記号をマークせよ。

ａ．鑑真は幾度も渡日に失敗した後，帰国する遣唐使船に乗って来日を果たした

ｂ．遣唐使の航路は，初め北路をとったが，新羅との関係が悪化した８～９世紀には，

基本的により危険性が高い南路をとるようになった

c．遣唐留学生であった阿倍仲麻呂は，唐の玄宗皇帝に重用されて高官にのぼり，その地で客死した

d．舒明天皇は即位すると，630年に玄昉らを最初の遣唐使として派遣した

6．この人物に関する次の文 i ・ ii について，その記述の正誤の組み合わせとして正しいのはどれか。下記の a ～ d から１つ選び，その記号をマークせよ。

i．将軍在位中に，侍所の別当であった和田義盛が滅ぼされた

ii．和歌を学び，『金槐和歌集』を残した

a．i：正　ii：正　　b．i：正　ii：誤

c．i：誤　ii：正　　d．i：誤　ii：誤

7．この制定を含めた，これが制定される前後の出来事 a ～ d のうち，もっとも古いものを解答欄の i に，次に古いものを ii に，以下同じように iv まで年代順にマークせよ。

a．足利尊氏が征夷大将軍に任じられた

b．『建武式目』が定められた

c．後醍醐天皇が隠岐に流された

d．正中の変が起こった

8．桂離宮や修学院離宮に代表されるこの建築様式を何と呼ぶか。その名をしるせ。

9．これが確立する前後の出来事 a ～ d のうち，もっとも古いものを解答欄の i に，次に古いものを ii に，以下同じように iv まで年代順にマークせよ。

a．小田原の北条氏政を滅ぼした

b．全国の大名に対し，その領国の検地帳（御前帳）と国絵図の提出を命じた

c．秀吉が，関白に任じられた

d．秀吉が，太政大臣となり豊臣の姓を授けられた

10．これに関して，幕府は1643年に史料 i を出し，1673年に史料 ii を出した。幕府が史料 i を出す背景となった歴史的出来事と史料 i の目的，および史料 ii の目的を，70字以内で説明せよ。史料 i と史料 ii の名称や内容を記す必要はない。なお，史料は一部改変してある。

史料 i．

一　身上(しんしょう)能(よ)き百姓は田地を買取り，弥(いよいよ)宜(よろし)く成り，身体(しんたい)成らざる者は田畠を沽却(こきゃく)せしめ，猶々身上成るべからざるの間，向後田畠売買停止たるべき事。

史料 ii．

一　名主，百姓，田畑持候大積(おおづも)り，名主弐拾(二十)石以上，百姓は拾(十)石以上，それより内(うち)

に持候者は，石高猥(みだ)りに分(わ)け申すまじき旨(むね)御公儀様より仰せ渡され候間，自今以後その旨堅く相守り申すべき旨仰せ付けられ畏(かしこ)み奉り候。もし相背(そむ)き申し候はば，何様(いかよう)の曲事(くせごと)にも仰せ付けらるべく候事。

11. 江戸時代のこれに関する記述として正しいのはどれか。次のａ～ｄから１つ選び，その記号をマークせよ。

ａ．江戸との荷物輸送を独占するために十組問屋がつくられた

ｂ．駿府・長崎・奈良と同様に城代と町奉行が置かれた

ｃ．元大坂町奉行所与力で国学者の大塩平八郎が武装蜂起した

ｄ．蘭学者である緒方洪庵が適々斎塾（適塾）という私塾を開いた

12. この年の出来事でないのはどれか。次のａ～ｄから１つ選び，その記号をマークせよ。

ａ．学校教育法が制定された

ｂ．極東国際軍事裁判（東京裁判）が開始された

ｃ．日本国憲法が公布された

ｄ．持株会社整理委員会が発足した

13. これに関する次の文ⅰ・ⅱについて，その記述の正誤の組み合わせとして正しいのはどれか。下記のａ～ｄから１つ選び，その記号をマークせよ。

ⅰ．これの調印の後，警察予備隊が保安隊に改組された

ⅱ．これは鳩山一郎内閣の時に調印された

ａ．ⅰ：正　ⅱ：正　　ｂ．ⅰ：正　ⅱ：誤

ｃ．ⅰ：誤　ⅱ：正　　ｄ．ⅰ：誤　ⅱ：誤

Ⅱ. 次の文1・2を読み，下記の設問A・Bに答えよ。解答は解答用紙の所定欄にしるせ。

1．現在の東京都は伊豆諸島や小笠原諸島の島嶼(とうしょ)部を含み，南北及び東西の距離はいずれも1,500キロメートルを上回る。以下，これら島嶼部の歴史を振り返ってみよう。

小笠原諸島は1593年に小笠原貞頼が発見したという伝説があるものの，確かな史料はない。小笠原諸島への上陸に関する史料があるのは，17世紀後半のことである。遠州灘で遭難した紀州船が，1670年に母島と推測される無人島に漂着した。彼らは島で船をつくり，おそらく父島を経由して，漂着から数か月後に伊豆諸島の八丈島を経て下田に帰還した。当時はいわゆる鎖国の状態[1]になっていたが，江戸幕府はこの無人島を調査するため，堺出身で朱印船貿易[2]時代の航海術を継承していたとされる島谷市左衛門を船頭として，当時作らせていた外洋航海向きの富国寿丸を派遣した。彼らは1675年に小笠原諸島に到着し，島々の地図を作り緯度を測定した。小笠原諸島に関する記述は，ケンペルが著した『日本誌』や，林子平が朝鮮や琉球などを解説した地理書『(イ)』にもみられ，その存在は『(イ)』の翻訳などを通じて海外でも知られるようになった。

鳥島は伊豆諸島南部にある無人島である。江戸時代を通じて，太平洋で漂流した人々が鳥島に漂着し，飛来するアホウドリなどを貴重な食糧として生存する例が発生した。18世紀前半に漂着して約20年間の生存生活ののちに帰還した者たちもいれば，18世紀後半[3]に漂着した土佐の長平のように，途中1年以上にわたる単独での生存生活を経て，その後漂着した他の遭難者らとともに帰還した者もいる。のちに幕府が遣米使節を派遣した際に随行した幕府軍艦（ ロ ）で通訳をつとめたジョン万次郎も，1841年に鳥島への漂着を経験した。この頃には日本近海に外国船が度々現れるようになっており[4]，やがてアメリカの捕鯨船に救出された万次郎は，その後アメリカで教育を受けた。

小笠原諸島をめぐって，19世紀前半には，貿易の振興などを主張した著書『経済要録』で知られる（ ハ ）が『宇内混同秘策』においてその開発を主張した。また，小笠原渡航計画などの容疑で蘭学者らが逮捕され，幕政批判を理由に処罰された事件[5]も起きた。この頃，小笠原諸島にはハワイなどからの入植者が定住を始めていたものの，江戸幕府は幕末にようやく小笠原諸島の回収に着手した。久世広周と（ ニ ）らが老中を務めていた1860年代初頭，幕府は軍艦（ ロ ）を小笠原諸島に派遣した。幕府は各国代表に小笠原諸島の領有権を通告し，八丈島島民らによる入植を始めた。しかし，（ ニ ）が天皇の妹と将軍の結婚への反発から襲われて失脚し，薩摩藩士がイギリス人を殺傷した事件による日英関係悪化の影響もあり，幕府は小笠原諸島への入植者を撤退させた。

2．成立直後の様々な課題に対処していた明治政府[6]は小笠原諸島への対応に遅れていたが，1875年に明治丸を派遣し，翌年，日本による統治を各国に通告した。各国はこれに異論を唱えなかった。日本人の入植が始まり，島の開発が進んだ。1880年代には，朝鮮半島でクーデタに失敗した事件7)をきっかけに日本に亡命した金玉均が父島や母島に滞在していたこともある。

明治時代には，三宅雪嶺らとともに1888年に（ ホ ）を結成した志賀重昂などが南方の重要性を説くなか，南方で事業をおこなう者たちがあらわれた。八丈島出身の玉置半右衛門は，幕末と明治初期の双方の小笠原諸島開拓に関与したのち，主に羽毛の輸出のため鳥島でアホウドリ捕獲事業を営み大きな利益を上げた。玉置の事業の成功は南方の開拓を喚起した。1896年にマーカス島に上陸した水谷新六は，同島でアホウドリ事業を始めた。マーカス島は，1898年7月に第1次大隈重信内閣で内務大臣を務めていた（ ヘ ）の指示のもと，南鳥島と称して東京府の所管とされ日本の領土に編入された。1902年，肥料として使用される鳥糞（ふん）の堆積物グアノの採取を計画するアメリカ人がハワイを出港して南鳥島に来島する事件が起きたが，日本は軍艦笠置を派遣するなどして対応した8)。南洋のアホウドリ事業は，『日本之下層社会』の著者（ ト ）が著した『明治富豪史』にも言及がある一方で，従事した労働者の生活は過酷であった。また，乱獲はアホウドリ生息数の激減を招いた。1902年の鳥島大噴火を経て，鳥島でのアホウドリ事業は大正時代9)に1度終了した。1933年に鳥島は禁猟区となり，戦後，アホウドリは国の天然記念物に指定された。

日本人は太平洋の島々に進出した当初は主に鳥類を求めていたが，やがて資源の重要性も増した。第一次世界大戦後，ヴェルサイユ条約10)によって日本は太平洋の権益を拡大し，小笠原諸島は中継地としても栄えた。南洋諸島の行政のために設置された南洋庁が一時期，リン鉱石事業もおこなったほか，南洋興発株式会社11)が製糖業などをおこなった。太平洋戦争勃発後は太平洋の島々とその周辺海域が戦場となった12)。1944年には小笠原諸島民の本州への疎開が始まった一方で，軍属として島に残留した者もいた。父島や母島は，戦時中は米軍に直接占領されることはなかったが，戦後はアメリカの軍政下におかれた13)。本州に疎開していた島民のうち欧米系島民らは戦後まもなく帰島を許されたものの，それ以外の島民の帰島は1968年の小笠原諸島返還を待たなければならなかった。

小笠原諸島は2011年に世界自然遺産に登録された。東京の竹芝桟橋からフェリーで約24時間を要するにもかかわらず，独特の自然などによって多くの人々を魅了している。

A．文中の空所（イ）～（ト）それぞれにあてはまる適当な語句をしるせ。

B．文中の下線部1）～13）にそれぞれ対応する次の問1～13に答えよ。

1．これに関する次の出来事a～dのうち，もっとも古いものを解答欄のiに，次に古いものをⅱに，以下同じようにⅳまで年代順にマークせよ。

a．スペイン船の来航が禁止された

b．中国船を除く外国船の寄港地が平戸・長崎に制限された

c．日本人の海外渡航と在外日本人の帰国が禁止された

d．ポルトガル船の来航が禁止された

2．これに関する記述として正しいのはどれか。次のａ～ｄから１つ選び，その記号をマークせよ。

a．朱印状が与えられるのは日本人に限られた

b．東南アジア各地で中国の商人との出会貿易もおこなわれた

c．東南アジア各地に日本町が形成され，山田長政がマニラで活躍した

d．日本の金輸出額は世界の金産出額の３分の１におよんだ

3．この時期におきた出来事に関する記述として正しくないのはどれか。次のａ～ｄから１つ選び，その記号をマークせよ。

a．大槻玄沢が江戸に芝蘭堂を開いた

b．シーボルトが国外追放処分を受けた

c．杉田玄白らによって翻訳された『解体新書』が刊行された

d．尊王論を説いた山県大弐が処刑された

4．これに関する記述として正しいのはどれか。次のａ～ｄから１つ選び，その記号をマークせよ。

a．アメリカ船モリソン号が日本人漂流者を伴って来航し，浦賀と山川で撃退された

b．アメリカ東インド艦隊司令長官ビッドルが長崎に来航して通商を求めた

c．イギリス軍艦フェートン号が浦賀に侵入した

d．ロシア人ゴローウニン（ゴローニン）が日本人漂流者を伴って長崎に来航した

5．この事件で処罰された渡辺崋山らが加わっていた知識人の勉強会は何か。その名を漢字３字でしるせ。

6．これに関する次の文ⅰ・ⅱについて，その記述の正誤の組み合わせとして正しいのはどれか。下記のａ～ｄから１つ選び，その記号をマークせよ。

ⅰ．逓信省が中心となって，1872年に新橋・横浜間に鉄道を敷設した

ⅱ．版籍奉還と同じ年に，旧大名に金禄公債が与えられた

a．ⅰ：正　ⅱ：正　　b．ⅰ：正　ⅱ：誤

c．ⅰ：誤　ⅱ：正　　d．ⅰ：誤　ⅱ：誤

7．これに関する次の文ⅰ～ⅳについて，その記述が正しいものの組み合わせはどれか。下記のａ～ｄから１つ選び，その記号をマークせよ。

i．急進的な親日改革派が清仏戦争を好機と判断して起こした

ii．これの後，大井憲太郎らが朝鮮の政権を倒そうと計画して大阪などで逮捕された

iii．これをきっかけに，閔妃一派が清国依存に転換した

iv．日本は朝鮮政府と済物浦条約を結んでこれを解決した

a．i・ii　　b．i・iv　　c．ii・iii　　d．iii・iv

8．この際に南鳥島に赴いた外務省職員で，のち1917年に特派大使としてアメリカに派遣されて次の史料の協定を結んだ人物は誰か。その名をしるせ。なお，史料は一部改変してある。

合衆国及日本国両政府ハ，領土相近接スル国家ノ間ニハ特殊ノ関係ヲ生スルコトヲ承認ス，従テ合衆国政府ハ日本国カ支那ニ於テ特殊ノ利益ヲ有スルコトヲ承認ス，日本ノ所領ニ接壌セル地方ニ於テ殊ニ然リトス，尤モ支那ノ領土主権ハ完全ニ存在スルモノニシテ，合衆国政府ハ日本国カ其ノ地理的位置ノ結果右特殊ノ利益ヲ有スルモ，他国ノ通商ニ不利ナル偏頗ノ待遇ヲ与ヘ又ハ条約上ノ従来他国ニ許与セル商業上ノ権利ヲ無視スルコトヲ欲スルモノニ非サル旨ノ日本国政府累次ノ保障ニ全然信頼ス…（『日本外交文書』）

9．この時期に起きた出来事に関する記述として正しいのはどれか。次のa～dから1つ選び，その記号をマークせよ。

a．第1次山本権兵衛内閣の下で文官任用令が改正された

b．第2次西園寺公望内閣は立憲同志会を組織し，政権を維持しようとした

c．高橋是清内閣の下で小選挙区制が導入された

d．立憲国民党の犬養毅らが憲政擁護運動を起こし，清浦奎吾内閣が退陣した

10．これによって日本が委任統治権を得た地域を太線（━━）で示した図として正しいのはどれか。次のa～dから1つ選び，その記号をマークせよ。

a．

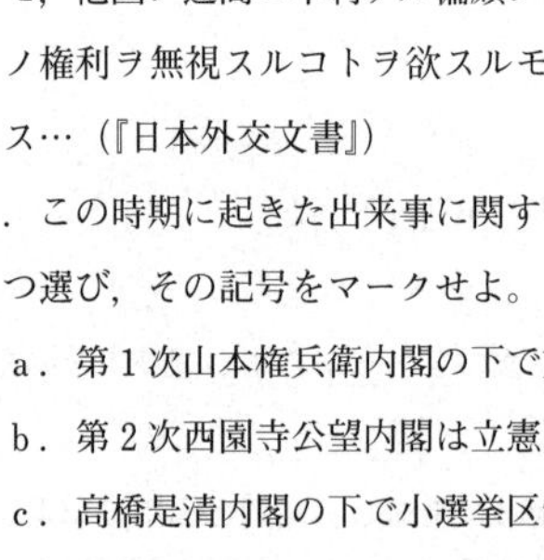

b．

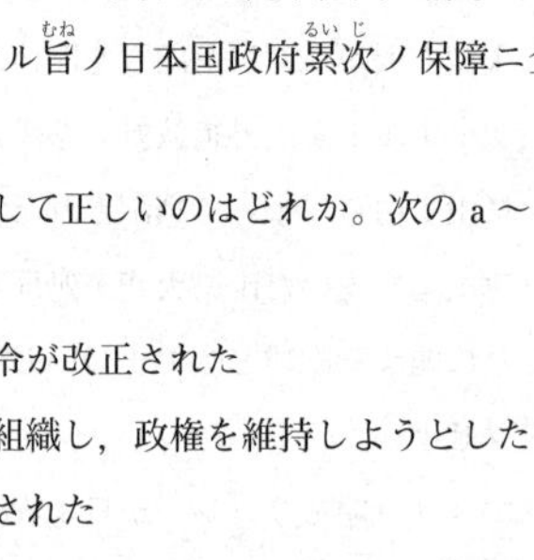

c.

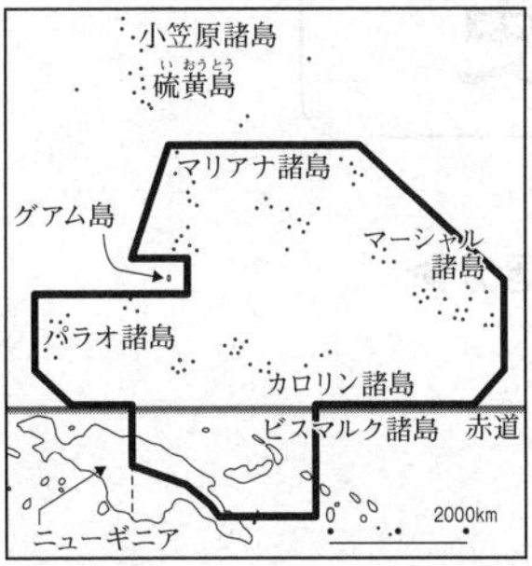

d.

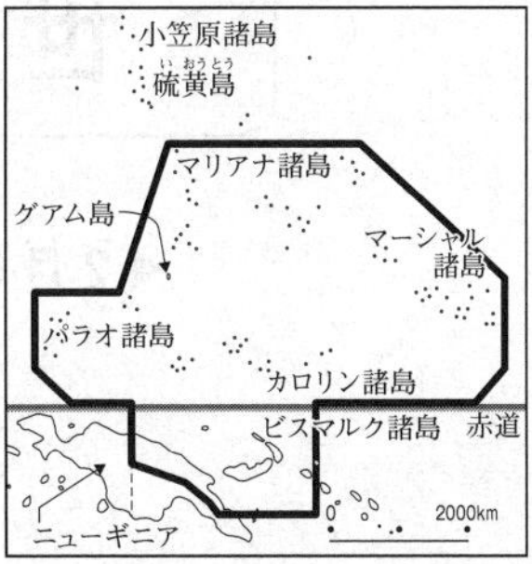

11. これの設立時に出資をした会社で，韓国の資源開発・殖産振興を目的として1908年に設立され，地主経営などを展開した会社は何か。その名をしるせ。

12. これに関する次の出来事ａ～ｄのうち，もっとも古いものを解答欄のⅰに，次に古いものをⅱに，以下同じようにⅳまで年代順にマークせよ。

ａ．サイパン島などが陥落し，東条英機内閣が総辞職した

ｂ．絶対国防圏が設定され，戦線の縮小維持などがはかられた

ｃ．日本軍はおびただしい餓死者を出すなどして，ガダルカナル島から撤退した

ｄ．レイテ島沖の海戦で，はじめて神風特別攻撃隊による体当たり攻撃がなされた

13. これに関連して，戦後の占領体制に関する次の文ⅰ・ⅱについて，その記述の正誤の組み合わせとして正しいのはどれか。下記のａ～ｄから１つ選び，その記号をマークせよ。

ⅰ．諮問機関の極東委員会が東京におかれた

ⅱ．ＧＨＱの指令・勧告にもとづいて日本政府が政治をおこなった

ａ．ⅰ：正　ⅱ：正　　　ｂ．ⅰ：正　ⅱ：誤

ｃ．ⅰ：誤　ⅱ：正　　　ｄ．ⅰ：誤　ⅱ：誤

世界史

◀2月6日実施分▶

(60分)

Ⅰ．次の文を読み，文中の下線部1)～19)にそれぞれ対応する下記の設問1～19に答えよ。解答は解答用紙の所定欄にしるせ。

図書館は，古代メソポタミア[1)]で粘土板の書物を保存したことに端を発する。この文明で使用された文字[2)]は，粘土板に先のとがった筆記用具で小さなV字型を切り込んで書かれた。メソポタミアではアッシリア[3)]の時代に図書館は最も興隆し，ニネヴェ[4)]の図書館では大量の粘土板が収蔵された。

ローマでは，第1回三頭政治[5)]の頃までは，大半の書物は個人が所有していた。キケロ[6)]は，個人として複数の図書館を持っていたが，友人などにしか出入りを許可しなかった。カエサル[7)]は，公共の図書館を発案し，オクタウィアヌス[8)]は，カエサルの考えに沿って図書館を建設した。64年[9)]の大火では，この図書館も焼失したが，ドミティアヌス帝[10)]が再建した。

ウマイヤ朝[11)]の歴代カリフは，書物や学問を尊重し，ダマスクスとイェルサレム[12)]に宗教関連書の図書館を建てさせた。ウマイヤ朝の初代カリフ[13)]は，図書館長に公立図書館を管理させ，宗教書に加えて一般教養書や科学書も収蔵させた。

多くの人々が利用できる最初の近代的な図書館は，1444年にコジモ＝デ＝メディチ[14)]のつくったサン＝マルコの図書館であるといわれる。ただし，当時のフィレンツェ[15)]で利用を許されたのは，聖職者，貴族，有力商人一族などの特定の人々であった。

近世ヨーロッパの知識人は，ルネサンス期の考え方の影響を大きく受けていた。フランシス＝ベーコン[16)]は，人間の知的能力を，記憶，理性，想像力の3つのカテゴリーに分け，それをもとに経験主義[17)]を体系化した。ディドロは，1751年版の『百科全書』[18)]の第一巻でこの分類法を採用し，近代図書館分類法の先駆者といわれた。一方，アメリカでは，フランクリン[19)]と彼の率いるフィラデルフィア文芸協会が図書館会社をつくり，農村部にも書物に接する機会を提供した。

図書館は蔵書の充実で利用者のニーズに応えていたが，近年では書物には別の利用法も現れ始めた。形のある書物は，インターネット上でのテキストやピクセルなどの形にデジタル化されるものが出現した。これにより，書物の新たな利用方法が模索される時代となった。

1．これに関する次の問ⅰ・ⅱに答えよ。

ⅰ．この地域のシュメール人が使用した暦法と異なり，閏月（うるうづき）を加えていない太陰暦の暦法を使用しているものは何か。次のａ～ｄから１つ選び，その記号をマークせよ。

ａ．日本の旧暦　　ｂ．ヒジュラ暦

ｃ．ユダヤ暦　　ｄ．ユリウス暦

ⅱ．この地域の都市国家ウルのジッグラトの神殿の守護神は何か。次のａ～ｄから１つ選び，その記号をマークせよ。あてはまるものがない場合は，ｅをマークせよ。

ａ．風　　ｂ．太陽　　ｃ．月　　ｄ．火

2．これに関する次の問ⅰ・ⅱに答えよ。

ⅰ．この文字でしるされた『ギルガメシュ叙事詩』の主人公とされる人物が治めた都市国家はどこか。その名をしるせ。

ⅱ．この文字の解読に貢献したローリンソンはどこの国の出身か。次のａ～ｄから１つ選び，その記号をマークせよ。あてはまるものがない場合は，ｅをマークせよ。

ａ．アメリカ　　ｂ．イギリス　　ｃ．ドイツ　　ｄ．フランス

3．この国が一時服属した国はどこか。次のａ～ｄから１つ選び，その記号をマークせよ。あてはまるものがない場合は，ｅをマークせよ。

ａ．エジプト　　ｂ．カッシート　　ｃ．ヒッタイト　　ｄ．ミタンニ

4．これに関する次の問ⅰ・ⅱに答えよ。

ⅰ．この場所を次の地図上のａ～ｆから１つ選び，その記号をマークせよ。

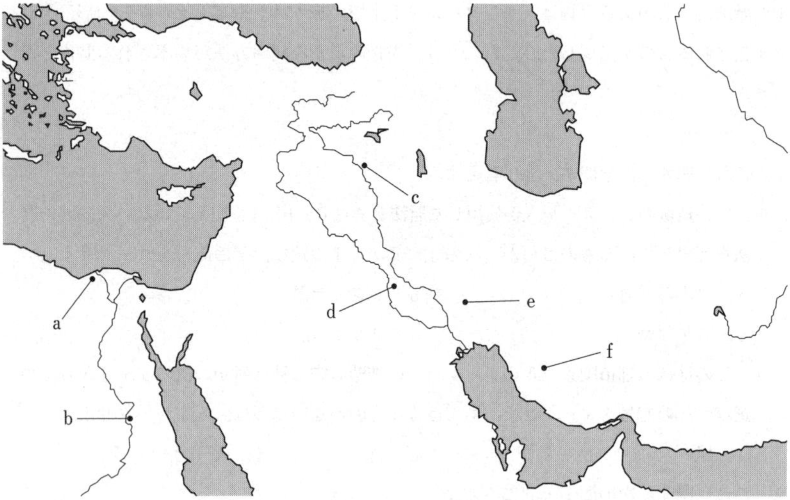

ii．ここに粘土板の文書を収める施設を造営した王は誰か。その名をしるせ。

5．これに参画した人物のなかで，スパルタクスの反乱を鎮圧する際に活躍し，パルティアの遠征で戦死した人物は誰か。その名をしるせ。

6．この人物の著作『国家論』で使用され，主に地中海西部で用いられた言語は何か。その名をしるせ。

7．この人物がしるしたアルプス以北への遠征の記録は何か。その名をしるせ。

8．この人物は「プリンケプス」と自称した。この言葉の意味は何か。次のａ～ｄから１つ選び，その記号をマークせよ。あてはまるものがない場合は，ｅをマークせよ。

ａ．自由人　ｂ．尊厳者　ｃ．第一人者　ｄ．平民

9．アウグストゥスの家系出身の最後の皇帝で，この時点で在位していた人物は誰か。その名をしるせ。

10．この人物の後から五賢帝時代が始まる。その中で自身の実子を後継者に指名した人物は誰か。その名をしるせ。

11．この王朝以前を正統カリフ時代という。正統カリフに就任した順序として正しいものを次のａ～ｄから１つ選び，その記号をマークせよ。あてはまるものがない場合は，ｅをマークせよ。

ａ．アブー＝バクル→アリー→ウマル→ウスマーン

ｂ．アブー＝バクル→ウマル→ウスマーン→アリー

ｃ．ウスマーン→アリー→アブー＝バクル→ウマル

ｄ．ウマル→ウスマーン→アリー→アブー＝バクル

12. これに関する次の問ⅰ・ⅱに答えよ。

ⅰ．ダマスクスの場所はどこか。次の地図上のa～dから1つ選び，その記号をマークせよ。

ⅱ．イェルサレムの場所はどこか。次の地図上のa～dから1つ選び，その記号をマークせよ。

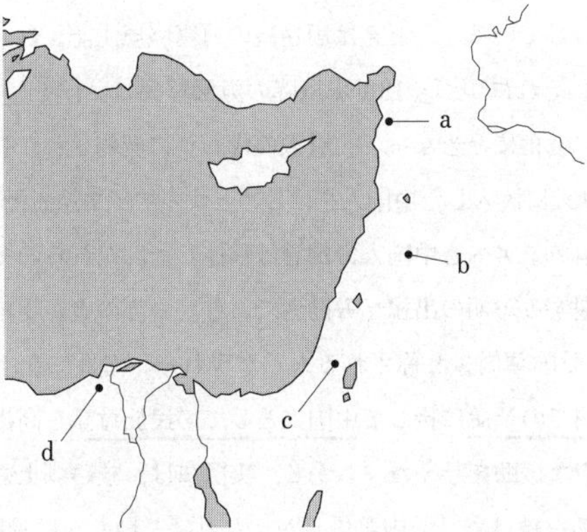

13. この人物は誰か。その名をしるせ。

14. この人物が組織した学芸サークルは何か。その名をしるせ。

15. この地域の出身者で『君主論』の作者は誰か。その名をしるせ。

16. この人物の著作はどれか。次のa～dから1つ選び，その記号をマークせよ。あてはまるものがない場合は，eをマークせよ。

a．『新オルガヌム』　　b．『パンセ』

c．『プリンキピア』　　d．『リヴァイアサン』

17. これに対して，一般的な命題からより特殊な命題を導き出す方法を確立した人物は誰か。その名をしるせ。

18. この書籍をディドロと共に編集した人物は誰か。次のa～dから1つ選び，その記号をマークせよ。あてはまるものがない場合は，eをマークせよ。

a．ケネー　　b．ダランベール　　c．モンテスキュー　　d．ルソー

19. この人物も署名したアメリカ独立宣言の主要な起草者で，後に第3代大統領になった人物は誰か。その名をしるせ。

Ⅱ. 次の文を読み，下記の設問A・Bに答えよ。解答は解答用紙の所定欄にしるせ。

華僑とは，中国からの移民で居住国の国籍を持たない者をいう。それに対し，現地国籍を持つ者が華人である。初期の華僑・華人は，「華商」と称される中国から主に東南アジアを貿易で訪れた商人であったが，その中には現地に家族を持つ者も多かった。かれらは数々の商業手引書を残している。たとえば周達観の『真臘風土記』1)は，当時の様子を伝える貴重な資料である。それにつづく18世紀以降の労働移民は，「華工」と呼ばれた。アメリカ合衆国の奴隷制2)の廃止にともなって，黒人の代わりに契約された者などがそれにあたる。こうした，アメリカに流入した中国人をはじめとするアジア系労働者は，（　イ　）と呼ばれた。また，東南アジアへも中国人労働者は移住した。かれらの多くは，少しでも蓄えができるとすぐ帰国する短期の出稼ぎ労働者であり，一部の者が現地で土着化した。

20世紀以降には，「愛国華僑」と称される人々が現れた。海外に在住するディアスポラ3)であるかれらは，中国での革命4)に接して中国人としての民族意識5)を高揚させ，革命勢力に対して財政的・精神的な援助を与えた。しかし，実際には，狭い郷土愛を乗り越えて国家的な視野に立って援助を続けた「愛国華僑」が，どれほどいたかは疑問もある。「愛国華僑」の代表格として，中華人民共和国6)建国時に天安門に立った陳嘉庚にしても，その活動は自身の郷土である集美7)への執着と，切り離しては考えられない。

いずれにせよ，「華僑」の「僑」の字には「仮住まい」の意味があり，かれらの多くは外国に住みつつも，祖国である中国に特別な意識を持っていた。これに対し，移住先に永住することを意識した者は「華裔」と称される。現在の東南アジアの華人8)は，こうした「華裔」が多くを占めている。

現在の海外華人の生き方を決定した要因の一つに，国籍問題がある。インドシナにおける（　ロ　）と，マラヤにおける（　ハ　）両国による植民地統治の時代には，分割統治によって，華僑・華人の二重国籍は問題になることは少なかった。一方，オランダ領東インド9)では，20世紀初頭，華僑にも国籍を与える法律が公布された。これに対して，清朝は親が中国人なら子どもも中国人という血統主義の国籍法を制定し，結果的にかれらは二重国籍者となった。こうした国籍法は現在の台湾10)まで継承されている。海外永住者はこうした血統主義の国籍法によって，祖国の承認を受けたことになる。こうした変化は，「西洋の衝撃11)」を受けた中国自身が，主権・人民・領土を規定した「国家」を意識したことで生じたといえよう。

第二次世界大戦が終結すると，脱植民地化の気運が高まり，国民国家の建設が各地で目指された。華僑が居住する地域でも民族主義が高まり，かれらも現地か祖国かを選ぶことが避けられなくなっていった。中華人民共和国では1950年代以降，同国の初代首相12)が華僑の二重国籍の解消に着手した。

A．文中の空所(イ)～(ハ)それぞれにあてはまる適当な語句をしるせ。

B．文中の下線部1)～12)にそれぞれ対応する次の問1～12に答えよ。

1．これはクメール王国の漢文史料での呼称である。13世紀に同国が建設した王都の名をしるせ。

2．これを批判する『アンクル＝トムの小屋』を著した作家の名をしるせ。

3．この状態にあったユダヤ人は1948年にイスラエルを建国し，周辺諸国と戦争を繰り返した。これらの戦争のうち，イギリスとフランスが参戦したのはどれか。次のa～dから1つ選び，その記号をマークせよ。あてはまるものがない場合は，eをマークせよ。

a．第1次中東戦争　　b．第2次中東戦争

c．第3次中東戦争　　d．第4次中東戦争

4．これに関連する以下の出来事a～dのうち，もっとも古いものを解答欄のⅰに，次に古いものをⅱに，以下同じようにⅳまで年代順にマークせよ。

a．興中会の結成　　b．中華革命党の結成

c．中国同盟会の結成　　d．武昌での革命派蜂起

5．こうした意識の高まりを受けて，1919年にはパリ講和会議への抗議をきっかけに，北京でデモが発生し，大規模な愛国運動に発展した。この運動の名をしるせ。

6．この国の初代主席が，建国前の一時期に根拠地とした陝西省の地はどこか。次のa～dから1つ選び，その記号をマークせよ。あてはまるものがない場合は，eをマークせよ。

a．延安　　b．遵義　　c．瑞金　　d．井崗山

7．この地は現在，中国の厦門市の一部となっている。その場所を次の地図上のa～dから1つ選び，その記号をマークせよ。

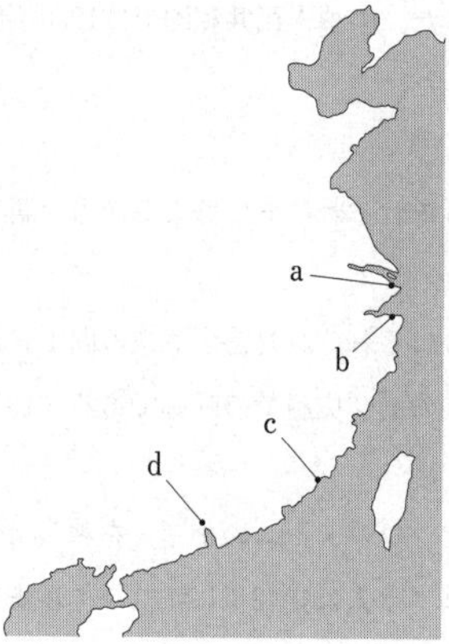

8．東南アジアで最も華人の人口比率が高い国はシンガポールである。これに関する次の問ⅰ・ⅱに答えよ。

ⅰ．この地はラッフルズによって自由港となったが，この地とともに海峡植民地だったのはどこか。次のａ～ｄから１つ選び，その記号をマークせよ。あてはまるものがない場合は，ｅをマークせよ。

ａ．クアラルンプール　ｂ．コーチシナ　ｃ．バタヴィア　ｄ．ブルネイ

ⅱ．この地は1965年にどの国から分離したか。次のａ～ｄから１つ選び，その記号をマークせよ。あてはまるものがない場合は，ｅをマークせよ。

ａ．イギリス　ｂ．インドネシア共和国
ｃ．マラヤ連邦　ｄ．マレーシア

9．これを構成する島々のうち，全土がその領域に**含まれなかった**のはどの島か。次のａ～ｄから１つ選び，その記号をマークせよ。あてはまるものがない場合は，ｅをマークせよ。

ａ．ジャワ　ｂ．スマトラ　ｃ．スラウェシ　ｄ．ボルネオ

10．1895年にこの地とともに日本に割譲された半島の名をしるせ。

11．これを受けて中国で開始された洋務運動では，西洋の技術をとりいれつつも，儒教の伝統的な道徳倫理を維持する思想が提唱された。この思想を何と呼ぶか。その名を漢字四字でしるせ。

12．この人物が参加したアジア＝アフリカ会議が開催された国はどこか。次のａ～ｄから１つ選び，その記号をマークせよ。あてはまるものがない場合は，ｅをマークせよ。

ａ．インド　ｂ．タイ　ｃ．フィリピン　ｄ．ベトナム

◀2月8日実施分▶

(60分)

I．次の文を読み，下記の設問A・Bに答えよ。解答は解答用紙の所定欄にしるせ。

黒海とカスピ海に挟まれたカフカス地方は，ペルシア，トルコ，モンゴル，ロシアなどの諸民族が行きかい，その支配下に入るなど，さまざまな文明の十字路であり続けてきた。

前8世紀から前6世紀にかけて，ギリシア人は地中海だけでなく黒海沿岸各地にも植民市を建設した。黒海沿岸でギリシア人が遭遇したのはスキタイ(1)に代表される騎馬遊牧民(2)の世界だった。動物文様が施された武器・馬具などを特徴とする文化は草原の道を経て，ユーラシア大陸中央部一帯に広がった。

アレクサンドロス大王の東方遠征(3)でアケメネス朝が滅亡した後，カフカス南部ではセレウコス朝シリアの支配を脱して，古代アルメニア王国が成立した。その北側，現在のジョージア（グルジア）東部にはイベリア王国が誕生した。前1世紀には両国ともローマの保護下に置かれ，紀元2世紀初めの一時期，アルメニアはローマの属州となった。その後，この地域は西のローマと南東のイラン系国家（　イ　），ついでササン朝に挟まれて，いずれかの保護下に置かれる時代が続いた。

4世紀前半にはアルメニアは世界で初めて，イベリアは二番目にキリスト教を国教とした国となった。アルメニア教会はイエスに神性のみを認める（　ロ　）論を信奉したが，（　ロ　）論は451年(4)のカルケドン公会議で異端とされた。

中世のカフカス地方はまず，イスラーム帝国とビザンツ帝国の支配を受けたが，9世紀末から11世紀半ばにかけて中世アルメニア王国が，また11世紀初めにはジョージア王国が誕生した。ジョージア王国はセルジューク朝(5)の支配を押し返し，11世紀から12世紀にかけて黄金時代を迎えた。白地に5つの赤い十字架をあしらった現在のジョージアの国旗はこの中世ジョージア王国の旗である。

黒海北岸では10世紀，キエフ公国の大公（　ハ　）がビザンツ帝国の皇帝と姻戚関係を結んで，ギリシア正教を国教とし，この地域のキリスト教化が進んだ。黒海南岸では，第4回十字軍でコンスタンティノープルが占領され，各地に成立した亡命政権のひとつ，トレビゾンド帝国がジョージア女王の助力を得て建てられた。

13世紀になると，モンゴル帝国(6)がこの地にも進出し，南カフカス地方はイル＝ハン国(7)の支配下に入った。イル＝ハン国はカスピ海南西部，現在のイラン東アゼルバイジャン州の都市（　ニ　）を都にして，イラン＝イスラーム文化が栄えた。

15世紀半ば8)にはビザンツ帝国が滅亡し，ジョージア，アルメニアと西方キリスト教世界9)の距離が開いた。16世紀初めから200年以上にわたって，カフカスはオスマン帝国とサファヴィー朝の支配を受けた。サファヴィー朝は当初，（　ニ　）を都に，イスラーム教シーア派を国教としたため，同派はカスピ海南西部の住民の間に広がり，アゼルバイジャン人の民族形成に寄与した。

南下政策を進める帝政ロシアは19世紀前半，（　ホ　）朝と二度にわたって戦火を交え，第一次イラン＝ロシア戦争でジョージアとアゼルバイジャンを，第二次イラン＝ロシア戦争の講和条約10)でアルメニアの大半を割譲させた。北カフカスでは抵抗が続いたが，19世紀半ばすぎ，全域がロシアの支配下に入った。

カフカス地方の東端，カスピ海に面したバクーの油田開発は19世紀後半には本格化し，20世紀初めには世界の石油生産の中心となった。ソ連はこのバクー油田を国有化した。第二次世界大戦中，ヒトラーは独ソ不可侵条約11)を破棄してバクーの油田を制圧すべく黒海・カスピ海地方に侵攻するが，1942年から翌43年にかけての（　ヘ　）の戦いで敗北し，戦局の転換点となった。

1991年12)，南カフカスの三国は相次いでソ連から独立したが，その後もアゼルバイジャンとアルメニアのナゴルノ＝カラバフ紛争や，ロシアが少数民族を支援して2008年にジョージアと戦った南オセチア紛争など，民族紛争13)やロシア・欧米間の対立の舞台となり，不安定な状態が続いた。

A．文中の空所(イ)～(ヘ)それぞれにあてはまる適当な語句をしるせ。

B．文中の下線部1)～13)にそれぞれ対応する次の問1～13に答えよ。

1．この遊牧民についてはペルシア戦争を主題にした紀元前5世紀の歴史書『歴史』に詳しくしるされている。この歴史書を著したのは誰か。次のa～dから1つ選び，その記号をマークせよ。あてはまるものがない場合は，eをマークせよ。

a．タキトゥス　b．トゥキディデス　c．ヘロドトス　d．リウィウス

2．モンゴル高原にいた騎馬遊牧民で，紀元前3世紀末ごろ，中央アジアのオアシス地帯を支配下におさめ，東方では成立まもない漢を圧迫した勢力は何か。その名をしるせ。

3．この遠征の進路の順序として正しいものはどれか。次のa～dから1つ選び，その記号をマークせよ。

a．アルベラ→イッソス→ペルセポリス→サマルカンド

b．アルベラ→イッソス→メンフィス→ティルス

c．イッソス→ティルス→メンフィス→アルベラ

d．イッソス→ペルセポリス→アルベラ→サマルカンド

4．この年，北フランスで西ローマ・西ゴート連合軍と戦って敗れたフン人の王は誰か。次のa～dから1つ選び，その記号をマークせよ。あてはまるものがない場合は，eをマークせよ。

a．アッティラ　b．オドアケル　c．クローヴィス　d．テオドリック

5．この王朝はアナトリア（小アジア）に進出してビザンツ帝国を圧迫したが，やがていくつかの小王朝に分裂した。このうちニケーアを首都に11世紀後半にアナトリアに建てられた王朝は何か。その名をしるせ。

6．この国の第5代皇帝フビライの行ったことにあてはまらないものはどれか。次のa～dから1つ選び，その記号をマークせよ。すべてあてはまる場合は，eをマークせよ。

a．高麗を属国にした

b．国名を元とした

c．ジャワに遠征軍を送った

d．チベット仏教を弾圧した

7．この国の宰相で，ペルシア語でモンゴル中心のユーラシア世界史『集史』を編纂したのは誰か。その名をしるせ。

8．この世紀に起きた出来事にあてはまらないものはどれか。次のa～dから1つ選び，その記号をマークせよ。すべてあてはまる場合は，eをマークせよ。

a．土木の変が起きた

b．バラ戦争が勃発した

c．ベトナムで黎朝が成立した

d．モスクワ大公国がモンゴル支配から脱した

9．11世紀から15世紀までの間に西方キリスト教世界で起きた出来事が，もっとも古いものから年代順に並んでいる組み合わせはどれか。次のa～dから1つ選び，その記号をマークせよ。あてはまるものがない場合は，eをマークせよ。

a．カノッサの屈辱→教会大分裂→クレルモン宗教会議→教皇のバビロン捕囚

b．カノッサの屈辱→クレルモン宗教会議→教皇のバビロン捕囚→教会大分裂

c．クレルモン宗教会議→カノッサの屈辱→教皇のバビロン捕囚→教会大分裂

d．クレルモン宗教会議→教会大分裂→教皇のバビロン捕囚→カノッサの屈辱

10. この講和条約の名をしるせ。

11. この条約の秘密議定書に基づいて，ソ連はバルト三国を併合した。バルト三国のうち，14世紀初めに現在のベラルーシとウクライナ北部を支配下に置き，のちポーランドと同君連合王国を形成したのはどこか。その国の名をしるせ。

12. この年に起きた出来事にあてはまらないものはどれか。次のa～dから1つ選び，その記号をマークせよ。すべてあてはまる場合は，eをマークせよ。

 a．経済相互援助会議（コメコン）の解散

 b．第一次戦略兵器削減条約の調印

 c．南北朝鮮の国連同時加盟

 d．マルタ会談

13. 1990年代から2000年代にかけて，二次にわたって，ロシア連邦からの独立を求めて起きた北カフカスの紛争は何か。その紛争の名をしるせ。

Ⅱ. 次の文を読み，文中の下線部1)～18)にそれぞれ対応する下記の設問1～18に答えよ。解答は解答用紙の所定欄にしるせ。

現代の都市には無数の高層建築物があるが，高い建造物は古代から存在してきた。

古代メソポタミアの都市などでは，ジッグラトという巨大な建造物がつくられた。現存するなかでは，ウルのジッグラトは保存状態がもっとも良く，イラン1)にあるチョガ＝ザンビールが最大のジッグラトである。

ナイル川2)流域に形成された古代エジプト3)では，巨大なピラミッド4)がつくられた。現存するなかでもっとも大きいのはギザにあるクフ王によって造営された大ピラミッドで，これが14世紀初頭まで世界でもっとも高い建造物であった。

中世には垂直性を強調した大聖堂が数多く建てられている。パリのノートルダム大聖堂5)など，12世紀後半6)からヨーロッパの各都市には壮大化と天井の高さを競うようにゴシック大聖堂が建設された。重量の問題もあって競争の関心が天井の高さから尖塔に移ったあとも大聖堂の建設は続き，1311年にはイギリスのリンカン大聖堂7)がギザのピラミッドを抜いて世界でもっとも高い建造物となった。

15世紀以降，相次ぐ戦争や疫病による国力の低下，さらに宗教改革8)の影響もあってゴシック大聖堂の建設が下火になると，高さの記録を更新する大聖堂は現れず，フランスのストラスブール大聖堂が世界でもっとも高い建造物という時代が200年以上続いた。

しかし，19世紀後半[9)]から世界でもっとも高い建造物は再び目まぐるしく変わった。ドイツの聖ニコライ教会が世界でもっとも高い建造物になった1874年以降，10年たらずの間にフランスのルーアン大聖堂，ドイツのケルン[10)]大聖堂がその座を手に入れた。

1884年にはアメリカ[11)]にワシントン記念塔が完成し，世界でもっとも高い建造物が教会ではなくなった。この記念塔は，独立戦争[12)]時にアメリカ植民地軍を勝利に導いたジョージ＝ワシントンの功績を称えて建造された高さ169メートルの石柱である。

さらに1889年[13)]にフランス革命[14)]100周年を記念して行われたパリ万国博覧会にあわせて建設されたエッフェル塔の完成により，世界でもっとも高い建造物の高さは300メートルを超えた。産業革命[15)]の後，都市に工場が建設され，仕事を求める労働者が都市部に集中しはじめた[16)]こともあって，建物の高層化が進んできた。それを可能としたのは，鉄骨造りやエレベーターといった建築技術の進展であった。エッフェル塔はこれらの技術を用いた高層建築物の代表的存在となった。エッフェル塔の建築については，芸術家らが反対請願書を提出する[17)]など賛否両論が巻き起こったが，現在では多くの絵画に描かれるパリの象徴となっている。

20世紀に入ると鉄骨造りの高層ビルがアメリカで数多く誕生する。ニューヨークにはエッフェル塔に代わって世界一の高さとなったクライスラービルが1930年に誕生し，翌年に完成したエンパイアステートビルはその高さの記録を更新した。エンパイアステートビルは，そのあと40年もの間，世界でもっとも高いビルであり続けたが，20世紀後半以降にはアジアや中東の国々においてエンパイアステートビルを超えるような高層ビルが建設されるようになった。2000年代に入ると台湾や韓国[18)]，中国で500メートルを超えるビルがいくつも誕生し，2010年以降はアラブ首長国連邦に建設された高さ800メートル超のブルジュ＝ハリファが世界でもっとも高い建造物となっている。

1．この国の首相を1950年代初頭に務め，石油開発企業の国有化を断行するなど資源ナショナリズムの運動を進めた政治家は誰か。その名をしるせ。

2．この川の中流域に成立していたクシュ王国を征服し，インド洋交易で繁栄した王国の名をしるせ。

3．この国の王であったアメンホテプ４世が建設し，のちに首都となった場所はどこか。その名をしるせ。

4．この建造物と似た形状をもつ神殿はメソアメリカにも点在する。前１世紀に現在のメキシコでおこり，「太陽のピラミッド」や「月のピラミッド」を築いた文明の名をしるせ。

5．この建物が全面完成を迎えた13世紀半ば，西ヨーロッパではモンゴルへの関心が高まっていた。東方のキリスト教勢力との提携の可能性を探るため，フランス王ルイ９世によってモンゴル帝国に派遣された修道士は誰か。その名をしるせ。

6．この時期に活躍した人物に関する次の問ⅰ・ⅱに答えよ。

ⅰ．主観的な自己の主体性の確立を強調し，陽明学にも影響を与えたとされる南宋の儒学者は誰か。その名をしるせ。

ⅱ．アリストテレスの哲学書に注釈を施したことで知られ，ラテン名でアヴェロエスと呼ばれる人物は誰か。その名をしるせ。

7．この建物の建設を指示したとされるウィリアム1世がノルマン朝を建てる前にイングランド軍を撃破した1066年の戦いを何というか。その名をしるせ。

8．これは，教皇がサン＝ピエトロ大聖堂の改築資金を集めるために贖宥状の販売を許可したことをルターが批判したことにはじまる。このサン＝ピエトロ大聖堂の最初の設計者で，ルネサンス中期の建築家は誰か。次のａ～ｄから1つ選び，その記号をマークせよ。あてはまるものがない場合は，ｅをマークせよ。

ａ．ドナテルロ　ｂ．ブラマンテ　ｃ．ブルネレスキ　ｄ．ボッティチェリ

9．この時期には世界各国のつながりが深まり，各国政府の協力の下で国際組織が設立された。この時期に誕生した国際組織はどれか。次のａ～ｄから1つ選び，その記号をマークせよ。あてはまるものがない場合は，ｅをマークせよ。

ａ．国際電信連合　ｂ．国際労働機関

ｃ．世界貿易機関　ｄ．世界保健機関

10．この都市には大司教座がおかれた。この都市と同様に大司教座がおかれたのはどこか。次のａ～ｄから1つ選び，その記号をマークせよ。あてはまるものがない場合は，ｅをマークせよ。

ａ．アウクスブルク　ｂ．ヴィッテンベルク

ｃ．ヴォルムス　ｄ．シュマルカルデン

11．次のグラフは1800年代のこの国への移民の数を示している。グラフ中に示された矢印の期間に移民数が変化した理由についてもっとも適切な説明を次のａ～ｄから1つ選び，その記号をマークせよ。

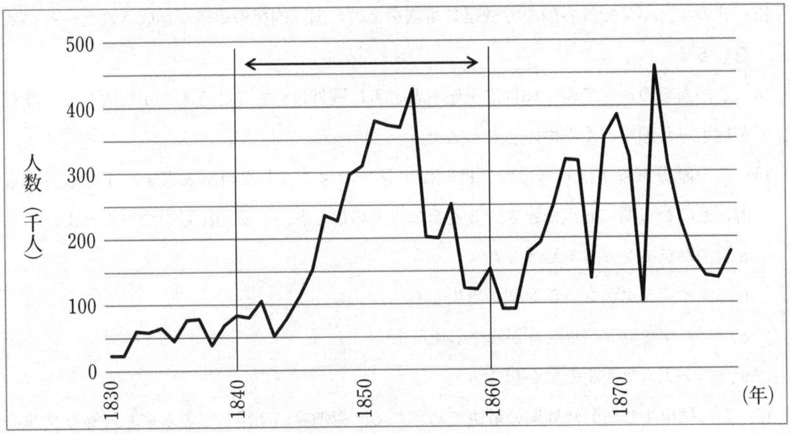

a．移民労働者が投入されて最初の大陸横断鉄道が完成した

b．飢饉に見舞われたアイルランドから多くの移民が流入した

c．東欧・南欧からの移民を制限する移民法が成立した

d．奴隷制度廃止によってアフリカから多くの移民が流入した

12．この戦争の最初の戦いの地はどこか。地図上のａ～ｄから１つ選び，その記号をマークせよ。

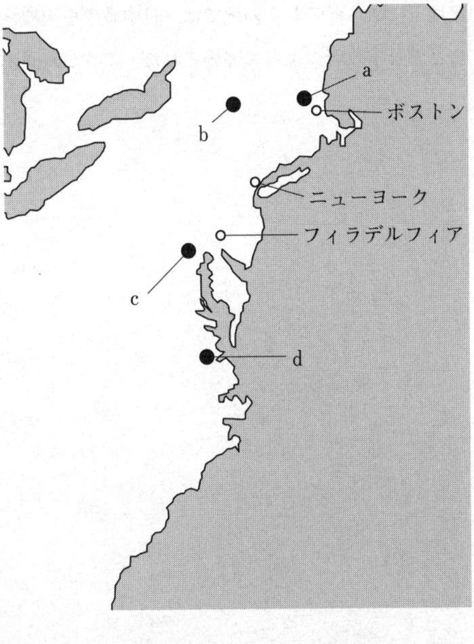

13. この年，パリでは各国の労働運動組織を集めた国際的連帯組織が結成された。その名をしるせ。

14. この事象の過程でルイ16世は王妃らとともに国外逃亡をこころみたが失敗した。彼らが捕まった国境近くの地の名をしるせ。

15. この歴史事象がはじまった18世紀にアジアで起こった次の出来事a～dをもっとも古いものから順に並べたとき，3番目になるのはどれか。その記号をマークせよ。

 a．清がジュンガルを滅ぼした
 b．タイでラタナコーシン朝が誕生した
 c．ビルマでコンバウン朝が誕生した
 d．ベトナムで西山の乱が起こった

16. この結果生じた労働問題の解決をめざして，労働者が団結して資本家と対等な交渉を要求する労働組合が生まれた。イギリスにおける労働運動に関わる次の出来事をもっとも古いものから順に並べたとき，3番目になるのはどれか。その記号をマークせよ。

 a．人民憲章が発表された
 b．第一回選挙法改正が行われた
 c．フェビアン協会が結成された
 d．労働代表委員会が結成された

17. これにかかわった芸術家のひとりで，『女の一生』を著したフランスの自然主義作家は誰か。その名をしるせ。

18. かつて日本の植民地下にあったこれらの地では，日中戦争を契機として神社参拝の強要，現地語の抑圧などが日本政府によって実施された。こうした同化政策を何というか。その名をしるせ。

地　理

（60分）

Ⅰ． 次の文を読み，下記の設問Ａ・Ｂに答えよ。解答は解答用紙の所定欄にしるせ。

人間の食料や家畜の飼料となる穀物は，農業生産の中心をなす。なかでも三大穀物と呼ばれる米，小麦，トウモロコシ1)は，古くから人類の主要な食料として栽培されている。このうち，黒海とカスピ海に挟まれた（　イ　）山脈からイラン高原一帯を原産地とする小麦は，生育期に冷涼で湿潤，成熟期に温暖で乾燥した気候に適した作物である。現在では広く世界各地で栽培されており2)，米と比較しても貿易量が多い国際商品3)である。しかし，その栽培目的，栽培方法，経営形態などは，地域によって異なっている。

アジアのおもな小麦の栽培地域は，インダス川中流域の（　ロ　）地方や，中国の華北である。華北は，畑作と稲作のおおよその境界である（　ハ　）線の北に広がる，冷涼で降水量が少ない地域で，冬小麦4)が中心に栽培されている。

東ヨーロッパのウクライナから中央シベリアにかけて分布する，（　ニ　）と呼ばれる肥沃な土壌が広がる農業地帯では，小麦や飼料作物が大規模に栽培されている。一方，ドイツ，フランス，イギリス南東部などの西ヨーロッパでは，産業革命の進展による都市人口の増大や，新大陸からの安い穀物の流入などに対処するため，農業機械，化学肥料，改良品種などを積極的に利用して小麦などの食用作物と飼料作物を輪作するとともに，畜舎で家畜を飼育する，集約度の高い商業的（　ホ　）農業が発展した。

新大陸では，新しい農業技術や大型機械を利用して，大規模な小麦などの穀物栽培をおこなう（　ヘ　）的穀物・畑作農業が発達している。アメリカ合衆国では，ロッキー山脈とミシシッピ川の間に広がるグレートプレーンズや（　ト　）といった大平原，南アメリカではアルゼンチンの中央部に広がる湿潤パンパ5)と呼ばれる温帯草原，オーストラリアでは南東部の（　チ　）盆地や南西部のパース東部で，小麦栽培が大きく発展している。（　ヘ　）的穀物・畑作農業は，労働生産性がきわめて高く，国際競争力が強い一方で，蒸発量の多い地域では地下水などの過剰な灌漑による土壌の（　リ　）化といった問題に直面している。

小麦は，パンや麺，菓子などの材料として重要である。その栽培が広く世界に広がることで，小麦は世界各地の食文化に組み込まれ，地域性豊かな食品や料理[6)]を生み出してきた。たとえば，スパゲッティやマカロニなどのパスタ，焼きそばやラーメンなどの中華麺といったように，麺はその種類がさまざまで，それらを使った料理もバラエティーに富んでいる。また，小麦は麺だけでなく調味料の原料としても欠かせない。日本で古くから作られている（　ヌ　）は，小麦，大豆，塩が主原料であり，千葉県と兵庫県はその出荷量（2021年）が，それぞれ日本で1位と2位を占めている。

A．文中の空所（イ）～（ヌ）それぞれにあてはまるもっとも適当な語句をしるせ。

B．文中の下線部1）～6）それぞれに対応する次の問1～6に答えよ。

1．次の図1は，2020年の小麦とトウモロコシの，世界全体の生産量に占める各国生産量の割合を示しており，図中のA～Cはインド，ウクライナ，中国のいずれかである。A～Cそれぞれにあてはまる国名の組み合わせとして正しいものを，下記のa～fから1つ選び，その記号をマークせよ。

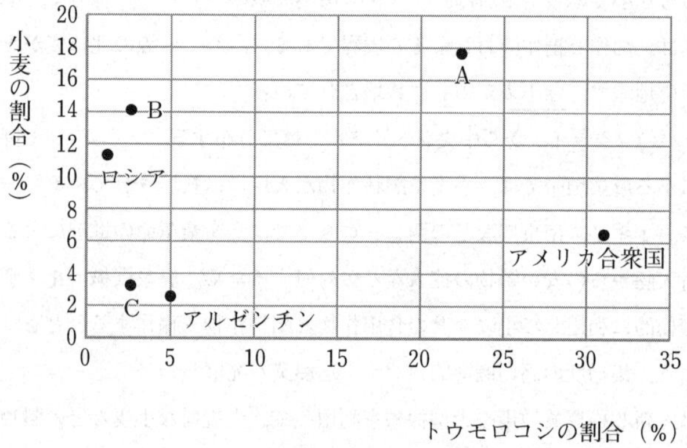

図1

（『データブック　オブ・ザ・ワールド2023年版』より作成）

	A	B	C
a	インド	ウクライナ	中国
b	インド	中国	ウクライナ
c	ウクライナ	中国	インド
d	ウクライナ	インド	中国
e	中国	インド	ウクライナ
f	中国	ウクライナ	インド

2．次の図2は，北アメリカにおけるおもな作物の栽培限界を示したものであり，①～④は稲，小麦，トウモロコシ，ヤシ科植物のいずれかである。このうち，小麦に該当する番号を，①～④から1つ選び，その記号をマークせよ。

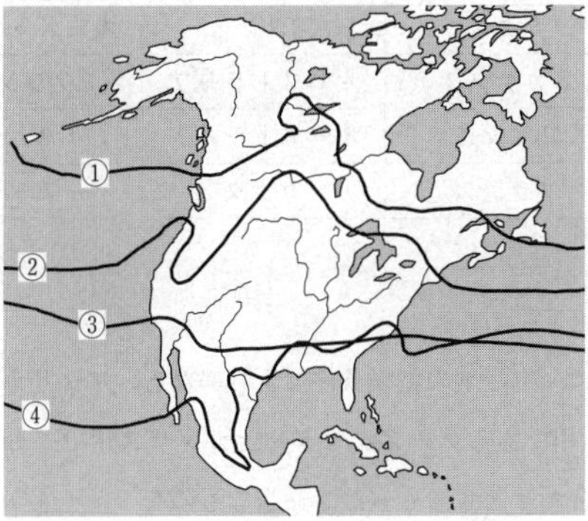

図2

3．次の表1は，日本の小麦の輸入額に占めるおもな輸入相手国の割合（2021年）と，各国の小麦の自給率（2018年）を示したものであり，A～Cはオーストラリア，カナダ，フランスのいずれかである。A～Cそれぞれにあてはまる国名の組み合わせとして正しいものを，下記のa～fから1つ選び，その記号をマークせよ。

表1

輸入相手国	輸入額に占める割合（%）	小麦の自給率（%）
アメリカ合衆国	45.1	152
A	35.5	406
B	19.2	240
C	0.2	183

（『データブック　オブ・ザ・ワールド2023年版』，『地理データファイル2023年版』より作成）

	A	B	C
a	オーストラリア	カナダ	フランス
b	オーストラリア	フランス	カナダ
c	カナダ	フランス	オーストラリア
d	カナダ	オーストラリア	フランス
e	フランス	オーストラリア	カナダ
f	フランス	カナダ	オーストラリア

4．小麦の栽培時期は，生産地の気候条件により異なる。アメリカ合衆国の小麦生産量（2022年）の上位２州であるノースダコタ州とカンザス州で，おもに栽培されている小麦の種類の組み合わせとしてもっとも適当なものを，①～④から１つ選び，その記号をマークせよ。

	ノースダコタ州	カンザス州
①	春小麦	春小麦
②	冬小麦	春小麦
③	春小麦	冬小麦
④	冬小麦	冬小麦

5．アルゼンチンのパンパは，小麦やトウモロコシの栽培と牛の放牧が盛んな東部の湿潤パンパと，牧羊が盛んな西部の乾燥パンパに分けられる。両者を分ける境の年降水量としてもっとも適当なものを，ａ～ｄから１つ選び，その記号をマークせよ。

a．250mm　　　b．550mm　　　c．850mm　　　d．1150mm

6．世界には小麦粉を使ったさまざまな食品や料理がある。次のうち，小麦粉が材料でないものを，a～dから1つ選び，その記号をマークせよ。

a．チャパティ　　　b．フォー　　　c．うどん　　　d．クスクス

Ⅱ．次の文を読み，下記の設問A～Cに答えよ。解答は解答用紙の所定欄にしるせ。

イタリア半島の中央部を縦貫する（　イ　）山脈は，独特の（　ロ　）岩が半島の骨格を形成している。（　ロ　）岩が地殻変動の熱と圧力を受けてできた大理石は，イタリアの都市建設に利用され，さらに彫刻などの芸術を開花させ，今日も数多くの観光客を魅了する。悠久な歴史をもつイタリアが近代国家として統一されたのは1861年と遅く，このような歴史は都市規模にも反映されている1)。長い歴史上，火山などの自然災害で姿を消した都市もあった。人口規模（2014年）でイタリア3位の都市（　ハ　）の東に位置するヴェズヴィオ山2)は紀元79年に大噴火し，大量の噴出物が古代都市（　ニ　）を埋没させた。

イタリア半島のある地中海沿岸地域は，地中海性気候が卓越する。加えて，アルプス山脈が大きな壁を成し，半島に気候の地域差3)をもたらし，地形を要因の1つとする風が地域を特徴づける。アドリア海沿岸や黒海沿岸に吹く寒冷な強風＜　あ　＞は，ユーラシア大陸内部に発達した高気圧から山地を越えて吹き降ろす。逆に，サハラ砂漠から吹きだし，地中海を通って高温多湿となる＜　い　＞は，冬から初夏に多く発生する。このような特定の地域に限って，地形など特有の要因の影響を受けて狭い範囲で吹く風は，（　ホ　）風と呼ばれる。

イタリア半島の南部は地中海性気候に適した農業を中心とした地域であり，高温乾燥の夏にはオリーブ，ブドウ，＜　う　＞などの栽培がおこなわれる。この農業は，作物栽培と地力回復の休閑を交互に繰り返す（　へ　）式農業から発展したものといわれる。対照的に，イタリアの近代工業は北西部で発達し，「黄金の三角地帯」4)と呼ばれる産業地帯が形成されている（図1）。

厳密にいえば，イタリア半島にはイタリアのほかに2つの国家が存在する。1つは世界最小の国の（　ト　）であり，イタリアの首都ローマに完全に囲まれている。もう1つは（　イ　）山脈に位置する（　チ　）共和国である。

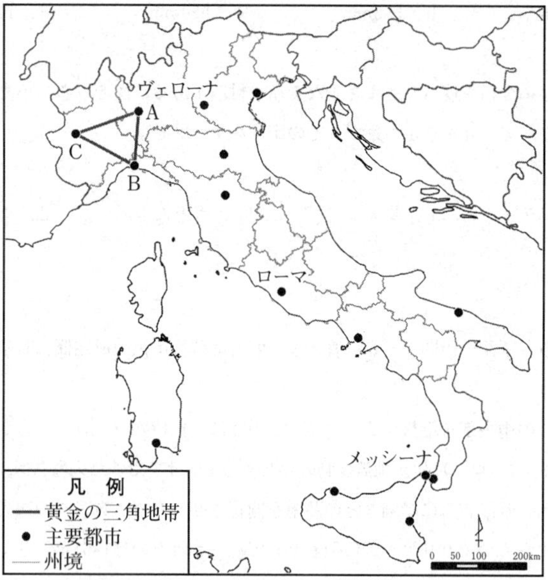

図1

A．文中の空所（イ）～（チ）それぞれにあてはまるもっとも適当な語句をしるせ。

B．文中の空所〈あ〉～〈う〉それぞれに対応する次の問1・2に答えよ。

1．〈あ〉・〈い〉それぞれにあてはまるもっとも適当な語句を，次のa～fから1つずつ選び，その記号をマークせよ。

a．シロッコ　　b．ハムシン　　c．ハルマッタン
d．フェーン　　e．ボラ　　f．ミストラル

2．〈う〉は硬葉樹で，樹皮から採取する材料は断熱，防水，防音性に優れ，包装や断熱板，床板などに用いられる。この硬葉樹の名称をしるせ。

C．文中の下線部1）～4）それぞれに対応する次の問1～4に答えよ。

1．次の図2はアメリカ合衆国（2016年），イタリア（2014年），韓国（2018年），チリ（2016年）の市域人口上位10都市の人口規模と順位を示したものである。イタリアにあてはまるものを，図中のa～dから1つ選び，その記号をマークせよ。

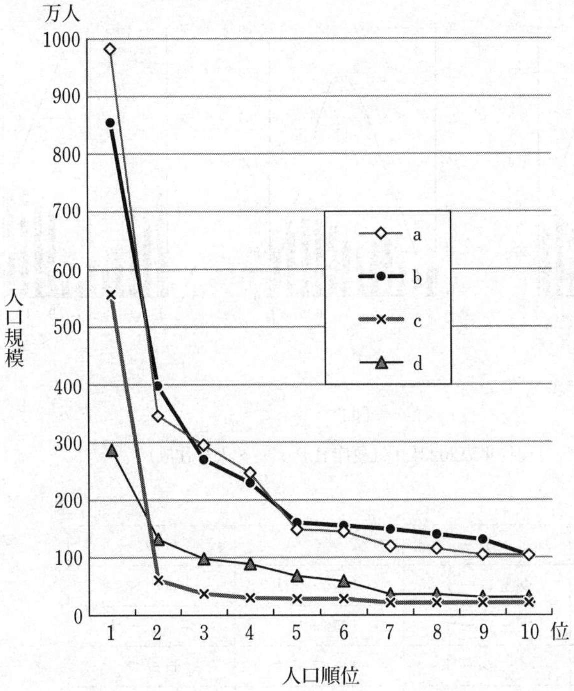

図2

（『データブック　オブ・ザ・ワールド　2023年版』より作成）

2．ヴェズヴィオ山は，中心火口から噴出した溶岩流や降下堆積物が積み重なってできた緩やかな裾野をもつ円錐形の火山である。このような火山地形の種類の名称をしるせ。

3．次の図3の雨温図ア～ウは，イタリアのヴェローナ，メッシーナ，ローマのいずれかのものである（図1参照）。ア～ウそれぞれにあてはまる都市名の組み合わせとして正しいものを，下記のａ～ｆから1つ選び，その記号をマークせよ。

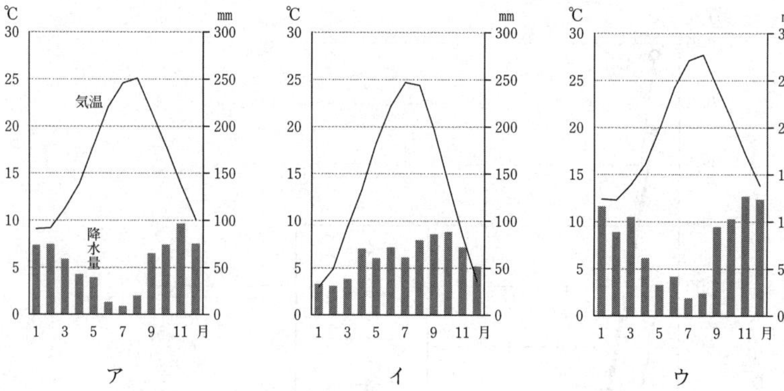

図3

(『理科年表2023』，気象庁ＨＰデータより作成)

	ア	イ	ウ
a	ヴェローナ	メッシーナ	ローマ
b	ヴェローナ	ローマ	メッシーナ
c	メッシーナ	ヴェローナ	ローマ
d	メッシーナ	ローマ	ヴェローナ
e	ローマ	ヴェローナ	メッシーナ
f	ローマ	メッシーナ	ヴェローナ

4．図1のＡ～Ｃは，「黄金の三角地帯」を構成するジェノヴァ，トリノ，ミラノのいずれかである。Ａ～Ｃそれぞれにあてはまる都市の組み合わせとして正しいものを，次のａ～ｆから１つ選び，その記号をマークせよ。

	A	B	C
a	ジェノヴァ	トリノ	ミラノ
b	ジェノヴァ	ミラノ	トリノ
c	トリノ	ジェノヴァ	ミラノ
d	トリノ	ミラノ	ジェノヴァ
e	ミラノ	ジェノヴァ	トリノ
f	ミラノ	トリノ	ジェノヴァ

Ⅲ. 熊本県熊本市付近の地形図と，これに関連する次の文を読み，下記の設問A～Cに答えよ。解答は解答用紙の所定欄にしるせ。

西日本の南東においては，南海トラフとそれから連続する南西諸島海溝で，（　イ　）プレートがユーラシアプレートの下に沈み込んでいる。この沈み込み帯に平行して，九州には北から鶴見岳，くじゅう連山，阿蘇山，霧島山，桜島などの火山が並んでいる。これは，沈み込んだ海洋プレートの深さが約100kmに達したところの上部で，マグマが生じるためである。これら帯状に分布する火山のうち，沈み込み帯側に最も近い火山を結んだ線を（　ロ　）と呼ぶ。加えて，九州には北東－南西方向に縦走する別府－島原地溝帯と呼ばれる顕著な地殻の裂け目があり，<u>2016年４月に発生した熊本地震</u>1)も南北に引っ張る力が原因だと考えられている。

阿蘇山では，過去数回の巨大噴火に伴って，高温のガスと火山砕屑物が高速で流下する（　ハ　）が大量に発生した。（　ハ　）の発生によって，南北約25km，東西約18kmにわたる広大な範囲が陥没し，世界有数の（　ニ　）が形成された。阿蘇山の周囲には（　ハ　）堆積物が分厚い地層をなしており，その上層には火山灰を母材とする肥沃な土壌が重なる。阿蘇山からは菊池川や白川，緑川といった河川が<u>有明海</u>2)に流れ出る。

阿蘇山の西側斜面に降った雨水が地下に浸透し，また（　ハ　）堆積物の地層が帯水層となることにより，熊本平野には地下水資源が豊富に存在する。そのため，純度の高い水を大量に必要とする（　ホ　）製造工場が熊本市周辺に立地している。（　ホ　）は小型軽量で価格が高く，生産費に占める輸送費の割合が小さい。そのため，その製造工場は地価が安く若年労働力が豊富で，空港や高速道路に近い地域に立地する傾向がある。これらの条件がそろう熊本市周辺では，台湾をはじめとする国内外の（　ホ　）メーカーによる工場進出も決まり，活況を呈している。九州は火山や地震，台風などによる自然災害にたびたび見舞われるものの，自然を活かした<u>再生可能エネルギー</u>3)の開発も著しい地域である。

A．文中の空所(イ)～(ホ)それぞれにあてはまるもっとも適当な語句をしるせ。

B．文中の下線部１)～３)それぞれに対応する次の問１～３に答えよ。

1．次の図１は熊本市南区川尻地区の1929年発行の地形図であり，図２は同じ範囲の2012年発行の地形図である。図２中の●は2016年４月の熊本地震で液状化現象が観察された地点である。液状化現象がみられたのはどのような特徴をもつ土地か，２つの地形図を比較して，**ア**と**イ**の破線で囲まれた範囲についてそれぞれ１行で説明せよ。なお，両図中の河川は東から西へ流れている。

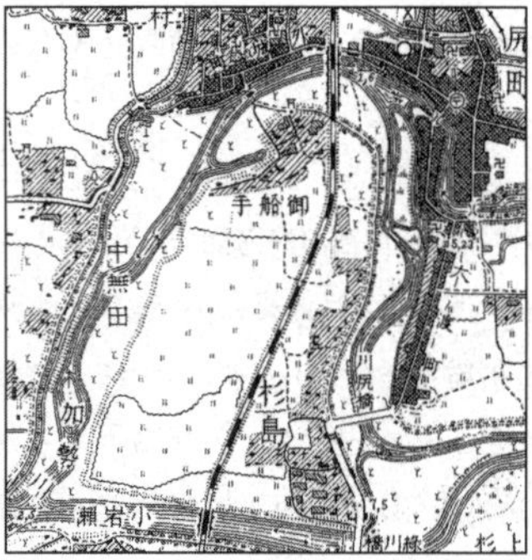

図１

２万５千分の１地形図「宇土」1929年発行（原寸）

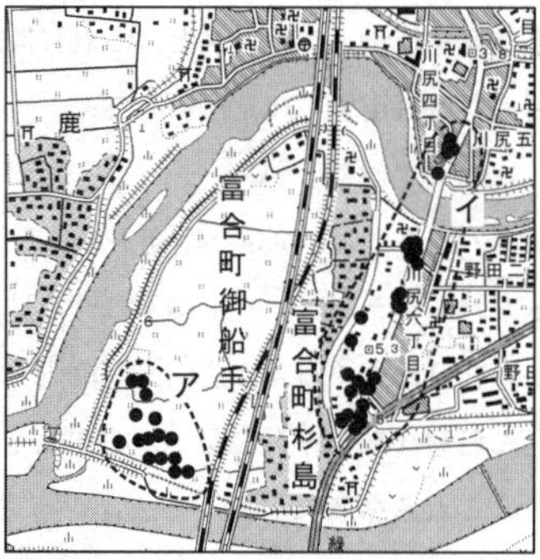

図２

２万５千分の１地形図「宇土」2012年発行（原寸，一部改変，液状化地点は青山（2016）による）

編集部注：編集の都合上，縮小して掲載（図２は実際の問題はカラー印刷）

2．次の写真１は有明海にある熊本港の空中写真であり，写真２は船上から写真１中の矢印の方向に向かって撮影した写真である。写真１および写真２の海上にみられる無数の杭は，遠浅の海域での潮汐の干満差を利用した水産物養殖業に使われている。その水産物の名称をしるせ。

写真１

（2008年２月国土地理院撮影）

写真２

（2022年12月撮影）

（編集部注：写真１・写真２は実際の問題はカラー写真）

3．次の図３は，九州において太陽光発電所，地熱発電所，風力発電所の出力上位５位までの発電所の分布を示したものである。図３中の凡例○，△，□それぞれに該当する発電所の種類の組み合わせとして正しいものを，下記のａ～ｆから１つ選び，その記号をしるせ。

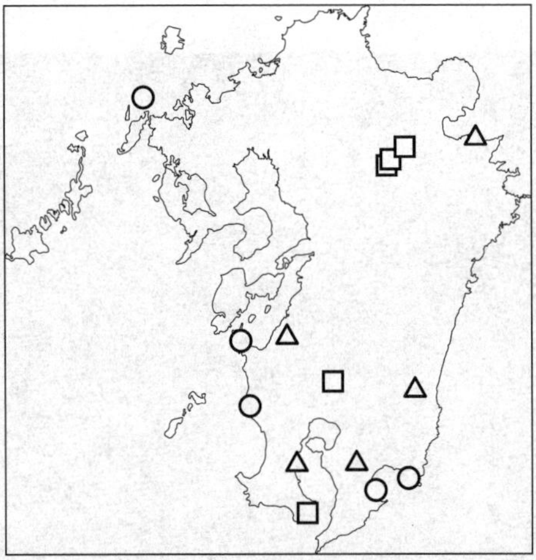

図3
(2022年。環境省資料などにより作成)

	○	△	□
a	太陽光発電所	地熱発電所	風力発電所
b	太陽光発電所	風力発電所	地熱発電所
c	地熱発電所	太陽光発電所	風力発電所
d	地熱発電所	風力発電所	太陽光発電所
e	風力発電所	太陽光発電所	地熱発電所
f	風力発電所	地熱発電所	太陽光発電所

C．図4は，熊本県菊陽町付近の電子地形図25000（2023年調製）である。図4を判読して，次の問1～2に答えよ。

1．図4中の地点A，Bを結ぶ線分の断面図を解答欄にしるせ。

2．次の写真3は図4左上の破線枠内の地区を抜き出した1967年撮影の空中写真である。この地区を東西に流れる堀川は江戸時代初期に開削された。堀川の南岸にある路村とその周辺の土地利用は，どのような特徴をもつと考えられるか，写真3を参照して3行で説明せよ。なお，写真3中の南側の耕地は1971年に耕地整理され，それまでの畑から，地下水を用いた水田に変わった。

写真3
(1967年11月撮影)

〔C. 1の解答欄〕

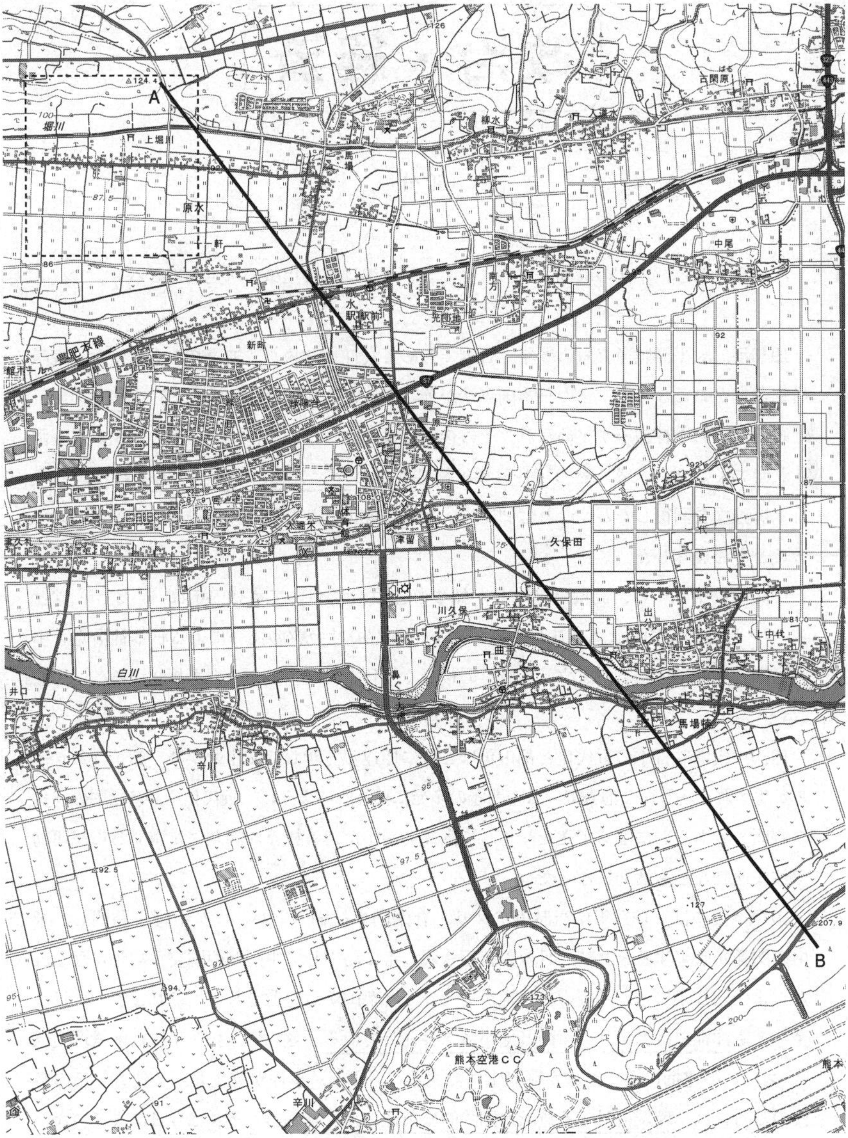

図４　電子地形図25000（2023年４月調製，原寸，一部改変，図の上が真北）

編集部注：編集の都合上，縮小して掲載（実際の問題はカラー印刷）

政治・経済

（60分）

Ⅰ．次の文を読み，下記の設問A・Bに答えよ。解答は解答用紙の所定欄にしるせ。

1946年，太平洋戦争終戦の翌年，日本で初めて女性を含めた普通選挙1)のもとで衆議院議員総選挙がおこなわれ，また日本国憲法が公布された。この憲法によって，立法2)，司法3)，行政の基本的な枠組みが定められ，その後，さまざまな法制度や地方自治4)の仕組みも整備されていくことになる。そして1951年に締結されたサンフランシスコ平和条約5)によって日本は独立を回復したが，それは同時に，冷戦に規定された国際政治の中に日本が参入することをも意味した。

1950年代半ばには，高度経済成長が始まり，政治においても1955年に（　イ　）党と（　ロ　）党の合同による自由民主党の成立と左右の社会党の統一による日本社会党を中心とする「55年体制」が成立して，その後長く，日本の政治のあり方を規定することになった。

1960年代には日本の近代化と都市化はさらに加速し，新しい文化や娯楽，ライフスタイルが生まれた。しかし他方で，公害問題6)の多発に見られるように，近代化や経済発展の「負の側面」もあらわになってきた。そして，社会がかかえる様々な問題に抗議する市民運動や住民運動なども活発になった。

1970年代には，1972年に当時のアメリカ合衆国大統領（　ハ　）が中国を訪問し，米中の関係が改善すると共に，日本の首相も同じ年に訪中し，中国との国交正常化がなされた。また同じ年には，沖縄の施政権がアメリカ合衆国から返還された。けれども，今日に至っても沖縄にはアメリカ軍の基地が多く存在している7)。さらに，1976年には前総理大臣（　ニ　）の逮捕にまで至った疑獄事件である（　ホ　）事件が発生した。他方，この時代のころには，環境に対する意識が国際的に急速に高まり8)始め，それは今日にまでつながっている。

1980年代の日本では，女性の社会進出がより強く意識されるようになり，1985年には男女雇用機会均等法9)が制定されるなどした。

また1980～90年代には，国際関係に大きな変化が起きた。とくに，東ヨーロッパ諸国に起きた民主化の流れは，ついには冷戦の終焉[10)]という大きな帰結をもたらした。アメリカ合衆国とともに冷戦の主役であった超大国ソビエト連邦[11)]のあっけない消滅は，当時の世界の人々を驚かせた。しかし，冷戦の終焉によって平和な時代が始まるという期待は，あっという間にしぼんでしまった[12)]。

20世紀末には，日本の政治のあり方も大きな転換点を迎える。1993年には（　へ　）党の（　ト　）を首相とする連立政権が誕生し，「55年体制」成立以後初めて自由民主党以外の政党に所属する議員が首相になった。また，1994年には衆議院議員選挙にこれまでの中選挙区制にかわって小選挙区比例代表並立制[13)]が導入されるなど選挙制度の大きな変更もおこなわれた。また，この年には日本社会党の村山富市を首相とする連立政権が誕生した。2001年には「構造改革」を打ち出した自由民主党の小泉純一郎を首相とする内閣が出来るが，この政権も連立政権であった。2009年には民主党の（　チ　）を首相とする連立政権が誕生し，その後短期間であったが民主党出身の２人の首相の内閣が続いた。2012年には自由民主党と（　リ　）党の連立政権として第二次安倍晋三内閣が誕生した。

A．文中の空所(イ)～(リ)それぞれにあてはまる適当な語句をしるせ。なお，語句が人名の場合は，姓だけをしるせ。

B．文中の下線部１)～13)にそれぞれ対応する次の問１～13に答えよ。

１．これに関して，次にあげる①～③の選挙制度を定めた法律等が制定された順番として適当なものを，下記のａ～ｆから１つ選び，その記号をマークせよ。

①日本における男子普通選挙　　②フランスにおける男女普通選挙

③イギリスにおける男女普通選挙

ａ．①→②→③　　ｂ．①→③→②　　ｃ．②→①→③

ｄ．②→③→①　　ｅ．③→①→②　　ｆ．③→②→①

２．これに関する次の文中の空所〈あ〉・〈い〉それぞれにあてはまる適当な語句をしるせ。

現代の法律は，国会法や地方自治法のように，主として国家や地方自治体のあり方や役目，またそれらと国民との関係にかかわる＜　あ　＞法と，民法や商法のように，個人や会社などの相互の関係に主としてかかわる＜　い　＞法と，労働基準法や生活保護法などのような社会法に分類することができる。

３．これに関する次の問ⅰ・ⅱに答えよ。

ⅰ．次の文中の空所にあてはまる適当な語句をしるせ。

日本の裁判員制度においては一般市民から選ばれた裁判員が裁判官と合同で評議を

して評決をおこなうが，アメリカ合衆国では一般市民から選ばれた人々が裁判官とは独立して有罪無罪の評決を下す。アメリカ合衆国のこのような制度は［　　］制と呼ばれる。

ii．これに関して，日本の裁判員制度についての説明として適当なものを，次のａ～ｄから１つ選び，その記号をマークせよ。

ａ．裁判員裁判は，第一審と控訴審においてのみ採用され，最高裁判所では採用されていない

ｂ．裁判員は，衆議院議員の被選挙権を有する25歳以上の国民から選ばれる

ｃ．裁判員裁判の評決は多数決でおこなわれるが，裁判員の一名以上と裁判官の一名以上の賛成が必要である

ｄ．裁判員裁判は，殺人などの重大犯罪の刑事事件だけでなく，被告人の求めがあれば，それ以外の刑事事件でも採用しなければならない

4．これに関して，日本の地方自治における直接請求の手続きについての説明として適当なものを，次のａ～ｄから１つ選び，その記号をマークせよ。

ａ．議会の解散請求には有権者の３分の１以上の署名が必要で，この署名が集まって首長に請求があった場合，首長は議会を解散しなければならない

ｂ．条例の制定の請求には有権者の50分の１以上の署名が必要で，この署名が集まって首長に請求があった場合，首長は議会にかけ結果を公表しなければならない

ｃ．議員の解職請求には有権者の２分の１以上の署名が必要で，この署名が集まって選挙管理委員会に請求があった場合，直ちにその議員は失職する

ｄ．首長の解職請求に必要な署名数の全有権者数に対する割合は，有権者数にかかわりなく，すべての地方自治体において等しく定められている

5．この条約を締結する会議には参加したが，この条約に署名しなかった国はどれか。次のａ～ｄから１つ選び，その記号をマークせよ。

ａ．インド　ｂ．ポーランド　ｃ．韓国　ｄ．中国

6．これに関して，以下にあげる日本の公害訴訟のなかで，被告の企業が１社ではなく複数社であったものはどれか。次のａ～ｄから１つ選び，その記号をマークせよ。

ａ．水俣病訴訟　ｂ．イタイイタイ病訴訟

ｃ．新潟水俣病訴訟　ｄ．四日市ぜんそく訴訟

7．これに関して，現在，沖縄には，日本全国にあるアメリカ軍専用施設の面積のどれぐらいの割合が存在しているのか。次のａ～ｄから１つ選び，その記号をマークせよ。

ａ．約50％　ｂ．約60％　ｃ．約70％　ｄ．約80％

8．これに関する次の問ｉ・ⅱに答えよ。

ｉ．次の文中の空所〈う〉・〈え〉それぞれにあてはまる適当な語句をしるせ。

1972年には＜　う　＞をスローガンに国連人間環境会議が開催された。また，1992年に開催された国連環境開発会議では，＜　え　＞条約に、日本を含む多くの国々が署名した。

ⅱ．国連環境開発会議が開かれた都市として適当なものを，次のａ～ｄから１つ選び，その記号をマークせよ。

ａ．モントリオール　　ｂ．ストックホルム

ｃ．ヨハネスブルク　　ｄ．リオデジャネイロ

9．これに関する次の文中の空所にあてはまる適当な語句をしるせ。

男女雇用機会均等法は，日本が［　　　］条約の批准に際して，そのための国内法を整備する一環として制定された。

10．これに関連する次の出来事ａ～ｄのうち，もっとも古いものを解答欄のｉに，次に古いものをⅱに，以下同じようにⅳまで年代順にマークせよ。

ａ．全欧安全保障協力機構（ＯＳＣＥ）の成立　　ｂ．マルタ会談

ｃ．ソビエト連邦の解体　　ｄ．東西ドイツの統一

11．これに関して，以下にあげる４つの国の中で，現在，**連邦制でない**国はどれか。次のａ～ｄから１つ選び，その記号をマークせよ。

ａ．フランス　　ｂ．ドイツ　　ｃ．ロシア　　ｄ．アメリカ

12．これに関して，以下にあげる内戦や紛争の中で，2000年以降にはじまったものはどれか。次のａ～ｄから１つ選び，その記号をマークせよ。

ａ．ダルフール紛争　　ｂ．ルワンダ内戦

ｃ．ボスニア・ヘルツェゴビナ紛争　　ｄ．ソマリア内戦

13．この選挙制度においては，比例代表部分における議席の配分にドント式とよばれる方式が使われている。このドント式で議席を配分した場合，次の選挙において，Ｗ，Ｘ，Ｙ，Ｚの各党が獲得する議席数はいくつになるか。下記のａ～ｆからそれぞれ１つずつ選び，その記号をマークせよ。ただし，同じ記号を何度選んでもよい。

・この選挙で選ばれる議員の定数は10人である。

・この選挙での各党が獲得した得票数はＷ党2400票，Ｘ党2000票，Ｙ党1600票，Ｚ党500票である。

・この選挙の総得票数は6500票である。

ａ．０議席　ｂ．１議席　ｃ．２議席　ｄ．３議席　ｅ．４議席　ｆ．５議席

Ⅱ．次の文を読み，下記の設問A・Bに答えよ。解答は解答用紙の所定欄にしるせ。

経済には生産活動をおこなう企業，消費活動をおこなう家計，財政活動をおこなう政府という3つの経済主体がある。また，それぞれの経済主体は金融機関を仲介することによって，資金の過不足を調整している。

家計は，土地，労働，資本といった生産要素を企業や政府に提供し，報酬や配当・利子などの所得を得て，消費をおこなっている。家計は所得の制約や価格の下で財・サービスの消費によって得られる満足感である（　イ　）を最大化するように行動している。近年の日本の消費は停滞している。1990年代はじめにバブル経済1)が崩壊して深刻な不況になると，非正規労働者の増加などで所得の伸びは鈍化して，格差の拡大が進んだ。これはジニ係数を用いて把握することができる。このジニ係数は（　ロ　）曲線と均等配分線（均等分布線）を用いて計算することができる2)。また，家計の消費支出に占める食料費の割合を示す（　ハ　）係数を用いても把握することができる。この貧富の格差や富の不平等は古くからの問題であり，マルクスの『資本論』3)においても指摘されている。

企業は，金融機関を通じて家計から資金を調達して，設備投資や労働者の雇用をおこない，生産活動をおこなう。企業の資産と負債のある時点の状態を表すバランスシートは（　ニ　）表ともいわれる。企業には様々な種類があるが，株式会社は株式を発行するこ4)とによって，不特定多数の人々から資金を調達する。そのために，上場した株式会社では株主に対して会計情報の適切な開示が求められている。会社の内部情報を知る立場にある者が，一般の株主が知ることができない非公開の情報を利用して，株式の取引をおこなう（　ホ　）取引は公正性を損なうとして禁止されている。

株式以外にも企業は社債や銀行からの借入金を通じて資金調達をおこなう5)。この中でも銀行は企業に融資するだけではなく，預金を通じて家計や企業に貯蓄手段や決済手段を提供している6)。このように，銀行は他の金融機関とは異なり，金融インフラを担っており，公共性が非常に高い。このために，セーフティーネットが整備されており，例えば，（　ヘ　）によって預金は一定額が保護されているのである。なお，金融機関や政府を除いて，企業や家計，地方公共団体が保有している通貨量のことを（　ト　）といい，現金通貨と日本銀行当座預金の合計である（　チ　）と区別される。

以上で家計，企業と金融機関をみてきたが，基本的には，自由で完全な市場であれば，これらの経済主体は市場メカニズムに従って経済活動をおこなっている。市場では，超過需要や超過供給を解消するように，価格の自動調整作用が働くのである。この需要と供給の市場メカニズムは様々な経済現象を説明することができる7)。ただし，市場メカニズムは8)

万能ではなくて，公共財の問題，外部効果，独占・寡占によって市場が失敗する場合がある。この市場の失敗に対処するのが，資源配分，所得再分配，景気調整の機能を有している政府である。これらの活動をおこなうためには，政府が予算を編成するが，歳出が税収よりも多い場合には公債を発行する。

日本の場合では，国が1966年度から公共事業費等の財源にあてるために（　リ　）国債を，1975年度からは赤字国債と言われている（　ヌ　）国債をほぼ毎年発行するようになった。特に，1990年代のバブル崩壊以降，巨額の国債を発行しており，財政健全化9)は喫緊の課題である。財政と金融は強く関係しており10)，現在，日本銀行による金融緩和政策のために日本では金利が低く抑えられているので，国の利払い費も低く抑えられている。しかし，2022年頃から世界的にインフレ率が高まっており，日本でも前年同月比でみた消費者物価指数は4％近く上昇した11)。これによって，金融や財政はどのような影響を受けるのか，国民は注視する必要がある。

A．文中の空所(イ)～(ヌ)それぞれにあてはまる適当な語句をしるせ。ただし，(イ)，(ニ)，(ヘ)，(リ)，(ヌ)は漢字で，それ以外はカタカナでしるせ。

B．文中の下線部1)～11)にそれぞれ対応する次の問1～11に答えよ。

1．これに関して，バブル経済の原因や，その影響に関する説明として適当でないものを，次のa～dから1つ選び，その記号をマークせよ。

a．一般的に，中央銀行が国債を購入して，民間の経済主体が過剰流動性の状態になることが，バブル経済のひとつの原因となりうる

b．日本では1990年代において，バブル経済の崩壊後に不良債権を処理するために整理回収機構が設立された

c．米国の住宅バブルの原因となったサブプライム・ローンとは，信用力の高い高所得者向けの住宅ローンであった

d．米国では住宅ローンを証券化した証券化商品を世界中に販売していたので，住宅バブル崩壊による金融危機の影響が世界中に波及した

2．これに関する次の問ⅰ・ⅱに答えよ。

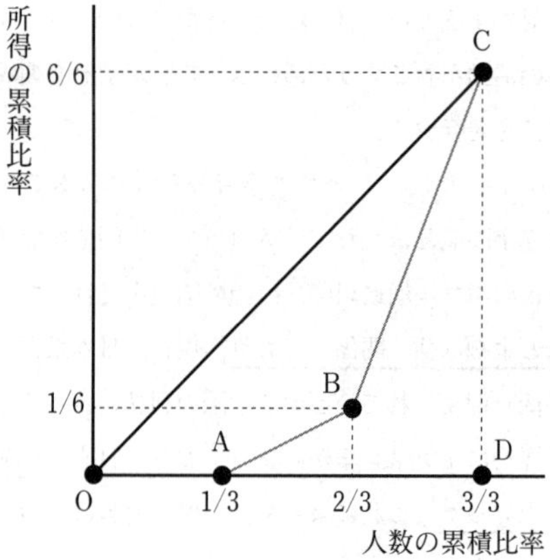

注：点Oは原点でもある

図1

ⅰ．次の3人から成る社会を考える。この3人のそれぞれの所得は0円，500万円，2,500万円とする。これを上の図1に表すと折れ線OABCとなり，これは本文中の空所（　ロ　）曲線を近似したものでもある。横軸には所得の低い人から高い人へと順番に並べた場合の人数の累積比率を，縦軸にはそれらの人の所得の累積比率をそれぞれとっている。例えば，図1の点Bの縦軸の所得の累積比率は，所得が最も低い人の所得0円と2番目に低い人の所得500万円を足して，3人の所得の合計である3,000万円で割った1/6である。この図1を基にジニ係数を計算して，適当なものを，次のa～dから1つ選び，その記号をマークせよ。なお，ジニ係数は折れ線OABCと直線OCに囲まれた面積を，三角形OCDの面積で割ったものである。

a．およそ0.222　　b．およそ0.444

c．およそ0.555　　d．およそ0.777

ⅱ．ジニ係数に関する説明として適当でないものを，次のa～dから1つ選び，その記号をマークせよ。

a．累進課税制度の強化や社会保障給付の拡充によって，ジニ係数は小さくなる

b．均等配分線（均等分布線）は原点Oを通る傾斜45度の直線である

c．所得の格差が大きくなると，折れ線OABC曲線は均等配分線（均等分布線）から遠ざかる

d．ジニ係数は－1から1までの値をとる

3．これに関する説明として適当なものを，次のａ～ｄから１つ選び，その記号をマークせよ。

ａ．マルクスの指導で，機械に仕事を奪われることを恐れた手工業者や労働者がラッダイト運動という機械打ちこわし運動をおこなった

ｂ．労働価値説はアダム・スミス，リカード，マルクス等によって論じられた

ｃ．資本主義経済の矛盾を克服するために，マルクスは恐慌などの資本主義の問題点を資本主義の枠内で解決しようとした

ｄ．マルクスの指導で1889年にフランス革命100周年を記念してパリで第１インターナショナルが結成された

4．これに関する説明として適当なものを，次のａ～ｄから１つ選び，その記号をマークせよ。

ａ．債券は一般的には一定期日までに返済する義務があるが，株式には返済義務はない

ｂ．一般的に，株式を保有していると配当を受取ることができるが，それは企業業績などに関係なく一定である

ｃ．一般的には，株式を保有する株主が株式会社の所有者であり，株主総会で経営を担う取締役を選出して，所有と経営を統合している

ｄ．一般的に，中央銀行が金利を引き上げると，株価は上昇する傾向にある

5．これに関する次の文章の空所①～③にはいる用語の組み合わせとして適当なものを，下記のａ～ｄから１つ選び，その記号をマークせよ。

資金調達の方法には直接金融，間接金融と自社内で資金調達をする自己金融がある。また，資本の種類には自己資本と他人資本がある。以上を踏まえると，株式は［①］，社債は［②］，内部留保は［③］に，それぞれ分類することができる。

ａ．①直接金融及び他人資本　②間接金融及び他人資本　③間接金融及び自己資本

ｂ．①間接金融及び他人資本　②直接金融及び他人資本　③自己金融及び他人資本

ｃ．①間接金融及び自己資本　②間接金融及び自己資本　③直接金融及び他人資本

ｄ．①直接金融及び自己資本　②直接金融及び他人資本　③自己金融及び自己資本

6．銀行は預金の一部を手元に残して，残りを貸し出す。貸し出されたお金は別の銀行に預金され，これを繰り返すことによって，銀行全体で当初の預金である本源的預金の何倍もの預金通貨をつくり出す。これを信用創造という。本源的預金を100万円，手元に残す割合である支払準備率は20％とする場合，信用創造後の預金総額は**本源的預金も含めて**どれだけの金額になるか。次のａ～ｄから１つ選び，その記号をマークせよ。なお，銀行から預金が引き出されることはないと仮定する。

a．100万円　　b．250万円

c．500万円　　d．1,000万円

7．これに関する次の問 i ～iii に答えよ。

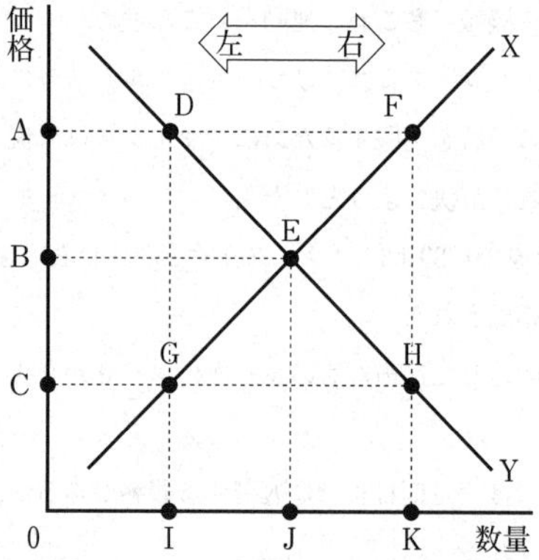

図2

i．上の図2がある財の需要と供給のグラフであるとする。縦軸が価格，横軸が数量である。これに関する説明として**適当でない**ものを，次のa～dから1つ選び，その記号をマークせよ。なお，図2のXとYは，需要曲線か供給曲線のいずれかである。

a．原油価格の上昇で生産費用が上昇するとXは左にシフトして，均衡価格は上昇する

b．価格がCであれば，横軸をみると，需要量はK，供給量はＩであり，K－Ｉだけ，超過需要が発生している

c．価格がAであれば，横軸をみると，需要量はＩ，供給量はKであり，K－Ｉだけ，超過供給が発生している

d．所得が上昇すると，購買意欲が向上するので，Xは右にシフトして均衡価格が下落する

ii．上のグラフが米の需要と供給のグラフであるとする。政府の政策によって，政府が生産者から米を買い取り，それを消費者へ販売する場合を考える。買い取り価格をA，販売価格をCと設定した場合，この政策による政府の赤字額はどれくらいか。適当なものを，次のa～fから1つ選び，その記号をマークせよ。

a．(A－C) ×K　　b．(B－C) ×K

c．(A－B) ×K　　d．(A－C) ×J

e．(B－C) ×J　　f．(A－B) ×J

iii. 需要の価格弾力性に関する説明として適当なものを，次のａ～ｄから１つ選び，その記号をマークせよ。

ａ．需要の価格弾力性は，分母に需要の変化率，分子に価格の変化率をとることによって算出できる

ｂ．需要の価格弾力性は，生活必需品の方がぜいたく品よりも大きい

ｃ．需要の価格弾力性が大きいと，需要曲線の傾きは緩やかになり，水平に近づく

ｄ．需要の価格弾力性が１より大きいと，価格を上げると需要はあまり減少しないので，売上高は増加する

8．これに関する次の問ｉ・ii に答えよ。

ｉ．市場の失敗に関する説明として適当でないものを，次のａ～ｄから１つ選び，その記号をマークせよ。

ａ．寡占市場ではマーケットシェアが大きい企業がプライスリーダーとなり，価格の下方硬直性がみられる

ｂ．公害などの外部不経済をもたらす財・サービスの供給量は，市場にまかせると社会的に望ましい水準よりも過少供給になりやすい

ｃ．電気やガスのように設備投資にかかる費用が大きい産業では，新規参入が困難なために独占になる傾向にある

ｄ．公共財は対価を支払わずに利用できるというフリーライダーが発生するので，民間企業では供給しにくい

ii．ケインズと同時期の経済学者で，独占の公的規制や，税制による所得再分配，環境問題に対する環境税の導入で，政府の介入によって人々の経済厚生が高まることを理論的に示した経済学者は誰か。適当なものを，次のａ～ｄから１つ選び，その記号をマークせよ。

ａ．ガルブレイス　　ｂ．フリードマン

ｃ．ピグー　　ｄ．シュンペーター

9．これに関する説明として適当でないものを，次のａ～ｄから１つ選び，その記号をマークせよ。

ａ．日本では，国のプライマリー・バランスとは，税収・税外収入と，国債費を除く歳出との収支のことを表している

ｂ．日本では，歳入を増やすために1989年に消費税が導入され，その税率は1997年に５％，2014年に８％，2019年に10％に引き上げられた

ｃ．欧州ではユーロ加盟時において，財政赤字や政府債務残高を抑制するような財政健全化のための条件はなかった

d．ギリシャでは，財政健全化に対する信頼が揺らいだので，2009年から2010年代にかけて自国の国債の利回りは大きく上昇した

10．これに関する説明として適当でないものを，次のａ～ｄから１つ選び，その記号をマークせよ。

a．日本銀行は銀行が保有する国債を購入することができる

b．戦後，復興金融金庫の発行した復金債を日本銀行が直接引受した

c．2013年に日本銀行に黒田東彦総裁が就任すると，日本銀行は国債の購入額を大幅に拡大した

d．財政支出の増大によるクラウディング・アウト効果は金利を引下げる効果がある

11．これに関する説明として適当でないものを，次のａ～ｄから１つ選び，その記号をマークせよ。

a．一般的に，円安が進むと日本のインフレ率は上昇する傾向にある

b．日本では，消費者物価指数には，企業間で取引される財・サービスの価格動向は含まれていない

c．インフレ率が上昇すると貨幣価値（通貨価値）は低下して，貨幣１単位当たりの購買力は低下する

d．名目賃金が一定であれば，消費者物価指数が上昇すると実質賃金は上昇する

数　学

◀2月6日実施分▶

（60分）

Ⅰ． 下記の空欄ア～コにあてはまる数または式を解答用紙の所定欄に記入せよ。

（i）　$1 \leqq x \leqq 8$ の範囲において，関数 $y = (\log_2 x)^2 - 8\log_2 x - 20$ は $x =$ [ア] のときに最小値 [イ] をとる。

（ii）　等式

$$\frac{3x^2 - x + 4}{(x+1)^3} = \frac{a}{(x+1)^3} + \frac{b}{(x+1)^2} + \frac{c}{x+1}$$

が x についての恒等式となるような定数 a，b，c は，$a =$ [ウ]，$b =$ [エ]，$c =$ [オ] である。

（iii）　さいころを3回投げて出る目をすべてかけた数が4の倍数となる確率は [カ] である。

（iv）　$\theta = \dfrac{\pi}{12}$ のとき，$\dfrac{1}{\tan\theta} - \tan\theta$ の値は [キ] である。

（v）　初項と第2項がそれぞれ $a_1 = 1$，$a_2 = 1$ である数列 $\{a_n\}$ は，$n \geqq 2$ のとき等式

$$a_{n+1} = a_1 + a_2 + \cdots + a_n$$

を満たす。$n \geqq 3$ のとき，a_n を n を用いて表すと $a_n =$ [ク] である。

（vi）　$0 \leqq x \leqq 1$ の範囲において $f(x) \geqq 0$ である2次関数 $f(x) = ax^2 + b$ は，等式

$$f(x)\left(\int_0^1 f(t)\,dt\right) = x^2 + 5$$

を満たす。このとき，定数 a，b は，$a =$ [ケ]，$b =$ [コ] である。

Ⅱ. p, q を正の実数とする。座標平面上に放物線 $C: y=-x^2$ がある。C 上の点P$(p, -p^2)$ における C の接線を l, 点Q$(-q, -q^2)$ における C の接線を m とする。また, l と m の交点をRとする。このとき, 次の問(i)～(vi)に答えよ。解答欄には, (i), (ii), (v)については答えのみを, (iii), (iv), (vi)については答えだけでなく途中経過も書くこと。

(i) l, m の方程式をそれぞれ p, q を用いて表せ。

(ii) Rの座標を p, q を用いて表せ。

(iii) Qと l の距離 d を p, q を用いて表せ。

(iv) 三角形PQRの面積 S を p, q を用いて表せ。

(v) l と m が直交するとき, q を p を用いて表せ。

(vi) l と m が直交するとき, (iv)の S の最小値を求めよ。また, そのときの p の値を求めよ。

Ⅲ. 三角形OABにおいて，OA＝5，OB＝7，AB＝8 とする。また，Oを中心とする半径 r の円 C が直線AB上の点Dで接している。さらに，Aから C へ引いた接線と C との接点をEとする。ただし，EはDとは異なる点とする。$\overrightarrow{\mathrm{OA}}=\vec{a}$，$\overrightarrow{\mathrm{OB}}=\vec{b}$ とおくとき，次の問(ⅰ)～(ⅴ)に答えよ。解答欄には，(ⅰ)については答えのみを，(ⅱ)～(ⅴ)については答えだけでなく途中経過も書くこと。

(ⅰ)　内積 $\vec{a}\cdot\vec{b}$ の値を求めよ。

(ⅱ)　$\overrightarrow{\mathrm{OD}}$ を $\overrightarrow{\mathrm{OD}}=(1-t)\vec{a}+t\vec{b}$ と表すとき，定数 t の値を求めよ。

(ⅲ)　r の値を求めよ。

(ⅳ)　Dから直線OAへ下ろした垂線をDHとする。$\overrightarrow{\mathrm{OH}}$ を $\vec{a}$ を用いて表せ。

(ⅴ)　$\overrightarrow{\mathrm{OE}}$ を $\overrightarrow{\mathrm{OE}}=p\vec{a}+q\vec{b}$ と表すとき，定数 p，q の値をそれぞれ求めよ。

◀2月9日実施分▶

(60分)

Ⅰ．下記の空欄ア～クにあてはまる数を解答用紙の所定欄に記入せよ。

(i) 2進数 a を $a_{(2)}$ と表す。$1011_{(2)} \times 11_{(2)} + 1111_{(2)}$ を計算した結果を10進法で表すと [ア] である。

(ii) 袋の中に赤玉と白玉があわせて20個入っている。この袋の中から同時に2つの玉を取り出すとき，取り出した玉が2個とも赤である確率は $\dfrac{21}{38}$ である。このとき，はじめに袋に入っていた赤玉は [イ] 個である。

(iii) 三角形ABCにおいて，AB＝3，BC＝4，CA＝2 とする。線分BCの中点をMとするとき，線分AMの長さは [ウ] である。

(iv) $x + \dfrac{1}{x} = -3$ であるとき，$x^3 + \dfrac{1}{x^3} =$ [エ] である。

(v) $-3 \leqq x \leqq 3$ の範囲において，関数 $f(x) = x^3 + 2x^2 - 4x$ の最小値は [オ] である。

(vi) 座標空間において，点 $\mathrm{A}(-10,\ -3,\ 8)$ を通りベクトル $\vec{a} = (1,\ 2,\ -2)$ に平行な直線と，xy 平面との交点の座標は ([カ] , [キ] , [ク]) である。

Ⅱ. 次のように定められる正の数からなる数列 $\{a_n\}$ がある。

$$a_1 = 1,\ a_2 = 2,\ a_{n+2} = \sqrt{\frac{a_{n+1}^3}{2a_n}}\quad (n = 1, 2, 3, \cdots)$$

このとき，次の問(ⅰ)～(ⅴ)に答えよ。解答欄には，(ⅰ)，(ⅱ)については答えのみを，(ⅲ)～(ⅴ)については答えだけでなく途中経過も書くこと。

(ⅰ)　$a_3 = 2^x$，$a_4 = 2^y$，$a_5 = 2^z$ と表すとき，x，y，z の値をそれぞれ求めよ。

(ⅱ)　$b_n = \dfrac{a_{n+1}}{a_n}$ $(n = 1, 2, 3, \cdots)$ とおくとき，b_{n+1} を b_n を用いて表せ。

(ⅲ)　(ⅱ)で定めた数列 $\{b_n\}$ に対して，$c_n = \log_2 b_n$ $(n = 1, 2, 3, \cdots)$ によって定められる数列 $\{c_n\}$ の一般項を求めよ。

(ⅳ)　(ⅲ)で定めた数列 $\{c_n\}$ に対して，$S_n = \sum_{k=1}^{n} c_k$ を n を用いて表せ。

(ⅴ)　数列 $\{a_n\}$ の一般項を $a_n = 2^{d_n}$ と表す。(ⅳ)の結果を利用して，d_n を n を用いて表せ。

Ⅲ. p，q を実数とする。座標平面上に放物線 $C: y = x^2 + 2px + q$ と，2つの直線 $l: y = -x + \frac{3}{4}$，$m: y = 2x$ がある。このとき，以下の問(i)～(v)に答えよ。解答欄には，(ii)については答えのみを，(i)と(iii)～(v)については答えだけでなく途中経過も書くこと。

(i) C が l に接するとき，q を p を用いて表せ。

(ii) C が l に接するとき，C の頂点の座標を p を用いて表せ。

(iii) C が l と x 軸の両方に接するとき，C の方程式を求めよ。また，そのときの C と l の接点の x 座標を求めよ。

(iv) C が l と m の両方に接するとき，C の方程式を求めよ。また，そのときの C と l の接点の x 座標を求めよ。

(v) (iii)で求めた C を C_1，(iv)で求めた C を C_2 とする。このとき，C_1，C_2，l で囲まれた部分の面積 S を求めよ。

(N) ――線部(12)から読み取れる気持ちとして最も適当なものを、次のうちから一つ選び、番号で答えよ。

1 伯母の死があまりに急で、現実とは受け止められない気持ち。
2 伯母の夢をかなえることができず、とても申し訳ない気持ち。
3 伯母の死去が悲しく、来世では必ず孝行したいという気持ち。
4 伯母のことが懐かしく、夢の中でよいから再会したい気持ち。
5 伯母から依頼された作品を、今からでも完成させたい気持ち。

(O) ――線部(13)の発句の解説として最も適当なものを、次のうちから一つ選び、番号で答えよ。

1 伯母を悼む自分の思いを知って鳴いているのかと、雲雀に尋ねている。
2 上空に鳴く雲雀が、伯母の魂を探しているのだろうかと想像している。
3 伯母が今は雲雀となって、雲の中を彷徨っているのかと心配している。
4 雲雀を伯母に見立て、先立った母に伯母が再会できたらと祈っている。
5 伯母の魂が、今でも雲雀の絵を見たがっているのだろうと感じている。

1　すぐに　2　新たに　3　巧みに　4　粗略に　5　確実に

(I)　――線部(7)の意味として最も適当なものを、次のうちから一つ選び、番号で答えよ。

1　どこでも　2　なんとなく　3　どういうわけか　4　いつかは　5　なんとかして

(J)　――線部(8)の意味として最も適当なものを、次のうちから一つ選び、番号で答えよ。

1　辞退する　2　納得する　3　依頼する　4　推敲する　5　承知する

(K)　――線部(9)とはどういうことか。その説明として最も適当なものを、次のうちから一つ選び、番号で答えよ。

1　ふさわしい結婚をしたということ。

2　充実した人生を送ったということ。

3　異なる運命をたどったということ。

4　経済的に恵まれていたということ。

5　仏教を固く信じていたということ。

(L)　――線部(10)の意味として最も適当なものを、次のうちから一つ選び、番号で答えよ。

1　いっそう　2　特別に　3　かえって　4　頻繁に　5　なぜか

(M)　――線部(11)から読み取れる心理として最も適当なものを、次のうちから一つ選び、番号で答えよ。

1　達観　2　放心　3　楽観　4　悲観　5　執心

1 (イ)　2 (ロ)　3 (ハ)　4 (ニ)　5 (ホ)

(C) ――線部(1)について。その具体的内容の説明として最も適当なものを、次のうちから一つ選び、番号で答えよ。

1 みごとに桜の挿し木が成功したということ。
2 注意深く桜の挿し木を習い覚えたということ。
3 桜の挿し木を正確に教えてあげようということ。
4 桜の挿し木は誰がやっても失敗しないということ。
5 桜の挿し木を習って本当によかったということ。

(D) ――線部(2)の意味として最も適当なものを、次のうちから一つ選び、番号で答えよ。

1 配慮　2 練習　3 時期　4 方法　5 理由

(E) ――線部(3)の現代語訳を五字以内で記せ。ただし、句読点は含まない。

(F) ――線部(4)の意味として最も適当なものを、次のうちから一つ選び、番号で答えよ。

(G) ――線部(5)の意味として最も適当なものを、次のうちから一つ選び、番号で答えよ。

1 突然だ　2 煩雑だ　3 意外だ　4 光栄だ　5 素敵だ

(H) ――線部(6)の意味として最も適当なものを、次のうちから一つ選び、番号で答えよ。

1 準備　2 計画　3 苦労　4 孤独　5 費用

いかでうとからず仕へ奉るをりもがなと、(11)行末遠く思ひてしを、かかるはかなき便り聞きける心の、いくたびもた(12)だ夢かとぞたどられ侍る。彼のたまはせし空の雲雀も、雲がくれ給ふべきはかなきさとしにやとさへ、残るか(13)たなく思ひつづくるままに、

なき魂やたづねて雲に鳴く雲雀

（『鶉衣』による）

（注）　くやしき数とはなりぬ――悔やまれる事柄の一つとなった。

問

(A)　━━線部(a)～(c)の助動詞の文法上の意味として最も適当なものを、次のうちから一つずつ選び、番号で答えよ。ただし、同じ番号を何度用いてもよい。

1　完了　2　受身　3　尊敬　4　自発　5　可能
6　推定　7　詠嘆　8　存在　9　伝聞回想

(B)　〰〰線部(イ)～(ホ)には、一つだけ行為の主体が異なるものがある。それはどれか。最も適当なものを、次のうちから一つ選び、番号で答えよ。

三　左の文章は、横井也有の著した「伯母を悼む辞」という文章である。これを読んで後の設問に答えよ。（解答はすべて**解答用紙**に書くこと）

こはそもはかなき世なりけり(a)。過ぎしはわづかに二十日あまり、武蔵に旅立ちする(イ)御いとま申さむとて、(ロ)訪ひまゐらせしに、例のまめやかにもてなさせ給ひ、のどやかに御物語ありしが、お前なる(b)瓶（かめ）に花ども多くささせ置き給ひしにつけて、「過ぎし冬、桜のさし木といふこと人にならひて、庭にささせ侍りしに、(1)まことに過たずなむ」と(ハ)啓し侍りつれば、「うれしきこと聞きつる物かな。今年の冬かならずささせてむ。そのすべきやう(2)教へて」と、のたまはせしほどに、かかる御別れあるべしとは(ニ)おぼしかくべきや。なほ何くれと語りつづけさせ給ふついでに、「このごろ思ひよれる(c)ことあり。下に(3)あやしの耕す男（をのこ）描きて、上（うへ）つかたに雲雀（ひばり）の高く上（あが）りたるさま描きて、それに発句（ほく）してえさせよ」とありしに、「(4)いとこちたくこそ。すずろなる筆のいかが、およびがたくや侍らむ。今は旅の(5)いそぎにしづ心なく侍れば、さるべき発句も(6)とみには思ひよりがたくなむ。さるにても、吾妻に(ホ)下り侍りて、(7)いかでねんじて、まほならずとも描きととのへて奉りてむ」と、(8)うけがひまゐらせし、そのいとまもなくて、今は(注)たくやしき数とはなりぬ。

わが母上をはじめて、女（め）の御はらから九ところまでおはしつ。みな(9)にげなからぬよすがに定まらせ給ひながら、うちつづきて世を早う去り給ひ、今は二方ばかりぞ残りとどまり給へば、母上うせさせ給ひし後は、(10)いとど御かたみとも見奉れば、なほざりに過ぎこしほども、とりかへさまほしう、今は身のおほやけにいとまなきものから、ちから一つ選び、番号で答えよ。

1　時間を細分化し日常的な活動を緻密に管理しようとする意識。
2　現在の活動を将来の活動のための投資として捉える意識。
3　時間を資産と捉え一分一秒を惜しんで商業にいそしむ意識。
4　過去を回顧しその時間的連続のなかで現在を捉える意識。
5　将来発生しうる事態を予測し勘定に入れようとする意識。

(F)　空欄 a ～ c には、同じ言葉が入る。どのような言葉を補ったらよいか。最も適当なものを、次のうちから一つ選び、番号で答えよ。

1　質　2　量　3　合理　4　実践　5　観念

(G)　次の各項について、本文の内容と合致するものを1、合致しないものを2として、それぞれ番号で答えよ。

イ　太陽の運行と季節の循環をベースとする時間意識はキリスト教会の「神の時間」にその起源を有する。
ロ　中世の商人たちは複数の都市にわたる通信網を発達させ、情報収集や調査研究を行い異なる価値体系の差異を用いて利潤を獲得した。
ハ　中世的世界では、教会側の神の時間と計算可能な抽象的時間が対立しつつ並存していた。
ニ　中世商人の商業行為は社会の伝統的な価値規範を変革し農業世界の近代化を推し進めた。
ホ　近代の時間意識の生成は、時代の支配的な時間意識が教会時間から商人時間に取って代わられたことの帰結であった。

3　未来を意識することは円環時間における過去と現在を「まだないもの」へと変質させてしまうから。
4　未来を意識することは円環時間のなかに不確定要素を生み出し伝統からの逸脱をもたらすから。
5　未来を意識することは円環時間のなかで維持されてきた価値規範を破壊してしまうから。

(D)　――線部(3)について。なぜこうした「批判」がなされたのか。その理由として最も適当なものを、次のうちから一つ選び、番号で答えよ。

1　神の被造物である貨幣を用いて利潤を稼ぐ行為は、同じく被造物である人間の行いとして神への冒瀆に他ならないから。
2　共同体において高利貸を行うということは共同体の伝統的な社会的規範を破壊し、共同体の維持を困難にするから。
3　時間差を用いて利子を稼ぐことは神の領域を侵す行いであり、そもそも人間には許されない行為であるから。
4　額に汗する労働こそが神聖な行いであり、時間差を用いて利子を稼ぐことは神の倫理に反するものであるから。
5　高利貸の利潤が不作や動乱、戦争など人々にもっぱら苦難をもたらすものを利用して得られたものであるから。

(E)　――線部(4)について。これはどのような「意識」であるのか。その説明として最も適当なものを、次のう

2　エートス――人間が行為の反復によって獲得する持続的な性格、習性。ある社会集団を支配する倫理的な心的態度のこと。

3　トートロジー――同意語反復、表現の重複のこと。

問

(A)　═══線部(イ)・(ロ)を漢字に改めよ。(ただし、楷書(かいしょ)で記すこと)

(B)　───線部(1)について。ここでいう「保守的な行動様式」の説明として最も適当なものを、次のうちから一つ選び、番号で答えよ。

1　共同体に共有された価値規範や協調を重視し社会的調和を維持しようとすること。

2　共同体の文化や慣習を忠実に守りつつも変化に適応させようとすること。

3　共同体の政治思想を固守し歴史的に維持しようとすること。

4　共同体に受け継がれてきた価値規範を固守し変化を忌避しようとすること。

5　共同体の失われた伝統的価値規範を再建し復興を遂げようとすること。

(C)　───線部(2)について。なぜこのように述べられるのか。その理由として最も適当なものを、次のうちから一つ選び、番号で答えよ。

1　未来を意識することは円環時間における伝統的生活の価値に対する疑念をもたらしその基盤を崩すから。

2　未来を意識することは円環時間における伝統的生活の時間意識の中からは生じ得ないから。

を発達させ、ロンドンはいまどういう状況か、ベネチアはどういう状況か、という情報収集及び調査研究とでもいうべき非常に知的な操作を行っていた。

気候変動による作柄の変動や政治状況を調べるということは、別の形でいうと、不確定要素の調査ということになる。つまり、商人が実際にやる第一の行為は、たんに物の横流しではなくて、物が置かれるコンテクストの不確定要素の先取り的な計算といえる。このような先取り意識なしには商人の時間は原理上ありえない。もろもろの危険を先取りし、商品価格や貸付の利潤を計算するという経験を繰り返すなかで、次第に時間というものを［ a ］的なオブジェクトに抽象化して計算する時間意識が生成していった。

時間が［ b ］的なオブジェクトになるということは、実際上細分可能な時間になるということである。円環時間は、簡単にいうと、一日を朝、昼、晩の三つぐらいにしか分割していなかったが、商人はこれを一分、一秒という単位まで分割して操作した。そのような微分化可能な［ c ］的オブジェクトとしての時間、計算可能な抽象的な時間、簡単にいうと、直線時間は商人の行動から出てきた。商人の行動とは先取りする意識によって先導されている行動であるから、結論として、先取りする意識が後に近代に受け継がれるであろう抽象的で直線的な計算可能な時間を生んだわけである。

（今村仁司『近代性の構造』による）

（注）　1　アリストテレス――前三二二年没。ギリシアの哲学者。

然の時間としての円環時間のことで、そもそも人間がそれを使ってどうこうすることは許されない神聖なるものであった。

ところが、中世における商業、つまり両替商や高利貸は、究極のところ時間差を利用して貨幣を膨らませ、金を儲ける行為である。教会の側あるいは伝統保守的な側からいうと、神の時間を有限なる人間があろうことか金儲けに使っている、時間を利用して利潤を生むなど許しがたい神への冒瀆であるという批判になる。

ヨーロッパ中世においては、時間をめぐる争いがまず神学論争としてあらわれてくる。これは教会の時間と商人の時間のぶつかり合いであった。農業世界に足をおろしている教会側の時間は神の時間、すなわち自然時間、円環時間を当然のこととして踏まえているが、他方の商人の時間は計算可能な抽象的時間で、この二つは原理上折りあうことのありえないまったく別の時間観念である。最初は宗教界の方が強く、商人は徹底的に敗北する。歴史が下るにつれて、つまり、近代の方にむかうにつれて(4)商人の時間意識が次第に強まり、最終場面では教会時間が完璧に敗北する結果となるが、近代直前の中世的世界では、円環時間あるいは自然時間と、知性によって計算できる非自然的できわめて人工的な対象としての時間意識とが、対立含みで同時進行的に展開していたのである。

商人たちは、商売をするために地域の作柄や生産物の動き、価格の動向を調査し、とりわけ戦争は金儲けのチャンスであるから政治状況をもリサーチした。過去の日本では商人、両替商のイメージというと、店先の帳場に座っているだけで金を儲けているようなイメージが強いが、とくにユダヤ人を中心とする商人たちは通信情報網いて未来意識を語ることが仮にあったとしても、それはむしろ反社会的で、未来つまり新しいものに向かうことは全部排除される。それが保守的ということである。そうすると、(2)円環時間が崩壊することと未来意識があらわれることはじつは同じことである。(注3)トートロジーだが、未来意識が生まれることがじつは円環時間を崩壊させるという関係がある。未来意識がどう生まれたかということは、近代を考えるときに決定的に重要になる。

定義によって、未来は「まだないもの」である。まだないものを意識することは、まだないものを先取りする意識である。この先取りないし予測という考え方はどのように出てきたのか、西洋の歴史から例を取ってのべるが、これは基本的にはアジアでも同じだと思う。

先取りする意識の形成に関しては、まず西欧中世が問題になると思う。よく知られているように、西欧中世においては商業の告発が盛んに行われた。商業というのは具体的には高利貸商人である。(3)中世ヨーロッパにおいては高利貸批判が連綿と続く。高利貸批判というと、われわれはすぐ常識に頼って理解したような気になるが、なぜ高利貸が批判されなければならないかは、それほど自明のことではない。高利貸が利子をつけて金儲けをすることがいけないというが、キリスト教会が非難する高利貸の利子率は現在の銀行利子率と同じようなものである。もちろん危険度が高いときには利子率は高くなるが、これはある意味では当然のことだ。

この商業ないし商人の告発の背景には、一つには神学的、宗数的理由があったと思う。当時は、彼らの言葉でいうと、「神の時間」という意識が非常に強かった。時間とは神のものであるという議論である。キリスト教会がイメージしていた神の時間とは、具体的には膨らんだり減ったりせず、永遠に同じものとして反復するような自同じものの無限の反復という形になっている。

この円環時間、つまり、自然の運動に(イ)イキョした時間意識が壊れて、新しい時間意識、すなわち直線的時間、さらにいいかえると過去にも未来にも無限に開かれた時間意識が生まれくるとき、はじめて時間意識の近代が到来する。

円環の時間は過去中心的である。同一物の反復という円環のイメージは、伝統に従って生きることの中に価値規範を置く生活様式を表現している。トラディションというものは常に同一のままに保存され、維持されなければならない。たとえ時の流れによって変動はあっても、もとどおりに再建されなくてはならないという社会的規範意識がある。もとどおりにするという復元力が伝統を支える価値意識であり、他方ではそれを社会的なエートス(注2)ともいうことができる。もとどおりにする、原状に復帰するという理念の時間表象がじつは円環時間であった。

したがって、円環時間は伝統主義と(ロ)ウラハラで、社会的なレベルでその時間意識があらわれると、(1)保守的な行動様式になる。祖先のつくった価値体系を傷をつけずに保存することで共同体は維持されるし、またそうする必要が古代から中世まで連綿として続いた。したがって、円環時間に未来の意識が入り込む余地はまったくない。少なくとも生きている人間にとっての未来は存在しない。未来に当たるようなものがあるとすれば死者の世界であるが、じつはこれは未来ではなくて別世界であり、この別世界あるいは異世界は永遠の世界である。永遠というのは定義によって時間的世界ではない。

伝統的な円環時間の中には過去と現在しかない。未来は原理上シャットアウトされている。こういう世界にお

ニ　初夏の愛蘭土は気候が日本に似た部分もある一方、妖精のいる世界にいるようで憧憬はあるが憂愁はない。
ホ　鬼貫の句は、若葉が持つ非情さが初夏の雰囲気をよく映し出すことを鋭く示す作品として高く評価できる。
へ　鬼貫の句には飾り気のなさと生き生きとしたさまとが共存する独自性があり、彼の力は容易に測り知れない。

二　左の文章を読んで後の設問に答えよ。（**解答はすべて解答用紙に書くこと**）

近代時間を考える場合、比較の対象として近代以前の時間意識を振り返っておく必要がある。どのような時代にも、人間が意図を持ち、行動をしようとする限り、必ず時間意識がある。その時間意識の表現方法は、地域や文化のちがいによってさまざまなのは当然であるが、近代以前では農業中心の生活形態が営まれていたため、基本的には太陽の運行と季節の循環をベースとする時間像で共通している。これはヨーロッパでもアジアでもまったく同じである。

自然のめぐりをベースにつくられた時間意識は、簡単に「円環時間」といわれている。ヨーロッパでもアジアでも、円環時間、つまり、閉じた円環の反復というイメージが近代の直前まで見られる。円環の表現の仕方は、たとえば中国における暦の表現であれ、アリストテレス(注1)の「円現」の表現スタイルであれ、結局、閉じた宇宙と

1　さまざまな行動を禁じられたうえに食事まで制限されているなかでも、自分と無関係に咲く藤の花を見て気持ちが晴れつつある。
2　以前から切望している米を食べさせてもらえないことに不満でありながら、藤の花の可憐さに心が少し慰められている。
3　茶飯を食べたかったが家族に禁じられパンを与えられたことが面白くなく、目の前の藤の花にすらいら立っている。
4　茶飯を食べる願いが叶わずパンの味にも閉口して、けなげに花を咲かせている藤に対して悪態をついている。
5　見せかけだけで中身がないように感じられるパンを食べる自分と、豊かな藤の花房とを比較してわびしさを感じている。

(D)　――線部(4)について。「私」はなぜ「微笑する」のか。句読点とも三十字以内で説明せよ。

(E)　次の各項について、本文の内容と合致するものを1、合致しないものを2として、それぞれ番号で答えよ。
イ　「私」は養生する過程で田園の暮らしを目の当たりにし、健康な人びとに対する憧れを強めた。
ロ　「私」は泥いじりを禁じられていたが、田植の風景に接するうちに、土の手ざわりや匂いなどに魅了された。
ハ　母が老女に養育を任せ「私」と関わらないようにしていたことが、寂しさとともに思い出される。

問

(A)　——線部(1)について。「一首として独立した結構なかきつばたの歌」とはどういうことか。その説明として最も適当なものを、次のうちから一つ選び、番号で答えよ。

1　周囲の求めに応じてかきつばたを詠みつつ、妻と離れて打ちのめされていることを表現している。
2　訪れた土地の名物をさりげなく取り込みながら、妻と自分との距離を甘美に詠い上げている。
3　妻と離れていることによる悲しみをあからさまには見せず、かきつばたを上品に詠い上げている。
4　遠くにある妻を慕う気持ちと季節が醸し出す雰囲気を、かきつばたに巧妙に重ねて表現している。
5　かきつばたのイメージを用いて、慣れ親しんだ妻に甘えたい気持ちを上品に表現している。

(B)　——線部(2)について。ノヴァリスの「詩句」を使って「私」はどのようなことを述べているか。その説明として最も適当なものを、次のうちから一つ選び、番号で答えよ。

1　さみだれ時にしかあらわれないほのかな美を全身で受け止めることの快さ。
2　薄暗い雨天から少しずつ明るい時間帯が増えていくという変化の尊さ。
3　時代の変化ではなく自然に目を向けた時に感じる世界の移行の繊細さ。
4　季節が行きつ戻りつする頃にしか見られない闇と光が交錯する不思議。
5　未だ梅雨でありながら雨天と晴天とが溶けあう季節の変わり目の美しさ。

(C)　——線部(3)について。その説明として最も適当なものを、次のうちから一つ選び、番号で答えよ。

非情にも毛深き枇杷の若葉哉

この句で鬼貫(注4)を思い出し、(4)枇杷を喰べるときによく私は微笑する。よい若ものが深毛を生やしているといった人事の感想をそっくり枇杷の若葉という植物上に持ち来って、この植物の性格を生かしている。非情にもという表現がよく利いている。

鬼貫という俳人は、芭蕉時代関西の酒造地摂津の伊丹(注5)によって、別に一派を形成したいわゆる伊丹派の領袖で、蕪村などは是非研究すべき先輩五人の中に数えている。

朴々とした処と新鮮と渾融して端倪すべからざる俳人であるが、従来あまり注目されていない。却って近代文学の眼睛で験めたらもっと価値を発見される人かも知れない。

初夏の風趣を枇杷の実に示さず毛深き若葉に抽出した処さすがは鬼貫であると思わせる。

（岡本かの子「はつ夏」による）

（注）1 杜若——アヤメ科の多年草。湿地に群生し、初夏に濃紫色の花を開く。

2 驍将——ある分野で、中心になって力強く事を推進する人。

3 しっきりなし——「ひっきりなし」の変化した語。たえまがないさま。

4 鬼貫——上島鬼貫。江戸時代前期～中期の俳人。禅の影響をうけた素朴な俳風を特色とした。

5 伊丹によって——ここでは「伊丹を活動のよりどころにして」の意。

出したからであった。

だが、その行為は、もう私の弟妹に見られて仕舞っていたのであった。私は彼等にいいつけられて老女から仕おきの灸（きゅう）をすえられた。そのあと母は可哀想がって、川で漁（と）れる小鮎を香ばしく焼いて呉れた。土蔵の蔭の桐の花が、薄曇りの空の下に朧（ろう）たく咲いていた頃であった。

外国の旅で想い出すのは愛蘭土（アイルランド）である。この島を「碧玉の島」といっているくらい暖流と風の関係で西洋の土地にしては樹草が多く、日本に似た雲烟（うんえん）も多い。

丘の起伏はあるが高山とては無く畑はちまちまとよく耕されている。白堊（はくあ）に鳶色（とびいろ）で腰塗りをした小さな農家がカソリックの古寺院と共に点在する。それ等の間に何処を掘っても泥炭の層があるという湿地の原野や沼沢がある。

沢草に交って黄と紫のあやめが咲いている。コットンフラワーというのがこの土地特有の草で、しなやかな短い茎のさきに綿のような丸味を帯びた白い穂花が咲いているのが続いていて初夏の風に吹かれると、清明で縹渺（ひょうびょう）とした感じを与える。ジョンチング・カァといって乗客は腰かけるでもなく立つでもなく、ただ肘（ひじ）で左右から凭（もた）れ合う車台の古朴な馬車で旅をする。

自分たちが伝説か寓話中の人物であり、その辺の沼の木蔭から木精（こだま）の精やら仙女（ニンフ）が出て来ても非現実ではない気がする。蒼い空と大きな斑（まだら）の雲とがしっきりなし（注3）に景色と気分とを変える。

さて、筆を日本に戻すことにして

私はパンというしらしらしく空疎なものを食べさせられた。茶の間の軒端に藤棚があって、猫の尾程に花房が生えている。それが何となく小憎らしく見えた。(3)パンを食べさせられたあじけない気持の意趣晴らしかも知れない。

傘をさして庭の垣外（かいと）をまわり、うら口から田圃（たんぼ）に出て見る。傘をさしていると降って来ないで、傘をしぼめると降って来るような気がする天気模様である。よし濡れたとて金紗縮緬（きんしゃちりめん）に織り込んだ銀糸ほどの雨脚である。満面に露を帯び垂れ枝撓（しな）っている卯の花。墨いろの空にぽちぽち朱を点じている柘榴（ざくろ）の花、名工の蒔絵模様の中を歩いて行くようである。

けれども淙々（そうそう）とした小川の流れを聞き浸々たる田の面の水を眺めると、やはり降雨期であるのを思わせられる。空の暗さに較べて田は舞台の脚光を浴（あび）せたように明るい。処々に青い焔（ほのお）のように苗代田（なわしろだ）が残っており、植付けつつある田は祭のように田植の人々で賑（にぎ）やかだ。雨靄（あまもや）が綿の様に凝って鎮守の森から遠村の腰へ絡みかかっている。

私は土に対する愛執で一ぱいになった。そこに蹲（しゃが）み、一握りほど畦（あぜ）の泥を扱（しご）いて手中のものにした。それは紅絹（もみ）のような肌理（きめ）を持ち、孩子（あかご）の腕のような柔かさがあり、ひねると脆（もろ）くも自由になる。それでいて頑として憂鬱な色をしている。愛しても愛しきれぬ泥団子の不思議さ。においを嗅ぐと気がしんと静まる。私は、しばらく眺めていたのち、幾（いく）つかの小さい団子にして柳の新枝に貫き連ね、得々として携えてしばらく持ち歩いたが、ふと脅えを覚え、それを道ばたに捨てた。

「体の弱い子は泥いじりはいけない」と母が私につけた、躾（しつけ）の厳しい老女から私は呉々（くれぐれ）も云われていたのを想い

「闇と光と交錯していて、その交錯の中から特殊の美しいものが生れているとき、誰かこの薄明のなかを歩まぬものがあろうか」

これは旧時代から新時代へ移る過渡期に於ては、理想の光芒がまだ過去の尾をひく現実に覆われつつそこに両者交錯の妙趣がある。これを薄明の美とする詩の意義は充分認められるのではないかというのである。

私は、いまここでそこまで意識的に深入りせず、さみだれの終り頃に、降りみ降らずみしつつ、一日々々と夏天の窓が明け放たれてゆく頃の自然の風物のイントロダクションとして、(2)ノヴァリスの以上のような詩句を使わして貰い度く思う。真にこの頃は闇と光の交錯であって、そこに、この季節独特の美がある。誰がこの薄明のなかを歩まぬ者があろうか。

私は東京の別宅で生れたが、やや育って、養生に田園の実家に帰えされた。そこは東京郊外からもすこし離れた駅路であった。石河原の広い川が近くに流れていた。

毎朝暗いうちに、広い台所の方で大勢の人声がした。苗の植えつけをする人々が朝飯を摂っているのであった。枕にもたれて眠い眼を細く開けてみると、障子の開け閉ての隙から、大ランプの下で甲斐々々しいいでたちの人々の姿が見えた。紺飛白に襷がけと股引で赤い帯を締めている娘も混っていた。私はどんなにそれ等の健康な人々に混って田の泥にまみれ度く思ったことであろう。一緒にうち群れて茶飯やたくあんを食べ度く思ったことであろう。けれども家の者は、茶飯は胃に毒だと言って許さない。まれに小さい握飯にして一つ私に残して置いて呉れるだけであった。

▲二月八日実施分▼

（七五分）

一　左の文章を読んで後の設問に答えよ。（解答はすべて解答用紙に書くこと）

はつ夏という季節の中には、清新、爽快、明麗といった感じの他に一種の憂愁がある。軽く漂っていて品よく甘えるような憂愁である。色に出ては杜若（かきつばた）（注1）の花でもあろうか。

からごろも着つゝなれにし妻しあればはるばる来ぬる旅をしぞおもふ

これは東下り（あずまくだ）した業平（なりひら）が、三河の国八橋にさしかかったとき、そこの名物かきつばたを見ていると周囲から歌を詠めと強いられて詠（うた）い出た、伊勢物語中で有名な歌である。

花の名のかきつばたは歌の詞句のおのおの頭に分けて使われていることも、よく人の知るところである。しかし、そういう歌の即興的技巧を取除（とりの）けても、(1)この歌は一首として独立した結構なかきつばたの歌である。はるばる都に残して来た妻を想う叙情に悲痛断腸の響きは無くて愁いに牽出（ひきだ）される甘く艶美な憧憬が詠者に味わいしめられている。かかる初夏の憂愁性や憧憬は杜若によってでなくてはかくまで抽出されないであろう。

独逸浪曼派（ドイツロマン）の驍将（ぎょうしょう）（注2）ノヴァリスは「青い花」の中でこういう意味のことをいっている。

ハ　四季の景物の代表例を挙げ、それぞれの魅力を説明している。

ニ　四季の景物をときに人々の生活をも絡めながら評している。

ホ　四季の景物のうつろいを人の人生にたとえて活写している。

5　ものほしげ

(J)　――線部(8)の意味として最も適当なものを、次のうちから一つ選び、番号で答えよ。

1　やりきれなく　2　分別がなく
3　ぎこちなく　4　せわしなく
5　仕方がなく

(K)　空欄[②]に入る行事として最も適当なものを、次のうちから一つ選び、番号で答えよ。

1　煤払ひ　2　追儺
3　除夜の鐘　4　送り火
5　紅葉狩り

(L)　〰〰線部(a)～(d)の文法上の意味として最も適当なものを、次のうちから一つずつ選び、それぞれ番号で答えよ。ただし、同じ番号を何度用いてもよい。

1　推量　2　意志　3　可能　4　過去　5　婉曲
6　尊敬　7　受身　8　打消　9　完了

(M)　次の各項について、本文の内容と合致するものを1、合致しないものを2として、それぞれ番号で答えよ。

イ　四季の景物を季節の順を追って説明している。
ロ　四季の景物の優劣を、自身の感性を交えながら論じている。

5　柳の枝に蛍が光っているさまは、ちょうど柳に花が咲いたかのようだ。

(G)　――線部(6)の説明として最も適当なものを、次のうちから一つ選び、番号で答えよ。

1　蝉は、はかない命であるにもかかわらず様々に人を楽しませてくれるのがありがたい。
2　蝉は、時や場所の変化に応じて鳴き方を自在に変化させるのが趣深い。
3　蝉の声は、それを聴く状況に応じて人の感じ方が様々に変化するのが面白い。
4　蝉の声は、逆境に抗い、精一杯生きようとしている姿が思われて心を打つ。
5　蝉の声は、苦しげななかにも清涼さを合わせもっていて興味深い。

(H)　――線部(7)の解釈として最も適当なものを、次のうちから一つ選び、番号で答えよ。

1　薄の風情は、同じ人が観賞しても季節によって感じ方が異なる。
2　薄の風情は、それを観賞する人の感性の程度に応じて変化する。
3　薄の風情は、それを観賞する人の立場や身分によって変化する。
4　薄は、どんな人にも平等に風情を感じさせることができる。
5　薄の花には派手さはないが、人をほどほどに感動させる。

(I)　空欄 ① に入る言葉として最も適当なものを、次のうちから一つ選び、番号で答えよ。

1　ものあはれ　　2　ものしづか
3　ものまめやか　　4　ものむつかしげ

3　普段桜よりも華やかな木々の梢もさらに美しさを増し
4　花をつけない常緑樹の梢まで美しく見せ
5　常緑樹の梢までもが桜の花に美しさを付加し

(D)　――線部(3)の意味として最も適当なものを、次のうちから一つ選び、番号で答えよ。

1　ものたりない　2　面倒くさい　3　みすぼらしい　4　嘆かわしい　5　気味が悪い

(E)　――線部(4)の解釈として最も適当なものを、次のうちから一つ選び、番号で答えよ。

1　古今の多くの人々の風雅の道の仲介となっている。
2　古今の多くの人々の風雅の道の目標となっている。
3　古今のどちらの人々に対しても同じように風雅の対象であり続けている。
4　古今の多くの人々の感性は変化したが、桜は変わらず風雅の道の中心にある。
5　古今のあらゆる人々の風雅の試金石となっている。

(F)　――線部(5)の解釈として最も適当なものを、次のうちから一つ選び、番号で答えよ。

1　柳の花の盛りは蛍が訪れるとまもなくやってくる。
2　柳の花が咲いている様子も、蛍の光と同様に美しい。
3　柳の花とともに見ると蛍の光はいっそう美しい。
4　柳の花と蛍を目当てにやってきた人々が盛んに宴を催している。

2　瀬田――瀬田川。琵琶湖の南部から出て下流は宇治川となり、大阪湾に注ぐ。

3　みの笠取りもとめて行きけん人――『徒然草』百八十八段の登蓮法師の故事。「ますほの薄」と「まそほの薄」の違いを聞くために、簑・笠を借りて雨の中を渡辺の聖のもとへ走ったという。

4　簸る――箕(み)で穀物をあおり振ってくずをとること。

問

(A)　━━線部(ア)・(イ)を漢字に改めよ。(ただし、楷書(かいしょ)で記すこと)

(B)　――線部(1)の解釈として最も適当なものを、次のうちから一つ選び、番号で答えよ。

1　柳の花も美しいが、そのたたずまいのほうがやはり美しい。

2　柳の花は、桜の花よりもいっそう魅力がある。

3　柳は、桜の花よりもいっそうそのたたずまいに魅力がある。

4　柳のたたずまいは、桜の花と一緒に見たときにいっそう風情がある。

5　柳は、その花が咲く前でもやはり風情がある。

(C)　――線部(2)の解釈として最も適当なものを、次のうちから一つ選び、番号で答えよ。

1　花が散った木々の梢も美しさを取り戻し

2　まだ花が咲いていない桜の梢まで美しく見え

蛍は、ひとつふたつ見え初むる軒ば、夜道行く草むら、瀬田(注2)の奥に舟さし入れて、(5)花と見る柳の盛り。(6)蝉は、日のつよき程声くるしげに、夕ぐれは淋し。また山路ゆく折節、梢の声谷川に落つるも涼し。薄は、色々の花もてる草の中に、ひとり立ちてかたちつくろはず、かしこからず、心なき人には風情を隠し、心あらん(c)人には風情を顕はす。(7)ただその人の程々に見ゆるなるべし。みの笠(注3)取りもとめて行きけん人の、晴間まついのちの程もしらじといひけん、道のこころざしはかくおもひ入れなんこそ有りがたけれ。

虫は、雨しめやかなる日、籬のほとりにおろおろ鳴き出でたる、昼さへ [①] なり。月の夜は月にほこり、闇の夜はやみに埋もれず。あるは野ごしの風に、おのれおのれが吹き送る声、いつ死ぬべし(d)とも聞こえねど、秋かぎる命の程ぞはかなき。つくねんとして、夜も更けこころも沈みて、何にこぼるるとはしらぬなみだぞおつる。

霰は、松にたまらず、竹に声もろく、地におちては米簸(注4)るに似たれば、すずめ、鶏なんどのまがへて、觜を費やしけるも(8)わりなく見ゆ。消ゆる事は露よりもなほすみやかなれば、詠めもまたともにいそがし。

[②] は、人の顔みな埃におほれて誰ともさらに見えわかねば、声をすがたに呼びかはすもをかし。また置き所わすれて日頃たづぬれども、見えざりし物の出でなんどしたるは、我物ながら拾ひたる心地ぞする。

（上島鬼貫『独ごと』による）

（注） 1 かん——羹。雑煮のこと。

ニ　人間は本質的に暴力的で悪魔的な傾向をもっているために、「天使の言語」には到達することはできない。

ホ　対面のコミュニケーションを避けようとする現代人に特徴的な傾向は、天使のコミュニケーションに基づいている。

三　左の文章を読んで後の設問に答えよ。（**解答**はすべて**解答用紙**に書くこと）

とし立ちかへる(ア)あした、去年ことしの雲の引きわかるる頃、鳥の声ややはなやかに、残る灯に鏡立てて妹(いも)がころものうらめづらしく粧ひなし、家々にかん(注1)などいはひ、(イ)かはらけとりどりにむつまじく、門(かど)には松立てならべ、砂うちまきて、ことぶきいひかはす。人の往来も、二日・三日までは常の牛馬の通ひもなくてうららかに、あるは庭かまどに手あしさしのべて、うちねぶりなんどしたる(a)もいそがしからず。

(1)柳(やなぎ)は、花よりもなほ風情に花あり。水にひかれ風にしたがひて、しかも音なく、夏は笠(かさ)なうして休らふ人を覆ひ、秋は一葉の水にうかみて風にあゆみ、冬はしぐれにおもしろく、雪にながめ深し。

桜は、初花(はつはな)より人の心もうきうきしく、きのふ暮れけふ暮れ、ここかしこ咲きも残らぬ折節は、(2)花もたぬ木の梢々(こずゑこずゑ)もうるはしく、暮るればまた明日もこん(b)と契り置きしに、雨降る(3)もうたてし。とかくして春も末になりゆけば、散りつくす世の有様を見つれど、また来る春をたのむもはかなし。あるは遠山ざくら、青葉がくれの遅ざくら、若葉の花、風情おのおの一様ならず。桜は百華に秀でて、(4)古今もろ人の風雅の中立とす。

(F)　――――線部(4)について。では筆者は何を問題にすべきと考えているか。その説明として最も適当なものを、次のうちから一つ選び、番号で答えよ。

1　天使が存在するかどうかよりも、天使のような無垢さを失った現代という時代の歪みを反時代的に捉える必要がある。

2　天使や天使の言語が存在するかどうかは客観的に検証することができないので考慮する必要はない。

3　天使の存在の有無にかかわらず、現代人が目指している天使の言語を安全なものにする方法を考える必要がある。

4　人間自身がどのような条件をもっているか、そのコミュニケーションがどういうものかを考える必要がある。

5　天使の言語を理想状態として技術を開発する現代の情報メディアのあり方に対し批判的な立場に立つ必要がある。

(G)　次の各項について、本文の内容と合致するものを1、合致しないものを2として、それぞれ番号で答えよ。

イ　古代ギリシアで「天使」の語源となる語が生み出された背景には、「言葉嫌い」が多く存在していたことがある。

ロ　人間の心には言わば「箱」が被(かぶ)せられているために、それを透明なものとする努力がなされてきた。

ハ　人間がメディアを発達させた背景には、天使のような無媒介的なコミュニケーションへの憧れがあった。

5　エデンの園のような無垢の状態が現実に実現すると、暴力的で悪魔的な事態を招くから。

(C)　――線部(2)について。その理由として最も適当なものを、次のうちから一つ選び、番号で答えよ。

1　人間のコミュニケーション手段は有限であり、すべてを表現できるわけではないから。
2　人間は肉体をもっているため、本質的に相手の考えを直接知ることができないから。
3　天使の場合には自分の考えが相手に瞬時に伝わるが、人間の場合には時間がかかるから。
4　自分の本当の気持ちを伝えるためには、むしろ言葉に頼らないほうが望ましいから。
5　天使の言葉は元来神の心を伝えるものであり、無垢さを失った人間には適さないから。

(D)　空欄 [　] にはどのような言葉を補ったらよいか。最も適当なものを、次のうちから一つ選び、番号で答えよ。

1　異口同音　2　以心伝心　3　言語道断　4　上意下達　5　意気投合

(E)　――線部(3)について。その説明として最も適当なものを、次のうちから一つ選び、番号で答えよ。

1　言葉の暴力性を意識することで、相手を傷つけることのない無垢な表現をする人が増えてきた。
2　インターネット上では人間の憧れとしてさまざまな姿の天使が描かれているようになってきた。
3　現代のメディアでは、コミュニケーションが瞬時に伝わるような技術的な革新が増えてきた。
4　SNS上では天使のような愛くるしい姿で自己表現をしようとしている人の数が増えてきた。
5　仮想的なキャラクターなど、人間の物質性をもたないかのような表現手段が増えてきた。

の言葉を語るのは反時代的だが、現代のメディアの多くが天使主義的でグノーシス主義的である以上、反時代的に考察した方が、時代の歪みが見えるということもある。言うまでもないことだが、天使が存在するか、たとえ天使が現実に存在しているとしても、天使の言葉が存在するかということはどうでもよいことだ。(4)問題はそんなところにはない。

（山内志朗『天使の記号学』による）

（注）グノーシス主義——善悪二元論に基づき、肉体からの解放や純粋な認識への到達を求める立場。

問

(A)　═線部(イ)・(ロ)を漢字に改めよ。（ただし、楷書（かいしょ）で記すこと）

(B)　——線部(1)について。その理由として最も適当なものを、次のうちから一つ選び、番号で答えよ。

1　意思疎通をするためには、天使には言葉は不要だが、人間は言葉から逃れられないから。
2　人間は肉体を有しているため、清らかな欲望をもとうとしてもそれは暴力的になるから。
3　欲望から解放された存在へと変容するという欲望には邪悪さが含まれているから。
4　歴史的に、人間の条件から逸脱し、天使になることを目指してきた人間は皆失敗したから。

暴力性に身をさらす必要もない。もし人間が天使ならば、コミュニケーションに手間はいらないし、誤解される心配もない。これこそ理想的なコミュニケーションかもしれない。人間は、リアルタイムで短時間で多くの情報を遠くまで確実に伝えるために、電話・ファックス・インターネット等々を発達させたが、現在の人類が、ここまでメディアを発達させたのは、人間が天使ではなかったからだと言うこともできる。

メディアが意思や感情を伝えるための媒体にすぎないならば、媒体は空気のように透明なものの方がよい。人間の心を箱にたとえれば、メディアは箱と箱とをつなぐパイプということになるが、そのパイプは、できるだけ太く、短く、何も詰まっていない方がよいわけだ。できるならばパイプが存在しない状態、これこそ天使に近い状態なのだ。言うまでもなく、言葉もメディアの一種だ。言葉を交わさない伝達とか「　　」の世界、これこそ理想の状態かもしれない。

その世界は、身体を消去したコミュニケーションの世界であり、そして、(3)インターネットの中を飛び交う天使たちが多くなったことに象徴されるように、現代のメディアの見方にもこういった世界を目指しているものが多い。しかし、パイプのない状態がほんとうに理想の状態なのだろうか。言葉もメディアもない状態は、人間がエデンの園に戻り、天使のような生活を送ることにつながるのか。私の考えでは、人間のコミュニケーションの理想形態を、天使の会話におくのは、二重にも三重にも間違っている。そして、天使の会話ということも誤解されている。いやそれどころか、大きな危険を(ロ)孕(はら)んでいる。

情報やメディアやITという語がチンプ化しすぎて、ほとんど死語にもなりかかっている現代において、天使の上では「伝達するもの・メディア・メッセンジャー」、特に神の心を人間に伝える者である。神の心を伝える者は、話を歪（ゆが）めたり、混乱させる者であってはならない。空気のように透明で、存在しないに等しい媒体、これが天使だ。

ところで、天使たちはどうやって会話するのだろうか。いや、そもそも天使に言葉は必要なのか。天使は人間と違って肉体を持たない心だけの存在であり、他者に対して肉体という壁の後ろ側に立ってはいない以上、会話するのに言葉は必要ではない。考えていることはテレパシーのようにどんなに離れていても瞬時に伝わる。鏡に映った自分の姿を見るように相手の心が見えるのだ。そうすると、天使に言葉は必要でないことになる。以上の議論を受け入れれば、当然の理屈として、人間は肉体を有するから言葉が必要だということになる。人間には肉体があるために、肉体が心を包み隠してしまう。直接的に相手の心に思いを届かせる方法がないために、言葉や文字を使って思いを伝えねばならない。困るのは、言葉では自分の思いがなかなか相手に伝わらないことだ。伝わったところで、相手からの返事はどこまでが本心か分かりはしない。(2)言葉がなければコミュニケーションはできないが、言葉はコミュニケーションを妨害する、邪魔ものにもなる。だから、言葉などなくて済むならない方がよい、と「言葉嫌い（ミソロゴス）」の人は考える。おそらく「問答無用」と切り捨てることが「言葉嫌い」人間の永遠の夢なのだろう。ここにも天使の言葉への憧れがある。

肉体がコミュニケーションの障碍（しょうがい）となっているために、やむを得ず言葉を用いているのだという考え方は分からないでもない。自分も他者も「透明な存在」ならば、ディスコミュニケーションに陥ることもないし、言葉の

二　左の文章を読んで後の設問に答えよ。(解答はすべて解答用紙に書くこと)

人間は本来、穢(けが)れない存在、天使のような存在なのだろうか。赤ん坊のように穢れない姿、エデンの園の無垢の状態が本来の姿なのだろうか。天使の状態に戻ることができるとしても、天使が人間の理想状態なのか。天使のように、欲望を持たぬ、清らかな存在になりたいと願う人間はたくさんいるかもしれない。しかし、(1)天使になろうとしたとたん、人間は奈落に落ちていく。たとえ天使が清らかであっても、天使になろうとする欲望は清らかではないからだ。人間や自分が穢れたものとする発想は、浄化につながるどころか、淫らな欲望により深くはまりこむ効果の方が大きい。それにまた、人間が人間以外のものになろうとするのは、哲学においても人生観においても、ロクなものにならない。人間は人間以外の何ものでもないのだから。

人間を天使に近づけようとする理解には、コミュニケーションの相手となる他者のあり方について、暴力的な人間理解が潜んでいるように思われる。自分を天使のように「透明な存在」として捉えること、またはそうなろうとすることは、(イ)ザンコクで、悪魔的なものになりかねない。人間の条件を逸脱してしまうからなのか。もしかすると、言葉の問題はコミュニケーションを成立させる媒介の問題にとどまらず、人間の存在理解そのものに関わるのかもしれない。それはともかく、ここでの問題は「天使の言語」がなぜ危険なのかということである。

天使は、人間よりも神に近い、無垢の存在とされてきた。ここで、「天使(angel)」という言葉について見ておけば、ギリシア語で「アンゲロー(伝える・伝達する)」という動詞があり、「天使」はその派生語で、言葉

3 フィードバック機構によっても、「目的」論的機構の存在をすべて説明することはできないから。

4 科学は常に客観的でなければならず、自然現象の主観的な観察は適切ではないから。

5 「目的」は、フィードバック機構の存在によって代替することができるから。

(E) ――線部(3)について。そのような「機械」の例として適当で**ない**ものを、次のうちから一つ選び、番号で答えよ。

1 電車の乗り心地をよくするために、カーブを通過する際の遠心力に応じて自動で車体を傾斜させる機械。

2 室内の気温と湿度を一定に保つために、その変動に合わせて自動で適切な空気を送風する機械。

3 効果的なランニングのために、自動でタイムやペースを計測してその情報をランナーに表示する機械。

4 ステーキを美味(おい)しく焼くために、自動で肉の焼き加減を計測して適切に火力を調整して調理を行う機械。

5 ダムの放水量を適切に管理するため、自動で流入量と貯水量を計測して放水口の開閉を調節する機械。

(F) ――線部(4)について。その理由として最も適当なものを、次のうちから一つ選び、番号で答えよ。

1 生物が機械であるとの感触が共有される現代だからこそ、一層理性的な応答が必要であるから。

2 人間が機械に取って代わられる事態に対しては、生理的な嫌悪感を禁じ得ないから。

3 現代の高度に発達した科学においても、目的を扱うにはその設定者を措定せざるを得ないから。

4 機械と生命現象が共通する自律的な仕組みを持ち得ることは確かで、現実にもなっているから。

5 フィードバック機構を備えずとも、目的をもってそれを実現する機械が現れているから。

(G) ――線部(5)について。この表現の意味を、句読点とも五十字以内で説明せよ。

(あ) 当座
1 あたりまえに
2 かろうじて
3 さしあたり
4 まっとうに
5 むりやり

(い) 不遜な
1 愚鈍な
2 傲慢な
3 素朴な
4 皮相的な
5 無根拠な

(B) 空欄［　］に入る言葉として最も適当なものを、次のうちから一つ選び、番号で答えよ。

1 王道　2 鬼門　3 極北　4 道標　5 秘境

(C) ――線部(1)について。その説明として最も適当なものを、次のうちから一つ選び、番号で答えよ。

1 船舶が自動航行を行うことを可能にするための技術として開発されたということ。
2 生命現象を機械と同様の無目的なものと捉えることから生まれたということ。
3 フィードバック機構があらゆる自然現象に伏在していることを前提としたということ。
4 一定の目標を実現するための動作の調整に関するものとして構想されたということ。
5 制御できないものを制御可能にして目的を達成する手段として考えられたということ。

(D) ――線部(2)について。その理由として最も適当なものを、次のうちから一つ選び、番号で答えよ。

1 「目的」と等置しうる機械論的なメカニズムの存在が認識されていなかったから。
2 かつての科学では神の存在が前提とされており、「目的」の科学化はその否定に繋がるから。

この先には何があるのか。我々の未来は、このままシンギュラリティ(注4)まで一直線に繋(つな)がっているのだろうか。面白いことにシンギュラリティのような言説では、(5)空席となった神の座に再びつこうとしているのは機械であるように見える。超知的なAIは、スーパーインテリジェンスとして、神として崇(あが)められる存在になるのだろうか。

（西田洋平『人間非機械論　サイバネティクスが開く未来』による）

（注）
1　論文——Rosenblueth, A., Wiener, N., & Bigelow, J., "Behavior, purpose and teleology"のこと。
2　フィードバック——筆者はこの論考においてこれを「出力の結果を入力側に返すことで、理想的な状態をつくりだそうとする機構(メカニズム)」と定義している。
3　コンピューティング・パラダイム——筆者はこの論考においてこれを「『情報処理』という観点を中心としたものの見方」と評している。
4　シンギュラリティ——コンピューターが人間の知能を上回るとされる段階。

問

(A)　══線部(あ)・(い)の言葉の意味として最も適当なものを、次のうちから一つずつ選び、番号で答えよ。

っていた神秘性は消失し、奇跡ではなくなるという。さらに、そうした奇跡なるものは「うわべだけの許可証」によって(あ)当座、存在していただけであり、奇跡などという称号は早急に剝奪されるべきだという心情も読み取れるだろう。

二〇世紀半ばの時点では、その時代精神はともかくとしても、人類のテクノロジーのレベルは依然として未熟であり、このような(い)不遜な態度は一笑に付すこともできたかもしれない。しかし現代は実にさまざまな機械が実際に作製される時代である。しかもそうした機械は着々と我々の生活空間に入り込んできている。掃除機ロボットは主人が留守の間に部屋を綺麗にしてくれるし、家に帰ればひと声で明かりをつけてくれたり、好みの音楽を選定して流してくれたりする機械がある。そうした高度な機械がすぐそこにある時代が、すでに到来している。マカロックが期待したように、それに付随して人々の感覚から生命や精神に対する神秘の感覚は失われつつあるように思われる。機械の精神化が精神の機械化へと反転し、我々を含めて、すべては機械であるという認識が急速に力を持ちつつある。

こうした「人間・生物＝機械」という感触こそ、サイバネティクスが広く世界にもたらしたものの本質である。現代情報社会に浸透しているコンピューティング・パラダイム(注3)は、人間・生物機械論と完全に共鳴している。人間や生物は機械である、との考えに、(4)理性的に反論するのは容易ではない。それだけに、とくにインテリたちにとっては、これは拒否し難い現実観となっている。

現代の我々は、まさに神をも畏れぬ、機械文明の頂点へと向かっているのである。

に、自動的に目標を追尾する誘導ミサイルも可能であるし、飛んでいる虫を舌で捕らえるカメレオンも、床に落ちた鉛筆を拾う人間も、機械的に実現できるということになる。

これは直接には機械の精神化であり、機械の人間化、あるいは機械の生命化である。しかしその結果として、我々の深層では逆方向の変化、つまり、精神の機械化もまた促されるということに気づかなければならない。

このことを明確に意識し、むしろこの精神の機械化の方を積極的に推進しようとした人物がいた。神経生理学者のウォーレン・マカロック（Warren S. McCulloch）である。

先に述べたように、サイバネティクスはウィーナー一人によってではなく、多数の人間が関与する同時代的な企てとして生まれた。サイバネティクスという学問の誕生にあたってとくに中心的な役割を担ったのは、のちに述べる通称「メイシー会議」である。マカロックは、この会議の議長を務めたほどの人物で、その彼の思想がよく表されているのが、本章扉にも記した以下の言葉である。

説明されるべきことを行う機械をつくれば、神の奇跡に対するうわべだけの許可証は、すぐに剝奪できる。

(McCulloch, W. S., "Mysterium iniquitatis of sinful man aspiring into the place of God")

「神の奇跡」とは、それまで生命や精神の働き自体に対して抱かれてきた神秘の感覚、神の奇跡としか言いようのない不思議さにほかならない。それが機械として実現可能であることが明らかにされることで、それらがも歩は、健康になるという目的のために、鉛筆を拾うという目的のために、といった具合である。それ以上の理由づけは不可能か、不適切だったのである。このように目的との連関で事象を説明しようとする考え方が「目的論」であるが、自然現象も含めたすべての事象を目的との連関で捉えるなら、目的を定めるものとしての神のような存在が要請されることになる。目的という概念が科学にとっての［　　］であることがわかるだろう。

しかしウィーナーたちは、目的や目的論という言葉の使用をはばからなかった。フィードバック機構の普遍的役割が理解されたことで、「目的のある行動はいかにして可能か」という問いの正当性が見出されているからである。むしろ先の論文で目指されていたのは、状況を逆転させ、「目的のある行動（purposeful behavior）」や「目的論的（teleological）」という言葉を、フィードバック機構の存在と等置することであったと言える(Rosenblueth, A., Wiener, N., & Bigelow, J., "Behavior, purpose and teleology")。

これによって「目的」という得体の知れない概念が関与すると思われてきた事象を、機械論的に記述することが可能になるということが、決定的に重要である。初期サイバネティクスの独自性は、フィードバック機構を「目的論的」機構として位置づけることで、それまでの科学には存在し得なかった「目的論的機械論」という領野を開いたところにある。

目的論的現象を機械論的に記述できるということは、原理的には(3)それを実現する機械をつくりだすことができるということである。操舵手の勘や経験に頼ってきた舵の制御は、機械によって自動化することができる。同様われわれの状況に関する二つの変量があるものとして、その一方はわれわれには制御できないもの、他の一方はわれわれに調節できるものであるとしましょう。そのとき制御できない変量の過去から現在にいたるまでの値にもとづいて、調節できる変量の値を適当に定め、われわれに最もつごうのよい状況をもたらせたいという望みがもたれます。それを達成する方法がCyberneticsにほかならないのです。

（ウィーナー著、池原止戈夫他訳『サイバネティックス――動物と機械における制御と通信――』（岩波文庫））

これは一般化された定義なので、少々わかりにくいかもしれない。語源となった操舵手を例として、具体的に考えてみよう。

操舵手の場合、制御できないものは水の流れ、制御できるものは舵である。操舵手は、刻一刻と変わる水の流れに合わせて舵をうまく操作し、航路を進んでいくことが求められる。サイバネティクスは、これを達成する方法として考えられている。航路を外れないように、あるいは目的地へとたどり着くために、フィードバック機構が介在する必要があることは明らかだろう。

この定義から言えるのは、サイバネティクスという学問は、(1)まずもって行動の科学として考えられているということである。さらに言えば、それは闇雲に動くという意味での行動ではなく、目的に向かう行動である。

(2)科学にとって「目的」という概念は、長らく一種のタブーであったということは強調しておかなければならない。アリストテレスの時代から、目的のある行動は目的そのものによって理由づけられてきた。健康のための散

国語

▲二月六日実施分▼

（七五分）

一　左の文章はある論考の一部である。筆者は、数学者ノーバート・ウィーナーらが一九四三年に執筆した論文(注1)について、「生物や機械の目的に向かう動きは、ともにフィードバック機構(注2)によって記述できる」ことを示したと述べたうえで、左のように論じている。これを読んで後の設問に答えよ。（**解答**はすべて**解答用紙**に書くこと）

サイバネティクスという言葉は、操舵手(そうだしゅ)、つまり「船の舵(かじ)をとる人」を意味するギリシア語の「キベルネテス」に由来する。少なくとも現在一般に通用する意味としては、ウィーナーが自著のタイトルとして用いたのが最初である。

ウィーナー自身によるサイバネティクスの定義は、日本語版のまえがきに、以下のように整理された形で掲載されている。

解答編

日本史

◀2月8日実施分▶

I 解答 **A. イ.** 太占 **ロ.** 徒然草 **ハ.** 竹崎季長
ニ. 犬追物

B. 1—a **2**—d **3**—a **4.** 銅鐸 **5**—b
6. 北海道旧土人保護法 **7.** 和漢朗詠集 **8**—a **9.** 下地中分
10—c **11**—d **12.** 天正大判 **13**—a **14**—a **15**—d **16.** 春日神社

解説

《原始～近世の動物と日本人との関わり》

B. 1. a. 誤文。東日本には落葉広葉樹，西日本には照葉樹の森が広がった。

2. a. 誤文。「下戸」「大人」「奴婢」など身分を示す言葉が記されている。

b. 誤文。永楽通宝は，勘合貿易によって明から輸入された銅銭である。

c. 誤文。『魏志』倭人伝には，「夫壻無し。男弟有り」と記されている。

3. b. 誤文。箸墓古墳は前方後円墳である。

c. 誤文。岩手県に所在する角塚古墳が前方後円墳の北限として知られている。

d. 誤文。家族を追葬できたのは横穴式石室である。

5. b. 誤文。『万葉集』の編者は大伴家持と考えられている。

6. 1997年，アイヌ文化振興法の成立に伴って，北海道旧土人保護法は廃止された。

8. 図版は『松崎天神縁起』の一部分である。

10. 史料は1683年に出された武家諸法度天和令である。

11. 〈う〉北条貞時は9代執権で，得宗専制体制を確立した。北条高時は14代執権で，北条氏最後の得宗である。

〈え〉フロイスはポルトガルのイエズス会宣教師で，来日後に織田信長や豊臣秀吉とも会見している。ヴァリニャーニ（ヴァリニャーノ）はイタリア人のイエズス会巡察使で，活字印刷術を招来した。

12. 豊臣秀吉が命じ鋳造された金貨で，菱大判ともいう。

13. a．誤文。大原女ではなく，桂女が正しい。

14. b．第1次日英同盟協約の締結は1902年，第1次桂太郎内閣のとき。

c．朝鮮総督府が置かれたのは1910年，第2次桂太郎内閣のときである。

d．鉄道国有法は1906年，第1次西園寺公望内閣のときに成立した。

15. d．誤文。琉球処分は1879年。琉球漂流民殺害事件は1871年に起こった。

Ⅱ 解答

A. イ. 万延　**ロ.** 由利公正　**ハ.** 明治通宝
ニ. 日本勧業　**ホ.** 田中義一　**へ.** ミズーリ
ト. 金融緊急措置　**チ.** 新保守　**リ.** リーマン=ブラザーズ

B. 1－c　**2.** 最恵国待遇　**3**－c　**4**－d　**5**－d　**6**－a　**7**－c
8－a

9. ドッジは超均衡予算を作成させて財政支出を大幅に削減し，単一為替レートを設定して日本経済を国際経済に結び付けた。(55字以内)

解説

《近現代の政治・経済・外交》

A. イ. 1860年に鋳造された金貨。江戸幕府最後の貨幣改鋳となった。

ハ. ドイツのフランクフルトの会社で印刷された紙幣で，不換紙幣として通用し，太政官札との交換や藩札整理などに用いられた。

ニ. 日本勧業銀行は，農工業発展のための融資機関として設立された。

チ. 新保守主義は新自由主義とも呼ばれ，中曽根康弘内閣が行った行財政改革路線もこの流れに沿うものであった。

リ. アメリカの住宅バブルの崩壊を背景に損失が拡大し，経営破綻した金融機関である。これを機に，世界的にリーマン=ショックと呼ばれる金融危機が起きた。

B. 1. 史料は1844年に12代将軍徳川家慶に提出されたオランダ国王ウィレム2世による開国勧告の一節である。

2. 最恵国待遇条項は1854年の日米和親条約で片務的に規定され，1858年の日米修好通商条約に効力が継承されたのち，1894年の日英通商航海条約で双務的な内容に改められた。

3. c．誤文。フランス仮公使館ではなく，イギリス仮公使館が正しい。

4. 地券には地価が3円47銭と記されている。1877年に地租は地価の2.5％に引き下げられたので，計算式は3.47×0.025となり，0.08675円（厘未満で四捨五入して0.087円）が地租となる。当時の通貨は十進法による円・銭・厘を単位としたので，0.087円＝8銭7厘が地租となる。

5. d．誤文。国立銀行条例は1876年の改正で，正貨兌換の義務が廃止された。

6. i．北海道の開拓使官有物払下げが中止されたのは1881年。

ii．三菱が長崎造船所の払下げを受けたのは1887年。

iii．持株会社の三井合名会社が設立されたのは1909年。

7. i．誤文。「円相場の下落」と「輸出が大きく増加した」が誤り。金解禁は旧平価で実施されたため，実質的には円の切上げとなり，輸出も大幅に減少した。

ii．正文。

8. b．不適。台湾銀行を救済するための緊急勅令案は，1927年に枢密院が否決し，第1次若槻礼次郎内閣は総辞職した。

c．不適。国際連盟にリットン調査団の報告書が提出されたのは1932年で斎藤実内閣のとき。

d．不適。日満議定書によって満州国を承認したのは1932年で斎藤実内閣のとき。

9. ドッジ=ラインの目的と結果まで展望しながら要点を端的にまとめればよい。結果的にデフレを招来したことに言及してもよいが，赤字を許さない均衡予算を作成させたことと1ドル＝360円の単一為替レートを設定したことについては必ず盛り込むようにしたい。

講評

Ⅰ　日本史に登場する動物に着目した２人の会話文をもとに，授業や教科書学習で得た基礎的知識と理解の有無を問う問題である。正文・誤文の４択問題は，消去法を使うと確実に正答できる標準レベルである。視覚資料も３問出題されているが，教科書に掲載されている平易な内容であった。語句記述問題に難問はなかっただけに，誤字による失点は極力避けたいところであるが，Ｂの７がやや難しい。また史料の空所補充問題も出題されているので，教科書に掲載されている史料は確実に読み込んでおくことが大切である。

Ⅱ　近現代の政治・経済・外交に焦点を当てた問題である。教科書学習を丹念に積み上げていれば，大体カバーできる標準問題がほとんどであるが，難問もいくつか散見される。Ａの空所補充問題のハ・チ・リはやや難しく，Ｂの４の計算問題は円・銭・厘の十進法換算と「税率改正後」のレートで計算できるかどうかがカギとなる。またＢの６の年代配列問題は細かい年代を暗記していないと難しい。Ｂの９の論述問題も含め，これらの出来いかんによって点差が大きく開くものと思われるが，全体的に８割の正答を目指したい。

◀2月9日実施分▶

I　解答　**A. イ.** 陳寿　**ロ.** 闘茶　**ハ.** 尚巴志　**ニ.** 冊封
ホ. 醤油　**ヘ.** 寺内正毅

B. 1－d　**2.** 応永の外寇　**3**－c　**4**－d　**5**－d　**6**－a

7. i－d　**ii**－c　**iii**－b　**iv**－a　**8.** 数寄屋造

9. i－c　**ii**－d　**iii**－a　**iv**－b

10. 1641～42年に起こった寛永の大飢饉を背景に，史料ｉは土地の売却により農民が土地を失うのを防ぎ史料ⅱは分割相続による土地の細分化を防ごうとした。(70字以内)

11－d　**12**－a　**13**－d

解説

《古代～現代の食文化の歴史》

A. ロ. 闘茶は，何種類かの茶を飲み分けて，種類や産地を当てる賭け事として茶寄合の中で流行した。

ニ. 琉球が清に毎年進貢船を派遣し，これに対して清が冊封使を派遣した。

B. 1. ｉ．誤文。「正丁」「次丁」が誤り。口分田は6歳以上の男女に班給され，その広さは良民男子に2段，良民女子にその3分の2であった。

ⅱ．誤文。計帳は調・庸賦課のための台帳として毎年作成された。口分田の班給は6年に1度作成される戸籍に基づいて行われた。

2. 倭寇の本拠地とみなされた対馬が襲撃された事件で，日朝貿易は一時中断した。

3. ｉ．誤文。恵美押勝ではなく道鏡が正しい。

ⅱ．正文。最初の渤海使は727年に来朝した。

4. a．不適。畿内に官田が設置されたのは879年で陽成天皇のとき。

b．不適。『日本三代実録』が編纂されたのは901年で醍醐天皇のとき。

c．不適。貞観格は869年，貞観式は871年に完成。いずれも清和天皇のとき。

5. d．誤文。玄昉ではなく犬上御田鍬が正しい。

6. ｉ．正文。源実朝が将軍に在位したのは1203～1219年。和田義盛が滅ぼされたのは1213年である。

ⅱ．正文。『金槐和歌集』には万葉調の歌が含まれている。

7． a．足利尊氏が征夷大将軍に任じられたのは1338年。

b．『建武式目』が定められたのは1336年。

c．後醍醐天皇が隠岐に流されたのは元弘の変の翌年で，1332年。

d．正中の変が起こったのは1324年。

8． 数寄屋造とは，書院造に茶室建築を取り入れた建築様式である。

9． a．小田原の北条氏政が滅ぼされたのは1590年。

b．豊臣秀吉が検地帳（御前帳）と国絵図の提出を命じたのは1591年。

c．秀吉が関白に任じられたのは1585年。

d．秀吉が太政大臣となり，豊臣の姓を授けられたのは1586年。

10． 史料ⅰは1643年に出された田畑永代売買の禁止令，史料ⅱは1673年に出された分地制限令の一節である。史料ⅰの前年に寛永の大飢饉があったことを踏まえながら，本百姓体制の維持を図るための政策だった点に触れなければならない。

11． a．誤文。大坂には荷積問屋として二十四組問屋，江戸には荷受問屋として十組問屋が組織された。

b．誤文。長崎・奈良には城代は置かれなかった。

c．誤文。大塩平八郎は国学者ではなく陽明学者である。

12． a．学校教育法は1947年に教育基本法とともに公布された。

13． ⅰ．誤文。1950年に創設された警察予備隊は1952年に保安隊，1954年に自衛隊に改組・発展した。したがって，「警察予備隊が保安隊」ではなく「保安隊が自衛隊」が正しい。

ⅱ．誤文。鳩山一郎内閣ではなく，第5次吉田茂内閣が正しい。

Ⅱ 解答

A．イ． 三国通覧図説　**ロ．** 咸臨丸　**ハ．** 佐藤信淵
ニ． 安藤信正　**ホ．** 政教社　**ヘ．** 板垣退助
ト． 横山源之助

B．1． **ⅰ**－b　**ⅱ**－a　**ⅲ**－c　**ⅳ**－d　**2**－b　**3**－b　**4**－a
5． 尚歯会　**6**－d　**7**－a　**8．** 石井菊次郎　**9**－a　**10**－a
11． 東洋拓殖会社　**12．** **ⅰ**－c　**ⅱ**－b　**ⅲ**－a　**ⅳ**－d　**13**－c

解説

《近世～現代の島嶼部の歴史》

A．イ．『三国通覧図説』は，蝦夷地・琉球・朝鮮を図解した書物で，海防論を唱えた『海国兵談』とともに発禁となった。

ロ．咸臨丸は，幕府がオランダから購入した木造の軍艦で，1860年に勝海舟が艦長として遣米使節に随行した。

ハ．佐藤信淵は経済学者としても活躍し，農事や農政に関する論考として『農政本論』も著した。

ホ．政教社は1888年に設立され，同年，機関誌『日本人』に掲載された「高島炭鉱の惨状」が社会的反響を呼んだ。

B．1．a．スペイン船の来航が禁止されたのは1624年。

b．中国船を除く外国船の寄港地が平戸・長崎に制限されたのは1616年。

c．日本人の海外渡航と在外日本人の帰国が禁止されたのは1635年。

d．ポルトガル船の来航が禁止されたのは1639年。

2．a．誤文。李旦のように，幕府から朱印状を発給された明の貿易商人もいたので，「日本人に限られた」は誤り。

c．誤文。山田長政はアユタヤの日本町の長となったので，「マニラで活躍した」は誤り。

d．誤文。金ではなく銀が正しい。

3．a．大槻玄沢が江戸に芝蘭堂を開いたのは18世紀後半（＝1786年)。

b．シーボルトが国外追放処分を受けたのは19世紀前半（＝1829年)。

c．『解体新書』が刊行されたのは18世紀後半（＝1774年)。

d．尊王論を説いた山県大弐が処刑されたのは18世紀後半（＝1767年・明和事件)。

4．b．誤文。長崎ではなく，浦賀が正しい。

c．誤文。浦賀ではなく，長崎が正しい。

d．誤文。ゴローウニン（ゴローニン）は国後島でとらえられた。ここではレザノフが正しい。

6．ⅰ．誤文。逓信省ではなく，工部省が正しい。

ⅱ．誤文。版籍奉還は1869年。旧大名に金禄公債証書が与えられたのは1876年（＝秩禄処分)。

7．下線部7）の後に「日本に亡命した金玉均」とあるので，下線部7）

の「朝鮮半島でクーデタに失敗した事件」とは1884年の甲申事変をさす。iii・ivはいずれも1882年の壬午軍乱に関する説明文である。

8. 史料は1917年に結ばれた石井・ランシング協定の一節である。

9. b．誤文。立憲同志会が加藤高明を総裁として正式に発足したのは1913年，第1次山本権兵衛内閣のときである。

c．誤文。小選挙区制が導入されたのは1919年，原敬内閣のときである。

d．誤文。立憲国民党の犬養毅らによる護憲運動で退陣に追い込まれたのは清浦奎吾内閣ではなく，第3次桂太郎内閣である。

11. 東洋拓殖会社は，1908年に日韓両政府によって国策会社として設立された。

12. a．サイパン島などが陥落し，東条英機内閣が総辞職したのは1944年7月。

b．絶対国防圏が設定されたのは1943年9月30日の御前会議において。

c．ガダルカナル島から撤退したのは1943年2月。

d．レイテ島沖の海戦は1944年10月。

13. i．誤文。東京に置かれた諮問機関は対日理事会である。

講評

I 食文化の歴史に焦点を当てたテーマ史問題で，テーマの内容や出題形式も立教大学独特のスタイルである。テーマそのものは斬新だが，個々の設問で問われている内容は教科書レベルのものといってよい。ただ細かい年代や事項を問う問題もあり，Aのニはやや難しい。教科書欄外の注からも出題されているので，きめ細かい学習が必要である。Bは全体的に標準レベルだが，9のbの年代確定が難しい。Bの10は史料が出された背景としての「歴史的出来事」と発布の「目的」の両方を網羅しなければならないので，文章力と要約力が試されるところである。

II 小笠原諸島など，日本史学習に登場する島嶼部の歴史に焦点を当てたテーマ史の問題。テーマはユニークだが，個々の設問は教科書学習をこなしていれば十分に得点できる良問である。Aはイ・ロ・ハが正しく漢字で書けるかどうかが分かれ目となる。Bでは年代に関する問題がやや難しいが，3はシーボルト事件が起こった年を知っていれば容易。

また2と7は判断に時間がかかる。10は教科書にも図版が掲載されているので容易に解けるだろう。12は難問。a・dはともに1944年，b・cはともに1943年なので，時系列的な判断が難しい。戦局の推移に関しては，西暦年だけではなく月まで押さえる必要がある。

世界史

◀2月6日実施分▶

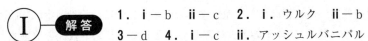

Ⅰ 解答　**1.** **i**—b　**ii**—c　**2.** **i.** ウルク　**ii**—b
3—d　**4.** **i**—c　**ii.** アッシュルバニパル
5. クラッスス　**6.** ラテン語　**7.** ガリア戦記　**8**—c　**9.** ネロ
10. マルクス=アウレリウス=アントニヌス　**11**—b
12. **i**—b　**ii**—c　**13.** ムアーウィヤ
14. プラトン=アカデミー〔アカデミア=プラトニカ〕
15. マキァヴェリ　**16**—a　**17.** デカルト　**18**—b　**19.** ジェファソン

解説

《図書館と書物をめぐる古代～現代の世界史》

1. **i.** シュメール人は閏月を置いて季節のずれを調整する太陰太陽暦を用いた。ムハンマドがヒジュラ（聖遷）を行った西暦622年を紀元元年とするヒジュラ暦（イスラーム暦）は，閏月を設定しない純粋太陰暦で，1年は354日となる。

ii. 難問。ウルの守護神は月の神で，ウルのジッグラトの頂上には月の神をまつる神殿があった。

2. **i.** やや難。『ギルガメシュ叙事詩』は古代バビロニアの英雄叙事詩で，主人公であるウルク王ギルガメシュをめぐる物語。ギリシア神話や『旧約聖書』に影響を与えたとされる。

ii. シュメール人が発明・使用し，メソポタミア文明で広く使用されたのは楔形文字。その解読はペルセポリスで発掘された碑文を研究したドイツ人のグローテフェントに始まり，その後イギリスのローリンソンがベヒストゥーン碑文の解読により成功した。

3. アッシリアはティグリス川中流（メソポタミア北部）のアッシュルを中心に興った国で，前2千年紀後半（前15世紀）にメソポタミア北部で興ったミタンニに一時服属した。

4. **i.** ニネヴェは前8世紀からアッシリアの都となった，ティグリス川中流東岸の都市。

ii. アッシュルバニパルは前7世紀のアッシリア全盛期の王。征服活動によりアッシリアの最大版図を形成した。各地に伝承される文書を収集し，ニネヴェに大図書館を建設するなど文化保護も行った。

6. 地中海西部ではラテン語が，東部ではギリシア語（コイネー）が主に用いられた。

9. やや難問。ネロ帝はストア派哲学者のセネカに学び，治世前半は善政を行ったが，後半は64年の大火に際し犯人としてキリスト教徒を迫害するなど暴政を行い，反乱により自殺した。細かい用語だが，キリスト教の歴史の中でおさえておこう。

10. やや難問。五賢帝は貴族の中から最も優秀と思われる者を後継者としたので優れた皇帝が続いたが，最後のマルクス=アウレリウス=アントニヌスのみ男子の実子に帝位を継承させた。細かい知識が求められる。

11・13. 正統カリフはムスリムの選挙で選出された4代のカリフのことで，ムハンマドの時代に続いてイスラームの理念が政治や社会で実現していた理想の時代とされていた。しかし，ムハンマドと同じクライシュ族のハーシム家出身でムハンマドの娘婿のアリーが第4代のカリフになると，カリフ位をめぐる争いが起こり，アリーは暗殺された。その後クライシュ族ウマイヤ家出身でシリア総督のムアーウィヤがカリフとなり，ウマイヤ朝が開かれた。

14. 難問。コジモ=デ=メディチは15世紀前半にメディチ家をフィレンツェ最大の商家の一つに成長させた人物で，ルネサンス期の芸術家たちを保護した。プラトン=アカデミーは古代ギリシアの文献収集と研究を行うためにコジモが開いた知識人のサークル。孫のロレンツォもプラトン=アカデミーを継承し，ボッティチェリなどの芸術家や人文主義者の保護に熱心だった。

16. フランシス=ベーコンは経験や観察を通じた帰納法的思考を重視し，イギリス経験論の祖となった哲学者で，主著は『新オルガヌム』。13世紀のイギリスのスコラ学者で，イスラーム科学の影響を受けて実験と観察の重視を説いたロジャー=ベーコンと区別すること。

17. 経験論に対して理性を認識の土台とし，理性によって論理的に世界を把握しようとする哲学を合理論という。前提から論理的に結論を導く演繹法を思考法として重視した。合理論を確立したのは近代哲学の父と称されたデカルトで，主著は『方法序説』。

Ⅱ　解答

A. イ. 苦力　**ロ.** フランス　**ハ.** イギリス
B. 1. アンコール=トム　**2.** ストウ　**3**－b
4. **i**－a　**ii**－c　**iii**－d　**iv**－b　**5.** 五・四運動　**6**－a　**7**－c
8. **i**－e　**ii**－d　**9**－d　**10.** 遼東半島　**11.** 中体西用　**12**－e

解説

《華僑をめぐる近現代史》

A. イ. 苦力はインド系や中国系の移民や労働者に対する蔑称。南北アメリカ，西インド諸島，南アフリカ，オーストラリアなどで低賃金労働を強いられた。

B. 2. ストウは奴隷解放運動の高まりに大きな影響を与えた。

3. 第二次中東戦争はエジプト共和国のスエズ運河国有化宣言をきっかけに勃発したイスラエル，イギリス，フランスのエジプト侵攻。

4. 中国同盟会（c）は孫文がハワイで創設した興中会（a）を中心に，他の革命諸団体も合流して東京で設立された組織。中華革命党（b）は，辛亥革命後に専制を強めた袁世凱に反対する革命派の武装蜂起（第二革命）（d）が失敗した後に，孫文が亡命先の東京で結成した革命のための秘密結社。

6. 中華人民共和国の初代主席は毛沢東。毛沢東が根拠地とした陝西省の地は延安。瑞金は江西省の都市で，中国共産党が中華ソヴィエト共和国臨時政府を樹立した（1931～1934年）。その後国民党との内戦が激化すると，中国共産党軍（紅軍）は拠点を瑞金から延安に移した。この移動を「長征」という。遵義は長征の途中に中国共産党の会議（遵義会議）が開かれた貴州省の都市。井崗山は江西省と湖南省の境界にある山岳地帯で，1927年に毛沢東が根拠地を建設した。

7. やや難。厦門は台湾の対岸に位置する福建省の都市。アヘン戦争の講和条約である南京条約で清は5港を開港したが，そのうちの一つが厦門。また，中華人民共和国が1970年代末から進めた改革開放政策の中で，対外的な開放推進のために税制を優遇して経済管理も柔軟に行う経済特区が設置されたが，厦門も経済特区に指定されている。

8. **i.** 1826年にイギリスによってマレー半島に形成された海峡植民地は，ペナン，マラッカ，シンガポールからなる。海峡植民地に関する問題は2023年度2月8日実施分〔Ⅱ〕9でも出題されている。

ii. マレー半島のイギリスの植民地は1957年にマラヤ連邦として独立し，これに北ボルネオやシンガポールが加わってマレーシアが成立した（1963年）。しかし中国系住民の多いシンガポールがマレー人優遇政策を採るマレーシア政府に反発し，1965年に分離・独立した。

9. やや難。北ボルネオはイギリス領となった。選択肢にあるその他の島々はすべてオランダ領東インド。1824年にイギリスはオランダと条約を結び，マレー半島をイギリス，スマトラ島をオランダの勢力圏とすることを相互承認した。イギリスはその後北ボルネオまで支配を広げ，南部を支配するオランダと協定を結んで勢力圏を画定した。

12. 中華人民共和国初代首相は周恩来。アジア=アフリカ会議はインドネシアのジャワ島西部の都市バンドンで開催され，29カ国が参加し，平和十原則が発表された。

講評

Ⅰ 図書館や書物をテーマに古代から近代までの世界史を問う内容となっている。地域は古代オリエント・地中海世界からの出題が中心で，イスラーム世界と中世～近世までのヨーロッパのほか，アメリカからも出題されている。文化史関係の出題が多く，地図を使った問題も出題されており，文化史や地図への対応が不十分だと得点差が開きやすい。政治史は基本的な人物名や事項を問う問題となっている。用語集の説明文レベルの細かい知識を要求される問題もあり，中でも1のⅱは用語集レベルを超えた出題となっている。

Ⅱ 華僑をテーマに中国・東南アジア・中東・アメリカの主に近現代を問う内容となっている。Ⅰほどの難問は少ないが，近現代史に関する問題が多く，細かい知識や事件の内容・流れの正確な把握が求められる。政治史からの出題が多いが，文化・経済・社会からも出題されている。Ⅰと同様地図を使った問題が出題されており，地理的理解を常に念頭においた学習が求められる。

◀2月8日実施分▶

I **解答**

A. イ. パルティア　**ロ.** 単性
ハ. ウラディミル1世　**ニ.** タブリーズ
ホ. カージャール　**ヘ.** スターリングラード
B. 1—c　**2.** 匈奴　**3**—c　**4**—a　**5.** ルーム=セルジューク朝
6—d　**7.** ラシード=アッディーン〔ウッディーン〕　**8**—e　**9**—b
10. トルコマンチャーイ条約　**11.** リトアニア大公国　**12**—d
13. チェチェン紛争

解説

《カフカス地方の古代～現代の歴史》

A. ニ. イル=ハン国の都はタブリーズ。サファヴィー朝も初期の都はタブリーズだが，第5代アッバース1世の治世である16世紀末にイスファハーンが都となった。

B. 3. やや難。アレクサンドロス大王はイッソスの戦い（前333年）でアケメネス朝のダレイオス3世を破ったのち，シリア（地中海東岸の北部一帯），パレスチナ（地中海東岸の南部一帯），エジプトを征服し，東進してダレイオス3世をアルベラの戦い（前331年）で再び破り，アケメネス朝を滅ぼした。選択肢にあるティルスはフェニキア人が地中海東岸に建設した海港都市で，ペルセポリスはアケメネス朝の都である。細かい知識が求められるが，消去法で対処できる。

4. 問題文が示しているのはカタラウヌムの戦いで，アッティラ率いるフン族が西ローマ帝国と西ゴート人などのゲルマン連合軍に敗れた。

5. やや難。トルコ系セルジューク朝の一族がアナトリア（小アジア）で建てたのはルーム=セルジューク朝（1077～1308年）。これによりアナトリアのトルコ化とイスラーム化が進んだ。「ルーム」とはビザンツ帝国の人々やギリシア正教徒をムスリムが「ルーム（ローマ人）」と呼称したことに由来する。

6. d. 誤文。モンゴル帝国の王室はチベット仏教のサキャ派に帰依し，チベット文化を取り入れていた。フビライによって元朝の国師に任じられたチベット仏教の高僧パスパは，チベット文字を基にモンゴル語を表記するためのパスパ文字を作成した。フビライはチベット仏教寺院を建設するなどチベット仏教を厚く保護したが，チベット仏教に関する浪費が元朝衰退の一因とされている。

8. やや難。選択肢にあるすべての事件が15世紀中に起こった出来事である。

9. カノッサの屈辱（1077年）は叙任権闘争の中で教皇グレゴリウス7世と対立し破門された神聖ローマ皇帝ハインリヒ4世が，帝国内の諸侯の離反をおさめるため，イタリアのカノッサを訪れて謝罪した事件。クレルモン宗教会議（教会会議）は1095年に開催され，教皇ウルバヌス2世が聖地イェルサレム奪還のための十字軍を提唱した。中世西ヨーロッパのローマ=カトリック教会の歴史は，大まかに①教会改革運動（グレゴリウス改革）と叙任権闘争（10世紀～12世紀），②十字軍運動と教皇権の強大化（11世紀末～13世紀），③十字軍の失敗・王権の強化などによる教皇権の衰退（14世紀～）という流れをたどる。③の出来事の中で教皇のバビロン捕囚（アナーニ事件をきっかけに教皇庁が南フランスのアヴィニョンに移されフランス王権の影響下におかれたこと）や，教会大分裂（教皇のバビロン捕囚が終わり，教皇庁がローマに戻った後も，対抗してアヴィニョンに別の教皇がたてられたこと）が起こるので，流れを正確に理解しておこう。

11. ポーランド王国と同君連合を形成したのはリトアニア大公国。リトアニア人は印欧語系のバルト語派に属する民族で，キリスト教に改宗せず，13世紀にドイツ騎士団に対抗して国を形成し，リトアニア大公国と名乗った。14世紀末にリトアニア大公ヤゲウォがカトリックを受容してリトアニアをキリスト教化し，ポーランド女王ヤドヴィガと結婚することでヤゲウォ（ヤゲロー）朝リトアニア=ポーランド王国が成立した。

12. やや難。マルタ会談は1989年12月に地中海のマルタ島近くの海上で開かれた米ソ首脳会談。アメリカのブッシュ大統領とソ連のゴルバチョフ書記長が会談し，冷戦の終結が宣言された（マルタ宣言）。1989年（冷戦終結，ベルリンの壁崩壊，東欧諸国の民主化，天安門事件など）と1991年（湾岸戦争，コメコン・ワルシャワ条約機構解体とソ連解体，南北朝鮮の国連加盟など）は国際関係に関して重要な事件が起こった年なので，出来事を正確におさえておきたい。

13. やや難。チェチェン紛争は，北カフカス地方のイスラーム系チェチェン共和国のロシア連邦からの独立をめぐる紛争。独立を認めないロシアが1994年（～1996年）と1999年（～2009年）の2度にわたって軍事介入を行った。2009年にロシア政府は独立派武装組織をほぼ制圧した。

II　解答　**1.** モサデグ　**2.** アクスム王国
3. テル=エル=アマルナ〔アマルナ〕
4. テオティワカン文明　**5.** ルブルック
6. **i.** 陸九淵　**ii.** イブン=ルシュド
7. ヘースティングズ〔ヘイスティングズ〕の戦い　**8**―b　**9**―a
10―e　**11**―b　**12**―a　**13.** 第二インターナショナル　**14.** ヴァレンヌ
15―d　**16**―c　**17.** モーパッサン　**18.** 皇民化政策

解説

《高い建造物をめぐる古代～現代の世界史》

1. イランのモサデグ首相は1951年にイギリス資本のアングロ=イラニアン石油会社を接収するなど石油資源の国有化を図った。これは資源ナショナリズムの先駆的な出来事だったが，国内の混乱と国際紛争化による石油減産などでイランが財政難に陥ると，アメリカの介入により国王派のクーデタが起こり，モサデグは失脚した（1953年）。その後イランは親米派の国王パフレヴィー2世の下で1963年から「白色革命」と呼ばれる近代化を推進し，土地改革，国営工場の払い下げといった政策を実施したが，貧富の差が拡大し，国民の不満が高まった。

6. **i.** 陸九淵は朱熹（朱子）と同時代に活動した南宋の儒学者で，知識の積み重ねによって客観的な事象の原理（理）を追求する朱子学を批判し，主観的な自己の主体性（心）の確立を説いた。この思想は明の陽明学に影響を与えた。

ii. イブン=ルシュド（1126～1198年）によるアリストテレス哲学の注釈書は中世ヨーロッパに伝わってラテン語訳され，スコラ学の形成に大きな影響を与えた。また，彼は医学者でもある。同じくギリシア哲学者・医学者としてイスラーム世界で活躍し，『医学典範』を著したほか，イスラーム哲学を体系化したイブン=シーナー（ラテン名アヴィケンナ，980～1037年）と区別すること。

7．やや難問。ヘースティングズの戦いはノルマンディー公ウィリアムがアングロ=サクソンのイングランド軍を破った戦い。ノルマンディー公ウィリアムはイングランドを征服してノルマン人の王権（ノルマン朝）を樹立した（ノルマン=コンクェスト）。

8．サン=ピエトロ大聖堂の設計はブラマンテからラファエロ，次いでミケランジェロに引き継がれた。

9．難問。国際電信連合は1865年に設立されたが，用語集レベルを超える。19世紀後半は世界の一体化が急速に進む中で多くの国際組織が設立された。主な例として国際赤十字社（1864年）や万国郵便連合（1874年）などがあるが，いずれも細かい用語である。bの国際労働機関（ILO）は国際連盟の付属機関として設立された労働者保護のための国際組織で1946年に設立された。cの世界貿易機関（WTO）は1995年に成立した自由貿易体制を維持するための国際機関で，1947年に自由貿易の推進を目的として調印されたGATT（関税と貿易に関する一般協定）を受け継いで成立した。dの世界保健機関（WHO）は国際的な保健に関する指導を行う専門機関で，1948年に設立された。

10. 難問。選択肢はいずれも大司教座都市ではないが，用語集のレベルを超える。金印勅書で選帝侯に定められた大司教（マインツ，ケルン，トリーア）などから推測したい。アウクスブルクとヴォルムスは司教座都市。ヴィッテンベルクはザクセン選帝侯国の旧都。

11. 1840～1850年代のアメリカは，国内でゴールドラッシュが起こったこと，アイルランドでジャガイモ飢饉が起こったことなどの理由で移民が急増した。ドイツ系・アイルランド系の移民が多かった。1880年代以降のアメリカでは東欧・南欧系の移民（新移民）が増加した。また，19世紀はアジア系の移民も増加したが，インド系・中国系の移民の労働者は「苦力」と呼ばれて差別され，低賃金で過酷な労働に従事した。

a．誤文。最初の大陸横断鉄道の完成は1869年で，問題で問われている期間外である。

c．誤文。東欧・南欧の移民を制限する移民法が成立したのは1924年。また，これによりアジア系の移民は全面禁止となった。

d．誤文。アメリカの奴隷制度廃止はリンカンの奴隷解放宣言（1863年）以降であり，問題で問われている期間外である。

12. 独立戦争の発端となったレキシントン・コンコードの戦いはボストン近郊で起こった。

15. 難問。年表についてかなり細かい知識が要求される。ビルマ最後の王朝であるコンバウン（アラウンパヤー）朝は1752年に成立（c）し，清の侵攻を撃退し，タイのアユタヤ朝を滅ぼすなど勢力を拡大した。清朝の乾隆帝がジュンガルを滅ぼした（a）のは1758年である。西山（タイソン）の乱（d）はベトナムの農民反乱で，1771年に勃発した。アユタヤ朝滅亡後の1782年にタイで成立したのが，現王朝のラタナコーシン（チャクリ）朝（b）である。

16. 19世紀前半のイギリスでは，産業革命の進展とともに産業資本家が台頭し，旧来の法律や制度を改める自由主義的改革を求めた。その結果第1回選挙法改正（b）が成立し（1832年），有権者数が少ない腐敗選挙区が廃止され，都市の産業資本家に選挙権が拡大した。しかし選挙法改正によって選挙権を獲得できなかった労働者たちは参政権を求めるチャーチスト運動を起こし，政治綱領である人民憲章を発表（a）して男性普通選挙などを求めた。19世紀後半になると社会主義が普及したが，イギリスでは漸進的な社会の改良を求めるフェビアン協会（c）がウェッブ夫妻やバーナード=ショーらによって設立された。フェビアン協会などの社会主義諸団体と労働組合が1900年に結成したのが労働代表委員会（d）であり，1906年に労働党に改称された。

講評

Ⅰ　カフカス地方をテーマに古代から現代までの歴史を問う内容となっている。カフカス地方はユーラシア大陸の東西南北の結節点であるため，時代・関連する地域とも幅広く出題されている。政治史が中心だが，文化史を扱った小問も含まれている。用語集の説明文レベルの難度の高い問題もあり，特に年代を正確に把握しておかないと解答できない問題もある。受験生が手薄になりがちな第二次世界大戦後の現代史の学習や年代の正確な把握をおろそかにしていると，得点差が開きやすい。

Ⅱ　高い建築物をテーマに古代から近現代までの世界史を問う内容となっている。古代はオリエントとアメリカからの出題で，中世から近現代のヨーロッパ史からの出題が多く，近現代に関しては東・東南・西アジアからも出題されている。文化史がやや多いが，政治・社会・経済に関しても幅広く出題されており，グラフや地図を使った問題も出題されている。Ⅰと同様正確な年代を覚えておかないと解答できない難問もあり，グラフの正確な読み取りや地図への対応も求められる。用語集の説明文レベルの問題や，用語集レベルを超えた問題もあるが，まずは基礎的な問題を確実に正答しておきたい。

地理

I **解答** **A. イ.** カフカス　**ロ.** パンジャブ
ハ. チンリン=ホワイ川　**ニ.** チェルノーゼム
ホ. 混合　**ヘ.** 企業　**ト.** プレーリー　**チ.** マリーダーリング　**リ.** 塩性
ヌ. しょうゆ
B. **1**—e　**2**—①　**3**—d　**4**—③　**5**—b　**6**—b

解説

《小麦の栽培と利用》

A. ハ. チンリン（秦嶺）山脈とホワイ川（淮河）を結ぶ線は，年降水量1000mmの等降雨量線とほぼ一致し，中国における畑作と稲作の境界になっている。

リ. 過剰な灌漑を行うと，土壌中の塩分を溶かし込んだ地下水が毛細管現象によって上昇する。その結果，地表に塩分が集積し，それが進行すると作物の栽培が不可能な土地になる。

ヌ. しょうゆは，小麦・大豆・塩を原料としてつくられる。日本では，千葉県が最も出荷量が多く，野田や銚子などが生産地として有名である。

B. 1. アメリカに次いでトウモロコシの生産量が多いAが中国。また，Aの中国と同じくらい人口が多いインドは，米・小麦の生産量が中国と同様に多く，Bがインドと判断できる。

2. 小麦は，生育期に冷涼・湿潤，収穫期に温暖・乾燥の気候を好むため，高緯度地域でも栽培が可能である。この中で最も高温を好むヤシ科植物が，最も低緯度にある④。④に次いで低緯度にある③が，生育期に高温・多雨な気候を好む稲。残る②がトウモロコシの栽培限界。

3. 貿易は，基本的に距離が近い国とのやり取りが多くなる。よって，最も割合が低いCがフランスと判断できる。また，小麦の生産量が世界5位(2020年）のカナダが，生産量世界13位（2020年）のオーストラリアより自給率が高いので，Aがカナダ，Bがオーストラリアと判断できる。

4. 世界でも一般的に栽培される冬小麦は，秋から初冬にかけて種を播き，初夏から夏に収穫する。一方，春小麦は，寒冷なため冬小麦の栽培が困難な高緯度地域で栽培され，春に種を播き，秋に収穫する。

6． a．適当。チャパティはインドの料理で，小麦粉から作った生地を焼いてつくられる。

b．不適。フォーは米粉からつくった麺で，ベトナムの料理。

c．適当。

d．適当。クスクスは北アフリカ発祥の料理で，小麦から作られる。

Ⅱ　解答　**A．イ．** アペニン　**ロ．** 石灰　**ハ．** ナポリ
ニ． ポンペイ　**ホ．** 局地（地方・局所も可）
ヘ． 二圃　**ト．** バチカン市国　**チ．** サンマリノ
B．1．あ－e　**い**－a　**2．** コルクガシ
C．1－d　**2．** 成層火山　**3**－e　**4**－e

解説

《イタリアの地誌》

A．ハ． イタリアの都市を人口順に並べると，ローマ，ミラノ，ナポリ，トリノとなる（すべて2014年）。

ヘ． 冬作物である小麦栽培と休閑を交互に繰り返す二圃式農業が，古代の地中海沿岸で行われていたが，それが元になり，降雨のある冬に穀物栽培，乾燥する夏に耐乾性の樹木作物の栽培を行う現在の地中海式農業が行われるようになった。

C．1． 1位の都市と2位以下の都市の人口の差を比較するとわかりやすい。欧米の先進国は早くから都市化が進んでおり，人口規模の大きい都市が多くみられ，人口2位以下の都市でも1位の都市の人口との差が比較的小さい。それに対して，チリのような発展途上国や韓国など急速に都市化が進んだ国では，プライメートシティと呼ばれる人口首位の都市に人口が集中し，2位以下の都市の人口との差が大きい。以上から，b・dが欧米の先進国，a・cが発展途上国もしくは韓国と判断でき，人口規模から，bがアメリカ合衆国，dがイタリア，aが韓国，cがチリとなる。

3． 気温の年較差が最も大きいイが，アルプス山麓に位置する内陸のヴェローナ。ローマとメッシーナは緯度で判断する。低緯度のメッシーナは全体的に高温であるウ，残るアがローマ。

4． Aのミラノは，豊富な水力を背景に，繊維工業をはじめ各種工業が発

達している。Bのジェノヴァは，鉄鋼・造船・化学工業が発達する港湾都市。Cのトリノは，イタリアの自動車工業の中心地。

III 解答 **A. イ.** フィリピン海
ロ. 火山前線〔火山フロント〕 **ハ.** 火砕流
ニ. カルデラ **ホ.** 半導体
B. 1. ア. 2つの河川が合流している地点付近の後背湿地。
イ. かつて河川が流れていた埋立地で，旧河道。
2. のり **3**－e
C. 1.

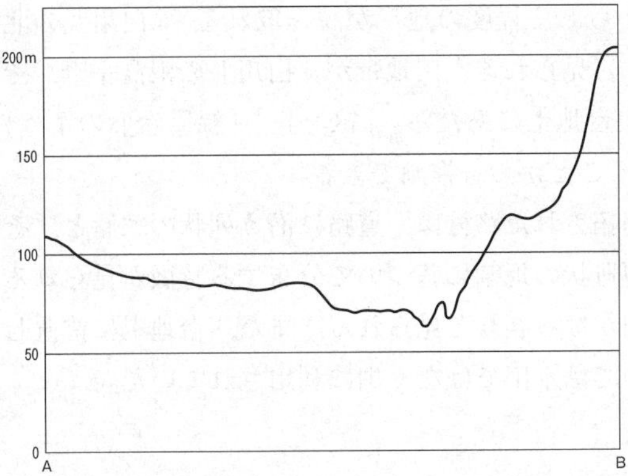

2. 堀川沿いにつくられた道路に面して家屋が列状に並んでおり，それぞれの家屋が所有する林地と耕地が，家屋の背後に短冊状の地割に基づいて細長く分布している。

解説

《九州地方の自然・産業と熊本県熊本市・菊陽町付近の地形図読図》

A. ホ. 半導体の製造は，豊富な水力と安定した電力が供給できる場所に立地すると同時に，軽量小型で高付加価値な製品であることから，航空機や高速道路を用いた自動車での輸送に向いており，交通指向型の立地の特徴を示す。

B. 1. 水田に利用されている後背湿地の中でも，アの範囲に液状化発生地が集中していることについて述べる必要がある。問題文中で補足されている，河川が流れる方向がヒントになる。イは，図1では河川の流路になっているが，図2では流路が変更されて陸地化され，建物や道路が建設されていることが読み取れる。液状化現象は，三角州，旧河道，埋立地など，水分を多く含んだ軟弱な地盤で発生しやすい。

2．有明海はのりの養殖がさかん。都道府県別収穫量は，有明海に面した佐賀県が１位（25.9％），福岡県が３位（16.7％），熊本県が４位（12.4％）（2020年）。

3．地熱発電所の立地は，火山の分布と一致する。大分の八丁原地熱発電所が有名。また風力発電は，安定した風力を得られる沿岸部や高原に立地する。

C．1．地点Ａと地点Ｂは，三角点と等高線から正確に標高を読み取れる。また，土地利用からある程度の地形が読み取れる。「白川」の北側に（南側にも狭いが一部）見られる水田地帯が「白川」の氾濫平野，その南北に畑が広がる地域が台地上にあたる。「緑ヶ丘」「緑陽台」のように，「丘」「台」が地名に入ることからも推測できる。

2．江戸時代に開拓された路村は，道路に沿う列状の家屋と，それぞれの耕作地，森林が短冊状の地割に基づいて分布する特徴が見られるが，写真３からもその地割がはっきりと見られる。また，台地上に位置し地下水位が低いため，かつては水田ではなく畑に利用されていた。

講評

Ⅰ　小麦の栽培に関するリード文から，小麦栽培の特徴から食文化についてまで，幅広く問う大問であった。標準的な学習内容で十分対応できる問題が大半であったが，食文化の中でも特に小麦を使った調味料を問う問題は見慣れない設定であり戸惑った受験生もあったのではないか。

Ⅱ　イタリアの自然環境・農業・都市に関する大問であった。工業の三角地帯の都市や，ナポリ，サンマリノ共和国など，地名や国名を丁寧に学習できていたかで差がついたであろう。

Ⅲ　九州地方の自然・産業・村落に関して，地形図の読図も含めた様々な形式で問われている。特に例年出題されている地形図の読図は，液状化現象や路村の形態の特徴といった基本事項を，地形図を用いて考察しながら解く設問になっており，良問である。断面図の描図も頻出である。

政治・経済

I 解答

A. **イ.** 自由 **ロ.** 日本民主（イ・ロは順不同）
ハ. ニクソン **ニ.** 田中 **ホ.** ロッキード
ヘ. 日本新 **ト.** 細川 **チ.** 鳩山 **リ.** 公明
B. **1**—b **2.** **あ.** 公 **い.** 私 **3.** **i.** 陪審 **ii**—c **4**—b
5—b **6**—d **7**—c
8. **i.** **う.** かけがえのない地球 **え.** 気候変動枠組（生物多様性も可）
ii—d **9.** 女子差別撤廃 **10.** **i**—b **ii**—d **iii**—c **iv**—a
11—a **12**—a **13.** W党：e X党：d Y党：d Z党：a

解説

《日本の戦後政治と国際社会》

A. イ・ロ. 自由党と日本民主党の合同により成立した自由民主党は，長い間ほぼ単独で政権を担当した。

ニ・ホ. 自民党の長期単独政権の下で，1976年には，前首相田中角栄が逮捕されたロッキード事件や，リクルート事件など，金権政治の実態が明るみに出た。

ヘ・ト. 1993年自民党は衆議院で過半数の議席を割り，日本新党など非自民連立政権による細川護熙内閣が成立し，「55年体制」が崩壊した。

チ・リ. 2009年総選挙の結果，自民党と公明党の連立政権から，民主党を中心とする連立政権の鳩山由紀夫内閣へと政権交代が起こった。2012年総選挙で，再び自公連立政権が成立した。

B. 1. ①日本では1925年に治安維持法とセットで普通選挙法（満25歳以上男子）が制定された。
②フランスでは第二次世界大戦末期1944年に女性参政権が認められた。
③イギリスでは，1928年には女性参政権が完全に認められ，「男女普通選挙」となった。

以上より①→③→②の順となる。

3. i. 陪審制においては，陪審員が犯罪の事実認定と有罪・無罪を決定し，裁判官が量刑の判断をする。

ii． cが正文。裁判員制度は，殺人罪などの重大な犯罪の，地方裁判所の刑事裁判で，18歳以上の有権者から，くじで選ばれた6人が裁判員になる。裁判員が3人の裁判官とともに事実を調べ話し合って（評議），有罪か無罪の判断を行い刑の種類や程度（量刑）を決める（評決）。評決が全員一致しなかった場合，多数決で判決を決めるが，裁判官1人以上が多数意見に賛成していることが必要。

4． bが正文。条例の制定・改廃請求と監査請求は有権者の50分の1以上の署名が必要である。それに対して，議会の解散請求と首長・議員の解職請求は有権者の3分の1以上の署名と，その上，住民投票で過半数の賛成が必要。

5． bが正しい。ソ連・ポーランドなど社会主義国は，会議に参加したが，署名を拒否した。aのインドは米軍の駐留や沖縄の米国統治などに反対し，講和会議への参加を拒否。cの韓国とdの中国は招かれていない。

6． dが正しい。四日市ぜんそく訴訟では，津地裁が石油コンビナート6社の共同不法行為を認め，確定した。

7． 1972年日米の沖縄返還協定により，沖縄は日本に復帰した。復帰後も多くの米軍基地が残り，日本全体の在日米軍基地面積の約70％が沖縄県に集中している。

8． 国連環境開発会議では「リオ宣言」が採択され，これを具体的に実施するルールとして「気候変動枠組条約」「生物多様性条約」「森林原則声明」「アジェンダ21」が採択された。

11． フランスは単一国家の共和国である。

13． ドント式では，各政党の得票数を1，2，3…の整数で割る。得られた商の大きい順に，定数まで各政党に議席を配分する。計算すると，次表の数値になり，議席数はW党が4議席，X党が3議席，Y党が3議席，Z党が0議席。

政党名	W党	X党	Y党	Z党
得票数	2400票	2000票	1600票	500票
÷1	① 2400	② 2000	③ 1600	500
÷2	④ 1200	⑤ 1000	⑥ 800	250
÷3	⑥ 800	⑧ 667	⑩ 534	167
÷4	⑨ 600	500	400	125
議席数	4議席	3議席	3議席	0議席

Ⅱ 解答 **A．イ．**効用　**ロ．**ローレンツ　**ハ．**エンゲル
ニ．貸借対照　**ホ．**インサイダー
ヘ．預金保険機構または預金保険制度
ト．マネーストック　**チ．**マネタリーベース　**リ．**建設　**ヌ．**特例
B．1－c　**2．i**－c　**ii**－d　**3**－b　**4**－a　**5**－d　**6**－c
7．i－d　**ii**－a　**iii**－c　**8．i**－b　**ii**－c　**9**－c　**10**－d
11－d

解説

《現代経済》

A．ト．マネーストックとは，金融機関から世の中に出回っているお金（現金通貨＋預金通貨など）。

チ．マネタリーベースとは，日本銀行が世の中に直接的に供給するお金（現金通貨＋日銀当座預金）を指す。

B．1．cが誤文。サブプライムローンは，信用力の低い個人や低所得者を対象にした住宅ローン。

2．i．cが正しい。

$$\text{ジニ係数}=\frac{\text{①の面積}}{\text{三角形OCDの面積}}$$

$$\text{三角形OCDの面積}=\frac{6}{6}\times\frac{3}{3}\div 2$$

$$=\frac{1}{2}$$

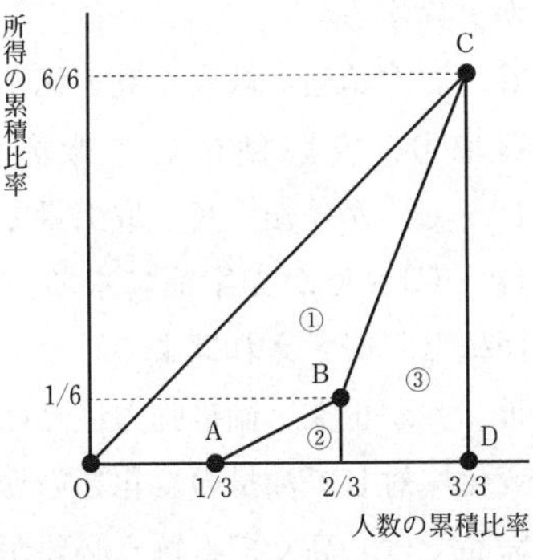

①の面積を直接求めることは難しいため，三角形OCDの面積から②と③の面積を

引いて求める。

ii．dが誤文。ジニ係数は0から1までの値をとり，0に近いほど格差が小さく，1に近いほど格差が大きい。

3．bが正文。労働価値説とは労働量によって商品の価値が決定されるという理論。アダム=スミス，リカードら古典派経済学が基礎とし，マルクスが受け継いだ。

a．誤文。マルクスはラッダイト運動を，のちの『資本論』において言及はしているが，指導はしていない。

c．誤文。マルクスは資本主義経済の矛盾を，科学的社会主義の立場から解決しようとした。

d．誤文。第1インターナショナルがマルクスらの指導の下に結成されたのは，1864年である。

4．aが正文。

b．誤文。企業業績の悪いときは配当がない場合もある。

c．誤文。株主が株式会社の所有者であり，取締役が経営者であることを，「所有と経営の分離」という。

d．誤文。中央銀行が金利を引き上げると，株価は下がる傾向がある。

5．dが適当。自己金融・自己資本である内部留保に注目。自己金融は金融機関を通さず，自己資本は返済しないと覚えておくとよい。

6．預金総額$=\frac{本源的預金}{支払準備率}=\frac{100万円}{0.2}=500万円$

7．**i**．dが誤文。Xが供給曲線，Yが需要曲線である。所得が上昇すると，同じ価格で需要が増えるので需要曲線Yが右にシフトして，均衡価格が上昇する。

ii．aが適当。政府が高い価格Aで米を買取り，安い価格Cで販売すると，(A−C) が差額，Kが取引量であれば，(A−C)×K が赤字額になる。四角形の面積として考えればよい。

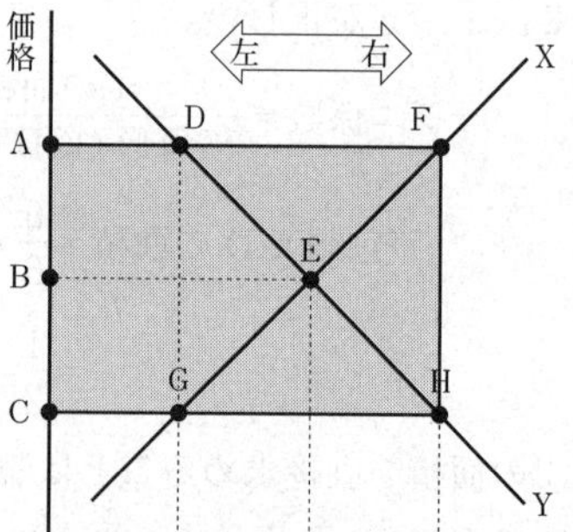

iii．cが正文。価格弾力性とは，価格の変化に対して数量の変化をいう。生活必需品では，高くても買う必要があり，安

くてもたくさんは買えない。価格弾力性は小さく，需要曲線は傾きが急となる。ぜいたく品では，価格が高いと買うのをあきらめる人が多く，価格が下がると買う人が激増する。需要の価格弾力性が大きく，曲線の傾きは緩やか。

8．i． bが誤文。公害のように外部不経済の場合，価格に公害防止費用が含まれないため，供給曲線が右にシフトし，過剰供給となる。

ii． cが適当。「経済厚生」とは人々の幸福度のこと。ピグーは効率性と公平性を満たす資源配分が市場で実現できるとした。

a．ガルブレイスは，大企業の支配する現代の消費社会では，人々の欲望が管理・操作されていることを指摘した。

b．フリードマンは，ケインズ主義を批判し，市場の原理を優先する考え方を示した。

d．シュンペーターは，経済発展の原動力としてイノベーション（技術革新）に着目し，経済理論を構築した。

9． cが誤文。マーストリヒト条約でユーロ加盟の条件が定められ，その一つに財政赤字や政府債務残高を抑制する内容があった。

10． dが誤文。政府が国債を大量発行し財政支出が増大すると，金融市場の資金が減少し実質利子率が上昇し，民間の資金調達を圧迫する。これをクラウディング・アウトという。

11． dが誤文。名目賃金は貨幣で支払われた給料の額。これに対して実質賃金は「名目賃金÷物価上昇率」で物価上昇の影響を取り除いたもの。名目賃金が一定であれば，消費者物価指数が上昇すると，実質賃金は下降する。

講評

Ⅰ　日本の政党政治の歴史，日本・世界の普通選挙の歴史，裁判員裁判制度，地方自治の直接請求権制度，日本の公害裁判，地球環境問題，沖縄基地問題，東西冷戦の歴史など，政治分野から総合的に出題されている。

Ⅱ　金融市場，ジニ係数と格差問題，株式市場，バブル問題，企業経営，労働問題の歴史，市場原理，市場の失敗，寡占問題，財政健全化，物価問題など，経済分野から総合的に出題されている。

「総合的に出題されている」ということは，つまり全体と関連性を理解していなければならない。『政治・経済用語集』『山川一問一答政治・経済』（ともに山川出版社）を目次から読むことをすすめる。

2024年度は，以下のように計算問題が多いことも特徴的である。

ⅠのB－13では，比例代表制ドント式で各党の当選議席数を計算する。

ⅡのB－2－ⅰでは，ローレンツ曲線のグラフからジニ係数を計算する。

ⅡのB－6では，「銀行の信用創造」で預金総額を計算する。

ⅡのB－7－ⅱでは，需要供給曲線のグラフから赤字額の計算式を選ぶ。

ⅡのB－7－ⅲでは，「需要の価格弾力性」の計算方法を理解していないと解答できない。需要供給曲線のグラフは価格（縦軸）がいくらなら数量（横軸）がどれだけかを表しており，数学の関数の xy 軸のグラフの表し方とは逆転している。

計算問題も含めると，試験時間60分では不足することも考えられ，暗記中心の学習では対応できなかったであろう。

数　学

◀2月6日実施分▶

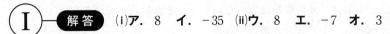

I

解答　(i)ア．8　イ．−35　(ii)ウ．8　エ．−7　オ．3

(iii)カ．$\frac{5}{8}$　(iv)キ．$2\sqrt{3}$　(v)ク．2^{n-2}　(vi)ケ．$\frac{\sqrt{3}}{4}$　コ．$\frac{5\sqrt{3}}{4}$

解説

《小問6問》

(i)　$t=\log_2 x$ とおく。

$1\leqq x\leqq 8$ より　$0\leqq t\leqq 3$

$$y=(\log_2 x)^2-8\log_2 x-20$$
$$=t^2-8t-20$$
$$=(t-4)^2-36$$

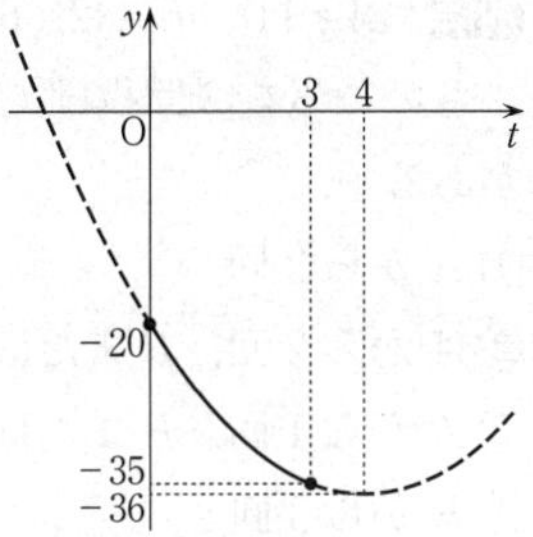

$0\leqq t\leqq 3$ より

$t=3$ のとき y は最小値 -35　(→イ)

このとき，$t=\log_2 x=3$ より

$x=8$　(→ア)

(ii)　両辺に $(x+1)^3$ をかけて

$$3x^2-x+4=a+b(x+1)+c(x+1)^2$$

$x+1=t$ とおくと　$x=t-1$

$$(左辺)=3(t-1)^2-(t-1)+4$$
$$=3t^2-7t+8$$
$$(右辺)=a+bt+ct^2$$

(左辺)=(右辺) が t の恒等式なので，係数を比較して

$a=8,\ b=-7,\ c=3$　(→ウ〜オ)

別解　$3x^2-x+4=a+b(x+1)+c(x+1)^2$

$$(右辺)=a+bx+b+cx^2+2cx+c$$
$$=cx^2+(b+2c)x+a+b+c$$

$$3x^2-x+4=cx^2+(b+2c)x+a+b+c$$

が x の恒等式より

$$\begin{cases} c=3 \\ b+2c=-1 \\ a+b+c=4 \end{cases}$$

これらを解いて　$a=8,\ b=-7,\ c=3$

(iii) 余事象は「4の倍数にならない」で，それは次の2通り。

①3回とも，1，3，5のいずれか

②3回のうち1回だけ2か6で，他の2回は1，3，5のいずれか

よって，求める確率は

$$1-\left\{\left(\frac{3}{6}\right)^3+{}_3C_1\left(\frac{2}{6}\right)^1\left(\frac{3}{6}\right)^2\right\}=\frac{5}{8}\quad(\to カ)$$

別解 $A=\{4\},\ B=\{2,\ 6\},\ C=\{1,\ 3,\ 5\}$ とする。

さいころを3回投げて，出る目の積が4の倍数になるのは，次の5通りがある。

①A から3回

②A から2回，B または C から1回

③A から1回，B または C から2回

④B から3回

⑤B から2回，C から1回

よって

$$\left(\frac{1}{6}\right)^3+{}_3C_2\left(\frac{1}{6}\right)^2\left(\frac{5}{6}\right)+{}_3C_1\left(\frac{1}{6}\right)\left(\frac{5}{6}\right)^2+\left(\frac{2}{6}\right)^3+{}_3C_2\left(\frac{2}{6}\right)^2\left(\frac{3}{6}\right)$$

$$=\frac{1}{216}+\frac{15}{216}+\frac{75}{216}+\frac{8}{216}+\frac{36}{216}$$

$$=\frac{135}{216}=\frac{5}{8}$$

(iv)

$$\frac{1}{\tan\theta}-\tan\theta=\frac{\cos\theta}{\sin\theta}-\frac{\sin\theta}{\cos\theta}$$

$$=\frac{\cos^2\theta-\sin^2\theta}{\sin\theta\cos\theta}$$

$$=\frac{2(\cos^2\theta-\sin^2\theta)}{2\sin\theta\cos\theta}$$

$$=\frac{2\cos 2\theta}{\sin 2\theta}$$

$$=\frac{2}{\tan 2\theta}$$

$$=\frac{2}{\frac{1}{\sqrt{3}}}\quad\left(\because\quad 2\theta=\frac{\pi}{6}\right)$$

$$=2\sqrt{3}\quad（\rightarrow キ）$$

別解　$\tan\frac{\pi}{12}=\tan\left(\frac{\pi}{3}-\frac{\pi}{4}\right)$

$$=\frac{\tan\frac{\pi}{3}-\tan\frac{\pi}{4}}{1+\tan\frac{\pi}{3}\tan\frac{\pi}{4}}$$

$$=\frac{\sqrt{3}-1}{1+\sqrt{3}\cdot 1}=\frac{\sqrt{3}-1}{\sqrt{3}+1}$$

よって $\theta=\frac{\pi}{12}$ のとき

$$\frac{1}{\tan\theta}-\tan\theta=\frac{\sqrt{3}+1}{\sqrt{3}-1}-\frac{\sqrt{3}-1}{\sqrt{3}+1}$$

$$=\frac{(\sqrt{3}+1)^2-(\sqrt{3}-1)^2}{(\sqrt{3}-1)(\sqrt{3}+1)}$$

$$=\frac{4\sqrt{3}}{2}=2\sqrt{3}$$

(v)　$n\geqq 3$ のとき

$$a_{n+1}=a_1+a_2+\cdots+a_{n-1}+a_n\quad\cdots\cdots①$$

$$a_n=a_1+a_2+\cdots+a_{n-1}\quad\cdots\cdots②$$

①－② より，$a_{n+1}-a_n=a_n$ が $n\geqq 3$ で成立。

よって　$a_{n+1}=2a_n$

また　$a_3=a_1+a_2=1+1=2$

以上より，$n\geqq 3$ において数列 $\{a_n\}$ は公比が 2 の等比数列なので

$$a_n=a_3\times 2^{n-3}=2\times 2^{n-3}$$

$$=2^{n-2}\quad（\rightarrow ク）$$

(vi)　$f(x)$ は $0\leqq x\leqq 1$ で $f(x)\geqq 0$ である 2 次関数より $\int_0^1 f(x)\,dx>0$ がいえ

て，$\int_0^1 f(x)\,dx$ は定数である。

$a \neq 0$ より，$\frac{1}{a}f(x)=x^2+\frac{b}{a}$ と $\left(\int_0^1 f(t)\,dt\right)f(x)=x^2+5$ を比較して

$\int_0^1 f(t)\,dt=\frac{1}{a}$ ……① かつ $\frac{b}{a}=5$ ……② が成り立つ。

ここで

$$\int_0^1 f(t)\,dt=\int_0^1 (at^2+b)\,dt$$
$$=\left[\frac{a}{3}t^3+bt\right]_0^1$$
$$=\frac{a}{3}+b$$

これと①より　$\frac{a}{3}+b=\frac{1}{a}$

②より $b=5a$ を代入して

$\frac{a}{3}+5a=\frac{1}{a}$　　$a^2=\frac{3}{16}$

よって　$(a,\ b)=\left(\frac{\sqrt{3}}{4},\ \frac{5\sqrt{3}}{4}\right),\ \left(-\frac{\sqrt{3}}{4},\ -\frac{5\sqrt{3}}{4}\right)$

このうち，$0 \leqq x \leqq 1$ で $f(x)=ax^2+b \geqq 0$ をみたすものをえらんで

$(a,\ b)=\left(\frac{\sqrt{3}}{4},\ \frac{5\sqrt{3}}{4}\right)$　(→ケ，コ)

Ⅱ　解答

(i) $l: y=-2px+p^2$　$m: y=2qx+q^2$

(ii) $\left(\frac{p-q}{2},\ pq\right)$

(iii) 点 $\mathrm{Q}(-q,\ -q^2)$ と直線 $l: 2px+y-p^2=0$ との距離 d は

$$d=\frac{|2p(-q)-q^2-p^2|}{\sqrt{(2p)^2+1^2}}$$
$$=\frac{|-(p+q)^2|}{\sqrt{4p^2+1}}$$
$$=\frac{(p+q)^2}{\sqrt{4p^2+1}}\quad \text{……(答)}$$

(iv)

$$PR=\sqrt{\left(\frac{p-q}{2}-p\right)^2+(pq+p^2)^2}$$

$$=\sqrt{\left(-\frac{p+q}{2}\right)^2+p^2(p+q)^2}$$

$$=\frac{p+q}{2}\sqrt{1+4p^2}$$

$(\because\ \ p>0,\ q>0)$

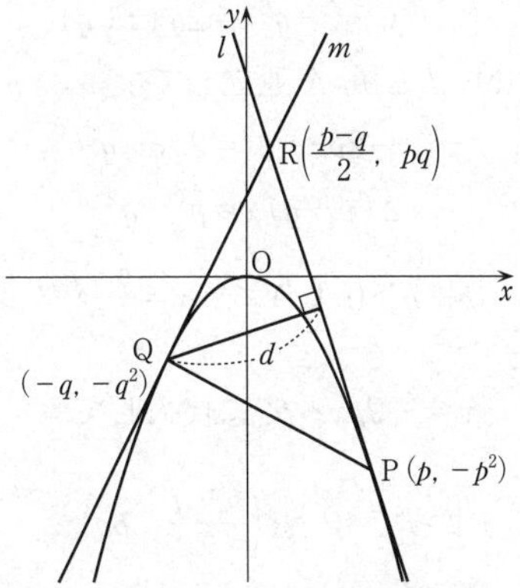

$$S=\frac{1}{2}\times PR\times d$$

$$=\frac{1}{2}\times\frac{p+q}{2}\sqrt{1+4p^2}\times\frac{(p+q)^2}{\sqrt{4p^2+1}}$$

$$=\frac{1}{4}(p+q)^3 \quad \cdots\cdots(答)$$

(v) $q=\dfrac{1}{4p}$

(vi)

$$S=\frac{1}{4}(p+q)^3$$

$$=\frac{1}{4}\left(p+\frac{1}{4p}\right)^3$$

ここで，正の数の相加平均と相乗平均の関係より

$$p+\frac{1}{4p}\geqq 2\sqrt{p\cdot\frac{1}{4p}}\quad\left(等号成立は p=\frac{1}{4p} より p=\frac{1}{2} のとき\right)$$

よって，$p+\dfrac{1}{4p}\geqq 1$ なので

$$S=\frac{1}{4}\left(p+\frac{1}{4p}\right)^3\geqq\frac{1}{4}\cdot 1^3$$

よって，S の最小値は $\dfrac{1}{4}$，そのときの p の値は $p=\dfrac{1}{2}$ ……(答)

解説

《接線，点と直線の距離，三角形の面積，相加平均と相乗平均の関係》

(i) $y=-x^2$ より　　$y'=-2x$

点 $P(p,\ -p^2)$ における接線 l の方程式は

$$y-(-p^2)=-2p(x-p) \qquad \therefore\quad y=-2px+p^2$$

点 $Q(-q,\ -q^2)$ における接線 m の方程式は

$$y-(-q^2)=2q(x+q) \qquad \therefore \quad y=2qx+q^2$$

(ii) l と m を連立して

$$-2px+p^2=2qx+q^2$$
$$2(p+q)x=p^2-q^2$$

$p+q>0$ より　$x=\dfrac{p-q}{2}$

$y=-2px+p^2$ に代入して　$y=-2p\cdot\dfrac{p-q}{2}+p^2=pq$

よって　$\mathrm{R}\left(\dfrac{p-q}{2},\ pq\right)$

(iii) 点と直線との距離の公式を用いる。分子の絶対値記号をはずしておくこと。

(iv) 問題の誘導に従って解くために，辺 PR の長さをまず計算して，それを底辺に，d を高さにした三角形の面積を考える。

別解としては，$\overrightarrow{\mathrm{OA}}=(a_1,\ a_2)$，$\overrightarrow{\mathrm{OB}}=(b_1,\ b_2)$ のとき△OAB の面積 S は，$S=\dfrac{1}{2}|a_1b_2-a_2b_1|$ という公式があるので，$\overrightarrow{\mathrm{RP}}$，$\overrightarrow{\mathrm{RQ}}$ について考えれば，その方法でもできる。

(v) 直線 l と直線 m が直交するとき，それぞれの傾きの積が -1 なので

$$(-2p)\times(2q)=-1 \qquad \therefore \quad q=\frac{1}{4p}$$

(vi) q を消去してみると，正の数の相加平均と相乗平均を利用する形だとすぐに気づく。$a+b\geqq 2\sqrt{ab}$ で等号成立は $a=b$ のときである。

III 解答

(i) $\vec{a}\cdot\vec{b}=5$

(ii) 条件より $|\vec{a}|=5$，$|\vec{b}|=7$，$\overrightarrow{\mathrm{OD}}\perp\overrightarrow{\mathrm{AB}}$ である。

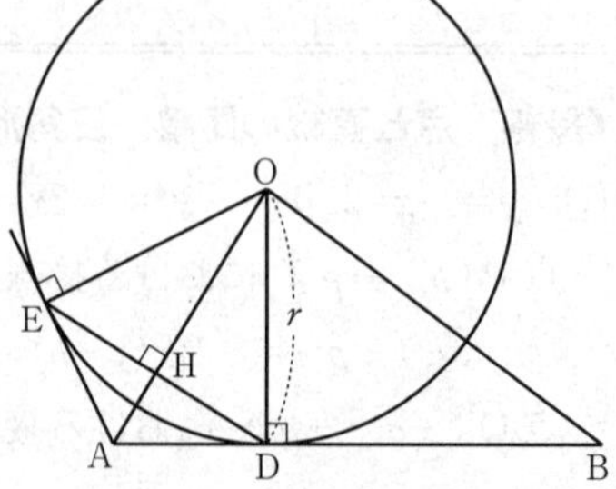

よって　$\overrightarrow{\mathrm{OD}}\cdot\overrightarrow{\mathrm{AB}}=0$

$$\begin{aligned}\overrightarrow{\mathrm{OD}}\cdot\overrightarrow{\mathrm{AB}}&=\{(1-t)\vec{a}+t\vec{b}\}\cdot(\vec{b}-\vec{a})\\&=(1-t)\{\vec{a}\cdot\vec{b}-|\vec{a}|^2\}\\&\qquad+t(|\vec{b}|^2-\vec{a}\cdot\vec{b})\\&=(1-t)(5-25)+t(49-5)\end{aligned}$$

$$=64t-20=0$$

ゆえに　$t=\dfrac{5}{16}$　……(答)

このとき　$\overrightarrow{OD}=\dfrac{11}{16}\vec{a}+\dfrac{5}{16}\vec{b}$

別解　$\cos\angle OAB=\dfrac{5^2+8^2-7^2}{2\cdot5\cdot8}=\dfrac{1}{2}$ より　$A=60°$

よって　$AD=OA\cos60°=\dfrac{5}{2}$

このとき，$DB=8-\dfrac{5}{2}=\dfrac{11}{2}$ より　$AD:DB=5:11$

$$\overrightarrow{OD}=\frac{11\overrightarrow{OA}+5\overrightarrow{OB}}{11+5}=\frac{11\vec{a}+5\vec{b}}{16}$$

$\therefore\quad t=\dfrac{5}{16}$

(iii)　$r^2=|\overrightarrow{OD}|^2=\left|\dfrac{11}{16}\vec{a}+\dfrac{5}{16}\vec{b}\right|^2$

$$=\frac{1}{16^2}\{121|\vec{a}|^2+110\vec{a}\cdot\vec{b}+25|\vec{b}|^2\}$$

$$=\frac{1}{16^2}(121\times25+110\times5+25\times49)$$

$$=\frac{25}{16^2}(121+22+49)=\frac{5^2}{16^2}\times8^2\times3$$

よって　$r=\dfrac{5\sqrt{3}}{2}$　……(答)

別解　(ii)の〔別解〕より $\angle OAD=60°$ なので

$$r=AO\sin60°=5\times\frac{\sqrt{3}}{2}=\frac{5\sqrt{3}}{2}$$

(iv)　$\triangle OHD\backsim\triangle ODA$ なので

$OD:OH=OA:OD$

よって　$OH\times OA=OD^2$

つまり，$OH\times5=\dfrac{75}{4}$ より

$$OH=\frac{15}{4}=\frac{3}{4}\times OA$$

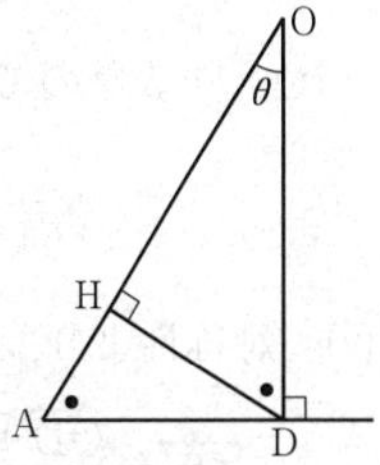

したがって　$\overrightarrow{\mathrm{OH}}=\dfrac{3}{4}\vec{a}$　……(答)

別解　(ii)の〔別解〕より $\angle\mathrm{AOD}=30^\circ$ なので

$$\mathrm{OH}=r\cos 30^\circ=\frac{5\sqrt{3}}{2}\cdot\frac{\sqrt{3}}{2}=\frac{15}{4}$$

$$\overrightarrow{\mathrm{OH}}=\frac{15}{4}\times\frac{\vec{a}}{5}=\frac{3}{4}\vec{a}$$

参考1　$\overrightarrow{\mathrm{OH}}=k\vec{a}$（$k$ は実数）とおくと

$$\overrightarrow{\mathrm{DH}}=\overrightarrow{\mathrm{OH}}-\overrightarrow{\mathrm{OD}}=\left(k-\frac{11}{16}\right)\vec{a}-\frac{5}{16}\vec{b}$$

$$\overrightarrow{\mathrm{DH}}\cdot\vec{a}=\left(k-\frac{11}{16}\right)|\vec{a}|^2-\frac{5}{16}\vec{a}\cdot\vec{b}$$

$$=\left(k-\frac{11}{16}\right)\times 25-\frac{5}{16}\times 5$$

これと $\overrightarrow{\mathrm{DH}}\cdot\vec{a}=0$ より $k=\dfrac{3}{4}$ ともできる。

参考2　$\angle\mathrm{AOD}=\theta$ とすると，明らかに θ は鋭角である。このとき

$$\frac{\vec{a}}{5}\cdot\overrightarrow{\mathrm{OD}}=1\times|\overrightarrow{\mathrm{OD}}|\cos\theta=|\overrightarrow{\mathrm{OH}}|$$

である。

$$\frac{\vec{a}}{5}\cdot\overrightarrow{\mathrm{OD}}=\frac{\vec{a}}{5}\cdot\left(\frac{11}{16}\vec{a}+\frac{5}{16}\vec{b}\right)$$

$$=\frac{11}{5\cdot 16}|\vec{a}|^2+\frac{1}{16}\vec{a}\cdot\vec{b}$$

$$=\frac{11}{5\cdot 16}\times 25+\frac{1}{16}\times 5=\frac{15}{4}$$

$\therefore$　$|\overrightarrow{\mathrm{OH}}|=\dfrac{15}{4}$

$|\overrightarrow{\mathrm{OA}}|=5$ なので　$|\overrightarrow{\mathrm{OA}}|:|\overrightarrow{\mathrm{OH}}|=5:\dfrac{15}{4}=1:\dfrac{3}{4}$

よって　$\overrightarrow{\mathrm{OH}}=\dfrac{3}{4}\vec{a}$

(v)　対称性より，点Hは線分DEの中点であるので

$$\overrightarrow{\mathrm{OH}}=\frac{\overrightarrow{\mathrm{OD}}+\overrightarrow{\mathrm{OE}}}{2}$$

よって

$$\overrightarrow{\mathrm{OE}}=2\overrightarrow{\mathrm{OH}}-\overrightarrow{\mathrm{OD}}$$
$$=2\times\frac{3}{4}\vec{a}-\left(\frac{11}{16}\vec{a}+\frac{5}{16}\vec{b}\right)$$
$$=\frac{13}{16}\vec{a}-\frac{5}{16}\vec{b}$$

$\vec{a}\neq\vec{0}$，$\vec{b}\neq\vec{0}$，$\vec{a}\not\parallel\vec{b}$ なので，$\overrightarrow{\mathrm{OE}}=p\vec{a}+q\vec{b}$ ならば

$$p=\frac{13}{16},\ q=-\frac{5}{16}\quad\cdots\cdots(\text{答})$$

解説

《内積計算，垂線の足の位置ベクトル，対称点の位置ベクトル》

(i)　$|\vec{a}-\vec{b}|^2=|\vec{a}|^2-2\vec{a}\cdot\vec{b}+|\vec{b}|^2$ に $|\vec{a}-\vec{b}|=8$，$|\vec{a}|=5$，$|\vec{b}|=7$ を代入して

$$8^2=5^2-2\vec{a}\cdot\vec{b}+7^2$$
$$\therefore\quad \vec{a}\cdot\vec{b}=5$$

別解　余弦定理より

$$\cos\angle\mathrm{AOB}=\frac{\mathrm{OA}^2+\mathrm{OB}^2-\mathrm{AB}^2}{2\cdot\mathrm{OA}\cdot\mathrm{OB}}=\frac{5^2+7^2-8^2}{2\cdot5\cdot7}=\frac{1}{7}$$

よって　$\vec{a}\cdot\vec{b}=|\vec{a}||\vec{b}|\cos\angle\mathrm{AOB}=5\cdot7\cdot\frac{1}{7}=5$

(ii)　$\mathrm{AD}:\mathrm{DB}=t:(1-t)$ となる t を求めよということである。誘導に従って，$\overrightarrow{\mathrm{OD}}\cdot\overrightarrow{\mathrm{AB}}=0$ より t の値を定めればよい。〔別解〕のように三角比を用いると早い。

(iii)　$r=|\overrightarrow{\mathrm{OD}}|$ の大きさは(ii)の結果から2乗して出せる。これも三角比なら $r=\mathrm{OA}\sin\angle\mathrm{OAD}$ なので直ちにわかる。

(iv)　OHの出し方は，〔解答〕では相似を用いたが，〔別解〕の三角比利用，〔参考1〕の内積の利用，〔参考2〕の正射影の利用，といろいろと考えられるので，幅広い見方や考え方を身につけよう。

(v)　円のもう一つの接線を考えようとすると難しい。対称性に注目し，点HがDEの中点であることに気づくことができれば容易に解ける。

講評

大問３題で，試験時間は60分である。Ｉは空所補充形式の小問集合で「数学Ｉ・Ⅱ・Ａ・Ｂ」から幅広く出題されている。弱点のない学習が必要であり，類型的ではない出題もあるので若干の技術や思考力も必要である。Ⅱ・Ⅲはそれぞれ小問５問ほどに分かれており，誘導に従って順に解答していくようになっている。答えのみを書く設問と，答えだけでなく途中経過も書くように指示のある設問がある。

Ｉ　2024年度は「数学Ⅱ・Ｂ」からの出題が多かった。(i)は置き換えをして２次関数の最小値に，(ii)は $x+1=t$ として t の恒等式にすると早い。(iii)は余事象で考えるのが早いが，すべての場合を調べるなら〔別解〕のようにする。(iv)は相互関係を用いて式変形して２倍角の公式が早いが，〔別解〕のように先に $\tan\theta$ の値を求めてもよい。(v)は a_n と S_n の関係である。$a_n=S_n-S_{n-1}$ $(n\geqq 2)$ として考えるとよい。(vi)は見たことがなくとまどうかもしれないが，$\int_0^1 f(t)\,dt$ を定数として考えればよい。

Ⅱ　(i)は微分による接線の公式，(iii)は点と直線の距離の公式，(iv)は２点間の距離の公式，(v)は２直線の直交条件，(vi)は相加平均と相乗平均の関係の利用で，すべて基本的な問題といえる。

Ⅲ　ベクトルとしての出題であるが，〔別解〕のように三角比の問題として解くことも可能である。垂線の足の位置ベクトルを素早く出せるようにしておきたい。

◀2月9日実施分▶

I　解答　(i)ア．48　(ii)イ．15　(iii)ウ．$\dfrac{\sqrt{10}}{2}$　(iv)エ．-18

(v)オ．$-\dfrac{40}{27}$　(vi)カ．-6　キ．5　ク．0

解説

《小問6問》

(i)

$$\begin{array}{r} 1011_{(2)} \\ \times)\quad 11_{(2)} \\ \hline 1011 \\ 1011 \\ \hline 100001_{(2)} \end{array} \quad \rightarrow \quad \begin{array}{r} 100001_{(2)} \\ +)\quad 1111_{(2)} \\ \hline 110000_{(2)} \end{array}$$

$$\begin{aligned} 110000_{(2)} &= 1\times 2^5+1\times 2^4 \\ &= 32+16 \\ &= 48 \quad (\rightarrow\text{ア}) \end{aligned}$$

別解

$$\begin{aligned} 1011_{(2)} &= 1\times 2^3+0\times 2^2+1\times 2^1+1 \\ &= 11 \end{aligned}$$

$$11_{(2)} = 1\times 2^1+1=3$$

$$\begin{aligned} 1111_{(2)} &= 1\times 2^3+1\times 2^2+1\times 2^1+1 \\ &= 15 \end{aligned}$$

よって

$$\begin{aligned} 1011_{(2)}\times 11_{(2)}+1111_{(2)} &= 11\times 3+15 \\ &= 48 \end{aligned}$$

(ii)　赤玉の個数を n とする。

取り出した玉が2個とも赤玉である確率は

$$\frac{{}_n\mathrm{C}_2}{{}_{20}\mathrm{C}_2}=\frac{n(n-1)}{20\cdot 19}=\frac{21}{38}$$

$$n^2-n-210=0$$

$$(n+14)(n-15)=0$$

$\therefore\quad n=15\quad (\rightarrow\text{イ})$

(iii)　中線定理より

$$AB^2+AC^2=2(AM^2+BM^2)$$

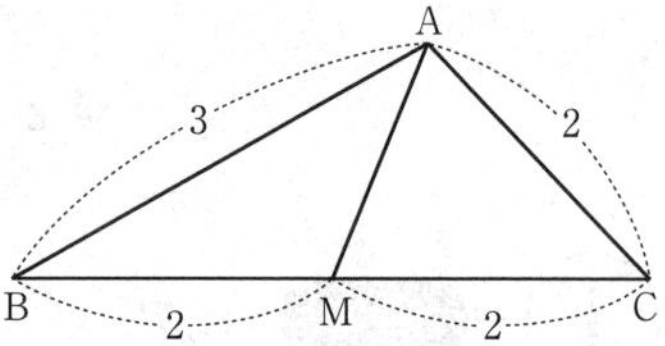

与えられた条件を代入して

$$3^2+2^2=2(AM^2+2^2)$$

これより

$$AM=\sqrt{\frac{5}{2}}=\frac{\sqrt{10}}{2}\quad(\to ウ)$$

別解　△ABC で余弦定理より

$$\cos B=\frac{3^2+4^2-2^2}{2\cdot3\cdot4}=\frac{7}{8}$$

よって，△ABM で余弦定理より

$$AM^2=3^2+2^2-2\cdot3\cdot2\cdot\frac{7}{8}=\frac{5}{2}$$

$$\therefore\quad AM=\sqrt{\frac{5}{2}}=\frac{\sqrt{10}}{2}$$

(iv)　$x^3+\dfrac{1}{x^3}=\left(x+\dfrac{1}{x}\right)^3-3x\cdot\dfrac{1}{x}\left(x+\dfrac{1}{x}\right)$

$$=(-3)^3-3\cdot1\cdot(-3)=-18\quad(\to エ)$$

(v)　$f(x)=x^3+2x^2-4x$ より

$$f'(x)=3x^2+4x-4=(3x-2)(x+2)$$

x	-3	$\cdots$	-2	$\cdots$	$\frac{2}{3}$	$\cdots$	3
$f'(x)$		$+$	0	$-$	0	$+$	
$f(x)$	3	↗	8	↘	$-\frac{40}{27}$	↗	33

増減表より，最小値は　$-\dfrac{40}{27}$　(→オ)

(vi)　直線上の点は，実数 t を用いて次のように表わせる。

$$(x,\ y,\ z)=(-10,\ -3,\ 8)+t(1,\ 2,\ -2)$$
$$=(-10+t,\ -3+2t,\ 8-2t)$$

これが xy 平面と交わるのは，$z=0$ すなわち $8-2t=0$ より $t=4$ のときで

$$(x,\ y,\ z)=(-6,\ 5,\ 0)\quad(\to カ〜ク)$$

II 解答　(i) $x=1$,　$y=\frac{1}{2}$,　$z=-\frac{1}{4}$

(ii) $b_{n+1}=\sqrt{\frac{b_n}{2}}$

(iii)　(ii)の両辺は正なので，2を底として両辺の対数をとると

$$\log_2 b_{n+1}=\log_2\sqrt{\frac{b_n}{2}}$$
$$=\frac{1}{2}\log_2\frac{b_n}{2}$$
$$=\frac{1}{2}(\log_2 b_n-\log_2 2)$$

$c_n=\log_2 b_n$ とおくとき，$c_{n+1}=\log_2 b_{n+1}$ なので，この式は

$$c_{n+1}=\frac{1}{2}(c_n-1)$$

$$c_{n+1}+1=\frac{1}{2}(c_n+1)$$

と変形できて，数列 $\{c_n+1\}$ は公比 $\frac{1}{2}$ の等比数列である。

初項は，$c_1+1=\log_2 b_1+1=\log_2\frac{2}{1}+1=2$ より

$$c_n+1=2\cdot\left(\frac{1}{2}\right)^{n-1}$$

$$\therefore\quad c_n=2\left(\frac{1}{2}\right)^{n-1}-1=\left(\frac{1}{2}\right)^{n-2}-1\quad\cdots\cdots(答)$$

(iv)　$$S_n=\sum_{k=1}^{n}c_k=\sum_{k=1}^{n}\left\{2\left(\frac{1}{2}\right)^{k-1}-1\right\}$$

$$=2\cdot\frac{1-\left(\frac{1}{2}\right)^n}{1-\left(\frac{1}{2}\right)}-n$$

$$=-n+4-4\left(\frac{1}{2}\right)^n$$

$$=-n-\left(\frac{1}{2}\right)^{n-2}+4\quad\cdots\cdots(答)$$

(v)　$$c_n=\log_2 b_n=\log_2\frac{a_{n+1}}{a_n}=\log_2 a_{n+1}-\log_2 a_n$$

$c_n=\log_2 a_{n+1}-\log_2 a_n$ より，$n\geqq 2$ のとき

$$\sum_{k=1}^{n-1} c_k=\sum_{k=1}^{n-1}(\log_2 a_{k+1}-\log_2 a_k)$$

$$=(\log_2 a_2-\log_2 a_1)+(\log_2 a_3-\log_2 a_2)+\cdots+(\log_2 a_{n-1}-\log_2 a_{n-2})+(\log_2 a_n-\log_2 a_{n-1})$$

$$=\log_2 a_n-\log_2 a_1$$

よって

$$\log_2 a_n=\log_2 a_1+\sum_{k=1}^{n-1} c_k=\log_2 1+S_{n-1}$$

$$=0-(n-1)-\left(\frac{1}{2}\right)^{n-3}+4$$

$$=-n-\left(\frac{1}{2}\right)^{n-3}+5$$

$n=1$ とすると $\log_2 a_1=-1-4+5=0$ となり，与えられた $a_1=1=2^0$ と一致するので，$n=1$ のときも成り立つ。

$a_n=2^{d_n}$ より，$d_n=\log_2 a_n$ なので

$$d_n=-n-\left(\frac{1}{2}\right)^{n-3}+5 \quad \cdots\cdots(答)$$

(注意)　$\log_2 a_{n+1}-\log_2 a_n=c_n$ は，数列 $\{c_n\}$ が数列 $\{\log_2 a_n\}$ の階差数列であることを示しているので，ここから直ちに $\log_2 a_n=\log_2 a_1+\sum_{k=1}^{n-1} c_k$ としてよい。

解説

《指数・対数計算，数列の漸化式，階差数列，等比数列の和，Σ計算》

(i)　$a_3=\sqrt{\dfrac{{a_2}^3}{2a_1}}=\left(\dfrac{2^3}{2\cdot 1}\right)^{\frac{1}{2}}=(2^2)^{\frac{1}{2}}=2^1 \qquad \therefore\ x=1$

$a_4=\sqrt{\dfrac{{a_3}^3}{2a_2}}=\left(\dfrac{2^3}{2\cdot 2}\right)^{\frac{1}{2}}=(2^1)^{\frac{1}{2}}=2^{\frac{1}{2}} \qquad \therefore\ y=\dfrac{1}{2}$

$a_5=\sqrt{\dfrac{{a_4}^3}{2a_3}}=\left(\dfrac{2^{\frac{3}{2}}}{2\cdot 2}\right)^{\frac{1}{2}}=(2^{-\frac{1}{2}})^{\frac{1}{2}}=2^{-\frac{1}{4}} \qquad \therefore\ z=-\dfrac{1}{4}$

(ii)　$a_n>0$ より

$$b_{n+1}=\frac{a_{n+2}}{a_{n+1}}=\frac{1}{a_{n+1}}\sqrt{\frac{{a_{n+1}}^3}{2a_n}}=\sqrt{\frac{a_{n+1}}{2a_n}}=\sqrt{\frac{1}{2}b_n}$$

(iii)　(ii)で得られた式の両辺の対数をとればよい。$c_{n+1}=\frac{1}{2}c_n-\frac{1}{2}$ のあとは，

$\alpha=\frac{1}{2}\alpha-\frac{1}{2}$ より $\alpha=-1$ を利用して，$c_{n+1}+1=\frac{1}{2}(c_n+1)$ と変形する。

(iv)　単なる $\sum$ 計算である。

(v)　$c_n=\log_2 a_{n+1}-\log_2 a_n$ と変形すると，数列 $\{c_n\}$ が数列 $\{\log_2 a_n\}$ の階差数列になっていることに気づく。そうすると(iv)がこのための準備になっていることがわかる。本問は，与えられた漸化式の対数をとると

$$\log_2 a_{n+2}=\frac{3}{2}\log_2 a_{n+1}-\frac{1}{2}\log_2 a_n-\frac{1}{2}$$

つまり　$$d_{n+2}=\frac{3}{2}d_{n+1}-\frac{1}{2}d_n-\frac{1}{2}$$

という隣接3項間の漸化式になる。これを，誘導に従って，種々の技術と知識を用いて解くようによく工夫された出題である。

III　解答

(i)　$C:y=x^2+2px+q$ と $l:y=-x+\frac{3}{4}$ を連立して

$$x^2+2px+q=-x+\frac{3}{4}$$

より　$$x^2+(2p+1)x+q-\frac{3}{4}=0 \quad \cdots\cdots①$$

C と l が接するので，これが重解をもつとして，①の判別式 $D_1=0$ とすると

$$D_1=(2p+1)^2-4\left(q-\frac{3}{4}\right)=0$$

よって　$$q=\left(p+\frac{1}{2}\right)^2+\frac{3}{4}=p^2+p+1 \quad \cdots\cdots(答)$$

別解　$y=x^2+2px+q$ 上の点を $(t,\ t^2+2pt+q)$ とおくと，その点における接線の方程式は

$$y-(t^2+2pt+q)=(2t+2p)(x-t)$$

より　$$y=(2t+2p)x-t^2+q$$

これが $y=-x+\frac{3}{4}$ になるとすると

$2t+2p=-1$　……②

$-t^2+q=\dfrac{3}{4}$　……③

この2式から t を消去する。

②より　$t=-p-\dfrac{1}{2}$

③より　$q=t^2+\dfrac{3}{4}=\left(-p-\dfrac{1}{2}\right)^2+\dfrac{3}{4}$

$\therefore\ q=\left(p+\dfrac{1}{2}\right)^2+\dfrac{3}{4}=p^2+p+1$　……④

(ii) $(-p,\ p+1)$

(iii) (i)の結果を代入すると，$y=(x+p)^2+p+1$ であるが，これが x 軸にも接するときは

$p+1=0$　$\therefore\ p=-1$

このとき C の方程式は　$y=(x-1)^2$　……(答)

そのときの C と l との接点の x 座標は，方程式①の重解なので

$x=\dfrac{-(2p+1)\pm\sqrt{0}}{2}=\dfrac{-(-2+1)\pm 0}{2}=\dfrac{1}{2}$　……(答)

別解　$C：y=(x+p)^2-p^2+q$ が x 軸に接するとき　$q=p^2$　……⑤

C が x 軸にも l にも接するときは，④と⑤が同時に成り立つ。

$p^2=p^2+p+1$　より　$p=-1$

このとき　$q=1$

C の方程式は　$y=x^2-2x+1$

l との接点の x 座標は　$-p-\dfrac{1}{2}=-(-1)-\dfrac{1}{2}=\dfrac{1}{2}$

(iv) C が l に接するときは，$y=(x+p)^2+p+1$ と表せるので，これが $m：y=2x$ と接するとすると，連立して

$(x+p)^2+p+1=2x$

つまり，$x^2+(2p-2)x+p^2+p+1=0$ が重解をもつので，判別式 $D_2=0$ とすると

$\dfrac{D_2}{4}=(p-1)^2-(p^2+p+1)=0$　より　$p=0$

このとき C の方程式は　$y=x^2+1$　……(答)

そのときの l との接点の x 座標は，①の重解なので

$$x=\frac{-(2p+1)\pm\sqrt{0}}{2}=\frac{-(0+1)\pm 0}{2}=-\frac{1}{2}\quad \cdots\cdots(答)$$

別解　C 上の点 $(s,\ s^2+2ps+q)$ における接線の方程式は

$$y=(2s+2p)x-s^2+q$$

これが $y=2x$ になるとすると

$$2s+2p=2\quad\cdots\cdots⑥$$

$$-s^2+q=0\quad\cdots\cdots⑦$$

この2式から s を消去する。

⑥より　$s=-p+1$

⑦より　$q=s^2=(-p+1)^2$　$\therefore\ q=(p-1)^2$　……⑧

l と m の両方に接するので，④と⑧が同時に成り立つ。

$$p^2+p+1=(p-1)^2$$

を解くと　$p=0$

このとき　$q=1,\ t=-\dfrac{1}{2}$

C の方程式は　$y=x^2+1$

l との接点の x 座標は　$-\dfrac{1}{2}$

(v)　$C_1：y=(x-1)^2$

$C_2：y=x^2+1$

である。その交点の x 座標は

$$(x-1)^2=x^2+1$$

より　$x=0$

C_1，C_2，l で囲まれた部分は，右図の網かけ部分である。

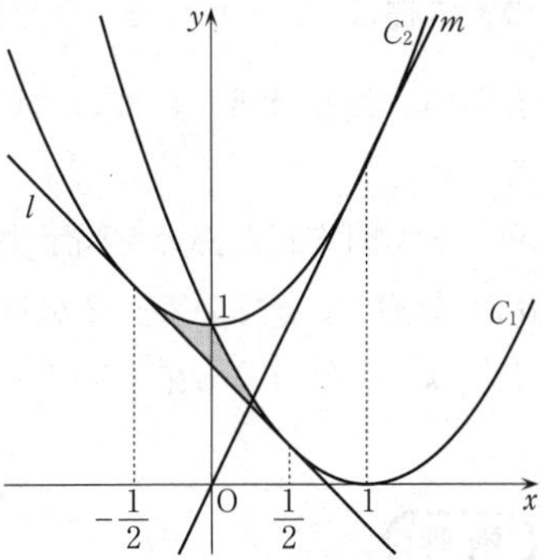

$$S=\int_{-\frac{1}{2}}^{0}\left\{x^2+1-\left(-x+\frac{3}{4}\right)\right\}dx$$

$$+\int_{0}^{\frac{1}{2}}\left\{(x-1)^2-\left(-x+\frac{3}{4}\right)\right\}dx$$

$$=\int_{-\frac{1}{2}}^{0}\left(x+\frac{1}{2}\right)^2dx+\int_{0}^{\frac{1}{2}}\left(x-\frac{1}{2}\right)^2dx$$

$$=\left[\frac{1}{3}\left(x+\frac{1}{2}\right)^3\right]_{-\frac{1}{2}}^{0}+\left[\frac{1}{3}\left(x-\frac{1}{2}\right)^3\right]_{0}^{\frac{1}{2}}$$

$$=\frac{1}{3}\left(\frac{1}{2}\right)^3-\frac{1}{3}\left(-\frac{1}{2}\right)^3=\frac{1}{12} \quad \cdots\cdots(\text{答})$$

解説

《放物線と直線が接する条件，直線と曲線が囲む部分の面積》

(i)　2次関数と直線が接する場合は，〔別解〕のように微分法を用いてもできるが，連立して判別式 $=0$ で考えるのが早い。接点の x 座標はその方程式の重解である。

(ii)　(i)の結果を代入して

$$y=x^2+2px+q$$
$$=x^2+2px+p^2+p+1$$
$$=(x+p)^2+p+1$$

よって頂点の座標は　$(-p,\ p+1)$

(iii)　l に接するので $y=(x+p)^2+p+1$ の形に書けて，x 軸に接するので，頂点の y 座標 $p+1=0$ とすると，$y=(x-1)^2$ となる。

(iv)　l に接するので $y=(x+p)^2+p+1$ と書けて，$m:y=2x$ に接するので連立して，判別式 $=0$ とすると，$C:y=x^2+1$ となる。これと l との接点の x 座標は，$x^2+1=-x+\frac{3}{4}$ を解いてもよいが，①の方程式を使い回しても早い。接点は重解になっているので，解の公式を用いて，$\sqrt{0}$ に注意する。

(v)　まず囲まれた部分を図示すること。上側－下側をきちんと描く。接点 α が重解になっていて，2次係数が1なので 上側－下側 $=(x-\alpha)^2$ と変形すれば，積分計算も早くてミスが少ない。標準的な問題である。

講評

試験時間は60分で，大問3問の出題である。Ⅰは空所補充形式で，小問6問。「数学Ⅰ・Ⅱ・A・B」から広範囲に出題されている。Ⅱ・Ⅲは記述式であり，それぞれ小問5問により構成されていて，誘導形式で順に解くと次問につながるようになっている。

Ⅰ (i)は2進法で計算して10進法に直すか，10進法に直して計算するか，どちらでも求められる。(iii)は中線定理でも余弦定理でもよい。(iv)・(v)は教科書例題レベルである。

Ⅱ 積型の漸化式を対数をとることによって，和・差の形の漸化式にして解くという主旨の出題である。計算量もかなりあり，難問の部類に入るだろう。(ii)が解けなければあとは手がつかないが，(ii)が解ければ誘導に従っていくと自然と解けるように工夫された出題である。漸化式に関する技術をきちんともっていなければならない。

Ⅲ 2つの放物線に接する直線と，それらの放物線とで囲まれた部分の面積を求める問題である。直線が与えられていて，放物線を決定していくという形の誘導になっている。直線が2つ与えられているので計算が混乱しやすい。接線の処理の仕方として，①接点を設定する，②重解をもつ，と2通りの方法があるが，2次関数では，後者のほうが早い場合が多い。その重解は解の公式の利用がよい。

講評

一の随筆は、女流作家のエッセイからの出題。筆者の岡本かの子は大正・昭和期の小説家・歌人であり、芸術家岡本太郎の母。文章は「はつ夏」についての自身の定義から始められ、幼少期の初夏の記憶、初夏の外国風景、さらに上島鬼貫の句に見られる初夏の風趣が記された雑記風エッセイである。時期も場所もばらばらの思い出が綴られるが、初夏のイメージによって関連づけて読み解きたい。設問はほぼ内容説明であり、内容真偽、制限字数付きの記述説明問題も出題されている。設問で問われている解答部分を本文で発見しやすいという点では、取り組みやすいと言える。

二の評論は、近代性の根源を問うために時間論を観点として論じた評論文からの出題。円環時間から直線時間へと移り変わる時間意識と西欧中世および近代が関連づけて論じられている。論の展開がわかりやすく、設問を解きながら読み進めることで十分に理解が進むと思われる。設問は、書き取りと空所補充を除いてほとんどが内容説明であり、難解なものは含まれていない。内容真偽にも特に紛らわしいものは含まれていないので、取りこぼしのないようにしたい。

三の古文は、江戸時代中期の俳人横井也有による俳文集『鶉衣』からの出題。題名にある「伯母を悼む」という表現から、内容を類推しながら読むと理解しやすい。難しい古語は含まれていないので、文末に配置された発句に込められた思いに注意して読み解きたい。語意を問う設問が中心であり、基本的な古文単語の意味を押さえておけば解答は比較的容易である。なお、文法関連で基本的な助動詞の意味と敬語によって主語を判断する設問が出題されている。内容説明も基本的な古語の解釈によるものであり、こちらも取りこぼしのないようにしたいところである。

ぶ。筆者は伯母の依頼が大仕事であることを言っているのである。

(G) ここの「いそぎ」は名詞で〝急ぐこと、急用、準備、用意、したく〟などの意。ここは旅の〝準備〟である。

(H) 副詞「とみに」は〝急に、すぐに、にわかに〟の意で、多く下に打消の表現を伴う。

(I) 副詞「いかで」は〝どうして、どうにかして〟の意。ここは〝どうにかして〟の意が適切で、願望の気持ちが表されている。

(J) 動詞「うけがふ」（肯ふ）は〝よいと認める、承知する、承諾する〟の意。

(K) 形容詞「にげなし」（似げ無し）は〝似合わない、釣り合わない〟の意。ここは「にげなからぬ」で〝不似合いでない、ふさわしい〟の意である。「よすが」は〝よりどころ、頼りとする縁者〟のことであり、この〝縁〟が「定まる」とは、結婚して安定した生活を送ったということである。

(L) 副詞「いとど」は〝いよいよ、いっそう、ますます〟の意。

(M) 「行末」は〝将来、これから先〟の意で、形容詞「遠し」は〝（空間的・時間的に）とてもあいだがある〟様子を表す。これからの将来にかけてまだ間があると思っていたという「楽観」を読み取る。

(N) 動詞「たどる」は〝あれこれ考える、思い悩む、考え悩む〟の意。「伯母」の死が「現実」ではない「夢」のように思え、〝あれこれ考え〟てしまうのである。1で「夢」と「現実」の対照が意識されていることに注目する。

(O) 「たづねて雲に鳴く」という表現から、「伯母」の今は「なき魂」を「たづね」る主体が「雲雀」であることを読み取りたい。

だ夢かとあれこれ考えさせられるのです。伯母がおっしゃった空の雲雀についても、お亡くなりになるだろうことのはかない予言ではなかったかとまでも、この世に残る場所もないような気持ちで思い続ける心のままに（詠んだ句は）、

今は亡き伯母の魂をたずねて、雲雀は雲に向かって鳴いていることだ

解説

(A) ⒜過去の助動詞「けり」の終止形であるが、ここは詠嘆を込めた判断となっており、助動詞の意味としては詠嘆が適切である。

⒝断定の助動詞「なり」の連体形であるが、ここは存在の意で〝〜にある〟と訳すことができる。

⒞「る」は動詞「思ひよる」の已然形（または命令形）「思ひよれ」に接続しているので、完了の助動詞「り」の連体形である。

(B) 波線部㈡の「おぼしかく」（思し掛く）は「思ひ掛く」（＝心にかける・気にかける）の尊敬語である。これだけが尊敬表現となっており、敬意の対象は「伯母」で、行為の主体は「伯母」となる。他の波線部の行為の主体はすべて「筆者」である。なお、㈠・㈡が謙譲語を、㈢が謙譲語と丁寧語を、㈤が丁寧語を含んでいる。

(C) 動詞「あやまつ」（過つ・誤つ）は〝間違える、取り違える〟の意。「あやまたず」で〝ねらいたがわず、案の定〟のように訳すことができる。ここは〝ねらいたがわず〟挿し木が成功し、桜の木を増やすことができたということである。

(D) 名詞「やう」には〝姿、形、形式、きまり、理由、事情、手段、方法〟などのいろいろな意味がある。ここは「すべきやう」という文脈から「方法」を選ぶ。

(E) 形容詞「あやし」には「奇し・怪し・賤し」の字を当てるが、ここは「賤し」で〝身分や地位が低い、いやしい〟の意である。

(F) 形容詞「こちたし」は〝煩わしい、おおげさだ、程度がはなはだしい〟などの意。ここは〝煩わしい、煩雑だ〟を選

(O)　2

全訳

これ（＝伯母が亡くなったこと）はそれにしてもむなしい世であることだ。過ぎたのはわずかに二十日余りのことだが、（私が公務で）江戸に下向するにあたってお別れを申し上げようとして、（伯母を）訪ね申し上げたところ、（伯母は）いつものように心をこめてこまやかに待遇なさり、おっとりとした感じでお話があったが、前にある花瓶に花を多く挿させて置きなさっていたのにことよせて、「昨年の冬、桜の挿し木ということを人から習って、庭の桜に挿させましたところ、本当にねらいたがわず（木を増やすことができました）」と（私が）申し上げましたところ、（伯母は）「うれしいことを聞いたものだ。今年の冬に必ず挿させよう。そのすべき方法を教えてください」と、おっしゃったときに、このようなお別れがきっとあるだろうとは（伯母は）気にかけていらっしゃるはずがあろうか。さらに何やかやと語り続けなさるついでに、「このごろ思いついたことがある。下に身分の低い耕す男を描いて、上の方に雲雀が高く（空に）上がっている様子を描いて、それに発句を付けて与えよ」と（お話が）あったが、「たいそう煩雑な大仕事です。気のすすむままに書く筆がどうしたものか、なしとげにくいことでしょうか。今は旅の準備のせいで落ち着いた心なくおりますので、しかるべき発句もすぐには思いつきにくいのです。それはさておき、東国に下りまして、どうにかして心に思い続けて、十分ではなくとも描き整えてきっと差し上げましょう」と、承知し申し上げたことは、その余裕もなくて、今これもまた悔やまれる事柄の一つとなった。

私の母上をはじめとして、女のご姉妹が九人いらっしゃった。みな不似合いでない縁が定まって落ち着いていらっしゃるが、続いて現世を早く去りなさって、今は（母上と伯母の）お二人だけが（この世に）残りとどまっていらっしゃるので、母上がお亡くなりになった後は、（伯母は）いっそう母上をたどる御よりどころとも見申し上げる（方だった）ので、いいかげんに過ごしてきたことも取り返したく、今はわが身の公務で暇がないけれども、どうにかして疎遠にせずお仕え申し上げる折が欲しいと、これから先まだ間があると思っていたが、このようなむなしい知らせを聞いた心が、何度もたロ、商人は「時間差」を利用して利潤を獲得したのであり、「異なる価値体系の差異を用い」たわけではない。

ニ、「農業世界」に関連するのは「円環時間」であり、本文では「中世商人の商業行為」と「農業世界の近代化」の関連については述べられていない。

三

出典　横井也有『鶉衣』〈拾遺下　伯母を悼む辞〉

解答

(A)　(a)―7　(b)―8　(c)―1

(B)　4

(C)　1

(D)　4

(E)　低い身分の（五字以内）

(F)　2

(G)　1

(H)　1

(I)　5

(J)　5

(K)　1

(L)　1

(M)　3

(N)　1

解説

(B)　傍線部(1)の次段落の「未来つまり新しいものに向かうことは全部排除される。それが保守的ということである」という説明部分に注目する。ここから「変化を忌避」することに触れた4を選ぶ。未来志向の見方を述べた2は不適切であり、また、「伝統主義」的なものの見方にのみ触れている1・3・5も不適切である。

(C)　傍線部(2)に至る部分で述べられていたように、「伝統的な円環時間の中には過去と現在しかな」く、「円環時間に未来の意識が入り込む余地はまったくない」、そして、傍線部(2)の次文で記されているように「未来意識が生まれることがじつは円環時間を崩壊させる」のである。これらのことから、円環時間と未来意識とがつなげられているもの、円環時間の中に未来意識が生じることで円環時間に含まれる何かを変質させるといった、変化の過程を円環時間の中に含ませているものを除外する。円環時間の中には未来が「まだない」ことを述べているのは2である。

(D)　傍線部(3)の次段落で「神の時間とは、具体的には膨らんだり減ったりせず、永遠に同じものとして反復するような自然の時間としての円環時間のことで、そもそも人間がそれを使ってどうこうすることは許されない神聖なるもの」だったことが述べられている。〈時間は神のもの〉なのに、商人が「時間差」を使って儲けることは「神への冒瀆」なのだ。この事情を説明しているのは3である。

(E)　傍線部(4)の前後で述べられるように、商人の時間とは「計算可能な抽象的時間」であり、「知性によって計算できる非自然的できわめて人工的な対象としての時間」である。計算、つまり分析的な未来予測について言及しているのは5だけである。

(F)　「オブジェクト」は〝物、物体〟の意。空欄bに続く部分に「細分可能な時間になる」と記されているので、小さく「分割」することのできる量的な「物」としての時間を捉える。

(G)　不適切な点を記す。
イ、「円環時間」の「起源」が「キリスト教会の『神の時間』」にあるとは述べられていない。

り、「若葉が持つ非情さ」が「初夏の雰囲気をよく映し出す」ことを述べてはいない。

二

出典　今村仁司『近代性の構造――「企て」から「試み」へ』〈第二章　近代性の根源――時間論　1　円環時間から直線時間へ〉（講談社選書メチエ）

解答

(A)　(イ)依拠　(ロ)裏腹

(B)　4

(C)　2

(D)　3

(E)　5

(F)　2

(G)　イ―2　ロ―2　ハ―1　ニ―2　ホ―1

要旨

近代以前の時間意識は自然のめぐりをベースにつくられた円環時間であり、これに対して近代の時間意識は過去にも未来にも開かれた直線的時間である。円環時間は過去中心的であり、伝統に従って生きることに価値を置き、未来に向かうことは排除される。ゆえに、未来意識がどう生まれたかという視点は近代を考える際に重要になる。中世のキリスト教会が神聖視した神の時間は自然時間としての円環時間であり、将来を予測して計算する高利貸商人が時間差を利用して儲けることは神への冒瀆として批判された。しかし、近代へむかうにつれて商人の時間意識が強まり、教会は敗北する。商人たちは情報収集及び調査研究とでもいうべき知的操作を行い、時間を量的なオブジェクトに抽象化して計算する時間意識が生成されていく。

する。この「憂愁」と「憧憬」および「杜若」の雰囲気に触れた4が適切である。

(B) 傍線部(2)に続く部分で「真にこの頃は闇と光の交錯であって」と記されているように、筆者は「ノヴァリス」の「詩句」を「この頃」＝「さみだれの終り頃」で「降りみ降らずみ」（＝降ったり降らなかったり）といった「一日々々と夏天の窓が明け放たれてゆく頃」に援用しながら「季節独特の美」を確認している。このことを初夏の「季節の変わり目の美しさ」と表現した5が適切である。1の「ほのかな美」では説明不足であり、2・3・4は初夏であるかどうかが不明瞭である点で不適切である。

(C) 「意趣晴らし」は「意趣返し」の同義語で、〝仕返しをして恨みを晴らすこと〟の意。「パンを食べさせられたあじけない気持」の仕返しとして「藤棚」の小さな「花房」が捉えられている。つまり、この「藤の花」は、2のように「可憐」なものでも、5のように「豊かな」ものでもなく、もの足りない小さなものなのであり、それゆえ仕返しと感じられて面白くないのである。こういった「いら立」ちに触れた3が適切である。1は「気持ちが晴れつつある」が不適切である。また、筆者は4のように「悪態をついて」はいない。

(D) 「枇杷を喰べるときに」「鬼貫を思い出し」「私は微笑する」のであるが、「鬼貫」の句の内容がもつ面白さを端的にまとめる必要がある。傍線部(4)の次文で記されている「よい若ものが深毛を生やしている」という「人事」に関するイメージを「枇杷の若葉」に重ねて捉える面白さに触れるとよい。

(E) 合致しない点について記す。

ハ、「母が老女に養育を任せ『私』と関わらないようにしていた」という記述はなく、「母は可哀想がって、川で漁れる小鮎を香ばしく焼いて呉れた」と言う具合に、「私」との関わりが記されている。

ニ、「愛蘭土」に触れた部分で記されている情感は「清明で縹渺とした感じ」であり、「憧憬はあるが憂愁はない」というような判断は記されていない。

ホ、「非常にも毛深き枇杷の若葉」という表現について、筆者は「この植物の性格を生かしている」と評した上で、

▲二月八日実施分▼

一

出典　岡本かの子「はつ夏」（『岡本かの子全集　第12巻』（ちくま文庫）所収）

解答

(A)　4
(B)　5
(C)　3
(D)　枇杷の若葉と若ものの毛深さとを重ねた鬼貫の句が面白いから。（三十字以内）
(E)　イ－1　ロ－1　ハ－2　ニ－2　ホ－2　ヘ－1

要旨

はつ夏には清新、爽快、明麗といった感じの他に一種の憂愁がある。杜若の花の色にその雰囲気がある。はつ夏の頃は闇と光が交錯しており、そこに季節独特の美がある。私は東京で生まれたが、養生で田園の実家にかえされた。苗の植えつけをする人々のように田の泥にまみれたく思ったが許されず、彼らと同じく茶飯を食べたかったが、空疎なパンしか許されなかった。田圃に出て景色を眺めると、空の暗さに比べて田は明るく見えた。少し泥いじりをしては叱られたことを思う。外国の旅では初夏の景色を眺め、自分たちが伝説か寓話中の人物であるような気がした。日本に筆を戻すと、枇杷の若葉を詠んだ鬼貫の句に初夏の風趣を感じた。

解説

(A)　傍線部(1)の次文で説明されている「叙情」と「憧憬」について押さえ、これがさらにその次文で「かかる初夏の憂愁性や憧憬は杜若によってでなくてはかくまで抽出されない」という具合に「杜若」と関連付けられていることに注目容真偽では細かい部分について問われているので、本文をしっかり読み返しながら正解を導きたい。

三の古文は、近世随筆からの出題。筆者の上島鬼貫は「東の芭蕉、西の鬼貫」と並び称された元禄期の俳人であり、松尾芭蕉と同時代の人である。出題の本文そのものは読み取りやすいので、鬼貫の目によって捉えられた季節ごとの景物についての美の諸相が記されていることを押さえて読み進めたいところである。設問は、文脈によって読み取ることができるもの、基本的な古語の理解にかかわるものがほとんどである。なお、助動詞の意味を問う設問も出題されているので、基本的な文法事項を押さえておく必要がある。

(c)波線部(c)は「人」という体言に接続しているので連体形であり、「ん（む）」が連体形の場合は仮定・婉曲の意となる。ここは婉曲で、助動詞を含む部分は〝心があるような人（心がある人）〟の意。なお婉曲は訳しにくい場合は訳さなくてもよい。

(d)推量の助動詞「べし」は強めの推量を表し、推量・意志・可能・当然・義務・適当・予定・命令などの意味をもつ。選択肢では推量・可能が「べし」の意味に該当するものであるが、文意からここでは可能は当てはまらない。

(M)本文が、新年・春・夏・秋・冬・歳暮の順で記述されていることに注目する。以下、合致しない点について記す。

ロ、「景物の優劣」のみが記されているわけではない。

ホ、景物のすべてが「人の人生にたとえ」られているわけではない。

講評

一の評論は、機械やＡＩの進歩に関する評論からの出題。サイバネティクスという学問の定義から始められ、機械が人間に取って代わるかもしれない事態に触れている。読み取りがやや難しい文章であり、特に論文からの引用部分の内容が理解しにくいが、筆者による説明を押さえつつ、また、設問の選択肢をヒントにしながら読み進めていきたい。設問はほとんどが内容説明の選択式であり、基本的な読解力が問われている。やや難しいのは(F)であり、選択肢を吟味する力が求められている。(G)の制限字数付きの記述説明問題は、五十字でまとめるにはやや骨が折れる問いになっている。

二の評論は、人間のコミュニケーションのあり方について、天使を題材にしながら論じた評論からの出題。天使という題材にややリアリティを求めにくい向きもあろうが、人間の肉体そのものがコミュニケーションの障碍になるという指摘が為されており、考えさせられる内容である。設問は漢字の書き取りを除いてすべて選択式であり、ほとんどが内容説明である。解答となる選択肢は本文の言葉そのままではなく、工夫して言い換えられているので注意を要する。内

″両者の間に立って取り持つこと、仲介″の意である。

(F)「花と見る」は、「蛍」の光によって枝に花が咲いているかのように見えることを言っており、これを「柳の盛り」と表現しているのである。「蛍」について記している一文なので、「蛍」の光と「柳の盛り」の関係性について類推する必要がある。1〜4はすべて「柳の花」を具体物として表しているので惑わされないようにしたい。

(G)「蝉」の声が「くるしげに」聞こえたり、「淋し」く、「涼し」く聞こえる場合があることが記されている。これらは「蝉」の声に対する人の感じ方であり、このことに触れているのは3である。1の「はかない命」、2の「場所の変化に応じて鳴き方を自在に変化させる」、4の「逆境に抗」うといった「蝉」の様子は記されていない。5の「苦しげななか」の「清涼さ」も記されていない。

(H)傍線部(7)の「その人」は、直前の「心なき人」「心あらん人」を指す。この両者の心（＝感性・風流を理解する心）の「程々」（＝程度）によって、「薄」の「風情」の見え方が異なるということである。本文では、このことについて「薄」を主語として、人の心の程度に従って「風情を隠し」「顕はす」と記している。

(I)ものの情趣や趣深いことにつながる言葉を選択する。形容動詞「ものあはれなり」は″なんとなくしみじみとしている、なんとなく趣深い″の意。なお、「もの」は接頭語で″なんとなく〜″の意である。

(J)形容詞「わりなし」は″①道理に合わない、②どうしようもない、仕方がない、③苦しい、つらい″の意で、ここは②。「わりなし」は「理（ことわり）なし」の意で、ここから″道理や常識に合わない、どうしようもない″という意を導き出すとよい。

(K)続く「人の顔みな埃におほれて」という表現から考えるとよい。「煤払ひ」は、新年を迎える準備として、屋内のすすや埃を払い清めることである。

(L)(a)完了の助動詞「たり」の連体形で、ここは存続の意。「したる」は″している″と訳す。
(b)助動詞を含む部分は″また明日も来よう″の意で、波線部(b)は意志の助動詞「ん（む）」の終止形である。

月の夜は月に対して（鳴き声を）誇り、闇の夜は（その声が）埋もれることなく聞こえる。あるときは野を横切る風の中で、それぞれが吹き送る鳴き声は、いつ死ぬのだろうかとも思われないが、秋を限りとする命の長さははかない。ぼんやりして、夜も更け心も沈んで、どうしてこぼれるのかわからない涙がこぼれ落ちることだ。

霰は、（雪のように）松に積もらず、竹に降る音は弱々しく、地面に落ちては米を選り分ける音に似ているので、雀、鶏などが見間違えて、くちばしでつついていたのも仕方がなく思われる。消えることは露よりもさらに速やかなので、眺めることもまたせわしいことだ。

煤払いは、人の顔がすべて埃にまみれて誰であるかまったく見分けられないので、声をたよりに呼び交わすのもおもしろい。また置き所を忘れて日ごろ探しているが、見つからなかった物が出てきたりなどしたのは、自分の物でありながら拾ったような気がするものだ。

解説

(A) **(ア)** 「あした」は「朝」と書き、〝朝、明け方、朝方〟の意。〝翌朝〟の意もあるので注意する。

(イ) 「かはらけ」は「土器」と書き、〝素焼きの陶器、素焼きの杯〟の意。ここは「杯」である。

(B) 「柳」の段落では四季それぞれの「柳」の風情について記されており、傍線部(1)では「春」とは記されていないものの、春に関することが記述されていることがわかる。傍線部(1)で記されているのは「柳」と春の「花」との比較であり、この「花」は〝桜の花〟である。また、「風情に花あり」の「花」は〝はなやかさ〟の意である。このはなやかさについて、3では「たたずまいに魅力がある」と言い換えられている。

(C) 「花もたぬ木」は、桜以外の〝花を付けない木〟のこと。桜の花が残らず咲いたときには、桜の花の美しさにつれて、他の木の梢までもが美しく感じられることを述べているのである。

(D) 形容詞「うたてし」は、〝嘆かわしい、情けない、いやだ、気にくわない、気の毒だ〟などの意。

(E) 「もろ人（諸人）」は、〝多くの人〟の意。「風雅」は、〝芸術〟の意であり、文芸の道や詩歌の道のこと。「中立（なかだち）」は、る。
柳は、桜の花よりもいっそう風情にはなやかさがある。（その枝は）水に流され風になびいて、しかも音を立てず、夏は笠がなくて（暑さのために）休む人を覆い、秋は（散った）一葉が水に浮かんで風に運ばれ、冬は時雨に濡れて風流で、雪の中でのながめは趣深い。
桜は、（その年に）初めて咲いた花の頃から人の心を浮き浮きさせ、昨日も暮れ今日も暮れ、あちらこちらで残らず咲いた折は、花を付けない他の木（＝常緑樹）の梢も美しく、日が暮れるとまた明日も来ようと心に決めたのに、雨が降るのもいやなことだ。そうこうしているうちに春も終わりになってゆくと、（花が）すべて散ってしまう（はかない）世の有様を見ることになってしまうが、またやってくる（来年の）春をあてにするのもむなしい。あるいは遠くの山に咲く桜、青葉に隠れた遅咲きの桜、（花が散って）若葉が青々としている葉桜、風情はそれぞれ一様ではない。桜はすべての花の中で抜きん出ており、昔から今まで多くの人にとって風雅の道の仲介となっている。
蛍は、ひとつふたつ見え始める軒端、夜道を行くときの草むら、瀬田川の奥に舟をさし入れて、（蛍が柳の枝で光っているのを見ると）柳の枝に花が咲いたかのように見える。
蝉は、日射しが強いほどその声は苦しそうで、夕暮れは寂しい（感じの声になる）。また山路を行く折に、梢（で鳴く蝉）の声が谷川に落ちる（ように聞こえる）のも涼しく感じる。
薄は、色とりどりの花が咲く草の中で、ひとり（花もなく）立って装いもせず、分別があるふうでもなく、風流を解する心のない人には風情を隠し、風流を解する心のあるような人に対しては風情を表す。ただその人の風流心の程度に従って（薄の風情が）見えるのであろう。蓑笠を借りて（雨の中を渡辺の聖のもとへ）行ったとかいう人が、晴れ間を待つ命の長さは知るまいと言ったとかいうことだが、道に向かう志についてはこのように思い入れを持つことがめったにないほど素晴らしいのだ。
虫は、雨がものしずかに降る日に、籬のそばで少しだけ鳴き出したのは、昼までもなんとなくしみじみと感じられる。

三

解答

出典 上島鬼貫『独ごと』〈下巻〉

(A) (ア)朝　(イ)土器
(B) 3
(C) 4
(D) 4
(E) 1
(F) 5
(G) 3
(H) 2
(I) 1
(J) 5
(K) 1
(L) (a)―9　(b)―2　(c)―5　(d)―1
(M) イ―1　ロ―2　ハ―1　ニ―1　ホ―2

全訳

年が改まった（新年の）朝、去年と今年の雲がわかれる頃は、鳥の声は次第ににぎやかになり、まだ明るく残る（年越しの）灯に鏡を立てて女たちは着物をなんとなくよい感じに飾り整え、家ごとに雑煮などで祝い、杯を取り持って仲睦まじい様子で、門には松を立て並べて、砂をまいて、新年の祝いの言葉を言い交わす。人の往来も、二日・三日まではいつもの牛馬の行き来もなくのどかで、ある者は庭かまどに手足をさしのばして、眠りなどしているのも落ち着いた感じであションを妨害する」結果になるのである。

(D) 空欄の直前の「言葉を交わさない伝達」の意味をもつ四字熟語を補う。「以心伝心」は〝言葉や文字を使わなくても、互いの気持ちが通じ合うこと〟を表す。

(E) 筆者が述べるように、インターネットの空間は「身体を消去したコミュニケーションの世界」であり、そこでの交流は自分自身をさらさず、匿名であることが重視される傾向にある。よって、仮想的なキャラクターに自分の意見を言わせている場合もあると想定される。この匿名性を天使の透明性と捉え、このことを「人間の物質性をもたないかのような表現手段」と言い表した5を選ぶ。

(F) 第三段落にあるように、「言葉の問題はコミュニケーションを成立させる媒介の問題にとどまらず、人間の存在理解そのものに関わる」のであり、筆者は「人間のコミュニケーションの理想形態を、天使の会話におくのは、二重にも三重にも間違っている」（最後から二つ目の段落）と述べている。すなわち、人間のコミュニケーションのあり方そのものが考察されるべきなのであり、このことを直接的に表現している4が適切である。

(G) 不適切な点を記す。

イ、「言葉嫌い」は「言葉などなくて済むならない方がよい」と考える人たちであり、選択肢のような「背景」には当てはまらない。

ロ、本文における「箱」は人間の心がたとえられたものであり、選択肢のような障碍としての「箱」ではない。

ニ、人間は自己を天使のような存在として捉えようとしたときに「悪魔的なものになりかねない」のであり、選択肢のように「本質的に」「悪魔的な傾向をもっている」わけではない。

ホ、インターネットでのコミュニケーションに代表されるような「対面のコミュニケーションを避け」る「現代人」の「傾向」が認められるが、その前提として「天使のコミュニケーション」が想定されているわけではない。

(C)　2
(D)　2
(E)　5
(F)　4
(G)　イ―2　ロ―2　ハ―1　ニ―2　ホ―2

要旨

人間を天使に近づけようとする理解のあり方は、人間の他者とのコミュニケーションの問題に関わる。天使は神の心を人間に伝える者であり、空気のように透明で存在しないに等しい媒体である必要があるが、それゆえ天使に言葉はいらない。人間は肉体をもつゆえに言葉が必要である。言葉は伝えにくいものであるし、相手からの返事の本心もわかりにくい。人間はコミュニケーションのためのメディアを発達させた。現代のインターネット空間においては、身体を消去したかのようなコミュニケーションの世界がある。現代の情報やメディアもこういった世界を目指すものが多いが、人間のコミュニケーションの理想形態を天使の会話におくのは間違っている。

解説

(B)　傍線部(1)の直後で、人間の「天使になろうとする欲望は清らかではないからだ」と理由が説明されている。この理由を言い換えた選択肢を探す。3の「欲望から解放された存在」は「天使」の、「邪悪さ」は「清らかではない」ことの言い換えになっている。

(C)　傍線部(2)の前後で説明されているのは、「人間は肉体を有するから言葉が必要」であり、天使のように「直接的に相手の心に思いを届かせる方法がないために、言葉や文字を使って思いを伝えねばならない」のであって、「肉体がコミュニケーションの障碍となっている」ということである。2で示されているように、「人間は肉体をもっている」がゆえに「相手の考えを直接知ることができ」ず、言葉に頼らざるを得ないことになり、その言葉が「コミュニケー械」を指す。1の「乗り心地」のよい「電車」は「自動で車体を傾斜させる機械」による「実現」の結果である。この観点で見ていくと、3の「効果的なランニング」をする人間が機械論的な記述の結果とは言い難いものである。

(F) 傍線部(4)の二段落前で述べられているように、「高度な機械がすぐそこにある時代が、すでに到来している」のであり、現代社会は「我々を含めて、すべては機械であるという認識が急速に力を持ちつつある」時代である。この時代認識をもとに選択肢を吟味していくが、この設問は不適切な選択肢を除いていくことで解答を見つけていくとよいだろう。1、「現代だからこそ、一層」という限定が不適切である。2、「生理的な嫌悪感」については本文で触れられていない。3、「目的」の「設定者を措定せざるを得ない」ことが、「人間・生物＝機械」という考えに対して「理性的に反論する」ことが「容易ではない」ことの説明として論理的につながっていかない。5、「フィードバック機構を備え」ていない機械についての言及はない。解答は4となるが、「確かで」という表現がやや強いものの「現実にもなっている」ことは事実として捉えられることに注目したい。

(G) 二重傍線部(あ)を含む段落で述べられている「神の奇跡」に関する部分に注目し、「神の座」がどういう経緯で「空席」となっていくのかに触れたい。機械で代替することが不可能だと思われてきた「生命や精神の働き」が、「機械として実現可能」だと想定することによって、「神の奇跡」の「神秘性は消失」する。シンギュラリティを先取りするかのように、機械があたかも神のように扱われることになって、機械が神という超越的なものに取って代わろうとしている事態について説明する。

二

出典　山内志朗『天使の記号学――小さな中世哲学入門』〈第1章　天使の言葉〉（岩波書店）

解答

(A)　(イ)残酷　(ロ)陳腐

(B)　3

論」という領野が開かれたのである。機械の精神化・人間化・生命化が進み、精神の機械化へと反転して、すべては機械であるという認識が広まること、こうした「人間・生物＝機械」という感触が、サイバネティクスが広く世界にもたらしたものの本質である。現代の我々は機械文明の頂点へと向かっているのだ。

解説

(B) 空欄を含む段落では、長らく「目的のある行動」の理由は「目的そのもの」によって設定され、「それ以上の理由づけは不可能」だったと述べられている。この理由づけは「神」という超越的・絶対的な存在を設定しない限り説明できないようなものであり、「『目的』という概念」に触れることの難しさについて伝えている。空欄には〝どうにもうまくいかない事柄〟といったマイナスの意味をもつ「鬼門」を補う。なお、「鬼門」は〝(陰陽道で)何をするにも避けなければならない艮(うしとら)(＝北東)の方角〟のこと。

(C) 傍線部(1)の「行動」は、傍線部(1)の次文で「闇雲に動くという意味での行動ではなく、目的に向かう行動」だと説明されている。この「目的に向かう行動」について、直前の段落でどう記されていたかを捉えるとよい。「目的」とは「制御できないもの」を「制御できる」ようにすることであり、そのための行動に相当するものが「フィードバック機構」である。4で「フィードバック機構」が「一定の目標を実現するための動作の調整」と言い換えられていることに注目する。

(D) 傍線部(2)に続く部分で、かつては「目的のある行動は目的そのものによって理由づけられ」、「それ以上の理由づけは不可能か、不適切だった」ことが記されており、それゆえ「一種のタブー(＝触れてはならないもの・禁忌)であった」ことが推察される。その「理由づけ」が可能になったのは、「目的」が「関与する」「事象」を「機械論的に記述する」という発想による。1で記されているように、かつては「機械論的なメカニズム」が「認識されていなかった」のである。

(E) ここでの「機械」とは、「目的論的現象を機械論的に記述」した上での、「実現」の結果としてつくりだされる「機

国語

▲二月六日実施分▼

一

出典　西田洋平『人間非機械論――サイバネティクスが開く未来』〈第1章　機械は人間になり、人間は機械になる？――サイバネティクスの旅路　3　原点としてのサイバネティクス〉（講談社選書メチエ）

解答

(A)　(あ)―3　(い)―2

(B)　2

(C)　4

(D)　1

(E)　3

(F)　4

(G)　生命や精神の働きが機械に実現可能なものとなり、神の神秘性が消え、機械が神に取って代わるということ。（五十字以内）

要旨

サイバネティクスとは目的達成のために制御できないものを制御できるようにする方法であり、そのためにフィードバック機構が介在する必要がある。サイバネティクスという学問は目的に向かう行動の科学であり、フィードバック機構の役割が理解されたことで、「目的」という得体の知れない事象を機械論的に記述することが可能になった。「目的論的機械

//////////////////// · memo · ////////////////////

//////////////////// · memo · ////////////////////

//////////////////// · memo · ////////////////////

2023年度

問題と解答

■一般入試（文系学部〈大学独自の英語を課さない日程〉）

問題編

▶試験科目・配点

学部		教科	科目	配点
文	キリスト教、文、教育	外国語	英語資格・検定試験のスコアまたは大学入学共通テスト「英語」を得点化	200 点
		国語	国語総合（漢文を除く），現代文Ｂ，古典Ｂ（漢文を除く）	200 点
		地歴・数学	日本史Ｂ，世界史Ｂ，地理Ｂ，「数学Ⅰ・Ⅱ・Ａ・Ｂ（数列，ベクトル）」のうちから１科目選択	150 点
	史	外国語	英語資格・検定試験のスコアまたは大学入学共通テスト「英語」を得点化	200 点
		国語	国語総合（漢文を除く），現代文Ｂ，古典Ｂ（漢文を除く）	200 点
		地歴・数学	日本史Ｂ，世界史Ｂ，地理Ｂ，「数学Ⅰ・Ⅱ・Ａ・Ｂ（数列，ベクトル）」のうちから１科目選択	200 点
異文化コミュニケーション，観光		外国語	英語資格・検定試験のスコアまたは大学入学共通テスト「英語」を得点化	200 点
		国語	国語総合（漢文を除く），現代文Ｂ，古典Ｂ（漢文を除く）	200 点
		地歴・公民・数学	日本史Ｂ，世界史Ｂ，地理Ｂ，政治・経済，「数学Ⅰ・Ⅱ・Ａ・Ｂ（数列，ベクトル）」のうちから１科目選択	150 点
経済		外国語	英語資格・検定試験のスコアまたは大学入学共通テスト「英語」を得点化	150 点
		国語	国語総合（漢文を除く），現代文Ｂ，古典Ｂ（漢文を除く）	150 点
		地歴・公民・数学	日本史Ｂ，世界史Ｂ，政治・経済，「数学Ⅰ・Ⅱ・Ａ・Ｂ（数列，ベクトル）」のうちから１科目選択	100 点
経営		外国語	英語資格・検定試験のスコアまたは大学入学共通テスト「英語」を得点化	150 点
		国語	国語総合（漢文を除く），現代文Ｂ，古典Ｂ（漢文を除く）	100 点
		地歴・公民・数学	日本史Ｂ，世界史Ｂ，政治・経済，「数学Ⅰ・Ⅱ・Ａ・Ｂ（数列，ベクトル）」のうちから１科目選択	100 点

社　会	外国語	英語資格・検定試験のスコアまたは大学入学共通テスト「英語」を得点化	100点
	国　語	国語総合（漢文を除く），現代文B，古典B（漢文を除く）	100点
	地歴・公民・数学	日本史B，世界史B，地理B，政治・経済，「数学Ⅰ・Ⅱ・A・B（数列，ベクトル）」のうちから1科目選択	100点
法	外国語	英語資格・検定試験のスコアまたは大学入学共通テスト「英語」を得点化	200点
	国　語	国語総合（漢文を除く），現代文B，古典B（漢文を除く）	200点
	地歴・公民・数学	日本史B，世界史B，政治・経済，「数学Ⅰ・Ⅱ・A・B（数列，ベクトル）」のうちから1科目選択	100点
コミュニティ福祉	外国語	英語資格・検定試験のスコアまたは大学入学共通テスト「英語」を得点化	200点
	国　語	国語総合（漢文を除く），現代文B，古典B（漢文を除く）	200点
	地歴・公民・数学	日本史B，世界史B，地理B，政治・経済，「数学Ⅰ・Ⅱ・A・B（数列，ベクトル）」のうちから1科目選択	100点
現代心理	外国語	英語資格・検定試験のスコアまたは大学入学共通テスト「英語」を得点化	150点
	国　語	国語総合（漢文を除く），現代文B，古典B（漢文を除く）	150点
	地歴・公民・数学	日本史B，世界史B，地理B，政治・経済，「数学Ⅰ・Ⅱ・A・B（数列，ベクトル）」のうちから1科目選択	100点
スポーツウエルネス	外国語	英語資格・検定試験のスコアまたは大学入学共通テスト「英語」を得点化	150点
	国　語	国語総合（漢文を除く），現代文B，古典B（漢文を除く）	100点
	地歴・公民・数学	日本史B，世界史B，地理B，政治・経済，「数学Ⅰ・Ⅱ・A・B（数列，ベクトル）」のうちから1科目選択	100点

▶備　考

• 各試験日の対象学部と実施科目は以下の通り。
（◎印＝本書に掲載，●印＝掲載省略）

試験日	学部＼科目	英語	国語	選択科目				
				日本史※	世界史※	政治・経済	地理	数学※
2/6(月)	文学部 異文化コミュニケーション学部 経済学部 経営学部 社会学部 法学部 観光学部 コミュニティ福祉学部 現代心理学部 スポーツウエルネス学部	英語外部試験のスコアまたは大学入学共通テストの英語得点を活用	◎		◎			◎
2/8(水)			◎	◎	◎		◎ ※2	
2/9(木)			●	◎				◎
2/12(日)			●	●	●	◎ ※1		
2/13(月)			●	●	●			

※1　「政治・経済」は文学部以外の学部が対象
※2　「地理」は経済・経営・法学部以外の学部が対象
※「日本史」・「世界史」・「数学」は全学部対象

▶利用できる英語資格・検定試験

一般入試では，下記の英語資格・検定試験を利用することができる。いずれの資格・検定試験にも最低スコア基準の設定はない。複数の資格・検定試験のスコアを提出することも可能。また，大学入学共通テストの「外国語（『英語』）」も利用できる。

大学入学共通テスト「外国語（『英語』）」			○
英語資格・検定試験＊1	ケンブリッジ英語検定＊2		○
	実用英語技能検定（英検）＊3	従来型	○
		英検 CBT	○
		英検 S-Interview	○
		英検 S-CBT	○
	GTEC	「GTEC」CBT タイプ	○
		「GTEC」検定版	○
		「GTEC」アセスメント版	×
	IELTS＊4	Academic Module	○
		General Training Module	×
	TEAP		○
	TEAP CBT		○
	TOEFL iBT＊5		○

＊1．いずれも大学の各出願期間の初日から遡って2年以内に受験し取得した4技能スコアが有効（異なる実施回の各技能のスコアを組み合わせることはできない）。英検（従来型，英検 S-Interview）については，二次試験を出願期間の初日から遡って2年以内に受験し取得したスコアが有効。

＊2．ケンブリッジ英語検定については，Linguaskill も認める。また，受験した各試験種別（ファースト（FCE）等）の合格・不合格は問わない（スコアのみを合否判定に採用）。

＊3．英検については受験した級の合格・不合格は問わない（スコアのみを合否判定に採用）。

＊4．IELTS（Academic Module）は，通常の IELTS のほか，Computer-delivered IELTS を含む。IELTS Indicator は利用できない。

＊5．TOEFL iBT については，（Special）Home Edition も有効とする。また，Test Date Scores を有効とし，MyBest™ Scores を利用することはできない。

日本史

◀2月8日実施分▶

(60分)

Ⅰ．次の文を読み，下記の設問A・Bに答えよ。解答は解答用紙の所定欄にしるせ。

（歴史好きの高校生Xさんと，大学で歴史学を専攻した親戚Yさんの会話）

X：最近，異世界転生ものにはまっているんだ。たとえば，事故に遭って亡くなってしまうんだけど，ヨーロッパの中世風の世界で，お姫様に生まれ変わるというお話ね。

Y：生まれ変わるといえば，日本だと輪廻転生という仏教的な発想もあって，たとえば，院政期に成立し，インドや中国，日本の3国にわたる仏教・世俗説話を集めた説話集『（　イ　）』には，人間が動物に生まれ変わるといった話が多い。でも，過去に生まれ変わるという話は聞かないね。異世界は過去というよりは，過去風の世界なんだろうけど，過去へのタイムスリップは，「生まれ変わる」というより，ＳＦものの定番だよね。

X：ＳＦといえば，少年少女が戦国時代にいってサバイバルするという話は多いね。最近読んだマンガでは，高校生たちが江戸初期の天草・島原（1）に生まれ変わるんだけど，彼らは歴史の知識があって，一揆の悲惨な結末を知っているものだから，歴史を変えようとするんだ。

Y：タイムスリップして歴史を変えようと思っても，結局うまくいかないというのも定番じゃない。過去の時代風の異世界転生ものもいいけど，実際の歴史のほうが面白いよ。生まれ変わって暮らしてみるならば，日本史上のどの時代がいい？　そう想像してみると，その時代その時代の魅力もみえてきて，面白いよ。歴史の勉強は暗記ものではなくて，今とは違う過去の世界を知ることなんだから。

X：そうだね。わたしは，武士もいれば，国境をまたいで倭寇（2）も活躍している中世にロマンを感じるよ。

Y：うーん。ツッコミをいれると，中世に自由とかロマンを見出す人が多いけど，中世の自由とはお上の面倒見の悪さの裏返しだからね。治安がとても悪くて，自分の身を自分で守らないといけない。江戸時代には，1685年以降，犬や鳥獣などの保護を命じる法令3)がだされた。これは悪法というイメージもあるけど，戦国時代以来の殺伐とした社会の雰囲気を変えるのにはよい効果もあったともいわれている。

X：江戸時代と明治時代だったら？　わたしは自分の努力でがんばっていける4)明治時代のほうがよいな。

Y：確かにがんばって成功する人もいたけど，がんばっても報われない人たちもたくさんいたよ。今と同じね，きっと。

X：でも，身分違いの恋に悩んで恋人たちが一緒に死ぬという話が元禄時代5)の町人にもてはやされたよね。それに比べると，明治時代は自由恋愛が主張されているイメージがあるけど。

Y：作家（　ロ　）の有名な小説『金色夜叉』は婚約者の女に捨てられる男の話だったね。その理由は，もっと金持ちの男がみつかったから。どの時代もその時代なりの厳しさはあったと思う。古代には一応，貧者救済のようなことをやっていたけど。たとえば中世の公権力は，病気で差別されていた人や，自然災害で橋が流されて困っていた人たちに対して，彼らを救う活動6)はしていないイメージがあるよね。

X：古代は一応，公権力が一人一人に田んぼも支給していた7)ね。でも，役人から搾取されて大変だったイメージがある。学校で貧窮問答歌を習ったよ。

Y：それは教科書にも出てくる有名なものだけど，当時の実態を反映した歌なのか疑問があるようだよ。作者の（　ハ　）が筑前守のときの経験をもとに詠んだものらしいけど，遣唐使8)として中国にもわたっていて，唐詩の影響を受けたといわれているね。

X：でも，そういう歌を詠むこと自体，支配者層が人びとの貧困に向き合おうとしていたということではないかしら。菅原道真9)も讃岐守の時代に人びとの生活を漢詩にして，当時問題になっていた浮浪人のことを詠んでいると授業で習ったよ。

Y：うん，そういう視点で考えると，『新古今和歌集』の編者で，冷泉家など和歌10)の家の祖となり，今でも人気の高い歌人の（　ニ　）は，源平合戦の最中，「紅旗征戎，吾が事に非ず」と日記に書いているね。でも，彼は上級貴族で，支配者側なのだけれど，京都中に餓死者の死体が転がっているようなときにも，一片の関心も向けていない。無責任なものだよ。

X：中世の支配者たちって「困ったときは神頼み」よね。蒙古襲来のときも神仏に祈祷をおこなった。宗教の時代という感じがする。

Y：その一方で，幕府は蒙古襲来をきっかけにして権力の及ぶ範囲を拡大し，戦時体制を弘安の役後も続けている11)から，一概に「神頼み」だけとはいえない。鎮西探題も新たに設置しているよね。そのあたり，同じ支配者であっても，朝廷と寺社，幕府でそれぞれ思惑の違いがあるような気がして，好きにはなれないな。

X：国家が成立してから後の時代は，やっぱり支配者と被支配者の葛藤があって生きにくい感じがする。古墳時代12)には，支配者が死んだら奴隷が殉葬されていたというし。

Y：古墳時代というより，むしろ「魏志倭人伝」に出てくる卑弥呼13)の記事のことかな。ただ殉葬については本当におこなわれていたか疑問視する意見もあるようだよ。

X：そうなんだね。国家が成立した後の時代はやっぱり大変だね。それなら，わたしは縄文時代14)がいいな。移動を繰り返しながら，縄文時代の海の幸や山の幸を楽しみたい。

Y：今のような香辛料や調味料がある訳ではないから，現代人の舌にはあわないんじゃない。卑弥呼よりもあなたのほうが美味しいものを食べているわよ，きっと。

X：おとぎ話の王子でも昔はアイスクリームをとても食べられなかった，という子ども向けの歌を思い出した。小さい頃大好きで，とても印象に残っているんだよね。

Y：うん，わたしもその歌は印象に残っている。子ども向けの歌の歌詞って意外と深いというか，真実を突いているんだよね。明治初年に横浜15)の馬車道で販売された「あいすくりん」が，日本ではじめて発売されたアイスクリームだと言われている。ある意味で文明開化の象徴ね。夢のない話だけれど，食事に関しては「今が一番」じゃない。

A．文中の空所(イ)～(ニ)それぞれにあてはまる適当な語句をしるせ。

B．文中の下線部1)～15)にそれぞれ対応する次の問1～15に答えよ。

1．これについて，16世紀末から17世紀初頭にかけて，この地域周辺で出版されたとされる書物として正しいのはどれか。次のa～dから1つ選び，その記号をマークせよ。

a．
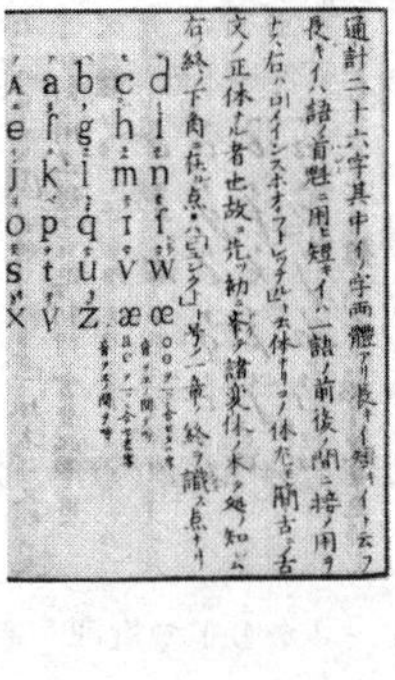

b．
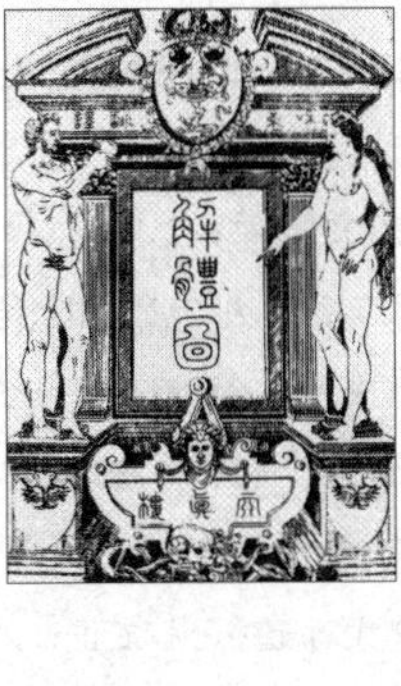

c．

d．

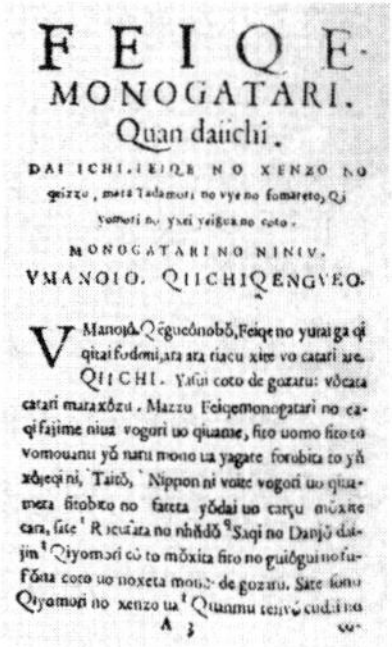

FEIQE
MONOGATARI.
Quan daiichi.
DAI ICHI. FEIQE NO XENZO NO qeizu, mata Tadamori no vye no fomareto, Qiyomori no yxei yeiguano coto.
MONOGATARI NO NINIV.
VMANOIO. QIICHIQENGVEO.

VManojŏ. Qẽguẽnobŏ, Feiqe no yurai ga qiqitai fodoni, ara ara riacu xite vo catari are.
QIICHI. Yasui coto de gozaru: vŏcata catari maraxŏzu. Mazzu Feiqemonogatari no caqifajime niua vogori uo qiuame, fito uomo fito to vomouanu yŏ naru mono ua yagate forobita to yŭ xŏjeqi ni, Taitŏ, Nippon ni voite vogori uo qiuameta fitobito no fatta yŏdai uo carçu mŏxite cara, sate Rocufara no nhŭdŏ Saqi no Danjŏ daijin Qiyomori cŏ to mŏxita fito no guiŏgui no fufŏna coto uo noxeta mono de gozaru. Sate sono Qiyomori no xenzo ua Quanmu tenvŏ cudai no
A 3

2．これに関連して，身分を証明すると同時に貿易許可書として，明から日本側に与えられた公式文書を何と呼ぶか。漢字２字でしるせ。

3．これを何と呼ぶか。その名をしるせ。

4．これに関連して，スマイルズの本を訳して『西国立志編』を著した人物は誰か。その名をしるせ。

5．この時代の作品として正しいのはどれか。次のａ～ｄから１つ選び，その記号をマークせよ。

ａ．『浮世風呂』　ｂ．『雨月物語』　ｃ．『春色梅児誉美』　ｄ．『世間胸算用』

6．これに関する次の文ｉ・iiについて，その記述の正誤の組み合わせとして正しいのはどれか。下記のａ～ｄから１つ選び，その記号をマークせよ。

ｉ．勧進聖とよばれる僧たちが，人びとから寄付を集めて寺院や橋・港・道などを建設した

ii．忍性は，鎌倉に病人の救済施設として北山十八間戸を建てた

ａ．ｉ：正　ii：正　　ｂ．ｉ：正　ii：誤

ｃ．ｉ：誤　ii：正　　ｄ．ｉ：誤　ii：誤

7．これに関する記述として正しいのはどれか。次のａ～ｄから１つ選び，その記号をマークせよ。

ａ．口分田の広さに応じて，調・庸といった課役が課された

ｂ．墾田永年私財法では，開墾地の私有と無期限の免税特権が認められた

ｃ．毎年作成される戸籍にもとづいて口分田が配分されていた

ｄ．養老令によれば，６歳以上の良民の男性には２段，女性にはその３分の２の口分田が与えられた

8．これに関する記述として正しいのはどれか。次のａ～ｄから１つ選び，その記号をマークせよ。

a．吉備真備や玄昉らの留学生や学問僧は，仏教や法律など多くの書物や知識を伝えた

b．当初は東シナ海を横切るルートをとったが，新羅との関係が改善すると，9世紀には朝鮮半島沿いのルートをとるようになった

c．唐の冊封をうけ，使者は正月の朝賀に参列し，皇帝を祝賀した

d．8世紀にはほぼ4年に一度の回数で派遣された

9．これが失脚して大宰府に左遷されたときの天皇は誰か。次のa～dから1つ選び，その記号をマークせよ。

a．宇多天皇　　b．光孝天皇　　c．醍醐天皇　　d．村上天皇

10．これに関する記述として**正しくない**のはどれか。次のa～dから1つ選び，その記号をマークせよ。

a．北村季吟は，『万葉集』の注釈書である『万葉代匠記』を書いた

b．諸国を遍歴しながらこれを詠んだ西行は，歌集『山家集』を残した

c．武士の東常縁や公家の三条西実隆は，『古今和歌集』の解釈学である古今伝授を伝えた

d．『万葉集』の表記に用いられた万葉仮名は，漢字の音と訓を利用して日本語をあらわそうとするものだった

11．これについて，「幕府は」という書き出しで，50字以内（「幕府は」も含む）で説明せよ。

12．これの副葬品として正しいのはどれか。次のa～dから1つ選び，その記号をマークせよ。

a．

b．

c．

d．

aの写真は，著作権の都合により，類似の写真と差し替えています。

13. これの「宗女」で，これの死後，王になったとされる人物は誰か。その名をしるせ。

14. この時代の土器として正しいのはどれか。次のａ～ｄから１つ選び，その記号をマークせよ。

ａ．

ｂ．

ｃ．

ｄ．

ｂ・ｄの写真は，著作権の都合により，類似の写真と差し替えています。

15. 1860年代から1880年代初頭にかけてのこれに関する記述として，正しくないのはどれか。次のａ～ｄから１つ選び，その記号をマークせよ。

a．江戸幕府はドイツ人技師の指導のもと，これに造船所を築いた

b．国産の鉛活字を利用して，日本で最初の日刊紙である『横浜毎日新聞』が刊行された

c．東京とこれとの間に，日本で初めて電信が敷設された

d．貿易金融を業務とする横浜正金銀行が設立された

Ⅱ．次の文1～5を読み，下記の設問A・Bに答えよ。解答は解答用紙の所定欄にしるせ。

1．18世紀の帝政ロシアは，強大な軍事力を背景に，東西南北へとその勢力圏を拡張しようとしていた。日本近海にもロシア船が姿を現すようになり，1778年には，蝦夷地で松前藩が通商を求められる事件がおこった。仙台藩の医師（　イ　）による『赤蝦夷風説考』は，この情報を伝え，ロシアとの貿易および蝦夷地の開発の必要性を説いた。これを受けて，幕府は，蝦夷地に調査隊を派遣し，開発の可能性を探らせた。また，1789年のアイヌの蜂起[1)]が幕府に衝撃を与え，蝦夷地がロシアとの境界領域であることが意識されるようになった。

1792年には，ロシア使節ラクスマンが根室に来航し，大黒屋光太夫[2)]らを日本に送り届けるとともに，幕府に対して通商を求めた。幕府は，外交交渉は長崎で行うと回答し，長崎港への入港許可証である信牌を与えた。1804年には，ロシア使節（　ロ　）が信牌を携えて長崎に来航し，通商関係の樹立を求めたものの，幕府はこれを拒んだ。これに対して，ロシアは樺太や択捉を攻撃し，日露間の緊張が高まった。危機感を募らせた幕府は，1807年に箱館奉行を改め松前奉行をおき，1808年から翌年にかけて間宮林蔵らに北方の調査を行わせた[3)]。

2．1853年，アメリカのペリーが大統領の国書を携えて浦賀沖に来航すると，同年，ロシア使節（　ハ　）も長崎に来航し，開国と国境の画定を求めた。（　ハ　）は，その後再び来航し，交渉の結果，日露和親条約[4)]が締結された。

日露和親条約以降，日本とロシアとの間では，樺太をめぐる領土問題が懸案となった。日本国内で戊辰戦争がおこったすきをついて，ロシアが樺太に対する支配を強めると，明治政府の中では，樺太への出兵等を説く強硬論と北海道の開拓に力を注ぐことを説く樺太放棄論とが対立するようになった。結局，後者の立場にたつ開拓次官（のち開拓長官）の黒田清隆[5)]の主張がとおり，1875年には，樺太・千島交換条約[6)]が締結され，樺太全

域をロシアにゆずることとなった。

3．19世紀後半のロシアは，専制君主（ツァーリ）のもと，露土戦争でオスマン帝国を撃破しバルカン半島へと南下するとともに，シベリア鉄道の建設に着手するなどアジアへの進出にも力を入れた。朝鮮半島や満州への進出をはかる日本は，これらの地域をめぐってロシアと鋭く対立することとなった。朝鮮半島では，日清戦争前後の混乱を経て親露政権が成立した7)。また，北清事変を契機に満州に出兵したロシアは，その後も駐兵を続けた。日本は，ロシアと交渉を続けたものの，ついに決裂し，1904年には日露戦争8)が始まった。しかし，革命運動によってロシア国内が混乱したこともあって，1905年には，アメリカ大統領（　ニ　）の仲介により，講和条約9)が締結された。

4．日露戦争の後，ロシアは，東アジアへの進出の手を緩め，パン＝スラブ主義を標榜してバルカン半島への進出を強めたが，このことは，バルカン半島の緊張を高める一因となった。1914年には，オーストリア帝位継承者がセルビア人青年によって暗殺されたことをきっかけとして，第一次世界大戦10)が勃発した。日本は，日英同盟を理由として参戦し，中国大陸における勢力を拡大しようとした。

ロシアでは，1917年にロシア革命がおき，世界ではじめての社会主義国家が誕生し，翌年には，ソヴィエト政権が，第一次世界大戦の戦線から離脱した。社会主義の拡大を恐れたイギリス等の国々は，内戦下にあるロシアに派兵し，日本もシベリアに出兵した。大戦の終結後も日本の駐兵は続いたものの，1922年には，北樺太を除いて，シベリアからの撤兵は完了し，1925年には，北京で（　ホ　）条約が締結された。

5．ソ連は，共産党による一党独裁の体制のもと国力を高め，また，国際連盟に加盟するなど，国際社会における発言力を有するようになっていった。このようなソ連の動きに脅威を感じた日本は，1936年，ドイツとの間に日独防共協定を締結した。

日中戦争を戦う日本は，満州国の国境をめぐってソ連と衝突した。1938年には，満州国とソ連との国境不明確地帯において（　ヘ　）事件がおき，また，翌年には，満州国とモンゴル人民共和国との国境地帯でも戦闘がおこった。ところが，その最中に，ドイツがソ連との間に独ソ不可侵条約を締結したため，日本国内の政治が混乱し，（　ト　）を首相とする内閣が総辞職する事態となった。

一方，ドイツがポーランドに侵攻することによって始まった第二次世界大戦においては，ドイツの勝利が続いていた。これに乗じて，日本は東南アジアへの進出を強めたため，アメリカとの対立が決定的になり，太平洋戦争11)が始まった。しかし，ヨーロッパ戦線では，連合国が反攻に転じ，1945年5月にはドイツが無条件降伏した。日本も，各地で敗退を重ね，ソ連が日ソ中立条約に反して参戦したこともあり，同年8月にポツダム宣言を受諾した。

ソ連は，日本のポツダム宣言受諾後も攻撃を続け，同年8月28日から9月5日までの間に，北方四島を占領した。日本は，1951年のサンフランシスコ平和条約[12)]により，南樺太と千島列島に対するすべての権利等を放棄することとなったが，北方四島は同条約の「千島列島」に含まれないというのが現在の日本政府の見解である。ソ連は上記平和条約に参加しなかったことから，日ソ両国は，1956年に，戦争状態の終了や外交関係の回復を定めた日ソ共同宣言[13)]に調印した。このとき，北方四島のうち歯舞群島および色丹島については，平和条約の締結後，日本に引き渡すことが合意されたものの，現在に至るまで平和条約は締結されていない。

A．文中の空所(イ)～(ト)それぞれにあてはまる適当な語句をしるせ。

B．文中の下線部1)～13)にそれぞれ対応する次の問1～13に答えよ。

1．これに関する記述として正しいのはどれか。次のa～dから1つ選び，その記号をマークせよ。

a．渡島半島でアイヌの首長コシャマインが蜂起した

b．国後島のアイヌが蜂起し，松前藩によって鎮圧された

c．これをきっかけとして，北方の海防を強化するため，下北半島に北国郡代がおかれた

d．シャクシャインを中心としたアイヌの集団が，松前藩と対立し戦闘を行った

2．これに関する記述として正しいのはどれか。次のa～dから1つ選び，その記号をマークせよ。

a．海運業を営んでいたが，航行中にロシア船に拿捕された

b．これらの見聞をもとに桂川甫周が『北槎聞略』を著した

c．将軍徳川家慶の前でロシアに関する聞き取りを受けた

d．ロシアの首都ペテルブルクで皇帝アレクサンドル1世に謁見した

3．これに関する記述として正しいのはどれか。次のa～dから1つ選び，その記号をマークせよ。

a．択捉島を調査し「大日本恵登呂府」の標柱を立てた

b．樺太や大陸の黒龍江下流域を探検した

c．この調査の翌年，幕府は東蝦夷地を直轄とし，その地のアイヌを和人とした

d．この調査をもとに『三国通覧図説』が著された

4．これに関する次の文ⅰ・ⅱについて，その記述の正誤の組み合わせとして正しいのはどれか。下記のa～dから1つ選び，その記号をマークせよ。

ⅰ．下田・箱館・長崎を開港することが定められた

ⅱ．千島列島について，択捉島以南を日本領，得撫島以北をロシア領とする国境が定められた

a．ⅰ：正　ⅱ：正　　b．ⅰ：正　ⅱ：誤

c．ⅰ：誤　ⅱ：正　　d．ⅰ：誤　ⅱ：誤

5．これに関する記述として正しくないのはどれか。次のa～dから1つ選び，その記号をマークせよ。

a．社会・風俗のヨーロッパ化を進め，内閣総理大臣在任中に，イギリスとの間の不平等条約の改正に成功した

b．1881年に，薩摩藩出身の政商五代友厚の関係先に，不当な廉価で開拓使の官有物を払い下げようとしたことが問題視された

c．1888年に内閣総理大臣に就任し，その在任中に大日本帝国憲法の発布があった

d．内閣総理大臣在任中に，政府は政党に左右されずに政治をおこなうべきとする主張，いわゆる超然主義を表明した

6．これの締結にあたったのは，当時の駐露公使で，かつて幕臣として箱館の五稜郭にたてこもって戦った人物である。この人物の名をしるせ。

7．これに関する記述として正しくないのはどれか。次のa～dから1つ選び，その記号をマークせよ。

a．下関条約において，清が朝鮮の独立を認めた

b．親露政権は国号を大韓帝国と改め，その国王は皇帝を名乗った

c．朝鮮王宮を占拠したロシア軍が，親日派の閔妃を殺害した

d．東学の信徒を中心とした農民らの反乱である甲午農民戦争がおこった

8．これに関する記述として正しいのはどれか。次のa～dから1つ選び，その記号をマークせよ。

a．開戦後，与謝野晶子が「君死にたまふこと勿れ」とうたう反戦詩を『中央公論』に発表した

b．キリスト教徒の幸徳秋水・堺利彦らは，非戦論・反戦論をとなえた

c．戸水寛人ら東京帝国大学などの七博士は，対露強硬論をとなえた

d．『万朝報』を創刊した徳富蘇峰は，軍備の増強や日露開戦を主張した

9．これによって定められた国境を示す図として正しいのはどれか。次のａ～ｄから１つ選び，その記号をマークせよ。なお，日本の領土を白色で，国境を破線で示している。

ａ．

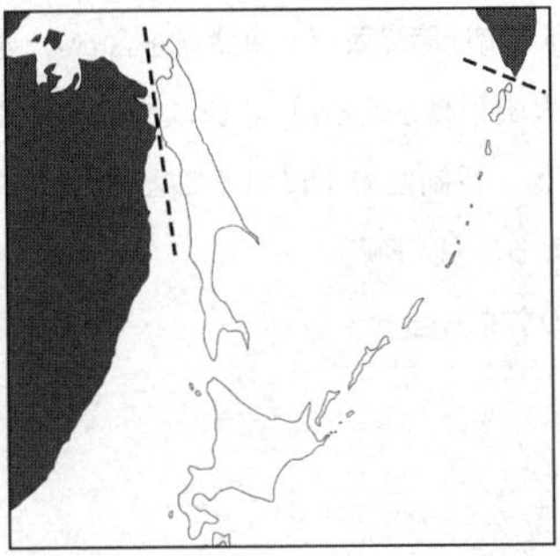

ｂ．

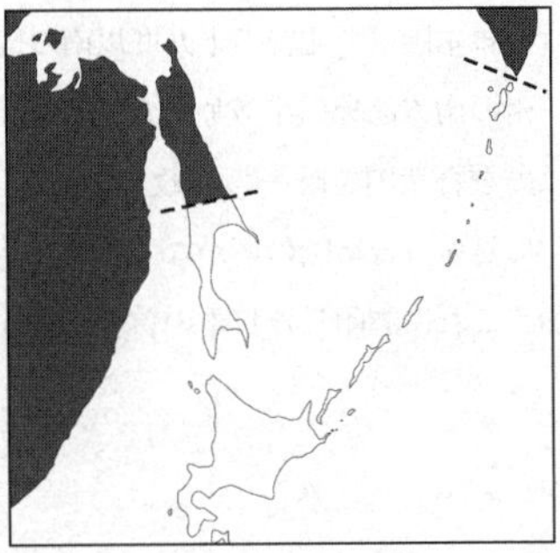

ｃ．

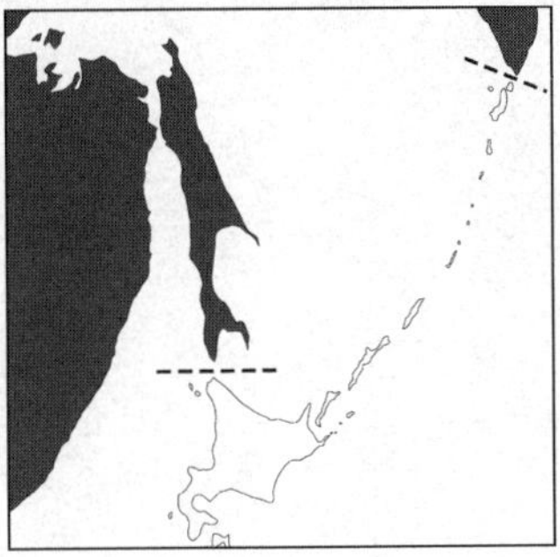

ｄ．

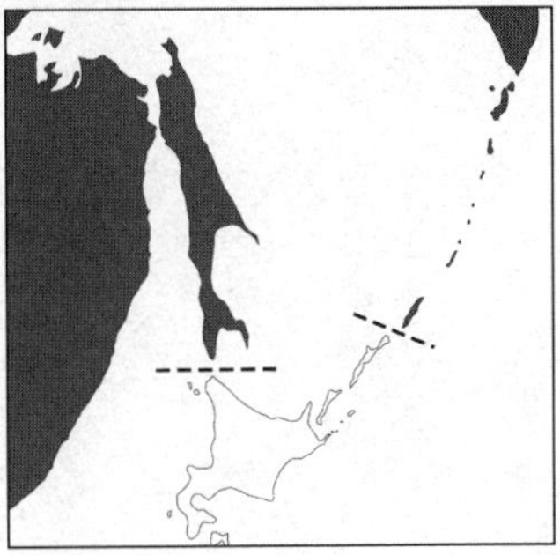

10．この時期の日本国内の出来事に関する記述として正しいのはどれか。次のａ～ｄから１つ選び，その記号をマークせよ。

ａ．猪苗代に大規模な火力発電所が建設され，東京への長距離送電が始まった

ｂ．官業払下げを受けて三菱長崎造船所が設立され，造船業が盛んになった

ｃ．軍需品の輸入が増えたことから，貿易は大幅な輸入超過となった

ｄ．工業の発展によって，工業生産額が農業生産額を追いこした

11．これに関する次の出来事ａ～ｄのうち，もっとも古いものを解答欄のｉに，次に古いものをⅱに，以下同じようにⅳまで年代順にマークせよ。

ａ．アメリカ軍が沖縄本島に上陸し，島民を巻き込む戦闘が始まった

ｂ．大型爆撃機Ｂ29による本土空襲が始まった

c．東京で大東亜会議が開催された

d．ミッドウェー海戦で日本軍が大敗した

12. これに関する次の資料の空所〈あ〉にあてはまる適当な語句をしるせ。

第三条

日本国は，北緯二十九度以南の南西諸島（琉球諸島及び大東諸島を含む。）孀婦岩の南の南方諸島（小笠原群島，西之島及び火山列島を含む。）並びに沖の鳥島及び南鳥島を合衆国を唯一の施政権者とする＜　あ　＞制度の下におくこととする国際連合に対する合衆国のいかなる提案にも同意する。(以下略)

13. これに調印した日本の首相は誰か。その名をしるせ。

◀2月9日実施分▶

（60分）

Ⅰ．次の文1～7を読み，下記の設問A～Cに答えよ。解答は解答用紙の所定欄にしるせ（史料は，一部書き改めた箇所がある）。

1．紀元前後から3世紀ころまでの日本列島の様子は，中国の歴史書によって知ることができる。班固が書いた『（　イ　）』地理志には，「夫(そ)れ楽浪(1)海中に倭人有り，分れて百余国と為る。歳時を以て来り献見すと云ふ（原漢文）」とある。その後，紀元57年には光武帝が印綬を与えた(1)ことも知られている。

2．4世紀後半から5世紀にかけて，朝鮮半島では，諸政治勢力が抗争を繰り返した。この時期の日本列島の様子を記した中国の歴史書はなく，「謎の4世紀」とも言われる。しかし日本の（　ロ　）神宮が所蔵する七支刀銘文や，414年に建立された高句麗好太王（広開土王）の功業を記した石碑(2)によって，この時期の倭国の動向を知ることができる。これらによれば，高句麗に対抗するために（　ハ　）は倭国と結んで対抗したらしい。4世紀の末に倭国が海を渡って高句麗と戦ったことが，上記の石碑に刻まれている。

3．『宋書』倭国伝などには，5～6世紀初めにかけての倭王の名が記されている。それらによれば，478年に倭王の武はつぎのように上表したという。「封国は偏遠にして，藩を外に作す。昔より祖禰(そでい)躬(みずか)ら甲冑を擐(つらぬ)き，山川を跋渉して寧処に遑(いとま)あらず。東は（　ニ　）を征すること五十五国，西は衆夷を服すること六十六国，渡りて海北を平ぐること九十五国（後略・原漢文）」。埼玉県（　ホ　）古墳出土鉄剣や熊本県（　ヘ　）古墳出土鉄刀には「ワカタケル」と読むことができる大王名が象嵌(ぞうがん)されている。4世紀から5世紀にかけて，近畿地方を中心に前方後円墳が急速に巨大化しており，この時期にヤマト政権のなかからとくに大きな力をもった首長である大王が出現したと考えられる。

4．このように中国大陸や朝鮮半島との政治的・軍事的な交流の深まりによって，先進的な政治制度・文化が継続して日本列島に伝えられた。5世紀末～6世紀には，ヤマト政権を構成する豪族は氏に編成され，それぞれの氏に特有の職掌や地位に応じて臣・連などの姓が与えられた。また手工業者や住民を部に編成し，伴造のもとで職務を分担させた。さらに，（　ハ　）の聖明王（聖王，明王とも）が日本に仏像・経論などをつたえたとされる。その年代については538年とする説[3)]と552年とする説がある。仏教はその後，日本文化に大きな影響を与えた。

5．6世紀後半から7世紀はじめには，飛鳥地方を舞台にした仏教文化が栄えた。この時期の文化を飛鳥文化[4)]とよぶ。仏教寺院は，建造物の造営や信仰の対象としての仏像を造立する作業を通して，古墳に代わって氏族集団をまとめるはたらきをもったと考えられる。大宝律令が完成して律令制度による中央政府の機構が整った[2)]のちも，743年には仏教による社会の安定を願い，次のような詔が発せられた[5)]。「詔して曰く。(中略) 粤(ここ)に天平十五年歳次癸未十月十五日を以て，菩薩の大願を発(おこ)して，（　ト　）仏の金銅像一軀(く)を造り奉る。国銅を尽くして象(かたち)を鎔(とか)し，大山を削りて以て堂を構へ，広く法界に及ぼして，朕が知識と為し，遂に同じく利益を蒙りて共に菩提を致さしめん。夫(そ)れ天下の富を有つ者は朕なり。天下の勢を有つ者も朕なり（後略・原漢文）」。

6．9世紀になると，東アジア地域では貿易が活発になり，この国際貿易によってもたらされた外国産品は当時の日本の貴族たちにとってあこがれの的となった。仏教界でも交流は大きく，983年に中国に渡った僧の奝然[6)]は，日本に大蔵経や，現在は京都の清凉寺に安置される釈迦如来像をもち帰った。一方で政治的には，907年に唐が滅亡して以降，北東アジアでは不安定な状況が続いた。1019年，女真族が博多周辺に侵攻したが，藤原道長[7)]の甥が九州の豪族を率いて鎮圧した。

7．13世紀のはじめ，モンゴル高原にチンギス＝ハンが出て，モンゴル諸民族を統一した。チンギスの孫のフビライ＝ハンは日本に朝貢を求めたが，鎌倉幕府は北条（　チ　）を執権にすえ，モンゴルに対応する体制をとった。また高麗では，モンゴルとこれに服属する国王に不満をもった武人組織の（　リ　）が1270年に反乱をおこし，3年にわたって抗戦した。フビライ＝ハンが日本に遠征軍を派遣し得たのは，この反乱が鎮圧されたあとの1274年である。

A．文中の空所(イ)～(リ)それぞれにあてはまる適当な語句をしるせ。

B．文中の下線部＿＿ 1)～7)にそれぞれ対応する次の問1～7に答えよ。解答はそれぞれ対応する a ～ d から 1 つずつ選び，その記号をマークせよ。

1．これは前漢の武帝が設置した楽浪郡を指す。それの中心地はどれか。

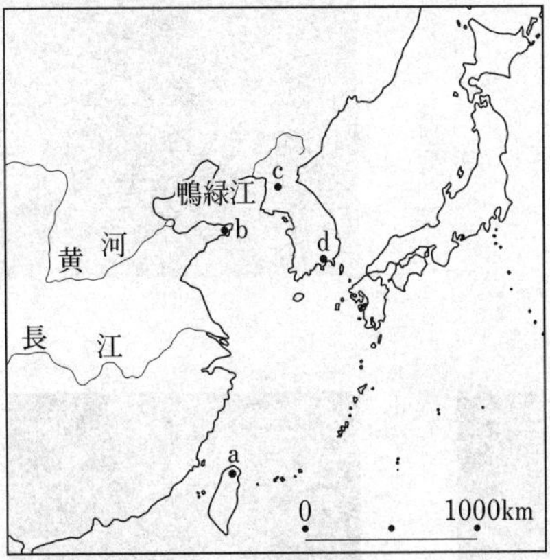

2．これが建立された場所はどれか。

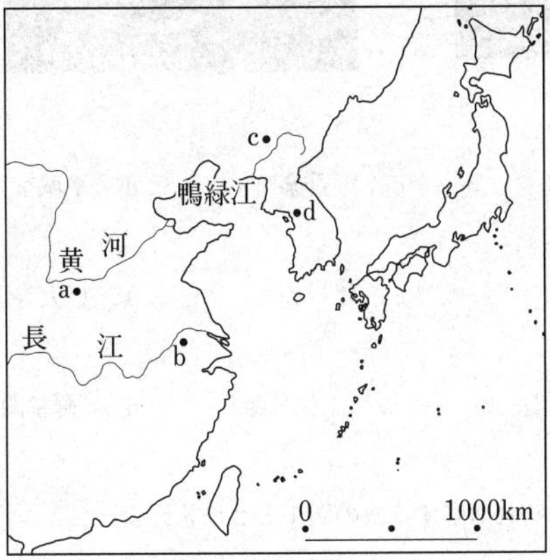

3．これの典拠はどれか。

a．『出雲国風土記』　　　　b．『古事記』

c．『上宮聖徳法王帝説』　　d．『日本書紀』

4．これの代表的な美術作品はどれか。

a．

b．

c．

d．

5．これが発せられた場所はどれか。

a．飛鳥浄御原宮　b．大津宮　c．紫香楽宮　d．平城京

6．これが属していた寺はどれか。

a．永平寺　b．円覚寺　c．建長寺　d．東大寺

7．これが著した日記はどれか。

a．『西宮記』　b．『小右記』　c．『土佐日記』　d．『御堂関白記』

C．文中の下線部 1)・2)にそれぞれ対応する次の問1・2に答えよ。

1．1784年に福岡県志賀島で発見されたと伝わる金印が，これであると推定されている。これの印文はなにか。漢字5字でしるせ。

2．これについて，文4にあるヤマト政権の政治制度と異なる点を50字以内でしるせ。

Ⅱ．次の文１～２を読み，下記の設問Ａ・Ｂに答えよ。解答は解答用紙の所定欄にしるせ。

１．関ヶ原の戦いに勝利し，1603年に朝廷から征夷大将軍の任命を受けた徳川家康は，圧倒的な実力を背景に，全大名との主従関係の確立，全国土と人民の支配の確立，対外関係の整備などに取り組んでいった。そのなかで，中世において強い勢力をもっていた寺社と，新たな外来宗教として信仰を広げたキリスト教[1)]への対策も，江戸幕府の重要な課題となった。

大坂夏の陣直後，幕府は，一国一城令や武家諸法度[2)]などを制定して大名をきびしく統制する一方で，仏教についても各宗派に対して統制を加えた。３代将軍徳川家光のころまでには，幕府に職制が整備され[3)]，宗教への対策もその中で行われた。

1637年に勃発した島原の乱の後，幕府はキリスト教徒を根絶するため，とくに信者の多い九州北部などで以前から実施されていた絵踏を強化した。その一方で，寺請制度を設けて宗門改めを実施し，宗教を統制した[4)]。

また，幕府は寺院に対して寺院法度を出し，宗派ごとに本山・本寺の地位を保障して末寺を支配させ，1665年には宗派をこえて仏教寺院の僧侶全体を共通に統制するために，諸宗寺院法度を出した。さらに同年，神社・神職に対しても諸社禰宜神主法度を制定し，公家の（　イ　）家を本所として統制させた。

仏教は17世紀までに民衆の生活に密着し，各村・町に寺院が建てられた。地方有名寺社は，江戸や大坂など，他の場所で秘仏などを拝観させる（　ロ　）を行い，多くの人びとを集めた。また，聖地・霊場への巡礼も行われ，人々は伊勢（　ハ　）や富士（　ハ　）などの（　ハ　）を結んで参拝することもあった。

２．明治政府は，王政復古による祭政一致の立場から，国学者や神道家を登用し，神道国教化策を打ち出した。1868年[5)]には（　ニ　）を出して，それまでの神仏習合を禁じ，寺院の支配下にあった神社を独立させた。これをきっかけに，各地で国学者や神官が仏寺・仏像・仏具などを破壊する廃仏毀釈がおこった。1870年には，神道による国民教化のため，（　ホ　）の詔を発し，天皇の神格化がはかられた。その後，伊勢神宮を頂点とする神社制度や，皇室行事を中心とする祝祭日が定められた。

キリスト教に対しては，明治政府は旧幕府同様の禁教政策を継続した。公議世論の尊重や開国和親など新政府の方針を示した五箇条の誓文[6)]を公布した政府は，その翌日，（　ヘ　）を出した。そこでは，君臣・父子・夫婦間の儒教的道徳を説く一方で，徒党・強訴やキリスト教を改めて厳禁とした。そのため，キリスト教徒に対する迫害は続いた[7)]。

しかし，欧米諸国の抗議を受け，1873年[8)]にはキリスト教禁止の高札は撤廃された。

そののち，幕末期から明治期にかけて来日し，欧米の文化や学問を伝えたキリスト教の宣教師[9)]や外国人教師の教えを受けた知識人[10)]のあいだで，個人を重視する西欧文明の象徴として，キリスト教信仰が広がった。また，キリスト教婦人団体である矯風会が，公娼廃止を求める廃娼運動を推進するなど，キリスト教徒は，布教のみならず，教育や福祉などの社会活動にも取り組んだ。

一方，祈祷や現世利益の教義によって，庶民生活に根ざした教えを説き，近代社会の形成にともなう社会の動揺に不安をもつ人びとの心をとらえていた民衆宗教が，教派神道として政府に公認された[11)]。廃仏毀釈で打撃を受けた仏教は，清沢満之や井上円了のほか，信仰の自由や政教分離の立場から神道による国民教化を批判し，仏教の神道からの完全な分離をめざす改革運動に着手した（　ト　）の尽力などにより，まもなく立ちなおった。

こうして，神道国教化は実現しなかった。しかし，のちの政府は，治安維持法や宗教団体法などによって宗教に対する統制を強化し，神道による国民教化を強めた。1930年代には，キリスト教徒にも靖国神社への参拝を強要したほか，第二次世界大戦下では，戦勝祈願祭や武運長久を願った神社参拝などを通じて，国家神道が国民のあいだに強い力を及ぼすようになった。

戦後，教育の民主化[12)]などを通じて，神道と政治との強い結びつきは解体が進められた。しかし，その後の日本社会においても，政治と宗教との関係が問われる出来事[13)]が，たびたびおこっている。

A．文中の空所（イ）～（ト）それぞれにあてはまる適当な語句をしるせ。

B．文中の下線部1）～13）にそれぞれ対応する次の問1～13に答えよ。

1．これに関して，16世紀のキリスト教信仰の広がりと対策に関する記述として正しくないのはどれか。次のa～dから1つ選び，その記号をマークせよ。

a．大友義鎮（宗麟）がキリスト教に改宗した

b．織田信長は，一般の人びとの信仰は「その者の心次第」として禁じなかったが，大名が信徒になるのは許可がいるとした

c．宣教師の記録では，1582年ころの九州のキリスト教信徒は10万人をこえていた

d．宣教師の養成学校であるコレジオがつくられた

2．これに関する次の文中の空所〈あ〉・〈い〉それぞれに当てはまる語句の組み合わせとして正しいのはどれか。下記のa～dから1つ選び，その記号をマークせよ。

徳川家康が，＜　あ　＞に起草させた法令で，1619年には，これに違反したとして安芸広島の＜　い　＞が改易された。

a．〈あ〉：金地院崇伝　〈い〉：加藤忠広　b．〈あ〉：金地院崇伝　〈い〉：福島正則

c．〈あ〉：沢庵宗彭　〈い〉：加藤忠広　d．〈あ〉：沢庵宗彭　〈い〉：福島正則

3．これに関する次の文i・iiについて，その記述の正誤の組み合わせとして正しいのはどれか。下記のa～dから1つ選び，その記号をマークせよ。

i．京都所司代は，朝廷の統制と西国大名の監督にあたった

ii．寺社奉行，町奉行，勘定奉行の三奉行には旗本が就任した

a．i：正　ii：正　　b．i：正　ii：誤

c．i：誤　ii：正　　d．i：誤　ii：誤

4．これに関する記述として正しいのはどれか。次のa～dから1つ選び，その記号をマークせよ。

a．陰陽師は，公家の飛鳥井家によって組織された

b．修験者のうち，本山派は，真言宗醍醐寺三宝院門跡が統制した

c．仏教の中でも，浄土真宗の不受不施派は邪教として禁止された

d．明僧隠元隆琦が伝えた禅宗の一派である黄檗宗は，信仰が許容された

5．この年の出来事に関する次の文i～iiiについて，もっとも早く行われたものから順番に並んでいる組み合わせはどれか。下記のa～fから1つ選び，その記号をマークせよ。

i．新政府が政体書を制定して政府の組織を整えた

ii．鳥羽・伏見の戦いが勃発した

iii．年号が明治に改元され，一世一元の制が採用された

a．i→ii→iii　　b．i→iii→ii　　c．ii→i→iii

d．ii→iii→i　　e．iii→i→ii　　f．iii→ii→i

6．これに関する次の文中の空所〈う〉・〈え〉それぞれに当てはまる語句の組み合わせとして正しいのはどれか。下記のa～dから1つ選び，その記号をマークせよ。

初め，＜　う　＞らによって草案が示されたのち，＜　え　＞が，草案第一条の「列侯会議ヲ興シ」の文言を「広ク会議ヲ興シ」と改めるなどして五箇条の誓文となった。

a．〈う〉：広沢真臣　〈え〉：板垣退助　b．〈う〉：広沢真臣　〈え〉：木戸孝允

c．〈う〉：福岡孝弟　〈え〉：板垣退助　d．〈う〉：福岡孝弟　〈え〉：木戸孝允

7．これに関して，1865年にフランス人宣教師に信仰を告白して明るみに出たのち，明治政府の禁教策の中で検挙され，各藩に配流されたのはどこのキリスト教徒か。次のａ～ｄから正しい地名を１つ選び，その記号をマークせよ。

ａ．天草　　ｂ．浦上　　ｃ．大村　　ｄ．五島列島

8．この年の出来事はどれか。次のａ～ｄから１つ選び，その記号をマークせよ。

ａ．国民皆兵を原則とする徴兵令が公布された

ｂ．首都東京に警視庁が設置された

ｃ．新橋－横浜間に官営鉄道が敷設された

ｄ．文部省が新設され，統一的な学制が公布された

9．これのうち，幕末に来日して診療所や英学塾を開き，ローマ字の和英辞典をつくった人物はどれか。次のａ～ｄから１つ選び，その記号をマークせよ。

ａ．クラーク　　ｂ．フェノロサ　　ｃ．フルベッキ　　ｄ．ヘボン

10．これにあたる人物のうち，1891年に，教育勅語の拝礼を拒んだために，第一高等中学校の教職を追われた人物は誰か。その名をしるせ。

11．これのうち，1859年に川手文治郎が備中で創始し，民衆宗教として信仰が広がった教団は何か。その名をしるせ。

12．これを企図して戦後，占領下の日本で実施された次のａ～ｄの施策のうち，もっとも早く実施されたものはどれか。次のａ～ｄから１つ選び，その記号をマークせよ。

ａ．教育基本法が公布された

ｂ．衆議院と参議院で教育勅語の排除・失効が決議された

ｃ．修身・日本歴史・地理の授業が一時停止された

ｄ．都道府県・市町村ごとに，公選による教育委員会がおかれた

13．これに関して，「戦後政治の総決算」をスローガンに掲げて行財政改革をすすめる一方，初めて首相として靖国神社を公式参拝したのは誰か。その名をしるせ。

世界史

◀2月6日実施分▶

（60分）

Ⅰ. 次の文を読み，文中の下線部1）～14）にそれぞれ対応する下記の設問1～14に答えよ。解答は解答用紙の所定欄にしるせ。

歴史を学ぶことが，過去の事実を正しく知るということだとすれば，無数にある過去の事実のうちのどれを知り，記憶するべきなのか。歴史家は，どんな基準に従って，過去の出来事に，記述する価値があるかないかを判断してきたのだろう。

そもそも「歴史」の「史」という漢字は，もともと神に捧げる神聖な言葉を筒に入れて手で持っている様を示しており，やがて，祭礼1）の記録や記録する役目を持った人を「史」と呼ぶようになったという。中国で書き継がれた正史の模範となった『史記』2）を著した人物は，父の跡を襲って太史令の職に就いたが，父の志を遂げるべく，その書をなしたと述べる。すなわち，道徳規範の定立された孔子時代の再興を願って，「易伝を正し，春秋3）を継ぎ，詩4）書礼楽の際に本（もと）づくるもの有らん」との志である。『史記』（著者本人は自著を『太史公書』と呼んだ）の著者は，太史令として暦の改定にも参画したが，そのように「史」に関わる者は，天の理（ことわり）や自然の秩序，また，あるべき人間の道理を，同時代や後世のひとびとに伝えるために，史書を著したのであった。この著の「自序」には，孔子が『春秋』を編んだ理由を問われて，「我れ之（これ）を空言に載（の）せんと欲するも，之を行事に見（しめ）すの深切著明なるに如（し）かざるなり5）」と答えたとする董仲舒の言葉が，共感をもって引用されている。

ところで，「歴史」という言葉は，中国ではあまり使われることはなかったが，江戸期から明治期6）の日本で英語のhistoryの訳語として定着し，中国には，和製漢語として逆輸入されることになる。historyの語源であるギリシア語・ラテン語のhistoriaは，「問い尋ねること」，さらに転じて「学び知ったことについて記録すること」という意味を持っていた。そのため，アリストテレス7）の動物学についての著作はラテン語で『動物のヒストリア』

の題名で伝わるし，また『博物誌』と訳されるプリニウスの自然に関する膨大な知見を記した著作も『自然のヒストリア』と呼ばれた。その逆に，今日の私たちにとって「歴史」叙述に他ならないものと見える書物，例えば『ゲルマニア』の著者[8)]によるローマ帝国[9)]第2代から第5代皇帝の治世下の叙述は，annales「年代記」がその呼称であった。

ひとびとの事績の記録という意味でhistoriaの語を用いて後世に大きな影響を与えた最初の人はヘロドトスである。その人は，自らの著作の目的は「時によってひとびとにまつわる出来事の痕跡が消え去るのを防ぐため，そしてギリシア人と非ギリシア人であるとを問わず，成し遂げられた重要で顕著な功績を保存するためであ」り，「とりわけ，ギリシア人と非ギリシア人の間の敵意[10)]の原因」を探ることとした。その若い同時代人トゥキュディデス[11)]は『ペロポネソス戦争の歴史』を著したが，「最も明白な真実のみを手掛かりと」することを大原則としつつも，「やがて今後展開する歴史も，人間性の導くところ，再びかつてのごとき・・・過程をたどるのではあるまいか，と思うひとびとが振り返って過去の真相を見極め」るために，「世々の遺産たるべく綴」る，とするのである。ヘロドトスによる事績の記録は，口承[12)]の神話や説話も豊富に採録しつつ，少なからず神意に事績・事件の原因を求め，そこから道徳的教訓も得ようとするのに対し，トゥキュディデスのそれは，一次的な目撃証言に第一の価値を置き，冷徹なまでに政治的なリアリズムに基づいて出来事の因果関係を追究[13)]している。トゥキュディデスの歴史叙述の在り方は，19世紀以来，実証主義の立場から模範・卓見とみなされたし，読者に最終判断をゆだねるヘロドトスの叙述スタイルも，近年，文化人類学や社会史の立場から高く評価されるなど，両者は，今日の歴史叙述にも，なお大きな影響を与えている。

ひとびとの心に，過去の出来事に関する真実・事実を知りたいという渇望は強い。それは，地球上の生物の中で，現生人類のみが，過去の事実関係を記憶し，その経験を未来に活かせる能力を有しているからこそだろう。しかし，その一方で，近年の心理学の実験は，多くの人が，複雑な因果関係を持つ真実よりも，単純な因果関係で説明される虚偽を信じやすい傾向にあるということを実証してもいる。歴史の叙述がひとびとに嘘を信じ込ませ，ひとびとの考えを特定の方向に導くために使われるのであれば，それは「真実への渇望」に付けこむ欺瞞行為に等しい。「大多数の人間は，真実を究明するためには労を厭い，ありきたりの情報にやすやすと耳を傾ける（トゥキュディデス１．21)」。どの事実を選び取ってその真相を記述し，記憶するべきかということについての考究・秤量は，すぐれて人文学的見地からの課題ではあるが，人類にとって永遠に取り組むべき重要な課題[14)]のひとつといえる。

1．殷の時代，これに関連して呪術的な力を持つとされる複雑な文様を持つ青銅器の祭器が多く作られていた。他方，仮面や祭司の立像などを造形した青銅器で特徴づけられる，殷とは別系統の文化が殷と同時代に発展していたことを示す遺跡の発掘が，1980年代，本格的に進められた。これに関する次の問ｉ・ⅱに答えよ。

ｉ．その遺跡はどれか。次のａ～ｄから１つ選び，その記号をマークせよ。あてはまるものがない場合は，ｅをマークせよ。

ａ．河姆渡　　ｂ．三星堆　　ｃ．半坡　　ｄ．良渚

ⅱ．その遺跡の場所はどれか。地図上のａ～ｄから１つ選び，その記号をマークせよ。あてはまるものがない場合は，ｅをマークせよ。

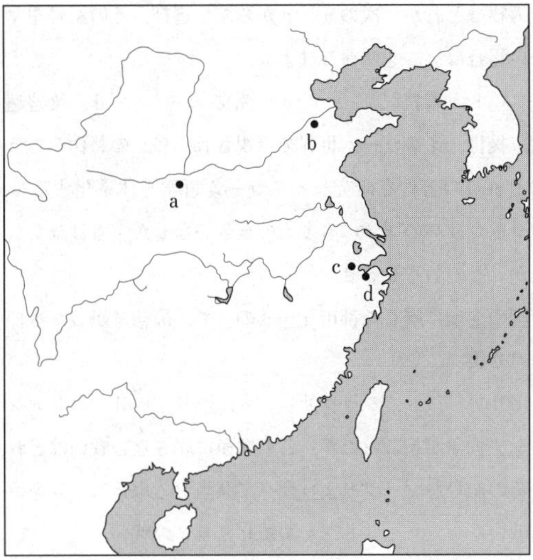

2．これに関する次の問ｉ～ⅲに答えよ。

ｉ．これを著した人物の名をしるせ。

ⅱ．これに特徴的で，中国の正史に受け継がれていく，年代記と伝記を組み合わせた史書の構成法は紀伝体と呼ばれるが，そのうち，天命を継いだと判断された君主の年代記の部分を何と呼ぶか。その名をしるせ。

ⅲ．これの書かれた時代，書物は，竹簡や木簡の他，絹布にも書かれた。絹布は何と呼ばれていたか。その名をしるせ。

3．この名の書物は，孔子が編纂したと伝わるが，どの国の年代記か。次のａ～ｄから１つ選び，その記号をマークせよ。あてはまるものがない場合は，ｅをマークせよ。

ａ．衛　　ｂ．宋　　ｃ．趙　　ｄ．魯

4．これは，周王室の祭祀の歌や周から春秋初期までの黄河流域の民謡を採録した，のちの『詩経』を指す。それに対し，屈原の作品や戦国時代の長江流域の韻文を集めた作品集は何か。その名をしるせ。

5．この言葉は，孔子が『春秋』を編んだ理由について答えた際のそれとして引用されている。文脈に即して「之」の示す内容を明示し，それを「空言に載せ」るということは何を意味するのかを，「行事」の意味との対比を意識しながら，一行で説明せよ。

6．この時代には多くの中国の知識人が日本に滞在し，様々な知識を吸収するとともに，清，あるいはむしろ中国の救国のために活動した。1905年に中国同盟会が結成されると立憲君主制支持者と革命支持者の論争がおこったが，革命支持者として長江流域での武装蜂起を唱えた人物はどれか。次のa～dから1つ選び，その記号をマークせよ。あてはまるものがない場合は，eをマークせよ。

a．汪兆銘　b．宋教仁　c．孫文　d．梁啓超

7．この哲学者は，後世，イスラーム世界で重視され，多くの著作がアラビア語に翻訳された。11世紀にそれらの著作を研究しイスラーム哲学を体系化する一方，『医学典範』を著して後世のヨーロッパの医学にも多大の貢献をなした学者は誰か。その名をしるせ。

8．この人物は誰か。その名をしるせ。

9．かつてこの帝国の支配に属した都市a～dのうち，最初に属したものと，三番目に属したものをマークせよ。

a．アレクサンドリア　b．シラクサ　c．パリ　d．ロンドン

10．これからペルシア戦争が起こったが，この戦争に属さない戦いはどれか。次のa～dから1つ選び，その記号をマークせよ。すべて該当する場合は，eをマークせよ。

a．サラミスの戦い　b．テルモピュライの戦い

c．プラタイアの戦い　d．ミカレーの戦い

11．この人物の歴史叙述の姿勢は，後世に大きな影響を与えた。影響を受けたローマ帝政期のギリシア人著作家のひとりで『対比列伝』の著者はだれか。その名をしるせ。

12．とりわけ古い時代には文字の記録もなく，ここから得られる情報は貴重であった。イスラーム世界で預言者ムハンマドの言行を，信頼のおける口承伝統から再構成しようとした伝承集は何か。その名をしるせ。

13．政治的リアリストとして国家主権の絶対性を主張した17世紀のイギリスの政治思想家で，トゥキュディデスの著作を最初に英訳した人物は誰か。その名をしるせ。

14．これらのうち，必ずしも過去の経験が活かせない可能性が高い課題のひとつに環境問題がある。1985年にオゾン層保護のために結ばれた条約は何か。その名をしるせ。

Ⅱ．次の文を読み，文中の下線部１）～17)にそれぞれ対応する下記の設問１～17に答えよ。解答は解答用紙の所定欄にしるせ。

人間社会での感染症の流行は多くの場合，人間以外の動物を元々の宿主としていた微生物が，人間の活動，それを受けた環境の変化によって，人間を新たな宿主としたことで起きたものだった。その起源としては，約１万年前以降の温暖化した時期1)における動物の家畜化がある。これ以降，人獣共通の感染症が流行するようになった。

人獣共通の感染症は，人とモノの移動の活性化に伴って様々な場所で流行をもたらした。6世紀半ばの「ユスティニアヌスのペスト2)」流行は貿易網の発達が背景の１つだった。中近世の西ユーラシア世界で猛威を振るった諸々の感染症もまた同様であり，その流行の様相は文学作品や旅行記3)に記録された。さらに，ヨーロッパからの探検航海者や征服者の到来によって，15世紀末以降のアメリカ大陸では天然痘が大流行した。アメリカ大陸とユーラシア大陸の間での病原菌や作物・家畜の相互移入は，「コロンブスの交換4)」と呼ばれる。

近代イギリスでは，鉱山開発のための森林伐採や共有地・耕作地の囲い込み5)によって生物多様性が減少し，都市化によって過密な住環境が生じたこともあって，人獣共通感染症はより頻繁に流行した。これには，鉄道や蒸気船6)といった新しい交通手段の普及も一つの要因となった。ゴールドラッシュ7)による人の移動と森林伐採によってオーストラリアや北米各地で感染症が流行したことも，こうした文脈から理解できるだろう。

19世紀後半以降になると，モノカルチャー8)を強いられたアジア・アフリカ地域において，開発に端を発した生態系のかく乱から感染症が度々流行した。例えば，東南アジア各地のゴムノキ9)を栽培する地域では生態系が乱され，ジカウイルスを運ぶ蚊が増殖した。サハラ以南のアフリカ各地とインド10)では，綿花栽培のための開発の結果，蚊の捕食者が生態系から失われ，マラリアが流行した。

類似した事象としては，1998年，マレーシア11)でのニパウイルス感染症の流行がある。このウイルスは，もともとの宿主であるコウモリがアブラヤシのプランテーション拡大によって住処を奪われ，果樹の下で豚を飼育する農場に飛来したことで，豚・人間にもたらされた。

20世紀半ば以降，生態系の保全と人獣共通感染症への対策は，各種国際機関12)によって推し進められてきた。しかし，1997年13)に香港14)から始まったH5N1型インフルエンザの流行を見てもわかるように，現代世界においても感染症の流行は続いた。気候変動も感染症の流行にかかわっている。ブラジル15)など南米諸国で2015年に起きたジカ熱の流行については，気候変動やエルニーニョ現象による太平洋の貿易風16)の変化がジカウイルスの宿主である蚊の繁殖を助けたこととの関係が指摘され，2016年シベリアでの炭疽菌感染症の流行は，地球規模の気温上昇によって炭疽菌胞子が凍土から溶け出し，それに人間が接触した結果だと言われている。

1．温暖化した気候の下で育まれた新石器時代の初期農耕に関する説明として正しくないものはどれか。次のａ～ｄから１つ選び，その記号をマークせよ。すべて正しい場合は，ｅをマークせよ。

ａ．黄河流域でキビが栽培された

ｂ．長江流域で稲が栽培された

ｃ．東南アジアでヤムイモが栽培された

ｄ．バルト海沿岸で麦が栽培された

2．この皇帝と妃テオドラがモザイク壁画に描かれたサン＝ヴィターレ聖堂が所在する都市の名をしるせ。

3．14世紀に旅行記『三大陸周遊記』を著した人物の名をしるせ。

4．この結果としてアメリカ大陸からユーラシア大陸へともたらされたものではないのはどれか。次のａ～ｄから１つ選び，その記号をマークせよ。あてはまるものがない場合は，ｅをマークせよ。

ａ．かぼちゃ　ｂ．コーヒー　ｃ．七面鳥　ｄ．落花生

5．第１次囲い込みは，ある動物の飼育規模を拡大し，イギリスの主力産業の育成につながった。この動物の名をしるせ。

6．1807年にフルトンがはじめて実用化した蒸気船名をしるせ。

7．これに先立ち，カリフォルニアで金鉱が発見された年にヨーロッパで起きた出来事として正しくないものはどれか。次のａ～ｄから１つ選び，その記号をマークせよ。すべて正しい場合は，ｅをマークせよ。

ａ．イギリスでチャーティストが大規模集会を開いた

ｂ．オーストリアの宰相メッテルニヒが失脚した

ｃ．フランスの国王ルイ＝フィリップが退位した

ｄ．プロイセン国王がドイツ皇帝として即位した

8．この栽培方式に関連して，生産地域と主要一次産品の組み合わせとして正しくないものはどれか。次のａ～ｄから１つ選び，その記号をマークせよ。すべて正しい場合は，ｅをマークせよ。

ａ．アルゼンチン―小麦

b．インドージュート

c．エジプトー綿花

d．西インド諸島ー砂糖

9．この植物から採れる資源は，大量生産・大衆消費を特徴とする20世紀初頭のアメリカ合衆国経済において，大きな需要を獲得した。その主たる理由を10字以内でしるせ。

10. この地でイスラーム国家パキスタンの建国を主張したジンナーが率いた政治団体の名をしるせ。

11. この国に関する次の問ⅰ・ⅱに答えよ。

ⅰ．1981年からこの国の首相を務め，1990年代に東アジア共同体構想を提唱した人物の名をしるせ。

ⅱ．この国の人口の過半を占めるのはイスラーム教徒だが，彼らの信仰と行為は六信五行に規定されている。信仰告白，礼拝，断食，巡礼のほかに五行に含まれる義務をしるせ。

12. これについて書かれた次の文を読み，空所〈あ〉～〈う〉それぞれにあてはまる適当な国際機関を，次のa～hから1つずつ選びその記号をマークせよ。

20世紀後半以降の世界では，国際的な人道危機が発生したとき，国際連合の下で様々な国際機関が保護と援助の役割を担ってきた。例えば，世界食糧計画（WFP）は，感染症の流行や災害の発生時には救援物資を提供することを目的としており，難民救援の際には＜　あ　＞が管理する給食活動のために食糧や資金を用意する責任を負っている。難民キャンプで感染症が流行した場合には，＜　い　＞が，その事態の評価，情報提供，救援計画の策定を支援し，技術の指導や物資・財源の提供も行ってきた。感染症の監視や予防も，この機関が援助を担う領域である。また，＜　う　＞は，1994年に『人間開発報告書』で，貧困，感染症，経済的な危機から人間の生存・生活・尊厳を守る安全保障を意味する，「人間の安全保障」の重要性を提起するなど，国際的な人道危機の対応を担う重要な国際機関として活動を展開してきた。

a．IBRD　　b．IMF　　c．UNCTAD　　d．UNDP

e．UNEP　　f．UNHCR　　g．UNICEF　　h．WHO

13. この年に起きたアジア通貨危機のきっかけとなったのは，どの国の通貨の暴落であったか。次のa～dから1つ選び，その記号をマークせよ。あてはまるものがない場合は，eをマークせよ。

a．インド　　b．韓国　　c．タイ　　d．ベトナム

14. この地域が1997年に返還された際に中華人民共和国の国家主席を務めていた人物は誰か。次のa～dから1つ選び，その記号をマークせよ。あてはまるものがない場合は，

eをマークせよ。

a．江沢民　　b．胡錦濤　　c．鄧小平　　d．劉少奇

15. この国で1992年に開催された国連環境開発会議において採択された宣言の名をしるせ。

16. この風を利用して，16世紀後半以降，現在のメキシコからフィリピンの間で太平洋を横断する貿易が行われた。この貿易の名称にも使われる，メキシコ側に所在した代表的な港湾都市の名をしるせ。

17. モスクワ大公イヴァン４世を助け，この地に存在したシビル＝ハン国からの領土獲得に貢献したコサックの首領は誰か。次のａ～ｄから１つ選び，その記号をマークせよ。あてはまるものがない場合は，ｅをマークせよ。

a．アレクサンドル＝ネフスキー　　b．イェルマーク

c．ステンカ＝ラージン　　d．プガチョフ

◀2月8日実施分▶

（60分）

Ⅰ．次の文は世界史教科書に記載される動物についての馬と牛の会話である。これを読み，下記の設問A・Bに答えよ。解答は解答用紙の所定欄にしるせ。

馬：ずいぶん長い間，人間(1)とつきあってきたのに，日本の世界史教科書を見ると，近世(2)以降，動物とのかかわりに関する記述はほとんどないね。

牛：そうだね。古い時代の人間は，洞穴壁画(3)などに私たち動物を大きく描いている。初期の人類史(4)を見ると，人間の生活は私たちに大きく依存してきたはずなのに，世界史の教科書では，時代が進んでいくといつの間にか記述から消えているね。

馬：歴史というのは，変化を重視して記述するものだから，人間が古来ずっとその恩恵に浴している動物のことなんて，現代ではまるで存在しないかのような書きぶりだ。私たちは空気や水(5)のような存在なのだよ。

牛：しかし，君はまだ登場回数が多いほうだよ。なにせ，軍事の上でたいへん重要な役割を果たした(6)からね。私の仲間なんて，今では肉や乳の提供者としての役割ぐらいしかない(7)よ。私に比べればラクダ(8)の方がはるかに多く登場するよ。

馬：ほかにも人間とのかかわりが深くても，私たちより教科書に登場しない動物もたくさんいるね。例えば，（　イ　），（　ロ　）なんかがそうだ。

牛：確かに（　イ　）は，人間とのかかわりが深い動物だね。それなのに，この動物は，中国大陸の文明や，間氷期以前にオセアニアに移住した人々(9)についての記述，「コロンブスの交換」でアメリカ大陸にもたらされたものの例などに登場するぐらいだ。また，（　イ　）は，あまりよいイメージで語られないことも多いね。中国で周を滅ぼした民族の呼び名に（　イ　）を用いたり，ヘレニズム時代のソクラテス学派の一派で，従来の常識を拒絶して路上生活をするような人々を（　イ　）にちなんで呼んだりと，洋の東西を問わず蔑称として使われるなどひどい扱いだね。今ではペットとして人間にたいそうかわいがられているが。

馬：（　ロ　）も（　イ　）と同じ個所に登場するほかは，中世ヨーロッパ(10)でドングリを食べさせて太らせ，肉を塩漬けにしたという記述があるぐらいだね。君の仲間と同様，（　ロ　）は，ユダヤ教やイスラームを信奉する人々を除き，今でも多くの人々が日常的にその肉を食べる動物なのに。

牛：同じ西アジア起源の宗教でも，キリスト教[11)]では，そういった食についての禁忌はあまり聞かないね。

A．文中の空所（イ）・（ロ）それぞれにあてはまる適当な動物の名をしるせ。

B．文中の下線部1）～11）にそれぞれ対応する次の問1～11に答えよ。

1．『政治学』を著した古代ギリシアの哲学者は「人間は政治的動物である」と述べた。この哲学者の名をしるせ。

2．世界諸地域の交流が活発となるこの時代において，フランスは海外との貿易によって自国の経済を富ませるよう，財務総監コルベールのもと，経済に介入する政策をとった。コルベールを任用した当時の国王は誰か。次のa～dから1つ選び，その記号をマークせよ。あてはまるものがない場合は，eをマークせよ。

a．アンリ4世　　b．シャルル7世　　c．フランソワ1世　　d．ルイ13世

3．このような洞穴壁画が描かれた旧石器時代に生きていた人類として，中国で化石骨が発見された人類は何とよばれるか。その名をしるせ。

4．初期の人類史を記述した次のa～dの文について，正しいものは「正」，正しくないものは「誤」を，それぞれマークせよ。

a．更新世に入ると，気候が温暖となり，生態が変化して，人類はそれまでの獲得経済を継続していくことが困難となった。

b．狩猟・採集・漁撈の経済から農耕・牧畜への転換が始まり，人類が集落に住み，土器をつくって，磨製石器を用い始めた時代を新石器時代と呼ぶ。

c．ネアンデルタール人は，死者を埋葬したり，道具や身体に彩色を施したりしていた。

d．ヨーロッパの農耕文化は，北アフリカを経てイベリア半島に伝わったのが最初である。

5．紀元前1世紀に，地下水を灌漑に利用する技術が普及すると，ユーラシア草原地帯の南に広がる中央アジアの砂漠地帯でも農耕が可能となり，オアシス都市が形成されて隊商交易や手工業生産などで栄えた。オアシス都市ではないものを，次のa～dから1つ選び，その記号をマークせよ。すべてオアシス都市である場合は，eをマークせよ。

a．クテシフォン　　b．サマルカンド　　c．タラス　　d．敦煌

6．馬は古くから戦車の動力として戦場で用いられていたが，紀元前9～紀元前8世紀ごろまでに中央ユーラシア草原地帯に騎馬遊牧民が登場し，その周辺の農耕地帯にお

いても騎兵が活躍するようになった。次の写真は中国のある王朝における騎兵を描いたものである。どの王朝の騎兵を描いたものか。a～dの中から最も適切なものを選び，その記号をマークせよ。

ユニフォトプレス提供
著作権の都合により，類似の写真と差し替えています。

a．斉　　b．宋　　c．北魏　　d．梁

7．とはいえ，牛は農業において重要な役割を果たした。次の写真で描かれているような農耕法が中国において始まったのはいつか。次のa～dから1つ選び，その記号をマークせよ。

ユニフォトプレス提供

a．春秋・戦国時代　b．西周時代　c．唐代　d．北宋時代

8．この動物を利用することにより，サハラ砂漠を縦断する交易が可能となり，ガーナ王国はそれによって栄えた。この交易の対象として正しくないものはどれか。次のa～dから1つ選び，その記号をマークせよ。すべて正しい場合は，eをマークせよ。

a．岩塩　b．金　c．象牙　d．奴隷

9．これらの人々は，現在のオーストラリア大陸やニューギニア島が1つの陸塊であったころ，現在の東南アジアから船を用いて渡った。この陸塊は何とよばれるか。その名をしるせ。

10．中世以降のヨーロッパでは金融業等で財をなし，教皇や皇帝，国王に影響をおよぼすようになる人々も出現した。ティロル地方の銀山開発で成功し，皇帝に融資してその地位に影響を与えた，アウクスブルクを本拠地とした一族は何か。その名をしるせ。

11．初期キリスト教の歴史に関する次の文を読み，空所〈あ〉～〈う〉にあてはまる適当な語句を解答欄にしるせ。

ガリラヤ地方にある都市名をとって「＜　あ　＞のイエス」と呼ばれた人物は，当時のユダヤ教を批判し，十字架にかけられて処刑された。彼を聖書がその到来を預言していた救世主と考えた一部のユダヤ人は，その信仰をローマ帝国各地で広めることに努めた。やがて，この信仰はユダヤ人以外にも受け入れられ，一層広まった。4世紀はじめ，皇帝礼拝を拒むキリスト教徒に危機感を抱いたローマ皇帝＜　い　＞の命によって彼らの大規模な迫害がおこなわれた。そののち，キリスト教はローマ帝国で公認されたが，今度は教義をめぐる論争が表面化し，325年に皇帝が開催した＜　う　＞公会議において，アタナシウス派が正統とされた。

Ⅱ. 次の文を読み，下記の設問A・Bに答えよ。解答は解答用紙の所定欄にしるせ。

人の生命や健康を守ることは，人類史上の普遍的なテーマである。人命を脅かす存在としてまず挙げられるのが食糧不足である。（　イ　）は18世紀末の著書『人口論』において，食糧の増産は人口の増加に追いつかず，人口増加によって食糧危機が発生する可能性が高いと論じた。

農業の改良による食糧増産は世界各地で図られてきたが，その副次的な効果は歴史の展開に大きく影響した。イギリスでノーフォーク農法1)が普及すると，生産力が向上したが，農村の労働力が余りはじめた。こうした余剰労働力はのちに産業革命を支える都市労働者の予備軍となった。第一次世界大戦2)で食糧確保に苦労した経験から，多くの国が農業技術研究の支援や，食糧価格の安定化に財政を投入した。しかし皮肉にも，食糧増産に大いに成功したアメリカでは食糧価格が低落し，農業不況が発生した。これが世界恐慌3)発生の要因の1つとなった。

飢餓は政策やその失敗によって生み出されることもある。ナチス＝ドイツ4)は独ソ戦5)の開始後，占領地の食糧をドイツに送り，占領地のスラヴ人やユダヤ人の間での飢餓を意図的に発生させる「飢餓計画」を実行した。中国では毛沢東6)が発動した大躍進運動において，農業の生産向上を目指し，行政と経済を一体化した（　ロ　）と称する集団農場の組織を農村に導入したが，運動は失敗して逆に大量の餓死者を出した。

そしてもう1つ，生命に対する大きな脅威が感染症である。農耕や牧畜の開始以前の狩猟採集民7)の時代から，感染症は人類を苦しめた。感染症を防ぐため，時の公権力は様々な規制を課した。14世紀中頃，ペスト流行が地中海東部沿岸に及んだ。すると，「（　ハ　）の女王」と称された海港都市ヴェネツィアは流行地からの船舶を追い返す制度を公式に導入した。フィレンツェは同年，防疫のための衛生管理などを担当する行政委員会を設け，その後も流行のたびに行政当局の権限強化が見られた。

感染症の伝播には帝国主義が大きく関係している。19世紀初めから20世紀初めにかけて，インドを起点として繰り返し発生したコレラのパンデミックには，アヘン戦争8)へのインドからの軍隊派遣など，イギリス軍のインド内外間の移動が影響していた。長く外交官を務めたフランス人の（　ニ　）が指導して建設されたスエズ運河が1869年に開通すると，インドとヨーロッパの交易ルートが短縮された。これによって，ヨーロッパへのコレラの脅威が増大した。植民地当局は自身の利益を守るためにも，植民地で衛生・医療政策を導入している。イギリスの海峡植民地9)では，移民の流入によって過密化が問題となり，居住環境の管理が焦点となった。

しかし，当局の感染症対策は，時に住民に苛酷な負担を強いることとなった。ベルギー国王の（　ホ　）の私領として設立されたコンゴ自由国では，感染者を強制的に収容する病院で投与された薬の副作用による死者が多く発生し，住民から恐れられた。フィリピンでは1902年から1904年までコレラが流行したが，この時期はフィリピン＝アメリカ戦争10)を経てアメリカが植民地化を進める時期でもあったため，コレラ感染者の住居の焼却といった暴力的な措置もとられた。

防疫を理由とした様々な強制措置は，各地で抵抗も生んだ。イギリス人の医師（　へ　）によって1796年に種痘法が開発されたが，その強制に対してはイギリスでは強い抵抗があり，1870年代まで種痘の義務化はできなかった。ドイツ領東アフリカ11)では，1882年に結核菌を発見した（　ト　）が陣頭指揮をとり，ツェツェバエが媒介する「眠り病」と呼ばれる感染症の特効薬開発に取り組んだが，被投薬者に重い副作用が生じるなどし，患者の収容所からの脱走が相次いだ。

A．文中の空所(イ)〜(ト)それぞれにあてはまる適当な語句をしるせ。

B．文中の下線部1)〜11)にそれぞれ対応する次の問1〜11に答えよ。

1．この農法と関係しない作物はどれか。次のa〜dから1つ選び，その記号をマークせよ。すべて関係する場合は，eをマークせよ。

a．大麦　　b．カブ　　c．クローヴァー　　d．小麦

2．これにつながった次の出来事a〜dのうち，もっとも古いものを解答欄のⅰに，次に古いものをⅱに，以下同じようにⅳまで年代順にマークせよ。

a．イタリア＝トルコ戦争の勃発

b．青年トルコ革命の勃発

c．バルカン同盟の結成

d．ブルガリアの独立宣言

3．これの発端となったニューヨークでの株価暴落が発生した1929年10月24日は何と呼ばれるか。その名をしるせ。

4．これに反対する人民戦線内閣の首班として，1936年にフランス首相に就いた人物の名をしるせ。

5．これに関連する次の出来事a〜dのうち，もっとも古いものを解答欄のⅰに，次に古いものをⅱに，以下同じようにⅳまで年代順にマークせよ。

a．アメリカの武器貸与法のソ連に対する適用

b．ソ連＝フィンランド戦争の勃発

c．独ソ不可侵条約の締結

d．日ソ中立条約の締結

6．この人物を主席として中華ソヴィエト共和国臨時政府が成立した。この政府が置かれた江西省の地名をしるせ。

7．オーストラリアでは，これを生業としていた先住民がイギリス人によって迫害された。この先住民は何と呼ばれるか。その名をしるせ。

8．これに関する次の問 i ・ ii に答えよ。

i．この当時の清朝の皇帝は誰か，次の a ～ d から 1 つ選び，その記号をマークせよ。

a．乾隆帝　　b．光緒帝　　c．宣統帝　　d．道光帝

ii．これの終結に際し結ばれた条約で特許商人組合の廃止が規定された。清国の対外貿易を請け負ったこの特許商人組合は何とよばれるか。その名をしるせ。

9．これに含まれない都市はどこか。地図上の a ～ d から 1 つ選び，その記号をマークせよ。すべて含まれる場合は， e をマークせよ。

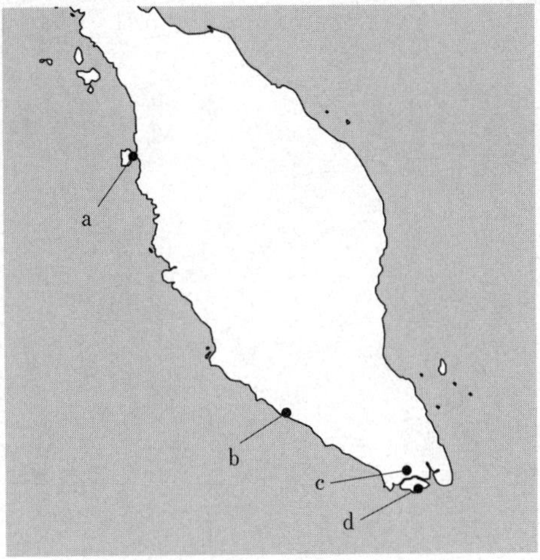

10. この戦争が始まった時のフィリピン共和国の大統領の名をしるせ。

11. この地は，以下に示す20世紀初めのアフリカの地図上のどこに相当するか。a ～ d から 1 つ選び，その記号をマークせよ。あてはまるものがない場合は， e をマークせよ。

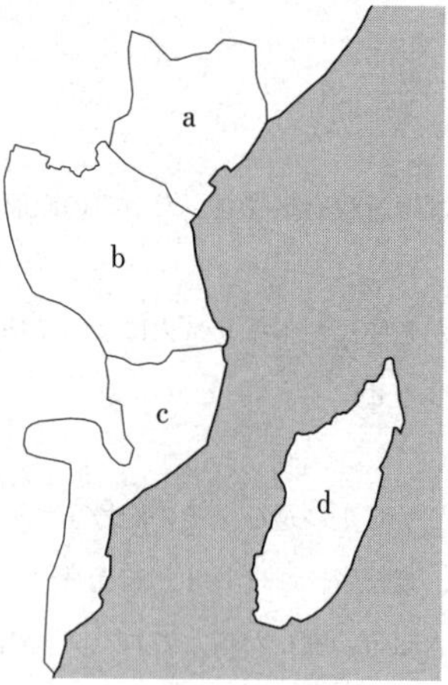
a
b
c
d

地理

(60 分)

I. 次の文を読み，下記の設問A・Bに答えよ。解答は解答用紙の所定欄にしるせ。

人，モノ，資本，情報，サービスが，国境を越えて地球規模で活発に行き交い，世界中の国や地域の相互依存関係が強化されていくプロセスを，一般に（　イ　）化と呼ぶ。現在，世界が直面する（　イ　）化は，1990年代以降の自由貿易地域[1)]の拡大や，インターネットの普及などに代表される情報通信技術の革新を背景として急速に進展した。1995年にはＧＡＴＴ（関税と貿易に関する一般協定）を発展させるかたちで（　ロ　）が発足し，貿易の自由化と経済の（　イ　）化がいっそう促進された。

人が移動する目的はさまざまである。ツーリズムは最も大きな人の移動を生み出す産業で，近年国際観光客数[2)]は急速に増大している。一方，もとの生活地を去って，新しい国や地域に生活基盤を移す人々もいる。彼らは移民[3)]と呼ばれ，移動先に永住する者も，就労目的で一時的に定住する者もいる。また，近年増加している（　ハ　）は，狭義には人種，宗教，国籍，政治的意見，特定の社会的集団に属することを理由に，自国にいると迫害を受ける恐れがあるために他国に逃れた人々を指すが，広義には武力紛争，民族問題，自然災害，飢餓のために国外に流出した人々も含む。例えばシリアでは，2011年に始まった内戦を逃れて約660万人（2019年時点）が国外へ流出したが，その半数以上を受け入れたのは隣接国の（　ニ　）であった。

経済の（　イ　）化や情報通信技術の革新により，工業分野では生産の最適立地，原材料や部品の最適調達が世界的規模で広がり，工業地域間の国際的な分業や新たな産業集積が進んだ。先進国が工業製品を生産し，発展途上国が原材料，燃料，食料などの一次産品を生産することで相互に補完し合う（　ホ　）分業から，１つの製品の工程を国家間で分業したり，製品の種類で生産国を分けたりする新しい分業形態が世界的に広まった。その結果，主に工業製品を先進国間で輸出入する（　ヘ　）貿易も，新興工業国や発展途上国を巻き込みながら進展している。このような，経済の（　イ　）化による国際分業や市場競争のあり方の変化は，半導体・集積回路などの先端技術産業が集まるアメリカ合衆国カリフォルニア州サンノゼ付近の（　ト　）や，イタリアで伝統的技術を持つ職人や中小企業が，皮革，服飾，宝飾，家具などの高級品生産を行う（　チ　）など，新たな産業の集積地域を形成している。

農業分野では，農産物の生産から加工・流通・消費に至る食料供給体系（フードシステム）[4)]全体を統轄する多国籍企業が，農業に関するさまざまな事業（アグリビジネス）に進出して，世界の農業地域に大きな影響を及ぼしている。中でもアメリカ合衆国では，巨大穀物倉庫や輸送手段をもち，穀物の集荷・貯蔵・運搬・販売を独占的に営むほか，肥料・食肉・種子の開発や販売，農産物の加工，農業機械の製造なども幅広く行う（　リ　）が発展して，世界の穀物の市場価格や備蓄の動向などに大きな影響を及ぼしている。

A．文中の空所(イ)～(リ)それぞれにあてはまるもっとも適当な語句をしるせ。

B．文中の下線部1)～4)それぞれに対応する次の問1～4に答えよ。

1．ＥＵに対抗する経済圏を目指し，アメリカ合衆国・カナダ・メキシコが参加して1994年に発効した自由貿易協定は何か。また，単に特定の国や地域間で関税を撤廃するなどの通商上の障壁を取り除くだけでなく，人の移動や知的財産権の保護，投資，電子商取引など，幅広い分野での協力や連携を強めるための国際協定を何というか。それぞれ名称をしるせ。

2．次の表1は，おもな国の国別国際観光客数（2019年）を示しており，表中の①～③はイギリス，ドイツ，フランスのいずれかである。①～③それぞれにあてはまる国名の組み合わせとして正しいものを，下記のａ～ｆから1つ選び，その記号をマークせよ。

表1

（単位：万人）

受入国／出発国	トルコ	①	スペイン	②	イタリア	オーストリア	③	アメリカ合衆国	オーストラリア
①	225	－	1801	255	601	97	547	478	73
②	451	323	1116	－	1395	1438	1227	206	21
③	73	357	1115	192	798	57	－	184	14

注：トルコ，③，オーストラリアは，2018年のデータ。

（『地理データファイル2022年度版』より作成）

	①	②	③
a	イギリス	ドイツ	フランス
b	イギリス	フランス	ドイツ
c	ドイツ	フランス	イギリス
d	ドイツ	イギリス	フランス
e	フランス	イギリス	ドイツ
f	フランス	ドイツ	イギリス

3．次の表2は，アメリカ合衆国における出身国別移民数*の上位3か国の推移を示しており，表中の①～③はイタリア，フィリピン，メキシコのいずれかである。表中の①～③それぞれに該当する国名の組み合わせとして正しいものを，下記のa～fから1つ選び，その記号をマークせよ。

＊外国生まれ人口。各年の入国者数。

表2

順位＼年	1880年	1920年	1960年	2000年	2016年
第1位	ドイツ	ドイツ	①	②	②
第2位	アイルランド	①	ドイツ	中国	中国
第3位	イギリス	ソ連	カナダ	③	インド

注：表中の中国は，ホンコン・台湾を含む。

（『地理データファイル2022年度版』より作成）

	①	②	③
a	イタリア	フィリピン	メキシコ
b	イタリア	メキシコ	フィリピン
c	フィリピン	メキシコ	イタリア
d	フィリピン	イタリア	メキシコ
e	メキシコ	イタリア	フィリピン
f	メキシコ	フィリピン	イタリア

4．次の図は，日本の国・地域別バナナ輸入量の変化を示している。図中のAはどこの国か。また1970年代以降，フィリピンが日本最大のバナナ輸入相手国になった理由を，フィリピンの食料供給体系（フードシステム）の特徴に触れて3行で説明せよ。

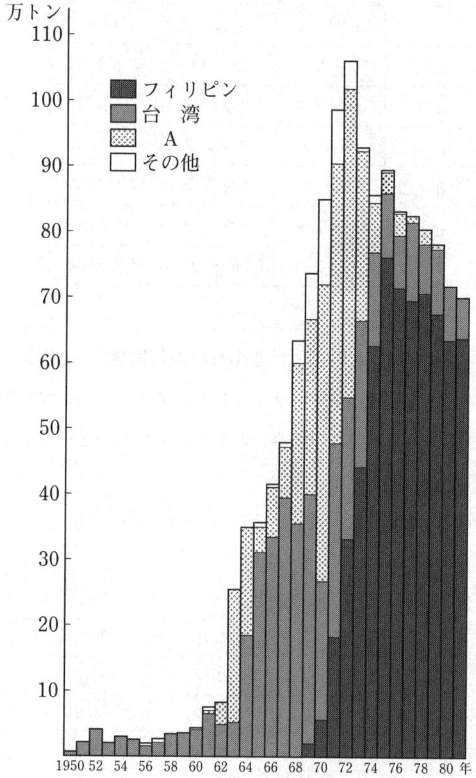

図
(鶴見良行『バナナと日本人』より作成)

Ⅱ．次の文を読み，下記の設問Ａ・Ｂに答えよ。解答は解答用紙の所定欄にしるせ。なお文中の日時はいずれも現地時間とする。

北欧（北ヨーロッパ）は比較的人口規模の小さい国が多いが，工業が発達し経済的には豊かな国が多い。また多くの北欧の国は社会保障制度の充実を目指す（　イ　）としても知られている。

地形を見ると，古期造山帯に属する（　ロ　）山脈の西岸には，氷河によって侵食された谷に，海水が浸入してできた複雑な入り江である（　ハ　）が見られる。地体構造上，ロシア卓状地に含まれるデンマークやバルト（　ニ　）に含まれるフィンランドでは，平原が広がっており酪農が盛んである。オスロ，ストックホルム，ヘルシンキの３都市はおおむね同じ緯度[1)]に位置し，夏でも冷涼な気候ながら，（　ホ　）海流の影響で緯度の割には温暖である。北極圏では夏には白夜[2)]となる。

北欧では化石燃料を産出する国もあるが，恵まれた自然環境や進んだテクノロジーを活かし，再生可能エネルギー[3)]の利用が活発である。スウェーデンやデンマークではＥＵ[4)]のエネルギー政策を受け，温室効果ガスの排出を減らすための炭素税が導入されている。

北欧各国は経済的，文化的な交流が多く，人の往来も盛んである。往来の自由はヨーロッパ統合を目指すＥＵの政策でもあるが，ＥＵ未加盟の国であっても，ヨーロッパ内の国境管理を免除する（　ヘ　）協定を締結している国家間の移動であれば，パスポートの提示なしで入国可能となっている。とはいえＥＵへの加盟の有無は，教育や通貨，移民，農業などの政策，また貿易相手国[5)]など，長期的に見て国や社会のあり方に強い影響を及ぼす。

北欧各国は日本からの渡航者も多い。その背景には日本からの航空便の利便性がある。日本の航空会社Ａ社は，2022年２月のロシアによるウクライナ侵攻以前，東京・羽田空港とフィンランド・ヘルシンキ空港を最短ルートで結んでいた。例えば12月31日の10：50に東京を出発すると，ヘルシンキには同じ日の14：00に到着する[6)]。その飛行時間は羽田空港からイギリス・ロンドンへの直行便よりも約２時間半短いため，ヨーロッパ各都市への乗り継ぎ[7)]で利用する人も多い。

ところが2022年２月以降，ロシア領空の飛行が困難になった。Ａ社は東西冷戦時代にも，東京・ロンドン便においてソ連領空を避けて飛行しており，その際は東京からアメリカ合衆国・アンカレジを経由し，北極海上空を通過してロンドンへ至るルート[8)]を採用していた。またこのフライトと逆の経路でロンドンから東京に向かった場合，飛行時間は東京からロンドンに向かうときよりも長くなる[9)]。

A．文中の空所(イ)～(ヘ)それぞれにあてはまるもっとも適当な語句をしるせ。

B．文中の下線部1)～9)それぞれに対応する次の問1～9に答えよ。

1．この緯度として最も適当な数値を，次のa～dから1つ選び，その記号をマークせよ。

a．北緯30度　　b．北緯40度　　c．北緯50度　　d．北緯60度

2．白夜が生じる要因を2行で説明せよ。

3．次の図1のa～dはノルウェー，スウェーデン，デンマーク，フィンランドの4カ国について，縦軸に各国の発電量のうち再生可能エネルギーが占める割合を，横軸に1人あたりの国民総所得を示したものである。矢印a～dはそれぞれの国の数値を1990年（矢印の始点）と2020年（矢印の終点）の変化で示している。このうちデンマークに該当するものを，次のa～dから1つ選び，その記号をマークせよ。

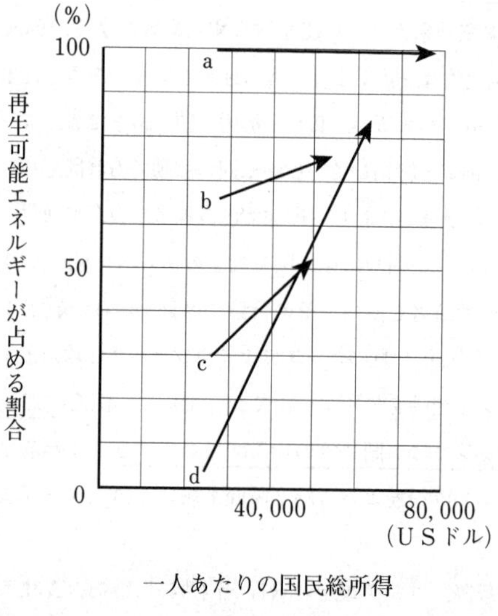

図1

（『IEA Electricity Information』,『The World Bank』より作成）

4．EUに関する以下の説明のうち，正しくないものを次のa～dから1つ選び，その記号をマークせよ。

a．1987年に始まったエラスムス計画では，ＥＵ域内の大学間で授業を容易に履修でき，学生や教員の交流が促されるなど，教育水準向上やＥＵ市民育成が図られている

b．ＥＵは立法，行政，司法など独自の機構を持っている。このうち立法府にあたるヨーロッパ議会は，加盟国国民の直接選挙により議員が選出される

c．2016年の国民投票結果を受け，イギリスは2020年にＥＵから離脱をしたが，通貨に関しては為替変動の少ない共通通貨ユーロの利用を継続している

d．加盟国間には経済格差があり，1990年代以前の加盟国には経済的に上位の国が多いが，それ以降の加盟国は経済水準が低い傾向が強い

5．次の表１のＡ～Ｃはノルウェー，フィンランド，ポーランドの1986年と2020年の貿易相手国上位３カ国を示したものである。上段は輸出相手国，下段は輸入相手国で，数字は輸出入それぞれの総額に占める割合である。ＡとＣに該当する国の組み合わせとして正しいものを，下記のａ～ｆから１つ選び，その記号をマークせよ。

表１

（単位：％）

	1986年	2020年
A	ソ連24.6 西ドイツ8.5 チェコスロバキア4.8	ドイツ28.9 チェコ5.9 イギリス5.7
	ソ連29.8 西ドイツ8.7 東ドイツ5.6	ドイツ21.9 中国14.4 イタリア5.0
B	ソ連20.2 スウェーデン14.7 イギリス10.4	ドイツ13.5 スウェーデン10.4 アメリカ8.3
	西ドイツ16.9 ソ連15.2 スウェーデン13.4	ドイツ15.4 スウェーデン11.0 ロシア9.7
C	イギリス27.7 西ドイツ19.1 スウェーデン9.8	イギリス17.4 ドイツ11.7 オランダ9.9
	スウェーデン17.7 西ドイツ16.9 イギリス8.0	中国12.1 ドイツ11.5 スウェーデン10.7

注：ポーランドは1985年と2020年のデータ。

（『データブック　オブ・ザ・ワールド』1989年版，2022年版より作成）

	A	C
a	ノルウェー	フィンランド
b	ノルウェー	ポーランド
c	フィンランド	ノルウェー
d	フィンランド	ポーランド
e	ポーランド	ノルウェー
f	ポーランド	フィンランド

6．この場合の飛行時間をしるせ。ただし，フィンランドの標準時はＧＭＴ／ＵＴＣ＋2時間である。

7．幹線航空路に加え，乗り継ぎのために周辺空港との航空路が多数設定され，地域内の航空ネットワークの中心となっている空港を何というか。その名称をしるせ。

8．この通りに飛行した場合の飛行ルートを解答用紙の白地図に図示せよ。ただし，白地図中の●はアンカレジを示す。

〔解答欄〕

9．この理由について1行で説明せよ。

Ⅲ．長野県の白馬村付近の2万5千分の1地形図1（原寸）と，これに関連する次の文を読み，下記の設問A～Cに答えよ。解答は解答用紙の所定欄にしるせ。

地形図1中の東側には，破線で示された活断層が南北方向に走っている。この活断層は北アルプスの東縁に沿うように南下し，諏訪湖を経て南アルプスの東縁を通る複数の活断層の一部を構成しており，これら一連の大規模な断層線は（　イ　）と呼ばれる。（　イ　）の西側の北アルプスは急峻で，主に中生代以前の古期岩類と白馬乗鞍火山の噴出物で構成されている。一方，（　イ　）の東側は（　ロ　）と呼ばれ，西側に比べると起伏は緩やかで，新しい時代の地層が分布する。（　ロ　）は東西方向に引っ張られることで生じたものであり，その大規模なものには東アフリカ（　ハ　）やライン（　ハ　）がある。

長野県には複数の長大な断層線がみられ，それらに沿って街道が延びている。鉄道が発達するまで，これらの街道は内陸地域で入手が困難であった（　ニ　）を運んだため，「（　ニ　）の道」と呼ばれてきた。（　ニ　）と共に魚介類も運ばれて，これらを使った多くの郷土料理が生まれた。

白馬村から望む北アルプスの白馬岳の斜面には，春になると雪が部分的に解けることで，馬の形をした岩肌が現れる。これは雪形と呼ばれ，かつては雪形の出現を合図に水田の代掻きが行われたが，1950年頃から農作業の開始時期が早くなり1)，この慣行は見られなくなった。

白馬村はウィンタースポーツが盛んで，1998年の長野オリンピックの会場の1つともなった。春から秋にかけても北アルプスの登山基地として賑わう。夏季には冷涼な気候を生かした高原避暑地2)ともなり，別荘地が開発されている。

A．文中の空所(イ)～(ニ)それぞれにあてはまるもっとも適当な語句をしるせ。

B．文中の下線部1)・2)それぞれに対応する次の問1・2に答えよ。

1．農作業の開始時期が早くなった理由として，もっとも適当なものを次のa～dから1つ選び，その記号をしるせ。

a．遺伝子組み換え技術で開発された，気候条件に合った稲の品種が普及したため

b．化学肥料や農薬を使わず，土壌中の有機物を栄養とする栽培技術が普及したため

c．深耕と浅耕の組み合わせにより，毛細管現象を断つ栽培技術が普及したため

d．ビニールや油紙などを使い，太陽熱で保温して育苗する栽培技術が普及したため

2．気温は，地形や湿度などの条件にもよるが，海抜100m上がるごとに平均して約0.65℃低下する。このように気温が垂直的に変化する割合の名称をしるせ。

C．地形図1に関連する次の問1～4に答えよ。

1．地形図1中に広範にみられる次の地図記号aとbが意味するものの名称をしるせ。

a	
b	

2．地形図1中の「みそら野別荘地」が開発された理由について，地形と植生に関連させて3行で説明せよ。

3．地形図1中には次の写真のような土蔵が散在する。土蔵の外側には格子状の木組みが構築され，それに稲わらや横板が掛けられる。この木組みと稲わらや横板の役割について，最も適当なものを下記のa～dから1つ選び，その記号をしるせ。

著作権の都合により，左の写真は類似のものと差し替えています。

a．春季の融雪に伴う雪崩（なだれ）や洪水から貯蔵品や建物を守るため

b．夏季の激しい気温の日較差や多湿から貯蔵品や建物を守るため

c．秋季の台風や季節風による強風から屋根や外壁を守るため

d．冬季の積雪による荷重や凍結から屋根や外壁を守るため

4．地形図1中の地点A，Bを結ぶ線分の断面図を解答欄にしるせ。

〔解答欄〕

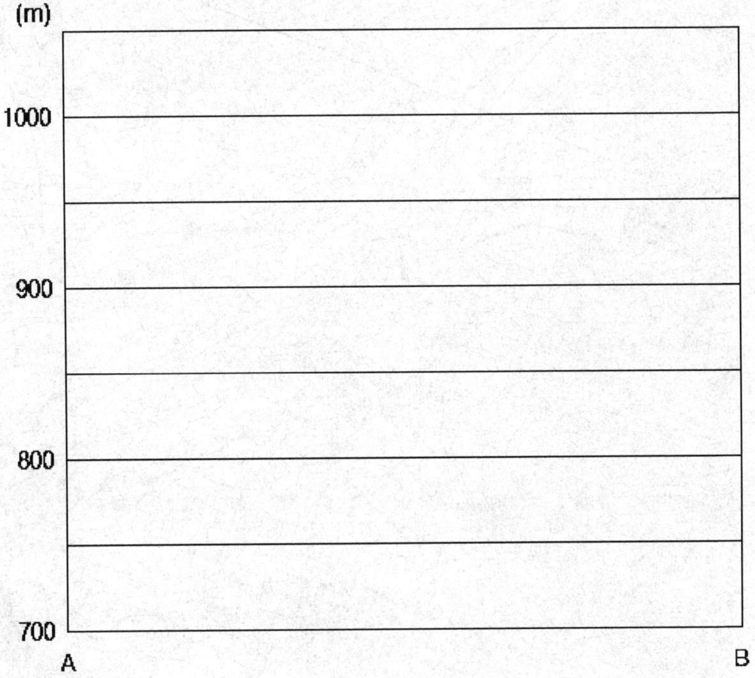

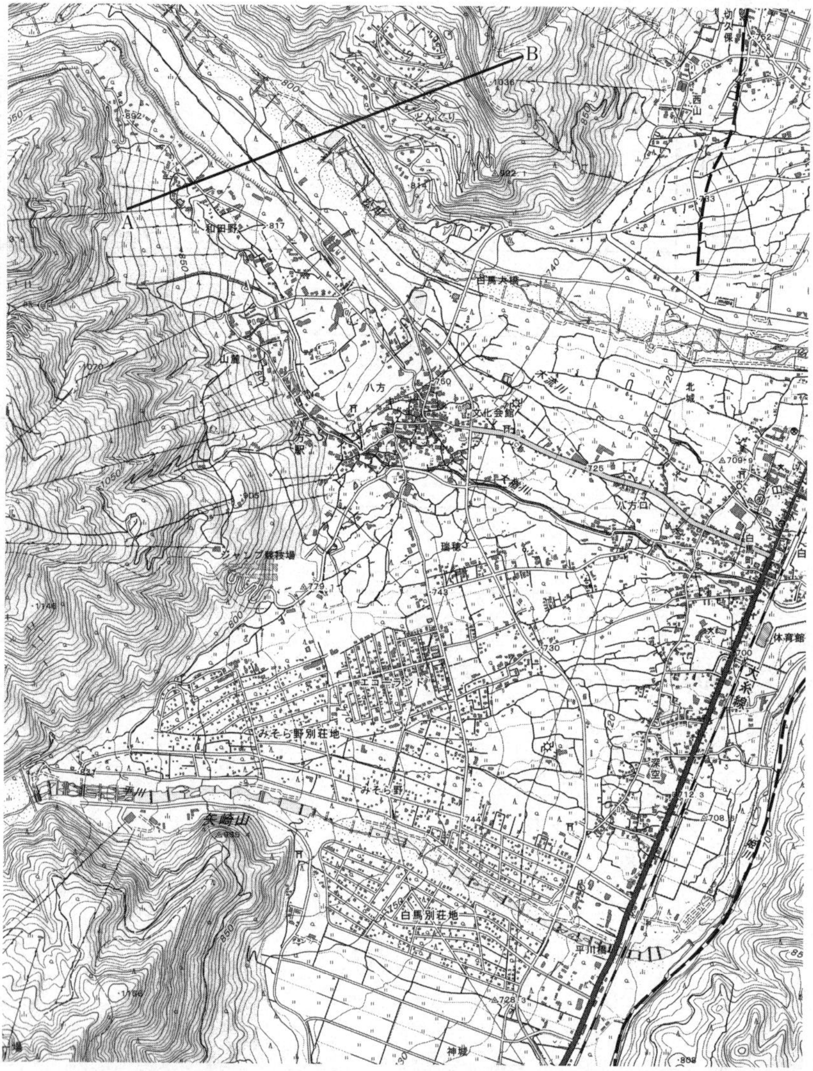

━━━━ 断層線

地形図1　2万5千分の1地形図「白馬町」2014年発行

（原寸，一部改変，図の真上が北。活断層は国土地理院技術資料より作成）

（編集の都合上，70％に縮小─編集部）

政治・経済

（60分）

Ⅰ. 次の文1・2を読み，下記の設問A・Bに答えよ。解答は解答用紙の所定欄にしるせ。

1．平等の理念は，近代立憲主義が形成される過程で極めて重要な意味を担ってきた。日本国憲法においても，第14条1項で法の下の平等の基本原則が宣言されていることを始め，周到な仕方で平等が保障されている。(1) とはいえ，当然ながら，そのことが直ちに現在の日本社会で平等の理念が十全に実現していることを意味するわけではない。

例えば，投票価値の平等についてみてみよう。今日では，平等選挙は，普通選挙，(2)（　イ　）投票とともに，選挙の原則の一つとしても位置づけられている。ここでの平等の要請は，一人一票という投票の数的平等にはとどまらず，さらに投票価値の平等までが求められる。このような理解を示しつつ，最高裁判所は，累次の判決において，衆参両院の定数配分や選挙区割りにつき，違憲判断(3)も含む厳しい憲法判断を重ねてきた。これは，違憲審査権が活用された，重要な実践例でもある。にも拘らず，投票価値の平等を実現すべきはずの国会(4)の対応は，実際には極めて鈍い。

違憲審査制は，基本的人権の保障を実効的なものとするうえでも，極めて重要な制度である。とはいえ，それに限界があることにも，注意すべきであろう。上にみた例のほかに，重要なものとして，（　ロ　）論がある。これは，高度に政治的な国家行為の合憲性については，その性質上，裁判所の違憲審査からはずされる，とする議論である。最高裁において実際に（　ロ　）に当たるとされた例としては，衆議院の解散(5)や，日米安保条約(6)がある。

やはり平等に関わる別の問題に目を転じれば，男女両性間の平等の実現は，依然として深刻な課題であり続けている。最近では，時の政権のスローガンとして「女性活躍」などが掲げられたこともあった。しかし，経済政策を重視する政権の成長戦略の一環という性格が強く，課題として顕在化していた女性の貧困よりも，管理職層への女性の進出に焦点が当たったのもそのためである，との評価もある。少子高齢化という，これも深刻な課題に対処する展望が容易に開けない(7)ことも，男女平等の実現が不十分であることの一つの帰結であると考えられる。その一方で，女性の利益に関わる政策が実現したケースをみると，1996年の母体保護法や，2018年の日本版パリテ法など，議員立法[8)]による例が少なくなく，注目される。

2．北大西洋条約機構（ＮＡＴＯ）[9)]は，アメリカを中心とする軍事同盟として，1949年に結成された。これは，東西冷戦の成立を背景とするものであった。東西対立の表面化は，チャーチルによる（　ハ　）演説が行われた1946年に遡る。アメリカは，（　ニ　）と呼ばれる共産主義封じ込め政策を展開するとともに，西欧諸国の戦後経済復興を支援する計画として（　ホ　）を打ち出した。これに対抗するソ連は，コミンフォルムの設立により東欧諸国を組み込む形で結束を固めていく。ＮＡＴＯへの対抗としては，1955年，軍事同盟として（　ヘ　）が設立された。

この間，東西対立はヨーロッパを越えて影響を拡大していった。1950年には，朝鮮戦争が勃発する。1953年には休戦に至るものの，冷戦下で朝鮮半島に生じた（　ト　）・（　チ　）の間の分断状況[10)]は，これによって固定され，今日に至るまで尾を引いている。その後，東西対立は，緊張の緩和と増大のサイクルを繰り返す。例えば，1970年代前半は，東西対立は（　リ　）と呼ばれる緊張緩和の局面に当たるが，それを迎えるまでには，核戦争の危機[11)]さえ伴った，1962年の（　ヌ　）を経ねばならなかった。

A．文中の空所(イ)～(ヌ)それぞれにあてはまる適当な語句をしるせ。なお，(ト)・(チ)については国名をしるすこと。

B．文中の下線部1)～11)にそれぞれ対応する次の問1～11に答えよ。

1．これに関連して，日本国憲法が特に規定を設けて保障している内容として**適当でない**ものはどれか。次のａ～ｄから１つ選び，その記号をマークせよ。

ａ．家族生活における両性の平等

ｂ．教育の機会均等

ｃ．公務就任権の平等

ｄ．選挙権の平等

2．これに関連して，日本で男子普通選挙が導入されたのと同じ年に制定され，共産主義・社会主義運動の弾圧に利用された法律はなにか。その名称をしるせ。

3．これに関連して，最高裁が，これまでにその規定を違憲と判断したことのある法令として適当なものはどれか。次のａ～ｄから２つ選び，その記号を左欄に１つ，右欄に１つマークせよ。順序は問わない。

a．国籍法

b．証券取引法

c．情報公開法

d．郵便法

4．これに関連して，日本の国会についての説明として適当なものはどれか。次のa～dから1つ選び，その記号をマークせよ。

a．委員会制度を採用しており，実質審議は，ほとんど関係の委員会で行われ，そこでの審議結果が本会議へと報告される

b．審議において大臣に代わって官僚が答弁する政府委員の制度が設けられている

c．二院制であるが，連邦制を採らずに二院制を採用する例は国際的に極めて珍しく，先進国では日本の国会が唯一の例である

d．両議院のうち，衆議院のみに国政調査権が認められている

5．これに関する次の問ⅰ・ⅱに答えよ。

ⅰ．次の文中の空所にあてはまる語句をしるせ（2ヶ所の空所には同一の語句が入る)。

衆議院の解散については，2つの場合が区別される。第一は，衆議院が［　　］をしたとき，憲法第69条の規定に従って行われる場合を指す69条解散である。第二は，衆議院の［　　］が先行しておらず，したがって69条所定の場合でないのに行われる場合であり，実質的な内閣の決定が憲法第7条所定の「助言と承認」として行われるとの理解から，7条解散と呼ばれる。

ⅱ．7条解散と69条解散の多寡に関する説明として適当なものはどれか。次のa～dから1つ選び，その記号をマークせよ。

a．7条解散は実例がなく，これまでの解散はすべて69条解散である

b．7条解散，69条解散ともに実例があるが，7条解散として行われた数の方が多い

c．7条解散，69条解散ともに実例があるが，69条解散として行われた数の方が多い

d．69条解散は実例がなく，これまでの解散はすべて7条解散である

6．これに関連して，条約第6条に基づく交換公文で規定された，在日米軍の配備・装備に重要な変更がある場合を想定した制度はなにか。その名称をしるせ。

7．これに関連して，次の図は，日本，スウェーデンのそれぞれについて，社会保障支出のうち，高齢者関係社会支出と家族関係社会支出とが，ＧＤＰに占める割合の推移を示したものである。この図から読み取れる内容に関する【説明】中の空所①～③それぞれを埋めるのに適当なものを，下記のa～fから1つずつ選び，その記号をマー

クセよ。（なお，選択肢の文章中，「相対的」とは，日本とスウェーデンとの間の比較を意味することとする。）

日本

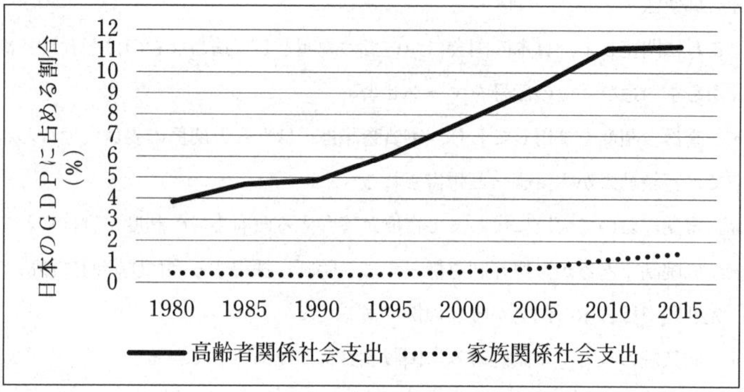

スウェーデン

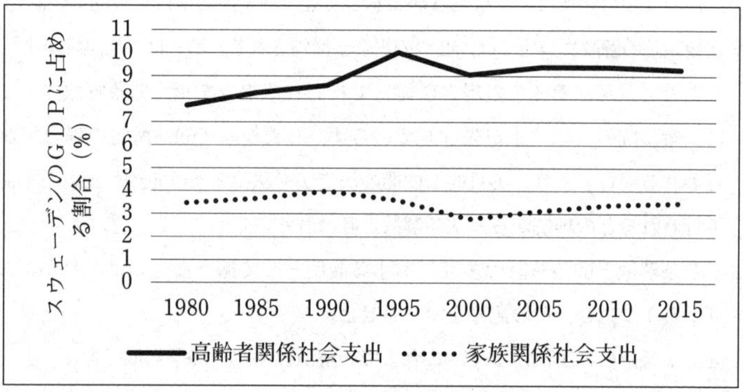

図

（出典：OECD Stat. より作成）

【説明】

日本では，スウェーデンと比べて ① から，今後，家族関係社会支出を抜本的に増額するには余力に乏しいことが予想される。それで少子高齢化に歯止めがかからないと，高齢者の人数が子育て世代のそれを引き離し，家族関係社会支出を増額することが政治的に困難になると予想される。

それに対して，スウェーデンでは，日本と比べて ② から，早期に仕事と育児の両立支援を充実させたことが読み取れる。これにより少子化の進行が食い止められていることが，日本と比べて ③ の一因となっていると考えられる。

a．「1980年代の家族関係社会支出の割合」が相対的に多いこと

b．「1980年代の家族関係社会支出の割合」が相対的に少ないこと

c．「2010年代の家族関係社会支出の割合」が相対的に多いこと

d．「2010年代の家族関係社会支出の割合」が相対的に少ないこと

e．「1980年代から2010年代までの間の高齢者関係社会支出の増加幅」が相対的に大きいこと

f．「1980年代から2010年代までの間の高齢者関係社会支出の増加幅」が相対的に小さいこと

8．これに関する次の文中の空所にあてはまる適当な語句をしるせ（2ヶ所の空所には同一の語句が入る）。

国会で審議される法案には，議員提出法案と □ 法案があり，重要法案の多くは後者である。議員立法につながるのは議員提出法案であるが，その成立率は □ 法案と比べて顕著に低い。

9．これに関連して，2022年1月時点でのＮＡＴＯ加盟国として適当でないものはどれか。次のａ～ｄから１つ選び，その記号をマークせよ。

a．イギリス　　b．スイス　　c．トルコ　　d．ポーランド

10．これに関連して，冷戦下で分断状況が生じた国として，適当なものはどれか。次のａ～ｄから２つ選び，その記号を左欄に１つ，右欄に１つマークせよ。順序は問わない。

a．スーダン　　b．ドイツ　　c．ベトナム　　d．ユーゴスラビア

11．これに関する次の問ｉ・ⅱに答えよ。

ｉ．核軍縮への取り組みとしてなされた条約をめぐる次の出来事ａ～ｄのうち，もっとも古いものを解答欄の①に，次に古いものを②に，以下同じように④まで年代順にマークせよ。

a．核拡散防止条約（ＮＰＴ）の締結

b．核兵器禁止条約の発効

c．中距離核戦力（ＩＮＦ）全廃条約の締結

d．包括的核実験禁止条約（ＣＴＢＴ）の採択

ⅱ．核軍縮を進めるためには国家間協調が必要である。そのような協調が，国際関係において成立する，あるいは成立しない条件について検討するために，「囚人のジレンマ」と呼ばれるゲームが参考にされることがある。「囚人のジレンマ」の典型的な状況を示した，次の【説明】を読んだうえで，そこから引き出される国際関係

への示唆として適当なものを，下記のａ～ｄから１つ選び，その記号をマークせよ。

【説明】

２人の被疑者Ｐ・Ｑが別々の取調室に入れられている（この２人が相互に連絡をとる手段はない）。検察官は２人が重い麻薬密輪罪を犯したのだろうと考えている。だが，裁判で密輪罪を有罪にできるだけの十分な証拠はない。そこで検察官は，Ｐ・Ｑそれぞれに，「黙秘」と「自白」との２つの選択肢を示す。双方とも黙秘すれば，軽い麻薬所持罪で起訴するしかないので，それぞれ１年ずつの懲役になる。もし一方が黙秘して他方が自白すれば，自白した被疑者は見返りに３ヶ月の刑に減軽され，反対に黙秘した被疑者は懲役10年の刑を受ける。双方が自白した場合は，いずれも８年ずつの懲役となる。（下図は以上の内容を表にしたものであり，数字の単位は年，－はその期間だけ刑が科されることを指し，各欄の数字の組み合わせの左側がＰ，右側がＱの状況を示す。）

		Qの選択	
		黙秘	自白
Pの選択	黙秘	－１，－１	－10，－１/４
	自白	－１/４，－10	－８，－８

この状況で，Ｐにとっては，まずＱが黙秘すると仮定すると，自白した方がよい。その場合，黙秘は１年の懲役となるが，自白であれば３ヶ月で済む。次にＱが自白すると仮定すると，この場合も，黙秘ならば懲役10年，自白なら懲役８年となるので，やはりＰは自白した方がよい。以上は，Ｑからみても，まったく同様である。

ａ．国家間で継続的な対話のチャンネルが確保されていることは，国家間協調を実現するための有用性をもち得ない

ｂ．「囚人のジレンマ」状況にある二国間関係を想定すると，相手国が追随することを期待して，一方の国が先導して軍縮を進めることは，合理的に説明できる

ｃ．「囚人のジレンマ」状況にある二国間関係を想定すると，一方の国が合理的な戦略を選択するにあたり，相手国は非協調の戦略を選択するであろうという確信を

抱いている場合と，抱いていない場合とでは，異なる戦略が合理的となる

d．「囚人のジレンマ」状況にある二国間関係を想定すると，双方がともに協調すれば両国の利益の合計が最大化されることが適切に認識されていても，なお各国が協調に踏み切ることは困難である

Ⅱ．次の文を読み，下記の設問A・Bに答えよ。解答は解答用紙の所定欄にしるせ。

現行の国際収支1)は，貿易・サービス収支，第一次所得収支と第二次所得収支からなる経常収支，政府による相手国の資本形成のための援助や債務の免除などの受取りと支払いの収支である（　イ　）収支，金融資産と負債の取引の収支である（　ロ　）収支に大別される。たとえば，この（　ロ　）収支の内訳には，利子や配当を得る目的で，外国の債券や株式などに投資する（　ハ　）投資などが含まれている。近年の日本では，貿易・サービス収支は黒字が減少して赤字になる頻度が増加したが，第一次所得収支は黒字が続いている2)。

国際収支と為替相場は相互に関係している。日本の為替相場制度は，かつては固定相場制であったが，1970年代に変動相場制に移行した3)。その結果，為替相場は外国為替市場で需要と供給の関係によって決められている。具体的には，為替相場は各国の物価水準の比4)，貿易収支や金利などに左右される。たとえば，他の条件が一定であれば，日本の金利が米国に比べて低くなると，日本人がドル預金を希望してドル買いが生じ，ドル高・円安5)になる。また，為替相場の水準が望ましくない場合，通貨当局（国または中央銀行）が，為替介入6)をおこない，為替相場を調整する場合がある。なお，為替介入は外国為替平衡操作や市場介入とも呼ばれている。

為替相場に大きな影響をおよぼす金利はどのように決まるのだろうか。物価7)や景気8)の安定のために，日本銀行9)は金融政策を通じて政策金利を調整しているのである。具体的には，かつては，日本銀行が市中銀行10)などに貸し出す金利を操作する（　ニ　）操作や，市中銀行などが日本銀行に預金の一定割合を支払準備としてあずける割合を上下させる（　ホ　）操作がおこなわれていた。しかし，現在では公開市場操作11)が中心的な手段となり，これによって市中金利やマネー＝ストック12)などが調整される。なお，ここでは市中銀行とは民間銀行を指す。

金融政策以外にも財政も景気の調整機能がある。これ以外にも財政には所得の再分配機能，資源配分の調整機能13)がある。日本の国の財政は財政赤字が問題となっており，予算14)の

見直しが急務である。財政赤字には社会保障費の急増も大きく関係している。日本の社会保障[15)]は憲法の「健康で文化的な最低限度の生活」を営むことを保障する（ ヘ ）権の規定にもとづいている。

しかし，社会保障の改革は非常に困難である。たとえば，年金保険[16)]をみてみよう。一般的には，公的年金の財源調達の方式には，みずからが働いている期間に積み立てておく積立方式と，いま働いている世代が支払った保険料を仕送りのように高齢者などの年金給付に充てる（ ト ）方式がある。現行の日本の公的年金は，基本的には後者の（ ト ）方式で運用されている。ただし，現役世代からの保険料収入以外にも，積立金や税金も公的年金の給付に充てられているために，修正積立方式とも指摘されている。いずれにしても，現行の日本の公的年金では，国民の年齢構成が高齢化すると，現役世代の負担が重くなる[17)]。このように世代間の給付と負担の配分の問題のために国民の合意形成が非常に困難である。

A．文中の空所(イ)～(ト)それぞれにあてはまる適当な語句を漢字でしるせ。

B．文中の下線部１)～17)にそれぞれ対応する次の問１～17に答えよ。

1．これに関する説明として適当でないものを，次のａ～ｄから１つ選び，その記号をマークせよ。

ａ．日本では，高度成長期の前半期の外貨が不足していた時代では，景気が悪化すると輸入増による外貨不足のために金融引き締め政策が実施されたが，これを「国際収支の天井」という

ｂ．国際収支赤字の場合，ＩＭＦの特別引き出し権（ＳＤＲ）と引き換えに，外貨を豊富に保有する国から外貨を引き出すことができる

ｃ．1980年代の米国で経常収支の赤字と財政赤字が膨らみ，これを称して「双子の赤字」と呼ばれた

ｄ．2000年以降，米国の巨額の経常収支の赤字が拡大する一方で，アジアの新興国（特に中国）や産油国では経常収支の黒字が拡大しており，これはグローバル＝インバランスの一例である

2．これに関する説明として適当でないものを，次のａ～ｄから１つ選び，その記号をマークせよ。

ａ．貿易収支の赤字の要因の一つは東日本大震災以降の燃料輸入の増大である

ｂ．第一次所得収支の黒字には訪日外国人観光客の増加による旅行収支の黒字が貢献

した

c．近年の第二次所得収支は赤字の傾向にあるが，第一次所得収支と第二次所得収支の合計は黒字の傾向である

d．日本企業による海外の生産拠点と販売拠点の構築や，日本の金融機関等による海外の金融資産の取得で，第一次所得収支の黒字が増加した

3．固定相場制から変動相場制への移行に関する説明として適当なものを，次のａ～ｄから１つ選び，その記号をマークせよ。

a．キングストン合意によって変動相場制の追認とともに，金の公定価格を改定しつつも引き続き採用して，ＩＭＦの特別引き出し権（ＳＤＲ）の役割を拡大することが決められた

b．固定相場制では金融政策の目標の一つが対ドル相場の固定であったので，変動相場制に移行すると，金融政策の自由度が高くなる

c．スミソニアン協定によって，金の公定価格が金１オンス＝35ドルとなり，ドルは金に対して切り下げられた

d．プラザ合意によってドル安を是正するために日本を含めた各国が協調介入した

4．これに関する次の問ｉ・ⅱに答えよ。

ｉ．為替相場を自国と他国の物価水準の比によって算出しようとする理論を（　　　）説と呼ぶ。空所にあてはまる適当な語句を漢字５字でしるせ。

ⅱ．「問ｉ」の理論に関する説明として適当なものを，次のａ～ｄから１つ選び，その記号をマークせよ。

a．「問ｉ」の理論に基づけば，日本のインフレ率が３％で米国のインフレ率が10％の場合，ドル安・円高になる

b．「問ｉ」の理論に基づけば，日本の金利が３％で米国の金利が10％の場合，ドル高・円安になる

c．商品・サービスを貿易が可能な貿易財，貿易が困難な非貿易財に分類すると，「問ｉ」の理論は非貿易財において成立しやすい

d．輸出入が自由で，関税や輸送コストなどがないと仮定した場合，iPhone が日本で87,000円，米国で800ドル，為替相場が１ドル＝100円の場合，米国は日本からiPhone を輸入することで，「問ｉ」の理論が成立するような調整がおこなわれる

5．これに関する説明として**適当でない**ものを，次のａ～ｄから１つ選び，その記号をマークせよ。

a．日本銀行がゼロ金利政策や量的緩和政策のような金融政策を導入すると，為替相場はドル高・円安に進みやすい

b．ドル高・円安になると，日本がドル建て資産を保有している場合は，その価値を円で評価した場合に為替差損が発生する

c．ドル高・円安になると，日本がドル建ての負債を保有している場合は，円で評価した負債の実質的な負担が増加する

d．日本の貿易収支の赤字はドル高・円安に進む要因の一つである

6．これに関する説明として適当なものを，次のａ～ｄから１つ選び，その記号をマークせよ。

a．為替介入で使用される外貨準備は国際収支の項目の一つでもある

b．日本の通貨当局が為替相場をドル安・円高に誘導したい場合，為替介入をおこなうと保有する外貨準備は増加する

c．日本の為替介入は日本銀行が自らの判断で実施している

d．もし，日本の通貨当局の外貨準備がなくなると，ドル買い・円売りの為替介入ができなくなる

7．物価やその変化率に関する説明として**適当でない**ものを，次のａ～ｄから１つ選び，その記号をマークせよ。

a．コスト・プッシュ・インフレーションとは生産費用の上昇によって供給曲線が左方向に移動して発生するインフレーションである

b．デフレーションが進行すると，債務を抱える企業や家計にとって債務の返済負担は実質的に軽くなる

c．デフレーションから脱却するために日本銀行は2013年からインフレ＝ターゲット政策を導入しており，前年比上昇率で２％程度のインフレ率を目標としている

d．物価の動向を表す指標はいくつかあり，ＧＤＰデフレーターはその一つである

8．これに関する説明として**適当でない**ものを，次のａ～ｄから１つ選び，その記号をマークせよ。

a．景気循環の波の中でもクズネッツの波は周期が約50年と長く，技術革新や資源の大規模な開発が主な要因となっている

b．景気循環の波の中でもジュグラーの波は周期が約10年で，設備投資の変動が主な要因となっている

c．景気の動向や経済成長率の指標として国内総生産（ＧＤＰ）が使用されることが多いが，国民総生産（ＧＮＰ）から外国からの純所得を引いたものがＧＤＰである

d．ビルトイン＝スタビライザーとは，財政制度に内在する景気を自動的に安定化させる仕組みであり，例として累進課税制度や社会保障制度が知られている

9．これに関する説明として適当なものを，次のａ～ｄから１つ選び，その記号をマー

クせよ。

a．市中銀行は日本銀行に預金保険料を支払っており，市中銀行が破綻した場合は，日本銀行から預金者へ一定額の払い戻しをおこなう。これをペイオフという。

b．市中銀行はお互いの決済用資金などのために日本銀行に当座預金を預けており，これを日銀当座預金という。

c．日本銀行は「銀行の銀行」として市中銀行だけではなく，一般の事業会社とも取引をおこなう。

d．日本銀行は「発券銀行」として兌換銀行券である日本銀行券を発行している。

10. これに関する説明として適当でないものを，次のａ～ｄから１つ選び，その記号をマークせよ。

a．コールレートは市中銀行や金融機関同士の超短期の資金の貸し借りに適用される金利である

b．証券会社は間接金融の主な担い手であるが，家計の普通預金などを受け入れる市中銀行ではない

c．ノンバンクは家計の普通預金などを受け入れる市中銀行ではない

d．日本政策投資銀行は家計の普通預金などを受け入れる市中銀行ではない

11. これに関する説明として適当でないものを，次のａ～ｄから１つ選び，その記号をマークせよ。

a．インフレ率の上昇を抑制するためには，日本銀行は市中銀行に国債などを売るオペレーションをおこなう必要がある

b．日本銀行の最高意思決定機関は日本銀行政策委員会であり，ここで金融政策の審議や決定をおこなっている

c．資金供給オペレーション（買いオペ）をおこなう場合，市中銀行は日本銀行に国債などを売る

d．ゼロ金利政策とは公開市場操作によって企業への貸出金利をゼロにすることである

12. これに関する説明として適当でないものを，次のａ～ｄから１つ選び，その記号をマークせよ。

a．マネー＝ストックにはＭ１，Ｍ２，Ｍ３があるが，この中ではＭ３の流動性が最も高い

b．マネー＝ストックのＭ１の預金通貨は現金通貨と同様に支払い手段として用いることができる

c．マネー＝ストックのＭ３には譲渡性預金（ＣＤ）が含まれている

d．マネー＝ストックの準通貨には定期性預金と外貨預金が含まれている

13. 資源配分の調整の重要な機能として公共財の供給がある。純粋な公共財には２つの性質がある。そのうちの１つは，同時に多数の人が，便益と効用を減らさずに消費・利用できる，という性質である。この性質にあてはまる適当な語句を，次のａ～ｄから１つ選び，その記号をマークせよ。

ａ．情報の非対称性　　ｂ．非価格競争　　ｃ．非競合性　　ｄ．非排除性

14. 予算の中で税は重要なトピックである。税に関する説明として適当でないものを，次のａ～ｄから１つ選び，その記号をマークせよ。

ａ．給与所得者は申告納税制度，自営業や農業従事者などは源泉徴収が採用されており，クロヨンやトーゴーサンといった問題が指摘されている

ｂ．消費税は低所得者ほど所得に占める税負担の割合が重くなるという逆進性の問題がある

ｃ．租税の公平性の基準として，所得の多い人ほど多くを負担する垂直的公平と，同じ所得の人は等しい負担をする水平的公平がある

ｄ．直接税は実際に税を負担する人と，法的に納税の義務を負う人が同一の税のことである

15. これに関する説明として適当でないものを，次のａ～ｄから１つ選び，その記号をマークせよ。

ａ．公的扶助では，親族扶養義務の優先によって親族などからの援助が扶助に優先される

ｂ．公的扶助とは生活困窮者に対して最低限度の生活を保障すべきものであり，その中心となっているのが生活保護である

ｃ．社会保険のうち，介護保険は20歳以上の全国民に加入を義務付けて保険料を徴収している

ｄ．社会福祉行政の骨格をなる６つの法律，いわゆる福祉六法とは，生活保護法，児童福祉法，身体障害者福祉法，知的障害者福祉法，母子福祉法（母子及び父子並びに寡婦福祉法），老人福祉法である

16. 年金保険は大別して公的年金と私的年金があるが，これに関する説明として適当でないものを，次のａ～ｄから１つ選び，その記号をマークせよ。

ａ．確定給付企業年金は，企業や加入者が保険料を拠出し，その運用の結果に応じて給付額が変動しており，日本では2001年に導入された私的年金である

ｂ．厚生年金は民間企業の被雇用者などを対象とする強制加入で拠出制の年金保険であり，保険料は事業者と被雇用者が折半して拠出する

c．国民年金基金は，第１号被保険者が，老後の所得保障の充実を図るために，任意で加入する制度である

d．国民年金の被保険者には，第１号被保険者は自営業者・学生・無職など，第２号被保険者は会社員・公務員など，第３号被保険者は第２号被保険者の配偶者である専業主婦など，の３種類がある

17. 社会保障制度の持続性のために改革が進められている。その中で，経済情勢，物価・賃金動向，人口動向，年齢構成などを見ながら年金の給付水準を調整する仕組みがある。これにあてはまる適当な語句を，次のａ～ｄから１つ選び，その記号をマークせよ。

ａ．コンディショナリティー　　ｂ．プライマリー・バランス

ｃ．マクロ経済スライド　　ｄ．リスケジューリング

数学

◀2月6日実施分▶

(60分)

I． 下記の空欄ア～キにあてはまる数または式を解答用紙の所定欄に記入せよ。

(i) 関数 $y = 4\cos^2\theta - 4\sin\theta - 5$ の最小値は [ア] である。

(ii) 2つの実数 x, y が $x^2 + y^2 = 1$ を満たすとき，$z = 2x + y$ のとりうる値の範囲は [イ] である。

(iii) 三角形ABCにおいて AB = AC = 4，BC = 6 とする。AB上の点Pが CP = 5 を満たすとき，AP = [ウ] である。

(iv) 大小2個のさいころを同時に投げる。大きいさいころの出た目を a，小さいさいころの出た目を b とするとき，$\dfrac{a}{b}$ が整数になる確率は [エ] である。

(v) t を実数とする。座標空間において，3点O$(0, 0, 0)$，A$(1, 0, 2)$，B$(2, -1, 0)$ の定める平面OAB上に点C$(1+t, t, 1-t)$ があるとき，$t =$ [オ] である。

(vi) 2次式 $f(x)$ が $f(f(x)) = f(x)^2 + 1$ を満たすとき，$f(x) =$ [カ] である。

(vii) 座標平面の3つの部分集合

$$A = \{(x,\ -2x+2) \mid x \text{ は実数，} x < 0\}$$

$$B = \{(x,\ 2x+2) \mid x \text{ は実数，} x \geqq 0\}$$

$$C = \{(x,\ -x+3) \mid x \text{ は実数}\}$$

に対し，$(A \cup B) \cap C$ に属する点の座標をすべて求めると [キ] である。

Ⅱ． 1 年目の初めに新規に 100 万円を預金し，2 年目以降の毎年初めに 12 万円を追加で預金する。ただし，毎年の終わりに，その時点での預金額の 8 ％が利子として預金に加算される。自然数 n に対して，n 年目の終わりに利子が加算された後の預金額を S_n 万円とする。このとき，次の問（i）～（v）に答えよ。ただし，$\log_{10} 2 = 0.3010$，$\log_{10} 3 = 0.4771$ とする。解答欄には，（i），（ii）については答えのみを，（iii）～（v）については答えだけでなく途中経過も書くこと。

（i）　S_1，S_2 をそれぞれ求めよ。

（ii）　S_{n+1} を S_n を用いて表せ。

（iii）　S_n を n を用いて表せ。

（iv）　$\log_{10} 1.08$ を求めよ。

（v）　$S_n > 513$ を満たす最小の自然数 n を求めよ。

Ⅲ. p を正の実数とする。Oを原点とする座標平面上の放物線 $C: y=\frac{1}{4}x^2$ 上の点 $\mathrm{P}\left(p,\ \frac{1}{4}p^2\right)$ における接線を l，Pを通り x 軸に垂直な直線を m とする。また，m 上の点 $\mathrm{Q}(p,\ -1)$ を通り，l に垂直な直線を n とし，l と n の交点をRとする。さらに，l に関してQと対称な点をSとする。このとき，次の問(i)～(v)に答えよ。解答欄には，(i)については答えのみを，(ii)～(v)については答えだけでなく途中経過も書くこと。

(i)　l の方程式を p を用いて表せ。

(ii)　n の方程式およびRの座標をそれぞれ p を用いて表せ。

(iii)　Sの座標を求めよ。

(iv)　l を対称軸として，l に関して m と対称な直線 m' の方程式を p を用いて表せ。また，m' と C の交点のうちPと異なる点をTとするとき，Tの x 座標を p を用いて表せ。

(v)　(iv)のTに対して，線分ST，線分OSおよび C で囲まれた部分の面積を p を用いて表せ。

◀2月9日実施分▶

（60分）

Ⅰ． 下記の空欄ア～クにあてはまる数または式を解答用紙の所定欄に記入せよ。

(i)　円に内接する AB = 3，BC = 6，CD = 5，DA = 2 である四角形ABCDにおいて，$\cos A =$ ［ア］ である。

(ii)　整式 $(x+1)^{2023}$ を x^2 で割った余りは ［イ］ である。

(iii)　$\log_6 2 = a$ に対して，$3^{\frac{1}{1-a}}$ は整数であり，その値は ［ウ］ である。

(iv)　座標平面上の3点 O(0, 0)，A(4, 2)，B(−6, 6) を頂点とする三角形OABの外心の座標は ［エ］ である。

(v)　$z = \dfrac{\sqrt{3}+i}{2}$ に対して，$z^6 = a + bi$ とする。このとき，$a =$ ［オ］，$b =$ ［カ］ である。ただし，i は虚数単位とし，a，b は実数とする。

(vi)　$|\vec{a}| = 3$，$|\vec{b}| = 4$，$|\vec{a}+\vec{b}| = \sqrt{17}$ を満たす2つのベクトル $\vec{a}$，$\vec{b}$ が作る平行四辺形の面積は ［キ］ である。

(vii)　数列 $\{a_n\}$ が

$$a_1 = 0,\ a_{n+1} = -a_n + 3 \quad (n = 1, 2, 3, \cdots)$$

を満たすとする。自然数 n を2で割った商を m としたとき，$\sum_{k=1}^{n} a_k$ を m を用いて表すと ［ク］ である。

Ⅱ．A，B，C，Dの4人でじゃんけんをするゲームを行う。1回のじゃんけんで1人でも勝者がでた場合は，ゲームを終了する。だれも勝たずあいこになる場合は，4人でもう一度じゃんけんをし，勝者がでるまでじゃんけんを繰り返す。次の問(i)～(v)に答えよ。解答欄には，(i)については答えのみを，(ii)～(v)については答えだけでなく途中経過も書くこと。

(i)　1回目のじゃんけんで，Aだけが勝つ確率を求めよ。

(ii)　1回目のじゃんけんで，Aを含む2人だけが勝つ確率を求めよ。

(iii)　1回目のじゃんけんで，Aが勝者に含まれる確率を求めよ。

(iv)　1回目のじゃんけんで，だれも勝たずあいこになる確率を求めよ。

(v)　2回目のじゃんけんで，ゲームが終了する確率を求めよ。

Ⅲ．$0<t<2$ とし，座標平面上の曲線 C：$y=|x^2+2x|$ 上の点A$(-2,\ 0)$ を通る傾き t の直線を l とする。C と l の，A以外の異なる2つの共有点をP，Qとする。ただし，Pの x 座標は，Qの x 座標より小さいとする。このとき，次の問(i)～(v)に答えよ。解答欄には，(i)については答えのみを，(ii)～(v)については答えだけでなく途中経過も書くこと。

(i)　P，Qの x 座標をそれぞれ t を用いて表せ。

(ii)　線分APと C で囲まれた部分の面積 $S_1(t)$ を t を用いて表せ。

(iii)　線分PQと C で囲まれた部分の面積 $S_2(t)$ を t を用いて表せ。

(iv)　線分AQと C で囲まれた2つの部分の面積の和 $S(t)$ を t を用いて表せ。また，$S(t)$ の導関数 $S'(t)$ を求めよ。

(v)　t が $0<t<2$ を動くとき，(iv)の $S(t)$ を最小にするような t の値を求めよ。

3 「主」の父が、「主」の稲を無断で人に与えてしまった罪。
4 「主」の父が、牛に転生したことを「主」に告げていない罪。
5 「主」の父が転生した牛を、「主」が使役してしまった罪。

(K) ――線部(11)について。今の何時ごろに当たるか。最も適当なものを、次のうちから一つ選び、番号で答えよ。

1 午前八時ごろ　2 午前十時ごろ　3 午後二時ごろ
4 午後四時ごろ　5 午後六時ごろ

(L) ――線部(12)について。この涙から窺(うかが)える気持ちとして最も適当なものを、次のうちから一つ選び、番号で答えよ。

1 悲しい気持ち　2 諦めきれない気持ち　3 悔やまれる気持ち
4 安らかな気持ち　5 勝ち誇った気持ち

(M) 空欄 □ にはどのような言葉を補ったらよいか。漢字一字を記せ。

4 僧侶は正しい行動をして、「主」を導かなくてはいけない。
5 僧侶が物を盗むのは、牛が言葉を話すのと同様にありえない。

(H) ――線部(8)について。目的は何か。その説明として最も適当なものを、次のうちから一つ選び、番号で答えよ。

1 牛が「主」の父親であることを確かめさせるため。
2 僧が牛を深く敬っている気持ちを表現させるため。
3 僧が衾を盗んでよいのかどうかを判断させるため。
4 「主」が以前犯してしまった罪を軽くするため。
5 僧が衾を盗もうと思った罪を軽くするため。

(I) ――線部(9)について。この行為を端的に表す語句として最も適当なものを、次のうちから一つ選び、番号で答えよ。

1 人払い　2 人助け　3 人騒がせ　4 人見知り　5 人あしらい

(J) ――線部(10)について。どのような罪か。その説明として最も適当なものを、次のうちから一つ選び、番号で答えよ。

1 「主」の父が転生した牛が、僧の盗みを見逃した罪。
2 「主」の父が、「主」の稲を自分で食べてしまった罪。

選び、番号で答えよ。

1　衾を盗もうとする心を、仏に咎められ罰を受けると思ったから。
2　衾を盗もうとする心を、人に見抜かれてしまったと思ったから。
3　衾を盗もうとするのを、牛が声を上げて制止したと思ったから。
4　衾を盗もうとするのを、自分の良心が引き留めたと思ったから。
5　衾を盗もうとするのを、人に目撃されてしまったと思ったから。

(F)　――線部(6)に含まれる助動詞の説明として、最も適当なものを、次のうちから一つ選び、番号で答えよ。

1　「べき」は当然の意、「に」は断定の意、「ね」は打消の意を、それぞれ表している。
2　「べき」は意志の意、「に」は断定の意、「ね」は完了の意を、それぞれ表している。
3　「べき」は当然の意、「に」は断定の意、「ね」は完了の意を、それぞれ表している。
4　「べき」は意志の意、「に」は完了の意、「ね」は打消の意を、それぞれ表している。
5　「べき」は当然の意、「に」は完了の意、「ね」は打消の意を、それぞれ表している。

(G)　――線部(7)から読み取れる気持ちとして最も適当なものを、次のうちから一つ選び、番号で答えよ。

1　僧侶の過ちを止めさせて、自分の罪を少しでも軽くしたい。
2　僧侶なのだから、私を前世の罪から救い出してほしい。
3　僧侶である者が、罰を受けるような行為をしてはいけない。

問

(A) ――線部(1)について。「主」の言った内容の説明として最も適当なものを、次のうちから一つ選び、番号で答えよ。

1　どんな手段を用いてもよいから、徳の高い僧を招け。
2　使いの知っている寺に出向いて、その寺の僧を招け。
3　どこの寺の僧にということはなく、道で遭遇した僧を招け。
4　前世の罪を償うという目的に合った、心の正しい僧を招け。
5　方広経の転読をさせるので、経を読む力のある僧を招け。

(B) ――線部(2)の意味として最も適当なものを、次のうちから一つ選び、番号で答えよ。

1　心を込めて　2　心を静めて　3　心を合わせて　4　心を許して　5　心を打たれて

(C) ――線部(3)について。ここで僧はどのように思ったのか。その説明として最も適当なものを、次のうちから一つ選び、番号で答えよ。

1　不思議だと思った　2　ほしいと思った　3　申し訳ないと思った
4　うれしいと思った　5　意外だと思った

(D) ――線部(4)の現代語訳を四字以内で記せ。ただし、句読点は含まない。

(E) ――線部(5)について。どうして驚いたのか。その理由の説明として最も適当なものを、次のうちから一つ僧恥ぢ思ひて、明くる朝に、(9)人を去りて、家の主を呼びて夢の告げを語る。家の主悲しんで、牛の辺りに寄りて、藁の座を敷きて言はく、「牛実の我が父にましまさば、この座に登り給へ」と。牛すなはち膝を屈めて藁の座に登り坐しぬ。家の主これを見て、声を挙げて泣き悲しんで言はく、「牛実の我が父にましましけり。速やかに(10)前の世の罪を免し奉る。また、年ごろ知らずして使ひ奉りつる罪を免し給へ」と。牛これを聞きをはりて、その日の(11)申の時にいたりて、(12)涙を流して死ぬ。

その後、家の主泣く泣く夜前覆へるところの衾及びほかの財物を僧に与ふ。また、その父のために修しけり。(注4)

僧、「衾を盗みて去らましかば、この世にも[　]の世にも悪しかりなまし」とぞ心の内に思ひける。

（『今昔物語集』による）

（注）
1　方広経――一般に大乗経典の総称であるが、中でも華厳経や法華経をさしていうことが多い。
2　転読――長い経典の字句を略して、経題や経の重要な箇所だけを飛び飛びによむこと。
3　衾――夜具。掛け布団の類。
4　修しけり――追善供養を営んだ。

三　左の文章を読んで後の設問に答えよ。（**解答**はすべて**解答用紙**に書くこと）

今は昔、大和国、添上(そふのかみ)の郡(こほり)、山村の里に住みける人ありけり。十二月に、「方広経(はうぐわうぎやう)(注1)を転読(注2)せしめて、前の世の罪の懺悔(さむぐゑ)せむ」と思ひて、僧を請ぜむがために使ひを遣(や)る。使ひ問ひて言はく、「何れの寺の僧を請ずべき」と。主(あるじ)の言はく、「その寺と撰(えら)ばず。ただあはむに随ひて請ずべし」と。使ひ(1)主の言ふに随ひて、出でて行くに、道にひとりの僧あへり。それを請じて家にゐて行く。家の(2)主心をいたして供養ず。その夜、僧その家に宿りぬ。家の主衾(ふすま)(注3)を持て来て僧に覆ふ。僧この衾を見て、極めて(3)ように思ひて、心の内に思ふやう、「(4)明日さだめて布施を得しめむとす。それを得ずして、ただこの衾を盗みて、こよひ逃げなむ」と思ひて、夜半(やはん)に人のなき隙(ひま)をはかりて、衾を取りて出づる程に、声ありて言はく、「その衾盗むことなかれ」と。僧これを聞きて、(5)大きに驚きて、「ひそかに出づると思ひつるに、人の見けるを知らずして。誰(た)が言ひつることぞ」と思ひて、立ち留まりて声のありつる方を伺ひ見るに、人見えず。ただひとつの牛あり。僧この声に恐れて返り留まりぬ。

つらつら思ふに、(6)牛の言ふべきにあらねば、あやしび思ひながら寝ぬ。その夜の夢に、僧牛の辺(ほと)りに寄りたるに、牛の言はく、「我はこれ、この家の主の父なり。前世(ぜんぜ)に、人に与へむがために、告げずして子の稲を十束(そく)取れりき。今その罪によりて牛の身を受けて、その業を償(つくの)ふなり。(7)汝はこれ出家の人なり。何ぞたやすく衾を盗みて出づる。もしその虚実(こじち)を知らむと思はば、(8)我がために座をまうけよ。我その座に登らば、すなはち父と知るべし」と言ふと見て夢覚めぬ。

(G) 次の各項について、本文の内容と合致するものを1、合致しないものを2として、それぞれ番号で答えよ。

イ　ナショナリズムの高揚は、遠隔地に住む見知らぬ人でも、同国人であれば共感する効果を発揮したが、異国人への共感を喚起するものではなかった。

ロ　ハントの主張は、反証可能性がなく科学的ではないとして批判を浴びているが、筆者はその批判に対して直接反論を試みている。

ハ　人権思想の根底には、他者であってもそこに主体性が認められるならば、誰もが身体の尊厳などの普遍的人権を持つ、という論理が存在する。

ニ　拷問廃止の流れが世界中に受け入れられていったのと、人権付与の範囲が拡大していったプロセスは連動している。

ホ　近年、人権理論の議論の対象に動物やロボットが含まれるようになったのは、人間集団と同様に、動物やロボットも人々の共感の対象となる可能性があるからだ。

していくきっかけとなったから。

5　登場人物の階層・宗教・国籍・性別の違いといった様々な障壁が手紙に書かれた内容であり、読者はその障壁に反感を抱いたから。

(E)　――線部(3)について。その説明として最も適当なものを、次のうちから一つ選び、番号で答えよ。

1　自分の階層・宗教・国籍・性別を自らの運命として受け入れ、自己に厳しく生きること。
2　出自を理由に差別されても、それを運命と考えて我慢強く耐えながら生き抜くこと。
3　他者に頼ったり、助けを借りたりせずに、自分の力で独立して生活を営むこと。
4　小説の登場人物に共感し、その姿に自分を重ね、自分も強く生き抜くこと。
5　自分の運命は変えられないと思うのではなく、自分で自分の道を主体的に選びとること。

(F)　――線部(4)について。それが広がった理由として最も適当なものを、次のうちから一つ選び、番号で答えよ。

1　カラス事件では、異教徒であることを根拠に父親が死刑になったが、その判決に異教徒が反発したから。
2　身体は神に与えられたものであって、その尊厳を傷つけてはいけないと捉えられるようになったから。
3　拷問廃止の運動が影響力を発揮し、国境を超えて全世界を巻き込んだ国際人権運動へと発展したから。
4　18世紀に啓蒙思想家が拷問の非人道性を訴えたが、その動きに賛同したのは多くが異教徒だったから。
5　カラス事件で父親は冤罪だったのに死刑となり、取り返しがつかないと多くの人々が考えたから。

2　近代国家における「国民」が形成されると、他の国や他の宗教集団に対しても徐々に共感できるようになること。
3　見知らぬ者であっても、ある共通項から同じ集団に属すると見なすようになり、互いに共感するようになること。
4　ごく近しい家族や親友だけではなく、顔見知り程度の知り合いの痛みや苦しみにも共感するようになること。
5　多様な個性をもつ人々も、その違いを互いに尊重し合うことで、同じ集団に属していると考え共感できるようになること。

(D)　――線部(2)について。その理由として最も適当なものを、次のうちから一つ選び、番号で答えよ。
1　手紙でやり取りされる人間ドラマは、恋愛や結婚、裏切り、出世などの世俗的な事柄が多く、読者にとってなじみのある内容だったから。
2　中流階級以上の間で手紙のやり取りが普通になるほど識字率が上昇し、こうした小説を読む習慣が定着したから。
3　異なる社会集団間に生じる人間ドラマが、手紙の交換という形で描かれたので、登場人物と一体感が得られやすくなったから。
4　啓蒙思想家の間で交わされた議論が、小説の中の手紙に反映されたことで、議論の中身が人々の間に浸透

問

(A)　＝＝線部(イ)・(ロ)を漢字に改めよ。（ただし、楷書（かいしょ）で記すこと）

(B)　━━線部(あ)・(い)の言葉の意味として最も適当なものを、次のうちから一つずつ選び、番号で答えよ。

(あ)　醸成
1　雰囲気が徐々につくり出されること
2　制度が徐々に固定してゆくこと
3　イメージが徐々に普及してゆくこと
4　合意が徐々に崩れてゆくこと
5　理解が徐々に明確になること

(い)　高潔
1　丁寧で思いやりがあること
2　なまめかしく美しいこと
3　ほがらかで余裕があること
4　けだかくすがすがしいこと
5　従順でことを荒立てたりしないこと

(C)　――線部(1)について。その説明として最も適当なものを、次のうちから一つ選び、番号で答えよ。

1　他者の痛みや苦しみを「見ず知らずの人だから」と見過ごすのではなく、人道上、救わねばならないという義務感が広まっていくこと。

ことがこの原理の適用の基準であるならば、男性だけでなくて女性、さらにはもっと遠くにいる見知らぬ人々にも同じ原則を当てはめなければならない。こうして、異教徒、異人種、異性と次々に人権主体の範囲が拡大され、全ての人間集団が含まれるようになったのが、世界人権宣言である。この人権主体の範囲の拡大は今でも続いており、例えば、一番最近、人権運動に加わった社会集団としては、性的マイノリティーが挙げられるだろう。人権理論の議論の中では、この流れは人間集団を超えて、動物やロボットの権利にまで敷衍（ふえん）しているのである。

（筒井清輝『人権と国家――理念の力と国際政治の現実』による）

（注）
1　ベネディクト・アンダーソン――アメリカの政治学者（一九三六～二〇一五）。
2　リン・ハント――アメリカの歴史学者（一九四五～）。
3　サミュエル・リチャードソン――イギリスの小説家（一六八九～一七六一）。
4　ジャン＝ジャック・ルソー――フランスの哲学者（一七一二～一七七八）。
5　ナラティブ――物語、語り。
6　ヴォルテール――フランスの哲学者（一六九四～一七七八）。
7　チェザーレ・ベッカリア――イタリアの法学者・経済学者（一七三八～一七九四）。

れた身体を冒す拷問の非人道性がクローズアップされた。そして、身体の尊厳を持つ主体はキリスト教徒に限らず、人間誰にでも属する特性であることが徐々に確認されていく。それゆえに、(4)異教徒や異人種でも拷問に処することは憚(はばか)られるという考え方が広がったのだ。

　運動はその後、ヨーロッパ諸国での拷問廃止への流れを作り、19世紀初頭にはヨーロッパのほとんどの国で拷問は法的正当性を失った。この拷問廃止運動は外集団である異教徒に対しても当てはまるものであり、また地理的に限定的であったとはいえ、国境を越えて広く他国にも広がったという点で、最初の国際人権運動と呼べるかもしれない。そしてこれを可能にしたのが、書簡体小説などで広がった他者への共感能力であるというのだ。

　ハントの主張には、様々な批判もあり、また反証可能性のあるようなテーゼではないが、18世紀の啓蒙思想家と小説家、そして当時の読者市民に普遍的人権のルーツを求める、ユニークな歴史学的試みである。もちろん、啓蒙主義に人権思想のルーツを見出すのは一般的なアプローチであるが、そうした思想家の間での観念的議論が当時の大衆文化と呼べる小説や社会的注目を集めた事件によって、一般に広まり、社会運動を盛り上げ、人権に関連する規範や法制度さえも変えていったのは、その後の国際人権の発展の原型とも言えるモデルであった。

　そして、人権思想の内在的論理とも言えるものが、権利主体の範囲を徐々に拡大していくのも、この時期から見られたプロセスであった。ある集団を新しく人権を付与するに値するとみなすことになれば、次には違う集団も同様に扱わなければならなくなる可能性が高まる。人間の身体の尊厳が神聖なものであるとすれば、それは内集団だけでなく、少なくとも周りにいる同じ人間と認識された外集団には広がらなければならない。人間である視されており、この自律性(3)も人権感覚の基盤として重要であった。

こうしたナラティブ構成(注5)が、階級や性別を超えた外集団への共感を可能にし、自律的な個人を大事にする人権理念を受け入れる土壌を作ったというのがハントの主張である。そして、後にこの共感の範囲の拡大が、例えばフランスで政治参加の権利がカトリック教徒だけだったのが、プロテスタント、ユダヤ人、黒人へと広がっていくこととつながっていく。これらの小説で中心的な役割を果たした女性の権利はまだ限定されていたが、平等な相続の権利や離婚する権利などは獲得し始めていた。

また、時を同じくして18世紀半ば、南フランスでカラス事件という異教徒迫害の冤(えん)罪事件が起こった。カラス家での自殺に際して、司法が父親を殺人犯に仕立て上げ、厳しい拷問の末に死刑に処したが、後に冤罪と認められたという有名な事件である。この事件の背景には、異教徒尋問のためということで長らく教会で正当性を持っていた拷問が、この時期も広く公開で行われていたこと、さらにはヨーロッパでの宗教紛争が影を落とし、南フランスでも新教徒に対する迫害が起こっており、カラス家もその新教徒であったことがある。当時の高明な啓蒙思想家ヴォルテール(注6)はこの事件に大きな関心を持ち、カラス家の父の名誉回復に(ロ)ホンソウし、それに成功、その後も冤罪事件のための活動に身を捧(ささ)げた。そして、この事件に触発されて、チェザーレ・ベッカリア(注7)が『犯罪と刑罰』を著し、司法改革、特に拷問廃止を訴えるなど、拷問反対運動が高まった。

この運動の中では、人間の身体の尊厳が強調され、キリスト教的な価値観とも結び付いて、神によって与えらの権利が守られるためには重要な要素であるが、異国に住む見知らぬルワンダ人やクロアチア人への共感には直接つながらないのである。

では、自分とは違う社会集団に属する人間に対する共感はいつ芽生え、どのようにして広がったのか？リン・ハント(注2)は著書『人権を創造する』の中で、啓蒙主義の時代に西欧で流行した書簡体小説にその端緒を見る。(2)サミュエル・リチャードソン(注3)やジャン＝ジャック・ルソー(注4)による書簡体小説は、手紙の交換を読むというスタイルで読者のマイボツ感(イ)を高め、登場人物との一体化を促進した。そこで繰り広げられる人間ドラマは、恋愛や結婚、裏切り、出世など世俗的なことが多かったが、登場人物の階層・宗教・国籍・性別の違いが物語のバックボーンをなす場合が多く、そうした社会集団の壁を超えた人間関係を想像させるものとなっていた。

例えば、リチャードソンの代表作『パメラ』では、召使(めしつかい)の女性である主人公パメラが、低い身分ゆえに受ける理不尽な仕打ちに苦しみながらも、その精神的美徳を貫き、階層を超えて結婚し、その後もその出自を理由とした屈辱的な扱いを受けながらも、その高潔(い)な振る舞いゆえに周りの人々の尊敬を勝ち取っていく。またルソーの『新エロイーズ』でも、貴族の娘ジュリーが平民の家庭教師の青年と恋に落ちるが、階級を超えた恋に対する家族の反対など様々な障害に直面し、それを乗り越えようとする姿が描かれている。手紙の交換や日記を読むという形態で書かれたこれらの作品で、読者は主人公の視点に立ち、女性の権利が様々に制限された当時の社会で女性が自己実現を図り、強く生き抜く姿を自分に置き換えて体験したのであった。中流階級以上の間での識字率の上昇によって、より幅広く読まれるようになったこれらの小説では、個人が自己の運命を自分で決することが重

二　左の文章を読んで後の設問に答えよ。（**解答**はすべて**解答用紙**に書くこと）

普遍的人権思想の根底にあるのは、他者への共感である。しかも、自分もした同じ経験をもとにする他者との共感・同感ではなくて、見知らぬ他者の、自分ではしたことのない経験に思いを馳せて感じる他者への共感が重要になってくる。多くの人間が、家族やその延長線上にある内集団の構成員の痛みや苦しみに共感する能力は持っている。しかし、自分とは異質な外集団の構成員に対する共感は、特に政治的・宗教的な距離があればあるほど、難しくなってくる。

近代の国民国家形成の歴史の中で、(1)内集団の拡大が重要であったことは、ベネディクト・アンダーソン(注1)の『想像の共同体』などで広く指摘されてきたところである。同じ生活空間で日常的に顔を合わせる者との間に限られてきた共同体の概念を、「国民」という観念に拡大し、一生会うこともない見知らぬ他者でも、同じ国家に属しているという一点で内集団の一員と考えさせるのが、国民国家の思想である。こうして(あ)醸成されたナショナリズムは、新聞などのメディアや教育、文化をはじめ、美術館、博物館、地図、歴史、「創られた伝統」などを媒体に、近代国家を構成する国民の形成に貢献してきた。

この国民意識の形成は、内集団の拡大にとって重要であり、普遍的人権思想の発展にも貢献したが、集団間の壁を超えて、他の国や他の宗教集団に対する共感を醸成するものではなかった。例えば、明治時代以降に醸成された日本のナショナリズムは、遠くに住む見知らぬ日本人同士の間での共感の発展に大きく貢献し、国内で国民

2　道徳という観点から考えれば悪であったとしても、うつくしいものが存在し得るから。
3　幻想と実体の差異が解消するような特異な場においてこそ、美は現れでるものだから。
4　鑑賞者の道徳性や対象の実在性の真偽よりも、美の方が極めて重要な問題であるから。
5　美が真や善とは違って、対立する関係を前提として存在するような価値ではないから。

(F)　次の各項について、本文の内容と合致するものを1、合致しないものを2として、それぞれ番号で答えよ。

イ　絵画、彫刻、文学、自然、風景といった対象の相違というものは、美の根拠を考えるうえで本質的なことではない。
ロ　虚構を構築し、うつくしいものの輝きを伝えることは、芸術家や作家など美に関係する者の存在根拠の一つである。
ハ　川端が同じ場所に行き、記憶にとらわれない新たな気持ちで露を見たとしても、そこに美を感じるとは限らない。
ニ　仮象が場（トポス）とも表現されるのは、美が対象と主観のどちらか一方ではなく、両者の緊張した関係のなかにあるからである。
ホ　美とは、優れた鑑賞者と著名でうつくしい作品や対象が運命的に出会う関係のなかにおいて一瞬だけ存在するものである。

1　a　実在　b　観念　c　感性　d　理性
2　a　経験　b　心理　c　理性　d　感性
3　a　具体　b　抽象　c　感性　d　理性
4　a　真理　b　記憶　c　理性　d　感性
5　a　経験　b　合理　c　感性　d　理性

(C)　——線部(2)について。筆者は、それがどのような経験であると結論しているか。句読点とも三十五字以内で説明せよ。

〔解答欄〕□□□□□□□□□□□□□□□□□□□□□□□□□□□□□□□□□□□という経験

(D)　——線部(3)について。その説明として最も適当なものを、次のうちから一つ選び、番号で答えよ。

1　幻想と仮象を見まちがうことなく、仮象に確固たる美の存在を感じること。
2　実体と仮象の相違については了解しつつ、仮象にうつくしさを見出すこと。
3　実体と幻想と仮象を自覚的に区別することで、仮象の美を際立たせること。
4　幻想に惑わされることなく、仮象から輝きでるうつくしさを見極めること。
5　実体のうつくしさとは異なる、仮象の普遍的なうつくしさを理解すること。

(E)　——線部(4)について。美がそのような価値である理由として最も適当なものを、次のうちから一つ選び、番号で答えよ。

1　真偽や善悪という基準から判断されると、美の存在理由が不明瞭となってしまうから。

らされる場であると考えられさえするだろう。こうして仮象は「真理―虚偽」あるいは「善―悪」といった価値の差異をも解消にもたらすだろうから、そのことからも仮象に特有の場（トポス）をもつ美が、(4)真理という「認識的価値」とも、善という「道徳的価値」ともまったくことなった、きわめて特異な価値であることがうかがわれるのではないか。

（浅沼圭司『ゼロからの美学』による）

問

(A) ――線部(1)について。その内容を『ゲルニカ』に即して説明したものとして最も適当なものを、次のうちから一つ選び、番号で答えよ。

1 『ゲルニカ』のうつくしさの根拠は作品にあるのか、鑑賞者の主観にあるのかを判別することは難しい。
2 『ゲルニカ』は人によってうつくしさの感じ方が違うという意味で、うつくしさには多様な形態がある。
3 『ゲルニカ』を見た場所でうつくしいと感じたとしても、思い出して再びそう感じるとは限らない。
4 『ゲルニカ』がマドリッドにあることと、そのうつくしさがあることは別様に考えることができる。
5 『ゲルニカ』は現在マドリッドにあるが、蔵置や展示の場所によって、そのうつくしさは変わり得る。

(B) 空欄 a ～ d にはそれぞれどのような言葉を補ったらよいか。最も適当な組み合わせを、次のうちから一つ選び、番号で答えよ。

川端の目にたいして、そのときだけ現れた、光り輝く露。この〈Schein〉という語は、学問の世界では慣例的に「仮象」と訳されているが、現実に存在するもののかたちではなく、あの出会いのさなかにだけ現れ、やがて消滅する（仮の、みかけだけの）かたち（象）という意味をこめての訳語なのだろうか。いずれにしても「仮象」は、「客体」（客観的存在）と「主体」（主観的存在）のいずれの側にもなく、しかしそのいずれにもかかわるという、きわめて特異な場にほかならない。それが美に特有の場だということは、逆にいえば、美はそれとして存在するものではなく、現れでるもの（輝きでるもの）であることを意味するのかもしれない。

仮象は、「幻想（イリュージョン）」からは区別されなければならない。幻想とは、たとえばうすぐらい山道に落ちていた「朽ち縄」を本物の蛇（くちなわ）と見まちがうような現象を指すのにたいして、仮象は特定の態度を自覚的にとる主体と客体のあいだに成立すると考えられるからである。いいかたをかえれば、「みかけ」を実物（実体）と混同することなしに、⑶「みかけ」そのものとしてとらえること、それが「美的態度」の特質だといえるのかもしれない。

主体（主観）と客体（客観）が明瞭な対立関係（差異的な関係）にあるとき、仮象は成立しないと考えられるのだから、仮象においてはこのふたつのものの差異は解消する傾向にあると考えることもできるのだが、こころの能力のなかで主観的な傾向をもつものが［ c ］であり、客観的な傾向をもつものが［ d ］だと考えることもできるのだから、そのことからいえば、仮象はまた［ c ］と［ d ］の差異ないし対立が解消する場でもあるのかもしれない。以上のことを強調するならば、仮象は、結局、存在するあらゆる差異が、すべて解消にもたきのことだという。水をいれたコップに露がむすび、それに朝日の光があたり、露が一瞬光り輝いたのをかれは目撃し、その「うつくしさ」にこころを奪われた、というのだ。コップに露がむすび、それに朝日があたり、光り輝き、しかもそれを川端が目にする……、これはあきらかに偶然のもたらしたものであり、そのときかぎりのできごとだったろう。川端はそれを「一期一会」という禅のことばで表現しているが、このことは、ある性質をもった対象と、ある傾向をもった主観の、そのときだけの出会いのなかに美があることを物語っている、そう考えることもできるのではないだろうか。

このことから、美のありかは、対象（客体）と主観（主体）のいずれか一方にあるのではなく、むしろ特定の客体と特定の主体の、たまさかの出会いのなかにある、あるいは、対等の立場にある二つのあいだのはりつめた（緊張した）関係のなかにある、このような考えが生れてくるだろう。いいかたをかえれば、客体あるいは「　a　」と、主体あるいは「　b　」のいずれの側にも属さない、美だけに特有の場。そのような場にたいして、ドイツの哲学者エドゥアルト・フォン・ハルトマン（1842-1906）は、〈Schein〉という名称をあたえている。このことばは、〈scheinen〉（輝く、～と思われる、～のようにみえる）という動詞に根拠をもつことばであり、「輝き」「見かけ」「外観」などという意味をもつが、主体（主観）から独立した客体（対象）そのものではなく、ある客体がある主体にとってそのように見える（思われる）こと、いいかたをかえれば、ある客体がある主体にたいしてそのようなものとして現れることを意味すると考えることができる。そのことからさらに、特定の客体と特定の主体の出会いのさなかに現れでる（輝きでる）もの、そのようにとらえることもできるだろう――

美はどこにあるか、美はどのようにあるかという問はけっして無意味なものではないし、むしろこの問題は美学、とくに近代の美学にとっては、きわめて重要な、見かたによっては中心的なものであって、おおくの美学者がそれについて多様な考えを表明している。しかしこの問題がきわめて微妙で、しかも錯綜（さくそう）した、容易にはとらえがたいものであることもたしかである。

美について論議する場合に、いつでも問題になるのは、美のありか（根拠）は、たとえば芸術作品や自然（風景）などに――つまり「対象」の側に――あるのか、あるいは、芸術作品を鑑賞し、風景をながめるひとの心のなかに――つまり「主観」のなかに――あるのか、という問題ではないだろうか。これは、ある意味では、哲学上の根本的な対立――「[a]論」と「[b]論」の対立――に関わる問題だともいえる。したがって、この論争には、完全な解決はないというべきかもしれない。しかし、そのものとしていかにうつくしい作品があったとしても、それをうつくしいと感じるひとのこころ（主観）がなかったなら、その作品はだれにたいしてもうつくしいものとしては成立しない――うつくしい作品はそれとして存在しない――とも考えられるし、また美にきわめて敏感なひとがいたとして、そこにすぐれた作品も、きわだった風景もなかったなら、やはり(2)美の経験は、それとして成りたたないのではないだろうか。このことからただちに、ある特定の性質をもった対象と、ある特別の能力をもった、あるいは特別な態度をとる主体（主観）が出会うところに、美の経験が成立する根拠がある、そう推測することができるのではないだろうか。

川端康成が、ある随想のなかで、興味ぶかい体験について語っている。ある外国の海岸で朝食をとっていたと

▲二月八日実施分▼

（七五分）

一 左の文章を読んで後の設問に答えよ。（**解答**はすべて**解答用紙**に書くこと）

「美のありか」あるいは「美の在り方」ということばは、おそらくあまり聞きなれないものだろうし、その意味もはっきりとはとらえがたいかもしれない。絵画や彫刻などであれば、たとえばピカソの『ゲルニカ』はマドリッドにある、などというように、その所在をあきらかにすることは容易だが、「美」がどこか特定の場所にだけ存在するとは考えられないだろう。というより、「うつくしいもの」の存在は想定できても、「うつくしさ」「美」そのものがどこかに存在するとは考えにくいだろう。しかし、美の根拠はどこにあるかという問題だったら、それほど違和感なしにとらえられるのではないだろうか。たとえば美の根拠は、うつくしいと感じるひとのこころのなかにある、あるいは、うつくしいもののなかにある、など。

あるなにかは「ある（存在する）」か「ない（存在しない）」かのいずれかであって、(1)「あること（存在）」にいくつかの仕方ないし種類があるとは考えられないかもしれない。しかし、いま目の前にあるという場合と、記憶のなかにあるという場合とでは、「ある」ことにちがいがあるのは、だれでも感じることができるだろう。

(I) ——線部(9)の解釈として最も適当なものを、次のうちから一つ選び、番号で答えよ。

1 聖地に詣でて　2 宋の帝にお仕えして　3 宋の人たちと交流して
4 極楽浄土に近づいて　5 宣旨の内容を伝えて

(J) ——線部(10)の現代語訳を十字以内で記せ。ただし、句読点は含まない。

(K) 〰〰線部(a)～(c)は、それぞれ誰の動作・行為か。最も適当なものを、次のうちから一つずつ選び、番号で答えよ。ただし、同じ番号を何度用いてもよい。

1 作者（成尋の母）　2 成尋　3 成尋への迎えの使者
4 仏　5 岩倉にいる人　6 律師

(L) 次の各項について、本文の内容と合致するものを1、合致しないものを2として、それぞれ番号で答えよ。

イ わが子と別れた作者（成尋の母）は、多くの人々に言葉をかけられ、心が癒やされた。

ロ 成尋は、四年後に母と再会できることを確信しているため、今はそっけない態度をとっている。

ハ 以前もらった手紙に心動かされて、成尋は旅立ちの前に母のもとを訪ねてきた。

ニ 成尋は、これを最後の別れとして、手紙のやりとりはしたくないと考えている。

ホ 成尋は、宋への渡海に先だって、国内でも修行を積んでいこうとしている。

1 夜が更けたころ　2 朝日が出るころ　3 日射しが強いとき
4 夕暮れどき　5 とても寒いとき

(F) ——線部(6)の現代語訳として最も適当なものを、次のうちから一つ選び、番号で答えよ。

1 世間並みではない心　2 男女の情を解さぬ心　3 出世など望まぬ心
4 落ち着きがない心　5 わがまま勝手な心

(G) 空欄 [　] にはどのような言葉を補ったらよいか。最も適当なものを、次のうちから一つ選び、番号で答えよ。

1 かたくなに　2 いたづらに　3 おほけなく
4 ひまなく　5 からうじて

(H) ——線部(7)について。これは誰のどのような様子を表現したものか。その説明として最も適当なものを、次のうちから一つ選び、番号で答えよ。

1 成尋の、作者（成尋の母）を突き放そうとする様子。
2 成尋の、渡り鳥のように遠出しようとしている様子。
3 成尋の、落ち着きなくこの場を立ち去ろうとしている様子。
4 作者（成尋の母）の、愛しいわが子のもとに駆け寄る様子。
5 作者（成尋の母）の、突然の事態に右往左往する様子。

1　正月　2　三月　3　六月　4　八月　5　十月

(C)　――線部(3)について。これはどのような様子を表現したものか。その説明として最も適当なものを、次のうちから一つ選び、番号で答えよ。

1　別れたあと、成尋が無事なのかを作者（成尋の母）がわからずにいる様子。
2　成尋と別れて以来、作者（成尋の母）が生きている心地もなくすごしてきた様子。
3　成尋の心のなかでは母との別れのつらさが次第に薄らいでいっている様子。
4　作者（成尋の母）が成尋との別れを今でも事実として理解できていない様子。
5　成尋との別れが、作者（成尋の母）の余命を大きく縮めてしまった様子。

(D)　――線部(4)について。作者（成尋の母）はなぜこのような状態となったのか。その説明として最も適当なものを、次のうちから一つ選び、番号で答えよ。

1　成尋が確かにまだ生きているという保証はなかったから。
2　成尋の成長に期待するあまりに胸が苦しくなるほどだったから。
3　成尋が母である自分のことをどう思っているか心配だったから。
4　成尋とほんとうに再会できるのか不安だったから。
5　成尋をここに引き留められるか自信がなかったから。

(E)　――線部(5)の解釈として最も適当なものを、次のうちから一つ選び、番号で答えよ。

（注）
1　岩倉――成尋が住んだ大雲寺があったところ。現在の京都市左京区の地名。
2　淀――現在の京都市伏見区の地名。
3　律師――律師は僧正・僧都に次ぐ僧官。ここでは、成尋の兄弟である僧をさす。
4　新山――現在の岡山県総社市黒尾にある新山のこと。新山寺があった。
5　ますなる――「ます」は「申す」が転じたもの。
6　唐――中国のこと。ここでは宋の国をさす。

問

(A)　――線部(1)の解釈として最も適当なものを、次のうちから一つ選び、番号で答えよ。
1　人々のうわさがあてにならないということ
2　人々の本音がはっきりわからないということ
3　成尋のことが気がかりだということ
4　成尋の言葉が信じられないということ
5　母としての自分の本心がつかめないということ

(B)　――線部(2)「かみなづき」、(8)「むつき」はそれぞれ何月か。次のうちから一つずつ選び、番号で答えよ。ただし、同じ番号を何度用いてもよい。

などひとりごつほどに、岩倉(注1)より、「御房淀(注2)におはして(a)、御迎へに人往ぬ」と言ひたり。夢の心地して、胸騒ぎてうれしきにも、(4)心まどひて騒ぐに、かみなづき十三日の(5)ひともすほどにぞおはしたる(b)に、見るに涙こぼれて、目も霧(き)りたるに、いとつれなくうち笑みて、「さればこそ。『生きて待ちつけたまへ』と仏に申すに、おはしける(c)。『今四年おはせ』と祈るなり」とぞのたまふ。「『今ひとたび来て見よ』とありし文の、いとほしさになんまで来たる。なほさりぬべく、心やすくまで来ん」と言ひて、その夜「悪しき日なり」と急ぎたまふ。

律師(注3)もおはしあひたり。二人向かひ居たまへる見るにも、「かくておはさうぜで。身の死なんも、もろともに見たまへかし。などか(6)世づかぬ心つきたまひけん」とのみぞおぼゆる。律師のおはするに聞こえたまふ。「岩倉にまかりて、忘れたる文など取りて、明日申の時ばかりにまで来て、やがて淀にまかりて、備中の国にはべるなる新(にひ)(注4)山(やま)(注5)とますなる所にしばしはべりて、近くて、そのほどにおぼつかなきことはべらず。これよりものたまへ、かれよりも申さん」など言ひ置きて立ちぬ。

なかなかにいも寝られず、これは夢かとのみおぼゆ。思ひ明かして、さらば今日だにとくおはせかし、と待つに、［　　］おはしたり。(7)鳥などの人を見て飛び立ちぬべき気色はしたまへるに、見るにつけても、いかなりける契りにかと、目もかきくるるやうに、涙のみぞ尽きせずこぼるるに、のたまふ。「このまかりて、しばしはべらんずる所は、昔人(むかしびと)の行ひて、極楽にかならず参りたる所なり。百日ばかり行ひて、(8)むつきばかりまかでて、なほ内裏に宣旨申して、賜(た)ばば、本意のやうに唐(注6)に渡りて(9)申して来ん。(10)賜ばずは、とどまりてこそははべらめ」とのたまひて出でたまふ。

者を生み続けているという客観的事実は変わらない。

ニ 医学的見地を別にすれば、パンデミックに始まる風景異化のプロセスはあたかもデザインされたかのように進行した。

ホ 風景の異化は絶えずスパイラルのように進行するので、人々のまなざしが最終的に固定することはない。

三 左の文章は『成尋阿闍梨母集（じょうじんあじゃりのははのしゅう）』の一節である。この年の春、成尋阿闍梨は宋の国（中国）の仏教聖地に詣でるために都を発ったのだが、日本を離れる前に一時的に帰京し、八十歳を過ぎた母（作者）を訪ねてくる。その際のやりとりを描いたこの場面は、春に成尋と別れて以来、都で涙ながらに暮らし続ける母の耳に、周囲の人々の声が聞こえてくるところから始まる。これを読んで後の設問に答えよ。（**解答**はすべて**解答用紙**に書くこと）

人々のおのが思ひ思ひもの言ふも、耳にも聞き入れられず、ゆかしう(1)おぼつかなきことのみおぼゆるに、(2)かみなづきにもなりぬ。しぐるる雨の音いたうすれば、あらあらしう聞こゆれば、

あらましき雨の音にもはるかなるこのもといかが時雨降るらん

とぞおぼゆるに、霰（あられ）の降りそひたるが見ゆれば、

つらかりし春の別れに今までも(3)あるにもあらで霰降るかな

2 b 記号 c 実体 d 存在 e 情報
3 b 記号 c 記号 d 情報 e 実体
4 b 情報 c 情報 d 実体 e 存在
5 b 実体 c 実体 d 記号 e 記号

(F) 本文中には、次の一文が入っていた。該当する場所として最も適当なものを、本文中に示した 1 ～ 5 のうちから一つ選び、番号で答えよ。

つまりウイルス発生の一報から現在に至るまで、継続的に私たちのモノの見方にデザインが加わることで、社会全体に風景異化が起こるループが生みだされているのである。

(G) 次の各項について、本文の内容と合致するものを1、合致しないものを2として、それぞれ番号で答えよ。

イ 「まなざしのデザイン」の仕事をする筆者は、パンデミックによる人々の緊張や不安が時間をかけながらついに未曾有の水準にまで高まったことに興味を抱いた。

ロ 風景は、私たちが見る対象と私たちの「まなざし」の両方によって生み出されるので、風景の変化には対象と「まなざし」が共に変化することが必要である。

ハ パンデミックにより人々が「まなざし」を向ける風景は一変したが、新型ウイルスが流行して多数の犠牲

1　要素的　2　医学的　3　分類的　4　空間的　5　物理的

(D)　――線部(3)について。その説明として本文や図の内容と合致するものを1、合致しないものを2として、それぞれ番号で答えよ。

イ　新型コロナウイルスのパンデミックがもたらした風景異化は、客体である外部世界が物理的に変わった時から本当の意味で始まった。

ロ　ウイルスとその危険性の情報にもとづくマスク着用、三密回避、ソーシャルディスタンス確保などの新たな行動の「型」の拡がりは、主体である人々の心理的特性である「認知」を変化させていく。

ハ　新しい行動の「型」に応じて、客体である世界の中にパーティションやマスクといった「素材」が普及し、それによって風景の心理的特性である「環境」の変化が進む。

ニ　見えないウイルスを可視化するPCR検査などの新たな「道具」は、主体である人々の物理的な「知覚」に働きかけて変容をもたらす。

ホ　PCR検査などにより感染者と非感染者という新たな「分類」が加わることで、危険なウイルスの「記号」は風景の客体的・物理的側面の変容をさらに進めた。

(E)　空欄 b ～ e にはそれぞれどのような言葉を補ったらよいか。最も適当な組み合わせを、次のうちから一つ選び、番号で答えよ。

1　b　情報　c　記号　d　存在　e　存在

問

(A) ――線部(1)について。その説明として最も適当なものを、次のうちから一つ選び、番号で答えよ。

1 人々の視線を特定の方向へとけん引する際に、補助的な動力として作用する特定の見方や考え方。
2 それまで存在しなかったが、新たに導入することで解釈を大きく進めるようなものの見方。
3 すでに主流になっているものの見方をさらに補強するような、新たな思考の道筋。
4 人々の視線の対象に向けて、まったく新しく光を当てるために必要な角度や距離の情報。
5 主要なものの見方をさらに補強するために追加で導入されるものの見方。

(B) ――線部(2)について。その説明として最も適当なものを、次のうちから一つ選び、番号で答えよ。

1 パンデミックの報道や情報の発信方法が一様になり、それ以外の方法が見失われること。
2 パンデミックの情報に対する人々の反応や拡散の仕方が一様になり、急速に閉塞感が強まっていくこと。
3 パンデミックに対する人々の不安が高まって、他のあらゆるものを覆い隠すほどに膨張していくこと。
4 パンデミックに対する人々の見方や考え方が一方向に収束し、異なる見方や考え方ができなくなること。
5 パンデミックに対する人々の恐怖心が過剰なほどにあおられて、周りが見えなくなってしまうこと。

(C) 空欄 [a] にはどのような言葉を補ったらよいか。最も適当なものを、次のうちから一つ選び、番号で答えよ。

をするようになった。医学的な話を一切考慮に入れずに風景異化という観点だけから分析すると、このようにも受け止められるのである。

4 以前からウイルスはどこにでもいたはずだが、それは意識されないので存在しないに等しかった。しかし一度それが b としてフォーカスされると、周りにあるもの全てが、その補助線に沿って眺められることになる。昨日までと同じ場所にもかかわらず、目に見えないウイルスを意識した途端に、私たちの中で全ての受け止め方は変化し、全ての風景が変わってしまうのだ。見えない対象が c として取り出されて d が拡がり、マスクやパーティションのような何かの e を通して見えるものに置き換えられるようになると、私たちはその存在への認知をさらに頭の中で強めていく。

5 そうやってその見方に沿って物事を眺めることを何度も繰り返しているうちに、その存在は自分の中で確固としたものとなる。人が集まる場所やマスクをしていない人を感染源のように眺めてしまい、少し体調を崩して調子が悪いだけでもウイルスのせいではないかと考えてしまう。ひとたび「異化」によって新しい認識が身につくと、それは補助線のように何かを考えたり感じたりする際の基準になっていく。そして次第にその見方は無意識になり、それ以外の見方ができなくなってしまう。この状態を風景異化論では「まなざしの固定化」と呼んでいる。

（ハナムラチカヒロ『まなざしの革命　世界の見方は変えられる』による）

ある「記号」の変化が起こった。その客体というのは自分以外の対象物を指すが、この場合は世界のあらゆる場所や物、人などであり、そこに感染症を引き起こす危険なウイルスが付着しているという記号が貼り付いた。物理的な「環境」は何も変化していない。ウイルスは目に見えず、症状がなければ感じられないので「知覚」することができない。しかしあらゆる対象物が危険なウイルスの感染源になるという「記号」に変化したことによって、次に私たちの「認知」が変わった。ここが始まりである。

1 風景異化論では意図的に風景を変化させるため、図のように風景を生み出す4つの要素に対して、それぞれデザインすべき対象として「素材」「道具」「分類」「型」の4つを設定している。それが見事に今回のパンデミックによる風景異化のプロセスに当てはまり、認知の変化を起こす方向にスパイラルを描いてきた。

2 まず「新型コロナウイルス（正確にはSARS-CoV-2）」という名称と、それが危険な感染症を引き起こすという情報によって、周囲の人、物、場所というあらゆる対象物が危険な感染源であると①「分類」される。そのことで認知を変えた私たちに、「マスクをつける」「三密を回避する」「ソーシャルディスタンスを取る」という、これまでになかった行動パターンの②「型」が導入される。それは実際に物理的な様相も変え始め、さらにパーティションのような③「素材」が環境に導入されることで、その認知は強化される。そして知覚できないウイルスの検出にPCR検査という④「道具」が与えられ、可視化される。その検査の結果、感染者と非感染者という「分類」がまた加わり、私たちの認知がさらに強まっていく……。

3 その結果、私たちはすっかりと自らの認知を書き換えて、世界は危険なウイルスに囲まれているという見方このようなプロセスが積み重なることで、目に見えて風景が変化した。しかしそれ以前にすっかりと変わってしまったのは、私たちの世界の見方である。今では同じ場所を見ていても以前とはまるで違った風景に見えている。それは［ a ］なものが変わった以上に私たちの意識や認識が変わったからである。この私たちの内部での意識の変化が、本当の意味で風景が変わることを意味する。風景異化論ではそれを「認知」の変化と呼ぶ。

風景とは対象物だけで生まれるのではなく、私たちのモノの見方、つまり「まなざし」との関係で生まれる。その関係は視覚的なものだけではなく、心理的なものもある。だから対象物は何も変わらなくても、私たちのまなざしが変われば、風景はガラリと姿を変える。風景異化論では図のように風景をつくる要素を、客体と主体の軸と、物理的特性と心理的特性の軸で分け、それぞれを「環境」「知覚」「記号」「認知」の4つに整理している。

(3)この理論から捉えると今回のパンデミックで私たちに起こった風景異化のプロセスが見えてくる。まず初めに客体の心理的な要素で

図　風景異化論から捉えたパンデミック

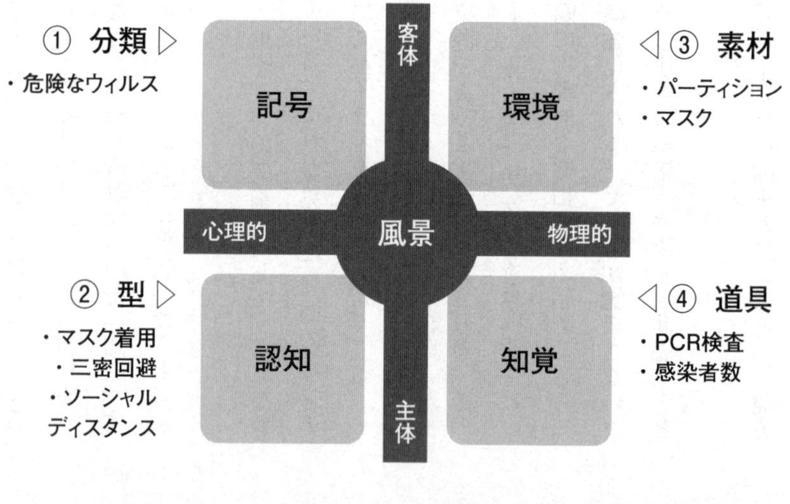

はずっと違和感を覚えていた。まるで、ある補助線[(1)]に沿って導かれるように、ほんのわずかな期間で、世界中の人々のまなざしが一つの方向へと見事に収束していくように感じたからだ。ある状況に対して、社会全体が同じ方向から視線を投げかけるときには盲点が生まれやすい[(2)]。人のまなざしやモノの見方などを研究していると、こういう状況にこそ注意深くなるものだ。

私がこれまで、モノの見方をデザインするという立場から実践研究してきた「風景異化」という理論に基づいてこのパンデミックを捉えてみると、興味深いことが見えてくる。まずその話から始めたい。風景異化の詳細について一言で説明すると、「これまで見ていた風景がある時を境に違うものに変わる現象」を指す。その風景異化を意図的に起こすための方法の一つが「まなざしのデザイン」である。それを研究してきた立場からこのパンデミックがどのように捉えられるのかを考えてみたい。

まず危険な新型コロナウイルス発生の一報があり、その情報は世界に出回った。そこでは国を超えて流行する可能性が指摘され、国連機関であるＷＨＯ（世界保健機関）がパンデミックを宣言した。マスコミの連日の報道と政府の方針によって、周囲の人や物、場所や空気までも感染の危険性がある対象として人々に認識された。そして私たちにもマスクをつけ、三密を回避し、ソーシャルディスタンスを取ることが勧められた。緊急事態宣言が発令され、街では外出や集会が避けられ、海外への移動も制限された。ウイルス感染の検査が実施され、それが集計されて情報として出回った。そして人々の間にはパーティションが立てられ、飲食店が閉められた。

(F)　次の各項について、本文の内容と合致するものを1、合致しないものを2として、それぞれ番号で答えよ。

イ　子どもの頃の思い出を象徴的に描きつつ自分のなかにあるどうしようもない劣等感を吐露している。

ロ　前後の関係や四囲の状況を観察しながら自己の直覚を信じることの大切さが教訓的に語られている。

ハ　苦悩せず生きるためには天から授かった直覚を信じて行動するしかないという認識が示されている。

ニ　世の中は単純な善悪や好き嫌いだけで成り立っているのではないという事実を内省的に記している。

ホ　他とうまく交わることの難しさと疲弊感が少年時代の具体的なエピソードを通して明かされている。

二　左の文章を読んで後の設問に答えよ。（**解答**はすべて**解答用紙**に書くこと）

世界中の風景がすっかりと変わってしまった２０２０年。どの街角を眺めても人々の口はマスクで覆われ、何を話しても話題の中心は新型コロナウイルス。大手メディアからインターネット、ＳＮＳに至るまで、この話題が途絶えることはなかった。いまだかつて経験したことのない未曾有のパンデミックというフレーズ。毎日更新される各地での感染者数。活動自粛とソーシャルディスタンス。新たな変異株の発見。ワクチンを巡る問題。繰り返し流れる情報に、世界はずっと緊張し、不安を募らせていた。

だが、パンデミック発生当初から、報道や情報の出方、人々の反応や拡散の仕方、そしてその一連の流れに私

(C) ――線部(2)について。「私」はなぜ金を受け取らなかったのか。その説明として最も適当なものを、次のうちから一つ選び、番号で答えよ。

1 本を安く入手したという疚しさを否定するには金の問題ではないという理屈が必要だったから。
2 一度売ったものをすぐに返してくれと迫る喜いちゃんの身勝手な態度にうんざりしていたから。
3 金を受け取ることで本が金銭で取り引きされる商品になり下がるように思えて嫌だったから。
4 家から盗んだ本を平気で自分に売りつけようとした安公と喜いちゃんの企みに腹が立ったから。
5 その本はいまも自分のものだという事実を喜いちゃんに納得させなければ気が済まなかったから。

(D) 空欄 [　] にはどのような言葉を補ったらよいか。最も適当なものを、次のうちから一つ選び、番号で答えよ。

1 そうすると私は騙されることに甘んじるしかなくなる。
2 そうすると私は人を誤解しないとも限らない。
3 そうすると私は自分に嘘を吐くことになる。
4 そうすると私は自身の偏屈さに堪えられなくなるかもしれない。
5 そうすると私は他者と共存する意味がなくなるだろう。

(E) ――線部(3)について。「私」はなぜこのような疑念を抱くのか。本文中の表現を用いて、句読点とも四十字以内で記せ。

たところで、千差万別なのだから、その応用の区域が限られているばかりか、その実千差万別に思慮を廻らさなければ役に立たなくなる。しかもそれを廻らす時間も、材料も充分給与されていない場合が多い。

（夏目漱石「硝子戸の中」による）

（注）　太田南畝――江戸の天明期を代表する文人、狂歌師。別号・蜀山人。

問

(A)　＝＝線部(イ)・(ロ)を漢字に改めよ。（ただし、楷書で記すこと）

(B)　――線部(1)について。「括弧の中でいうべき事」の説明として最も適当なものを、次のうちから一つ選び、番号で答えよ。

1　それまでの文脈から外れる事
2　真相を明らかにすべきでない事
3　当事者の言葉を引用すべき事
4　判断を保留するしかない事
5　字義通りの意味ではない事

ない。或時は必然の結果として、罪のない他を侮辱するくらいの厚顔を準備しておかなければ、事が困難になる。もし私の態度をこの両面のどっちかに片づけようとすると、私の心にまた一種の苦悶(くもん)が起る。私は悪い人を信じたくない。それからまた善い人を少しでも傷(きず)つけたくない。そうして私の前に現われて来る人は、ことごとく悪人でもなければ、またみんな善人とも思えない。すると私の態度も相手しだいでいろいろに変って行かなければならないのである。

この変化は誰にでも必要で、また誰でも実行している事だろうと思うが、それがはたして(3)相手にぴたりと合って寸分間違(まちがい)のない微妙な特殊な線の上をあぶなげもなく歩いているだろうか。私の大いなる疑問は常にそこに蟠(わだか)まっている。

私の僻(ひがみ)を別にして、私は過去において、多くの人から馬鹿にされたという苦い記憶をもっている。同時に、先方のいう事やする事を、わざと平たく取らずに、暗にその人の品性に恥を掻(か)かしたと同じような解釈をした経験もたくさんありはしまいかと思う。

他に対する私の態度はまず今までの私の経験から来る。それから前後の関係と四囲(しい)の状況から出る。最後に、曖昧な言葉ではあるが、私が天から授かった直覚が何分か働(はた)らく。そうして、相手に馬鹿にされたり、また相手を馬鹿にしたり、稀(まれ)には相手に彼相当な待遇を与えたりしている。

しかし今までの経験というものは、広いようで、その実はなはだ狭い。ある社会の一部分で、何度となく繰り返された経験を、他の一部分へ持って行くと、まるで通用しない事が多い。前後の関係とか四囲の状況とかいっ

「そんな解らない事をいわずに、まあ取っておきたまいな」

「僕はやるんだよ。僕の本だけども、欲しければやろうというんだよ。やるんだから本だけ持ってったら好いじゃないか」

「そうかそんなら、そうしよう」

喜いちゃんは、とうとう本だけ持って帰った。そうして私は何の意味なしに二十五銭の小遣を取られてしまったのである。

世の中に住む人間の一人として、私は全く孤立して生存する訳に行かない。自然他と交渉の必要がどこからか起ってくる。時候の挨拶、用談、それからもっと込み入った懸合——これらから脱却する事は、いかに枯淡な生活を送っている私にもむずかしいのである。

私は何でも他のいう事を真に受けて、すべて正面から彼らの言語動作を解釈すべきものだろうか。もし私が持って生れたこの単純な性情に自己を託して顧みないとすると、時々とんでもない人から騙される事があるだろう。その結果蔭で馬鹿にされたり、冷評かされたりする。極端な場合には、自分の面前でさえ忍ぶべからざる侮辱を受けないとも限らない。

それでは他はみな擦れ枯らしの嘘吐ばかりと思って、始めから相手の言葉に耳も借さず、心も傾けず、或時はその裏面に潜んでいるらしい反対の意味だけを胸に収めて、それで賢い人だと自分を批評し、またそこに安住の地を見出し得るだろうか。［　　］その上恐るべき過失を犯す覚悟を、初手から仮定して、かからなければなら年齢(とし)を取った今日(こんにち)でも、私にはよくこんな現象が起ってくる。それでよく他(ひと)から誤解される。

喜いちゃんは私の顔を見て、「二十五銭では本当に安過ぎるんだとさ」といった。

私はいきなり机の上に載せておいた書物を取って、喜いちゃんの前に突き出した。

「じゃ返そう」

「どうも失敬した。何しろ安公の持ってるものでないんだから仕方がない。阿爺の宅に昔からあったやつを、そっと売って小遣(こづかい)にしようっていうんだからね」

私はぷりぷりして何とも答えなかった。喜いちゃんは袂(たもと)から二十五銭出して私の前へ置きかけたが、私はそれに手を触れようともしなかった。

(2)<u>「その金なら取らないよ」</u>

「なぜ」

「なぜでも取らない」

「そうか。しかしつまらないじゃないか、ただ本だけ返すのは。本を返すくらいなら二十五銭も取りたまいな」

私はたまらなくなった。

「本は僕のものだよ。いったん買った以上は僕のものにきまってるじゃないか」

「そりゃそうに違いない。違いないが向(むこう)の宅でも困ってるんだから」

「だから返すといってるじゃないか。だけど僕は金を取る訳がないんだ」

翌日になると、喜いちゃんがまたぶらりとやって来た。喜いちゃんはそれだけいって、私の顔を見ながらぐずぐずしている。私は机の上に載せてあった書物に眼を注いだ。

「君昨日買って貰った本の事だがね」

「あの本かい。あの本がどうかしたのかい」

「実はあすこの宅の阿爺に知れたものだから、阿爺が大変怒ってね。どうか返して貰って来てくれって僕に頼むんだよ。僕もイッペン君に渡したもんだから厭だったけれども仕方がないからまた来たのさ」

「本を取りにかい」

「取りにって訳でもないけれども、もし君の方で差支がないなら、返してやってくれないか。何しろ二十五銭じゃ安過ぎるっていうんだから」

この最後の一言で、私は今まで安く買い得たという満足の裏に、ぼんやり潜んでいた不快、——不善の行為から起る不快——を判然自覚し始めた。そうして一方では狡猾い私を怒ると共に、一方では二十五銭で売った先方を怒った。どうしてこの二つの怒りを同時に和らげたものだろう。私は苦い顔をしてしばらく黙っていた。

私のこの心理状態は、今の私が小供の時の自分を回顧して解剖するのだから、比較的明瞭に描き出されるようなものの、その場合の私にはほとんど解らなかった。私さえただ苦い顔をしたという結果だけしか自覚し得なかったのだから、相手の喜いちゃんには無論それ以上解るはずがなかった。(1)括弧の中でいうべき事かも知れないが、

「これは太田南畝(注)の自筆なんだがね。僕の友達がそれを売りたいというので君に見せに来たんだが、買ってやらないか」

私は太田南畝という人を知らなかった。

「太田南畝っていったい何だい」

「蜀山人の事さ。有名な蜀山人さ」

無学な私は蜀山人という名前さえまだ知らなかった。しかし喜いちゃんにそういわれて見ると、何だか貴重の書物らしい気がした。

「いくらなら売るのかい」と訊いて見た。

「五十銭に売りたいというんだがね。どうだろう」

私は考えた。そうして何しろ価切って見るのが上策だと思いついた。

「二十五銭なら買っても好い」

「それじゃ二十五銭でも構わないから、買ってやりたまえ」

喜いちゃんはこういいつつ私から二十五銭受取っておいて、またしきりにその本の効能を述べ立てた。私には無論その書物が解らないのだから、それほど嬉しくもなかったけれども、何しろ損はしないのだろうというだけの満足はあった。私はその夜『南畝莠言』――たしかそんな名前だと記憶しているが、それを机の上に載せて寝た。

国語

▲二月六日実施分▼

（七五分）

一 左の文章を読んで後の設問に答えよ。（解答はすべて解答用紙に書くこと）

〔以下は、「私」が小学校の頃に仲良くしていた喜いちゃんとの間に起こった苦い思い出を回顧したものである。ある日、喜いちゃんは友達の安公から託された書物を持参し、「私」に買い取ってくれと頼む〕

彼はある日私の部屋同様になっている玄関に上り込んで、(イ)フトコロから二冊つづきの書物を出して見せた。それは確かに写本であった。しかも漢文で綴ってあったように思う。私は喜いちゃんから、その書物を受け取って、無意味にそこここを引っ繰返して見ていた。実は何が何だか私にはさっぱり解らなかったのである。しかし喜いちゃんは、それを知ってるかなどと露骨な事をいう性質ではなかった。

解答編

日本史

◀2月8日実施分▶

I **解答** A．イ．今昔物語集　ロ．尾崎紅葉　ハ．山上憶良
ニ．藤原定家

B．1－d　2．勘合　3．生類憐みの令　4．中村正直　5－d
6－b　7－d　8－a　9－c　10－a
11．幕府は全国の荘園・公領の武士を動員する権利を朝廷から獲得し，九州の御家人への異国警固番役を継続した。(50 字以内)
12－c　13．壱与〔壹与・台与・臺与〕　14－b　15－a

◀解　説▶

≪原始～近代の生活と文学≫

A．イ．『今昔物語集』は説話集で，内容は本朝（日本）・天竺（インド）・震旦（中国）の3国から構成される。

ロ．尾崎紅葉は硯友社の中心人物で，写実主義の立場に立ち，『金色夜叉』や『多情多恨』などが代表作である。

ハ．貧窮問答歌は山上憶良が里長の過酷な税の取り立ての様子を歌ったもので，『万葉集』に収録されている。

ニ．藤原定家は『新古今和歌集』の撰者の一人である。日記の『明月記』は鎌倉初期の貴重な史料としても有名である。

B．1．a．『蘭学階梯』，b．『解体新書』，c．『金々先生栄花夢』，d．『天草版平家物語』。

2．勘合は，明の皇帝が冊封した国王に与えた割符で，明船は日字勘合を，日本船は本字勘合を持参した。

4．中村正直はスマイルズの『自助論』を翻訳して『西国立志編』を，ミ

ルの『自由論』を翻訳して『自由之理』を著した。
5．a．『浮世風呂』は式亭三馬の作品で化政文化。
b．『雨月物語』は上田秋成の作品で化政文化。
c．『春色梅児誉美』は為永春水の作品で化政文化。
d．『世間胸算用』は井原西鶴の作品で元禄文化。
6．i．正文。たとえば，重源は東大寺造営勧進職として，後白河法皇や源頼朝らにも寄付を募って活躍した。
ii．誤文。忍性が北山十八間戸を建てたのは鎌倉ではなく奈良の誤り。
7．d．正文。6歳以上の良民の男性には2段（720歩）の口分田が支給され，女性はその3分の2にあたる1段120歩（480歩）の口分田が支給された。
a．誤文。調・庸は「口分田の広さに応じて」ではなく，人頭税として課せられた。
b．誤文。初期荘園は「無期限の免税特権が認められた」のではなく，輸租田である。
c．誤文。戸籍は毎年ではなく6年ごとに作成された。毎年作成されたのは計帳で，調・庸賦課台帳として使用された。
8．a．正文。吉備真備と玄昉は唐からの帰国後，橘諸兄政権のもと活躍した。
b．誤文。遣唐使は当初は朝鮮半島沿いのルートをとったが，新羅との関係が悪化した8世紀以降には東シナ海を横切るルートをとった。
c．誤文。日本は唐の冊封を受けなかった。
d．誤文。8世紀に入ると，遣唐使はほぼ20年に一度の回数で派遣された。
10．a．誤文。『万葉代匠記』を書いたのは北村季吟ではなく契沖である。
11．設問は，鎌倉幕府が蒙古襲来をきっかけにして権力の及ぶ範囲を拡大し，戦時体制を弘安の役後も続けていることについて説明を求めることで，いわゆる蒙古襲来後の政治の内容を理解しているかを問うている。蒙古襲来後も幕府は警戒態勢をゆるめず，異国警固番役を継続し，御家人以外の非御家人を動員する権限を朝廷から獲得するとともに，西国への幕府勢力を強めていった。
13．卑弥呼の死後，男の王が立ったが混乱し，卑弥呼の一族の女性である壱与が王となると混乱は収束した。

14. a．弥生土器（高杯），b．縄文土器（火炎土器），c．瀬戸焼，d．須恵器。

15. a．誤文。1865年，幕府はフランスの顧問団の指導のもと，横浜ではなく横須賀に横須賀製鉄所（1871年，横須賀造船所に改称）を建設した。

出典追記：［B-12］a．出典：ColBase（https://colbase.nich.go.jp/）
b・d．奈良文化財研究所所蔵
c．東京国立博物館蔵　Image: TNM Image Archives
［B-14］a．京都大学総合博物館所蔵　b．十日町市博物館所蔵　c．名古屋市博物館所蔵　d．豊田市蔵

II 解答

A．イ．工藤平助　ロ．レザノフ
ハ．プチャーチン〔プゥチャーチン〕
ニ．セオドア=ローズヴェルト　ホ．日ソ基本　ヘ．張鼓峰
ト．平沼騏一郎

B．1―b　2―b　3―b　4―a　5―a　6．榎本武揚
7―c　8―c　9―b　10―d　11．i―d　ii―c　iii―b　iv―a
12．信託統治　13．鳩山一郎

◀解　説▶

≪近世～現代の日露・日ソ外交史≫

A．イ．工藤平助は『赤蝦夷風説考』を田沼意次に提出して，蝦夷地開発と対露貿易を主張した。

ロ．レザノフはラクスマンが持ち帰った信牌を携えて長崎に来航した。

ハ．プチャーチンは1853年に長崎に来航して条約締結を迫った。

ニ．1905年にアメリカ大統領セオドア=ローズヴェルトの仲介で，ポーツマス条約が締結された。

ホ．1925年に北京で日ソ基本条約が締結され，ソ連と国交が樹立された。

ヘ．1938年にソ満国境地帯で，ソ連軍と日本軍が武力衝突した張鼓峰事件がおきた。

ト．平沼騏一郎内閣は，独ソ不可侵条約に対して情勢に対応できず「欧州情勢は複雑怪奇」と声明を出して総辞職した。

B．1．b．正文。1789年のクナシリ・メナシの蜂起はアイヌ最後の蜂起である。

a．誤文。1457年にアイヌの大首長コシャマインが蜂起し，蠣崎氏の客将武田信広が鎮圧した。

c．誤文。松平定信は陸奥の北海岸に北国郡代を新設して，盛岡・弘前両藩に警備させることを計画したが実現していない。

d．誤文。シャクシャインによるアイヌ最大の蜂起は1669年におきた。

2．b．正文。桂川甫周は，ロシアより帰国した大黒屋光太夫の供述をもとに『北槎聞略』を著した。

a．誤文。大黒屋光太夫は，漂流中にアリューシャン列島でロシア人に救われた。

c．誤文。ラクスマンが来航した時の将軍は徳川家慶ではなく徳川家斉である。

d．誤文。大黒屋光太夫がペテルブルクで謁見したのはアレクサンドル1世ではなくエカチェリーナ2世。

3．b．正文。間宮林蔵は，1808年に樺太が島であることを確認した。

a．誤文。近藤重蔵が択捉島を調査して「大日本恵登呂府」の標柱を立てた。

c．誤文。幕府は1802年に東蝦夷地を，1807年に西蝦夷地を直轄化した。

d．誤文。林子平の『三国通覧図説』は1786年に刊行された。

5．a．誤文。社会・風俗のヨーロッパ化を進めたのは黒田清隆ではなく井上馨。内閣総理大臣在任中の1894年にイギリスとの間の不平等条約の改正に成功したのは伊藤博文である。

7．c．誤文。1895年親露反日政策をとる閔妃は，三浦梧楼の指揮で日本人によって殺害された。

8．c．正文。対露同志会や東京帝国大学などの七博士は主戦論をとなえた。

a．誤文。与謝野晶子が「君死にたまふこと勿れ」とうたう反戦詩を発表したのは『中央公論』ではなく『明星』である。

b．誤文。社会主義者の幸徳秋水・堺利彦らやキリスト教徒の内村鑑三は反戦論・非戦論をとなえた。

d．誤文。『万朝報』を創刊したのは徳富蘇峰ではなく黒岩涙香である。

9．正解はb。北緯50度以南の樺太を割譲されたことで判断したい。

a．該当事実なし。c．樺太・千島交換条約によって定められた国境。d．

現在の日本政府の見解による国境。

10. d．正文。大戦景気にともなう工業の躍進により，工業生産額は農業生産額を追いこした。

a．誤文。猪苗代に建設されたのは火力発電所ではなく水力発電所である。

b．誤文。官業払下げを受けて三菱長崎造船所が設立されたのは，1887年。

c．誤文。アメリカ向けの生糸，アジア向けの綿織物の輸出が拡大して，貿易は大幅な輸出超過となった。

11. d．ミッドウェー海戦は1942年→c．大東亜会議は1943年→b．B29による本土空襲激化は1944年以降→a．沖縄戦が始まったのは1945年。

12. 南西諸島・小笠原諸島は，アメリカによる信託統治が予定されていたが，アメリカは国際連合に提案しないまま施政権下においた。

13. 鳩山一郎は1956年に日ソ共同宣言に調印して，戦争状態の終結と国交回復，日本の国際連合加盟，賠償請求権の放棄，平和条約締結後の歯舞群島・色丹島の返還などが取り決められた。

❖講　評

Ⅰ　原始～近代の生活と文学を問う問題である。2022年度はⅡで近代～現代の文学史が出題されていたので，過去問を解いて周辺を確認していた受験生は比較的解きやすかったと思われる。大問のいずれかは文化史に関するテーマが頻出であるので，今後も教育史・宗教史なども含めて対策をしておきたい。なお，2023年度も論述問題が出題されており，蒙古襲来後の幕府の権力の及ぶ範囲の拡大と戦時体制の継続について50字以内で説明するものが出題された。また，2022年度は出題されなかった視覚資料を用いた出題が2023年度は3問も出題された。教科書・図説などの写真に目を通しておきたい。

Ⅱ　2022年以降のロシアによるウクライナ侵攻という時事問題から，出題が予想されていた日露・日ソ外交史が出題された。類題として，北海道に関しては2019年度全学部日程で東北・北海道・沖縄史が出題されている。Bの9では地図問題も出題された。日露和親条約，樺太・千島交換条約，ポーツマス条約の内容を地図と関連させて理解しているかを問う問題で，教科書・図説にある地図にもなるべく目を通しておきたい。また，2022 年度には新紙幣の肖像画に採用された人物について出題されており，時事問題はとにかくおさえておきたい。

全体としては，2023 年度も教科書にあまり記載のない用語の出題が減った一方，2022 年度に引き続き論述問題が出題された。難易度は 2022 年度並みと言える。配列問題はⅡのＢの 11 で 1 問出題されており，年号や年代はなるべく覚えておきたい。

◀2月9日実施分▶

I 解答

A．イ．漢書　ロ．石上　ハ．百済　ニ．毛人
ホ．稲荷山　ヘ．江田船山　ト．盧舎那　チ．時宗
リ．三別抄

B．1－c　2－c　3－c　4－d　5－c　6－d　7－d

C．1．漢委奴国王

2．二官八省などの官庁が整備され，官吏は文筆能力と儒教の教養が必須で，位階に応じた官職に任じられた。(50字以内)

◀解　説▶

≪古代～中世の日中・日朝外交史≫

A．ロ．石上神宮は奈良県にある神社で物部氏の氏神にあたり，七支刀には百済王が倭王のためにつくったという意味の文が金象嵌で刻まれている。

ニ．倭王武の上表文の中で，毛人（蝦夷や東国の人々とされる）55国，衆夷（西国の人々とされる）66国を征服し，海北（朝鮮半島とされる）95国を平定したと主張している。

ホ・ヘ．埼玉県稲荷山古墳出土鉄剣と熊本県江田船山古墳出土鉄刀のいずれの銘文にも倭王武（雄略天皇）と共通する「ワカタケル」の名が見え，当時のヤマト政権が少なくとも関東から九州まで支配していたと推定される。

ト．盧舎那仏は東大寺の大仏の正式名称。聖武天皇の命で紫香楽宮で鋳造が開始され，都が平城京に戻ると東大寺に場所を移し，国中公麻呂らの技術と行基の協力で完成した。

チ・リ．モンゴルの服属要求を執権北条時宗は拒否した。高麗での三別抄の乱を鎮圧した後，元・高麗連合軍が対馬・壱岐を襲い，博多湾に上陸した。いわゆる文永の役である。

B．1．a．台北，b．山東半島（青島の東側），c．楽浪郡（現在のピョンヤン），d．乃而浦。

2．a．洛陽，b．建康（現在の南京），c．丸都，d．漢城（現在のソウル）。

3．仏教伝来について，538年（戊午説）としているのは，c．『上宮聖

徳法王帝説』と『元興寺縁起』，552年（壬申説）としているのは，d．『日本書紀』である。

4．a．白鳳文化の興福寺仏頭。b．白鳳文化の法隆寺金堂壁画。c．白鳳文化の高松塚古墳壁画。d．飛鳥文化の中宮寺半跏思惟像。

6．奝然は東大寺の僧で，983年に入宋し，五台山を巡礼し，帰国後宋版大蔵経をもたらし，嵯峨野に清凉寺を建てた。

7．a．『西宮記』は源高明によって著された有職故実の書。

b．『小右記』は藤原実資の日記。

c．『土佐日記』は紀貫之による最初のかな日記。

d．『御堂関白記』は藤原道長の日記で，世界記憶遺産に登録されている。

C．2．設問は，律令制度による中央機構とヤマト政権の政治制度である「氏姓制度」の異なる点を，50字以内で説明することが要求されている。律令制度では，中央に神祇官と太政官の二官をおき，太政官のもとで八省が政務を分担するなど官庁を整備した。さらに官吏は能力に応じて人材登用され，官位相当制により官職に任じられた。

Ⅱ 解答

A．イ．吉田　ロ．出開帳　ハ．講

ニ．神仏分離令〔神仏判然令〕　ホ．大教宣布

ヘ．五榜の掲示　ト．島地黙雷

B．1－b　2－b　3－b　4－d　5－c　6－d　7－b　8－a　9－d　10．内村鑑三　11．金光教　12－c　13．中曽根康弘

◀解　説▶

≪近世～現代の神道・キリスト教史≫

A．イ．吉田家は吉田兼倶が唯一神道をおこして以来，唯一神道の宗家として活躍し，江戸時代には神職に関する免状発行権を認められた。

ロ．秘仏を公開することを開帳といい，他所に出張して公開することを出開帳という。

ハ．近世における講とは，同業者集団が結んだ組織や，聖地巡礼や寺社参詣のための結社組織などの多様化した組織のことである。

ニ．1868年，神仏分離令により神仏混淆を禁止した。その結果，全国的な廃仏毀釈が激化し，寺院や仏像が破壊された。

ホ．1870年大教宣布の詔により，神道国教化推進を表明した。

へ．五榜の掲示は 1868 年 3 月 15 日に掲げられた高札で，五倫の道の遵守，徒党・強訴・逃散の禁止，キリスト教の禁止など旧幕府の民衆統制を継承したものであった。

ト．島地黙雷は浄土真宗本願寺派の僧で，自由信仰論をとなえて神道の国教政策に反対した。

B．1．b．誤文。大名の信仰を許可制としたのは織田信長ではなく豊臣秀吉である。

2．1615 年の武家諸法度元和令は徳川家康の命で金地院崇伝が起草し，徳川秀忠の名で発布された。のちに，城郭の無断修築の禁止に違反したとして福島正則が改易された。

3．ｉ．正文。京都所司代は将軍直轄で，朝廷の統制や西国大名の監督にあたった。

ⅱ．誤文。三奉行の中で寺社奉行のみは旗本ではなく譜代大名が就任した。

4．d．正文。黄檗宗は明の隠元隆琦が開いた禅宗の一派で，宇治の万福寺を総本山とした。

a．誤文。陰陽道を家業としたのは飛鳥井家ではなく土御門家である。ちなみに飛鳥井家は蹴鞠を家業とした。

b．誤文。修験者のうち，真言宗醍醐寺三宝院門跡が統制したのは本山派ではなく当山派である。本山派は天台宗聖護院門跡が統制した。

c．誤文。仏教の中で邪教として禁止されたのは浄土真宗ではなく日蓮宗の不受不施派である。

5．ⅱ．鳥羽・伏見の戦いは 1868 年 1 月→ｉ．政体書は 1868 年閏 4 月→ⅲ．年号が明治に改元されたのは 1868 年 9 月。

6．五箇条の誓文は由利公正が原案を起草し，福岡孝弟が修正を行い，のちに木戸孝允が加筆修正した。

8．a．徴兵令の公布は 1873 年。

b．警視庁の設置は 1874 年。

c．新橋一横浜間の鉄道敷設は 1872 年。

d．学制公布は 1872 年。

9．ヘボンはアメリカ人宣教師として来日して日本初の和英辞典『和英語林集成』を出版し，ヘボン式ローマ字を考案し，横浜に明治学院を創設した。

11. 金光教は川手文治郎（赤沢文治）を開祖とし，天地金乃神を信仰する民衆宗教である。

12. a．教育基本法の公布は1947年。
b．教育勅語の排除・失効は1948年。
c．修身・日本歴史・地理の授業一時停止は1945年。
d．教育委員会の設置は1948年。

❖講　評

Ⅰ　古代から中世までの日中・日朝外交史から出題された。2023年度は2022年度に出題されなかった視覚資料問題が復活し，地図と視覚資料が出題された。また，リード文で史料の空所補充問題が出題されたが，頻出史料からの出題であった。2021年度以降連続して論述問題が出題されており，2023年度は律令制度による中央政府の機構の整備がヤマト政権の政治制度と異なる点を50字以内で説明するものが出題された。

Ⅱ　近世から現代の神道・キリスト教史を問う出題である。比較的基礎的な用語が問われている。空所に入る語句の組み合わせを問う問題や3つの事項の配列問題が出題された。

全体としては，2022年度と同様に教科書にあまり記載のない事項に関する出題は少なく，さらに2022年度のような2つの文を選ぶタイプの正文選択問題も出題されなかったことから，難易度は易化したと言える。年代や時期を問う問題がⅡのBの5・8・12と3問出題されており，年号や年代はなるべく覚えておきたい。

世界史

◀2月6日実施分▶

I 解答

1．i－b ii－e
2．i．司馬遷 ii．本紀 iii．帛（はく）
3－d 4．楚辞
5．天命や自然秩序，倫理・道理を抽象的な言葉で記すこと
6－b 7．イブン=シーナー〔アヴィケンナ〕 8．タキトゥス
9．最初：b 三番目：a 10－e 11．プルタルコス 12．ハディース
13．ホッブズ 14．ウィーン条約

◀解 説▶

≪歴史の記述方法から見た古代～現代の世界≫

1．独特な「縦目仮面」などの青銅器で知られる三星堆文化は，長江上流の四川地方で栄えた新石器文化。よって，地図には該当する場所がない。

2．ii．やや難問。紀伝体の歴史書は，帝王の年代記である本紀と，帝王以外の人物史である列伝を中心に構成されていることから，紀伝体と呼ばれる。

iii．やや難問。確認されているものでは戦国時代のものが最古。

3．やや難問。『春秋』が魯の年代記であることは細かい内容だが，孔子が魯の出身とされることから推測できる。

5．難問。下線部5の意味は，「私はそのことを抽象的な言葉で記そうとしたが，（それよりも）これを人々が実際に行った具体的な行為として示す方が，はるかに切実で鮮明だ」といった内容である。よって「空言に載せ」とは，「行事」（具体的な行為）と対比させると「抽象的な言葉で記す」ことだが，「之」とは下線部5の直前の文にある「天の理や自然の秩序，また，あるべき人間の道理」である。よって，「之」が指す内容を「天命」「規範」「道理」などといった表現に置き換えて1行でまとめればよいが，漢文の知識を踏まえた読解力が必要である。

6．難問。宋教仁は中国同盟会に加わった革命団体の一つ，華興会の人物。

9．最初に支配下に入った都市は，ローマからの距離が最も近いシチリア島のシラクサ（b）。次に，ガリア地方は前1世紀中頃にカエサルの遠征によってローマ領となったのでパリ（c）は2番目。同様にプトレマイオス朝の滅亡によりエジプトは前30年に属州となり，トラヤヌス帝時代（1世紀末～2世紀初め）にローマ領はブリタニアを含め最大となっているので，アレクサンドリア（a）は3番目，ロンドン（d）は4番目と判断できる。

10. 難問。ミカレー（ミュカレ）の戦いはプラタイアの戦い（前479年）と同年に起こった小アジア沖での海戦。

12. ムハンマドの言行はスンナ。

13. ホッブズがトゥキュディデスの『歴史』を最初に英訳したことは用語集レベルを超えるが，設問文の「国家主権の絶対性を主張」「17世紀のイギリスの政治思想家」からホッブズを導ける。

14. 難問。ウィーン条約はオゾン層の保護を目的に国際的な枠組みを定めたものだが，用語集レベルを超える用語。この条約をもとに，1987年にはフロンガスの規制や規制スケジュールを具体化したモントリオール議定書が採択されている。

Ⅱ 解答

1―d　2．ラヴェンナ　3．イブン=バットゥータ　4―b　5．羊　6．クラーモント号　7―d　8―e

9．自動車のタイヤ生産（10字以内）　10. 全インド=ムスリム連盟

11. i．マハティール　ii．喜捨〔ザカート〕

12. あ―f　い―h　う―d　13―c　14―a　15. リオ宣言

16. アカプルコ　17―b

◀解　説▶

《感染症の流行から考える古代～現代の世界》

1．d．誤文。麦類が最初に栽培されたと考えられているのはメソポタミアなどの西アジア。

4．難問。コーヒーの原産地はエチオピアと考えられている。

5．第1次囲い込み以降のイギリスで主力産業となったのは毛織物工業なので，飼育規模が拡大したのは羊。

6．やや難問。フルトンはアメリカの発明家で，クラーモント号をハドソン川で航行させている。

7．カリフォルニアで金鉱が発見されたのは 1848 年。d．不適。プロイセン国王のヴィルヘルム 1 世が，ドイツ皇帝として即位しドイツ帝国（1871～1918 年）が成立したのは 1871 年。

9．「20 世紀初頭のアメリカ合衆国経済」から，1920 年代の「永遠の繁栄」を連想したい。設問文には「大きな需要」ともあるので，この時期に大量生産されたフォードなどの自動車に使われたゴム製のタイヤと結びつけられる。

10．全インド=ムスリム連盟が結成されたのは 1906 年。当初は親英的だったがやがて国民会議派と共闘するようになり，さらにパキスタン建国を主張するようになった。ジンナーは独立（1947 年）後のパキスタン初代総督でもある。

11．ｉ．やや難問。マハティールは日本の経済発展に学ぼうとするルックイースト政策でも知られる。

ⅱ．六信とは，アッラー・天使・啓典・預言者たち・来世・神の予定（定令）の 6 つ。

12．あ．やや難問。UNHCR の日本語の名称は国連難民高等弁務官事務所。1990 年代に日本の緒方貞子が高等弁務官を務めたことで知られる。

う．難問。UNDP（国連開発計画）は 1966 年に設立された国連の主要機関の一つだが，用語集レベルを超える。

正答以外の選択肢はそれぞれ，IBRD（国際復興開発銀行），IMF（国際通貨基金），UNCTAD（国連貿易開発会議），UNEP（国連環境計画），UNICEF（国連児童基金）。

14．20 世紀末以降の国家主席は，江沢民（在任 1993～2003 年），胡錦濤（在任 2003～2013 年）と推移し，現在は習近平。

15．難問。1992 年の国連環境開発会議（環境と開発に関する国連会議）は地球サミットとも呼ばれ，ブラジルのリオデジャネイロで開催されたことから採択されたのはリオ宣言だが，細かい用語。

17．雷帝と呼ばれたイヴァン 4 世（在位 1533～84 年）は 16 世紀の人物。ステンカ=ラージンとプガチョフは，ともに農民反乱（前者は 17 世紀後半，後者は 18 世紀後半）の指導者。

❖講　評

Ⅰ　人類がどのように歴史を記憶・記述し，後世に伝えてきたのかをテーマとしたリード文をもとに，古代から現代の世界史を問う大問。テーマに沿って大半が文化史に関する内容となっているが，政治史に関する問題も含まれている。中国史からの出題が目立つが，古代地中海世界やイスラーム世界を扱った小問も含まれており，17世紀のヨーロッパ文化からの出題もみられる。用語集レベルやそれを超える内容を扱った難問が散見され，ヨーロッパの近代文化とともに点差が開くポイントとなっており，5は国語の漢文的要素が強い。

Ⅱ　人間の活動や環境の変化に伴う感染症の流行をテーマに，古代～現代の世界を問う内容となっている。Ⅰよりも扱う時代幅が広く，新石器時代から1990年代までが含まれているが，特に第二次世界大戦後の国際的な世界情勢を扱った問題が目立っている。政治史からの出題が多いが，小問レベルで文化・宗教・経済・社会からも出題されており，西・南・東南の各アジアや中国，アメリカ大陸やヨーロッパの各地域を扱っており，分野的にも地域的にも幅広い出題となっている。難問が散見されるのはⅠと同様で，特に国連を中心とした国際機関や現代における宣言を問う12・15などは非常に難易度が高く，点差が開きやすい。

◀2月8日実施分▶

I　解答

A．イ．犬　ロ．豚
B．1．アリストテレス　2―e　3．周口店上洞人
4．a．誤　b．正　c．正　d．誤　5―a　6―c　7―a　8―e
9．サフル大陸　10．フッガー家
11．あ．ナザレ　い．ディオクレティアヌス　う．ニケーア

◀解　説▶

≪動物をテーマに考える先史～近世の世界史≫

A．イ．やや難問。正答の最大のヒントとなるのは，リード文中4つ目の空所イの前後の表現。周を滅ぼした（都を攻略した）のは遊牧民の犬戎(けんじゅう)。

ロ．3つ目の空所ロの続きに「ユダヤ教やイスラームを信奉する人々を除き…その肉を食べる」とあることから豚と判断できる。

B．1．アリストテレスはプラトンの弟子で，諸学を集大成した功績から「万学の祖」と称されている。

3．洞穴壁画を描いた人類は新人で，クロマニョン人も含まれる。代表的な洞穴壁画としてはラスコー（フランス）やアルタミラ（スペイン）がある。

4．a．誤文。獲得経済から生産経済へと移行したのは完新世。更新世は完新世の前の地質時代（約260万年前～1万1700年前）。

d．誤文。ヨーロッパの農耕文化が北アフリカを経てイベリア半島に最初に伝わったという証拠はない。農耕・牧畜の開始は西アジアを起源とする単源説と複数の地域で発生したとする多源説とがあり，単源説であったとしても地中海東岸の地域から広まったと考えるのが自然である。

5．ササン朝（224～651年）の都として知られるクテシフォンはティグリス川中流にある都市なので，オアシス都市ではない。

6．難問。選択肢の王朝はいずれも魏晋南北朝時代（220～589年）の王朝だが，cの北魏のみ華北の王朝であり，騎兵の服装から北方系であると判断したい。

8．やや難問。サハラ交易では岩塩や金以外に，ギニア湾岸から運ばれた象牙や奴隷も対象とされていた。

9．かなり難問。高校地理や地学レベルをも超える内容。
10．中世ヨーロッパにおいて大きな影響力をもった富豪としては，教皇を出したことがあるフィレンツェのメディチ家もある。
11．あ．やや難問。ナザレはイエスが幼少期を過ごしたとされる村名。
う．ニケーア公会議ではアリウス派が異端とされた。

II 解答

A．イ．マルサス　ロ．人民公社　ハ．アドリア海
ニ．レセップス　ホ．レオポルド２世　ヘ．ジェンナー
ト．コッホ
B．1－e　2．i－b　ii－d　iii－a　iv－c　3．暗黒の木曜日
4．ブルム　5．i－c　ii－b　iii－d　iv－a　6．瑞金
7．アボリジニー　8．i－d　ii．公行　9－c　10．アギナルド
11－b

◀解　説▶

≪食糧不足や感染症の伝播から見た近代～現代初頭の世界≫

A．イ．マルサスはリカードとともにイギリスを代表する古典派経済学者。
ロ．毛沢東により大躍進運動が開始されたのは1958年。
ハ．やや難問。アドリア海はイタリア半島とバルカン半島の間にある海で，ヴェネツィアはアドリア海の最奥に位置している。
ホ．やや難問。レオポルド２世はアメリカ人探検家のスタンリーを支援したことでも知られる。
ヘ．ジェンナーが開発した種痘法とは，天然痘の予防接種。
ト．コッホは炭疽菌やコレラ菌も発見しており，ツベルクリンも創製するなど近代細菌学の祖とされる。
B．1．ノーフォーク農法は農地を４区画に分け，大麦・クローヴァー・小麦・カブを４年で一巡させる四輪作農法で，18世紀前半にイギリス東部のノーフォークから普及した。
2．オスマン帝国で青年トルコ革命が勃発（1908年・b）すると，その混乱に乗じてブルガリアが独立を宣言（1908年・d）し，バルカン半島に進出したオーストリアに対抗して，ロシアはセルビア・ブルガリア・モンテネグロ・ギリシアの４カ国でバルカン同盟を結成（1912年・c）させている。一方，イタリア=トルコ戦争の勃発は1911年（a）なので，年

代順はb→d→a→cとなる。

4．ブルムは当時の社会党の党首。急進社会党・共産党とともに人民戦線内閣を組織した。

5．やや難問。独ソ不可侵条約の締結（c）は 1939 年 8 月で，ソ連がフィンランドに宣戦してソ連=フィンランド戦争が勃発（b）したのは同年 11 月。ソ連は対ドイツ戦に備えるため 1941 年 4 月に日ソ中立条約を締結（d）し，同年 6 月から独ソ戦が始まるとアメリカは武器貸与法（成立は同年 3 月）をソ連にも適用（a）した。よって年代順はc→b→d→aとなる。武器貸与法のソ連適用時期は用語集レベルを超える細かい内容であるが，独ソ戦開始前にアメリカがソ連を支援することはないことから推測して正答を導きたい。

7．ニュージーランドの先住民はマオリ人。

8．ｉ．アヘン戦争は 1840～42 年の出来事。乾隆帝は清朝前半の 18 世紀の皇帝であり，光緒帝は戊戌の変法当時（1898 年）の皇帝なので 19 世紀末の人物。宣統帝は清朝最後の皇帝だった溥儀なので 20 世紀初頭の人物。よって消去法により正答はdの道光帝。

ⅱ．アヘン戦争終結に際し結ばれた条約は南京条約（1842 年）。

9．1826 年に成立した海峡植民地はペナン（a），マラッカ（b），シンガポール（d）で構成されていたので，無関係なのはc。

10．アギナルドはフィリピン革命における指導者として知られているが，アメリカ=スペイン（米西）戦争（1898 年）が勃発すると，翌年にフィリピン共和国の独立を宣言して初代大統領となっている。

11．地図中のaはケニア（イギリス領），cはポルトガル領東アフリカ，dはマダガスカル（フランス領）。

❖講　評

Ⅰ　人間とともに歴史を歩んできた動物をテーマに，先史から近世の世界史を問う内容となっている。旧人や新人の先史時代，古代ギリシアや古代中央アジア・中国，中世や近世のヨーロッパのほか，アフリカからも出題されている。政治史からの出題はほぼ皆無で，テーマとあいまって社会・経済に関する出題が目立ち，宗教・文化などを扱った小問も含まれている。用語集の説明文レベルの難度の高い小問が散見されるが，中でも視覚資料を扱った6は難問であり，更新世期の陸塊名を求める9は高校世界史の範疇を超えている。

Ⅱ　人類が抱える問題である食糧不足や感染症の伝播をテーマに，近代～現代初頭の世界を幅広く問う大問。ヨーロッパからの出題が多いが，中国やアフリカ・東南アジア・オーストラリアに関する小問もみられる。分野的には科学を中心に18～19世紀のヨーロッパ文化からの出題が目立ち，政治史以外に文化や社会を扱った問題も含まれている。**I**ほどの難問は含まれていないが，用語集レベルの小問も含まれており，学習が手薄になりがちなヨーロッパの近代文化や地図への対応が不十分だと，点差となって表れやすい内容となっている。

地理

I

解答 A．イ．グローバル　ロ．WTO〔世界貿易機関〕
ハ．難民　ニ．トルコ　ホ．垂直　ヘ．水平
ト．シリコンヴァレー　チ．第3のイタリア〔サードイタリー〕
リ．穀物メジャー

B．1．自由貿易協定：NAFTA〔北米自由貿易協定・北アメリカ自由貿易協定〕　国際協定：EPA〔経済連携協定〕

2－a　3－b

4．国名：エクアドル

理由：生産から流通・販売を担うアメリカと日本の多国籍企業により，広大なバナナのプランテーション農園がミンダナオ島に開発され，日本市場向けのバナナが大量に生産されるようになったから。

◀解　説▶

≪グローバル化が世界にもたらす影響≫

A．チ．ヴェネツィア・ボローニャ・フィレンツェなどイタリア北東部から中部にかけての地域は，工業中心の北部と農業中心の南部と区別して「第3のイタリア」と呼ばれ，高い技術をもつ職人や中小企業による地場産業が発達し，イタリア産業の一翼を担っている。

B．1．2020年には，NAFTAに代わりUSMCA（米国・メキシコ・カナダ協定）が発効した。2国間以上で関税の撤廃などを定めたFTA（自由貿易協定）に対して，EPAは，さらに人の移動やサービスの連携強化なども加えた協定となっている。

2．オーストラリアへの移動が最も多い①が，オーストラリアの旧宗主国イギリス。また，同じドイツ語圏であるオーストリアや，これまで多くの移民を受け入れ経済的にも結びつきの強いトルコへの移動が多い②がドイツ。

3．18世紀末のアメリカ合衆国独立以降，イギリス・ドイツなど北西ヨーロッパから，19世紀後半以降には南・東ヨーロッパからの移民が増加した。20世紀後半以降は，ベトナム・フィリピンなど東南アジア，イン

ド・パキスタンなど南アジアからの移民も増加した。メキシコからの移民はヒスパニックと呼ばれ，現在はヨーロッパ系に次ぐ人口にまで増加している。

4．フィリピンのミンダナオ島は，一年を通じて高温多湿であることや，火山灰土壌のため水はけがよいことなど，自然環境の面でバナナの栽培に適していることもあるが，食料供給体系の特徴から説明するためには，生産から流通・販売を行うアメリカや日本の多国籍企業の活動について触れる必要がある。

Ⅱ 解答

A．イ．福祉国家　ロ．スカンディナヴィア　ハ．フィヨルド　ニ．楯状地　ホ．北大西洋　ヘ．シェンゲン

B．1－d

2．地球が公転面に対して23.4度傾いた地軸を中心に自転しており，夏季に1日中太陽光の当たる地域が生じるため。

3－d　4－c　5－e　6．10時間10分　7．ハブ空港

8．

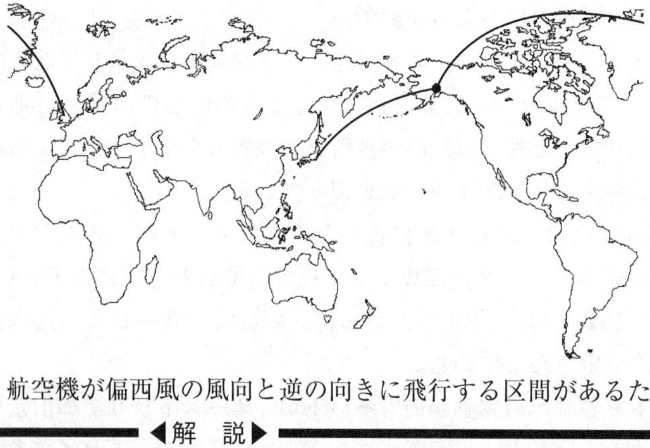

9．航空機が偏西風の風向と逆の向きに飛行する区間があるため。

◀解　説▶

≪北欧の地誌≫

A．ヘ．国境を越えた移動の自由が定められたシェンゲン協定は，2022年現在でEU加盟国のうち22カ国と，ノルウェーなどEU非加盟国4カ国で締結されている。

B．2．地球の自転の軸となる地軸の傾きが，白夜・極夜や季節が生じる

要因になっている。

3．デンマークは，石油中心のエネルギー利用から再生可能エネルギーの利用にシフトし，現在では国内の発電量の 54.7％が偏西風を生かした風力発電によって賄われている（2019 年）。よって d が該当する。「再生可能エネルギーが占める割合」がほぼ 100％で推移している a は，発電の大半を水力発電が占めるノルウェー。b はスウェーデン，c はフィンランドで，ともに総発電量に占める原子力発電の割合が比較的高いため，「再生可能エネルギーが占める割合」は他の 2 カ国と比べて低い。

4．c．誤文。1999 年のユーロ導入当初から，イギリスは EU 加盟国ながら，スウェーデンやデンマークとともにユーロを利用していなかった。

5．表の「1986 年」が冷戦時であることがわかれば，解答を導き出しやすい。A はポーランドで，1986 年は貿易相手の大半をソ連など当時の社会主義国が占めていたが，2020 年には隣国のドイツやチェコなどとの貿易が多くなっている。B はフィンランドで，国の位置からソ連の影響を大きく受けていたが，2020 年には隣国のスウェーデンとの貿易が増加している。C は 3 カ国の中で唯一ソ連の影響が小さいノルウェー。2020 年でも，北海を挟んだ隣国イギリスとの貿易が多い。

6．東経 135 度線を標準時子午線とする日本の標準時は，GMT / UTC＋9 時間なので，フィンランドと日本の時差は 7 時間。出発時の東京が 12 月 31 日の 10：50 なので，そのときのヘルシンキの日時は，同じ日の 7 時間前の 3：50 である。この航空機がヘルシンキの同じ日の 14：00 に到着したので，飛行時間は，10 時間 10 分である。

8．解答欄の白地図が正角図法による図なので，2 都市を直線で結ぶことのないようにしないといけない。特に，アンカレジ・ロンドン間では「北極海上空を通過して」とあるので，2 地点を結んだ直線ではなく，北極海に抜け，カナダの北部，グリーンランド上空を通り，ロンドンに向かう曲線が最短になる。

9．東京・アンカレジ間は偏西風帯を通ることになり，西から東に向かうときよりも，東から西に向かうときのほうが，偏西風の風向と逆に飛行するため偏西風が向かい風となり，より時間がかかることになる。

Ⅲ　解答　A．イ．糸魚川・静岡構造線　ロ．フォッサマグナ
ハ．地溝帯　ニ．塩

B．1－d　2．逓減率

C．1．a．索道〔リフト，ロープウェイ〕　b．せき

2．比較的平坦ではあるが穏やかに傾斜している扇状地に位置し，見晴らしがよかった上に，針葉樹と広葉樹の広大な混合林が残っており，別荘地に適した豊かな自然が広がっていたから。

3－d

4．

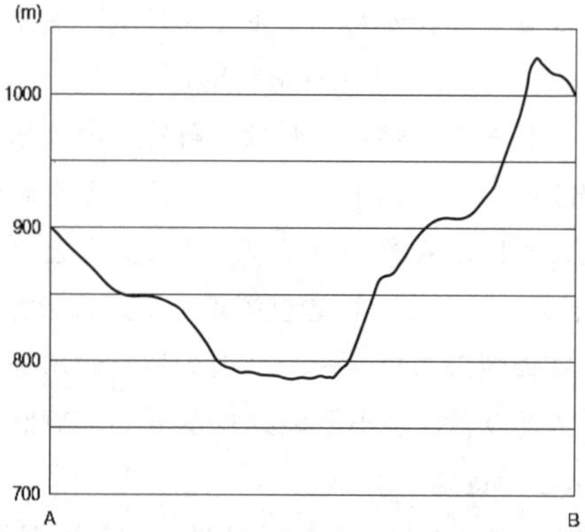

◀解　説▶

≪長野県白馬村付近の地形図読図と地域調査≫

A．ニ．「内陸地域で入手が困難」であり，「魚介類」と共に運ばれ，「郷土料理」にも用いられることから，海水からつくられた塩と考えられる。

B．1．油紙やビニールをかぶせ，太陽熱で保温して育苗する方法は保温折衷苗代と呼ばれ，冷害回避のため1940年代に長野県で始められ，1950年代から1960年代にかけて広まった。

C．1．a．索道とは，リフトやロープウェイなどのように，空中に架設したワイヤーロープに輸送用機器を吊り下げ，人や荷物を載せて輸送する交通機関のこと。

2．地形については「平川」が作り出した扇状地であること，植生については針葉樹・広葉樹の混合林が広がっていることが，等高線や地図記号から読み取れる。このことを，別荘地の開発の要因としてつながるように述べればよい。

３．写真の施設は，冬季の積雪が多い白馬村での工夫である雪囲いと呼ばれるものである。

４．Ａ・Ｂの中間付近に「松川」が流れており，その東西の標高が高くなった断面図になる。「松川」の左岸にある崖の記号が描かれたところで等高線が途切れており，注意が必要。

❖講　評

Ⅰ　グローバル化がもたらすさまざまな分野への影響に関するリード文から，空所補充や図表の読み取りなどを課す標準的な大問であった。フィリピンからのバナナ輸入量の増加の理由を問う論述問題は，論述量は多いものの，多国籍企業という受験生にとってはなじみのある内容から説明できるだろう。

Ⅱ　北欧（ノルウェー・スウェーデン・デンマーク・フィンランド）に関して，自然環境・エネルギー政策・貿易・交通など，多岐にわたってさまざまな設問形式で出題されている。北欧各国のエネルギー政策の特徴については，改めて整理をしておきたい。また，航空機の飛行ルートの描図は目新しい問題。地図の図法の特徴も踏まえて解答する必要があり，丁寧に描図したい。

Ⅲ　長野県白馬村付近の地形図の読図を中心に，地域の特徴を考察したり断面図を描図したりと，立教大学らしい出題である。長野県や白馬村の細かい知識を問うているような問題でも，地形や気候などの条件を考えれば解答できる問題もあり，総合的な地理の力が必要であった。

政治・経済

I **解答** A．イ．秘密 ロ．統治行為 ハ．鉄のカーテン
ニ．トルーマン・ドクトリン ホ．マーシャル・プラン
ヘ．ワルシャワ条約機構
ト．大韓民国 チ．朝鮮民主主義人民共和国（ト・チは順不同）
リ．デタント ヌ．キューバ危機
B．1－c 2．治安維持法 3－a・d 4－a
5．i．内閣不信任決議 ii－b 6．事前協議制度
7．①－e ②－a ③－f 8．内閣提出 9－b
10－b・c
11．i．①－a ②－c ③－d ④－b
ii－d

◀解 説▶

≪平等の理念と東西冷戦≫

A．イ．選挙の三原則は，平等選挙，普通選挙，秘密投票である。

ロ．「高度に政治的な国家行為の合憲性については，その性質上，裁判所の違憲審査からはずされる，とする議論」は統治行為論である。

ハ．チャーチル元首相は1946年の演説において，ヨーロッパに「鉄のカーテン」が降ろされていると表現して，東側（共産主義）勢力の脅威に対抗することを説いた。

ニ．トルーマン・ドクトリンは，1947年に宣言された，ギリシャ，トルコに対する軍事的・経済的援助によるアメリカの共産主義封じ込め政策である。

ホ．第二次世界大戦で疲弊した西欧諸国の経済復興を支援する計画は，提唱したアメリカ国務長官の名前からマーシャル・プランと呼ばれる。

ヘ．北大西洋条約機構（NATO）に対抗して1955年に結成された東側の軍事同盟はワルシャワ条約機構である。

リ．デタントは一般的には2国間の敵対関係が緩和することをいい，特に1960年代後半から1970年代前半における東側諸国と西側諸国の緊張緩和

を意味する言葉として用いられる。

ヌ．ソ連によるキューバのミサイル基地建設に対抗してアメリカがキューバを海上封鎖したことで，米ソ間の緊張が核戦争寸前まで高まった1962年の出来事は，キューバ危機である。

B．1．c．不適当。家族生活における両性の平等，教育の機会均等，選挙権の平等はそれぞれ憲法第24条，第26条，第15条で規定されているのに対して，公務就任権についてこれらに相当する憲法の規定はない。

2．1925年に導入された男子普通選挙と同時に制定され，共産主義・社会主義運動の弾圧に利用された法律は治安維持法である。

3．a．適当。2008年に最高裁は，婚姻関係にない日本人の父と日本人でない母の間に生まれた子どもに日本国籍を認めない国籍法の規定を違憲と判断した。

d．適当。2002年に最高裁は，郵便書留の損害賠償の責任を狭く限定する郵便法の規定を違憲と判断した。

4．b．誤文。政府委員制度は1999年に廃止された。

c．誤文。連邦制を採らずに二院制を採用する先進国として日本以外にもイギリスやフランスなどがある。

d．誤文。国政調査権は衆議院・参議院ともに認められている。

5．i．憲法第69条は「内閣は，衆議院で不信任の決議案を可決し，又は信任の決議案を否決したときは，十日以内に衆議院が解散されない限り，総辞職をしなければならない」と規定している。

ii．b．正文。7条解散では内閣が解散に都合の良い時機を選ぶことができるため，7条解散として行われた数の方が多い。

6．1960年に改正された日米安全保障条約第6条に基づく「条約6条の実施に関する交換公文」では，在日米軍の配備・装備に関する重要な変更については，アメリカ政府が日本政府に事前に協議することを義務づけている。

7．①eが適当。日本のGDPに占める高齢者関係社会支出の割合は，1980年代では4％弱であるが2015年には11％を超えており，同期間におけるスウェーデンのそれと比べて増加幅が大きい。

②aが適当。1980年代のスウェーデンのGDPに占める家族関係社会支出の割合は3.5％程度であり，同時期における日本のそれと比べて多く，早

期に仕事と育児の両立支援を充実させたことが読み取れる。
③ f が適当。家族関係社会支出が社会保障支出の多くの割合を占め続けていれば，必然的に高齢者関係社会支出の割合の増加幅は小さくなる。

8．議員提出法案と比べ法律として成立する率が高いものが問われていることから内閣提出法案である。

9．b．不適当。永世中立国であるスイスは北大西洋条約機構（NATO）に加盟していない。aのイギリスは1949年のNATO発足時からの原加盟国である。cのトルコは1952年に加盟している。dのポーランドは1999年に加盟している。

11．ⅰ．a．核拡散防止条約（NPT）が締結されたのは1968年である。b．核兵器禁止条約が発効したのは2021年である。c．米ソ間の中距離核戦力（INF）全廃条約が締結されたのは1987年である。d．包括的核実験禁止条約（CTBT）が国連総会で採択されたのは1996年である。
ⅱ．d．適当。P・Qを2つの国として考え，黙秘を協調，自白を非協調として捉えれば，双方が協調を選ぶことが両者の利益を最大化すると認識されていても，P・Qが互いに自白を選ぶのと同様に両国も非協調を選ぶとわかる。

Ⅱ 解答

A．イ．資本移転等　ロ．金融　ハ．証券
ニ．公定歩合　ホ．預金準備率　ヘ．生存　ト．賦課
B．1－a　2－b　3－b　4．ⅰ．購買力平価　ⅱ－a　5－b
6－a　7－b　8－a　9－b　10－b　11－d　12－a　13－c
14－a　15－c　16－a　17－c

◀解　説▶

≪国際経済と日本の金融・財政≫

A．イ．2014年に見直された国際収支は経常収支，金融収支，資本移転等収支に大別される。「政府による相手国の資本形成のための援助や債務の免除などの受取りと支払いの収支」は資本移転等収支である。
ロ．「金融資産と負債の取引の収支」は金融収支である。
ハ．金融収支は直接投資，証券投資，金融派生商品，その他投資，外貨準備に大別される。「利子や配当を得る目的で，外国の債券や株式などに投資する」ことは証券投資に計上される。

ニ.「日本銀行が市中銀行などに貸し出す金利を操作する」ことは公定歩合操作と呼ばれ，かつては金融政策の中心であった。

ホ.「市中銀行などが日本銀行に預金の一定割合を支払準備としてあずける割合を上下させる」ことは預金準備率操作と呼ばれ，1991年を最後に行われていない。

ト．公的年金の財源調達の方式は積立方式と賦課方式に大別される。「いま働いている世代が支払った保険料を仕送りのように高齢者などの年金給付に充てる」方式は賦課方式である。

B．1．a．誤文。「国際収支の天井」とは，景気が改善すると輸入増による外貨不足のために金融引き締め政策を実施しなければならない事態を指す。

2．b．誤文。訪日外国人観光客の増加による旅行収支の黒字は，貿易・サービス収支の黒字に貢献する。

3．a．誤文。キングストン合意では，金とドルの交換の廃止が承認された。

c．誤文。スミソニアン協定では，金1オンス＝38ドルとされた。

d．誤文。プラザ合意はドル高を是正することが目的であった。

4．i．購買力平価説は，同一商品の価格は世界中どこでも同一価格であるという一物一価の法則に基づいて，為替相場を各国の物価水準の比によって算出する理論である。

ii．a．正文。購買力平価をXドル＝Y円として日本でインフレ率が3％，アメリカで10％の場合，1.1 Xドル＝1.03 Y円すなわちXドル≒0.93 Y円となるため，ドル安・円高となる。このように日本のインフレ率がアメリカのインフレ率を下回れば，ドル安・円高となる。

b．誤文。金利の変化が為替レートの変動の要因であるとするのは金利平価説であり，購買力平価説では金利の変動は為替レートに影響を及ぼさない。

c．誤文。購買力平価説は貿易財において成立しやすい。

d．誤文。関税や輸送コストなどがないという仮定において為替相場が1ドル＝100円の場合，アメリカで800ドルのiPhoneは日本で80,000円であり，87,000円の日本のiPhoneよりも安いため，日本がアメリカからiPhoneを輸入する。

5．b．誤文。ドル高・円安になると，日本が保有しているドル建て資産の価値を円で評価した場合に為替差益が発生する。

7．b．誤文。デフレーションが進行すると，物価が下落し通貨価値が上昇するため，債務の返済負担を実質的に重くする。

8．a．誤文。周期が約50年の景気循環の波はコンドラチェフの波である。

9．a．誤文。ペイオフで預金者への払い戻しを行うのは預金保険機構である。

c．誤文。日本銀行は一般の事業会社とは取引を行わない。

d．誤文。日本銀行の発行する日本銀行券は不換銀行券である。

11. d．誤文。ゼロ金利政策とは，中央銀行が一般銀行に貸し付ける金利である政策金利をゼロに誘導する政策である。

12. a．誤文。M1は決済手段として最も容易に利用可能な現金通貨と預金通貨から構成されているため，最も流動性が高い。

13. c．適当。公共財は，同時に多数の人が便益や効用を減らさずに消費・利用できる非競合性と，対価を支払わない人を排除できない非排除性という2つの性質がある。

14. a．誤文。給与所得者は源泉徴収，自営業や農業従事者などは申告納税制度が採用されている。

15. c．誤文。介護保険は40歳以上の全国民に加入を義務付けている。

16. a．誤文。企業や加入者が保険料を拠出し，その運用の結果に応じて給付額が変動するのは確定拠出年金である。確定給付企業年金は，企業が受給者に将来の年金給付額を保障する年金制度である。

❖講　評

Ⅰ　平等の理念に関する本文1と東西冷戦に関する本文2からなる二部構成となっており，政治分野・国際政治分野の全般的な知識が記述式と選択式で問われた。社会保障支出の日本とスウェーデンの比較をテーマとした問題（B－7）ではグラフと説明文を的確に読み取り，推論する力が問われた。また，北大西洋条約機構（NATO）加盟国について問われた問題（B－9）では，時事的な関心や知識が問われた。

Ⅱ　国際経済と日本の金融・財政についての本文から，国内外の経済分野の全般的な知識が記述式と選択式で問われた。例年通り計算問題も出題され，2023 年度は為替相場と購買力平価説を関係づけた問題であった（B－4－ii）。また，年金保険に関する問題（B－16）では，さまざまな種類の年金保険の詳細な知識が問われた。

数学

◀ 2 月 6 日実施分 ▶

I　解答

(i)ア．-9　(ii)イ．$-\sqrt{5} \leqq z \leqq \sqrt{5}$　(iii)ウ．$\dfrac{-1+\sqrt{37}}{2}$

(iv)エ．$\dfrac{7}{18}$　(v)オ．$-\dfrac{1}{7}$　(vi)カ．x^2+1　(vii)キ．$(-1,\ 4)$，$\left(\dfrac{1}{3},\ \dfrac{8}{3}\right)$

◀解　説▶

≪小問 7 問≫

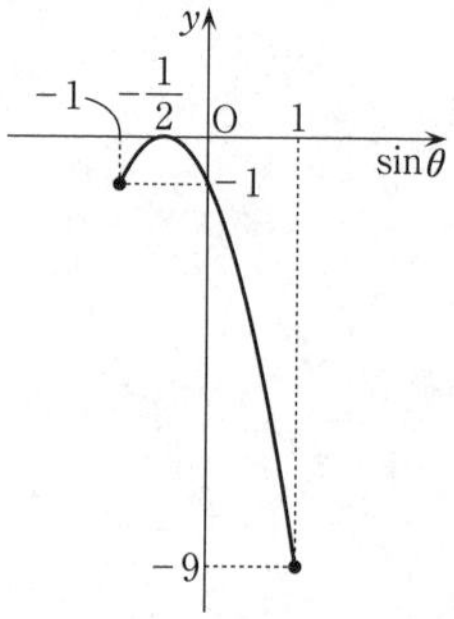

(i)　$y = 4\cos^2\theta - 4\sin\theta - 5$

$= 4(1-\sin^2\theta) - 4\sin\theta - 5$

$= -4\sin^2\theta - 4\sin\theta - 1$

$= -4\left(\sin\theta + \dfrac{1}{2}\right)^2$

$-1 \leqq \sin\theta \leqq 1$ なので，$\sin\theta = 1$ のとき最小値 -9 をとる。（→ア）

(ii)　$x^2+y^2=1$ より，$x=\cos\theta$，$y=\sin\theta$ $(0 \leqq \theta < 2\pi)$ とおける。

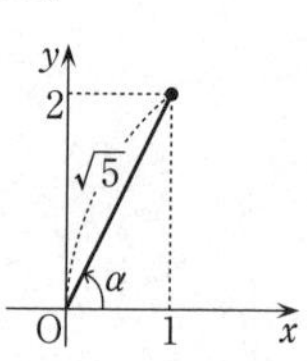

$z = 2x + y$

$= \sin\theta + 2\cos\theta$

$= \sqrt{5}\sin(\theta+\alpha)$　（ただし，α は右図の角）

よって，$-1 \leqq \sin(\theta+\alpha) \leqq 1$ より

$-\sqrt{5} \leqq z \leqq \sqrt{5}$　（→イ）

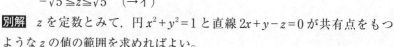

別解　z を定数とみて，円 $x^2+y^2=1$ と直線 $2x+y-z=0$ が共有点をもつような z の値の範囲を求めればよい。

（円の中心から直線までの距離）≦（円の半径）として

$$\frac{|0+0-z|}{\sqrt{2^2+1^2}} \leqq 1$$

よって，$|z| \leqq \sqrt{5}$ より

$-\sqrt{5} \leqq z \leqq \sqrt{5}$

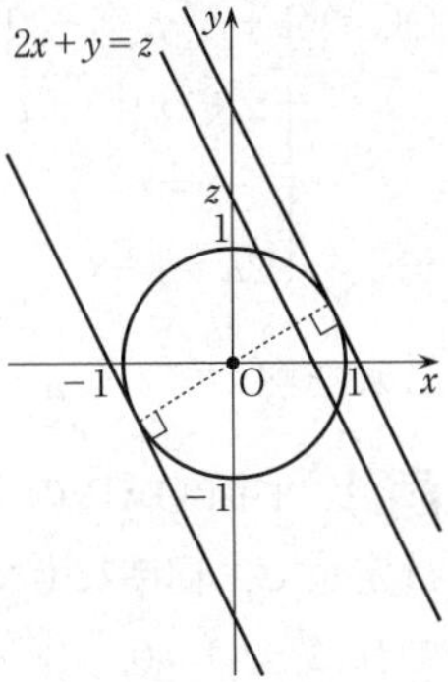

参考　円と直線の式を連立して

$$x^2+(-2x+z)^2=1$$

$$5x^2-4zx+z^2-1=0$$

これが実数解をもてばよいので，判別式を D とすると，$D \geqq 0$ より

$$\frac{D}{4}=(2z)^2-5(z^2-1)=-z^2+5 \geqq 0$$

$z^2-5 \leqq 0$ より　　$-\sqrt{5} \leqq z \leqq \sqrt{5}$

(iii)　余弦定理より　　$\cos A=\dfrac{4^2+4^2-6^2}{2\cdot4\cdot4}=-\dfrac{1}{8}$

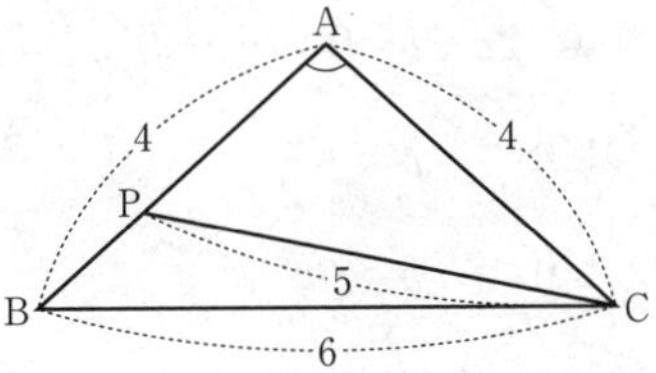

また，右図と余弦定理より

$$5^2=\mathrm{AP}^2+4^2-2\cdot\mathrm{AP}\cdot4\cdot\cos A$$

つまり　　$\mathrm{AP}^2+\mathrm{AP}-9=0$

これと $\mathrm{AP}>0$ より

$$\mathrm{AP}=\frac{-1+\sqrt{37}}{2}$$　（→ウ）

(iv)　$\dfrac{a}{b}$ が整数になるのは

$b=1$ のとき，$a=1,\ 2,\ 3,\ 4,\ 5,\ 6$ の 6 通り。

$b=2$ のとき，$a=2,\ 4,\ 6$ の 3 通り。

$b=3$ のとき，$a=3,\ 6$ の 2 通り。

$b=4,\ 5,\ 6$ のとき，それぞれ $a=4,\ 5,\ 6$ の 1 通りずつ。

よって

$$6+3+2+1+1+1=14 \text{ 通り}$$

ゆえに，求める確率は

$$\frac{14}{6\times6}=\frac{7}{18}$$　（→エ）

(v)　平面 OAB 上に点 C がある条件は，実数 u，v が存在して

$$\begin{aligned}\overrightarrow{\mathrm{OC}}&=u\overrightarrow{\mathrm{OA}}+v\overrightarrow{\mathrm{OB}}\\&=u(1,\ 0,\ 2)+v(2,\ -1,\ 0)\\&=(u+2v,\ -v,\ 2u)\end{aligned}$$

と表せるときである。

$\overrightarrow{OC}=(1+t,\ t,\ 1-t)$ より

$$\begin{cases} u+2v=1+t \\ -v=t \\ 2u=1-t \end{cases}$$

これを解いて　　$u=\dfrac{4}{7},\ v=\dfrac{1}{7},\ t=-\dfrac{1}{7}$　(→オ)

別解　平面 OAB の方程式を，$a(x-0)+b(y-0)+c(z-0)=0$（$a,\ b,\ c$ は定数で，同時に 0 ではない）とおく。

これに A$(1,\ 0,\ 2)$ を代入して

$a+2c=0$　……①

B$(2,\ -1,\ 0)$ を代入して

$2a-b=0$　……②

①より　　$c=-\dfrac{a}{2}$

②より　　$b=2a$

よって，平面 OAB は　　$ax+2ay-\dfrac{a}{2}z=0$

$a\neq 0$ として　　$2x+4y-z=0$

この平面上に点 C$(1+t,\ t,\ 1-t)$ があるので，これを代入して

$$2(1+t)+4t-(1-t)=0 \qquad \therefore\ t=-\frac{1}{7}$$

(vi)　$f(f(x))=f(x)^2+1$ において，$f(x)=t$ とおくと

$f(t)=t^2+1$

$f(x)$ は 2 次関数なので，t はいろいろな値をとる。

よって，$f(x)=x^2+1$ であり，これは 2 次式で適する。(→カ)

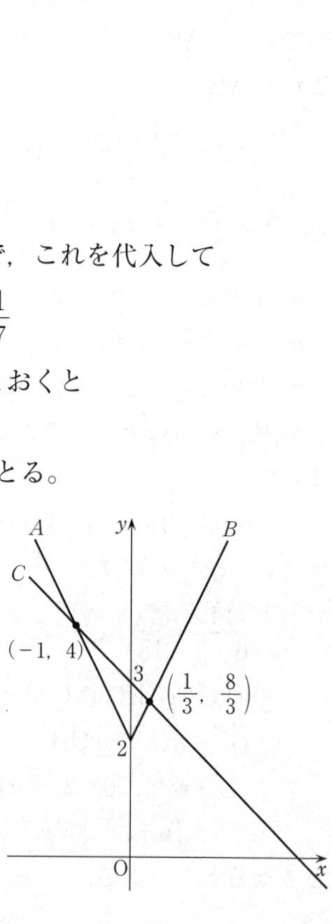

(vii)　$x<0$ のとき

$-2x+2=-x+3$ より

$x=-1$

このとき　　$(x,\ -x+3)=(-1,\ 4)$

$x\geqq 0$ のとき

$2x+2=-x+3$ より

$$x=\frac{1}{3}$$

このとき　$(x,\ -x+3)=\left(\frac{1}{3},\ \frac{8}{3}\right)$

以上より，$(A\cup B)\cap C$ に属する点は　$(-1,\ 4)$，$\left(\frac{1}{3},\ \frac{8}{3}\right)$　(→キ)

II 解答

(i) $S_1=108$，$S_2=129.6$

(ii) $S_{n+1}=1.08(S_n+12)$

(iii)　(ii)の式は

$$S_{n+1}+162=1.08(S_n+162)$$

と変形できるので，数列 $\{S_n+162\}$ は，公比 1.08 の等比数列であり，初項 $S_1+162=270$ より

$$S_n+162=270\times(1.08)^{n-1}$$

ゆえに　$S_n=270\times(1.08)^{n-1}-162$　……(答)

(iv)
$$\begin{aligned}\log_{10}1.08&=\log_{10}\frac{108}{100}\\&=\log_{10}\frac{2^2\times3^3}{10^2}\\&=2\log_{10}2+3\log_{10}3-\log_{10}10^2\\&=2\times0.3010+3\times0.4771-2\\&=0.0333\end{aligned}$$
……(答)

(v)　$S_n>513$ は，(iii)より

$$270\times(1.08)^{n-1}-162>513$$
$$270\times(1.08)^{n-1}>675$$
$$\therefore\ (1.08)^{n-1}>\frac{10}{4}$$

$\log_{10}(1.08)^{n-1}>\log_{10}\frac{10}{2^2}$ より

$$(n-1)\log_{10}1.08>1-2\log_{10}2$$
$$0.0333(n-1)>1-2\times0.3010$$
$$n-1>\frac{0.3980}{0.0333}\fallingdotseq11.95$$

これを満たす最小の自然数 n は　　$n=13$　……(答)

◀解　説▶

≪積み立て預金と複利法，２項間の漸化式，対数計算と不等式≫

年利 a〔%〕，つまり $0.0a$ では，元金 x のとき，１年後には $x+0.0ax=(1.0a)x$ となる。複利では，翌年は，これを新たに x とすれば $(1.0a)(1.0a)x=(1.0a)^2x$ となり，n 年後は $(1.0a)^n$ 倍となる（便宜上，a を１桁で表示した）。

(i)　$S_1=100\times1.08$，$S_2=(S_1+12)\times1.08$ と計算する。

(ii)　(i)と同様に考えると，$S_{n+1}=(S_n+12)\times1.08$ となる。

(iii)　(ii)で，$\alpha=(\alpha+12)\times1.08$ を満たす α は，$\alpha=-162$ なので，この式を $S_{n+1}+162=(S_n+162)\times1.08$ と変形する。$S_n+162=T_n$ とおくと，この式は $T_{n+1}=1.08T_n$ なので，数列 $\{T_n\}$ は公比 1.08 の等比数列といえる。

(iv)　1.08を素因数分解して考える。$1.08=108\times10^{-2}=2^2\times3^3\times10^{-2}$ であり，$\log_{10}2^2\cdot3^3\cdot10^{-2}=\log_{10}2^2+\log_{10}3^3+\log_{10}10^{-2}=2\log_{10}2+3\log_{10}3-2\log_{10}10$ として与えられた値の $\log_{10}2$，$\log_{10}3$ を用いればよい。

(v)　$270\times(1.08)^{n-1}-162>513$ より $(1.08)^{n-1}>2.5$ となるが，$\log_{10}5$ の値は，$\log_{10}5=\log_{10}10\cdot2^{-1}=\log_{10}10-\log_{10}2=1-0.3010=0.6990$ として算出すればよい。〔解答〕では 2.5 の代わりに 10×4^{-1} を用いた。積み立てた金額は，合計で $100+12\times13=256$ だが，8%の利子では 513 を超えて約２倍になっていることがわかる。

Ⅲ

解答　(i) $y=\dfrac{1}{2}px-\dfrac{1}{4}p^2$

(ii)　直線 n の傾きを u とすると，$u\times\dfrac{1}{2}p=-1$ より　　$u=-\dfrac{2}{p}$　$(p>0)$

よって，直線 n の方程式は

$$y-(-1)=-\frac{2}{p}(x-p)$$

$$y=-\frac{2}{p}x+1 \quad \cdots\cdots(\text{答})$$

l と n の方程式を連立して

$$\frac{1}{2}px-\frac{1}{4}p^2=-\frac{2}{p}x+1$$

$4p$ 倍して　　$2p^2x-p^3=-8x+4p$

$$2(p^2+4)x=p(p^2+4)$$

$p^2+4\neq 0$ より　　$x=\dfrac{p}{2}$

このとき　　$y=-\dfrac{2}{p}\cdot\dfrac{p}{2}+1=0$

よって，Rの座標は　　$\left(\dfrac{p}{2},\ 0\right)$　……(答)

(iii)　$l\perp n$ であり，l と n の交点がRであることより，l に関してQと対称な点Sを考えるとき，QとSの中点はRである。

S$(s,\ t)$ とおくと

$$\frac{s+p}{2}=\frac{p}{2},\quad \frac{t+(-1)}{2}=0$$

よって　　$s=0,\ t=1$

ゆえに，Sの座標は　　$(0,\ 1)$　……(答)

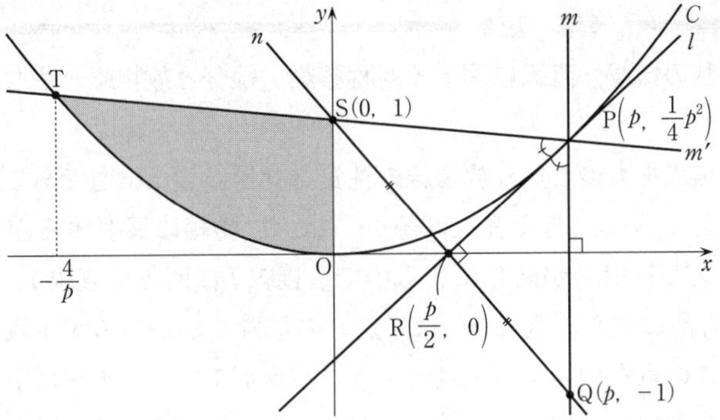

(iv)　l に関して m と対称な直線 m' は，2点P，Sを通る直線である。

直線PSの傾きは

$$\frac{\frac{1}{4}p^2-1}{p-0}=\frac{p^2-4}{4p}$$

さらに，点 $(0,\ 1)$ を通るから，直線 m' の方程式は

$$y=\frac{p^2-4}{4p}x+1\quad\text{……(答)}$$

また，m' と C の方程式を連立して

$$\frac{1}{4}x^2=\frac{p^2-4}{4p}x+1$$

$$px^2-(p^2-4)x-4p=0$$

$$(x-p)(px+4)=0$$

$x=p$ はPの座標なので，$x\neq p$ として，Tの x 座標は

$$x=-\frac{4}{p}\quad\cdots\cdots(答)$$

(v)　線分ST，線分OSおよび C で囲まれた部分の面積は

$$\int_{-\frac{4}{p}}^{0}\left\{\frac{p^2-4}{4p}x+1-\frac{1}{4}x^2\right\}dx$$

$$=\left[\frac{p^2-4}{8p}x^2+x-\frac{1}{12}x^3\right]_{-\frac{4}{p}}^{0}$$

$$=0-\left\{\frac{p^2-4}{8p}\cdot\left(-\frac{4}{p}\right)^2+\left(-\frac{4}{p}\right)-\frac{1}{12}\left(-\frac{4}{p}\right)^3\right\}$$

$$=\frac{6p^2+8}{3p^3}\quad\cdots\cdots(答)$$

◀解　説▶

≪2次関数の接線，直線に関する対称移動，線分と放物線が囲む部分の面積≫

放物線は焦点をもつという放物線の性質を背景にした出題である。放物線の軸に平行に入ってきた光（直線 m）は，放物線に反射するが，光の反射は入射角と反射角が同じになるので，接線 l に関して直線 m と対称な直線 m' 方向に進む。直線 m' は，点Pの位置にかかわらず定点S(0, 1)を通る。この点を放物線の焦点という。パラボラアンテナや懐中電灯などが放物面を利用して作られているのが，この応用例である。

(i)　$y=\dfrac{1}{4}x^2$ より　　$y'=\dfrac{1}{2}x$

$x=p$ のとき　　$y'=\dfrac{1}{2}p$　（接線の傾き）

よって，直線 l の方程式は

$$y-\frac{1}{4}p^2=\frac{1}{2}p(x-p)$$

$$y=\frac{1}{2}px-\frac{1}{4}p^2$$

(ii)・(iii)　順に計算していけばよい。

(iv)　直線 PS の方程式を作って放物線 C の式と連立すればよい。この方程式の 1 つの解は $x=p$ のはずだと思っていれば，もう 1 つの解である T の x 座標は直ちにわかる。

(v)　直線 OS が $x=0$ なので，計算は難しくない。

❖講　評

大問 3 題の出題で，試験時間は 60 分。**I** は「数学Ⅰ・Ⅱ・A・B」のさまざまな分野からの 7 問構成の小問集合で，全問空所補充形式である。**Ⅱ**，**Ⅲ** は記述式で，小問 5 問ずつからなるが，順に次問につながるように作られている。

I　「数学Ⅰ・Ⅱ・A・B」から幅広く出題されているが，どれも基本から標準的といえる問題である。(ii)は円上の点を $(\cos\theta,\ \sin\theta)$ として，三角関数の合成を用いたが，〔別解〕のように，図形と方程式の方法を用いることもよくある。(v)は〔別解〕のように平面の方程式を用いるのも早い。(vii)はそれぞれの集合を点の軌跡としてグラフに描くとわかりやすい。

Ⅱ　文章をそのまま漸化式にして，それを解けばよい。教科書の章末問題程度の出題である。$\log_{10}5=1-\log_{10}2$ はよく用いるので覚えておこう。

Ⅲ　直線の式に文字が含まれているので，計算が複雑になりそうだが，結果はシンプルである。計算ミスがないようにしたい。

◀2月9日実施分▶

I

解答　(i)ア．$-\dfrac{2}{3}$　(ii)イ．$2023x+1$　(iii)ウ．6

(iv)エ．$\left(-\dfrac{1}{3},\ \dfrac{17}{3}\right)$　(v)オ．-1　カ．0　(vi)キ．$8\sqrt{2}$　(vii)ク．$3m$

◀解　説▶

≪小問7問≫

(i)　四角形 ABCD は円に内接しているので，$C=180°-A$ である。

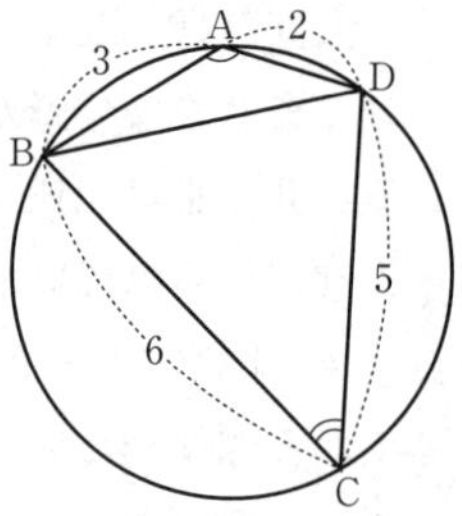

このとき，$\cos C=\cos(180°-A)=-\cos A$ である。

△ABD において，余弦定理より

$$BD^2=3^2+2^2-2\cdot3\cdot2\cdot\cos A \quad \cdots\cdots①$$

△CBD において，余弦定理より

$$\begin{aligned}BD^2&=6^2+5^2-2\cdot6\cdot5\cdot\cos C\\&=6^2+5^2+2\cdot6\cdot5\cdot\cos A \quad \cdots\cdots②\end{aligned}$$

①，②より

$$3^2+2^2-2\cdot3\cdot2\cdot\cos A=6^2+5^2+2\cdot6\cdot5\cdot\cos A$$

よって　$\cos A=-\dfrac{2}{3}$　(→ア)

(ii)　2項定理より

$$(x+1)^{2023}={}_{2023}C_{2023}x^{2023}+{}_{2023}C_{2022}x^{2022}+\cdots+{}_{2023}C_2x^2+{}_{2023}C_1x^1+{}_{2023}C_0$$

これを x^2 で割った余りは

$${}_{2023}C_1x^1+{}_{2023}C_0=2023x+1 \quad (\text{→イ})$$

(iii)　$$\frac{1}{1-a}=\frac{1}{1-\log_6 2}=\frac{1}{\log_6 6-\log_6 2}=\frac{1}{\log_6 3}=\log_3 6$$

よって　$3^{\frac{1}{1-a}}=3^{\log_3 6}=6$　(→ウ)

(iv)　OA の垂直2等分線を l とする。

OA の傾きが $\dfrac{1}{2}$ より，l の傾きは -2 である。

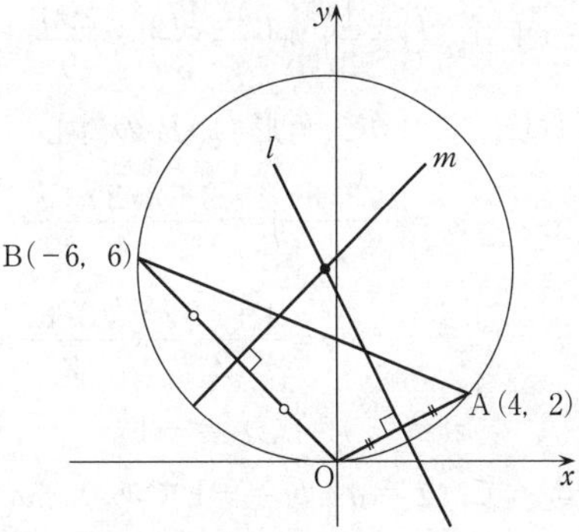

OA の中点（2, 1）を通るとして，
l の方程式は

$$y-1=-2(x-2)$$

$$y=-2x+5 \quad \cdots\cdots①$$

また，OB の垂直 2 等分線を m とする。
OB の傾きが -1 より，m の傾きは 1 である。
OB の中点（-3, 3）を通るとして，
m の方程式は

$$y-3=1\cdot(x+3)$$

$$y=x+6 \quad \cdots\cdots②$$

l と m の交点が三角形 OAB の外心であるから，①，②を連立して

$$-2x+5=x+6$$

より　$x=-\dfrac{1}{3}$

このとき　$y=x+6=-\dfrac{1}{3}+6=\dfrac{17}{3}$

よって，三角形 OAB の外心の座標は　$\left(-\dfrac{1}{3},\ \dfrac{17}{3}\right)$（→エ）

別解　3 点 O，A，B を通る円を $x^2+y^2+lx+my+n=0$（l, m, n は定数）とおく。
点（0, 0）を通るので

$$n=0 \quad \cdots\cdots①$$

点（4, 2）を通るので

$$4^2+2^2+4l+2m+n=0 \quad \cdots\cdots②$$

点（-6, 6）を通るので

$$(-6)^2+6^2-6l+6m+n=0 \quad \cdots\cdots③$$

①〜③を解いて

$$l=\frac{2}{3},\quad m=-\frac{34}{3},\quad n=0$$

よって　$x^2+y^2+\dfrac{2}{3}x-\dfrac{34}{3}y=0$

つまり，$\left(x+\frac{1}{3}\right)^2+\left(y-\frac{17}{3}\right)^2=\frac{290}{9}$ より，円の中心の座標は $\left(-\frac{1}{3},\ \frac{17}{3}\right)$ であり，これが三角形OABの外心である。

(v)　$z^2=\left(\frac{\sqrt{3}+i}{2}\right)^2=\frac{3+2\sqrt{3}i+i^2}{4}=\frac{1+\sqrt{3}i}{2}$

$z^3=z^2\times z=\frac{1+\sqrt{3}i}{2}\times\frac{\sqrt{3}+i}{2}=\frac{\sqrt{3}+\sqrt{3}i^2+i+3i}{4}=i$

$z^6=(z^3)^2=(i)^2=-1$

よって，$z^6=a+bi=-1$ であり，a，b は実数，i は虚数単位より

$a=-1$，$b=0$　（→オ・カ）

(vi)　$|\vec{a}+\vec{b}|^2=|\vec{a}|^2+2\vec{a}\cdot\vec{b}+|\vec{b}|^2$ にそれぞれの値を代入して

$(\sqrt{17})^2=3^2+2\vec{a}\cdot\vec{b}+4^2$

よって　$\vec{a}\cdot\vec{b}=-4$

$\vec{a}$ と $\vec{b}$ のなす角を θ $(0°\leqq\theta\leqq180°)$ とすると

$\cos\theta=\frac{\vec{a}\cdot\vec{b}}{|\vec{a}||\vec{b}|}=\frac{-4}{3\cdot4}=-\frac{1}{3}$

$\sin\theta=\sqrt{1-\cos^2\theta}=\sqrt{1-\left(-\frac{1}{3}\right)^2}=\frac{2\sqrt{2}}{3}$

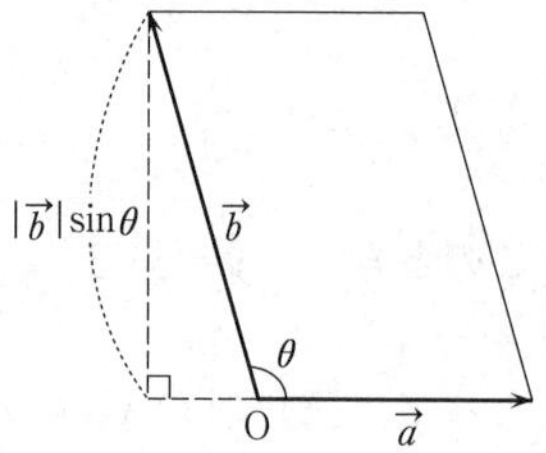

よって，$\vec{a}$，$\vec{b}$ が作る平行四辺形の面積は

$|\vec{a}|\times|\vec{b}|\sin\theta=3\times4\times\frac{2\sqrt{2}}{3}=8\sqrt{2}$　（→キ）

別解　（$\vec{a}\cdot\vec{b}=-4$ までは〔解答〕と同じ。）

$\vec{a}=\overrightarrow{OA}$，$\vec{b}=\overrightarrow{OB}$ とおくとき，四角形の面積は

$2\times\triangle OAB=2\times\frac{1}{2}\sqrt{|\vec{a}|^2|\vec{b}|^2-(\vec{a}\cdot\vec{b})^2}=\sqrt{9\times16-(-4)^2}=8\sqrt{2}$

(vii)　$a_1=0$，$a_2=-a_1+3=-0+3=3$，$a_3=-a_2+3=-3+3=0$，

$a_4=-a_3+3=-0+3$，…より，$\{a_n\}$ は，0，3，0，3，…と0，3を繰り返す。

（記述式問題のときは，数学的帰納法で証明する）

自然数 n を2で割った商が m なので，$n=2m$ または $n=2m+1$ である。

このとき

$$\sum_{k=1}^{2m} a_k = \underbrace{0+3+0+3+\cdots+0+3}_{2m\text{ 個}} = 3m$$

$$\sum_{k=1}^{2m+1} a_k = \sum_{k=1}^{2m} a_k + a_{2m+1} = 3m+0 = 3m$$

いずれの場合も　$\sum_{k=1}^{n} a_k = 3m$　(→ク)

別解　$a_{n+1} = -a_n + 3$ は，$a_{n+1} - \frac{3}{2} = -\left(a_n - \frac{3}{2}\right)$ と変形される。

数列 $\left\{a_n - \frac{3}{2}\right\}$ は公比 -1 の等比数列で，初項 $a_1 - \frac{3}{2} = 0 - \frac{3}{2} = -\frac{3}{2}$ であるから

$$a_n - \frac{3}{2} = -\frac{3}{2}\cdot(-1)^{n-1}$$

$$a_n = \frac{3}{2}\{1-(-1)^{n-1}\}$$

$n=2m$ のとき

$$\sum_{k=1}^{2m} a_k = \sum_{k=1}^{2m}\left\{\frac{3}{2} - \frac{3}{2}\cdot(-1)^{k-1}\right\} = \frac{3}{2}\times 2m - \frac{3}{2}\times\frac{1-(-1)^{2m}}{1-(-1)} = 3m$$

$n=2m+1$ のとき

$$\sum_{k=1}^{2m+1} a_k = \sum_{k=1}^{2m} a_k + a_{2m+1} = 3m + \frac{3}{2}\{1-(-1)^{2m}\} = 3m+0 = 3m$$

いずれの場合も　$\sum_{k=1}^{n} a_k = 3m$

II　**解答**　(i) $\frac{1}{27}$

(ii)　1 回目のじゃんけんで，A 以外に勝つもう 1 人の決め方は ${}_3C_1 = 3$ 通り，またAとその人が，どの手で勝つかは ${}_3C_1 = 3$ 通りあり，負ける人は，Aの手に負けるように出すので 1 通りである。

よって，求める確率は

$$\frac{3\times3\times1^2}{3^4} = \frac{1}{9}\quad\cdots\cdots(\text{答})$$

(iii)　1 回目のじゃんけんで，A を含む 3 人が勝つ確率は，A と他の 2 人の

選び方が ${}_3C_2$ 通り，Aがどの手で勝つかが ${}_3C_1$ 通り，負ける人が出す手が１通りであるから

$$\frac{{}_3C_2\times{}_3C_1\times1}{3^4}=\frac{1}{9}\quad\cdots\cdots①$$

よって，１回目のじゃんけんでAが勝者に含まれる確率は，(i)，(ii)と①を合わせて

$$\frac{1}{27}+\frac{1}{9}+\frac{1}{9}=\frac{7}{27}\quad\cdots\cdots(答)$$

別解　Aが勝者になる場合，Aの手の選び方は３通りある。B，C，Dの手の選び方は，Aと同じにするか，Aに負ける手にするかの２通りずつあるが，B，C，Dの出す手が３人ともAと同じになる場合はあいこになるので，それを除いて，求める確率は

$$\frac{3\times(2^3-1)}{3^4}=\frac{7}{27}$$

(iv)　あいこになるのは，次の２通りある。

(ア)　４人の出した手がすべて同じとき

手の選び方は３通りあるので　$\frac{3}{3^4}=\frac{1}{27}$

(イ)　４人の出した手の中に，グー，チョキ，パーの３つの手がすべて出ているとき

どの手が重複しているかが ${}_3C_1$ 通り，重複した手をどの２人が出すかが ${}_4C_2$ 通り，重複しない手を残り２人がどう出すかが ${}_2P_2$ 通りある。

よって　$\frac{{}_3C_1\times{}_4C_2\times{}_2P_2}{3^4}=\frac{3\times6\times2}{3^4}=\frac{4}{9}$

(ア)，(イ)より，求める確率は

$$\frac{1}{27}+\frac{4}{9}=\frac{13}{27}\quad\cdots\cdots(答)$$

別解　余事象は「勝者が出る」であり，それは出す手が２種類になればよい。出す手の選び方は ${}_3C_2$ 通りで，A，B，C，Dの出す手の選び方はそれぞれ２通りずつあるが，全員が同じ手になると１種類の手になるので，それを除いて，求める確率は

$$1-\frac{{}_3C_2\times(2^4-2)}{3^4}=1-\frac{14}{27}=\frac{13}{27}$$

(v)　2回目のじゃんけんでゲームが終了するのは，1回目はあいこで，2回目で勝者が出る（あいこでない）場合だから，(iv)の結果を用いて

$$\frac{13}{27}\times\left(1-\frac{13}{27}\right)=\frac{182}{729}\quad\cdots\cdots(答)$$

◀解　説▶

≪4人でじゃんけんをするときの確率，あいこになる確率≫

(i)　A，B，C，Dの4人にそれぞれグー，チョキ，パーの3通りの手の出し方があるので，全事象は $3\times3\times3\times3=3^4$ である。Aだけが勝つのは，どの手で勝つかの3通りある。

(ii)　A以外に勝つもう1人の決め方，勝つ手の決め方をそれぞれ考える。

(iii)　問題の流れから，Aを含む3人が勝者になる確率を求めて，(i)，(ii)の場合を加えればよい。〔別解〕のようにすると早い。

(iv)　n 人でじゃんけんをした場合にあいこになる確率を求めるには，〔別解〕のようにする方法が早いが，1つずつ着実に整理して考えていく方法もマスターしておこう。

(v)　ゲームが終了するのは，勝者が出たときで，「勝者が出る」の余事象は「あいこになる」である。

III

解答　(i)Pの x 座標：$-t$　Qの x 座標：t

(ii)

$$S_1(t)=\int_{-2}^{-t}\{-(x^2+2x)-t(x+2)\}dx$$

$$=-\int_{-2}^{-t}(x+2)(x+t)\,dx$$

$$=-\left(-\frac{1}{6}\right)(-t+2)^3$$

$$=\frac{1}{6}(2-t)^3\quad\cdots\cdots(答)$$

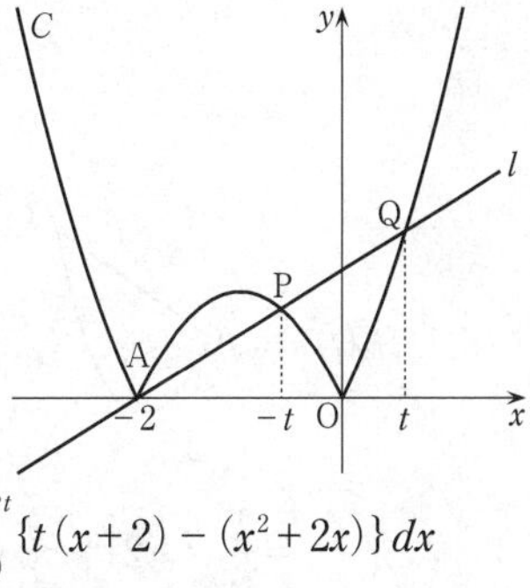

(iii)

$$S_2(t)=\int_{-t}^{0}\{t(x+2)-(-x^2-2x)\}dx+\int_0^t\{t(x+2)-(x^2+2x)\}dx$$

$$=\int_{-t}^{0}\{x^2+(t+2)x+2t\}dx+\int_0^t\{-x^2+(t-2)x+2t\}dx$$

$$=\left[\frac{x^3}{3}+\frac{t+2}{2}x^2+2tx\right]_{-t}^{0}+\left[-\frac{x^3}{3}+\frac{t-2}{2}x^2+2tx\right]_{0}^{t}$$

$$=0-\left(-\frac{t^3}{3}+\frac{t^3}{2}+t^2-2t^2\right)+\left(-\frac{t^3}{3}+\frac{t^3}{2}-t^2+2t^2\right)$$

$$=2t^2\quad\cdots\cdots(答)$$

(iv)　$S(t)=S_1(t)+S_2(t)$

$$=\frac{1}{6}(2-t)^3+2t^2$$

$$=-\frac{1}{6}t^3+3t^2-2t+\frac{4}{3}\quad\cdots\cdots(答)$$

$$S'(t)=-\frac{1}{2}t^2+6t-2=-\frac{1}{2}(t^2-12t+4)\quad\cdots\cdots(答)$$

(v)　$S'(t)=0$ より　　$t=6\pm4\sqrt{2}$

$0<t<2$ より　　$t=6-4\sqrt{2}$

増減表は右の表のようになる。

よって，$S(t)$ を最小にする t は

$t=6-4\sqrt{2}$　……(答)

t	0	…	$6-4\sqrt{2}$	…	2
$S'(t)$		$-$	0	$+$	
$S(t)$		↘		↗	

参考　$S_2(t)$ は次のように求めることもできる（積分計算は省略）。

S_3 を線分 AQ と $y=x^2+2x$ が囲む面積，S_4 を x 軸と $y=x^2+2x$ が囲む面積（これは，x 軸と $y=-x^2-2x$ が囲む面積と同じ），S_5 を AP と $y=-x^2-2x$ が囲む面積とするとき

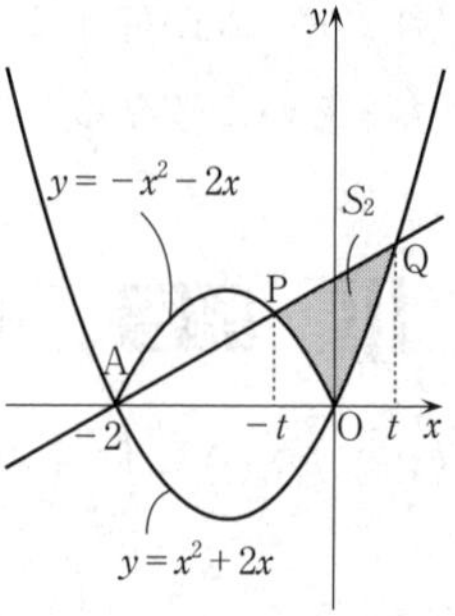

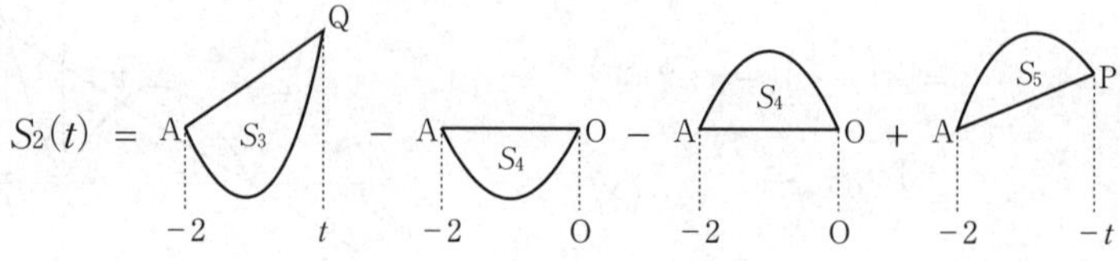

$$=\frac{1}{6}(t+2)^3-\frac{1}{6}\cdot2^3-\frac{1}{6}\cdot2^3+\frac{1}{6}(-t+2)^3=2t^2$$

◀解　説▶

≪２次関数と直線が囲む部分の面積，最小にする傾き≫

(i)　l の方程式は $y=t(x+2)$ と書けて，C も l も点 $(-2,\ 0)$ を通るので，連立した場合，１つの解は $x=-2$ で，もう１つの解が P，Q の x 座標である。

(ii)　２次関数と直線が囲む部分の面積は，すべて $\int_\alpha^\beta (x-\alpha)(x-\beta)\,dx = -\frac{1}{6}(\beta-\alpha)^3$ という計算公式が利用できる。

(iii)　PQ と C が囲む部分は，下側の曲線が $x=0$ のところで変化するので，y 軸の左側と右側を別々に求める。〔参考〕のように工夫すると，上の計算公式が利用できる。答案にするには，きちんと積分の式を書かなければいけない。

(iv)・(v)　前問までの誘導に従って計算するだけである。(v)は最小値をとるときの t の値を求めるだけなので，増減表を書けばよい。

❖講　評

大問３題で，試験時間は 60 分である。Ⅰは空所補充形式の小問集合であり，例年７問である。「数学Ⅰ・Ⅱ・A・B」の中から広範囲にさまざまな出題がある。Ⅱ，Ⅲは小問５問ほどに分かれて，誘導形式になっている記述式の問題。一部答えのみを書くものもあるが，ほとんどは途中経過も要求されている。

Ⅰ　(i)は $\cos(180°-\theta)=-\cos\theta$ がポイント。(ii)は２項定理を用いればすぐに答えを出せる。(iii)は対数の定義 $\log_a M=x \Longleftrightarrow a^x=M$ より $a^{\log_a M}=M$ となることは覚えておきたい。$\log_a b$ と $\log_b a$ は互いに逆数である。(iv)は外心は各辺の垂直２等分線の交点。〔別解〕のように，３点を通る円の方程式を求めてもよい。(v)はとりあえず z^2，z^3 の値を計算してみるとよい。(vii)は漸化式より順に項を書いてみるとすぐにわかる。〔別解〕のように，一般項を求めてもよい。標準的な問題が多いが，(vii)は少しわかりづらかっただろう。

Ⅱ　じゃんけんは，参加する人数によってあいこになる確率や勝者が決まる確率が異なるので，平素から類題を解いて，よく整理しておこう。

特に，n人でじゃんけんをする場合にあいこになる確率は，〔別解〕を参考に練習しておこう。

Ⅲ 頻出問題であり，標準的な入試問題集の多くに類題がみられる。完答したい問題である。交点の座標がシンプルで計算しやすくされているが，交点が複雑なときは，〔参考〕のようにするとよい。

とホ）があるので注意したい。

三の古文は、平安時代末期に成立した説話集『今昔物語集』からの出題。出題された説話は本朝仏法部の霊験譚であり、もともとの出典は『日本霊異記』の所収話である。方広経の転読に招いた僧の夢から、亡父が牛に転生し生前の罪を償っていることを知った主人が、父の罪を許し、牛の死後に亡父の追善供養を営んだという内容となっている。難しい古語は含まれておらず、読み取りやすい文章であり、助動詞に注意して十分に読み取りたい。設問は傍線部の前後の内容解釈によって正解を導くことができる基本的な問いばかりである。なお、文法問題として基本的な助動詞の意味が問われ、古典常識も問われている。基本的な古語の口語訳も含め、取りこぼしのないよう取り組みたい。

(J)　「前の世の罪」の具体的内容は、直前の段落で「牛」の言葉として「前世に、人に与へむがために、告げずして子の稲を十束取れりき」と記されている。

(K)　「申の時」は時刻の名で、午後四時を中心とした二時間を指す。

(L)　「家の主」である「子」の「前の世の罪を免し奉る」という言葉を聞いた上で、「牛」が「涙を流して」いるので、罪から解放された喜びの涙と解釈でき、4が正解となる。1・2・3は、マイナスの感情を表した選択肢であり、不適。

(M)　「この世」が〝現世、今生〟であり、対になるものは「来世」「後世」である。空欄に一字を補うなら「後の世」となる。

❖講　評

一の評論は、「美のありか」について論じた評論文からの出題。ここでは美が特定の客体と特定の主体の出会いのさなかに現れでるものと捉えられており、美の経験が成立する特異な場としての仮象という見方が提示されている哲学的な内容の文章である。問題文では抽象的な概念が具体的な内容と共に語られており、具体例によってイメージしやすくなっている。設問は内容説明の選択式が中心であり、内容真偽の設問一つを含んでいる。制限字数つきの記述説明問題も一つ出題されている。やや難の設問は内容真偽の(F)であり、文章で記された内容を逆の方向から捉えた選択肢が含まれている。

二の評論は、普遍的人権思想の発展を歴史的にたどって論じた評論文からの出題。人権思想については一般的な感覚としてイメージしやすいものであり、筆者自身の考えも読み取りにくくはないので、理解のしやすい評論文だと言える。他の学者の学説や小説作品などの引用を交えながら論が進められており、特にハントの引用部分が多くを占めているのだが、どこからどこまでがハントの学説を紹介しているのか、的確に理解しながら読み進めたい。設問は、書き取りと語意を除いてほとんどが内容説明の選択式であり、難解なものは含まれていない。(G)の内容真偽にやや難の選択肢（ニってよかった)」と心のうちで思ったそうだ。

◀解　説▶

(A)「主」の直前の言葉である「その寺と撰ばず。ただあはむに随ひて請ずべし」を現代語訳し、これに近い内容の選択肢を選ぶ。「あはむに随ひて」の「む」は婉曲の助動詞「む」の連体形で、この部分は〝(僧と)会う(ようなこと)に従って〟の意。「べし」は命令の助動詞「べし」の終止形である。

(B)「いたす」(致す)は〝尽くす、ささげる〟の意で、「心をいたす」は〝心を尽くす、誠意を込める〟の意である。

(C)「よう」は「用」であり、ここは〝必要、入用、効用、役に立つ〟の意。「僧」は「衾」をとても必要だと感じ、ほしくなったのである。

(D)副詞「さだめて」は〝必ず、きっと、まちがいなく〟の意で、ここでは意志の助動詞「む」と呼応している。

(E)傍線部(5)に続く発話に「ひそかに出づると思ひつるに、人の見けるを知らずして」とあることから考える。

(F)「べき」は当然の助動詞「べし」の連体形、「に」は連体形に接続しているので「断定」の助動詞「なり」の連用形、「あら」は補助動詞「あり」の未然形、「ね」は打消の助動詞「ず」の已然形、接続助詞「ば」は已然形に接続しているので順接の確定条件(原因・理由)を表す。傍線部(6)は〝言うはずのことではないので〟の意。

(G)「出家の人」とは俗世を離れ「僧」として仏道修行する者のことであり、「牛」は「僧」である者が「たやすく」(=簡単に・軽々しく)盗みをしてよいのかと戒めているのである。

(H)傍線部(8)に続く部分に「我その座に登らば、すなはち父と知るべし」とあるが、この「知る」の主語が「父」の「子」=「家の主」であることをおさえる。「牛」に転生した「父」が「子」である「家の主」に対して、自分が「牛」に生まれ変わったことを知らせようとしているのである。

(I)この部分の「去り」(終止形「去る」)は他動詞で〝遠ざける、離す〟の意。〝人を遠ざける〟のだから「人払い」と言い換えられる。

を招いて家に連れて行く。家の主人は心を込めて施しを行う。その夜、僧はその家に泊まった。家の主人は布団を持ってきて僧の上にかける。僧はこの布団を見て、とても必要だ（＝ほしい）と思って、心の中で思うことは、「明日はきっとお布施を取らせようとするだろう。それをもらわないで、ただこの布団を盗んで、今夜きっと逃げよう」と思って、真夜中に人のいないすきをうかがって、布団を取って出るときに、声がして言うことには、「その布団を盗んではならない」と。僧はこれを聞いて、ひどく驚いて、「ひそかに（外に）出ていると思ったが、人が見たことを知らないで（いたことだ）。誰が言ったことか」と思って、立ちどまって声のした方をうかがい見るが、人は見えない。ただ一頭の牛がいる。僧はこの声を恐れて引き返し留まった。

よくよく思ってみると、牛が言うはずのことではないので、不思議に思いながら寝た。その夜の夢で、僧が牛のそばに近寄ったところ、牛が言うことには、「私は実は、この家の主人の父である。前世で、人に与えようとするために、告げることなく我が子の稲を十束取ってしまった。今その罪によって牛の身となって、その罪を償っているのだ。あなたは出家した人である。どうして深い考えもなく布団を盗んで逃げるのか。もし（あなたが）その（＝私の言ったことの）真偽を知ろうと思うならば、私のために座席を設けよ。私がその座にのぼるならば、（我が子は）すぐに父だとわかるにちがいない」と言うと見て夢から覚めた。

僧は恥ずかしく思って、翌朝、人を遠ざけて、家の主人を呼んで夢のお告げについて語る。家の主人は悲しんで、牛のそばに寄って、藁の座を敷いて言うことには、「牛よ、本当の私の父でいらっしゃるならば、この座に上がりなさいませ」と。牛はすぐに膝を曲げて藁の座にのぼり座った。家の主人はこれを見て、声をあげて泣き悲しんで言うことには、「牛よ、本当の私の父でいらっしゃった。すぐに前世の罪を許し申し上げます。また、長年（父と）知らずに使い申し上げた罪をお許しくださいませ」と。牛はこれを聞き終わって、その日の午後四時頃になって、涙を流して死ぬ。

その後、家の主人は泣く泣く昨夜上にかけた布団およびその他の財物を僧に与える。また、その父のために追善供養を営んだ。僧は、「布団を盗んで逃げたのだったら、今生にも後世にも悪報を受けただろうに（牛に見つかって思いとどま

三

出典　『今昔物語集』〈巻第十四　令誦方広経知父成牛語第三十七〉

解答

(A)　3
(B)　1
(C)　2
(D)　きっと
(E)　5
(F)　1
(G)　3
(H)　1
(I)　1
(J)　3
(K)　4
(L)　4
(M)　後

◆全　訳◆

今となっては昔のことであるが、大和国、添上の郡、山村の里に住んだ人がいた。十二月に、「方広経を転読させて、前世の罪の懺悔をしよう」と思って、僧を招くために使いを行かせる。使いの者が尋ねて言うことには、「どの寺の僧を招くのがよいでしょうか」と。主人が言うことには、「特にどの寺（の僧）と決めることはない。ただ（道で）出会うのに従って（僧を）招きなさい」と。使いの者は主人の言うことに従って、出ていくと、道で一人の僧と出会った。その僧

(F)　傍線部(4)の直前に「それゆえに」と記されていることから、これよりも前の部分から根拠を探す。根拠となるのは「人間の身体の尊厳が強調され、キリスト教的な価値観とも結び付いて、神によって与えられた身体を冒す拷問の非人道性がクローズアップされ」、この「尊厳」が「人間誰にでも属する特性である」と「確認」されたことである。これらをまとめた2が適切である。

(G)　イ、第二・三段落で記されている内容と合致する。
ロ、筆者はハントの主張を紹介し、終わりから二つ目の段落で、批判はあるが「ユニークな歴史学的試みである」とまとめている。批判に対する反論はしていない。
ハ、傍線部(4)を含む段落で記されている「人間の身体の尊厳」は「人間誰にでも属する特性である」という内容と合致する。
ニ、本文では「ハントの主張」として「書簡体小説」を「端緒」として人権理念が受け入れられていったことと、「カラス事件」をきっかけに「拷問反対運動」が高まっていったことの二つが取り上げられている。その上で本文の終わりから二つ目の段落で「当時の大衆文化と呼べる小説や社会的注目を集めた事件」によって「人権に関連する規範や法制度」が変えられたことが「国際人権の発展の原型とも言えるモデル」となったとまとめられている。ニは「カラス事件」と「人権の発展」の関連について取り出して述べたものである。
ホ、本文末尾の一文で記されているように、すでに「人間集団を超えて、動物やロボットの権利」にまで「議論」の範囲が拡大しているのである。ホはこれを「人々の共感の対象となる可能性がある」と緩やかに言い換えており、適切だと言える。

(G)　イ―1　ロ―2　ハ―1　ニ―1　ホ―1

◆要　旨◆

近代の国民国家形成の歴史では、見知らぬ他者を同じ国家に属する一員と考えさせ、内集団を拡大していくことが重要だった。この国民意識の形成は普遍的人権思想の発展に貢献したが、国家や宗教の壁を超えての共感を醸成するものではなかった。自分とは違う社会集団に属する人間への共感について、ハントは、人が物語を読むことを通して外集団への共感をもち、人権理念を受け入れていったと主張する。また、ヨーロッパ諸国で拷問廃止への流れが広がったが、これを可能にしたのが書簡体小説などで広がった他者への共感能力であるというのだ。その後、人権思想の内在的論理は権利主体の範囲を拡大し、世界人権宣言につながっていく。そして、人権理論の議論は人間集団を超えて広がりを見せるようになる。

▲解　説▼

(C)　傍線部(1)の次文で述べられているように、「内集団の拡大」とは「共同体の概念を、『国民』という観念に拡大」することであり、「見知らぬ他者でも、同じ国家に属しているという一点で内集団の一員と考えさせ」ることである。「家族やその延長線上にある」者が「内集団」を構成するという見方から、さらに「見知らぬ者」までも構成員として捉えていくことを示している3が適切である。

(D)　傍線部(2)を含む段落の終わりの部分で、「書簡体小説」が「社会集団の壁を超えた人間関係を想像させるものとなっていた」と記されていることに注目する。この「人間関係を想像させる」ことを、3では「登場人物と一体感が得られやすくなった」と言い換えている。

(E)　傍線部(3)を含む部分で「この自律性」と記されているので、「この」の指示内容である直前の「個人が自己の運命を自分で決する」という部分に注目する。これを「自分で自分の道を主体的に選びとる」と言い換えている5が適切である。

る関係を前提として存在」しないと言い換えて説明している5が適切である。

(F)　イ、筆者は「特定の客体と特定の主体の出会い」に「美の経験が成立する根拠」があるとしており、「対象の相違」を「美の根拠を考えるうえで本質的なことではない」としているイは適切だと言える。

ロ、本文で述べられていない内容であり、不適切である。

ハ、「川端康成」の具体例を述べた段落で「一期一会」という「そのときだけの出会いのなかに美がある」と述べられており、ハはこの「一期一会」について逆の方向から言い換えた選択肢となっている。よって適切である。

ニ、本文の最終段落では「仮象」について「主体（主観）」と「客体（客観）」（＝客観的存在としての対象）の「差異」が「解消する」「特有の場」だと述べている。ニはこのことを「対象と主観」の「緊張した関係のなか」で「仮象」が特別な「場」になると言い換えたものであり、適切である。

ホ、「作品」が「著名で」ある必要はないので、不適切である。

二

出典　筒井清輝『人権と国家――理念の力と国際政治の現実』〈第1章　普遍的人権のルーツ（18世紀から20世紀半ばまで）――普遍性原理の発展史　Q．人権理念や制度はいつ生まれたものなのか？　1　他者への共感と人権運動の広がり〉（岩波新書）

解答

(A)　(イ)埋没　(ロ)奔走

(B)　(あ)－1　(い)－4

(C)　3

(D)　3

(E)　5

(F)　2

▲解　説▼

(A)　傍線部(1)に続く部分で「いま目の前にあるという場合と、記憶のなかにあるという場合とでは、『ある』ことにちがいがある」と記されているように、眼前で『ゲルニカ』を見る場合の作品の存在の仕方と、『ゲルニカ』という作品を想起しながら実物を見ないでその美を味わうような作品の存在の仕方は違うのである。この二つの「あること」の違いに触れているのは4である。

(B)　a、「対象」としての存在物にかかわる言葉を補う。b、「主観」にかかわる言葉を補う。c、「主観的な傾向をもつもの」の言い換えとなるものを考える。d、「客観的な傾向をもつもの」の言い換えとなるものを考える。まず、c・dの「感性」「理性」を特定した後に、a・bを考えるとわかりやすい。

(C)　傍線部(2)に続く部分で「ある特定の性質をもった対象と、ある特別の能力をもった、あるいは特別な態度をとる主体（主観）が出会うところに、美の経験が成立する」と記されているので基本的にこの記述を利用することになるが、具体例として「川端康成」の経験が取り上げられた部分で最終的に述べられている「仮象」として「現れでるもの（輝きでるもの）」という見方を加えてまとめる必要がある。

(D)　まず、「みかけ」は「仮象」の言い換えであることをおさえる。その上で、傍線部(3)の前の部分で、「仮象」とは「『みかけ』を実物（実体）と混同することなしに」「特定の態度を自覚的にとる主体と客体のあいだに成立する」ものだと記されていることから考える。この「実体と仮象の相違」に触れた2が適切である。1・4は「幻想」との区別を記すだけで「実体」との関係が記されていない。3は「実体と幻想と仮象を自覚的に区別する」とあり、その意味を捉えにくい。5は「実体のうつくしさとは異なる」美を理解するという見方が不適切である。本文では「うつくしい」―「特定の客体」と「特定の主体の出会いのさなかに現れでる」ものを美としているのである。

(E)　傍線部(4)を含む段落では、「主観的な傾向をもつもの」と「客観的な傾向をもつもの」との「差異ないし対立が解消する場」として美の価値が捉えられていることに注目する。この「対立」の「解消」という特質について、「対立す

▲二月八日実施分▼

一

出典 淺沼圭司『ゼロからの美学』〈I 美について 3 美のありか（在り処）、あるいは、美の在り方〉（勁草書房）

解答

(A) 4

(B) 1

(C) 特定の対象と特別な主体の出会いのなかで現れでるものにこころを奪われる（という経験）（三十五字以内）

(D) 2

(E) 5

(F) イ―1 ロ―2 ハ―1 ニ―1 ホ―2

◆要 旨◆

美のありかや在り方はとらえがたいが、美の根拠はそれほど違和感なしにとらえられる。美のありか（根拠）は作品という「対象」の側にあるのか、鑑賞する側の「主観」のなかにあるのかが問題となるが、作品を見る「主観」がなければ美は成立しないし、きわだった「対象」がなければ美の経験とはならない。ある特定の性質をもった対象と、ある特別の能力をもった主体（主観）が出会うところに美の経験が成立する根拠がある。たとえば、川端康成の美の体験を通して、美とは対象と主観のたまさかの出会いのさなかにだけ現れでる仮象であると理解される。仮象を実体と混同することなく、「みかけ」そのものとしてとらえることが「美的態度」の特質である。この仮象の場は感性と理性の差異や対立が解消する場なのかもしれず、仮象に特有の場をもつ点で、美は特異な価値であることがわかる。

❖講　評

一の随筆は、夏目漱石の晩年の日常が綴られた随筆からの出題。前半部分は小説のように読めるが、後半部分は前半の具体的な回想記述を受けて漱石自身の実感が記されており、丁寧かつ論理的に読み解きたいところである。設問はほとんどが内容説明の選択式であり、基本的な読解力が問われている。注意が必要な設問は(C)であり、行間を読み解く力が求められている。(E)の制限字数つきの記述説明問題は、文章の後半部分全体にかかわる出題であり、要約的な要素を含んでいる点に注意して記述すること。

二の評論は、新型コロナウイルスに関する評論からの出題であり、最近の話題である点に注意が必要であるが、パンデミックそのものについて論じられているわけではなく、筆者の提唱する「風景異化論」にあてはめての、人の認識の変化、特に「まなざしの固定化」という問題について論じられている。理解を補助する図なども用いられており、読み取りやすい評論である。設問はすべて選択式であり、ほとんどが内容説明である。内容真偽の設問が二つ出題されており、何度も本文を読み返す必要が出てくる。一読してどのくらい的確に内容把握ができているかといった、読みの速度が求められている出題と言えよう。

三の古文は、平安時代後期の日記的家集『成尋阿闍梨母集』からの出題。文学史的には家集（個人または一家の和歌集のこと）ではなく日記文学に分類される。リード文で作品の内容が簡潔に解説されているので、読み落としのないようにしたい。本文そのものは読み取りやすく、含まれている和歌も素直に解釈できるものであり、リード文の内容に従って人物関係をおさえた上で読み解けばよい。設問は基本的な古語（特に敬語）と文脈の理解にかかわるものばかりであり、本文が読み取りやすいので、設問も取り組みやすいものが多い。やや難と言えるのは(F)である。また、(J)の口語訳も制限字数が設けられている点でやや難の出題である。直接的な文法事項の出題は見られなかったが、助動詞や敬語など、基本的な文法事項をおさえておく必要はあるだろう。

を「母」が引き続き描写していることがわかる。「飛び立ちぬべき気色」の「ぬべき」は、強意の助動詞「ぬ」の終止形＋推量の助動詞「べし」の連体形であり、〝今にも～しそうだ〟の意。「母」は「成尋」の今にも立ち去りそうな様子を記しているのである。

(I) ここの「申し」（終止形は「申す」）は「す」の謙譲語で〝し申し上げる、して差し上げる〟の意。「成尋」が何を〝し申し上げ〟ようとしているのかを読み取る。「成尋」の渡宋の目的はリード文で記されているように「仏教聖地に詣でるため」である。また、日本での仏道修行の記述や、古人の極楽往生の記述なども解釈のヒントになる。

(J) 「賜ば」（終止形は「賜ぶ」）は「与ふ」の尊敬語で〝お与えになる、くださる〟の意。「ずは」は打消の助動詞「ず」に「は」（係助詞説と接続助詞説とがある）がついたもので、打消の順接仮定条件を表し、〝～ないならば〟の意である。

(K) (a)「淀」に「おはす」（＝いらっしゃる）「御坊」とは「成尋」のことである。
(b)ここも波線部(a)と同じく、京へ「おはす」人物であり、「成尋」である。
(c)波線部(c)を含む部分が「成尋」の発話であることは、続く地の文で尊敬語「のたまふ」（＝おっしゃる）が使用されていることからわかる。「成尋」の言葉は「母」に向けられたものであるから、「作者」である。

(L) 合致しない点について記す。
イ、冒頭で記されているように、他者の言葉は「母」の「耳にも聞き入れられず」という状況である。つまり「母」は他者の言葉によって「心が癒やされ」てはいないことがわかる。
ロ、「成尋」が「四年後に母と再会できることを確信している」という内容は本文に記されていない。
ニ、本文に全く記されていない内容の選択肢である。

っしゃる。「これから行き申して、しばらく滞在しようと思っております所は、古人が仏道修行して、極楽に必ず往生した所なのです。百日ほど修行して、一月ごろに去り申し、さらに朝廷に（渡宋許可の）宣旨（の下付）を願い申して、くださるならば、本来の願いのように宋に渡って修行し申し上げて来るつもりです。（宣旨を）くださらないならば、（日本に）とどまっておりましょう」とおっしゃって出なさる。

▲解　説▼

(A) 形容詞「おぼつかなし」は〝気がかりだ、不安だ〟の意。「人々」がものを言っても「耳にも聞き入れられ」ない状態であり、形容詞「ゆかし」が「成尋」のことを〝知りたい〟気持ちなので、「成尋阿闍梨母」の「成尋」への思いを説明した3が適切である。

(C) 「つらかりし…」の詠み手は「成尋阿闍梨母」である。「成尋」との「つらかりし春の別れ」を受けての「母」の感情を捉えたい。「あらで」の「で」は打消接続の接続助詞で〝～ないで〟の意。傍線部(3)は〝（自分が）生きているのか生きていないのかわからない状態で〟といった意味になる。

(D) 傍線部(4)に続く部分に「ひともすほどにぞおはしたる」とあり、尊敬語「おはす」（＝いらっしゃる）が使用されていることから、ここで「成尋」が「母」のもとにやって来たことがわかる。このことから傍線部(4)は、「成尋」との再会が実現するかどうかの「母」の不安であることが読み取れる。

(E) 「ひともす」は「灯」を「ともす」こと。生活のあかりをともす夕暮れどきである。

(F) 「などか世づかぬ心つきたまひけん」の部分では尊敬の補助動詞「たまふ」が使用されており、これが「母」による「成尋」への疑問であることがわかる。「成尋」には渡宋という強い思いがあり、「母」はこれを「世づかぬ」（＝世付く」は〝世間一般と同じ様子である、世間並みである〟の意）と言っているのである。

(G) 「からうじて」の原形は副詞「からくして（辛くして）」で〝やっとのことで、ようやく〟の意である。

(H) 傍線部(7)に続く部分で尊敬の補助動詞「たまふ」が使用されており、直前で「からうじておはし」た「成尋」の様子つらかった（成尋との）あの春の別れの悲しさのために、あれからずっと生きているのかいないのかわからない状態であられが降るように時を過ごしてきたことだ。

などとひとりでつぶやいているうちに、岩倉から、「阿闍梨様が淀にいらっしゃって、お迎えに人が行った」と言ってきた。夢のような心地がして、そわそわして嬉しく思いながらも、心が乱れて動揺していると、（成尋は）十月十三日の灯をともす頃においでになったので、（私は成尋の姿を）見ると涙がこぼれて、目がかすんでしまったが、（成尋は）たいそう平然とにっこり笑って、「思ったとおりでした。『生きて（私の）帰りをお待ちください』と仏に申し上げていたところ、ご無事でいらっしゃった。『もう四年は元気でいらっしゃってください』と祈っているのです」とおっしゃる。「『もう一度帰って来て（顔を）見せてください』とあった（母上の）お手紙が、気の毒に思われて来たのです。やはりふさわしいときに、心穏やかに来ましょう」と言って、その夜「日が悪いのです」と急いで帰りなさる。

律師も一緒にお会いになった。二人が向かい合って座っていらっしゃるのを見るにつけても、「（お二人で）このようにいらっしゃることもしないで（残念だ）。我が身が死ぬような折も、一緒に看取りなさいませよ。どうして（成尋は宋の国に行こうなどという）世間並みではない心を持ちなさったのだろう」とだけ思われる。律師が（そこに）いらっしゃるので（成尋が）申し上げなさる。「岩倉に行き申して、忘れていた書物などを取って、明日の午後四時頃に（もう一度）来て、そのまま淀に行き申し、備中の国にありますという新山と申す所にしばらくおりますので、（京に）近くて、そこにいるうちは気がかりなことはありません。こちらからもお便り下さい、あちらからも差し上げましょう」などと言い残して立ち去った。

（私は成尋のことが気になり）かえって眠ることができず、これは夢かとばかり思われる。（成尋のことを）思いながら夜を明かして、それならばせめて今日だけでも早くいらっしゃいませよ、と待っていると、やっとのことでいらっしゃった。（成尋は）鳥などが人を見て今にも飛び立ってしまいそうな様子をしなさっているが、（その様子を）見るにつけても、どのような前世からの因縁であろうかと、目もかきくもるように、涙ばかりが尽きることなくこぼれるが、（成尋が）お

三

出典　『成尋阿闍梨母集』

解答

(A)　3

(B)　(2)－5　(8)－1

(C)　2

(D)　4

(E)　4

(F)　1

(G)　5

(H)　3

(I)　1

(J)　くださらないならば（十字以内）

(K)　(a)－2　(b)－2　(c)－1

(L)　イ－2　ロ－2　ハ－1　ニ－2　ホ－1

◆全　訳◆

人々が思い思いに（私を）慰めてくれるものの、耳にも聞き入れることができず、（成尋のことを）知りたく気がかりにばかり思っていると、十月になった。しぐれる雨の音が激しく、荒々しく聞こえるので、

荒々しい雨の音を聞くにつけても、遠くはるかな場所にいる成尋のところでは、どんなに激しく時雨が降っているのだろう。

と思われるが、あられがまじって降っているのが見えるので、

「可視化」された結果、「私たちの認知がさらに強まっていく」ことが記されている。

(E) ホ、「分類」という「記号」化によって、私たちの「認知」が変容したのであり、「風景の客体的・物理的側面の変容」が進んだわけではない。

(F) b・c、「危険なウイルス」という「記号」化によって、人は「見えない対象」であるウイルスを「意識」するようになるので、空欄には「記号」を補う。d、拡散するものとして「情報」の語を補う。第四段落でも「情報」の語が拡散するものとして使用されている。e、「図」中で「マスクやパーティション」は「素材」という「物理的」なものとして扱われている。「物理的」なものを言い換えた「実体」を補う。

(G) 「つまり」という言葉によって、それまでの内容が要約されることから考える。脱落文には「社会全体に風景異化が起こるループが生みだされている」とあるので、「風景異化」すなわち「認知」の変化がどんどん続いていくことに触れた2の段落の後に補う。

イ、筆者は「風景異化論」の観点からの分析を行っており、その興味・関心は人々の「まなざしの固定化」にある。「緊張や不安」の高まりの分析に向かっているわけではない。

ロ、見る対象としてのウイルスという物理的な「環境」が変化していなくても、その「記号」化によって、人の「認知」(=「モノの見方」「まなざし」)は変化する。ロのように「対象」が「共に変化することが必要」とは言えない。

ハ、「犠牲者」に関する批評は、本文ではなされていない。

ニ、本文では「まなざしのデザイン」という観点で「パンデミック」が捉えられており、筆者が「風景異化論」にあてはめて論じた内容と合致する選択肢である。

ホ、本文では「まなざしの固定化」のプロセスについて論じられているのであり、「風景の異化」の「進行」具合と「まなざしの固定化」の程度の関係が論じられているわけではない。

その見方は無意識となり、それ以外の見方ができなくなる。これを風景異化論では「まなざしの固定化」と呼ぶ。知」が強まっていく。その結果、私たちは世界が危険なウイルスに囲まれているという見方をするようになった。次第に

◀解　説▶

(A)　傍線部(1)に続く部分で「人々のまなざしが一つの方向へと見事に収束していく」と記されているが、この部分は本文末尾の「まなざしの固定化」と呼応している。その末尾で説明されているように、「異化」による「新しい認識」が「補助線」として機能し「何かを考えたり感じたりする際の基準」になっていくのである。「補助線」(=「新しい認識」)によって解釈が進んでいくとする2が適切である。1は「新しい認識」という観点に欠ける。3は「すでに主流になっている」、5は「主要なものの見方をさらに補強」がそれぞれ不適切。4は比喩ではなく実際の「視線」の「補助線」の説明になっており的外れ。

(B)　(A)で確認したように、筆者の問題意識は「まなざしの固定化」にあり、本文ではそこに至るプロセスについて論じられていることをおさえたい。傍線部(2)の「盲点」を「まなざしの固定化」の観点から説明した4が適切。1は発信方法の固定化、2は情報への対応の固定化、3・5は不安および恐怖の拡大について触れており、「モノの見方」の固定化に触れているのは4だけである。

(C)　空欄aには、続く部分の「私たちの意識や認識」と対になるものを補う。「意識や認識」は「心理的」なものであり、「図」中で「心理的」と「物理的」が対になっていることに注目する。

(D)　イ、「風景異化のプロセス」については、傍線部(3)を含む段落の末尾で、人の「認知」という内部の意識が変わったことが「始まりである」と記されている。「外部世界」という「物理的」な「環境」は変化していないのである。

ロ、[2]の段落の内容と合致する。

ハ、「図」中の記述によると、「環境」は「心理的特性」ではなく「物理的」特性である。

ニ、「図」中の「道具」および「知覚」の部分の説明となっている。また、[2]の段落の末尾でも、「道具」が与えられ

劣等感」とは捉えがたい。また、漢文が「さっぱり解らなかった」ことも「劣等感」とまでは言い切れない。

ロ、後半部分の記述は「私の態度」に関する自己評であり、「直覚」を重んじることを「教訓的」に語っているとは言えない。

ハ、ロで触れたように「直覚を信じて行動するしかない」といった強い認識があるわけではない。

二

出典　ハナムラチカヒロ『まなざしの革命――世界の見方は変えられる』〈第一章　常識　正体不明の必需品〉（河出書房新社）

解答

(A)　2

(B)　4

(C)　5

(D)　イ―2　ロ―1　ハ―2　ニ―1　ホ―2

(E)　3

(F)　3

(G)　イ―2　ロ―2　ハ―2　ニ―1　ホ―2

◆要　旨◆

新型コロナウイルスによって世界中の風景が変わったが、パンデミック発生当初から、人々のまなざしが一方向に収束する様子に違和感を覚えた。これを風景異化論に基づいて捉える。風景異化論では風景をつくる要素を「環境」「知覚」「記号」「認知」の4つに整理している。まず、ウイルスが危険なものに「分類」されて「記号」となり、意識変化により「認知」が変化する。「認知」によってマスク着用などの行動の「型」が導入され、パーティションなどの「素材」が「環境」に導入される。さらにPCR検査などの「道具」によってウイルスが可視化されて「知覚」の対象となり、「認要性が起こるが、他人の言葉を真に受けると時に騙され、他人を疑えば誤解が生じる。私の心に苦悶が起こる。私は相手次第で態度を変えねばならなくなるが、それは相手にぴたりと合っているのだろうか。他に対する私の態度は他に対してまるで通用しないことが多いのである。

◀解　説▶

(B)「括弧」には、文字などの前後を囲って、他の部分との区別をはっきりさせる効果がある。ここでは続く部分で「年齢を取った今日」のことが話題の中に挟み込まれており、それまでの文脈から外れているので、括弧に入れるべきことかもしれないと言っているのである。

(C)「私」が「いったん買った以上は僕のものにきまってる」「欲しければやろう」「本だけ持ってったら好い」などと言い、意地でも金を受け取りたくないという態度を示したのは、このときの「心理状態」として「安く買い得たという満足の裏」に「不善の行為から起る不快」があったからだと考えられる。これを「本を安く入手したという疚しさ」と表現している1が適切である。

(D)空欄に続く部分で記されているように、空欄の内容に引き続いて「私」には「恐るべき過失を犯す」恐れが生じ、その具体例として「罪のない他を侮辱する」ような事態に陥ることが想定されるのである。これは他者を「誤解」することから始まる事態である。空欄には「人を誤解」することに触れた2を補う。

(E)末尾の二つの段落で、「他に対する私の態度はまず今までの私の経験から来る」が、その「今までの経験というものは、広いようで、その実はなはだ狭」く、「まるで通用しない事が多い」と記されている。そこで傍線部(3)の直前にあるように、「私の態度も相手しだいでいろいろに変って行かなければならない」ことになる。この「変化」が必要なので、「相手にぴたりと合って」いるかどうかといった疑念が生じるのである。

(F)合致しない点について記す。

イ、前半部分では、思い出の中の「不善の行為から起る不快」について記されているが、これを「どうしようもない

国語

◀二月六日実施分▶

一

出典　夏目漱石『硝子戸の中』〈三十一〉〈三十二〉〈三十三〉

解答

(A)　(イ)懐　(ロ)一遍

(B)　1

(C)　1

(D)　2

(E)　他人との交渉では今までの経験が通用せず、相手しだいで態度を変える必要があるから。（四十字以内）

(F)　イ－2　ロ－2　ハ－2　ニ－1　ホ－1

◆要　旨◆

私は喜いちゃんから太田南畝の自筆本を価切って二十五銭で買った。翌日、喜いちゃんが来て、安過ぎたので返してくれと言う。私は安く買い得た満足の裏にある、不善の行為から起こる不快を自覚した。狡猾い自分を怒ると共に、二十五銭で売った先方を怒った。本を返す際、買った以上は自分のものであるとし、金は取らないと言い張った。喜いちゃんは本だけ持って帰り、私は何の意味なしに二十五銭の小遣を取られた。世の中に住む人間の一人として、他人との交渉の必

2022年度

問題と解答

■一般入試（文系学部〈大学独自の英語を課さない日程〉）

問題編

▶試験科目・配点

学部		教科	科目	配点
文	キリスト教、文、教育	外国語	英語資格・検定試験のスコアまたは大学入学共通テスト「英語」を得点化	200 点
		国語	国語総合（漢文を除く），現代文B，古典B（漢文を除く）	200 点
		地歴・数学	日本史B，世界史B，地理B，「数学Ⅰ・Ⅱ・A・B（数列，ベクトル）」のうちから１科目選択	150 点
	史	外国語	英語資格・検定試験のスコアまたは大学入学共通テスト「英語」を得点化	200 点
		国語	国語総合（漢文を除く），現代文B，古典B（漢文を除く）	200 点
		地歴・数学	日本史B，世界史B，地理B，「数学Ⅰ・Ⅱ・A・B（数列，ベクトル）」のうちから１科目選択	200 点
異文化コミュニケーション，観光		外国語	英語資格・検定試験のスコアまたは大学入学共通テスト「英語」を得点化	200 点
		国語	国語総合（漢文を除く），現代文B，古典B（漢文を除く）	200 点
		地歴・公民・数学	日本史B，世界史B，地理B，政治・経済，「数学Ⅰ・Ⅱ・A・B（数列，ベクトル）」のうちから１科目選択	150 点
経済		外国語	英語資格・検定試験のスコアまたは大学入学共通テスト「英語」を得点化	150 点
		国語	国語総合（漢文を除く），現代文B，古典B（漢文を除く）	150 点
		地歴・公民・数学	日本史B，世界史B，政治・経済，「数学Ⅰ・Ⅱ・A・B（数列，ベクトル）」のうちから１科目選択	100 点
経営		外国語	英語資格・検定試験のスコアまたは大学入学共通テスト「英語」を得点化	150 点
		国語	国語総合（漢文を除く），現代文B，古典B（漢文を除く）	100 点
		地歴・公民・数学	日本史B，世界史B，政治・経済，「数学Ⅰ・Ⅱ・A・B（数列，ベクトル）」のうちから１科目選択	100 点

社　会	外国語	英語資格・検定試験のスコアまたは大学入学共通テスト「英語」を得点化	100点
	国　語	国語総合（漢文を除く），現代文B，古典B（漢文を除く）	100点
	地歴・公民・数学	日本史B，世界史B，地理B，政治・経済，「数学Ⅰ・Ⅱ・A・B（数列，ベクトル）」のうちから1科目選択	100点
法	外国語	英語資格・検定試験のスコアまたは大学入学共通テスト「英語」を得点化	200点
	国　語	国語総合（漢文を除く），現代文B，古典B（漢文を除く）	200点
	地歴・公民・数学	日本史B，世界史B，政治・経済，「数学Ⅰ・Ⅱ・A・B（数列，ベクトル）」のうちから1科目選択	100点
コミュニティ福祉	外国語	英語資格・検定試験のスコアまたは大学入学共通テスト「英語」を得点化	200点
	国　語	国語総合（漢文を除く），現代文B，古典B（漢文を除く）	200点
	地歴・公民・数学	日本史B，世界史B，地理B，政治・経済，「数学Ⅰ・Ⅱ・A・B（数列，ベクトル）」のうちから1科目選択	100点
現代心理	外国語	英語資格・検定試験のスコアまたは大学入学共通テスト「英語」を得点化	150点
	国　語	国語総合（漢文を除く），現代文B，古典B（漢文を除く）	150点
	地歴・公民・数学	日本史B，世界史B，地理B，政治・経済，「数学Ⅰ・Ⅱ・A・B（数列，ベクトル）」のうちから1科目選択	100点

▶備　考

• 各試験日の対象学部と実施科目は以下の通り。

（◎印＝本書に掲載，●印＝掲載省略）

<table>
<tr><th rowspan="2">試験日</th><th rowspan="2">科目
学部</th><th rowspan="2">英語</th><th rowspan="2">国語</th><th colspan="5">選択科目</th></tr>
<tr><th>日本史※</th><th>世界史※</th><th>政治・経済</th><th>地理</th><th>数学※</th></tr>
<tr><td>2/6(日)</td><td rowspan="5">文学部
異文化コミュニケーション学部
経済学部
経営学部
社会学部
法学部
観光学部
コミュニティ福祉学部
現代心理学部</td><td rowspan="5">英語外部試験のスコアまたは大学入学共通テストの英語得点を活用</td><td>◎</td><td></td><td>◎</td><td></td><td></td><td>◎</td></tr>
<tr><td>2/8(火)</td><td>◎</td><td>◎</td><td>◎</td><td></td><td>◎
※2</td><td></td></tr>
<tr><td>2/9(水)</td><td>●</td><td>◎</td><td></td><td></td><td></td><td>◎</td></tr>
<tr><td>2/12(土)</td><td>●</td><td>●</td><td>●</td><td>◎
※1</td><td></td><td></td></tr>
<tr><td>2/13(日)</td><td>●</td><td>●</td><td>●</td><td></td><td></td><td></td></tr>
</table>

※1　「政治・経済」は文学部以外の学部が対象
※2　「地理」は経済・経営・法学部以外の学部が対象
※「日本史」・「世界史」・「数学」は全学部対象

▶利用できる英語資格・検定試験

一般入試では，下記の英語資格・検定試験を利用することができる。いずれの資格・検定試験にも最低スコア基準の設定はない。複数の資格・検定試験のスコアを提出することも可能。また，大学入学共通テストの「外国語（『英語』）」も利用できる。

<table>
<tr><td colspan="3">大学入学共通テスト「外国語（『英語』）」</td><td>○</td></tr>
<tr><td rowspan="13">英語資格・検定試験＊1</td><td colspan="2">ケンブリッジ英語検定＊2</td><td>○</td></tr>
<tr><td rowspan="4">実用英語技能検定（英検）＊3</td><td>従来型</td><td>○</td></tr>
<tr><td>英検 CBT</td><td>○</td></tr>
<tr><td>英検 S-CBT</td><td>○</td></tr>
<tr><td>英検 S-Interview</td><td>○</td></tr>
<tr><td rowspan="3">GTEC</td><td>「GTEC」CBT タイプ</td><td>○</td></tr>
<tr><td>「GTEC」検定版</td><td>○</td></tr>
<tr><td>「GTEC」アセスメント版</td><td>×</td></tr>
<tr><td rowspan="2">IELTS＊4</td><td>Academic Module</td><td>○</td></tr>
<tr><td>General Training Module</td><td>×</td></tr>
<tr><td colspan="2">TEAP</td><td>○</td></tr>
<tr><td colspan="2">TEAP CBT</td><td>○</td></tr>
<tr><td colspan="2">TOEFL iBT＊5</td><td>○</td></tr>
</table>

＊1．いずれも大学の各出願期間の初日から遡って2年以内に受験し取得した4技能スコアが有効（異なる実施回の各技能のスコアを組み合わせることはできない）。英検（従来型，英検 S-Interview）については，二次試験を出願期間の初日から遡って2年以内に受験し取得したスコアが有効。

＊2．ケンブリッジ英語検定については，Linguaskill も認める。また，受験した各試験種別（ファースト（FCE）等）の合格・不合格は問わない（スコアのみを合否判定に採用）。

＊3．英検については受験した級の合格・不合格は問わない（スコアのみを合否判定に採用）。

＊4．IELTS（Academic Module）は，通常の IELTS のほか，Computer-delivered IELTS を含む。IELTS Indicator は利用できない。

＊5．TOEFL iBT については，(Special) Home Edition も有効とする。また，Test Date Scores を有効とし，MyBest™ Scores を利用することはできない。

日本史

◀2月8日実施分▶

（60 分）

Ⅰ．次の文１～３を読み，下記の設問Ａ・Ｂに答えよ。解答は解答用紙の所定欄にしるせ。

1．古代の律令国家は，中央集権体制が整ってくると辺境地域の開拓を進め，東北地方の日本海側では712年に出羽国をおき，太平洋側でも多賀城を築くなど，拠点となる城柵[1)]を設けて支配領域を広げた。出羽国の国府が最初におかれた場所はわかっていないが，のちには現在の山形県酒田市にある城輪柵跡の地におかれたと推定される。このように北方での支配領域拡大を進めた[2)]政府であったが，蝦夷との戦争は国家財政や民衆の負担となったので，桓武天皇はこれを停止した。

2．中世になると現在の山形県内にも荘園が次々に成立した。中でも遊佐荘などいくつかの荘園は，藤原忠通の弟である（　イ　）の荘園であった。のちに崇徳上皇と結んで保元の乱で敗れることになる左大臣（　イ　）は，これら荘園の現地管理を担った平泉の藤原基衡[3)]に年貢増徴を要求したが，基衡はこれに抵抗した。基衡，秀衡，泰衡と続く奥州藤原氏は，源義経を匿ったことを口実に，源頼朝によって滅ぼされた。そののち頼朝は，藤原氏の勢力範囲を幕府の直轄とし，陸奥国と出羽国には守護をおかず，（　ロ　）をおいて御家人統率や幕府への訴訟の取り次ぎをおこなわせた。頼朝は，これと同様に地方機関として京都守護や鎮西奉行なども設置した。

　摂関家領荘園として成立した寒河江荘の一部は，鎌倉時代には北条氏領となり，その地頭には大江氏やその子孫である寒河江氏が補任された。こうした在地の有力な武士たちは，地頭として荘園領主や現地住民と対立することもあった[4)]が，耕地開発を積極的に進めるなどした。寒河江荘に限らず，山形県内には他にも北条氏領の荘園が増えたが，それらが鎌倉時代を通じて維持された背景には，日本海海運などを含めた，京や鎌倉と地方とを結ぶ交通の発展やさまざまな経済の発達があった[5)]。

足利尊氏は，斯波氏を奥州管領として派遣するが，南北朝期の出羽国は戦乱が日常化して混乱が続いた。その後，守護の統制をはかり幕府の機構を整えた足利義満[6)]は，関東や伊豆・甲斐国に加えて陸奥・出羽の二国も鎌倉公方の管轄とした。しかし将軍足利義教が，幕府に反抗的な鎌倉公方（　ハ　）を1439年に討ち滅ぼすと，鎌倉公方による奥羽支配は，その実質を失うことになった。鎌倉公方と対立した室町幕府は奥州探題・羽州探題を通じて奥羽両国を支配したが，1522年に伊達氏を陸奥国守護に補任した。奥羽両国には守護が設置されたことはなかったので，これは画期的なことであった。伊達氏は1536年に（　ニ　）という分国法を制定するなど，戦国大名としての権力を集中していき，やがて米沢城を本拠とした。

3．関ヶ原の合戦後，上杉氏が減封されて米沢城に移され，また領内の派閥争いが原因で山形城の最上氏が改易された結果，山形城に鳥居氏，庄内鶴岡城に酒井氏，真室（のち新庄）城に戸沢氏，上山城に松平氏などが入った。

米沢藩では３代藩主上杉綱勝が1664年に若くして亡くなるが，まだ嫡子がいなかった。これ以前に幕府は，（　ホ　）の禁を緩和し，跡継ぎのいない大名が死に臨んで急に相続人を願い出ることを認めていたが，綱勝にはこうした手続きをおこなう時間がなかったため，米沢藩は廃絶の危機に直面した。このとき会津藩主で江戸幕府４代将軍徳川家綱の叔父でもあった（　ヘ　）が奔走して，米沢藩領は30万石から15万石に半減されたものの，吉良義央の子を次の藩主綱憲とすることができた。この綱憲の孫娘から生まれ，のちに米沢藩主として改革政治を実行するのが上杉治憲（鷹山）である。藩政改革で成果をあげた治憲や，熊本藩主（　ト　）らは名君と評された。（　ト　）が時習館という藩校を設立したように，治憲も莅戸善政を御用掛に任じて，興譲館という藩校を再興させた。治憲は儒学者[7)]細井平洲を尊敬し，米沢に招いて講義を受けた。藩校の再興はこの延長上にあり，興譲館という命名も細井平洲によるものであった。このように18世紀中頃以降，儒学は社会的役割を拡大し，武士は学問の重要性を意識するようになった。

一方，庄内藩は，宝暦飢饉ののち藩財政が悪化し，老中松平定信[8)]から藩政改革の遅れを注意された。そして1840年に三方領知替えが命じられた。これは（　チ　）藩松平氏・庄内藩酒井氏・長岡藩牧野氏を玉突き式に所替えするという命令であった。これには庄内藩のみならず外様大名も強く反発するとともに，庄内藩領民が反対一揆を起こした。その結果，老中水野忠邦[9)]はこの命令を撤回した。こうした命令の撤回は，幕府権力の弱体化を露呈することになった。このあと幕府は対外的危機に応じて，江戸への物資を輸送するルートを確保するために印旛沼掘割工事に着手した。この御手伝普請には庄内藩も動員された。これは三方領知替えに異を唱えた庄内藩への懲罰の意味合いがあったとされる。鳥羽・伏見の戦い後，庄内藩は会津藩とともに朝敵とされ，両藩は軍事同盟を結んだ。両藩の朝敵赦免を嘆願するために東北25藩が同盟し，これに越後6藩が加わって（　リ　）が結成された。しかし新政府軍によってこうした抵抗は打ち破られ，1868年9月には会津藩とともに庄内藩も降伏した。

A．文中の空所(イ)～(リ)それぞれにあてはまる適当な語句をしるせ。

B．文中の下線部1)～9)にそれぞれ対応する次の問1～9に答えよ。

1．これのうち日本海側に設置されたのはどれか。次のa～dから1つ選び，その記号をマークせよ。

a．志波城　　b．徳丹城　　c．渟足柵　　d．桃生城

2．これに関する次の出来事a～dのうち，もっとも古いものを解答欄のⅰに，次に古いものをⅱに，以下同じようにⅳまで年代順にマークせよ。

a．阿倍比羅夫が秋田・津軽地方の蝦夷を服属させた

b．蝦夷の首長伊治呰麻呂が反乱を起こし多賀城を焼いた

c．坂上田村麻呂が鎮守府を多賀城から胆沢城に移した

d．文室綿麻呂が北方の蝦夷を攻撃して征夷の成功を宣言した

3．この人物が創建し，その子である秀衡の代に完成した寺院で，建物は焼失したものの浄土式庭園の遺構をいまに残す寺院の名をしるせ。

4．これに関する次の文ⅰ・ⅱについて，その記述の正誤の組み合わせとして正しいのはどれか。下記のa～dから1つ選び，その記号をマークせよ。

ⅰ．紀伊国阿氐河荘の百姓は，地頭湯浅宗親の数々の非法を13か条にわたって訴えるかな文字の訴状をつくった

ⅱ．荘園領主のなかには一定の年貢を得る代わりに，現地の土地や人の支配をすべて地頭にゆだねる下地中分という契約を結ぶものがいた

a．ⅰ：正　ⅱ：正　　b．ⅰ：正　ⅱ：誤

c．ⅰ：誤　ⅱ：正　　d．ⅰ：誤　ⅱ：誤

5．鎌倉時代のこれに関する記述として正しいのはどれか。次のa～dから1つ選び，その記号をマークせよ。

a．京都への輸送路では土倉という運送業者が活躍した

b．金融業者である借上らは荘園の代官にも任命された

c．銭の通用価値を公定するために撰銭令が出された

d．月に六度の市を開く六斎市が一般化した

6．この人物に関する記述として正しいのはどれか。次のａ～ｄから１つ選び，その記号をマークせよ。

ａ．侍所の長官を，赤松・一色・斯波・畠山の四氏から任命した

ｂ．南朝の後小松天皇を入京させ，天皇を北朝の後亀山天皇一人とした

ｃ．幕府直轄地である御料所を，奉公衆と呼ばれる親衛軍に預けおいた

ｄ．六分の一衆と呼ばれた大内氏の内紛に介入して大内義弘を滅ぼした

7．これに関する記述として正しいのはどれか。次のａ～ｄから１つ選び，その記号をマークせよ。

ａ．古学派の伊藤仁斎は古義堂という私塾を開いた

ｂ．朱子学派の木下順庵は徳川吉宗の侍講となった

ｃ．太宰春台は『経世秘策』を著して経世論を発展させた

ｄ．山片蟠桃は『大学或問』を著して朱子学を攻撃した

8．この人物が，1793年に武家伝奏を含む公家を処罰し，朝幕関係が緊張する事件が起きた。この人物が，この事件にあたって拒否した，朝廷側からの要求とはどのようなものであったか。35字以内で説明せよ。

9．この人物に関する記述として正しいのはどれか。次のａ～ｄから１つ選び，その記号をマークせよ。

ａ．青森に北国郡代を新設し，盛岡・弘前両藩に警備させた

ｂ．株仲間解散令を出して，問屋という名称の使用も禁じた

ｃ．関東取締出役を設けて，領主の区別なく犯罪者の取締りにあたらせた

ｄ．黄表紙作家の山東京伝と出版元の蔦屋重三郎を処罰した

Ⅱ. 次の文を読み，下記の設問Ａ・Ｂに答えよ。解答は解答用紙の所定欄にしるせ。

作家の生涯や作品は，背景となる時代の状況をしばしばうつし出す。

近代日本文学における代表的な作家の１人である夏目漱石は，慶応(1)年間にあたる1867年に江戸で名主の子として生まれた。大学卒業後，地方で教師生活をしたのち，文部省に命じられてイギリスに留学(2)した。イギリスから帰国後は，東京帝国大学で講師をつとめるかたわら，『吾輩は猫である』など初期の作品を執筆した。もっとも，教職と執筆の両立は容易ではなかった。複数の新聞(3)から誘いを受けていた漱石は，執筆に専念するため東京帝国大学の教職をやめ，朝日新聞に専属作家として入社した。この決断は世間を驚かせた。

漱石の多くの作品は，近代化のはざまで苦悩する知識人の内面を描いており，執筆された当時の状況がしばしばあらわれている。後期３部作と呼ばれる作品群の１つ『こころ』では，乃木希典(4)が明治天皇に殉死する話題が取り上げられている。1916年に連載され，漱石の死去により未完の絶筆となった『明暗』では，朝鮮半島(5)に向かう貧しい知人を主人公が送別する場面がある。

漱石は，交友関係が広かった。大学予備門時代には，のちに南満州鉄道株式会社(6)（満鉄）の総裁となった中村是公らと同じ下宿で生活した。中村は，満鉄総裁在任中に漱石を満州に招待した。1897年に創刊された俳句雑誌『（　イ　）』に協力した正岡子規は，漱石が学生のころからの友人であった。漱石の周りには多くの若者たちも集まった。漱石の門下生とされる代表的な人物として，児童文芸雑誌『赤い鳥』を創刊した（　ロ　），物理学者の寺田寅彦，当時まだ少なかった女性の作家(7)の野上弥生子，さらに，芥川龍之介などがあげられる。

芥川龍之介は1892年に東京で生まれた。東京帝国大学在学中に「鼻」を雑誌『（　ハ　）』に発表し，漱石の称賛を受けた。当時，この雑誌にかかわっていた芥川らは，（　ハ　）派と呼ばれている。芥川は，大正デモクラシー(8)の風潮のもとで文学も発展した大正時代を代表する作家の１人となった。

芥川は作品の題材をさまざまなものに求めた。古典作品を題材とした作品，戦国時代から江戸時代初期のキリスト教(9)を題材とした作品，江戸時代を背景とした作品，文明開化(10)や欧化政策(11)のころを描いた作品など，多様である。芥川が古典作品を題材として著した『藪の中』は，のちに，（　ニ　）が監督をした映画『羅生門』の原作となった。芥川が江戸時代を背景として著した作品の中には，実在の人物を登場させた作品もあり，松尾芭蕉(12)が登場する作品もあれば，『椿説弓張月』を著した（　ホ　）が登場する作品もある。

川端康成は1899年に大阪で生まれた。東京帝国大学に入学し，在学中に発表した作品を評価された。川端は多くの作品を著し，1935年には芥川賞の銓衡(せんこう)委員に加えられるなど，文壇での地位を確立した。しかし，戦時体制13)が徐々に強化されると，文学者たちもその影響を免れることはできなかった。多くの作家たちが動員される中，川端も1945年に海軍報道班員として，鹿児島県鹿屋の飛行場を見学した。

この時代は文化の統制がすすみ，発禁処分となった作品も多かった。そのような状況下においても，創作の世界を維持した作家は少なくなかった。（　へ　）は，関西地方の上流階級の人々の生活を描いた大作『細雪』を，発表の見通しのないまま書き続けた。

終戦後はＧＨＱによる検閲が行われ，言論界の指導者に対する公職追放もおこなわれた。川端は戦後も多くの作品を著し，1948年から1965年14)までの長期間にわたって，日本ペンクラブの会長をつとめた。川端の作品には，京都や鎌倉を舞台とする作品もあれば，茶の世界が取り上げられている作品もあり，日本の伝統的な文化が描かれている作品が多い。川端の文学は国際的にも高く評価され，1968年にノーベル文学賞を受賞した。

A．文中の空所(イ)～(へ)それぞれにあてはまる適当な語句をしるせ。

B．文中の下線部1)～14)にそれぞれ対応する次の問1～14に答えよ。

1．この元号の時期に起きた次の出来事ａ～ｄのうち，もっとも古いものを解答欄のｉに，次に古いものをⅱに，以下同じようにⅳまで年代順にマークせよ。

ａ．薩摩藩と長州藩が同盟の密約を結んだ

ｂ．第二次長州征討における幕府軍と長州軍の戦闘が始まった

ｃ．徳川慶喜が大政奉還の上表を朝廷に提出した

ｄ．徳川慶喜に領地の一部返上などを命じる処分が決定された

2．これの経験者に関する記述として正しいのはどれか。次のａ～ｄから１つ選び，その記号をマークせよ。

ａ．梅謙次郎はボアソナードが起草した民法の施行に反対した

ｂ．北里柴三郎は破傷風に関する研究をした

ｃ．鈴木梅太郎はタカジアスターゼを創製した

ｄ．森鷗外は留学時代の経験をもとに『蒲団』を著した

3．これに関する次の文ｉ・ⅱについて，その記述の正誤の組み合わせとして正しいのはどれか。下記のａ～ｄから１つ選び，その記号をマークせよ。

ｉ．小新聞は，庶民を読者対象に娯楽性を重視した

ⅱ．明治時代末期には，発行部数100万部をこえる新聞があらわれた

a．i：正　ii：正　b．i：正　ii：誤

c．i：誤　ii：正　d．i：誤　ii：誤

4．この人物が第三軍を率いて攻撃し，半年以上の攻撃で多数の兵を失った末に陥落させ，のちに関東都督府がおかれた地名をしるせ。

5．これに関する記述として正しいのはどれか。次のa～dから1つ選び，その記号をマークせよ。

a．韓国の皇帝がハーグで開かれた万国平和会議に密使を送った事件をきっかけに，日本は韓国の外交権を奪った

b．京城（けいじょう）（ソウル）の公園で1919年5月4日に独立宣言書が読みあげられたのをきっかけに，独立を求める運動が展開された

c．朝鮮総督府が1910年に設置され，樺山資紀が初代総督に任命された

d．土地調査事業の際に接収された土地の一部は，東洋拓殖会社や日本人地主などに払い下げられた

6．これに関する記述として**正しくない**のはどれか。次のa～dから1つ選び，その記号をマークせよ。

a．関東軍の石原莞爾らがこれの線路を爆破した事件をきっかけに，満州事変が始まった

b．鉄道付属地内の土木・教育・衛生に関する行政をおこなう時期があった

c．日窒コンツェルンはこれにかわって満州の重化学工業を独占的に支配した

d．南満州の鉄道権益をアメリカ資本と合弁で経営する計画に小村寿太郎が反対し，これが設立された

7．これに関して，底辺の女性たちの悲哀を小説に描き，『たけくらべ』を著した人物は誰か。その名をしるせ。

8．この理念に関する次の文中の空所〈あ〉にあてはまる語句を漢字3字でしるせ。

＜　あ　＞は法人としての国家に帰属し，天皇は憲法に従って＜　あ　＞を行使する国家の最高機関であるという説が，憲法学説として定着した。

9．これに関する記述として**正しくない**のはどれか。次のa～dから1つ選び，その記号をマークせよ。

a．活字印刷機が伝えられ，天草版『伊曽保物語』が刊行された

b．サン＝フェリペ号事件をきっかけに，宣教師・信者26名が長崎で処刑された

c．島原・天草地方の牢人や潜伏キリシタンが天草四郎時貞を首領として蜂起した

d．豊臣秀吉はキリシタン大名の高山右近をマニラに追放した

10．これに関する記述として正しいのはどれか。次のa～dから1つ選び，その記号を

マークせよ。

a．辰野金吾は銀座の煉瓦街を設計した

b．東京電燈会社が1870年代に電灯事業を始めた

c．福沢諭吉は『民約訳解』を著し，人間の平等と民主主義思想を説いた

d．明治政府は明治５年に太陽暦の採用を布告した

11. 政府がおこなったこれを貴族的欧化主義と批判し，雑誌『国民之友』を刊行した人物は誰か。その名をしるせ。

12. この人物に関する次の文ｉ・ⅱについて，その記述の正誤の組み合わせとして正しいのはどれか。下記のａ～ｄから１つ選び，その記号をマークせよ。

ｉ．紀行文『東関紀行』を著した

ⅱ．奇抜な趣向を得意とする談林派を形成した

a．ｉ：正　ⅱ：正　　b．ｉ：正　ⅱ：誤

c．ｉ：誤　ⅱ：正　　d．ｉ：誤　ⅱ：誤

13. これに関する次の文ｉ・ⅱについて，その記述の正誤の組み合わせとして正しいのはどれか。下記のａ～ｄから１つ選び，その記号をマークせよ。

ｉ．国民徴用令によって，政府は議会の承認なしに労働力を動員する権限を得た

ⅱ．戦時動員の計画・立案・調整を任務とする内閣直属の機関として，企画院が設置された

a．ｉ：正　ⅱ：正　　b．ｉ：正　ⅱ：誤

c．ｉ：誤　ⅱ：正　　d．ｉ：誤　ⅱ：誤

14. この時期に起きた出来事に関する記述として正しいのはどれか。次のａ～ｄから１つ選び，その記号をマークせよ。

a．池田勇人内閣のもとで，オリンピック東京大会が開催された

b．石橋湛山内閣は，「所得倍増」をスローガンとして経済政策を展開した

c．岸信介首相を総裁とする自由民主党が結成された

d．ＧＨＱは，芦田均内閣に対し，経済安定九原則の実行を指令した

◀2月9日実施分▶

(60分)

Ⅰ. 次の文を読み，下記の設問A・Bに答えよ。解答は解答用紙の所定欄にしるせ。

日本列島と列島の「外」の地域とのつながりは，近代に入って空路での交通が可能になるまでは，海上交通が唯一の経路となってきた。

『漢書』地理志の記事に見られるように，紀元前後頃には，倭は，朝鮮半島に定期的に使者を送っていたと考えられ，以後も，中国の歴史書には倭に関する記事[1)]が登場している。5世紀には，戦乱を避けて朝鮮半島から多くの人びとが日本列島に渡来し，6世紀には儒教や仏教も伝えられた。このように，朝鮮半島や中国との関わりが深まる中で，先進的な文化や技術が日本列島に伝えられるとともに，朝鮮半島や中国の動向が，日本列島におけるヤマト政権確立の過程をはじめとして，その後の日本の政治・外交・経済のあり方に大きな影響を及ぼしていくこととなった。

中国において南北朝を統一した隋に，607年，小野妹子が遣隋使として派遣された。妹子の提出した国書は皇帝煬帝から不興をかったが，煬帝は翌年，（　イ　）を返礼の使者として派遣した。さらに，（　イ　）の帰国に際して，旻，南淵請安ら学問僧，そして留学生が隋に同行した。この時の学問僧・留学生の中から，旻らが乙巳の変後の新政権のもとで（　ロ　）となるなど，中国での長期の滞在を終えて帰国した学問僧・留学生の知識は，国政改革にも大きな役割を果たしていった。

遣唐使の派遣は630年に始まった。717年に出発した遣唐使では，学問僧・留学生として，玄昉，吉備真備らが同行しており，10数年の滞在の後に帰国した玄昉，吉備真備は，聖武天皇[2)]の信任を得て活躍した。

9世紀初頭の遣唐使には，空海[3)]，最澄，橘逸勢[4)]らが，学問僧・留学生として渡航した。830年代に派遣された遣唐使では，円仁が学問僧として入唐したが，この派遣が渡航した最後の遣唐使となった。9世紀の東アジア地域では，唐や新羅商人による民間貿易が活発になっており，これらの商人は，貴族たちの憧れる，（　ハ　）と呼ばれる外国からの商品を日本にもたらすこととなった。外交使節の往来によらなくても，（　ハ　）の入手が可能となった状況も，遣唐使派遣が途絶えた背景にあることは見逃せない。

10世紀に入り，中国，朝鮮半島の状況が大きく変動[5)]する中，国交は開かれなかったものの，貿易活動はさかんにおこなわれた。宋の時代には造船や航海技術が進展し，宋の海商が，宋，高麗，日本をつなぐようになっていった。宋からの海商が博多などに来航し，朝廷は，大宰府に命じて優先的に必要なものを買い上げることもおこなっていた。

宋から元の時代の中国との通交の中で，僧侶の行き来も活発になっていった。宋に渡った栄西と道元が，それぞれ禅宗を日本にもたらしたほか，北条時頼[6)]の帰依を受けて蘭溪道隆が（　ニ　）を開き，その後，北条得宗家によって中国から招かれた禅僧の渡来が続いた。13世紀後半には，日本とモンゴル・元の国家間には軍事的な緊張状態があった一方，元は貿易の国家的な管理はおこなわず，日本と元との間の交易関係は活況を呈していった。14世紀には，（　ニ　）船や天龍寺[7)]船など，寺院の造営・修築費用調達のための貿易船が元に派遣された。

14世紀後半，中国では，衰えた元にかわって明が建国された。明は，海禁政策をとり，活発になっていた倭寇を警戒し，日本に倭寇の禁圧と朝貢を求めてきた。15世紀初頭，足利義満は明の皇帝から「日本国王」に冊封されることに成功し[8)]，日明間で勘合貿易がおこなわれるようになった。遣明船は室町幕府のみならず，有力守護らも出すようになり，水墨画の技術を集大成することになる雪舟も，（　ホ　）氏の遣明船で入明して学んでいる。（　ホ　）氏は寧波の乱後は勘合貿易を独占したが，（　ホ　）氏の滅亡とともに遣明船は途絶えることとなった。

14世紀末，朝鮮半島でも新たな王朝が建国された。この朝鮮王朝も，倭寇による甚大な被害を受けており，1419年には，倭寇の根拠地と目される対馬に軍隊を派遣し攻撃する（　へ　）が起こった。この（　へ　）の戦後処理のために，朝鮮使節として日本に派遣されたのが宋希璟であり，彼は道中で見聞したことを『老松堂日本行録』として書き残した。朝鮮王朝の倭寇抑圧策は，直接の武力攻撃だけでなく，幕府や西国の有力な武士たちを通じた平和的な通交の実現によってもはかられ，日朝貿易[9)]がさかんにおこなわれたが，三浦の乱を経て，やがて宗氏によるほぼ独占的な通交へと移行した。

16世紀はじめころ，朝鮮から銀製錬技術である「灰吹法」が日本に伝えられ，1530年代，博多の貿易商である神谷寿禎らによって（　ト　）銀山に製錬方法が用いられるようになると，大量の銀[10)]生産が始まるようになった。中国では銀の需要が高まる状況にあり，日本では中国産の生糸や絹織物，陶磁器などの需要が高まっていた。縮小，途絶することになる遣明船貿易では到底その需要を満たすことはできず，中国海商を中心とする民間の密貿易がその需要を満たす役割を果たしていく。アジアへの勢力の拡大をはかるポルトガル[11)]もこうした密貿易に加わっており，1540年代に種子島に漂着して鉄砲をもたらしたのも，フランシスコ＝ザビエルを鹿児島に運んだのも，密貿易をおこなう中国船であった。

A．文中の空所(イ)～(ト)それぞれにあてはまる適当な語句をしるせ。

B．文中の下線部１)～11)にそれぞれ対応する次の問１～11に答えよ。

1．これに関して，次の記事ｉ～iiiに書かれた状況で，もっとも古いものから年代順に並んでいる組み合わせはどれか。次のａ～ｆから１つ選び，その記号をマークせよ。なお，史料は一部改変してある。

ｉ．建武中元二年，倭の奴国，貢を奉じて朝賀す。使人自ら大夫と称す。倭国の極南界なり。光武，賜ふに印綬を以てす。

ii．興死して弟武立つ。自ら使持節都督倭・百済・新羅・任那・加羅・秦韓・慕韓七国諸軍事安東大将軍倭国王と称す。

iii．倭人は帯方の東南大海の中に在り，山島に依りて国邑を為す。旧百余国，漢の時朝見する者あり。今使訳通ずる所三十国。

ａ．ｉ→ii→iii　　ｂ．ｉ→iii→ii　　ｃ．ii→ｉ→iii

ｄ．ii→iii→ｉ　　ｅ．iii→ｉ→ii　　ｆ．iii→ii→ｉ

2．この人物が天皇であった時期の出来事ａ～ｄのうち，もっとも古いものを解答欄のｉに，次に古いものをiiに，以下同じようにivまで年代順にマークせよ。

ａ．光明子が皇后となった

ｂ．国分寺建立の詔が出された

ｃ．紫香楽宮から都が平城京に戻った

ｄ．謀反の罪を着せられた長屋王が自殺に追い込まれた

3．この人物が，嵯峨天皇から与えられた，東寺とも呼ばれる寺は何か。その名をしるせ。

4．この人物に関する次の文ｉ・iiについて，その記述の正誤の組み合わせとして正しいのはどれか。下記のａ～ｄから１つ選び，その記号をマークせよ。

ｉ．藤原北家の藤原良房による他氏排斥の策謀とされる承和の変で流罪となった

ii．和様の書の名人で，空海，嵯峨天皇とともに，のちに三跡（三蹟）と呼ばれた

ａ．ｉ：正　ii：正　　ｂ．ｉ：正　ii：誤

ｃ．ｉ：誤　ii：正　　ｄ．ｉ：誤　ii：誤

5．これに関する次の出来事ａ～ｄのうち，もっとも古いものを解答欄のｉに，次に古いものをiiに，以下同じようにivまで年代順にマークせよ。

ａ．開封を都とする宋（北宋）が建国された

ｂ．契丹によって渤海が滅ぼされた

ｃ．高麗によって朝鮮半島が統一された

d．五代十国時代が始まった

6．この人物が執権だった時の出来事はどれか。次のa～dから1つ選び，その記号をマークせよ。

a．執権を補佐する連署をおき，叔父の時房を任命した

b．評定衆を助け裁判の公平・促進をはかるために新たに引付を設置した

c．武家独自の最初の法典である御成敗式目（貞永式目）を定めた

d．有力御家人の和田義盛が挙兵したが，和田合戦と呼ばれる戦闘の末に和田一族を滅ぼした

7．後醍醐天皇の冥福を祈るためにこれを建立することを足利尊氏・直義兄弟に勧めた人物で，この寺院の作庭をしたことでも知られるのは誰か。その名をしるせ。

8．これに関する次の文ｉ・ⅱについて，その正誤の組み合わせとして正しいのはどれか。次のa～dから1つ選び，その記号をマークせよ。

ｉ．足利義満より先に，明の皇帝から「日本国王」と認定されたのは懐良親王であった

ⅱ．この時の室町幕府の将軍は足利義持であった

a．ｉ：正　ⅱ：正　　b．ｉ：正　ⅱ：誤

c．ｉ：誤　ⅱ：正　　d．ｉ：誤　ⅱ：誤

9．これをおこなう際に，対馬の島主宗氏が発行する渡航許可書をもつ者が朝鮮との通交をおこなうこととなったが，この渡航許可書は何と呼ばれるか。漢字2字でしるせ。

10．やがて17世紀半ばにはこれの産出は減少し，江戸幕府は，これの流出防止を含む貿易統制策を実施していった。1680年代，江戸幕府が，清・オランダ船の貿易額の制限や清船の隻数の制限以外に，長崎での貿易に関しておこなった統制策にはどのようなものがあったか。統制策2つを30字以内で説明せよ。

11．これと日本の16世紀後半から17世紀前半の関係に関する次の文ｉ・ⅱについて，その正誤の組み合わせとして正しいのはどれか。次のa～dから1つ選び，その記号をマークせよ。

ｉ．1570年代にポルトガル船の寄港地として長崎が開港された

ⅱ．1610年代，京都の商人田中勝介が，これの領土となっていたノビスパンに派遣された

a．ｉ：正　ⅱ：正　　b．ｉ：正　ⅱ：誤

c．ｉ：誤　ⅱ：正　　d．ｉ：誤　ⅱ：誤

Ⅱ．次の文1～5を読み，下記の設問A・Bに答えよ。解答は解答用紙の所定欄にしるせ。

1．食料自給率（カロリーベース）が4割に満たない今日の日本にあって，主食である米は，現在も国内生産だけで消費をまかなうことができる唯一の穀物とされる。17世紀末には，全国の米価を左右する米市場1)が発足するなど，米は，近世期の経済の基幹だった。

しかし、技術の改良や肥料の普及が進展した明治期になっても、米食の普及や都市人口の膨張にともなう需要の増加に対応することができず，米不足がしばしば顕在化していた。また，豊富な需要があったとされる中でも，明治期の農民の生活は苦しくなる一方だった。

とりわけ松方デフレ2)以後は，負債の累積，地租滞納などで所有地を売却する農民が続出した。土地を失った農民は，小作農となる場合が多く，1890年代においても小作地の割合は上昇を続けた3)。

こうして農村不況が深刻化する中，負債の軽減や減税を求めて各地で農民が蜂起した。1884年には，埼玉県で秩父（　イ　）を称する約3000人の農民が立ち上がり，のちに秩父事件と呼ばれる大規模な蜂起に発展した。また，鉱工業の生産拡大に由来する鉱害の被害4)に各地の農民が苦悩したのもこの時期である。

2．1918年夏，シベリア出兵5)のための米の買い付けが米価の高騰を招き，富山県魚津町で「越中女房一揆」が起きたとの報道をきっかけに，（　ロ　）が全国に広がった。

その一方で，第一次世界大戦中，日本はかつてない経済発展をとげ，はじめて工業生産額が農業生産額を上回った。工業の発展にともない都市化が進展すると，農業も発展した。このころになると，農村でも小作農の権利意識が高まりをみせた。1920年前後から小作料の減免を求める（　ハ　）が激増し，1922年には杉山元治郎・賀川豊彦らによって，全国組織である（　ニ　）が結成された。

3．明治期の農業は，主に農商務省によって所管された。農商務省は，1893年に東京・西ケ原に国立の農事試験場を設立して，農業技術の試験研究をおこなったほか，農業の技術改良を指導した。その農商務省の役人だった（　ホ　）は，明治後期の農村を広く見聞し民間伝承の研究を進めて日本における民俗学を確立した。

また，内務省は，1909年から政府の方針を知らせるための講習会を開いて（　へ　）を展開した。この事業では，日露戦争後の疲弊した地方自治体の財政再建と農業振興，民心向上などに取り組み，協同事業に成功した村を模範村として，その事例を全国に紹介した。

4．1929年10月，ニューヨーク株式市場における株価の大暴落をきっかけにおこった恐慌が世界恐慌へと拡大し，日本経済は，昭和恐慌6)と呼ばれる深刻な不況におちいった。それまで対米輸出に頼ってきた生糸価格が暴落する中，1930年は豊作のために米価が下落し，1931年7)は一転して北海道・東北地方が凶作に見舞われたことで，農民の生活は困窮をきわめた。

こうした農村地域の不況を打開すべく，政府は1932年になって救農土木事業を実施して窮乏した農民に現金収入の途（みち）をひらいた。また，政府は，農民に勤勉・貯蓄を推奨するとともに，共同販売・共同購入などをおこなう産業組合の拡充をすすめる（　ト　）をはじめた。そのねらいは，地主と小作農との対立を抑制し，集落を「生産の共同体」として再編することにあった。

そして，第二次世界大戦8)下の1940年からは，政府による米の強制的買い上げ制度（供出制）が実施され，米も，さまざまな生活必需品と並んで，政府による戦時下の経済統制に組み込まれていった。

5．第二次世界大戦後，ＧＨＱは，地主制を軍国主義の経済的地盤とみなし，その改革を命じた。その結果，農地改革9)が実現した。

その後，戦中戦後の食糧難も次第に解消され，政府は，1961年に（　チ　）を制定し，農業の近代化，米・畜産・果樹の選択的生産拡大をはかる一方で，米以外の穀物などの減産と輸入依存政策を推進した。米については，米価を維持する（　リ　）制度のもとで米の生産が増大し，自給を実現した。しかし，1970年以降，今度は米の生産調整，いわゆる（　ヌ　）政策がはじまり，また，農産物の輸入自由化10)をめぐる交渉が進展する中，海外からの農産物の輸入が拡大され，農産物価格は大きく影響を受けることになった。加えて都市への人口移動の増大によって農山漁村の人口が減少するいわゆる過疎化も進行し，日本の農業をとりまく環境は，大きく変化していくことになった。

Ａ．文中の空所（イ）～（ヌ）それぞれにあてはまる適当な語句をしるせ。

Ｂ．文中の下線部１）～10）にそれぞれ対応する次の問１～10に答えよ。

1．これについて，18世紀，幕府が公認したのはどれか。次のａ～ｄから１つ選び，その記号をマークせよ。

ａ．江戸・神田　　ｂ．江戸・日本橋　　ｃ．大坂・天満　　ｄ．大坂・堂島

2．これをもたらした松方財政に関する記述として正しいものはどれか。次のａ～ｄか

ら2つ選び，それらの記号を左欄に1つ，右欄に1つマークせよ。順序は問わない。

a．軍事費をのぞいて徹底的な緊縮財政を実行した

b．酒造税と煙草税を新設する一方で，地方税を減税した

c．日本銀行を設立し，蓄積した正貨をもとに銀本位制の兌換券である日本銀行券を発行させた

d．松方デフレの中でも，米だけは価格が下落しなかった

3．これに関して述べた次の文ⅰ・ⅱについて，その記述の正誤の組み合わせとして正しいのはどれか。下記のa～dから1つ選び，その記号をマークせよ。

ⅰ．小作地の割合は6割を超えた

ⅱ．地主が小作農から徴収する小作料が金納であったことが，地主の経営にとって有利に働いた

a．ⅰ：正　ⅱ：正　　b．ⅰ：正　ⅱ：誤

c．ⅰ：誤　ⅱ：正　　d．ⅰ：誤　ⅱ：誤

4．これに関する記述として正しいのはどれか。次のa～dから1つ選び，その記号をマークせよ。

a．足尾鉱毒事件の結果、鉱害の被害を受けた村のうち、谷中村を除く村々は全て廃村となり，住民は集団移住した

b．足尾鉱毒事件は，鉱山労働者の訴えから農地の汚染の実態が明らかになった

c．足尾銅山から流れ出た鉱毒が渡良瀬川流域を汚染し，流域の田畑に被害を与えた

d．衆議院議員田中正造の直訴によって，足尾銅山の操業は停止された

5．これに関して述べた次の文ⅰ・ⅱについて，その記述の正誤の組み合わせとして正しいのはどれか。下記のa～dから1つ選び，その記号をマークせよ。

ⅰ．寺内正毅内閣によって東部シベリアへの全面出兵が開始された

ⅱ．日本は，米・英・仏とともに，1922年まで駐兵を続けた

a．ⅰ：正　ⅱ：正　　b．ⅰ：正　ⅱ：誤

c．ⅰ：誤　ⅱ：正　　d．ⅰ：誤　ⅱ：誤

6．これの後の政府の対応として，正しいのはどれか。次のa～dから1つ選び，その記号をマークせよ。

a．緊急勅令によって巨額の不良債権を抱えた台湾銀行の救済をはかった

b．重要産業統制法を制定して，指定産業でのカルテルの結成を助長した

c．政府の保護のもと，官営製鉄所の拡張をすすめた

d．モラトリアムを発し，日本銀行から銀行への救済融資をおこなった

7．この年の出来事に関する次の文ⅰ・ⅱについて，その記述の正誤の組み合わせとし

て正しいのはどれか。下記のa～dから1つ選び，その記号をマークせよ。

i．前年に右翼の青年に狙撃されて重傷を負った浜口雄幸首相にかわり，若槻礼次郎が首相となった

ii．陸軍青年将校のクーデタ未遂事件である三月事件・十月事件が起こった

a．i：正　ii：正　　b．i：正　ii：誤

c．i：誤　ii：正　　d．i：誤　ii：誤

8．これに関する次の出来事a～dのうち，もっとも古いものを解答欄のiに，次に古いものをiiに，以下同じようにivまで年代順にマークせよ。

a．アメリカが日本に日米通商航海条約廃棄の通告をおこなった

b．日本軍が南部仏印進駐を開始した

c．日本軍が北部仏印進駐を開始した

d．日本はソ連と日ソ中立条約を結んだ

9．これに関する記述として正しくないのはどれか。次のa～dから1つ選び，その記号をマークせよ。

a．改革は第2次案にもとづいて実施され，1950年にほぼ終了した

b．小作農は，地主から農地を直接譲り受けて自作農・自小作農となった

c．これにより，農家の90パーセント以上が自作農・自小作農となった

d．在村地主の所有面積に限度が設けられた

10．これに関して，1980年代から90年代にかけて，日本も参画しておこなわれた多国間交渉はどれか。次のa～dから1つ選び，その記号をマークせよ。

a．ASEAN地域フォーラム　　b．APEC閣僚会議

c．ガット＝ウルグアイラウンド　　d．G5

世界史

◀2月6日実施分▶

(60分)

I. 次の文を読み，下記の設問A・Bに答えよ。解答は解答用紙の所定欄にしるせ。

人類の歴史と理性・知識は切っても切れない関係にある。複数の人間が集まる社会が形成されると，社会や世界を正しく認識するための「知」が追求されるようになった。古代ギリシアでは哲学[1)]が発達し，そこから社会や国家のあるべき姿を求める政治学も派生した。ギリシア哲学はビザンツ帝国やイスラーム[2)]世界を経由して中世ヨーロッパ世界にも影響を与え，後の理性主義につながってゆく。中世ヨーロッパでは知識はキリスト教の神学[3)]を頂点として体系化され，学問の担い手も聖職者が多くを占めた。12世紀頃から教会附属の教育機関とは異なる大学[4)]が都市につくられたが，もともと学生や教員の組合であった。しかし，14世紀以後，人間そのものの在り方を考えようとする思想がルネサンス期にヨーロッパ各地で広まると，人間の所産としての「知」という考え方が徐々に広まっていった。17世紀には人間の理性によって物事を認識しようとする理性主義が開花した[5)]。信仰と学問は別次元のものという主張も現れ，思想や哲学が広く世俗的な市民にも開かれた。18世紀にはフランスを中心に，理性を重視してあらゆる事象を批判的に見直そうとする（ イ ）思想が現れ，基本的人権など個々の人間の尊厳を尊重する[6)]世界観が広まった。

一方，ユーラシア東部の古代中国では，統一王朝であった周の力が衰え，下克上も厭わない諸侯が分立する戦国時代を迎えると，不安定な社会への対処や富国強兵[7)]に務める諸侯たちの人材需要を背景として諸子百家[8)]と呼ばれる思想家や専門家が数多く出現した。なかでも儒家や法家の思想は君主制や封建制度の支柱的な理論となり，後世の歴代王朝の統治に採用され，隣接する東アジアの各地域にも大きな影響を与えた。唐代末期から宋代にかけて没落した貴族に代わって地域社会に根差した新興の地主層が政治・経済・文化の担い手となり，そのなかから士大夫もしくは読書人と呼ばれる知識人層が出現した。儒学では，人は学問により万物の本質・法則を意味する（ ロ ）に迫ることができると説く朱子学が現れ，士大夫に受容された。明代に現れた陽明学[9)]では（　ロ　）はあらゆる人間に備わるとして民衆に身近なものとされた。

しかしながら，知識人たちは常に国家や社会の在り方を支え，権力によって庇護されたわけではない。知識人や学者たちは君主などの権力から迫害を受けることもあった[10)]。近代以降，世界の各地で立憲主義や民族独立をかかげた改革運動や民主化運動と知識人の関係においても同様である。古代ギリシアでプラトンが開いたアカデメイアを起源とする国立アカデミー[11)]は現在では各国で学術を推進する役割を担っている。各国の国立アカデミーは時に権力側に利用され，時に権力に追従し，時に反論するなど，権力との距離が問題となる一方で，その存在意義として学問の独立性を保持するという，学問の自由[12)]，ひいては言論・表現の自由が重要視されてきた。日本でも学術会議の推薦候補者をめぐる議論がおこったことは記憶に新しい。

A．文中の空所(イ)・(ロ)それぞれにあてはまる適当な語句をしるせ。

B．文中の下線部1)～12)にそれぞれ対応する次の問1～12に答えよ。

1．これに関する次の問ⅰ・ⅱに答えよ。

ⅰ．「万物は流転する」と説いた自然哲学者は誰か。その名をしるせ。

ⅱ．自然哲学においてイオニア出身のフェニキア人タレスが万物の根源と考えた物質は何か。その名をしるせ。

2．この宗教に関する次の問ⅰ～ⅲに答えよ。

ⅰ．聖典である『クルアーン』を補完するものとして，預言者ムハンマドの言行と伝承を記録したものを何と呼ぶか。その名をカタカナでしるせ。

ⅱ．前近代のイスラーム世界では，キリスト教徒の医者など，異教徒も知識人の一端を担っていたが，異教徒からイスラームに改宗した人々は総称して何と呼ばれたか。その名をカタカナでしるせ。

ⅲ．18世紀のアラビア半島では，ウラマー（宗教的知識人）のあいだに教義の純化によって革新をなそうとするワッハーブ運動が起こった。当時これを支持し，現在では現地の王国の王家となっている家系の名をしるせ。

3．これを体系化した『神学大全』の著者トマス＝アクィナスが実在論の立場から収拾をはかった論争とは何か。その名をしるせ。

4．これに関する次の問ⅰ・ⅱに答えよ。

ⅰ．13世紀にはヨーロッパの各地に大学が置かれたが，以下にあげる都市のなかで

13世紀の時点で大学が置かれていなかった都市はどこか。次のａ～ｄから１つ選び，その記号をマークせよ。あてはまるものがない場合は，ｅをマークせよ。

ａ．アムステルダム　ｂ．オックスフォード　ｃ．パリ　ｄ．ボローニャ

ⅱ．イスラーム世界で大学に相当するマドラサのなかでも，現存最古の部類に入るアズハル学院が建設された都市はどこか。次のａ～ｄから１つ選び，その記号をマークせよ。あてはまるものがない場合は，ｅをマークせよ。

ａ．イェルサレム　ｂ．カイロ　ｃ．ダマスクス　ｄ．バグダード

5．このとき提唱された，諸物の認識法や方法論とそれを提唱した思想家の組み合わせとして正しいものを次のａ～ｄから１つ選び，その記号をマークせよ。あてはまるものがない場合は，ｅをマークせよ。

ａ．演繹法　－　経験論　－　デカルト

ｂ．演繹法　－　合理論　－　ベーコン

ｃ．帰納法　－　経験論　－　ベーコン

ｄ．帰納法　－　合理論　－　デカルト

6．これには個人を重視し，その自由を権利として認める思想が含まれ，その思想の発展においてフランス人権宣言は画期をなす。そのなかに謳われる内容にあてはまらないものはどれか。次のａ～ｄから１つ選び，その記号をマークせよ。

ａ．あらゆる主権の根源は本質的に国民にある

ｂ．国民の安全と自由が保証されない場合，国民は新しい政府を樹立する権利を持つ

ｃ．所有権は神聖かつ不可侵の権利である

ｄ．人間は自由で権利において平等なものとして生まれ，生き続ける

7．法家思想を採用して富国強兵により中国を統一し，初めて皇帝の称号を使用することになる秦が，戦国時代に占めていた領域はどこか。地図上のａ～ｄから１つ選び，その記号をマークせよ。

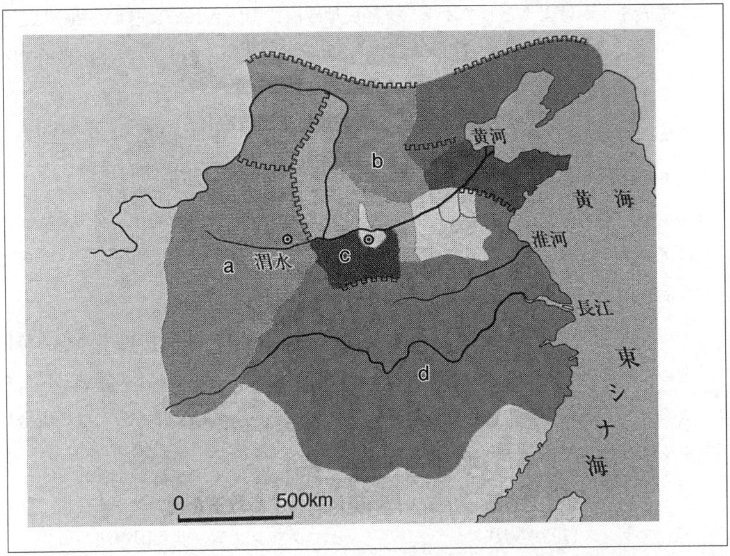

『世界史B　新訂版』実教出版（2017 年）

8．これに属する学派とそれぞれを代表する著作の組み合わせとして正しいものはどれか。次のａ～ｄから１つ選び，その記号をマークせよ。あてはまるものがない場合は，ｅをマークせよ。

ａ．儒家　－　『荀子』　　ｂ．道家　－　『呉子』

ｃ．兵家　－　『韓非子』　　ｄ．法家　－　『荘子』

9．この思想に特有な命題を次のａ～ｄから１つ選び，その記号をマークせよ。あてはまるものがない場合は，ｅをマークせよ。

ａ．大義名分　　ｂ．知行合一　　ｃ．天人相関　　ｄ．無為自然

10．この点に関する次の問ｉ～ⅲに答えよ。

ｉ．中国では秦の焚書坑儒以後，幾度か「文字の獄」がおこり，言論統制がおこなわれたが，清朝でもその支配にそぐわない学者や書物は処断された。乾隆帝の下，知識の集成のみならず，禁書の探索と特定をも目的として編纂された中国最大の叢書は何か。その名をしるせ。

ⅱ．カトリック教会の主張する天動説に対して，地動説に基づく汎神論を主張し，宗教裁判で異端として処刑された学者は誰か。次のａ～ｄから１つ選び，その記号をマークせよ。あてはまるものがない場合は，ｅをマークせよ。

ａ．ガリレオ＝ガリレイ　　ｂ．ケプラー

ｃ．コペルニクス　　ｄ．ジョルダーノ＝ブルーノ

ⅲ．20世紀初頭のインドネシアで商人と知識人を中心に結成されたが，後に反植民地

主義をかかげようとしてオランダ植民地政府に弾圧されて衰退した組織はどれか。次のａ～ｄから１つ選び，その記号をマークせよ。あてはまるものがない場合は，ｅをマークせよ。

ａ．カティプーナン　　ｂ．サレカット＝イスラーム

ｃ．ブディ＝ウトモ　　ｄ．ムスリム同胞団

11. これに類するものとして，フランスの学士院（国立アカデミー）がある。そのなかにアカデミー＝フランセーズが含まれており，それは17世紀に当国の君主の下である政治家によって正式に設立された。その政治家の名をしるせ。

12. この理念は成年男女の普通選挙権や労働者の団結権，経営参加権などの人権保障を定めた憲法に明記された。制定当時もっとも民主的と評されたその憲法とはどれか。次のａ～ｄから１つ選び，その記号をマークせよ。あてはまるものがない場合は，ｅをマークせよ。

ａ．アメリカ連合規約　　ｂ．ヴァイマル憲法

ｃ．フランス1795年憲法　　ｄ．フランス第三共和国憲法

Ⅱ．次の文を読み，下記の設問Ａ・Ｂに答えよ。解答は解答用紙の所定欄にしるせ。

発酵1)作用を利用することがなければ，現在の食習慣や食文化はかなり違ったものであったろう。たとえば，味噌や醤油といった発酵食品のない日本料理，あるいはワインやチーズ，パンといった発酵食品がないフランス料理を想像してほしい。発酵に微生物の働きが関係していることが理解されるようになるのは近代になってからであるが，それ以前から人類は食材の発酵作用を経験的に知り，発酵食品をつくってきた。

古代ギリシアでは，温暖な気候からブドウ栽培が盛んに行われており，ブドウを発酵させた飲料であるワインの生産も盛んに行われた。紀元前７世紀の叙事詩人（　イ　）の『労働と日々』にもワインづくりについての記述がみられる。ワインやその製造技術は広く地中海地域に普及し，ローマが地中海沿岸地域において勢力を広げていた時代2)にもワインに関する記述を含む文献が数多く残されている。

中世のドイツ3)やフランスなどでは修道院がワイン生産において重要な役割を果たした。ミサでの利用や巡礼者をもてなすためのワインをつくるだけでなく，修道士たちはそれを商品化し，現金収入を得ていた。1098年に（　ロ　）修道会が創設された地であるブルゴーニュは，いまでも有名なワインの産地である。

大航海時代以降は，ヨーロッパ以外にもワインづくりが広まった。17世紀には，南アフ

リカのケープ植民地[4)]でブドウ栽培がおこなわれ，ワインがつくられるようになった。また，アメリカ[5)]のカリフォルニアでも18世紀後半に修道士がワイン生産をはじめたとされる。

茶は，摘み取った茶葉を発酵させない緑茶をはじめ，茶葉の発酵の程度に応じて青茶や紅茶，黒茶などに分類される。中国では唐代[6)]に茶を飲用する習慣や茶文化が全土に広がり，宋代[7)]に大きく発展した。元代[8)]以降も製茶技術が発展し，様々な茶の飲み方が登場したが，これらの時代に中国で飲用されたのはおもに抹茶・緑茶である。

このため，17世紀前半のオランダからイギリスなどに広まった茶も緑茶であった。しかし，イギリスが1669年にオランダからの茶の輸入を禁止[9)]し，イギリス商人が中国で直接茶を買い付けるなかで，発酵茶（のちに工夫されて紅茶）を知るようになった。イギリスではまず上流階級で紅茶の人気が高まり，その後，一般市民にも紅茶文化が広がったため，茶の需要が飛躍的に高まった。18世紀初めに清朝[10)]公認の貿易港である広州からイギリスに向けて定期的に茶が船積みされはじめたこともあって，イギリスにとって茶は中国からの主要な輸入品となっていった。19世紀前半になるとイギリス[11)]はインド[12)]で茶の生産をはじめ，19世紀後半にはオランダ[13)]もインドネシアで茶を生産するようになった。さらに，20世紀になるとアフリカ[14)]諸国でも茶の栽培が本格化した。

このほかにも，朝鮮[15)]では香辛料を使った発酵食品のキムチが有名であり，中南米のメキシコやグアテマラ[16)]では唐辛子を乳酸発酵させた調味料がつくられるなど，世界各地で風土や気候，歴史，文化を反映した多様な発酵食品が存在する。人類は発酵を利用し，それぞれの地域の食習慣や食文化をつくってきたのである。

A．文中の空所（イ）・（ロ）それぞれにあてはまる適当な語句をしるせ。

B．文中の下線部1）～16）にそれぞれ対応する次の問1～16に答えよ。

1．これが微生物によっておこることを証明し，狂犬病の予防接種も開発したことで知られる細菌学者は誰か。次のa～dから1つ選び，その記号をマークせよ。あてはまるものがない場合は，eをマークせよ。

a．コッホ　　b．パストゥール　　c．ラヴォワジェ　　d．リービヒ

2．この時代のローマでは，一部の有力な市民が征服活動で得た公有地を大規模に占有し，戦争捕虜である奴隷を酷使して果樹栽培などをおこなった。こうした大土地所有制のあり方を何というか。その名をしるせ。

3．この南部にあって，フッガー家が本拠地として金融業などを営んだ都市はどこか。次のa～dから1つ選び，その記号をマークせよ。あてはまるものがない場合は，e

をマークせよ。

a．アウクスブルク b．ヴュルツブルク

c．ハイデルベルク d．ハンブルク

4．17世紀にこの地に入植したオランダ系白人およびその子孫を何というか。その名をしるせ。

5．ここで生じた独立戦争において，植民地側の勝利を確定した1781年の戦いを何というか。その名をしるせ。

6．8世紀半ば，タラス河畔の戦いでこの国に勝利した王朝を何というか。その名をしるせ。

7．この時代の年号が地名の由来とされ，江西省北東部に位置する中国有数の陶磁器生産地はどこか。その名をしるせ。

8．この王朝の初代皇帝の兄弟で，イル＝ハン国を建てたのは誰か。次のa～dから1つ選び，その記号をマークせよ。あてはまるものがない場合は，eをマークせよ。

a．チャガタイ b．バトゥ c．フラグ d．モンケ

9．このときから，3度目のイギリス＝オランダ戦争が終わるまでの間におこったイギリスとオランダ両国もしくはいずれかにかかわる出来事はどれか。次のa～dから1つ選び，その記号をマークせよ。あてはまるものがない場合は，eをマークせよ。

a．イギリスとフランスによるアン女王戦争が起こった

b．イギリスはオランダからニューネーデルラント植民地を奪った

c．オランダはポルトガルからスリランカを奪い，植民地化した

d．フランスがオランダに侵入し，オランダ戦争がはじまった

10．この国とロシアの間では，外モンゴルにおける両国の境界と交易に関する事項を定めた条約が結ばれた。この条約の名をしるせ。

11．19世紀前半のこの国に関係する記述として正しくないものはどれか。次のa～dから1つ選び，その記号をマークせよ。すべて正しい場合は，eをマークせよ。

a．インドとの中継基地としてペナンを植民地とした

b．植民地における奴隷制の廃止が決定した

c．東インド会社の中国貿易独占権廃止が決定した

d．武力による自由貿易の実現をとなえて清に海軍を派遣することを決定した

12．この地を植民地統治するなかで，イギリスが直轄支配せず，旧来の支配者に一定の自治権を認めることで間接統治した地方王国もあった。こうして間接統治された国を何と総称するか。その名をしるせ。

13．この国は，19世紀前半にジャワ島住民にコーヒーやサトウキビなど指定する作物を

栽培させ，それらの商品作物を植民地政庁が独占的に国際市場で販売することによって莫大な利益を上げた。19世紀後半になって，生産物の国際競争力の喪失と世論の批判を受けて廃止されたこの制度を何というか。その名をしるせ。

14. これらの国々に関係する次の出来事ａ～ｄのうち，もっとも古いものを解答欄のⅰに，次に古いものをⅱに，以下同じようにⅳまで年代順にマークせよ。

ａ．アフリカ統一機構が結成された

ｂ．エジプト大統領がスエズ運河の国有化を宣言した

ｃ．コンゴ動乱のなかで初代首相が殺害された

ｄ．初めてのアジア＝アフリカ会議がバンドンで開催された

15. 14世紀にこの半島に建てられた王朝の第4代国王で，訓民正音を制定したことで知られる人物は誰か。その名をしるせ。

16. 16世紀にこれらの地域を植民地化していたスペインは，先住民のキリスト教化を条件として，植民者が先住民を労働力として使う許可を与えていた。この制度を何というか。その名をしるせ。

◀2月8日実施分▶

（60分）

I．次の対話文を読み，文中の下線部1)～19)にそれぞれ対応する下記の設問1～19に答えよ。解答は解答用紙の所定欄にしるせ。

A：人類の歴史にとって，言語の獲得と文字の発明は，どのような意味を持ったのでしょうか。

B：そうですね，言語の獲得は文字の発明に，はるかに先んじていましたし，異なる言語が同じ文字を採用している1)など，両者の関係は一対一対応で把握できません。そこで，言語は音声言語，文字は言語を表現する手段としての文字として，順を追ってお話しするのがよいでしょう。

A：わかりました。それでは，まず言語について伺えますか。

B：人間の言語とは，話者の考えや思いや観察を，なんらかの共通規則にのっとり音声表現することから始まったものです。現生人類と最もＤＮＡ2)配列が近いと言われるチンパンジーも含め人類以外の動物は，声帯を使って情動の合図を示すことはできるものの，仲間の噂話をしたり，自慢話をしたりすることができません。自己認知能力3)と他者認識能力が未発達なのです。

A：人類は，そのような能力をいつ獲得したのでしょうか。

B：諸説ありますが，脳の容量の顕著な増加が化石から確かめられる200万年前4)以降，人類が道具を使ってさらに別の用途の道具を作製し5)，その道具を使って集団で共同生活を営むようになった50万年前あたりまでに徐々に形成されていったようです。自然人類学者の一派は，集団の規模拡大6)を可能にするため，まずは自己と他者の考えや思いについての認識が深まった後，やがて集団内の軋轢を減らし調和を促進する社交の手段として言語が発達したと考えています。

A：音声言語の獲得は，人類が野生から脱し複雑な社会生活を営み始める第一歩だったというわけですね。それでは，音声言語と書くこと・描くことの関係はいかがでしょう。

B：絵7)が洞穴の壁などに描かれるようになったのは，最近の研究では遅くとも６万4500年前にさかのぼるとされます。脳科学者たちは，絵は過去に見た対象のイメージを彩色や線刻等によって永続化するものであり，洞穴壁画は，それが出現した時期に人間8)

が過去の経験を通じて将来に備えたいと思うようになったこと（「自伝的記憶」の進化と呼ばれます）と関係があると考えています。

A：そのような能力の獲得も，人間の社会を大きく変えていくことになりそうですね。絵の出現は文字の出現と関係があるでしょうか。

B：絵の出現は，文字出現のひとつの前提でしたが，絵が文字かというと，必ずしもそうとは言えません。文字と解される記号（あるいはその組み合わせ）や図像は，言語と結びついて意味を表し，言語的に表現される人間の思考を余すところなく表現できて，初めて完全な文字と呼べるのです。

A：そのような完全な文字が誕生したのはいつのことでしょうか？

B：知られる限り最も古いのは，メソポタミアで誕生した楔形文字[9)]です。当初シュメール語[10)]をあらわすために発展したこの文字は，部分的には，財産管理や会計，取引の必要から生まれたと考えられていますが，ほどなく，神話[11)]や伝説，法律[12)]や契約の内容を伝えるためにも用いられるようになりました。ヨーロッパや南アジア[13)]のさまざまな文字も，楔形文字の影響を受けています。他方，中国[14)]での完全な文字の出現は，3500年前以降のことですが，突如として文字体系が出現したように見えることから，メソポタミアの文字の影響を受けた先行する文字から借用したのではないかとする説もあります。

A：ユーラシア大陸[15)]をまたにかけた壮大な話ですね。

B：文字の発明が人間の歴史にとって重要なのは，なによりそれが過去の記憶を助け，分析的で発展的に思考する機会を増やした点です。過去の経験や記憶の詳細な記録は，人に効果的な将来への備えを可能にする反面，思考の次元が増せば増すほど不確かな将来への不安を増大させもします。その結果，文字を持つ人々は，高度に論理的な科学，省察的な哲学や文学，来世についての細密なプログラムを持つ倫理的な宗教[16)]などを生みました。そのうえ，複雑な政治的・行政的仕組みを作り上げ，帝国と呼びうるほど巨大な政治的統一体[17)]を築くことになったのです。

A：人類史における目覚しい発展ですね。

B：ええ，しかし，深刻な問題もはらんでいます。私たち人間は，音声言語しか持たなかった過去の人たちと脳の容量もたいして変わらないのに，文字言語とそれが急速に生み出した複雑な社会を，果たしてうまく制御していけるのかという問題です。文字によるコミュニケーションひとつとってみても，現代の私たちはＳＮＳに大いに頼るようになっていますが，ＳＮＳを通じて流されるフェイクニュースの問題は深刻です。19世紀後半に普仏戦争が起こったのも，ドイツの政治家がフランス公使とプロイセン国王の対話を作為的に省略して報道各社に広め世論を煽ったことがきっかけになっており，[18)]

結果的に40万人以上もの死傷者を出しました。書かれた文字，活字になった文字への無批判な軽信は，かつてプラトン[19)]がソクラテスの口を借りて「言葉はひとたび書かれると，それを理解する人の所であろうと，全然不適当な人の所であろうと，転々とめぐり歩く」と喝破した通り，本来，対話を通じて理解しあうべき人間の社会にとってむしろ脅威になっているのかもしれません。その一方，高い識字能力（リテラシー）は，今日の複雑な社会の中でも，富裕で権力を持つ人々とその子供たちが獲得しやすい傾向があり，このことが社会の深い分断に繋がっているという見方もできるのです。

1．現代における公用語と文字の組み合わせとして正しくないものはどれか。次のａ～ｄから１つ選び，その記号をマークせよ。

ａ．インドネシア語　－　ラテン文字　　ｂ．トルコ語　－　アラビア文字
ｃ．ブルガリア語　－　キリル文字　　ｄ．ポーランド語　－　ラテン文字

2．1953年，クリックとともに，この遺伝物質が持つ二重らせん構造を明らかにする論文を発表した研究者は誰か。次のａ～ｄから１つ選び，その記号をマークせよ。

ａ．コッホ　　ｂ．ダーウィン　　ｃ．メンデル　　ｄ．ワトソン

3．「我思うゆえに我あり」という言葉で知られる哲学者はだれか。次のａ～ｄから１つ選び，その記号をマークせよ。あてはまるものがない場合は，ｅをマークせよ。

ａ．カント　　ｂ．デカルト　　ｃ．ニーチェ　　ｄ．ヘーゲル

4．この時期に活動していた人類はどれか。次のａ～ｄから１つ選び，その記号をマークせよ。あてはまるものがない場合は，ｅをマークせよ。

ａ．アウストラロピテクス　　ｂ．ホモ＝エレクトゥス
ｃ．ネアンデルタール人　　ｄ．ホモ＝ハビリス

5．道具を使わずに作られた道具はどれか。次のａ～ｄから１つ選び，その記号をマークせよ。あてはまるものがない場合は，ｅをマークせよ。

ａ．土製紡錘　　ｂ．鉄製鎌　　ｃ．石製矢じり　　ｄ．骨製釣り針

6．このことは，人類が地球規模で移動を行うのに好都合であったと考えられる。現生人類がオーストラリア大陸に渡ったのは今からどれくらい前のことと考えられているか。次のａ～ｄから１つ選び，その記号をマークせよ。

ａ．５千年前以降　ｂ．１万～１万５千年前　ｃ．２～３万年前　ｄ．４万年前以前

7．アルタミラの洞穴壁画がある国はどこか。次のａ～ｄから１つ選び，その記号をマークせよ。あてはまるものがない場合は，ｅをマークせよ。

ａ．アメリカ合衆国　　ｂ．イギリス　　ｃ．イタリア　　ｄ．フランス

8. ある研究者はこの解釈との関連で，この時代の洞穴壁画を「描き手が過去に見て，将来も見たいと願った対象を描いたもの」と理解している。この理解はどのような描画の対象について述べているか。もっとも適当なものを，次のa～dから1つ選び，その記号をマークせよ。

a．飼葉を得て肥えた家畜　　b．従者に傅(かしず)かれる主人

c．豊富に実る果実と穀物　　d．矢の刺さった野生動物

9. この文字を表記に用いていない歴史資料はどれか。次のa～dから1つ選び，その記号をマークせよ。すべて用いられている場合は，eをマークせよ。

a．ハンムラビ法典石碑　　b．ベヒストゥーン碑文

c．ボアズキョイ出土粘土板　　d．ロゼッタ石

10. シュメール人の建てた都市国家を次のa～dから1つ選び，その記号をマークせよ。あてはまるものがない場合は，eをマークせよ。

a．ジャルモ　　b．ニネヴェ　　c．ハットゥシャ　　d．ラガシュ

11. これは古代ギリシアでは，多く叙事詩や演劇の形で語られ，しばしば弁論においても引用された。古代ギリシアの弁論家・修辞学者たちを総称する呼び名をしるせ。

12. これは，いろいろな社会で，貴族や長老に独占され，容易に成文化されなかった。古代ローマで紀元前451年から翌年にかけ，全権を与えられた十人委員会が作成し，青銅版に刻んで公表した成文法の名をしるせ。

13. 16世紀，この地に成立したムガル帝国の第3代皇帝が定めた位階制度の名をしるせ。

14. この国は「文字の国」と呼ばれる。この国の盛唐期の代表的詩人が，ある詩の発句として草した「文章千古事」という句は，「文章は永遠の命を保つもの」という意味で好んで引用されることになった。安史の乱平定後も続いた混乱の中で亡くなったこの詩人の名をしるせ。

15. この大陸の東西を結ぶルートには絹の道がある。絹は西方で大変珍重される一方，中国の諸王朝は，その製法・養蚕技術の国外漏洩を警戒していた。修道士に命じて蚕卵を密かに持ち帰らせ，絹織物産業を自国の重要産業に育てる礎を作ったとされるローマ皇帝の名をしるせ。

16. これと関連し，ウパニシャッド哲学や仏教で，信心と業の結果が来世の宿命を決めるとする思想が生まれた。この思想を何と呼ぶか。その名をしるせ。

17. 前2～1世紀，西にはローマ帝国，東には漢帝国が成立していたが，鋼鉄を作る技術は圧倒的に漢が優れていた。これら2つの帝国に関する次の問ⅰ・ⅱに答えよ。

ⅰ．漢帝国において，鉄の専売制を定めた皇帝はだれか。その名をしるせ。

ⅱ．パルティアは，中国由来の優れた鋼鉄製造技術により作られた武器を用いて，前53

年，カルラエにおいてローマ軍を敗走させた。この時，ローマ軍を率いていたローマの三頭政治家は誰か。その名をしるせ。

18. この事件は「エムス電報事件」と呼ばれる。プロイセン国王の親族であるレオポルト公が空位となったスペイン王位継承者候補になったところ，プロイセンの影響力が強まることを懸念する世論がフランスで高まり，結局，レオポルト公は継承を辞退した。その直後，フランス公使ベネデッティ伯が，エムスで静養中のプロイセン国王に面会し，二度と本件にかかわらないように求めたが，国王は，枢密院のアベケンを通じ，プロイセン宰相ビスマルクに，事の次第についてしらせ，その公表の可否判断を一任したことに端を発している。ビスマルクは対仏戦争開始に向けた世論が高まることを意図して，アベケンからの書簡に省略をくわえて新聞各社や自国の各国駐在大使たちに打電した。①はアベケンがビスマルクに送った書簡，②はビスマルクがそれに省略を施して送った電報の文章である。これらの文章を読み，ビスマルクが上記の意図と関係して行った省略について説明した次の文の空所を，１行でおぎなえ。

ドイツでの反フランス世論を高める意図から

と受け取られるような形で原文を省略した。

① 国王陛下は私に次のように書いてこられました。

「ベネデッティ伯は遊歩道で余を呼び止め，非常に執拗に，今後，ホーエンツォレルン家が候補に戻った場合，二度と同意しないことを約束するという内容の電報をすぐに打つ権限を彼に与えるよう要求した。最終的に，余は彼に，そのような約束をするべきではないし，することもできないと，やや厳格に拒絶した。むろん，余は彼に，余はまだ何も聞いてはいないし，彼は余よりも早くパリ並びにマドリード経由で報せを受けているのだから，おそらく，余の政府が関与していないということはわかるであろう，と話した。」

陛下はその後，（レオポルト）公の書簡を受け取られました。

陛下がベネデッティ伯に「（レオポルト）公からの知らせを待っている」とおっしゃっていたので，陛下は，上記の強要やオイレンブルク伯と私の進言を考慮して，ベネデッティ伯がすでにパリから得た知らせを陛下が（レオポルト）公から確認されたので，ベネデッティ伯をそれ以上お迎えせず，公使にこれ以上話すことはない，とだけ副官に伝えてもらうことにしました。

陛下は，ベネデッティ伯の新たな要求とその拒否を，我が国の大使たちと報道各社の両方に直ちに伝えるべきか否か閣下に委ねられました。

② ホーエンツォレルン家の世襲公子が辞退したという報せがスペイン王室政府から帝国フランス政府に公式に伝えられた後，フランス公使はエムスにて，国王陛下に，ホーエンツォレルン家が再び候補になることがあっても，国王陛下は将来にわたって二度と同意しないことを約束すると，パリに電報を打つ権限を与えるよう要求した。その後，国王陛下は，フランス公使を再び迎えることを拒否し，陛下はこれ以上公使に告げることはない旨，当直の副官に伝えさせた。

19. この哲学者が哲人政治を説いた全10巻からなる主著は何か。その名をしるせ。

Ⅱ. 次の文を読み，下記の設問A・Bに答えよ。解答は解答用紙の所定欄にしるせ。

将棋の藤井聡太竜王は，しばしば「ＡＩ超え」の妙手を指すと言われる。コンピュータが発達し，将棋もチェスも勝敗だけ見れば演算速度に勝るコンピュータが人間を凌駕する。さらに，インターネット1)の普及で戦法の研究も大きく進展した。しかし，人間と人間が英知を尽くす対局には，悪手や疑問手も含めたドラマがあり，その魅力が尽きることはない。

チェスや将棋の起源はインドと考えられる。インドからイスラーム圏に伝えられていったルート，北西インドからガンジス河の流域2)を経て東南アジアへ広まったルート，そしてインド北部から中央アジア3)を経て東西に伝わったルートなどにより，アジア・ヨーロッパ各地に広がっていった。サマルカンド4)を経て唐の都（　イ　）に伝わったのは8，9世紀と見られ，「象棋」と呼ばれた。それが朝鮮半島5)を経て，10世紀頃に日本に伝わり，「将棋」として，取った駒を打つなど独自のルールで発展を遂げるようになった。

チェスの駒も世界各地の遺跡から発見されている。インド6)とパキスタンの古代都市からだけでなく，イランやアフガニスタン7)等から出土した駒は紀元前に製作されたものと推定されている。また，8世紀ないし9世紀には，カスピ海沿岸8)とヴォルガ川を利用した交易路によってロシアにチェスが伝わった。965年にキエフ公国9)に征服された東スラヴの町の地層からは象牙製の駒が発見されている。ロシアの駒はその後，人物や動物などをリアルに表す独自の発展をたどった。たとえば，（　ロ　）では，アラブ・ペルシアの影響を残しながらも，司令官像などの新しい駒が作られた。ちなみに，（　ロ　）は，ロシアで唯一，ハンザ同盟の在外四大商館が置かれた都市であった。さらに17世紀には象牙やセイウチの牙を材料とし，ロシアの駒作りが大転換点を迎えた。それ以降，チェスは宮廷で愛好され，ピョートル1世10)に献上された駒の一組が現代に残されている。エルミタージュ美術館に収蔵されている琥珀の駒と盤からは，19世紀の美術工芸品の分野において，ロシアが国際的に高い評価を得る水準に達したことが裏付けられる。また，ロシア＝トルコ戦争[11)]を題材にした駒は西欧諸国へも輸出された。

ヨーロッパにおいても11世紀以降，精緻な駒が作られるようになったが，ルネサンス[12)]がチェスの大きな転換点となった。現存する駒では16世紀の作品に精巧なものが多く見られる。その後，17世紀，18世紀と，より繊細かつ華やかな駒が作られた。1618年から48年まで続き（　ハ　）条約で終結した三十年戦争，オーストリア継承戦争，フランス革命[13)]などを題材とした駒も作られている。

ＩＯＣ（国際オリンピック委員会）の承認競技としてチェスは位置付けられており，2024年開催予定のパリ五輪での実施も検討されていた。頭脳スポーツとして，将来，オリンピック種目となる可能性もあるのだ。

A．文中の空所（イ）～（ハ）それぞれにあてはまる適当な語句をしるせ。

B．文中の下線部１）～13）に対応する次の問１～13に答えよ。

1．これにつながる技術進歩として，19世紀から20世紀にかけての発明・発見がある。それらの発明のうち，無線電信を発明したイタリア人の名をしるせ。

2．ここでおこった次の王朝のうち，最も古いものを次のａ～ｄから１つ選び，その記号をマークせよ。

ａ．クシャーナ朝　ｂ．グプタ朝　ｃ．サータヴァーハナ朝　ｄ．マウリヤ朝

3．この地域では，６世紀以降トルコ系民族が建てた国家が相次いで現れた。トルコ系ではない国家を次のａ～ｄから１つ選び，その記号をマークせよ。すべてトルコ系の場合は，ｅをマークせよ。

ａ．ウイグル　ｂ．カラハン朝　ｃ．突厥　ｄ．吐蕃

4．この都市では，ティムール朝の君主が建てた天文台が有名である。この君主の名をしるせ。

5．ここでは４世紀半ばから７世紀後半にかけて，高句麗・百済・新羅が並び立ち，三国時代と呼ばれた。その頃の状況を表すものはどれか。次のａ～ｄから１つ選び，その記号をマークせよ。あてはまるものがない場合は，ｅをマークせよ。

ａ．３国は魏に朝貢使節をおくり勢力の拡大を目指した

ｂ．隋の煬帝は高句麗遠征に失敗した

ｃ．中国を経て伝わった仏教は百済のみで保護された

ｄ．唐は新羅を滅ぼし，そこに朝鮮４郡を置いた

6．ここでは，4世紀におこったグプタ朝の時代にヒンドゥー教が定着した。ヒンドゥー教において，舞踏の神ナタラージャとしても知られ，破壊と創造を司る神の名をしるせ。

7．この国に関する次の問ⅰ・ⅱに答えよ。

ⅰ．ロシアとイギリスの対立からアフガニスタンはイギリスとの間で3次にわたる戦争を行なった。独立を勝ち取った3度目の戦争はいつか。次のａ～ｄから1つ選び，その記号をマークせよ。あてはまるものがない場合は，ｅをマークせよ。

ａ．1907年　　ｂ．1913年　　ｃ．1919年　　ｄ．1925年

ⅱ．2001年9月11日のアメリカ同時多発テロ事件後，アメリカとその有志連合は，アフガニスタンのターリバーン政権の保護下にあったイスラーム急進派組織をテロの実行犯とみなし，この国を攻撃した。この急進派組織の名をしるせ。

8．この南岸は，アッバース朝が750年に建国された直後はその領土であった。この建国によって西方に追われた一族は756年に後ウマイヤ朝をおこしたが，その首都はどこか。その名をしるせ。

9．この国で首都をキエフに移したとされる人物は誰か。次のａ～ｄから1つ選び，その記号をマークせよ。

ａ．オレーグ　　ｂ．クヌート　　ｃ．リューリク　　ｄ．ロロ

10．彼がロシア皇帝として遷都した地は，その後発展し現在の都市サンクトペテルブルクとなった。この都市はロシア革命後，ソ連時代において，別の名称で呼ばれた。その名をしるせ。

11．この戦争に勝利したロシアが，1878年の条約で自治国として保護下に置くことをオスマン帝国に認めさせた国はどこか。その名をしるせ。

12．この芸術思想上の動きは代表的な知的潮流として人文主義を活発化させた。人文主義者で，トマス＝モアと親交を結び，ホルバインの肖像画でも知られるネーデルラント出身の人物は誰か。その名をしるせ。

13．これに関連する次の出来事ａ～ｄのうち，もっとも古いものを解答欄のⅰに，次に古いものをⅱに，以下同じようにⅳまで年代順にマークせよ。

ａ．憲法発布

ｂ．人権宣言採択

ｃ．テニスコートの誓い

ｄ．バスティーユ牢獄攻撃

地理

(60分)

Ⅰ. 次の文を読み，下記の設問A～Cに答えよ。解答は解答用紙の所定欄にしるせ。

日本では『三国志』の人気が高く，マンガやゲームの題材としてよく取り上げられている。三国時代の魏・蜀・呉の首都は，それぞれ現在の洛陽市，成都市，南京市[1]に当たる。中国の地形は西高東低と言われ，主要河川の黄河と（　イ　）は地形に沿って西から東へと流れる。年降水量[2]と月平均気温の等値線は概ね緯線に沿う。南京が位置する（　イ　）中下流域の江南地域の開発は三国時代から進み，洛陽が位置する＜　あ　＞に代わって穀倉地帯としての地位を高めてきた。

中国は1970年代末に（　ロ　）政策を実施し，経済発展と生産力の向上に力点を置いた。経済特区[3]が設置され，経済開発が沿海部を中心に行われてきた。そのため，沿海部と内陸部の経済格差を縮小することが重要課題となってきた。2001年に始まった（　ハ　）と呼ばれる計画は，内陸地域を対象として，鉄道，道路，空港などを重点的に整備するとともに，天然ガスや電力などの資源・エネルギー開発を進めるものであった。とくに，希少金属の一種で，17種類の元素の総称である（　ニ　）は，航空宇宙，新素材，エレクトロニクスなどの先端技術産業に欠かせない資源として，中国の生産量が世界の大半を占めるようになった。三国時代，成都は内陸奥地の首都と位置づけられたが，今では新しい内陸部への玄関口の機能を果たすようになり，（　ハ　）の拠点都市として経済発展が著しい。経済発展の進展につれて，中国の耕地面積は都市化と＜　い　＞の影響で1990年代から減少傾向に転じた。近年，農業生産も大きく変化し，2011年からとうもろこしの生産量は米と小麦を抜いて最上位になっている[4]。

かつて三国の首都であった3都市は歴史的な遺産が豊富で，今日では観光目的地としても名高い。例えば，洛陽市では2000年に龍門石窟が，2014年には中国とヨーロッパを結んだ古代の隊商路の1つである（　ホ　）が世界遺産に登録された。

A．文中の空所(イ)～(ホ)にあてはまる適当な語句をしるせ。

B．文中の空所〈あ〉・〈い〉にあてはまる適当な語句を，それぞれ対応する次のａ～ｄから１つずつ選び，その記号をマークせよ。

〈あ〉　ａ．華北平原　ｂ．四川盆地　ｃ．東北平原　ｄ．トゥルファン盆地

〈い〉　ａ．大気汚染　ｂ．砂漠化　ｃ．酸性雨　ｄ．土壌侵食

C．文中の下線部１)～４)それぞれに対応する次の問１～４に答えよ。

１．次の図１は洛陽市，成都市，南京市の立地を示すものである。図２の雨温図ａ～ｃは洛陽市，成都市，南京市のいずれかのものである。南京市にあてはまるもっとも適当な雨温図を，ａ～ｃから１つ選び，その記号をマークせよ。

図１

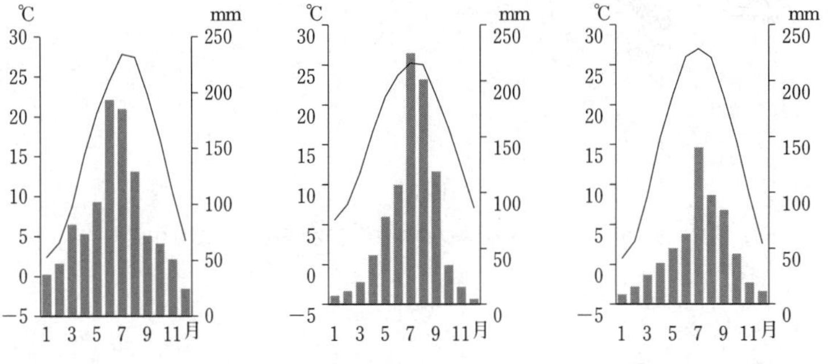

図２

(中国天気網 http://www.weather.com.cn の1971～2000年の資料により作成)

2．次の図3は中国の年降水量と農産物生産量を示すものである。A～Cは省・直轄市・自治区の小麦，米，とうもろこしのいずれかの生産量が中国全体に占める割合の分布を示す。A～Cそれぞれにあてはまる農産物の組み合わせとして正しいものを，下記のa～fから1つ選び，その記号をマークせよ。

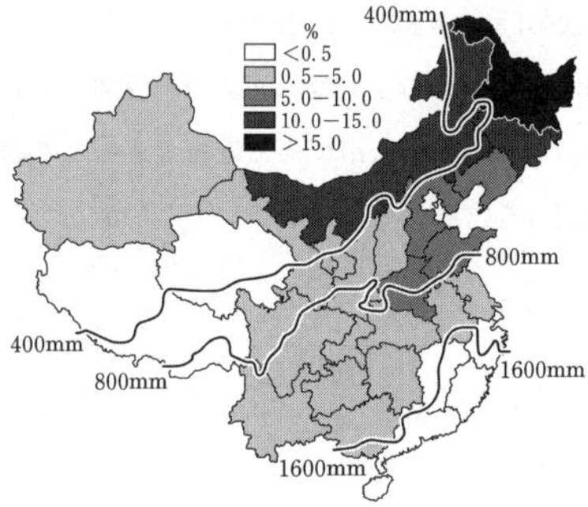

A

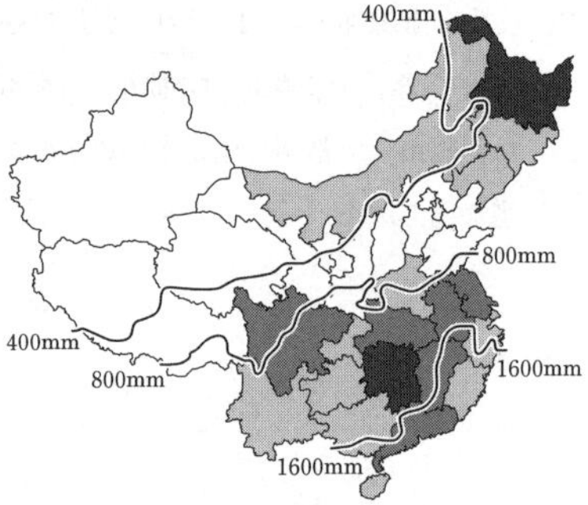

B

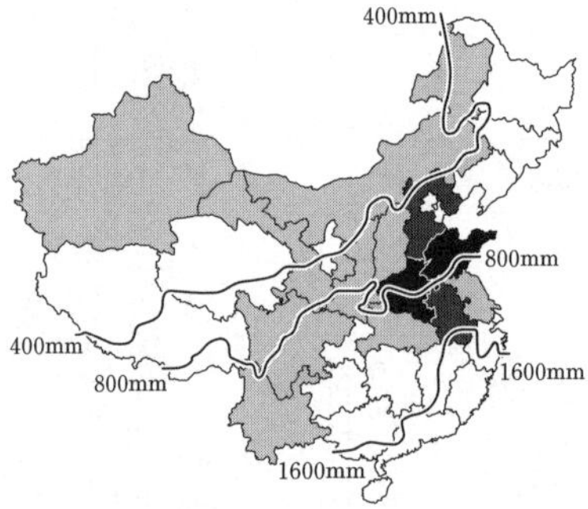

C

図3
（「データブック オブ・ザ・ワールド　2021年版」により作成）

	A	B	C
a	小麦	米	とうもろこし
b	小麦	とうもろこし	米
c	米	小麦	とうもろこし
d	米	とうもろこし	小麦
e	とうもろこし	小麦	米
f	とうもろこし	米	小麦

3．経済特区が設置された都市として正しくないものを，次のa～eから1つ選び，その記号をマークせよ。

a．厦門　　b．重慶　　c．珠海　　d．深圳　　e．汕頭

4．とうもろこし生産が増加した背景と理由について2行でしるせ。

Ⅱ．次の文を読み，下記の設問A・Bに答えよ。解答は解答用紙の所定欄にしるせ。

アンデス山脈は，（　イ　）プレートの沈み込みにより，中生代から新生代にかけて南アメリカプレートの西縁に形成された長大な山脈で，太平洋を取り囲む環太平洋造山帯の一部を構成する。アンデス山脈は数列の並行した山系からなる。幅が最も広くなる南緯20度付近では，西部山系と東部山系の間に標高4000m前後のアルティプラノ（ボリビア高原）が広がる。火山はおもに西部山系に分布している。南緯5度～30度付近のアンデス山脈西側の太平洋沿岸には<u>海岸砂漠</u>1)が発達しており，人口約1000万のリマをはじめ，都市が多く分布する。これらの都市は，アンデス山脈から流出する（　ロ　）河川がつくるオアシスに立地している。その周辺の灌漑農地では，サトウキビ，綿花，ブドウなど，さまざまな農作物が栽培されている。しかし，（　ハ　）風が卓越する南緯30度付近以南では，砂漠地帯はアンデス山脈の東側に出現する。アルゼンチンの（　ニ　）には，アンデス山脈を越えて吹き下ろす乾いた風がつくる砂漠が形成されており，南部には氷河地形もみられる。

アンデス山脈では，標高とともに農業的土地利用も変化する。ペルーのアンデス地域では，熱帯産の農作物が標高約2500m以下の谷底平野で栽培されているが，その上位の標高約3500mまでの谷底平野や谷斜面下部では，ラテンアメリカ原産の穀物である（　ホ　）

や，旧大陸から持ち込まれたムギ類が主要な栽培作物である。さらに，その上位の標高約4100mまでの急な谷斜面上部では，アンデス地域が原産で寒さに強い（　ヘ　）や，雑穀類の栽培が卓越する。

アンデス山脈東側の赤道付近には，（　ト　）と呼ばれる熱帯雨林が広がる，広大なアマゾン盆地がある。ここでは，（　チ　）と呼ばれる地力の低い赤色の土壌が卓越し，農業の発展を阻害している。そのため，主に自給用の焼畑農業や，天然ゴム，ブラジルナッツなどの植物資源の採取が，人々の伝統的な生業であった。しかし1960年代以降，アマゾンでは熱帯林の破壊2)が深刻な問題となってきた。その要因は，木材の採取3)，大豆などの農作物を栽培するための農地造成や焼畑，鉱山開発，ダム建設，道路建設などさまざまであるが，とりわけ（　リ　）を作るための大規模な樹木の伐採と火入れは，アマゾンにおける熱帯林消失の主要な要因になっている。一方，ブラジル高原のサバナでは，石灰の投入などによる土壌改良や農作物の品種改良，灌漑施設の整備などにより，企業的農業4)が大きく発展している。

A．文中の空所(イ)～(リ)それぞれにあてはまるもっとも適当な語句をしるせ。

B．文中の下線部１)～４)それぞれに対応する次の問１～４に答えよ。

1．南アメリカ大陸西側の沖合を高緯度から低緯度へと流れる寒流と，その影響でチリ北部に形成された海岸砂漠の名称を，それぞれａ・ｂにしるせ。

2．次の図１は，ブラジルのアマゾン盆地を貫いて，クイアバ（マットグロッソ州の州都）とポルトヴェーリョ（ロンドニア州の州都）を結ぶ幹線道路沿いの，1973年と1987年の衛星画像である。両図を参考に，森林破壊の進行プロセスについて，その特徴を２行でしるせ。

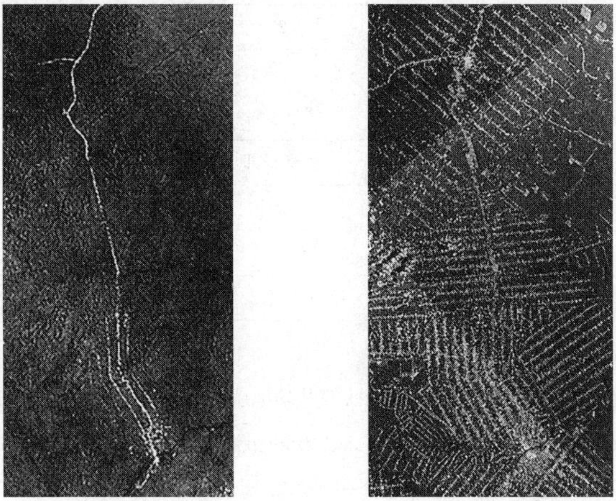

1973年　　1987年

図1

(National Geographic の資料により作成)

3．次の表は，インド，インドネシア，ブラジルにおける森林率（2018年）と原木生産の用途・樹種別構成比（2019年）を示している。表中の①～③それぞれに該当する国名の組み合わせとして正しいものを，下記のａ～ｆから１つ選び，その記号をマークせよ。

表

国	森林率（%）	原木生産の用途別構成比（%）		原木生産の樹種別構成比（%）	
		用材	薪炭材	針葉樹	広葉樹
①	24.1	14.1	85.9	4.3	95.7
②	49.7	67.3	32.7	0.0	100.0
③	59.7	53.7	46.3	16.9	83.1

（『地理データファイル2021年度版』より作成）

	①	②	③
a	インド	インドネシア	ブラジル
b	インド	ブラジル	インドネシア
c	インドネシア	ブラジル	インド
d	インドネシア	インド	ブラジル
e	ブラジル	インド	インドネシア
f	ブラジル	インドネシア	インド

4．次の図2は，ブラジルの代表的な大豆栽培地域であるマットグロッソ州カンポヴェルデ市の衛星画像（2002年）である。この図の説明として正しくないものを，下記のa～dから1つ選び，その記号をマークせよ。

図2

（注）このカラー画像では，森林は濃い赤色で表現されている。

a．森林は，わずかに樹枝状に残っている。

b．森林を切り開いて造成された大規模な農地では，土地生産性の高い農業が営まれている。

c．土壌侵食を防ぐための等高線耕作がみられる。

d．センターピボット方式の大規模灌漑農業がみられる。

編集部注：上の図2の実際の問題はカラー印刷。カラー図版は以下に掲載。
https://akahon.net/kkm/rik/rik_2022_0208_geo_q.pdf

Ⅲ. カルスト地形と福岡県の平尾台に関する次の文を読み，下記の設問A～Dに答えよ。

地形図1は2万5千分の1地形図（原寸）で平尾台の一部を，地形図2は5万分の1地形図（原寸）で平尾台の全域をそれぞれ示している。解答は解答用紙の所定欄にしるせ。

石灰岩層からなる地域において，二酸化炭素を含む雨水や地下水の（　イ　）作用によって形成される地形をカルスト地形とよぶ。地表にはドリーネ[1)]とよばれる小凹地と，しばしばドリーネが結合・拡大してできる（　ロ　）が分布し，とくに底面積が数 km^2 から $100km^2$ を超える大規模な凹地を（　ハ　）という。地表から浸透した地下水[2)]によって（　イ　）が進むと，地下水位付近に（　ニ　）ができる。

福岡県北東部に位置する平尾台は，山口県の（　ホ　）や，愛媛・高知県境の四国カルストとともに，カルスト台地として知られている。台地上には，ドリーネ，（　ロ　）のほか，ピナクルが林立して羊の群れにみえることから，平尾台では羊群原（ようぐんばる）とよばれるカレンフェルトが広がっている。

カルスト地形は私たちの生活にも深く関わっている。カルスト台地や（　ニ　）の自然景観は観光資源として多くの観光客を集めており，とくに中国南部の（　ヘ　）やベトナム北部のハロン湾は世界自然遺産に登録され，石灰岩の岩塔や小山が林立する景観[3)]が世界に広く知られている。一方，石灰岩を利用するセメント工業は，工業立地の分類では（　ト　）型工業であり，石灰岩を採掘[4)]・加工することによって発展してきた地域もある。

A．文中の空所(イ)～(ト)それぞれにあてはまるもっとも適当な語句をしるせ。

B．文中の下線部1)～4)それぞれに対応する次の問1～4に答えよ。

1．地形図1からドリーネを表す記号を，いずれか1つ抜き出して描け。

2．地形図1を判読して，カルスト台地の地表において透水性の高さを示す地形的特徴をしるせ。

3．ハロン湾などでみられる高温多湿の気候下で形成された特徴的なカルスト地形の名称をしるせ。

4．地形図2に示された三菱マテリアル鉱山では，坑道を掘らず，地表から石灰岩を削り取る採掘方法をとっている。この採掘方法の名称をしるせ。

C．地形図１を判読して，Ｘ－Ｙ間の地形断面図をしるせ。

〔解答欄〕

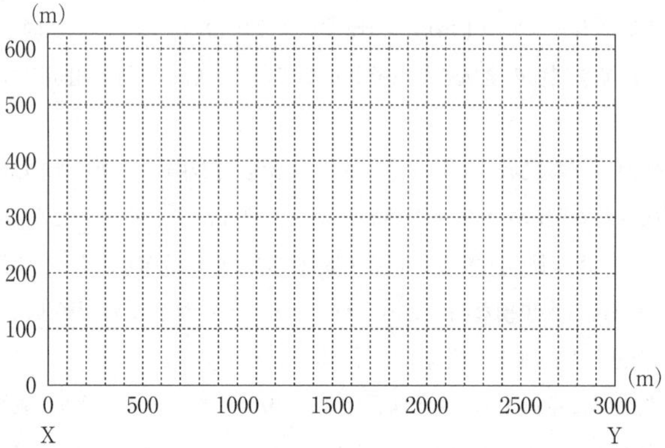

D．次の写真は，2021年にＪＲ日田彦山線の列車車窓から平尾台の方向を撮影した写真である。地形図２を判読して，写真に示すＺ付近の標高としてもっとも適当なものを下記のａ～ｄから１つ選び，その記号をしるせ。

写真

ａ．400～500m　ｂ．500～600m　ｃ．600～700m　ｄ．700～800m

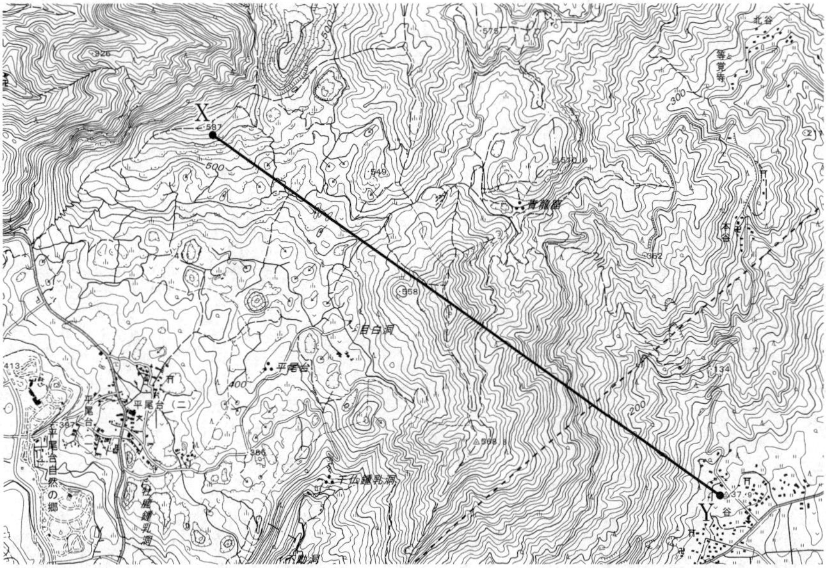

地形図１　２万５千分の１地形図「苅田」2016年発行（原寸，図の真上が北）

編集部注：編集の都合上，70％に縮小。

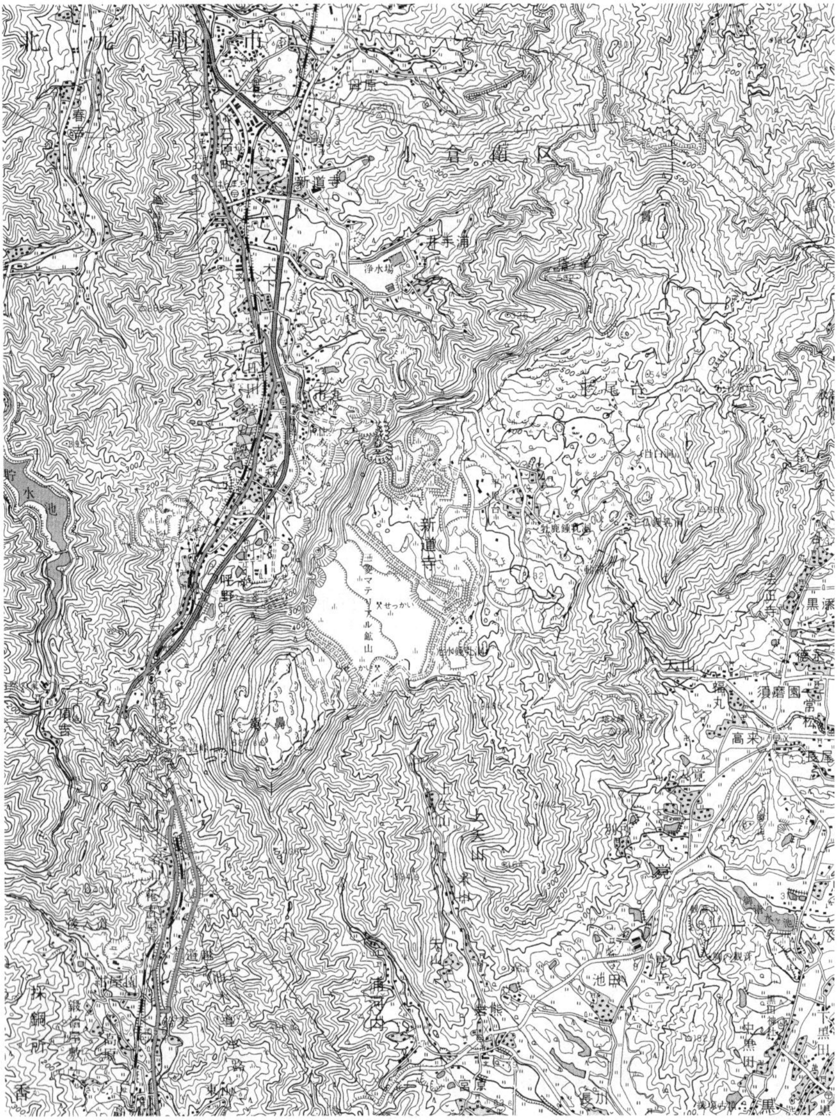

地形図2　5万分の1地形図「行橋」2009年発行（原寸，図の真上が北）

編集部注：編集の都合上，70％に縮小。

政治・経済

（60分）

Ⅰ．次の文を読み，下記の設問A・Bに答えよ。解答は解答用紙の所定欄にしるせ。

先　生：前回の授業では，1990年代（1）に行われた日本の選挙制度改革について学びました。改革の内容は，どのようなものだったでしょうか。

学生P：1994年，（　イ　）法改正により，衆議院（2）の選挙制として，（　ロ　）並立制を導入しました。それによって，政策本位，政党本位の選挙の実現が目指されたんですよね。

学生Q：同じ年には，（　ハ　）法改正や政党助成法の制定なども行われています。選挙制度改革も，それらと一連の政治改革として位置づけられます。

先　生：よく勉強していますね。それでは，選挙制度改革は，その後の政治に対して何か影響を与えたのでしょうか。

学生P：（　ニ　）年，2012年と2度の政権交代（3）を経験したように，政権交代の可能性が高まったことは，選挙制度改革において狙われた変化が実現したと考えられるのではないでしょうか。

学生Q：でも，改革から四半世紀以上が経って，その間の政権交代が二度だと考えると，政権交代の可能性が高まったと言い切れるのか，疑問も感じます。政党組織（4）が，党執行部の公認権の増大によって変質した，という話を聞いたことがあるけど，そちらの方が重要そうな気もするのですが。

先　生：2人とも大事な指摘をしてくれました。評価の違いもみられましたが，挙げてくれたポイントはいずれも政党に関わりますね。少し視点は変わりますが，政党の憲法上の位置づけについては，聞いたことがありますか。

学生Q：たしか，日本国憲法（5）には，政党について特に定めた条項はない，と聞いています。

先　生：その通りです。ただ，最高裁判所（6）の判決には，「憲法は政党の存在を当然に予定している」と述べたものがあります。憲法が定める議会制民主主義（7）は，政党無くしては円滑に運用できないから，という理由です。

学生P：そうだったのか。その判決の理屈だと，議会制民主主義の円滑な運用に資するかどうかが，政党や政党政治の質を評価する尺度になりそうですね。

学生Q：無党派層[8)]が拡大していることはよく指摘されますが，それも関係あるでしょうか。

先　生：先ほど触れた最高裁判決は，「政党は国民の政治意思を形成する最も有力な媒体である」とも述べていました。近年，政党による国民の政治意思形成の在り方が，変化を迫られていることは確かでしょう。

学生P：ネット上での選挙運動も解禁されましたよね。

先　生：2013年の（　イ　）法改正で，選挙期間中の政党，候補者，有権者による情報発信が部分的に可能になりました。それに限らず，インターネット上のコミュニケーション[9)]が（　ホ　）形成に果たす役割は，既に極めて大きなものになっています。

学生Q：（　ホ　）調査の結果が政策形成に影響を与える事態も，しばしばみられるようになりました。

学生P：（　へ　）の言葉として，「イギリスの人民が自由なのは，選挙のときだけだ」というのを習ったけれど，日々の（　ホ　）の影響力が増せば，それも克服できるのかな。

先　生：（　へ　）の代表制に対する批判が意義を失うとは思えないけど，政治そのものの在り方を新たに構想しようとする姿勢は必要になるかもしれないですね。

学生Q：対処が必要な課題もあらわれているのではないでしょうか。例えば，フェイクニュースは，世界的にも問題になっているように思います。2016年のアメリカ大統領選挙[10)]は，その後の当選者の言動と併せて，印象的でした。

学生P：課題といえば，ヘイトスピーチなども大きな問題であると思います。

先　生：いずれもまったくその通りで，今後ますます議論が深められる必要があるでしょう。ヘイトスピーチに関しては，ネット上に限られない課題ですが，2016年に成立したヘイトスピーチ解消法は，「本邦外出身者に対する不当な差別[11)]的言動の解消」に向けた取組について，基本理念などを示しました。同法には罰則などの定めは含まれていませんが，その後，川崎市が刑事罰[12)]まで定めるヘイトスピーチ禁止条例を制定するなど，地方自治体[13)]レベルでの注目すべき展開があります。

学生Q：その文脈だと，人権の国際的保障[14)]の観点も，忘れるわけにはいきません。

学生P：いまの話，大事そうなのは分かるのですが，何だか具体的なイメージが湧きません。前に，国際裁判[15)]というのは基本的に国家同士の争いを扱うものだと聞いて，何だか縁遠いもののように感じた記憶があります。国際的保障という場合に，ヘイトスピーチの被害者にとってのメリットってどういうものなのでしょうか。

先　生：鋭い質問ですね。国際法[16)]というのは，伝統的には主権国家間の関係を規律するものだったのが，時代が下って国家間に限らず個人を含む非国家主体をも対象とするようになったもので，Ｐさんの疑問にきちんと答えるには，その積み重なりを踏まえる必要があります。もっとも，人権の国際的保障の具体的なイメージということであれば，最近は日本国内の裁判でも国際人権条約への言及が少なくないので，その辺りからまず調べてみるのがよいでしょう。

学生Ｐ：なんだか手強そうですが，Ｑさんとも協力して調べてみたいと思います。

Ａ．文中の空所(イ)～(へ)それぞれにあてはまる適当な語句または数字をしるせ。

Ｂ．文中の下線部１)～16)にそれぞれ対応する次の問１～16に答えよ。

１．この期間に起きた次の出来事ａ～ｄのうち，もっとも古いものを解答欄のⅰに，次に古いものをⅱに，以下同じようにⅳまで年代順にマークせよ。

ａ．周辺事態法の制定　　ｂ．地球温暖化防止京都会議

ｃ．包括的核実験禁止条約の採択　　ｄ．湾岸戦争

２．これに関連して，憲法は，衆議院と参議院の関係について，一定の場合に衆議院の優越を認めているが，これにあてはまらないものはどれか。次のａ～ｄから１つ選び，その記号をマークせよ。

ａ．憲法改正の発議　　ｂ．条約の承認

ｃ．内閣総理大臣の指名　　ｄ．法律案の議決

３．これに関連して，2010年から2019年までの10年間で，選挙による議会多数派の交代による政権交代を経験した国はどれか。次のａ～ｄから１つ選び，その記号をマークせよ。

ａ．イギリス　　ｂ．シンガポール

ｃ．ドイツ　　ｄ．ロシア

４．これに関する次の文中の空所①・②それぞれにあてはまる語句をしるせ。

歴史的に，かつて制限選挙制のもとでは，財産，教養，地位をもつ［　①　］が党の幹部となる［　①　］政党が中心であったが，選挙権拡大に伴い，［　②　］とその組織に支持され，政治的要求を集約して政治に反映していく［　②　］政党が有力となった。

５．これに関連して，大日本帝国憲法下の制度と日本国憲法下の制度の双方にあてはまる説明として適当なものはどれか。次のａ～ｄから１つ選び，その記号をマークせよ。

ａ．学問の自由を保障する旨を明文で定めている

ｂ．国の宗教的行為を禁じるなど，政教分離の原則を定めている

ｃ．憲法改正について，通常の立法手続よりも慎重な手続が求められる

d．天皇の地位は主権の存する国民の総意に基づく

6．これの説明として適当なものはどれか。次のa～dから1つ選び，その記号をマークせよ。

a．下級裁判所には認められていない違憲審査権を認められている

b．最高裁判所には，訴訟に関する手続，裁判所の内部規律などについての規則制定権が認められている

c．最高裁判所の裁判官は，終身その地位を保障されている

d．長官を含め9名の裁判官で構成される

7．これに関する説明として適当でないものはどれか。次のa～dから1つ選び，その記号をマークせよ。

a．国会議員には，院内での発言などについて院外で責任を問われない，免責特権が認められている

b．国会は，国の唯一の立法機関とされるが，法律の委任に基づいて行政が行う委任立法は，認められている

c．衆議院が内閣不信任の決議をしたとき，内閣は，総辞職か衆議院の解散かのいずれかを選択することになる

d．内閣を構成する国務大臣は，国会議員でなければならない

8．これに関連する次の文中の空所①～③にあてはまる語句を，いずれも漢字2字でしるせ。

無党派層の増加が特に顕著に起こったのは1990年代半ばであり，その背景には冷戦構造の崩壊があると考えられている。［ ① ］政党と［ ② ］政党の対立という従来の対立軸が自明性を失い，政治を理解するための構図がみえにくくなったことが，政党支持の在り方を変化させた。

選挙に際しては，無党派層は［ ③ ］票としてあらわれる。タイミングによって有権者の過半数をしめることさえある無党派層は，その投票動向が選挙の大勢を決するほどの影響力をもちうる。

9．これが行われる中で保護が必要となる権利の1つとして，プライバシーの権利がある。この権利が主要な争点となった判例はどれか。次のa～dから1つ選び，その記号をマークせよ。

a．朝日訴訟　　b．家永訴訟

c．「石に泳ぐ魚」事件　　d．砂川事件

10．これに関する次の問ⅰ・ⅱに答えよ。

ⅰ．アメリカ大統領の説明として適当でないものはどれか。次のa～dから1つ選び，

その記号をマークせよ。

a．議会が可決した法案に対して拒否権をもつが，議会には大統領が拒否した法案の再議決権がある

b．軍の最高司令官である

c．35歳に達しない者は就任することができない

d．３選は禁止されており，歴史上も，３期以上にわたって大統領を務めた人物はいない

ii．過去に弾劾訴追を受けたアメリカ大統領と，その所属政党の組み合わせとして適当なものはどれか。次のａ～ｄから１つ選び，その記号をマークせよ。

a．オバマ　－　民主党

b．クリントン　－　民主党

c．ケネディ　－　共和党

d．ニクソン　－　共和党

11．これに関連して，法の下の平等を定める憲法第14条１項に関する最高裁判例で示されている判断として適当なものはどれか。次のａ～ｄから２つ選び，その記号を左欄に１つ，右欄に１つマークせよ。順序は問わない。

a．外国人登録原票などへの指紋押捺を義務付ける外国人登録法の定めは，憲法第14条１項に違反する

b．自己又は配偶者の直系尊属を殺したという尊属殺の場合について，普通殺の場合と比べて著しく重く処罰する刑法の定めは，憲法第14条１項に違反する

c．非嫡出子の法定相続分を，嫡出子のそれの２分の１とする民法の定めは，憲法第14条１項に違反する

d．夫婦同氏を要求する民法の定めは，憲法第14条１項に違反する

12．これに関連して，憲法における刑事手続の規律についての説明として適当でないものはどれか。次のａ～ｄから１つ選び，その記号をマークせよ。

a．現行犯として逮捕する場合，裁判官の発する令状は必要でない

b．公務員による拷問や残虐な刑罰は，絶対に禁止されている

c．犯罪被害者には，公開の法廷で意見を述べる権利が保障されている

d．被疑者，被告人の権利を十分に守るため，弁護人依頼権が保障されている

13．これに関連して，地方自治体についての説明として適当でないものはどれか。次のａ～ｄから１つ選び，その記号をマークせよ。

a．住民の直接請求権として，条例の制定改廃請求権は認められているが，議会の解散請求権は認められていない

b．少子高齢化が進む中，住民減で崩壊に瀕する限界集落も急増しており，地方議会議員のなり手不足なども深刻な問題として浮上してきている

c．長と地方議会議員の双方について，住民による直接選挙によるべきことが憲法上定められている

d．平成の大合併と呼ばれる大規模な市町村合併の結果，市町村の数は，４割以上減少して1700程度になっている

14．これに関する次の問ｉ・ⅱに答えよ。

ｉ．人権の国際的保障について考える上で，国際的に活動するＮＧＯ（非政府組織）が果たす役割が注目される。そのようなＮＧＯの１つとして，思想・信条などを理由に不当に投獄されている「良心の囚人」の救援活動をはじめ，ひろく人権擁護活動に取り組み，ノーベル平和賞も受賞した団体はなにか。その名称をしるせ。

ⅱ．日本が批准もしくは加入している国際人権条約として適当でないものはどれか。次のａ～ｄから１つ選び，その記号をマークせよ。

ａ．子どもの権利条約　　ｂ．自由権規約選択議定書

ｃ．人種差別撤廃条約　　ｄ．難民条約

15．これに関連して，国際裁判所の説明として適当でないものはどれか。次のａ～ｄから１つ選び，その記号をマークせよ。

ａ．国際司法裁判所の裁判官は，国連総会と安全保障理事会それぞれによる選挙を通して選ばれる

ｂ．集団殺害，戦争犯罪などの国際法上の重大犯罪をおかした個人を裁くための国際裁判所として，国際刑事裁判所がある

ｃ．日本は，国際刑事裁判所に加盟している

ｄ．日本は，国際司法裁判所で裁判の当事国となったことがない

16．これに関連して，国際法の父と呼ばれる人物は誰か。その名をしるせ。

Ⅱ．次の文を読み，下記の設問Ａ・Ｂに答えよ。解答は解答用紙の所定欄にしるせ。

第二次世界大戦後，日本は連合国軍最高司令官総司令部（ＧＨＱ）の占領下におかれた。ＧＨＱにより財閥解体[1)]，農地改革[2)]，労働の民主化[3)]がおこなわれ，経済の民主化が進んだ。その結果，日本経済は1955年ごろから1970年代初めまで高度経済成長[4)]の時代が続いた。

石油危機後，世界経済は不況とインフレーションが同時に進行する（　イ　）に悩まされ，失業問題が深刻化した。そのなか新自由主義[5)]が台頭してきた。新自由主義の理論的指導者であったアメリカの経済学者（　ロ　）は，マネタリズム[6)]を唱え，規制緩和，とりわけ金融の規制緩和や公的企業の民営化によって，市場機能の回復をはかるべきだと考えた。そうした考えのもと，1970年代末から1980年代，アメリカのレーガン政権，イギリスの（　ハ　）政権は，国家による市場介入を縮小し「小さな政府」を目指した。

日本はいち早く不況を乗り切り，1970年代末には世界の総生産の１割以上を占める経済大国となった。国内では，それまで欧米諸国をモデルとし，近代化を進めなければならないという主張が支配的だったが，1980年代には後進的とされてきた日本的な特質，とりわけ日本的雇用慣行を形づくる三要素――終身雇用，年功賃金，（　ニ　）――を高く評価する主張が強まった。

1980年前後からアメリカの対日貿易赤字が大幅に増加し，日米貿易摩擦[7)]が起きた。1985年のプラザ合意により円高が急速に進むと，不況対策として金融緩和がおこなわれた。巨額の資金が不動産や株式市場に流れ込んだことに加えて，貿易黒字にともなう企業[8)]の余剰資金も投機に向かい，株価や地価が経済の実体をこえて異常に上昇するバブル景気[9)]が発生した。

バブル景気は1991年に終わり，地価と株価が暴落した。保有資産が目減りした企業は，資金調達が困難になり，倒産が急増した。債権の回収が困難になり，銀行の自己資本比率に関する国際統一基準である（　ホ　）合意に抵触しそうな金融機関も出た。金融機関の破綻が相次ぎ，銀行の貸し渋りが企業の資金繰りをいっそう悪化させた。政府は公共事業などの景気対策をおこなったが，財政赤字[10)]が深刻化した。

沈滞した日本経済を再生させようと小泉純一郎内閣は，自由化，規制緩和，民営化をスローガンとする構造改革を掲げ，郵政民営化，特殊法人の統廃合などを断行した。地方自治体の財政自由度を高め，地方分権化を目指す三位一体改革も行われた。その後，外需主導で景気回復が進んだものの，雇用は改善されず，個人消費は伸び悩んだ。2000年代後半，アメリカで低所得者向け住宅融資が焦げつく（　ヘ　）問題を発端に住宅バブルが崩壊し，世界金融危機が発生した。金融危機は日本にも波及し，日本経済はマイナス成長を記録した。そうしたなかで，所得格差の拡大，非正規雇用者[11)]の増大，地方の衰退が進んだ。

1990年代以降，日本的雇用慣行をはじめ，高度経済成長期に形成され，日本社会を安定させてきた様々な制度の限界が指摘されるようになる。例えば，正規雇用と非正規雇用の待遇格差が社会問題になっている。男女雇用機会均等法や男女共同参画社会基本法[12)]が施行され，男女平等が推進されながらも，男女格差は縮小していない。人口減少や少子高齢化などに対応する社会保障制度[13)]の改革も模索が続いている。こうした状況のもと，日々の生活に不安を抱え，将来に希望を持てない人々が増えている。

A．文中の空所(イ)～(ヘ)それぞれにあてはまる適当な語句をしるせ。

B．文中の下線部1)～13)にそれぞれ対応する次の問1～13に答えよ。

1．財閥復活を防ぐために独占禁止法が制定されたが，1997年に集中排除の観点から禁じられていた会社の設立が解禁された。その会社として適当なものを，次のa～dから1つ選び，その記号をマークせよ。

a．公開会社　　b．持株会社　　c．持分会社　　d．有限会社

2．この説明として適当でないものはどれか。次のa～dから1つ選び，その記号をマークせよ。

a．改革により農家間の所得格差が縮小した

b．寄生地主制度を解体するため，政府が地主から農地を強制的に買収した

c．自作農の創出を目的として，農地を小作人に売り渡した

d．地主制の復活を防止するために，1952年に農業基本法が制定された

3．これに関する次の問ⅰ・ⅱに答えよ。

ⅰ．これにより労働三権が保障された。公務員の労働三権の現状として適当でないものはどれか。次のa～dから1つ選び，その記号をマークせよ。

a．警察職員および自衛隊員には，労働三権はいずれも保障されていない

b．公務員の労働三権の一部が制限されていることへの代償的な措置として，人事院・人事委員会勧告がある

c．国家公務員には，争議権が認められていない

d．地方公務員には，労働三権は保障されているが，労働協約締結権がない

ⅱ．労働基準法に関する説明として適当でないものはどれか。次のa～dから1つ選び，その記号をマークせよ。

a．1999年3月まで女性の深夜業を原則として禁止していた

b．この法律の改正により労働時間規制の緩和がはかられてきた

c．監督機関として，都道府県に労働局，おもな市町村に労働基準監督署が設置されている

d．労働時間，休日，賃金などの労働条件に関して標準的な基準を定めた法律である

4．これに関する次の問ⅰ～ⅲに答えよ。

ⅰ．国民経済全体の活動水準をあらわす数値にＧＤＰ，ＧＮＰ，ＮＮＰなどがある。その説明として適当でないものはどれか。次のａ～ｄから１つ選び，その記号をマークせよ。

ａ．ＧＤＰは，国内の経済活動で生み出された付加価値を合計したものである

ｂ．ＧＤＰは，国内で働いている外国人の生み出した所得を含む

ｃ．ＧＮＰは，ＧＤＰから海外へ支払った所得を差し引いたものである

ｄ．ＮＮＰは，ＧＮＰから固定資本減耗を控除したものである

ⅱ．名目ＧＤＰと物価指数が次の表のとおりである場合，Ｘ年の実質経済成長率として適切な数値を，下記のａ～ｄから１つ選び，その記号をマークせよ。

表

年	名目ＧＤＰ	物価指数 （ＧＤＰデフレーター） 基準年＝100
Ｘ－１	198兆円	90
Ｘ	258兆円	120
Ｘ＋１	210兆円	105

ａ．約－７％　　ｂ．約－２％　　ｃ．約２％　　ｄ．約７％

ⅲ．高度経済成長期，公害問題が全国的に深刻化した。次の文中の空所①～④それぞれにあてはまるものを，下記のａ～ｉから１つずつ選び，その記号をマークせよ。

1973年に裁判を待たなくても公害の被害者は療養費，障がい補償費などの給付を受けることができることを定めた［①］法が制定された。1993年には，［②］法と自然環境保全法を発展させた環境基本法が成立した。今日では，公害防止のために以下の原則が確立している。第一に1972年にＯＥＣＤ閣僚理事会が勧告した［③］の原則，第二に無過失責任の原則，第三に開発が地域に及ぼす影響を事前に調査・評価する［④］の実施である。

ａ．汚染者負担　　ｂ．環境アセスメント　　ｃ．公害健康被害補償

ｄ．公害対策基本　　ｅ．公害紛争処理　　ｆ．資源有効利用促進

ｇ．循環型社会形成推進基本　　ｈ．応能負担　　ｉ．濃度規制・総量規制

5．この考えにもとづき，日本では中曽根康弘内閣が公共部門の民営化をすすめた。この時に民営化されたものとして適当なものはどれか。次のａ～ｄから１つ選び，その記号をマークせよ。

ａ．公共職業安定所　ｂ．新東京国際空港公団

ｃ．道路関係４公団　ｄ．日本専売公社

6．この主張として適当なものはどれか。次のａ～ｄから１つ選び，その記号をマークせよ。

ａ．消費課税の軽減により家計の通貨保有を増やせば，景気は拡大する

ｂ．所得税減税により可処分所得を増やせば，勤労意欲が高まる

ｃ．通貨供給量の変動により，物価は変動する

ｄ．物価が上昇すると，失業率が低下する

7．これに関する説明として適当なものはどれか。次のａ～ｄから１つ選び，その記号をマークせよ。

ａ．1960年代は繊維製品，70年代は自動車，80年代に入ると鉄鋼や半導体が貿易摩擦を引き起こした

ｂ．アメリカは，1990年代初頭に日本に大規模小売店舗法の規制緩和を求めたが，日本は応じなかった

ｃ．1989年から日米包括経済協議，1993年から日米構造協議がおこなわれた

ｄ．アメリカは，1988年に「スーパー301条」を成立させ，貿易不均衡の是正を目指した

8．これに関する次の問ｉ・ⅱに答えよ。

ｉ．株式会社の説明として適当なものはどれか。次のａ～ｄから１つ選び，その記号をマークせよ。

ａ．会社が負債をかかえて倒産した時，株主は，株主としての権利を失うとともに，無限責任により自分の個人的財産をもって負債を弁償する必要がある

ｂ．株式会社は，所有と経営の分離によって，専門経営者に経営実務を委ねることができる

ｃ．株主は，株主総会で一人一票の議決権をもち，会社の意思決定に関わることができる

ｄ．すべての株式会社は，株式を証券取引所で売買し，ひろく一般投資家から資金を集める

ⅱ．会社の経済活動によって得られた利益から株主配当や税金などを支払った残りを意味し，利益剰余金と同一視されることもある資金を何と呼ぶか。漢字４字でしる

せ。

9．これに関して，保有する株や土地の価格が上がると，家計の消費は増える傾向にある。これを何と呼ぶか，適当な語句をしるせ。

10. これに関する説明として適当でないものを，次のａ～ｄから１つ選び，その記号をマークせよ。

ａ．財政法において原則として公債発行は認められていない

ｂ．市中消化の原則により，日本銀行が公債を引き受けることを原則禁止している

ｃ．1990年代には，特例国債の新規発行がゼロとなった時期がある

ｄ．プラザ合意後の不況時に，戦後初めて特例国債が発行された

11. これに関する説明として適当でないものはどれか。次のａ～ｄから２つ選び，その記号を左欄に１つ，右欄に１つマークせよ。順序は問わない。

ａ．地域別最低賃金は，正規雇用者と同様に適用される

ｂ．労災保険は適用除外であるが，任意加入が認められている

ｃ．労働基準法が適用されない代わりに，パートタイム労働法や労働者派遣法などが適用される

ｄ．労働組合法は適用されるため，労働組合を結成することが認められている

12. この内容として適当なものはどれか。次のａ～ｄから１つ選び，その記号をマークせよ。

ａ．この法律に基づき定められた計画では，2020年までにあらゆる分野の指導的地位に，女性が占める割合が少なくとも30％になることが目標として掲げられた

ｂ．事業主に対して，募集・採用・配置・昇進に関して女性への差別的待遇を禁止している

ｃ．女性差別撤廃条約を批准するために制定された

ｄ．セクシュアル・ハラスメントの防止義務を事業主に課している

13. これに関する次の問ｉ・ⅱに答えよ。

ｉ．日本の社会保障制度の説明として適当なものはどれか。次のａ～ｄから１つ選び，その記号をマークせよ。

ａ．65歳以上の高齢者は，健康保険や国民健康保険の対象から外れ，後期高齢者医療制度に組み入れられる

ｂ．雇用保険には，失業時の所得保障とともに，雇用調整助成金のように雇用保障機能もある

ｃ．生活保護制度の費用は，国が全額を負担する

ｄ．公的年金保険の給付の種類には，老齢年金，介護年金，障がい年金，遺族年金がある

ii．次の図を参考に，社会保障制度の国際比較について適当でないものを，下記のa～dから1つ選び，その記号をマークせよ。

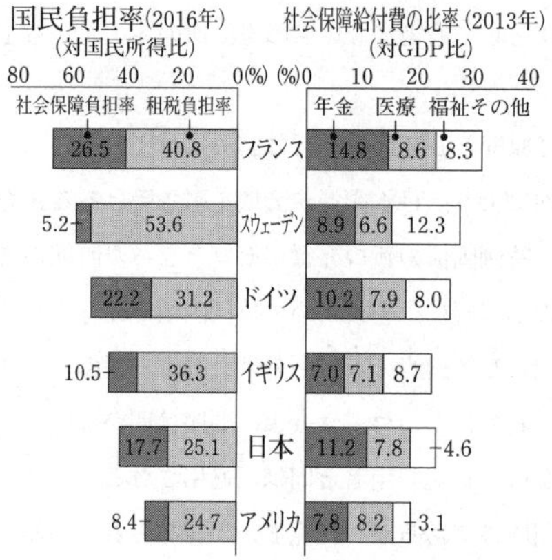

図

出典：「国民負担率」は財務省作成資料，「社会保障給付費の比率」は厚生労働省作成資料

a．社会保障制度は，財源調達と給付方式で分類すると，北欧型・大陸型・混合型に分けられる

b．スウェーデンは，社会保険を中心とした社会保障制度である

c．日本は，現役世代向け給付に比べて高齢者向け給付を重視してきた

d．フランスは，福祉よりも年金の方が給付費に占める比率が高い

数学

◀ 2 月 6 日実施分 ▶

(60 分)

I. 下記の空欄ア～キにあてはまる数または式を解答用紙の所定欄に記入せよ。

(i)　0 でない実数 x, y が

$$x + y = 2,\ \frac{1}{x} + \frac{1}{y} = -\frac{1}{2}$$

を満たすとき，$|x - y| =$ [ア] である。

(ii)　等式 $|x - |x - 2|| = 1$ を満たす実数 x をすべて求めると $x =$ [イ] である。

(iii)　a を定数とする。3 次式 $F(x) = x^3 - 6x + a$ を 2 次式 $G(x) = x^2 - 3x + 2$ で割った余りを $R(x)$ とする。$G(x)$ が $R(x)$ で割り切れるような a の値をすべて求めると $a =$ [ウ] である。

(iv)　コインを 5 回投げるとき，表が 2 回以上連続して出ない確率は [エ] である。ただし，コインを 1 回投げたとき，表が出る確率および裏が出る確率はそれぞれ $\frac{1}{2}$ であるとする。

(v)　自然数 n が $2n - 1$ 個続く，初項が 1 の次のような数列がある。

$$\underbrace{1}_{1\text{個}},\ \underbrace{2,\ 2,\ 2}_{3\text{個}},\ \underbrace{3,\ 3,\ 3,\ 3,\ 3}_{5\text{個}},\ \underbrace{4,\ 4,\ 4,\ 4,\ 4,\ 4,\ 4}_{7\text{個}},\ 5,\ \cdots$$

このとき，自然数 m が初めて現れるのは第 [オ] 項である。また，第 2022 項は [カ] である。

(vi)　n 個の値からなるデータがあり，データの値の総和が 4，データの値の 2 乗の総和が 26，データの分散が 3 であるとする。このとき，データの個数 n は［キ］である。

II. t を正の実数とする。OA＝1，OB＝t である三角形OABにおいて，$\vec{a}=\overrightarrow{\mathrm{OA}}$，$\vec{b}=\overrightarrow{\mathrm{OB}}$，$\angle\mathrm{AOB}=\theta$ とおく。ただし，$0<\theta<\frac{\pi}{2}$ とする。また，辺OAの中点をM，辺OBを 1：2 に内分する点をNとする。このとき，次の問(i)～(v)に答えよ。解答欄には，(i)～(iii)については答えのみを，(iv)，(v)については答えだけでなく途中経過も書くこと。

(i)　$\overrightarrow{\mathrm{AN}}$ と $\overrightarrow{\mathrm{BM}}$ を $\vec{a}$ と $\vec{b}$ を用いてそれぞれ表せ。

(ii)　内積 $\overrightarrow{\mathrm{AN}}\cdot\overrightarrow{\mathrm{BM}}$ を t と $\cos\theta$ を用いて表せ。

(iii)　$\overrightarrow{\mathrm{AN}}\perp\overrightarrow{\mathrm{BM}}$ であるとき，$\cos\theta$ を t を用いて表せ。

(iv)　$\overrightarrow{\mathrm{AN}}\perp\overrightarrow{\mathrm{BM}}$ であるとき，$\cos\theta$ の最小値とそれを与える t の値をそれぞれ求めよ。

(v)　$\overrightarrow{\mathrm{AN}}\perp\overrightarrow{\mathrm{BM}}$ となる θ が存在する t の値の範囲を求めよ。

Ⅲ. Oを原点とする座標平面上の放物線 $C : y = x^2$ と C 上の点P $\left(\dfrac{\sqrt{3}}{2},\ \dfrac{3}{4}\right)$ がある。Pにおける C の接線を l とし，また，Pを通り l と直交する直線を m とする。さらに，m と x 軸の交点をQとする。このとき，次の問(i)～(v)に答えよ。解答欄には，(i)，(ii)については答えのみを，(iii)～(v)については答えだけでなく途中経過も書くこと。

(i)　m の方程式を $y = px + q$ とするとき，定数 p，q の値を求めよ。

(ii)　Qの座標を $(a,\ 0)$ とするとき，a の値を求めよ。

(iii)　Qを中心とする半径 r の円 D が l とただ1つの共有点を持つとき，r の値を求めよ。

(iv)　(i)で定めた p，q の値に対して，次の連立不等式の表す領域の面積 S_1 を求めよ。

$$x \geqq 0,\ y \geqq 0,\ y \leqq px + q,\ y \leqq x^2$$

(v)　(ii)で定めた a の値と(iii)で定めた r の値に対して，次の連立不等式の表す領域の面積 S_2 を求めよ。

$$0 \leqq x \leqq \frac{\sqrt{3}}{2},\ y \geqq 0,\ y \leqq x^2,\ (x - a)^2 + y^2 \geqq r^2$$

◀２月９日実施分▶

（60 分）

Ⅰ． 下記の空欄ア～キにあてはまる数または式を解答用紙の所定欄に記入せよ。

(i) i を虚数単位とする。$(a+bi)^2=-4i$ を満たすような実数 a, b の組をすべて求めると $(a, b)=$ [ア] である。

(ii) 実数 x についての不等式 $x|x|<2x+3$ の解は [イ] である。

(iii) $\sqrt{n^2+15n+78}$ の整数部分が $n+7$ となるような最小の整数 n は [ウ] である。

(iv) 20^{22} は [エ] 桁の整数である。ただし，$\log_{10}2=0.3010$ とする。

(v) 8人を2人，2人，2人，1人，1人の5組に分ける分け方は [オ] 通りである。

(vi) n を自然数とする。$2n+1$ 個の連続する整数からなるデータの分散は [カ] である。

(vii) $\mathrm{OA}=1$，$\mathrm{OB}=2$，$\cos\angle\mathrm{AOB}=\dfrac{1}{4}$ を満たす三角形OABにおいて，Oから直線ABに下ろした垂線をODとする。実数 t を用いて $\overrightarrow{\mathrm{OD}}=(1-t)\overrightarrow{\mathrm{OA}}+t\overrightarrow{\mathrm{OB}}$ と表すと $t=$ [キ] である。

Ⅱ. $0 < \theta < \frac{\pi}{3}$ とする。三角形 ABC は，AB = 1 を満たし，辺 BC 上の点 D は $\angle \mathrm{BAD} = \angle \mathrm{CAD} = \theta$ かつ AD = AC を満たすとする。AD = a，BD = b とおく。このとき，次の問（i）～（v）に答えよ。解答欄には，（i），（ii）については答えのみを，（iii）～（v）については答えだけでなく途中経過も書くこと。

（i）三角形ABD，三角形ACD，三角形ABCの面積を，それぞれ $X\sin\theta$，$Y\sin\theta$，$Z\sin 2\theta$ と書き表すとき，X，Y，Z を a を用いて表せ。

（ii）a を $P\cos\theta + Q$ と書き表すとき，有理数 P，Q の値をそれぞれ求めよ。

（iii）b^2 を $R\cos\theta + S$ と書き表すとき，有理数 R，S の値をそれぞれ求めよ。

（iv）BC = 1 のとき，θ と∠ABCの大きさをそれぞれ求めよ。

（v）（iv）のとき，$\cos\theta$ の値を求めよ。

Ⅲ. a と p を正の実数とする。3 次関数 $f(x) = px(x-3a)^2$ が極大値 $4a^2$ を取るとき，次の問（i）～（iv）に答えよ。解答欄には，（i）については答えのみを，（ii）～（iv）については答えだけでなく途中経過も書くこと。

（i）$f(x)$ の導関数 $f'(x)$ を求めよ。また，方程式 $f'(x) = 0$ の解を a を用いて表せ。

（ii）p を a を用いて表せ。

（iii）曲線 $y = f(x)$ の $-1 \leqq x \leqq 0$ の部分，直線 $x = -1$，および x 軸で囲まれる図形の面積 S を a を用いて表せ。

（iv）a が正の実数全体を動くとき，（iii）で求めた S の最小値と，それを与える a の値をそれぞれ求めよ。

1　色好みで恋の経験が豊富な人　　2　博識で何にでも通じている人
3　ものごとの趣を理解できる人　　4　理性的で分別を備えている人
5　風流の道に打ち込んでいる人

(M)　――線部(12)の意味として最も適当なものを、次のうちから一つ選び、番号で答えよ。

1　みな　　2　いつも　　3　たいそう　　4　なぜ　　5　かえって

(N)　＝＝線部(a)～(c)それぞれの文法上の意味として最も適当なものを、次のうちから一つずつ選び、番号で答えよ。ただし、同じ番号を何度用いてもよい。

1　受身　　2　自発　　3　尊敬　　4　可能　　5　断定
6　打消　　7　過去　　8　完了・存続

5　すべて私を信頼して任せてくれれば幸せになれるということ。

(G)　――線部(7)の後に省略されている内容として最も適当なものを、次のうちから一つ選び、番号で答えよ。

1　お訪ねしましょう　2　待ち遠しいでしょうか　3　来ていただきたいのです
4　趣深くなるでしょう　5　寂しいものです

(H)　――線部(8)の読みを、平仮名・現代仮名遣いで記せ。

(I)　━━線部(ア)〜(オ)のうち、「少将」の行為はどれか。次のうちから一つ選び、番号で答えよ。

1　(ア)　2　(イ)　3　(ウ)　4　(エ)　5　(オ)

(J)　――線部(9)を、「さ」の内容を具体化して七字以内で現代語訳せよ。ただし、句読点は含まない。

(K)　――線部(10)はどういうことか。その説明として最も適当なものを、次のうちから一つ選び、番号で答えよ。

1　中将の和歌を読みたいけれど読めないこと。
2　中将の着物が見たこともないほど濡れていたこと。
3　中将の手紙を姫君が読もうともしないこと。
4　中将の容姿を直視することができなかったこと。
5　中将の筆跡があまりにもすばらしいこと。

(L)　――線部(11)はどういう人か。その説明として最も適当なものを、次のうちから一つ選び、番号で答えよ。

(B) ——線部(2)の意味として最も適当なものを、次のうちから一つ選び、番号で答えよ。

1 かなり　2 やっと　3 逆に　4 なんとなく　5 なるほど

(C) ——線部(3)が伝えようとしている少将の思いとして最も適当なものを、次のうちから一つ選び、番号で答えよ。

1 悲嘆　2 抗議　3 羞恥　4 催促　5 意欲

(D) ——線部(4)の意味として最も適当なものを、次のうちから一つ選び、番号で答えよ。

1 意外だ　2 もっともだ　3 腹立たしい　4 気の毒だ　5 名残惜しい

(E) ——線部(5)の現代語訳として最も適当なものを、次のうちから一つ選び、番号で答えよ。

1 呆然となさっている　2 後悔なさっている　3 尻込みしていらっしゃる
4 恐れていらっしゃる　5 落胆なさっている

(F) ——線部(6)はどういうことを言っているのか。その説明として最も適当なものを、次のうちから一つ選び、番号で答えよ。

1 何でも思い通りになるものではなく我慢も必要だということ。
2 何事も起きてしまったことは取り返しがつかないということ。
3 どんな将来が待っているかは人の心がけしだいだということ。
4 すべては前世からの因縁によって定められているということ。

て、恋しく思ひ知られ給ふにも、今日は日さへ長き心地して、日一日、我が御方にてながめ暮らし給ふ。まみのあたりなどは、⑾もの見知らむ人には見せまほしく愛敬づき給へるに、ただ御心にとどまる類のなきままには、⑿なべて憂き世と浮き立ちて、いつとなくながめがちなるを、父宮、母上などは思し嘆きけり。

（注）
1　逢ふ人から――「長しとも思ひぞはてぬ昔より逢ふ人からの秋の夜なれば」（古今和歌集・凡河内躬恒（おうしこうちのみつね））による。
2　少将――姫君に仕える女房。
3　聞きし――前日、「少将」という名前を聞き知ったこと。
4　知らぬ昔は――あなたと逢瀬を遂げる前は、こんなに苦しい思いはしなかったのにの意。

問

(A)　――線部(1)の内容の説明として最も適当なものを、次のうちから一つ選び、番号で答えよ。

1　逢う人しだいで、秋の夜は短く感じられることもあるということ。
2　逢う人によって、秋の夜は楽しくもなり退屈にもなるということ。
3　逢う人のおかげで、秋の夜は長く楽しく過ごせるものだということ。
4　逢う人のせいで、秋の夜がさらに長く感じられることがあるということ。
5　逢う人はそれぞれ、秋の夜の情趣の受け取りかたが異なるということ。

岩木もなびきぬべき御ありさまなり。(7)「必ず、暮れは」など、言ふとしもなければ、うちうめき給ひて、

　暁の別れはいつもせ(a)しかどもかばかりつらき鳥の音はなし

今ぞ鳥も鳴き渡るに、うちしをれて、気色（けしき）ばかり引き上げ給へる御(8)指貫の裾まで、たをやかにうつくしきに、御直衣（なほし）の袖もうちしをれて、歩み出で給ふ御ありさま、めでたしとはこれを言ふに(b)やと見奉るにも、誰と知り奉らねどあはれにおぼえて、人知れぬ嘆かしさは、せむかたなし。

　中将、道すがらも、らうたげなりし面影は、身を去らぬ心地して恋しきにも、いつ習ひける恋の心ぞやなど、うちながめ入りて臥し給ひても、まどろまれ給はねば、御硯（すずり）召し寄せて、いつしか(ア)文遣はしたり。誰をたよりにと思せども、ただ聞き(注3)しまま、「少将殿へと呼びとらせよ」と(イ)教へ給へば、そのまま(ウ)訪ねて会ひたり。

　胸うち騒ぎて、「こは夢ならば。(9)さてもあらで」と(エ)もてわづらふにも、さすがに今朝の御ありさまは忘れがたくて、もて参りて、御枕に置きたれば、御覧じも入れず、(オ)引きかづき給へば、ことわりながら、ゆかしくて見れば、

　「見せばやな憂き暁の鳥の音に濡れ濡れ着つる袖の気色を

(注4)知らぬ昔は」など書きながし給へる(c)御手は、まことに(10)目も及ばぬに、少将は、「これもしかるべき御ことにこそおはしますらめ。なかなか埋もれ臥し給はば、人もあやしく思ひ奉り、母上も驚き騒ぎ給ひなむず」と、慰め奉れども、聞き入れ給はず。御使ひには、「御覧ぜさせ奉れどかひなく」と言ひて帰しぬ。

　もしやと待ち給へど、御返事もなければ、ことわりと思したり。ただ人知れず、昨夜の月影のみ御心にかかり

ハ　日本の社会生活においては、人間関係が表向きは良好と見えるにもかかわらず、実際に思っていることが押し殺されている場合が珍しくない。

ニ　日本において公認される復讐とは、己の信じる価値が実際には虚偽であると知りながら、それに殉じることである。

ホ　松本清張が描いた美術学界では、価値があるとされる所蔵品が秘匿されることによって、空虚な権威が強化されている。

三　左の文章は、中世王朝物語『あきぎり』の一節で、主人公の中将がある姫君と逢瀬を遂げた翌日のことを語っている。これを読んで後の設問に答えよ。（**解答**はすべて**解答用紙**に書くこと）

さしも長き夜（よ）なれども「逢ふ人から（注1）」とかや聞きしも、いかなる人(1)さることあるらむと、うらやましくおぼえ給ひしも、(2)げに今ぞ思し召し知られて、程なく明けぬるも悲しくおぼえ給へど、出で給ふ。少将（注2）も「(3)人見ぬ先に」とうち嘆けば、(4)ことわりとて立ち出で給ふ。さすがいかなることぞとゆかしくて、御送りに参れば、入り方の月はさやかなるに、手をとらへ給ひて、「いかなることぞと、(5)あきれ給へるも、ことわりながら、(6)何ごともしかるべきことなり。思ひのほかに見初め奉るも、昔の契り思し知らば、嬉しくこそ」など、世の常ならず、契り給ふに、「げに、いかなることなるらむ」と、涙さへとりあへず出で顔に、やすらひ給へる御ありさまは、げに

2　日本における復讐とは、強大な組織に一個人が挑むことを意味しているため、命を奪われる危険を覚悟しておくことが必須である。

3　日本では復讐が内なる動機に基づいているため、自身の生きる世界からの追放を覚悟しない限り、世間から認めてもらえない。

4　自分が嫉妬している相手が贋物であることを暴露するのが日本における復讐なので、必然的に己を否定せざるをえない。

5　日本には異なる価値観による批判が根づいておらず、価値観を同じくする相手を道連れに自滅するという形でしか、既存の価値体系が転換されない。

(G)　次の各項の空欄［　］には、すべて同じ読みの異なる漢字一字が入る。本文中の空欄［b］に入るべき漢字を使うものを一つ選び、番号で答えよ。

1　［　］製　　2　［　］真　　3　［　］情　　4　［　］車　　5　［　］仲

(H)　次の各項のうち、本文の内容と合致するものを1、合致しないものを2として、それぞれ番号で答えよ。

イ　公正でないものに対する怒りは人を感嘆すらさせうるのに対して、日本社会における嫉妬や怨恨はしばしば私利私欲に関わるため、恥ずべき感情としてあまり表面化しない。

ロ　虚栄に満ちた日本社会を憎悪してそれに対する復讐を果たそうとした松本清張こそ、「国民的作家」の称号にふさわしい。

ものを、次のうちから一つ選び、番号で答えよ。

1　日本社会では、「敵」「味方」のいずれも本来の意味が建前となっており、本音ではそれが正反対になっているから。
2　日本社会では、「敵」が公的次元、「味方」が私的次元にそれぞれ対応させられているから。
3　「敵」は客観的に特定可能であるのに対して、「味方」は主観でしかないから。
4　復讐すべきは「敵」であり、「味方」ではないという一般的通念とは異なる意味で用いられているから。
5　日本には、異質な存在を「敵」と同一視させ、同質な存在を「味方」であると思わせる風土があるから。

(E)　――線部(4)について。その説明として適当でないものを、次のうちから一つ選び、番号で答えよ。

1　不当な学問上の特権をめぐって、表には現れない嫉妬と憎悪が渦巻いている。
2　同じ価値観を共有している者を中心に構成されているため、外部からの視点が欠如している。
3　権威への挑戦を無理矢理封じ込む側も、それに対する復讐を企てる側も、嫉妬に動かされている。
4　既得権を外部の者に渡すまいとして、極めて閉鎖的な組織になっている。
5　自分たちとは同じ集団に属さず、同じ対象に関心を抱いていない存在に対し、陰湿な敵意を育んでいる。

(F)　――線部(5)について。その説明として最も適当なものを、次のうちから一つ選び、番号で答えよ。

1　単一の価値観が支配する日本では、己の命を賭けるくらいの覚悟を見せなければ、正当な批判であっても単なる嫉妬として矮(わい)小化されてしまう。

2 同質性の高い集団内部での評価に囚われてしまっているため、表向き近しい間柄の人とのあいだの勝ち負けを過大に意識させられるから。

3 距離が近い者はその長所が見えやすいせいで、相手が自分よりも上の地位にいることの正当性を認めざるをえず、自尊心が傷つけられるから。

4 距離が近い人に対しては、日常的な関わりを円滑に維持し続けるために気を遣わざるをえず、本音を言えずにストレスが溜まるから。

5 相手との距離が近いと、どれだけ本音を押し殺しても隠しきれず、些細なことから無用の摩擦が生じやすいから。

(C) 空欄 [a] にはどのような言葉を補ったらよいか。最も適当なものを、次のうちから一つ選び、番号で答えよ。

1 相変らず私をゴルフやお酒のお供に誘うだろう

2 いつまでも出世できぬ私に愛想を尽かすだろう

3 無能なる私を庇(かば)うことで差を見せつけるだろう

4 万年課長たる私を重役会議に同席させるだろう

5 辞職せざるを得ぬ状況へと私を追い込むだろう

(D) ——線部(3)について。「敵」と「味方」という二語を筆者が鉤(かぎ)括弧でくくっている理由として最も適当な功の一歩手まえで挫折する、といった例がかなりある。

（山田稔「現代の復讐者・松本清張」による）

（注）1　松本清張――小説家（一九〇九〜一九九二）。
2　小使――本文中では会社等で雑用をする人の呼称として用いられている。

問

(A)　――線部(1)について。その理由として最も適当なものを、次のうちから一つ選び、番号で答えよ。

1　社会全体にとって脅威となる相手に向けられる感情だから。
2　相手を打ち負かすべく、公然と立ち向かうことにつながるから。
3　相手の言動に一喜一憂して独り相撲に陥る前に行動しているから。
4　本来であれば内に秘めておきたいような情念を潔く認めているから。
5　嫉妬に基づく復讐とは異なり、強大な権力に向けられる感情であるから。

(B)　――線部(2)について。その理由として最も適当なものを、次のうちから一つ選び、番号で答えよ。

1　互いに似た者しかいない集団内部では甲乙がつけがたく、おのずと陰湿な足の引っ張り合いが激しくなるから。

ない。いや、果されない、と書けば正しくないであろう。なぜなら、私たちにとって復讐とは、かならずしも、怒りや憎しみが、この現実のなかで、公然たる行為となって相手をうち、相手を倒すことによって完成されるとはかぎらないからだ。

(5)日本における復讐は「死」を前提とし、その前提において恨みの感情も公認される。恨みは、死によってプラス化されうるマイナスの感情だといってよいだろう。だが、このことは何を意味しているのか。松本清張のうちには、すでにみたように、特権者や旧い権威にたいする嫉妬やねたみのほかに、それらにたいする疑いがひそんでいる。飾られた外観への疑惑、あるいは真相にたいする貪欲な好奇心。真実らしさの外観をつぎつぎとめくっていけば、ついにはその下に虚偽が、贋物(にせ)が、みにくい、みすぼらしい姿をあらわすのではないか。それを彼は、「人間の真贋を見究めるための、一つの壮大な［ b ］落作業」(『真贋の森』)ということばで表現する。

この「［ b ］落作業」によるラディカルな価値の転換、それが清張における復讐の方法の一つなのだ。ただし、「［ b ］落作業」の対象となる価値が伝統によって守護され、さらに制度化されたものである場合、それに挑む者は、あらかじめその世界から全く閉めだされている人間であるか、もしくは、その「作業」によって自らをその価値体系の外に追放し、復帰の希望を絶つ決心をしてかからなければならない。つまり、「死」を覚悟のうえでなければ、ラディカルな価値の転換——特権への復讐は不可能なのである。

松本清張における復讐も、そのような「死」を前提とする。しかしその「死」は、かならずしも復讐の後に、その償い、もしくは報いとして来るのではない。彼の作品のなかには、復讐の執念にとりつかれた男が、その成するのだ。このことは一般に、ヒエラルキーのきびしい集団内部における憎悪のあり方と関連があるのではないか。

　同一の集団内部における「陰湿な敵意」は、松本清張の場合、アカデミズムの世界に根づよくはびこる(4)「不合理さ」をめぐって、もっとも露骨にあらわれる。『断碑』、『笛壺』、『石の骨』、『真贋の森』。これら一連の作品は、考古学界や日本美術学界の内部における、特権者と非特権者とのあいだの嫉妬や憎しみを明るみにだしたもので、彼の全作品のなかで、もっとも重要な位置を占めるものと私は考える。学界の不合理さとは、たとえばどのようなものか。

「日本美術史は、材料の半分は所蔵家という地中に埋没されている。神秘なこの匿し方が、贋作跳梁の自由を拡げ、骨董商を繁栄させている。所蔵家は、大名貴族、明治の新貴族、財閥など、権力に近い筋だ。それらの材料を観られる特権は権力に近づいた『偉いアカデミー学者』だけである。このような学問の不合理さ」（『真贋の森』）

　また、学歴のない地方の貧しい青年教師が、考古学の研究をつづけるうち、学界の権威にみとめられ、野心をもやす。やがて彼は、学界の権威に挑戦し、学界に嫉妬され、しだいに邪魔者扱いにされ、憎まれ、葬りさられる。これが『断碑』のあら筋である。私たちはそこに、特権者が、自らの特権をまもるために邪魔者にたいして加える虐待、あるいは陰険な圧迫の残酷さ、と同時に、葬りさられた、もしくは葬りさられようとしている、非特権者の恨みのふかさ、復讐欲のはげしさに触れ、暗い思いにとらわれるのである。しかし、その復讐は果されであるが、いったん望みや憧れが満たされなくなったとき、それは「陰湿な敵意」に変じ、やがては殺意にまでふくれあがるのだ。この心理過程を松本清張は、たとえばつぎのようになまなましく描いた。

「私は、いつも磯野に抑えつけられていた。小学校のときの幼友達というので個人的には親しそうにしてくれたが、それは優越感からの虚栄であり、目下の者の肩を敲（たた）くようなほどこしであった。彼は私をゴルフに連れて行く、酒を飲ませる。しかし私を五年間も厚生課長という閑職に据えておいているのだ。実質はそういう冷淡な男だ。自分だけは出世して、私を冷い眼でみて愉しんでいるような男である。そのくせ、私を酒や遊びに誘う。私にとっては屈辱であった。（中略）彼は重役になりそうだった。重役になれば、私をいいポストに上げるだろうと社内の者は思う。彼はそのことも計算に入れている男である。私を万年厚生課長から動かさない。お前は無能なのだ、公私は別だ。しかし幼友達だ、新しい重役は［　a　］。堪（たま）らなかった。その時のわが身の悲惨を考えたら夜も睡れなかった。私はこれ以上、自分が敗者にならないために、彼を重役にさせたくなかった――」（『殺意』）

この「屈辱」が動機で、厚生課長・稲井健雄は営業部長・磯野孝治郎を毒殺する。この場合、上役から親しくされている稲井は、他人の目には、恵まれた、運のいい人間として映ったはずだ。したがって彼の殺意には、客観的に証明されるような公然たる侮辱、圧迫、加害といった原因はない。このように、特定の明確な加害行為や加害者を指摘しえないという点にも、松本清張における復讐の特徴の一つが見出されるのである。いいかえれば、(3)復讐は「敵」にではなく、「味方」にたいしてむけられる。あるいは、身近なものを敵にえらび、憎悪の対象と

二　左の文章を読んで後の設問に答えよ。（解答はすべて解答用紙に書くこと）

(1)怒りにはある種の美しさ、崇高さすらある。だが嫉妬、恨み、ねたみといったものは一般に、いやらしい、公言すべからざる、悪しき感情とされている。にもかかわらず、私たち日本人ほどこれらの感情にまといつかれて毎日を暮らしている国民は、少ないのではあるまいか。松本清張(注1)は、かなりの数にのぼる中・短篇のなかで、この「悪しき感情」に照明をあてたのみならず、その動機の追求によって、日本人の社会生活を支配する基本的な感情の構造をあばきだした。もし嫉妬や恨みを、日本人の国民的感情とよぶことができるなら、彼はまさしく「国民的作家」である。

松本清張における嫉妬、恨み、あるいはそこから生ずる復讐欲には、どのような特徴があるか。第一に指摘しうる点は、それらの感情が身近な人間にむけられ、しかも(2)相手との距離が小さいほど強さをます、ということである。この場合、身近な人間というのは、しばしば同一職場、同一職業での身近な人間、つまり同僚のことであって、たとえば銀行の小使(注2)が重役を憎むのでなく、課長が課長、あるいは部長を憎むという形をとる。

多数の競争相手にとりかこまれ、息づまるような生活を送っている人間には、周囲の人間関係にたいする、独特のするどい観察力がそなわっているものであるが、それと同時に、彼の心のうちには、きわめて敏感な部分が発達しているようである。つまり虚栄心だが、彼はそれを傷つけられるとき、全身的反応をしめすのである。しかも、その虚栄心とはたとえば、すぐ一つ上の地位にあこがれ、あるいは逆に嫉妬するといった程度のものなの

2　社会人は、ものを考えようとして書物に没入し、行動の世界から逃避しがちであるから。
3　社会人は、ものを考えようとして書物に没頭しても本当の思索を生み出すことは難しいから。
4　社会人は、行動の世界から生まれる知恵を知的世界になじませることが難しいから。
5　社会人は、忙しい仕事のなかで雑事に追われ、知的でなくなり俗物化してしまうから。

(E)　——線部(5)について。これはどのような思考のことか。句読点とも三十五字以内で説明せよ。

(F)　次の各項について、本文の内容と合致するものを1、合致しないものを2として、それぞれ番号で答えよ。
イ　観念的世界として作り上げられる第二次的現実は、ときとして物理的現実以上のリアリティを帯びる。
ロ　強力な映像による第二次的現実が大量に登場したことは、現代人に第二次的現実中心の生活をもたらした。
ハ　第二次的現実が第一次的現実を圧倒している現代においては、強力な映像による現実が思考に活力をもたらす。
ニ　仕事で忙しい社会人ほど第一次的現実に根ざした知的活動に没入している。
ホ　書物の世界に没入し、第一次的現実と断絶した知的活動は模倣的思考になりがちである。

をもたらしているから。

2　強力な映像による第二次的現実の意味を適切に認識することは、深化した思索を今日の人間に要求することになるから。

3　映像による第二次的現実が強力であり圧倒的となったため、人々がそれを第一次的現実であると思い込んでしまうから。

4　鮮明な映像による第二次的現実が第一次的現実の現実感を強め、より真に迫るものとして認識させるから。

5　即時的な映像による第二次的現実中心の生活が、現代の人々に観念的世界にのみ生きることを強いているから。

(C)　——線部(3)について。その説明として最も適当なものを、次のうちから一つ選び、番号で答えよ。

1　社会人の実践的な思考は、読書に根ざした学生の思考よりも価値があるとする考え。

2　文字や読書を通じた思考は、労働や生活の現実に根ざした思考よりも価値があるとする考え。

3　先人の業績との対話を通じた思考よりも生活に根ざした思考に価値があるとする考え。

4　額に汗して働くものの独自の思考を書物の世界の観念的思考よりも価値があるとする考え。

5　第二次的現実の抽象的思考よりも第一次的現実に基づく思考に価値があるとする考え。

(D)　——線部(4)について。その理由として最も適当なものを、次のうちから一つ選び、番号で答えよ。

1　社会人は、生活に必要な事柄を書物の中にしか見いだすことができないから。

ものを考えるのとは質的に違う。われわれの知的活動が、とかく、模倣的であり、真に創造的でないのは、このナマの生活との断絶に原因があるのではあるまいか。

仕事をしながら、普通の行動をしながら考えたことを、整理して、新しい世界をつくる。汗のにおいのする思考がどんどん生れてこなくてはいけない。それをたんなる着想、思いつきに終らせないために、システム化を考える。それからさきは、第二次的現実にもとづく思考と異なるところはない。(5)真に創造的な思考が第一次的現実に根ざしたところから生れうることを現代の人間はとくと肝に銘じる必要があるだろう。

（外山滋比古『思考の整理学』による）

問

(A) ——線部(1)について。その理由として最も適当なものを、次のうちから一つ選び、番号で答えよ。

1　観念的な世界のなかだけで生活していては、実際の世界との触れ合いが稀薄となってしまうため。
2　知識や学問に深くかかわることによってしばしば第一次的現実を否定するようになるため。
3　知恵を備えた人間にとって、現実とは第二次的現実として形成されるものであるため。
4　物理的世界の意味は観念的世界として第二次的現実の形成によって明確に認識されるため。
5　生の現実は、第二次的現実として作りあげられた観念的世界による現実感として認識されるため。

(B) ——線部(2)について。筆者がこのように述べている理由として最も適当なものを、次のうちから一つ選び、番号で答えよ。

1　従来の文字情報に加えて、映像が第二次的現実をつくりあげる情報となったことが現代の生活の情報過多的現実から生れる思考の性格である。現代の思想がいかにもなまなましいような装いを見せ、映像によって具体的であるかのような外見をしてはいるけれども、現実性はいちじるしく稀薄である。

もっと第一次的現実にもとづく思考、知的活動に注目する必要がある。割り切って言うならば、サラリーマンの思考は、第一次的現実に根をおろしていることが多い。それに比べて、学生の考えることは、本に根がある。第二次的現実を土壌として咲く花である。生活に根ざしたことを考えようにも、まだ生活がはっきりしていないのだから致しかたもない。

そういう学生が社会へ出て、本から離れると、そのとたんに、知的でなくなり俗物と化す。知的活動の根を第二次的現実、本の中にしかおろしていないからである。

社会人も、ものを考えようとすると、たちまち、行動の世界から逃避して本の中へもぐり込む。読書をしないと、ものを考えるのが困難なのは事実だが、忙しい仕事をしている人間が、読書三昧になれる学生などのまねをしてみても本当の思索は生れにくい。行動と知的世界とをなじませることができなければ、大人の思考にはなりにくいであろう。

思考の整理ということから言っても、第二次的現実、本から出発した知識の方が、始末がいい。都合よくまとまりをもってくれる。第一次的現実から生れる知恵は、既存の枠の中におとなしくおさまっていない。新しいシステムを考えないといけないことが多い。(4)社会人の思考が散発的アイディアに終りがちなのはそのためであろう。

歩きながら考える、というのは、第一次現実の中における思考である。生活を中断し、書物の世界に没入して、を複雑にしている。

思考の問題を考えるに当っても、この二種の現実の違いを無視することは許されないであろう。従来、ものを考えるといえば、まず、第二次的現実の次元であった。これまでに読んだ先人の業績との対話から新しい思考が生れる。そのかわり第一次的現実とのかかわりはあいまいであった。むしろ、低次の現実から絶縁することで、いっそう高い思考への飛翔ができると考えた。

しかし、思考は、第一次的現実、素朴な意味で生きる汗の中からも生れておかしくはないのである。近代人がこの思考に関心を示さないのは、(3)知の階級制度が確立してしまっているように思われていたからにほかならない。働くものにも思考、思索、知識の創造がなくてはならない。

これまでは、〝見るもの〟〝読むもの〟の思想が尊重されたから、〝働くもの〟〝感じるもの〟の思想は価値がないときめつけられてきたのである。しかし、知識と思考は、見るものと読むものとの独占物ではない。額に汗して働くものもまた独自の思考を生み出すことを見のがしてはならない。いかに観念的な思考といえども、人間の考えることである以上、まったく、第一次の現実がかかわりをもっていないということはあり得ない。いかに間接的ではあっても、ナマの生活が影を落しているはずである。

現代のように、第二次的現実が第一次的現実を圧倒しているような時代においては、あえて第一次的現実に着目する必要がそれだけ大きいように思われる。人々の考えることに汗のにおいがない。したがって活力に欠ける。意識しないうちに、抽象的になって、ことばの指示する実体があいまいになる傾向がつよくなる。抽象は第二次にじかに接するかわりに、知識によって間接に触れているからである。

思索も外界を遮断するところにおいて深化させられることがあり、やはり、第二次的世界を築き上げる。

しかし、大部分の人間は、ほとんど第一次的現実によってのみ生きていた。それでは本当に現実に生きることにならないのも早くから気付かれていて、哲学への志向が生れた。(1)人間の営為はすべて、第二次的現実の形成に向けられていたと考えてよいほどである。第一次的現実をはっきり認識するためには、それを超越した第二次的現実の立場が必要である。

従来の第二次的現実は、ほとんど文字と読書によって組み立てられた世界であった。ところが、ここ三十年の間に新しい第二次的現実が大量にあらわれている。そのことがなお、充分はっきりとは気付かれていない。テレビである。テレビは真に迫っている。本当よりもいっそう本当らしく見える。茶の間にいながらにして、世界のはてまで行くことができる。旅行したような気持になれる。そして、そのうちにそれが、第二次的現実であることを忘れてしまう。

本を読んで頭に描く世界が観念の産物であることは誤解の余地がすくない。ところが、ブラウン管から見えてくるものはいかにもナマナマしい。第一次的現実であるかのような錯覚を与えがちだ。現代人はおそらく人類の歴史はじまって以来はじめて、第二次的現実中心に生きるようになっている。これは精神史上ひとつの革命であると言ってよかろう。

(2)従来の活字による第二次的現実のほかに、強力な映像による第二次的現実が出現したことが、現代の知的生活

▲二月八日実施分▼

（七五分）

一　一九八三年に書かれた左の文章を読んで後の設問に答えよ。（**解答**はすべて**解答用紙**に書くこと）

現実に二つある、と言ったら笑われるであろうが、知恵という〝禁断の木の実〟を食った人間には、現実は決してひとつではない。

われわれがじかに接している外界、物理的世界が現実であるが、知的活動によって、頭の中にもうひとつの現実世界をつくり上げている。はじめの物理的現実を第一次的現実と呼ぶならば、後者の頭の中の現実は第二次的現実と言ってよいであろう。

第二次的現実は、第一次的現実についての情報、さらには、第二次的現実についての情報によってつくり上げられる観念上の世界であるが、知的活動のために、いつしか、しっかりした現実感をおびるようになる。ときとしては、第一次的現実以上にリアルであるかもしれない。知識とか学問に深くかかわった人間が、しばしば第一次的現実を否定して、第二次的現実の中にのみ生きようとするのは、このことを裏付ける。

かつては、主として、読書によって、第二次的現実をつくり上げた。読書人が一般に観念的であるのは、外界答えよ。

1　道心　　2　執心　　3　里心　　4　旅心　　5　慢心

(K)　――線部(10)の解釈として最も適当なものを、次のうちから一つ選び、番号で答えよ。

1　このように立ち直ったのだ　　2　これほどまで苦労したのだ
3　このように覚えているのだ　　4　これほどまで供養してあげるのだ
5　このように取りはからったのだ

(L)　══線部(a)・(b)それぞれの文法上の意味として最も適当なものを、次のうちから一つずつ選び、番号で答えよ。ただし、同じ番号を二度用いてもよい。

1　推量　　2　意志　　3　婉曲　　4　使役
5　尊敬　　6　可能　　7　勧誘・命令

(M)　次の各項について、本文の内容と合致するものを1、合致しないものを2として、それぞれ番号で答えよ。

イ　長者は姫君のことをたいへん大切に育てていた。
ロ　長者に仕える女房たちは、病に臥せる真福田丸親子に同情し、姫君に救済を求めた。
ハ　姫君は、真福田丸の自分への思いを知りつつ、それを刺激してさまざまな修練に取り組ませた。
ニ　真福田丸を仏道に導くために、姫君はひそかに行基菩薩の力を借りて藤袴を縫い与えた。
ホ　姫君は、真福田丸を仏道に導くために文殊菩薩（行基菩薩）が姿を変えたものであった。

1　親子の苦しみなど大したことはないと笑い飛ばした姫君の明るさ
2　真福田丸の病は誰でもすぐに直せるだろうという姫君の判断
3　病で苦しむ真福田丸とその母をいったん慰めようとする姫君の優しさ
4　真福田丸の気持ちを受け入れようという姫君の意思
5　親子を大切にするがゆえに偽りを述べている姫君の懊悩

(H)　――線部(8)の解釈として最も適当なものを、次のうちから一つ選び、番号で答えよ。

1　これといったこともない
2　相手と身分が釣り合わない
3　どこから来たかわからない
4　世間に知られていない
5　経文を上手に読む力のない

(I)　――線部(9)の解釈として最も適当なものを、次のうちから一つ選び、番号で答えよ。

1　いつになったら修行が終わるのかと思いつつ
2　ついに悟りを得られたと思いつつ
3　いつかきっと姫君と逢えるだろうと思いつつ
4　早く姫君に逢いたいと思いつつ
5　いつまでも母を放ってはおけないと思いつつ

(J)　空欄［　　］にはどのような言葉を補ったらよいか。最も適当なものを、次のうちから一つ選び、番号で

(B)——線部(2)の解釈として最も適当なものを、次のうちから一つ選び、番号で答えよ。

1　家柄の違いに根ざした嫉妬　2　身のほどをわきまえない恋慕

3　姫君と出会ったことへの後悔　4　我を忘れるほどの歓喜

5　母を失望させることへの葛藤

(C)——線部(3)の意味として最も適当なものを、次のうちから一つ選び、番号で答えよ。

1　勇気　2　手紙　3　和歌　4　財力　5　手段

(D)——線部(4)の解釈として最も適当なものを、次のうちから一つ選び、番号で答えよ。

1　医者にかかるということもなく　2　何の病気なのかを明かさずに

3　身体のどこが悪いということはなく　4　体調不良を気づかれぬように

5　今の嘆きとはまた別の理由で

(E)——線部(5)の意味として最も適当なものを、次のうちから一つ選び、番号で答えよ。

1　いつでも　2　まったく　3　たぶん

4　かならずしも　5　なにごとも

(F)——線部(6)を、七字以内で現代語訳せよ。ただし、句読点は含まない。

(G)——線部(7)について。真福田丸とその母は、この言葉から何を読み取っているか。その説明として最も適当なものを、次のうちから一つ選び、番号で答えよ。

3　宿り——居宅。
4　物見明かすほど——物の道理を見きわめるほど。
5　心経、大般若——『摩訶般若波羅蜜多心経』（『般若心経』）と『大般若波羅蜜多経』（『大般若経』）のこと。
6　護身——夜居の僧が人に付き添って加持祈禱することをいう。
7　藤袴——藤などの植物の繊維で織った布で仕立てた粗末な袴。
8　行基菩薩——行基は薬師寺の僧。広く民衆を教化し、行基菩薩と称された。文殊菩薩の化身とみなされた存在で、この本文でもそのように扱われている。
9　導師——法会・供養の際、首席として儀式を行う僧。
10　礼盤——仏を礼拝し、読経をするときにあがる仏前の高座。

問

(A)　——線部(1)は何を表現したものか。その説明として最も適当なものを、次のうちから一つ選び、番号で答えよ。

1　山水を愛する長者の風流な人柄
2　長者の家の庭作りの奇抜さ
3　長者の裕福な暮らしぶり
4　見ばえを最優先した長者の家作り
5　仏縁を求める長者の信仰心

など誦むべし。祈りせさするやうにもてなさん」と言ふに、言ふに従ひて誦みつ。またいはく、「なほ、いささか修行せよ。護身(注6)するやうにて<u>近づくべし</u>(b)」と言へば、また修行に出で立つ。姫君あはれみて、藤袴(注7)を調じて取らす。片袴をば、姫君みづから縫ひつ。これを着て修行し歩くほどに、この姫君、はかなく煩ひて失せにけり。かくし廻りて、(9)<u>いつしか</u>と帰りたるに、「姫君失せにけり」と聞くに、悲しきこと限りなし。それより［　　］深く発りければ、ところどころ行ひ歩きて、貴き上人にてぞおはしける。名をば智光とぞ申しける。つひに往生してけり。

あとに弟子ども、後の業に、行基菩薩(注8)を導師(注9)に請じ奉りけるに、礼盤(注10)に上りて、「真福田丸が藤袴、我ぞ縫ひし片袴」と言ひて、異事も言はで下り給ひにけり。弟子ども怪しみて、問ひ奉りければ、「亡者智光、かならず往生すべかりし人なり。はからざるに惑ひに入りにしかば、我、方便にて、(10)<u>かくはこしらへたるなり</u>」とこそのたまひけれ。

行基菩薩、この智光を導かんがために、仮に長者の娘と生まれ給へるなりけり。行基菩薩は文殊なり。真福田丸は智光が童名なり。されば、かく、仏、菩薩も、男女となりてこそ導き給ひけれ。

（『古本説話集』による）

（注）1　門守りの女――門番の女。

2　この家の女房――長者の家に仕える女。

三　左の文章を読んで後の設問に答えよ。（**解答**はすべて**解答用紙**に書くこと）

今は昔、大和の国に長者ありけり。(1)家には山を築（つ）き、池を掘りて、いみじきことどもを尽せり。門守り（かどまぼり）[注1]の女の子なりける童（わらは）の、真福田丸（まふくたまろ）といふありけり。春、池のほとりに至りて、芹（せり）を摘みけるあひだに、この長者のいつき姫君、出でて遊びけるを見るに、顔かたちえもいはず。これを見てより後、この童、(2)おほけなき心つきて、嘆きわたれど、かくとだにほのめかすべき(3)たよりもなかりければ、つひに病になりて、(4)その事となく臥（ふ）したりければ、母怪しみて、その故をあながちに問ふに、童、ありのままに語る。(5)すべてあるべきことならねば、わが子の死なんずる事を嘆くほどに、母もまた病になりぬ。

その時、この家の女房ども[注2]、この女の宿り[注3]に遊ぶとて、入りて見るに、二人の者、病み臥せり。怪しみて問ふに、女の言ふやう、「(6)させる病にはあらず。しかしかのことのはべるを、思ひ嘆くによりて、親子死なんとするなり」と言ふ。女房笑ひて、このよしを姫君に語れば、あはれがりて、「(7)やすき事なり。早く病をやめよ」と言ひければ、童も親もかしこまりて、喜びて起き上がりて、物食ひなどして、元のやうになりぬ。

姫君言ふやう、「忍びて文など通はさむに、手書かざらん、(a)口惜し。手習ふべし」。童、喜びて、一、二日に習ひ取りつ。またいはく、「わが父ただ死なむこと近し。その後、何事をも沙汰せさすべきに、文字習はざらん、わろし。学問すべし」。童、また学問して、物見明かす[注4]ほどになりぬ。またいはく、「忍びて通はんに、童、見苦し。法師になるべし」。すなはちなりぬ。またいはく、「(8)その事となき法師の近づかん、怪し。心経[注5]、大般若

(F) 空欄 b にはどのような言葉を補ったらよいか。最も適当なものを、次のうちから一つ選び、番号で答えよ。

1 分離　2 積み重ね　3 中立化　4 俯瞰　5 裏返し

(G) ——線部(3)について。その説明として最も適当なものを、次のうちから一つ選び、番号で答えよ。

1 全体的な調和を図って、わたし自身の実存を他者の他者性に合わせていこうとする思考。
2 他者の間に共通する要素を媒介として、生きる世界をひとつにまとめあげようとする思考。
3 自他の価値観を共有することで、内部の認識枠組を強固にしていこうとする思考。
4 皆同じ人間として、他者への想像力を働かせることで共存を図ろうとする思考。
5 お互いの共通点や相違点を認め、対立を回避して包摂的社会を構築しようとする思考。

(H) 他者理解の過程を筆者はどのように考えているか。その説明として最も適当なものを、次のうちから一つ選び、番号で答えよ。

1 自他は理解しえないものであるのに、自他の直接的な関係を求めていくこと。
2 自他のさまざまな交換や相互的な関係性のなかで見出した不等性を解消していくこと。
3 他者とふれあいながら他者の通約不能なものを何度も経験していくこと。
4 自他に通約されることのない互いの特異性を、同一性へと収斂(しゅうれん)していくこと。
5 他者との関係は置き換え不可能な存在であると認識していくこと。

3　争いや戦争などがなくならないこの世の中で、地球市民として世界平和を構築していけるかが問われているから。

4　人がそれぞれ持つ「レンズ」で他者の生をうまく見ることができるよう調整する方法を模索しなければならないから。

5　人は自分の生きる世界の外部へ出られないという基本的事実を出発点にしてしか、他者理解ができそうにないから。

(D)　空欄 [a] にはどのような言葉を補ったらよいか。最も適当なものを、次のうちから一つ選び、番号で答えよ。

1　相対主義　2　集団性　3　異人　4　根源的多様性　5　わたしたち　6　人類

(E)　——線部(2)について。それはどのような立場であるか。その説明として最も適当なものを、次のうちから一つ選び、番号で答えよ。

1　他者性を中立化することで、第三者が自他の共通性を見出す立場。

2　外から共通性を特定し、それを結びつけて集団を作り出す立場。

3　それぞれに異なる者を意のままに取り替えることができる立場。

4　第三者として自己や他者も含む全体を見渡すことができる立場。

5　自他の二者の間にある異質性を用いて第三者が共同化を図る立場。

(あ)　称揚

1　推進すること
2　宣伝すること
3　高めること
4　けなすこと
5　ほめること

(い)　与る

1　くわえる
2　かかわる
3　あたえる
4　ささえる
5　とりさる

(C)　――線部(1)について。その理由として最も適当なものを、次のうちから一つ選び、番号で答えよ。

1　世界や他者を自分なりの見方で見ることが、そのようにしか見られないということと同じかどうかを考えなければならないから。
2　自他のお互いの理解の不可能性を前提として、多様性を認め合っていけるかどうかを考えなければならないから。

（注）
1　スペルベル——ダン・スペルベル。フランス人の人類学者、認知科学者（一九四二〜）。
2　独我論——世界は自我の意識内容でしかないとする考え方。
3　アパルトヘイト——南アフリカ共和国で実施されていた人種隔離政策。
4　反相対主義者——真理は特定の文化内のみで成り立つという相対主義に対抗して、異なる文化の間に普遍的な真理を見出そうとする者。
5　エマニュエル・レヴィナス——フランスの哲学者（一九〇六〜一九九五）。
6　イフェクト——効果や影響。

問

(A)　＝＝線部(イ)・(ロ)を漢字に改めよ。（ただし、楷書（かいしょ）で記すこと）

(B)　━━線部(あ)・(い)の言葉の意味として最も適当なものを、次のうちから一つずつ選び、番号で答えよ。

けっして交換可能ではないし、相互的な関係をも結びえない、そうした他者との関係は、いいかえるとたがいに「他」者であるような人たちの多様な存在は、ではどのようにして救済されるのか。ここでその多様性じたいを、複数主体の多様性として、多様なるものの外部からとらえるとすれば、それは拡張された〈同化〉のイフェクト（注6）でしかない。ここで多様性は、何かとしてまとめることのできない多様性であるはずだ。より一般的な何かのなかで綜合することも、ともに別の何かへと還元することもできない、そういう根源的に複数的なものの存在、それを保持することが多様性の経験であるとするならば、逆説的にも、その経験は他者との共同の経験のなかにはないということになる。共同の経験は、たがいに通約不能なもの（共通の分母をもたないもの）を無理やり同一のものへと縫合するものだからである。逆にここで保持されるべきは、たがいにユウゴウ(ロ)しえない特異なもの（singular＝単数のもの）どうしの、通約されることのない関係の経験である。それぞれが特異なものである者どうしが、たがいの存在をその特異性へと送り返すという出来事の経験である。

　言ってみれば、他者を理解するといういとなみは、他者とのあいだに何か共有できることがらを見いだすというかたちで拡張されてゆくものではなく、他者にふれればふれるほどその異なりを思い知らされる、つまりは細部において差異が、それぞれの特異性が、きわだってくるということの経験を反復することから始まるということだ。

（鷲田清一『〈ひと〉の現象学』による）

ともに包摂しうる第三者の不在にほかならないからだ。……この根源的多様性は多様な個別性に対して生起するのであって、多様な存在の外からその数を数えるような一個の存在に対して生起するのではない」(『全体性と無限』合田正人訳)、と。これをいいかえると、不等性は「外的視点の不可能性」のうちにあるのであって、自他の関係をおなじ一つの始源からとらえることを可能にする(2)特権的な平面は存在しないということなのだ。

それぞれに特異な者たちの関係をいわば上から俯瞰(ふかん)して、それを相互的・共同的なものとして取り扱うような第三者の思考、それをレヴィナスは「全体性の思考」だと言う。全体性の視点からとらえられた個人相互の関係は、個人にとってけっして他者との関係なのではない。他者はいかなるかたちであれ、「ある共通の実存にわたしとともに関与するもうひとりのわたし自身」なのではない。そのようにいわば中立化された他者の他者性は、〈同化〉の操作のなかで措定されたものとして、「自己同一性の　b　」以上のものではありえない。ここでレヴィナスが撥(は)ねつけるのは、包摂や綜合(そうごう)といった〈同化〉の操作である。要するに、なにかある共通性ないしは同一性のうちへと複数の主体を折り合わせることそのことの不可能性を手放してはならないと言うのである。多様性を(3)〈同化〉の思考のうちへと回収するのではなく、「分離という絶対的位相差」に定位した思考こそがここでは求められている。人間を置き換え可能な存在と見るそういう「中立的」な視点を、レヴィナスが「根源的不敬」として厳しく斥(しりぞ)けるのは、他者のそうした置き換え不可能な存在こそが、「多様なものを全体化する論理学に対して社会的多様性が示す抵抗」として救済されるべきだと考えるからである。「存在が俯瞰可能(パノラミック)な仕方で実存するのは全体性においてである」。そういう全体性の思考と絶縁することを、レヴィナスは求めている。

はじめは、なんとも了解しようのない他者の考え、気持ち、習性にふれてとまどうばかりだが、少しずつそれになじみ、それをじぶんのケースに置き換えてゆくうちに、理解可能なものに変わってゆく、そして共有できるものがしだいに増えてゆく……。それが他者理解の過程だと考えるのである。これは、他の言語を一つ一つ自言語に置き換えてゆくなかで他言語をしだいに習得する、そのプロセスになぞらえて考えられている。

同郷人、同国人、おなじ言語を話す人、おなじ宗派の人……といったふうに〈同〉が地球市民にまで拡（ひろ）げられ、そしてそういう〈同化〉の延長線上で「　a　」という考えに到達するというわけだ。反相対主義者（注4）が想定する「人間の本性」というものも、さまざまの異なる文化、社会にふれるなかで、人類についての一つの洞察として獲得されるというわけだ。相手を理解するために拠（よ）るべき媒体を何一つ見いだせない人たちを「異人」と呼ぶならば、「人間の本性」についての理解を得るというのは、「異人」がしだいに「異人」でなくなってゆくプロセスのことだということになる。

これにたいして、このような理解の深まりは他者理解の過程となんの関係もない、むしろそれは他者理解からますます遠ざかってゆく思考法だとつよく反撥（ぱつ）したのが、エマニュエル・レヴィナス（注5）である。レヴィナスによれば、なにかある共通のものに与る（い あずか）ことによって可能になる共同性は、「媒介者の役割をはたす第三項の周囲に必然的に生じる集団性」、つまりは「横並びの共同性」であって、それに対して他者との関係は、むしろ、媒介となる共通のものが存在しないところでこそ出現するものである。レヴィナスは言う。「自我と他人との不等性は、われわれを数として数える第三者に対しては現われることのない不等性である。この不等性は、自己と他者とを

二　左の文章を読んで後の設問に答えよ。（**解答**はすべて**解答用紙**に書くこと）

「わたしたちは他の人たちの生をじぶんたち自身が磨いたレンズを通して見るのであるし、他の人たちもわたしたちの生を彼ら自身が磨いたレンズを通して見る」。これがまずは基本の事実であるとしても、この事実のとらえ方によって思考は左右に大きく隔たってゆく。というのも、この二つのレンズがそれぞれまったく不可通約的な構造をもつものだとすると、上の事実はそのまま、「わたしたちはしょせん他の人たちの生をじぶんたち自身が磨いたレンズを通してしか見られないし、他の人たちもついにわたしたちの生を彼ら自身が磨いたレンズを通してしか見られない」という事実を意味することになってしまうからだ。わたしたちはじぶんが見ている世界の外に最後まで出られない。そう、《異なる文化に属する人びとは異なる世界に住む》という、あのスペルベル(注1)の定式をなぞるしかなくなる。そうなると議論は出発点に舞い戻ってしまう。

わたしたちがもしじぶんが見ている世界の外についに出られないのだとしたら、多様性の称揚(あ)はそのまま、人びとは独我論(注2)的な世界をしかもてないという主張に反転してしまう。多様性の議論が、人びとを彼らの世界のなかに隔離し、ユウヘイ(イ)しようという《認識論的アパルトヘイト(注3)》の主張になってしまう。

「他の人たちの生をじぶんたち自身が磨いたレンズを通して見る」とは、よくよくどういうことなのか。(1)それがさらに吟味されねばならない。

他者を理解するということを、他者とおなじ考え、おなじ気持ちになることだと思っている人は少なくない。

3　想像力の助けを借りてもなお自然の無限性は把握できないということ。
4　理性は自然の無限性の内側に有限の人間を閉じ込めておくものであるということ。
5　人間もまた自然存在であるために、無限の性質を宿しているということ。

(F)　――線部(5)について。その説明として最も適当なものを、次のうちから一つ選び、番号で答えよ。
1　すぐれた芸術作品の性質は、未完結であっても世界の全体を象徴的に表現する点にある。
2　すぐれた芸術作品の性質は、自然のもつ有限性をその内側に不完全ながらも包み込む点にある。
3　すぐれた芸術作品の性質は、かなわぬまでも自然に対抗してみせる点にある。
4　すぐれた芸術作品の性質は、未完成の人間を完成へと向かう自然存在として描く点にある。
5　すぐれた芸術作品の性質は、自然の無限性を捉えようとして必然的に未完成になる点にある。

(G)　筆者によれば「文学研究」はどのような行為であるか。本文中の語句を用いて句読点とも四十字以内で説明せよ。

1　人類の歴史が始まる以前には、自然の歴史だけが存在するということ。
2　自然は、どのようにしても人間が分節化することのできないものだということ。
3　自然はひとつであるが、多様な姿をして人間には眺められるということ。
4　さまざまな相が重なりあって、はじめてひとつの自然というものを考えることができるということ。
5　自然がひとつであるがゆえに、その中での人間の生が了解できるということ。

(D)　――線部(3)について。その理由として最も適当なものを、次のうちから一つ選び、番号で答えよ。
1　エコロジー風の自然というものが、無限の自然というものに対する人間の関心の行き着く先にあるから。
2　自然のなかで生きるという事態をできる限り了解するように努めていると、いつかは文学作品への特別の愛着が、個々の論文での様々なテーマへと結実するから。
3　自然は、宇宙や生命といった様々な観点から出発して捉えたとしても、人間の生の了解と関係づける限り、最終的にはひとつの自然となって浮かび上がるから。
4　人間の眼差しが自然というものに向いているために、文学作品への関心が芽生えるから。
5　人間は文学研究を通して最終的には、自らの自然存在としての不可解さを発見することになるから。

(E)　――線部(4)について。その説明として最も適当なものを、次のうちから一つ選び、番号で答えよ。
1　想像力の助けを借りてのみ人間は宇宙の外側に出ることができるということ。
2　自然とは全体をもたないものであるということ。

のは、自然と本性が同じものに根ざしていることを暗示しています。

話が遠くに行きそうになりました。ここで話を戻せば、さきほど述べたように、人間は生まれながらにして無限のなかに放置され、その事態を不可避かつ不可解だと感じている。そのとき、たまたま読んだ文学作品に引かれ、その作品の持つ芸術としての必然的非完結性を手掛りとして、世界の無限性へ向けてその作品を更に分析、展開して行く。そして、そのことを通じて、人間が置かれた不可解な事態の実相に接近し、それを了解する——それが文学研究、あるいは文学批評と言っても本質的には同じことですが、その中核にある作業です。

（柴田翔『闊歩するゲーテ』による）

問

(A) 空欄 □ にはどのような言葉を補ったらよいか。最も適当なものを、次のうちから一つ選び、番号で答えよ。

1 展示場　2 錬金術　3 登龍門　4 到達点　5 桃源郷

(B) ——線部(1)について。「人間中心主義」を表現している本文中の語句として最も適当なものを、次のうちから一つ選び、番号で答えよ。

1 幻想　2 芸術　3 生命　4 文化　5 無限

(C) ——線部(2)について。その説明として最も適当なものを、次のうちから一つ選び、番号で答えよ。

見えない。たとえば理性とか想像力などの助けを得て自分が所属する東京大学という組織体の外へ仮に出てみる。それで初めて東京大学を全体性において、つまり客観的に把握することができます。しかし人間と自然との関係を考えると、そういう訳には行きません。(4)有限の存在である人間は宿命的に宇宙つまり自然の内部存在ですから、その外側に出ることは決してできない。それが人間の生の基本的条件です。もちろん想像力などの助けを借りて、外側に出たと幻想することはあります。あるいは人類は常に幻想してきたとも言えます。しかし、それは結局幻想に過ぎません。文学作品ないしは芸術作品は世界の全体を直観的に把握し、それを象徴的に表現するのだという美的理論がありますけど、私見では、それは間違った理論です。人間にできることは、せいぜいで宇宙＝自然を内側からいわば手探りで探って、了解する。それが神ならぬ我々人間と宇宙＝自然との関係、つまり人間の限界、人間に与えられた条件です。

このことから芸術作品の重要な性質が明らかになります。即ち、(5)芸術作品は、それが秀れたものであればある程、本質的に完結していない。一見、完結しているように見えても、必ず何処かに未完成なところ、自然の無限性へ向かって開いているところがあるのです。文化と芸術とは互いに拮抗する関係にあるものですが、それについて別の言い方をすれば、文化が自然の無限性に対抗し、そのなかで人間が支配する有限の領域をわがものとして囲い込む意志であるのに対し、芸術はその有限性を無限へ向けて開いて行く性向（＝人間の魂の傾き）なのです。そしてその性向は人間自身が自然存在であること、自分のなかに自然を持っていることに最終的根拠を持っています。ドイツ語のNaturという言葉が、人間の内部外部両側にわたり、自然と本性の両義を同時に意味するえることもあり得るかと思いますが、しかしその根元はつねにひとつの自然です。[(2)] そして、そのなかで営まれる人間の生を了解することが、文学研究の眼差しの向く方向、文学研究をする人間の眼差しが、どうしても向いてしまう方向です。

　ですから、いま文学研究の出発点と終着点ということを言いましたが、それは逆だと言うこともできます。[(3)] つまり、ある人間がそういう方向を持った眼差しを生まれつき持っていればこそ、たまたま自分の出会った文学作品に愛着を覚えてしまう。無限である自然のなかに自分が存在するという事態――それを不可解な事態だと意識してしまう。それへの疑問、怖れを持ってしまう。それが文学ないしは芸術一般への興味の出発点であり、根元であるのだろうと思います。

　先程から無限ということを言っていますが、これはただの大きさの概念ではなく、また全体という概念とも違う、と言うより、それとはっきり対立する概念です。これも私の考えの基本にあるものの一つですので、簡単に説明します。

　無限と言うとき、私たちはいつも無限の内側にいます。無限とは、ただ大きいということではなくて、我々がその内側にいるが故にその限界を知ることができないということです。全体とはそうではなくて、逆にその外側から把握されたものです。我々が何かの全体を把握しようとするとき、我々はたとえその内側にいても、何らかの手段で自分の視点をその外側に出して、外側からその何かを包括的に把握する。それが全体を把握するということです。仮に東京大学という組織体を全体的に認識したいと思ったとき、その内側にいるだけでは、全体像は作品を出しにして南蛮渡来の難解な理論などを操り、自分の頭の体操をして、その動きの良さを誇示してみせるのも確かになかなか楽しいことですが、それをやっているうちに作品を忘れてしまうことがある。これは文学研究者として大いに自戒すべきことです。私は、こと文学に関わっては、いたって古風な人間ですから、少なくとも自分の方法としてはそういうことをやってはいけないと思ってきました。

では、出発点はそういうものだとして、次に、文学研究の終着点、その辿(たど)りつく先はどこか。これはまた非常に大きなことを言いますけど、もっとも広い意味での自然だと思っています。それはいま流行のエコロジー風の自然、(1)人間中心主義の自然とは、何の関係もありません。私が言うのは、人間になど何の関心も持たず、人類が絶滅しようがしまいが平気で、ただ無限に拡がっている自然——時空そのものである自然です。更に突っ込んで言えば、そういう自然のなかに人間が生まれて、生を営んでいるという事態——そういう事態を理解する、あるいはむしろ、それを了解すること。それが文学研究の結局行き着く先ではないかと思っています。個々の論文ではいろいろのテーマを扱っていても、そのときの眼差しがどこへ向けられているかと言えば、それは広大な自然のなかで人間が生きているという事態へ向けられている。もちろんそれを完全に了解することは有限の存在である人間には許されないことですが、それにできるだけ近づく。それが文学研究の終着点だ。そう思っています。

私の言う意味での自然は、本来、人間には規定のしようのないものですが、あえて言えば、最終的には、世界の時空そのもの、無限性そのものです。それを分節化して、さまざまな相において捉え直すと、宇宙、生命、存在、世界、あるいは自然史など、いろいろな言い方ができますが、あるいはまた時として人類史という局面で捉

国語

▲二月六日実施分▼

（七五分）

一　「文学研究方法私的序説」と題された、左の文章を読んで後の設問に答えよ。（解答はすべて解答用紙に書くこと）

あらゆる文学研究の出発点は、作品そのもの、テキストそのものを読むところにあります。ある人間がたまたまある作品を読んで、それに興味を引かれる、それを面白いと思い、それに愛着を覚える。それがすべての出発点です。世の中には無数の仕事がある訳ですから、文学作品に特別の愛着がなければ別の仕事に付けばいい訳です。そうした愛着があればこそ、文学研究という仕事が自分にとって本質的な意味で面白くもなります。文学研究とはそういうものだと、私は思っています。作品への愛着なしに、文学研究を自分の知的操作の[　　]にしてはいけない。若いうちは、いや、年齢を取ってからでもですが、人間にはとかく知的虚栄心がありますから、

解答編

日本史

◀2月8日実施分▶

I **解答** A．イ．藤原頼長 ロ．奥州総奉行〔奥州惣奉行〕
ハ．足利持氏 ニ．塵芥集 ホ．末期養子
ヘ．保科正之 ト．細川重賢〔細川銀台〕 チ．川越
リ．奥羽越列藩同盟
B．1－c 2．i－a ii－b iii－c iv－d 3．毛越寺
4－b 5－b 6－c 7－a
8．光格天皇の実父である閑院宮典仁親王に，太上天皇の尊号を宣下したい。(35字以内)
9－b

◀解 説▶

≪古代～近代の東北史≫

A．イ．藤原頼長は父藤原忠実から氏長者を譲られたが，兄の関白藤原忠通と対立したことも保元の乱の一因となった。日記『台記』も有名である。
ロ．奥州総奉行は1189年の奥州藤原氏の滅亡後に，奥州の御家人統率と訴訟取次を目的に設置された。
ハ．足利持氏は4代目の鎌倉公方。持氏と対立していた関東管領の上杉憲実の救援のために6代将軍足利義教が出兵したのが永享の乱である。
ニ．『塵芥集』は伊達稙宗が1536年に制定した分国法で，171条の条文数をもち，内容は一揆・逃散の禁止や縁坐・連座の規定などを含む。
ホ．末期養子とは死の間際に養子をとることで，基本的に禁止されていたが，改易が増えたため，50歳未満の大名に限り認められた。
ヘ．保科正之は徳川家光の異母弟で，徳川家綱を補佐した。会津藩主とし

て活躍し，朱子学者山崎闇斎を招いた。

ト．細川重賢は，兄細川宗孝が1747年に江戸城内で刺殺されたため，家督を継いだ。堀平太左衛門の補佐で宝暦の改革を実施して「肥後の鳳凰」と呼ばれた。

チ．三方領知替えは，1840年に川越・庄内・長岡の3藩に対して命じたものである。しかし，庄内藩領民による反対一揆もあり，翌年撤回された。

リ．奥羽越列藩同盟は仙台・米沢の両藩が中心に，会津・庄内藩の追討令に対して，両藩を救援するために結成された。

B．1．渟足柵は647年，磐舟柵は648年に現新潟県に設置された。

2．a．阿倍比羅夫の派遣は658～60年→b．伊治呰麻呂の乱は780年→c．胆沢城が築かれたのは802年→d．文室綿麻呂が派遣されたのは811年。

3．毛越寺は藤原基衡が創建した寺院で，庭園遺構が現存している。藤原清衡による中尊寺金色堂，基衡の妻によるとされる観自在王院跡，藤原秀衡による無量光院跡とともに世界遺産に登録されている。

4．i．正文。阿氐河荘民が，地頭湯浅氏の横暴を領家寂楽寺に訴えた。

ii．誤文。現地の土地や人の支配を地頭にゆだねるのは下地中分ではなく地頭請（所）。

5．b．正文。借上は，経営能力をかわれて荘園の代官にも任命されている。

a．誤文。鎌倉時代の運送業者は土倉ではなく問（丸）。

c．誤文。撰銭令は室町時代の1500年に出したのが初である。

d．誤文。鎌倉時代は月に三度の市を開く三斎市が一般化した。

6．c．正文。奉公衆は室町幕府の直轄軍で，全国の御料所を預かり，守護の動向を牽制した。

a．誤文。侍所の長官（所司）は，赤松・一色・京極・山名の四氏（四職）から任命された。

b．誤文。南朝の後亀山天皇から北朝の後小松天皇に三種の神器を渡して，南北朝合一となった。

d．誤文。六分の一衆と呼ばれたのは大内氏ではなく山名氏で，明徳の乱で山名氏清を滅ぼした。

7．a．正文。伊藤仁斎は『論語』『孟子』などの原典研究を通じて直接

解答編

聖人の道を理解しようと古義学をとなえ，京都の堀川に古義堂を開いた。
b．誤文。木下順庵は，徳川吉宗ではなく加賀藩主前田綱紀に招かれ，のちに5代将軍徳川綱吉の侍講となった。
c．誤文。太宰春台は『経世秘策』ではなく『経済録』で経世論を説いた。ちなみに，『経世秘策』は本多利明による。
d．誤文。『大学或問』を著したのは山片蟠桃ではなく熊沢蕃山。
8．設問では，松平定信が1793年に拒否した朝廷側の要求とはどのようなものかを35字以内で説明することが要求されている。いわゆる尊号一件の内容を理解しているかを問うている。1789年，光格天皇が実父の閑院宮典仁親王に太上天皇の尊号を送ろうとしたが，定信の反対にあって実現しなかった事件で，これにより朝廷と幕府間の協調関係が崩れることになる。
9．b．正文。株仲間解散令は1841年に水野忠邦により出された。
a．誤文。北国郡代は松平定信の時に計画されたが，実現していない。
c．誤文。関東取締出役は大御所時代の1805年に設置された。
d．誤文。山東京伝が処罰されたのは，寛政の改革の時代。山東京伝は黄表紙も書いてはいるが，主に洒落本作家である。

Ⅱ　解答

A．イ．ホトトギス　ロ．鈴木三重吉　ハ．新思潮
ニ．黒澤明　ホ．曲亭馬琴〔滝沢馬琴〕
ヘ．谷崎潤一郎
B．1．i－a　ii－b　iii－c　iv－d　2－b　3－b　4．旅順
5－d　6－c　7．樋口一葉　8．統治権　9－d　10－d
11．徳富蘇峰　12－d　13－c　14－a

◀解　説▶

≪近代～現代の文学史≫

A．イ．『ホトトギス』は，はじめ正岡子規が協力し，のち高浜虚子が主宰した俳句雑誌で，俳壇の主流となった。
ロ．鈴木三重吉は夏目漱石の弟子で，1918年に児童文芸雑誌『赤い鳥』を創刊した。
ハ．『新思潮』は，東大系の同人雑誌で，芥川龍之介や菊池寛らが第三次『新思潮』を創刊し，白樺派にかわって現実の矛盾を理知的にえぐりだす

新思潮派が文壇の主流となった。

ニ．黒澤明は 1951 年に「羅生門」でヴェネツィア国際映画祭金獅子賞，1980 年に「影武者」でカンヌ映画祭グランプリを受賞した映画監督で，国民栄誉賞がおくられている。

ホ．曲亭（滝沢）馬琴は，『南総里見八犬伝』や『椿説弓張月』などを代表作とする読本作家。

ヘ．谷崎潤一郎は耽美派の作家で『刺青』『痴人の愛』などが代表作で，『細雪』は戦時中に一時発表停止となった。

B．1．a．薩長同盟は 1866 年 1 月→b．第二次長州征討における戦闘開始は 1866 年 6 月→c．大政奉還は 1867 年 10 月→d．小御所会議は 1867 年 12 月。

2．b．正文。北里柴三郎は破傷風菌を純粋培養し，ペスト菌を発見するなど活躍し，2024 年から流通予定の新紙幣で千円札の肖像画に採用された。

a．誤文。ボアソナードの民法に反対したのは梅謙次郎ではなく穂積八束である。

c．誤文。タカジアスターゼを創製したのは鈴木梅太郎ではなく高峰譲吉である。

d．誤文。森鷗外が留学時代の経験をもとに著したのは『蒲団』ではなく『舞姫』である。

3．i．正文。小新聞は娯楽中心，大新聞は政治評論中心の新聞である。

ii．誤文。発行部数 100 万部をこえる新聞があらわれたのは明治時代末期ではなく大正時代末期。

4．1904 年 6 月から乃木希典率いる第三軍が旅順を攻撃し，多大な犠牲を払った末，翌年 1 月に占領した。

5．d．正文。朝鮮総督府は 1910 年に土地調査事業を開始した。この結果，所有権が不明確な土地は接収され，一部は東洋拓殖会社に払い下げられた。土地を失った人々の中には，日本へ移住する者もいた。

a．誤文。ハーグ密使事件の結果，第 3 次日韓協約を結び，日本は韓国の内政権を奪った。

b．誤文。1919 年 3 月 1 日に京城（ソウル）の公園で独立宣言書が読みあげられたのを契機に，独立を求める運動が展開された。

c．誤文。初代朝鮮総督は樺山資紀ではなく寺内正毅である。

6．c．誤文。満州の重化学工業を独占的に支配したのは日窒コンツェルンではなく日産コンツェルンである。

7．東京下町の悲哀を描いた『たけくらべ』『にごりえ』などを代表作とする樋口一葉は，現在の五千円札の肖像画に採用されている。

8．天皇機関説は，統治権の主体を法人としての国家に帰属させ，天皇は国家の最高機関として憲法に従って統治権を行使すると説明する学説。

9．d．誤文。1614年に高山右近をマニラに追放したのは豊臣秀吉ではなく徳川秀忠である。

10．d．正文。太陽暦を採用して，旧暦明治5年12月3日を太陽暦による明治6（1873）年1月1日とした。

a．誤文。やや難。銀座の煉瓦街を設計したのは辰野金吾ではなくウォートルスである。

b．誤文。やや難。東京電燈会社が電灯事業を始めたのは1870年代ではなく1880年代である。

c．誤文。『民約訳解』を著したのは福沢諭吉ではなく中江兆民である。

11．徳富蘇峰は『国民之友』を創刊して平民主義をとなえたが，日清戦争を機に国家主義に転向した。

12．i．誤文。松尾芭蕉による紀行文は『東関紀行』ではなく『奥の細道』『野ざらし紀行』『笈の小文』である。

ii．誤文。松尾芭蕉は「奇抜な趣向を得意とする談林派」ではなく，さび・しおりなど新しい美意識に基づく蕉風（正風）俳諧をおこした。

13．i．誤文。1938年に国家総動員法が制定され，政府に対して，議会の承認なしに戦争遂行に必要な物資や人員を動員する権限が与えられた。

ii．正文。企画院は，1937年に戦時動員の計画・立案などを任務とする内閣直属の機関として設置された。

14．a．正文。オリンピック東京大会は池田勇人内閣の下で1964年に開催された。

b．誤文。「所得倍増」をスローガンとしたのは石橋湛山内閣ではなく池田勇人内閣である。

c．誤文。自由民主党が結成された時の総裁は岸信介ではなく鳩山一郎である。

d．誤文。GHQ が経済安定九原則の実行を指令した時の内閣は芦田均内閣ではなく第 2 次吉田茂内閣である。

❖講　評

Ⅰ　2021 年に「北海道・北東北の縄文遺跡群」が世界遺産に登録されたこともあり，時事的なテーマである古代から近代までの東北史から出題された。本テーマの関連では，2019 年度全学部日程で東北・北海道・沖縄史が出題されている。B の 3 では，毛越寺を問うているが，これも 2011 年に世界遺産に登録された「平泉－仏国土（浄土）を表す建築・庭園及び考古学的遺跡群」の一つである。論述問題も出題されており，2022 年度は，尊号一件における朝廷側の要求を 35 字以内で記すものであった。2 つ選ぶタイプの正文選択問題は，2022 年度は出題されなかった。B の 7 では文化史のかなり詳細な内容の正文選択問題が出題されるなど，立教大学ではどのようなテーマであっても文化史に絡めた問題が含まれる傾向にあるので，少しでも多く覚えておきたい。

Ⅱ　近代から現代の文学史を問う出題である。B の 2 では 2021 年度に続き，コロナ禍を反映して「北里柴三郎」が出題されている。なお，北里柴三郎は 2024 年に流通予定の新紙幣の肖像画に採用されているため，B の 2 は時事問題ともいえる。ちなみに，B の 7 の「樋口一葉」は現在の五千円札の肖像画に採用されている。時事的なネタはとにかくおさえておきたい。B の 10 では一部細かい用語が出題されているが，解答自体は詳細な用語を知らなくても導くことができる。

全体としては，2022 年度も教科書にあまり記載のない用語の出題が減った一方，2021 年度に引き続き論述問題が出題された。正文・誤文選択問題は 2021 年度とほぼ同数であったものの，2 つ選ぶタイプの正文選択問題が出題されなかった。難易度はやや易化したといえる。配列問題は 2021 年度と同じく 2 問出題されており，年号や年代はなるべく覚えておきたい。

◀2月9日実施分▶

I **解答** A．イ．裴世清　ロ．国博士　ハ．唐物　ニ．建長寺
ホ．大内　ヘ．応永の外寇　ト．石見〔石見大森〕
B．1－b　2．i－d　ii－a　iii－b　iv－c　3．教王護国寺
4－b　5．i－d　ii－b　iii－c　iv－a　6－b　7．夢窓疎石
8－a　9．文引
10．糸割符制度の復活と中国人居留地として唐人屋敷を設置したこと。(30字以内)
11－b

◀解　説▶

≪古代～近世の日中外交史≫

A．イ．裴世清は，小野妹子の派遣に対する答礼使として608年に来日した。『隋書』倭国伝には「裴世」と記録され，文林郎という下級役人であった。

ロ．国博士は大化改新の際に設置された政治顧問で，高向玄理と旻が任命された。

ハ．唐物とは中国からの輸入品の総称のことで，唐・宋・明など時代によって中身は変わる。

ニ．建長寺は，蘭溪道隆を開山として北条時頼が創建した寺院であるが，1315年の火災などで創建当初の建物を失った。そこで1325年に，鎌倉幕府は建長寺再建費用獲得のために，元に建長寺船を派遣した。

ホ．応仁の乱後，勘合貿易は博多商人と結ぶ大内氏と堺商人と結ぶ細川氏の手に移り，1523年の寧波の乱後，大内氏が独占した。

ヘ．1419年に朝鮮が倭寇の本拠地とみなした対馬を襲撃した応永の外寇の背景として，対馬の島主が死亡して倭寇が活発化したことがあげられる。

ト．石見（大森）銀山は，神谷（屋）寿禎らによって灰吹法が導入されたことで，16世紀後半から17世紀初頭にかけて最盛期を迎えた。2007年には世界遺産に登録されている。

B．1．i．出典は『後漢書』東夷伝で，1世紀の内容→iii．出典は「魏志」倭人伝で，3世紀の内容→ii．出典は『宋書』倭国伝で，5世紀の内

容。

2．d．長屋王の変は729年→a．光明子が皇后となったのは，長屋王の変後→b．国分寺建立の詔は741年→c．都が平城京に戻ったのは745年。

3．教王護国寺は平安京鎮護のために羅城門の東に建てられた。823年に嵯峨天皇から空海が賜り，教王護国寺と号した。

4．i．正文。藤原良房は，恒貞親王派の橘逸勢を謀反の疑いで伊豆に配流した。

ii．誤文。空海・橘逸勢・嵯峨天皇は和様ではなく唐様の書の名人で，三跡（三蹟）ではなく三筆と呼ばれた。

5．d．五代十国時代の開始は907年→b．渤海の滅亡は926年→c．高麗の朝鮮半島統一は936年→a．宋（北宋）の建国は960年。

6．b．正文。1249年に北条時頼が引付を設置した。

a．誤文。1225年に北条泰時が執権を補佐する連署を設置した。

c．誤文。1232年に北条泰時が御成敗式目（貞永式目）を定めた。

d．誤文。1213年に北条義時が和田義盛を滅ぼした。

7．天龍寺は後醍醐天皇の冥福を祈るため，夢窓疎石の勧めで足利尊氏・直義兄弟が創建した。

8．i．正文。明の洪武帝から朝貢と倭寇の禁圧を求めて日本に使者が遣わされ，大宰府を占領していた南朝方の懐良親王が日本国王に冊封された。

ii．正文。足利義満は1394年に将軍職を足利義持に譲り，太政大臣に就任した。

9．宗氏が朝鮮への通交者へ発行した渡航許可証は文引である。

10．設問は1680年代，江戸幕府が，清・オランダ船の貿易額の制限や清船の隻数の制限以外に，長崎での貿易に関して行った統制策についてで，条件として統制策2つを30字以内で説明することが要求されている。糸割符制度は1655年に廃止され相対自由貿易となっていたが，1685年に復活し，さらに1689年に中国人居留地として唐人屋敷が設置された。

11．i．正文。ポルトガル船は1570年代に長崎に到着し，以後長崎が南蛮貿易の中心となった。

ii．誤文。1610年代に田中勝介はポルトガルではなくスペイン領のノビスパンに派遣された。

II 解答 A．イ．困民党〔借金党〕 ロ．米騒動 ハ．小作争議 ニ．日本農民組合 ホ．柳田国男 ヘ．地方改良運動 ト．農山漁村経済更生運動 チ．農業基本法 リ．食糧管理 ヌ．減反

B．1—d 2—a・c 3—d 4—c 5—b 6—b 7—a

8．i—a ii—c iii—d iv—b 9—b 10—c

◀解 説▶

≪近代～現代の農業史≫

A．イ．1884年，不況下の生活に苦しむ埼玉県秩父地方の農民が，負債の減免を求めて困民党をつくって蜂起した。

ロ．米騒動は，人口の都市集中による米価上昇に加えて，シベリア出兵を当て込んだ米の投機的買い占めによる米価急騰を背景とする。富山県の騒動をきっかけに全国に広がった。

ハ．ロシア革命・米騒動をきっかけに社会運動が勃興し，農村でも小作料の引下げを求める小作争議が頻発した。

ニ．日本農民組合は，杉山元治郎・賀川豊彦らにより1922年に設立された最初の小作人の全国組織組合である。

ホ．柳田国男は雑誌『郷土研究』を発行して，岩手県の伝説・風習を『遠野物語』に記録するなど日本民俗学の確立に貢献した。

ヘ．地方改良運動は，1909年から内務省を中心に推進された。旧町村を再編成し，地方の租税負担力の強化をはかるため，青年会を再編成したり，帝国在郷軍人会を設立したりした。

ト．農山漁村経済更生運動は，1932年に内務省・農林省を中心に推進された。農村の窮乏を救済するため，自力更生と隣保共助をとなえ，産業組合の拡充などを進めた。

チ．農業基本法は，1961年に食糧需要調整と農業所得の安定化を目指して，農業の近代化と構造改革をはかった。この結果，第2種兼業農家が増加した。

リ．食糧管理制度は，米・麦などの主要穀物を政府が統制・管理する制度である。

ヌ．生産者米価が引き上げられ，米の供給過剰と食糧管理特別会計の赤字増大が起こっていた。そこで，1970年から米の作付面積を強制的に制限する減反政策を実施した。

B．1．a．江戸・神田にあるのは青物市場。

b．江戸・日本橋にあるのは魚市場。

c．大坂・天満にあるのは青物市場。

2．a．正文。軍事費以外の歳出を削減して紙幣整理を行った。

c．正文。1882年に中央銀行として日本銀行を設立し，1885年から銀兌換銀行券を発行した。

b．誤文。酒造税や煙草税を増税する一方，地方税を新設した。

d．誤文。きびしい緊縮・デフレ政策のため，米価が下落し，地租は定額金納であったため，小作農に転落する者も多かった。

3．ⅰ．誤文。1880年代の松方財政でのデフレ政策によって上昇し始めていた小作地率は，1890年代にも上昇し続け，6割ではなく4割をこえた。

ⅱ．誤文。小作料は金納ではなく現物納であったため，米価の上昇は地主の収入増となった。

4．c．正文。栃木県にある足尾銅山の鉱毒が渡良瀬川流域の農地に損害を与えた。

a．誤文。鉱毒の被害を受けた村々のうち「谷中村を除く村々」ではなく谷中村を廃村として，住民を集団移転させた。

b．誤文。鉱山労働者ではなく被害を受けた農民が，鉱毒の除去と救済を訴え，農地の汚染の実態が明らかになった。

d．誤文。政府は鉱毒調査会を設けて鉱毒予防工事を銅山に命じたが，操業は停止させなかった。

5．ⅰ．正文。寺内正毅内閣は，1918年に東部シベリアへの全面出兵を開始し，最高時の兵数は7万人をこえた。

ⅱ．誤文。米・英・仏は1922年ではなく大戦終了後の1920年まで出兵した。

6．b．正文。昭和恐慌で失業者が増大する中，政府は1931年に重要産業統制法を制定し，指定産業での不況カルテル結成を容認した。

a．誤文。鈴木商店に対する巨額の不良債権を抱えた台湾銀行を緊急勅令によって救済しようとしたのは，金融恐慌への対応である。

c．誤文。官営八幡製鉄所が拡張したのは，大戦景気の時期である。

d．誤文。3週間のモラトリアム（支払猶予令）を発し，日本銀行から巨額の救済融資を行ったのは，金融恐慌への対応である。

7．ⅰ．正文。1930年11月，浜口雄幸首相は統帥権干犯問題に憤激した青年に東京駅で狙撃され重傷を負い，翌年4月に退陣した。

ⅱ．正文。三月事件も十月事件も，陸軍青年将校の秘密結社桜会が右翼の大川周明とクーデタを計画したものの未遂に終わった事件である。

8．a．日米通商航海条約廃棄通告は1939年→c．北部仏印進駐は1940年→d．日ソ中立条約は1941年4月→b．南部仏印進駐は1941年7月。

9．b．誤文。「地主から農地を直接譲り受け」たのではなく，在村地主の貸付地のうち一定面積をこえる分は，国が強制的に買い上げて，小作人に優先的に安く売り渡した。

10．ウルグアイ=ラウンドは1986年から始まったGATTの多角的貿易交渉。この交渉の結果，日本は1993年にコメ市場を部分開放した。

❖講　評

Ⅰ　頻出の日中外交史から出題された。本テーマの関連では，2022年度2月13日実施分で古代から近世の日中・日朝外交史が出題されている。2022年度は2021年度に出題された視覚資料問題は出題されなかったが，今後出題される可能性もあるので，地図や視覚資料には目を配っておきたい。Bの1で史料の配列問題が出題されたが，2021年度に続いての頻出史料の出題となった。論述問題も出題されており，2022年度は，1680年代，江戸幕府が清・オランダ船の貿易額の制限や清船の隻数の制限以外に，長崎での貿易に関して行った統制策2つを30字以内で記すものであった。

Ⅱ　近世から現代の農業史を問う出題である。2022年度2月13日実施分でも近世から現代の農業史が出題されている。2つ選ぶタイプの正文選択問題や戦後の問題も出題されている。

全体としては，教科書にあまり記載のない出題が減った一方，2021年度に引き続き論述問題が出題された。さらに正文・誤文選択問題が数問増加し，2つ選ぶタイプの正文選択問題も出題されたことから，やや難化したといえる。配列問題は2021年度の1問から4問に増えており，年号や年代はなるべく覚えておきたい。

世界史

◀2月6日実施分▶

I　解答　A．イ．啓蒙　ロ．理

B．1．i．ヘラクレイトス　ii．水

2．i．ハディース　ii．マワーリー　iii．サウード家

3．普遍論争　4．i－a　ii－b　5－c　6－b　7－a　8－a

9－b　10．i．四庫全書　ii－d　iii－b　11．リシュリュー　12－b

◀解　説▶

≪学問の発展から見た古代～近代のヨーロッパと中国≫

B．1．ヘラクレイトスは変化自体を，ピタゴラスは数を，デモクリトスは原子（アトム）を万物の根源とした。

2．iii．サウード家がワッハーブ派と協力して建てた国はワッハーブ王国。この国を基礎として1932年に成立したのがサウジアラビア。

3．普遍論争は実在論と唯名論の論争。実在論はアンセルムス，唯名論はアベラールやウィリアム=オブ=オッカムが代表的論者。

4．ii．アズハル学院をカイロのモスクに併設したのはファーティマ朝（909～1171年)。アイユーブ朝（1169～1250年）以降，スンナ派の最高学府とされた。

5．フランスのデカルトは演繹法による合理的認識論を主張した。

6．b．誤文。「新しい政府を樹立する権利」（抵抗権）を謳ったのはアメリカ独立宣言（1776年7月4日）で，社会契約説に基づき『統治二論（市民政府二論)』を著したロック（イギリス）の影響を受けている。

7．地図中のbは趙，cは韓，dは楚の領域。

8．b．誤り。『呉子』は孫子とともに兵家を代表するとされる呉子の著作。

c．誤り。『韓非子』は法家の韓非の著書。

d．誤り。『荘子』は道家を代表するとされる荘子の著作。

9．大義名分は朱子学の，無為自然は道家の命題。天人相関は主に漢代の儒家が唱えた思想。

10．ⅱ．ガリレオ=ガリレイは地動説を擁護したため異端として宗教裁判にかけられたが，問題文の「汎神論」「処刑」からジョルダーノ=ブルーノに絞られる。

ⅲ．ブディ=ウトモもサレカット=イスラームと同様 20 世紀初頭にインドネシアで知識人中心に組織された組織だが，反植民地主義まで唱えていない。カティプーナンはフィリピン革命（1896〜1902 年）を主導した秘密結社，ムスリム同胞団は列強からの独立を求めてエジプトで結成された組織。

11．リシュリューはルイ 13 世（在位 1610〜43 年）に仕えた宰相。

12．「制定当時もっとも民主的と評された」からドイツのヴァイマル憲法（1919 年制定）と推測できるが，「成年男女の普通選挙権」も大きな判断材料となる。男女平等の普通選挙の実現は，アメリカが 1920 年，フランスでは 1945 年なので，いずれもヴァイマル憲法発布後の出来事。

Ⅱ　解答

A．イ．ヘシオドス　ロ．シトー

B．1－b

2．ラティフンディア〔ラティフンディウム〕　3－a

4．ブール人〔アフリカーナー〕　5．ヨークタウンの戦い

6．アッバース朝　7．景徳鎮　8－c　9－d　10．キャフタ条約

11－a　12．藩王国　13．強制栽培制度

14．ⅰ－d　ⅱ－b　ⅲ－c　ⅳ－a　15．世宗　16．エンコミエンダ制

◀解　説▶

≪発酵食品から考える古代〜現代の世界≫

A．ロ．シトー修道会は大開墾運動の中心として中世西欧最大の修道会に発展した。

B．1．コッホは結核菌やコレラ菌を発見したドイツの細菌学者。ラヴォワジェは質量保存の法則を確立したフランスの化学者。リービヒは有機化学を体系化したドイツの化学者。

2．ラティフンディアは第 2 回ポエニ戦争（前 218〜前 201 年）以降に急速に発達したが，帝政後期にはコロヌスを使ったコロナトゥスが普及して

いる。

3．アウクスブルクはドイツ南部の都市で北ドイツとイタリアを結ぶ中継地として発展し，そこを根拠としたフッガー家は銀山の開発でも知られる。また，アウクスブルクはルター派とカトリック派の対立収拾を目的としたアウクスブルクの和議（1555年）の舞台でもある。

5．アメリカ独立戦争（1775～83年）における主な戦いには，開戦当初のレキシントンの戦いやコンコードの戦い（ともに1775年）もある。

6．タラス河畔の戦い（751年）でアッバース朝（750～1258年）軍に捕らえられた捕虜を通じて，製紙法がイスラーム世界に伝わった。

8．バトゥは南ロシアに建てられたキプチャク=ハン国（1243～1502年）の建国者。

9．やや難。イギリス=オランダ（英蘭）戦争は1652～74年の間に3回あったが，問題が指定する範囲は1669～74年なので，dのオランダ戦争開始（1672年）のみが該当する。オランダ戦争はルイ14世（在位1643～1715年）の対外戦争の一つで，終結は1678年。aのアン女王戦争は細かいが，アン女王（在位1702～14年）は大ブリテン国を成立させたステュアート朝最後のイギリス国王なので該当しない。bのイギリスによるニューネーデルラント植民地獲得は1664年，cのオランダによるスリランカ領有は1650年代頃。

10．清・ロシア間の国境画定条約としては，アイグン川とスタノヴォイ山脈（外興安嶺）を国境としたネルチンスク条約（1689年）や，ウスリー川以東（沿海州）を共同管理地としたアイグン条約（1858年）もある。

11．難問。a．誤文。イギリスがペナンを領有したのは1786年だが，かなり細かい年代。bの奴隷制廃止とcの中国貿易独占権廃止の決定は1833年，dの清への海軍派遣の決定はアヘン戦争（1840～42年）につながるので1840年以前と判断できる。

14．インドネシアのバンドンでアジア=アフリカ会議が開催（1955年・d）された翌年（1956年）に，エジプト大統領のナセルがスエズ運河の国有化を宣言（b）している。また，「アフリカの年」と呼ばれた1960年に独立したコンゴでは独立直後に動乱（1960～65年）となり，初代首相ルムンバは1961年に殺害（c）されており，動乱中の1963年にアフリカ統一機構（OAU）が結成（a）された。よって，年代順はd→b→c→

a。

15. 当時の朝鮮は李成桂が高麗を倒して建てた朝鮮王朝（1392〜1910年）。訓民世音はハングルとして知られ，15世紀前半に制定された。

16. エンコミエンダ制の衰退に伴い，17世紀以降に広まった大農園制はアシエンダ制で，カカオ・サトウキビなどの商品作物が栽培された。

❖講　評

Ⅰ　理性・知識と歴史との関係をテーマとしたリード文から，主にヨーロッパと中国の古代から近代までの文化を問う通史問題である。小問レベルでは古代ギリシアや中世〜近世のイスラームが含まれており，1問のみ20世紀初頭のインドネシアが問われている。また，知識人に関連して政治史や宗教史の内容も含まれており，古代中国に関する地図問題も出題されている。特に難問と呼べるレベルの出題は見られないが，フランス人権宣言の内容を問う6は実質的に史料問題であり，朱子学や陽明学における「理」を記述させるAのロは意外と盲点である。受験対策が手薄になりやすい文化史が主なテーマであり近代ヨーロッパ文化からの出題も含まれていることから，対策の有無が結果に大きく響くと思われる。

Ⅱ　ワインや紅茶といった発酵食品をテーマとしたリード文から，幅広い時代と地域が問われている。時代では古代から1960年代の現代までが含まれているが近代・現代からの出題が多く，地域的には西ヨーロッパ諸国を中心に地中海世界・アメリカ・アフリカや，中国・インドネシア・インド・朝鮮といったアジア諸国の小問が設定されており多岐にわたる。分野別に見てもテーマから経済史や社会史が多いものの，政治・国際，文化，宗教と幅広い。記述法は基本的用語を問うものが大半だが，選択法では細かい年代知識を必要とする設問が目立ち，配列法も1問出題されている。特に，イギリス=オランダ戦争前後の出来事を問う9は細かい年代知識が必要であり，19世紀前半のイギリスに関する出来事を問う11は用語集の説明文レベルの年代知識が必要で難問である。また，学習が手薄になりやすい14のアフリカ現代史などは点差がつきやすい内容となっている。

◀2月8日実施分▶

I 解答

1－b　2－d　3－b　4－d　5－e　6－d
7－e　8－d　9－d　10－d

11. ソフィスト　12. 十二表法　13. マンサブダール制　14. 杜甫
15. ユスティニアヌス大帝（1世）　16. 輪廻思想
17. i．武帝　ii．クラッスス
18. フランスの不当な要求をヴィルヘルム1世は，怒って拒絶した
19. 国家

◀解　説▶

≪言語の獲得と文字の発明から見た人類の歴史≫

1．b．誤り。トルコでは1923年にトルコ共和国が成立し，初代大統領となったケマル=アタテュルクの指導によりアラビア文字からローマ字への文字改革が行われたことを想起したい。

2．ワトソンはアメリカの，クリックはイギリスの生物学者だがかなり細かい。細菌学者のコッホ（ドイツ），進化論で知られるダーウィン（イギリス），遺伝の法則を発表したメンデル（当時オーストリア領のチェコ）はいずれも19世紀に活躍した学者なので，消去法で対処できる。

3．デカルトは17世紀前半のフランスの哲学者で，すべての存在を疑っても，疑っている自分は疑いえないとして「我思うゆえに我あり」の命題にいきついた。ドイツ観念論哲学を創始したカント，実存哲学の先駆者であるニーチェ，弁証法哲学で知られるヘーゲルは18～19世紀のドイツの哲学者。

4．やや難。200万年前には猿人も存在していたが，リード文の下線部4）の直前には「脳の容量の顕著な増加」とあるので原人と判断したい。原人に分類されるホモ=ハビリスの出現は240万年前，ホモ=エレクトゥスの出現は180万年前とされているので，該当するのはdのホモ=ハビリス。

5．難問。e．該当なし。紡錘は糸を紡ぐ道具だが用語集レベルを超える考古学用語。基本的に円形で中央に棒を通す穴が開いており，土製の場合は木の枝などの道具で穴を開けたと考えられる。

7．e．該当なし。アルタミラはスペインにある洞穴絵画遺跡。ラスコー

はフランスの洞穴絵画遺跡。

8．洞穴絵画はまだ獲得経済（狩猟・採集）だった時代のものなので，家畜・穀物・身分差はいずれも出現していない。

9．古代エジプトのロゼッタ石（ロゼッタ=ストーン）に記されているのは，神聖文字（ヒエログリフ）と民用文字（デモティック）およびギリシア文字の3種。

12．問題文に「紀元前451年から翌年」とあるので，前5世紀半ばに制定された十二表法を導ける。リキニウス・セクスティウス法は前367年，ホルテンシウス法は前287年に成立。

13．ムガル帝国（1526～1858年）の第3代皇帝はアクバル。

14．難問。問題文の「盛唐期の代表的詩人」から李白（701～762年）と杜甫（712～770年）に絞れるが，「文章千古事」から詩聖と称された杜甫に限定するのは難しい。また，「安史の乱平定後も続いた混乱の中で亡くなった」から，杜甫の没年と安史の乱（755～763年）を比較して杜甫と判断できるが，こちらも困難である。

15．ユスティニアヌス大帝（1世）はビザンツ帝国（東ローマ帝国，395～1453年）最盛期の皇帝。

18．やや難。当時のプロイセン国王はヴィルヘルム1世（在位1861～88年），フランス国王はナポレオン3世（1852～70年）であり，普仏戦争は1870～71年の出来事。問題文および史料文が長く登場人物も複雑だが，ポイントは史料②が与える印象である。この史料からは反フランス世論を高めるための「フランス公使の失礼な態度にヴィルヘルム1世が怒り，再会を拒絶した」という印象が読み取れるので，この「失礼」と「国王の怒り」というニュアンスを簡単に1行で表現すれば解答となる。史料①では，ヴィルヘルム1世はベネデッティ伯（フランス公使）との面会後にレオポルト公（皇位継承候補）からの書簡を受け取り，ベネデッティ伯がパリから得た知らせも確認したとあるので，ヴィルヘルム1世にしてみれば「すでにレオポルト公が継承を辞退した」のなら問題はすでに解消しているので再会の必要はないだろうという単純なものだが，この部分をビスマルクが削除したことで史料②では「ヴィルヘルム1世は怒ってフランス側の要求を拒絶した」という印象を与えることに成功している。

Ⅱ 解答　A．イ．長安　ロ．ノヴゴロド　ハ．ウェストファリア

B．1．マルコーニ　2－d　3－d

4．ウルグ=ベク　5－b　6．シヴァ神

7．i－c　ii．アル=カーイダ　8．コルドバ　9－a

10．レニングラード　11．ブルガリア　12．エラスムス

13．i－c　ii－d　iii－b　iv－a

◀解　説▶

≪チェスや将棋の伝播から見たユーラシア大陸の世界通史≫

A．ロ．やや難。ハンザ同盟の在外四大商館が置かれたのは，ロンドン（イギリス）・ブリュージュ（ベルギー）・ベルゲン（ノルウェー）・ノヴゴロド（ロシア）の4都市。リード文の内容からロシアのノヴゴロドに限定される。

B．1．マルコーニはイタリアの電気技術者で，1901 年には大西洋を横断する無線電信に成功している。

2．インド最初の統一王朝はマウリヤ朝（前 317 頃～前 180 年頃）。以後，クシャーナ朝（1～3世紀），グプタ朝（320 頃～550 年頃）と推移するが，サータヴァーハナ朝（前1～後3世紀）は西北インドから南インドを支配した王朝であり，ほぼクシャーナ朝と併存している。なお，6の問題文に「4世紀におこったグプタ朝」とあるので，消去法のヒントとなる。

5．a．誤文。魏が存続したのは 220～265 年なので，4世紀半ばには存在していない。

c．誤文。高句麗・百済・新羅いずれも仏教を保護している。

d．誤文。新羅を滅ぼした（935 年）のは高麗（918～1392 年）。

7．i．3次にわたるアフガン戦争は 1838～42 年，78～80 年，そして 1919 年（c）の出来事。なお，第2次アフガン戦争後には，アフガニスタンはイギリスによって保護国化されている。

ii．アル=カーイダの指導者はビン=ラーディン。同時多発テロの実行犯として 2011 年にパキスタン北部でアメリカ軍に殺害された。

9．オレーグは，ノルマン人の一派であるルーシを率いてノヴゴロド国を建てたリューリクの後継者だが，かなり細かい人名。クヌート（カヌート）はイングランドにデーン朝（1016～42 年）を，ロロは北フランスにノルマンディー公国（911 年～11 世紀中頃）を建てた人物なので，消去法

で対処したい。

10. レニングラードはロシア革命を指導したレーニンにちなんだ名称で，1924～91年の間の呼称。ピョートル1世（大帝）（在位1682～1725年）がモスクワから遷都した当初はペテルブルク，第一次世界大戦（1914～18年）が勃発するとドイツ語系の名称を嫌ってペトログラードと改称され，ソ連の消滅（1991年）に伴い現在名のサンクトペテルブルクとなっている。

11. ロシア=トルコ（露土）戦争における1878年の条約はサン=ステファノ条約。この条約ではルーマニア・セルビア・モンテネグロの独立が承認されている。

13. 選択肢のうち，憲法発布（a）は1791年9月の出来事だが，残る3つは革命当初の1789年の出来事。第三身分の議員はテニスコート（球戯場）の誓い（c）で憲法制定まで国民議会を解散しないと誓ったが（6月），その動きへの弾圧に反発した民衆はバスティーユ牢獄を攻撃（d）している（7月14日）。ラ=ファイエットらによって国民議会で人権宣言が採択（b）されたのはその翌月（8月）。よって年代順はc→d→b→a。

❖講　評

Ⅰ　人類の言語獲得と文字の発明をテーマとしたリード文から，先史から現代までの歴史を問う通史的問題である。最新は実質1920年代だが，先史・古代からの出題が多く，近代以降の内容は少ない。また，テーマに関連して文化や社会からの出題が目立つが，政治や宗教に関連する内容も含まれている。古代については地中海世界に関わるものが多く，古代～近代ではヨーロッパや中国・インドなども小問として設定されている。先史時代や近代ヨーロッパ文化など学習が手薄になりやすい内容が目立ち，レベルの高い問題も散見される。特に，先史時代に関する4や文化史の細かい知識が必要な14は手ごわく，古代の道具を問う5は用語集の説明文レベルを超える難問である。また，唯一の論述法として出題されている18は問題文と史料の文字数が非常に多く，冷静に問題の意図を読み取れるかがカギとなる。

Ⅱ　将棋やチェスの起源とその伝播をテーマに，ユーラシア大陸広域を問う通史である。政治史・国際史が中心だが，古代～現代の文化・宗教・経済に関わる小問が設定されており，2001 年のアメリカ同時多発テロに関する問題が最新である。ヨーロッパではロシアを中心にルネサンス・フランス革命・近代文化などが，アジアではインド・中央アジア・アフガニスタン・朝鮮などから主に政治史の内容が問われており，地域的にも幅広い出題となっている。選択肢中に細かい語句が含まれる小問もあるが，消去法も活用すれば教科書レベルの基礎的知識で対応できる内容である。ただ，ハンザ同盟の在外四大商館の都市を問うＡのロはやや難問であり，地理的知識が必要な問題には注意したい。

地理

I 解答 A．イ．長江〔揚子江〕 ロ．改革開放
ハ．西部大開発 ニ．レアアース
ホ．シルクロード〔絹の道〕
B．あ－a い－b
C．1－a 2－f 3－b
4．経済発展による食生活の変化から肉類の消費が拡大し，畜産飼料としての需要が増大したから。

◀解 説▶

≪『三国志』からみる中国地誌≫

A．ロ．改革開放政策とは，1977 年に発表された，農業・工業・国防・科学技術の 4 つの近代化政策のこと。対内的には旧来の社会主義的な経済体制の変革，対外的には外資導入をめざした開放政策を実施した。

ハ．西部大開発は，西部の内陸地域と東部の沿海部の経済格差是正のために進められた。具体的には，チンツァン（青蔵）鉄道の建設，東部に送電するための電力開発，タリム盆地のガス田開発，長江の水資源を黄河流域へ導水する「南水北調事業」などがある。

B．い．1990 年代に中国の耕地面積が減少傾向に転じた要因を答えさせる問題。特に黄土高原などにおいて，人口の増加により過放牧・過耕作や灌漑による塩類集積などの問題が発生して，砂漠化が進んでおり，耕地面積が減少している。よって，い．に当てはまるのはｂ．砂漠化。ａ．大気汚染やｃ．酸性雨は中国で耕地面積が減少した要因として適切ではない。ｄ．土壌侵食について，土壌流出の著しかった華北平原の傾斜耕地で，作物栽培を中止して植林を進める退耕還林政策が，1990 年代後半に進められたが，土壌侵食ではないので，ｄも不適切。

C．1．中国では，南部および沿海部で降水量が多い。南京が位置する長江下流域は温暖湿潤気候が見られ，年間を通して降水量が多いことからａが該当する。ｂとｃはともに温暖冬季少雨気候であるが，最寒月平均気温が約 5℃と比較的高いｂが低緯度の成都，気温の年較差が大きく全体的に

降水量の少ないcが，華北の洛陽の雨温図である。

2．米は年降水量が1000mm以上，小麦は年降水量500mm前後の地域が栽培適地である。中国では，チンリン山脈とホワイ川を結ぶ線がおよそ年降水量1000mmの線と合致し，これより北の華北で小麦，南の華中・華南で米の生産がさかんである。近年は，品種改良により寒さに強い稲が作られ，東北地方でも米の生産が増えている。とうもろこしは全体的に寒冷地での生産が多い。

3．b．不適。重慶（チョンチン）は，長江中流域の都市。a．厦門（アモイ），c．珠海（チューハイ），d．深圳（シェンチェン），e．汕頭（スワトウ），海南（ハイナン）省が経済特区。

4．とうもろこし増産の背景としては中国の経済成長に伴う食生活の変化，理由としては飼料作物としての需要増加を挙げればよい。

II 解答

A．イ．ナスカ　ロ．外来　ハ．偏西　ニ．パタゴニア　ホ．トウモロコシ　ヘ．ジャガイモ　ト．セルバ　チ．ラトソル　リ．牧場

B．1．a．ペルー海流〔フンボルト海流〕 b．アタカマ砂漠

2．伐採した木材を輸送しやすい幹線道路に沿って，魚の骨が広がるように直線状に進み，その沿線で面的に森林破壊が進行している。

3－a　4－b

◀解　説▶

≪アンデス山脈周辺の地誌≫

A．イ．太平洋南東部に位置するナスカプレートは，南アメリカプレートの下に沈み込み，アンデス山脈とそれに並行するペルー海溝・チリ海溝の成因となっている。

ロ．湿潤地域に水源を持ち，乾燥地域を貫流する河川を外来河川という。「海岸砂漠」・「オアシス」をヒントにして考えればよい。

ホ・ヘ．アンデス地方では標高に応じた農作物栽培や家畜飼育が行われている。標高3000～4000mの高地では寒さに強いジャガイモ，それより標高が低い2000～3000m付近のやや温暖なところではトウモロコシが栽培され，ともにラテンアメリカ原産の作物である。

B．1．海岸砂漠は，沖合を寒流が流れる低・中緯度の大陸西岸で見られ

る。南米ではペルー（フンボルト）海流の影響で形成されたアタカマ砂漠，アフリカではベンゲラ海流の影響で形成されたナミブ砂漠が有名。

2．1987年の写真を見ると，1973年の写真に見られる幹線道路に沿う形で，森林破壊が進んでいることが読み取れる。このような状態は，魚の骨のように見えることからフィッシュボーンと呼ばれる。

3．用途別に見た場合，合板やチップ・パルプの生産が多いインドネシア，ユーカリの栽培の拡大でパルプ生産が増大するブラジルともに，熱帯地域でありながら用材利用の割合が高く，②か③が該当する。樹種別に見ると，②の広葉樹の割合が100.0％であり，国土の大半を熱帯雨林気候が占めるインドネシアが②に該当すると判断できる。一方，森林率が低い①は，耕地率の高いインドである。

4．b．誤文。大規模な農地では，一般的に少ない労働力で粗放的な農業が営まれ，労働生産性は高いが土地生産性は低くなる。

Ⅲ　解答

A．イ．溶食　ロ．ウバーレ　ハ．ポリエ　ニ．鍾乳洞　ホ．秋吉台　ヘ．コイリン〔桂林〕　ト．原料指向

B．1．

2．山地の谷の部分に河川が見られない。

3．タワーカルスト　4．露天掘り

C．

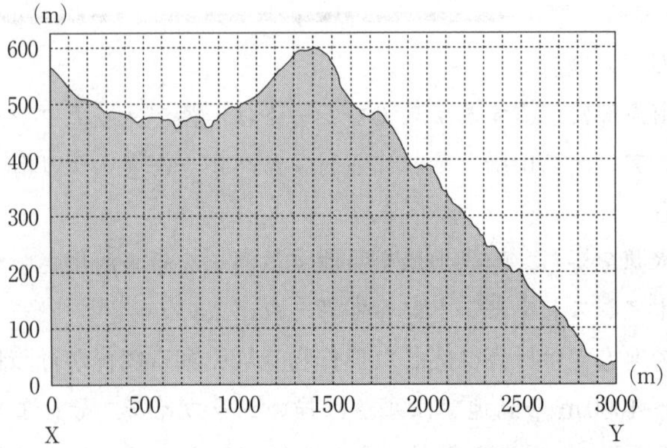

D－c

◀解　説▶

≪福岡県平尾台付近の地形図読図とカルスト地形≫

A．ホ．山口県の秋吉台には日本最大のカルスト台地が広がり，秋芳洞と呼ばれる鍾乳洞がある。

ト．セメント工業は，原料を加工し製品を製造する過程で重量が減少するため，輸送費が最も安くなる原料産地に立地する。

B．1．ドリーネは凹地（小）の記号を用いて表される。規模の大きいウバーレは，凹地（大）の記号が用いられる。

2．一般に山地では，谷に雨水が集まり河川が形成されるが，カルスト地形では雨水は地下深くに浸透するため，地表面に河川が見られない。地下水となった雨水は，地下で溶食作用により鍾乳洞を形成する。

4．地表面から直接採掘する露天掘りは，坑道を掘る坑内掘りと比べて大規模・低コストに採掘ができるが，鉱床の規模が小さい日本の鉱山ではあまり見られず，海外の大規模な鉱山でよく見られる。

C．両端は，標高点や三角点があるため標高を判断しやすい。Xから中央付近にかけて標高が低くなり傾斜が緩やかになっているが，中央で再び600m まで標高が高くなり，そこからYにかけて標高が急に低くなっており，傾斜も急である。

D．写真の中央部が低く平らに見え，また，地表が白く写っているところもあることから，この部分が地形図２中の「三菱マテリアル鉱山」の採鉱地であると判断できる。よって，写真のZは鉱山の南にある「竜ヶ鼻」とわかるので，「竜ヶ鼻」の山頂の三角点の標高を読み取ればよい。

❖講　評

Ⅰ　『三国志』を題材としているが，中国の基本的な地誌に関する大問で，自然環境・産業・環境問題など幅広い範囲で出題されている。論述問題も含めて頻出の内容が多いが，雨温図の読み取りなど一部の問いは，判断に迷ったかもしれない。

Ⅱ　アンデス山脈を中心としたラテンアメリカの地誌に関する内容である。統計や誤文選択問題で少し時間がかかるが，共通テストでも頻出の内容であるため比較的取り組みやすかったと思われる。アマゾンの森林破壊の進行プロセスが，写真からフィッシュボーンと呼ばれる状況を説明すればよいとわかる。

Ⅲ　福岡県の平尾台の地形図を用いた，カルスト地形に関する大問である。地形に関する問いは，鉱工業と関連づけた問いを含めて標準的。地形図読図においては，地図記号の抜き出しや断面図の描図など，立教大学の地理では頻出だが，正確な知識と時間が必要な問いである。

政治・経済

I 解答

A. イ. 公職選挙　ロ. 小選挙区比例代表
ハ. 政治資金規正　ニ. 2009　ホ. 世論　ヘ. ルソー

B. 1. i－d　ii－c　iii－b　iv－a　2－a　3－a
4. ①名望家　②大衆　5－c　6－b　7－d
8. ①・②保守・革新（順不同）③浮動　9－c　10. i－d　ii－b
11－b・c　12－c　13－a
14. i. アムネスティ・インターナショナル　ii－b　15－d
16. グロティウス

◀解　説▶

≪日本の選挙制度改革の現状と課題≫

A. イ. 1つめの空欄から，1994年の改正で新しい選挙制度を衆議院で導入した法律であること，2つめの空欄から，2013年の改正でネット上の選挙運動を解禁させた法律であることがわかる。この2点を踏まえれば公職選挙法とわかる。

ロ. 1994年，衆議院の選挙制は，それまでの中選挙区制に代わり小選挙区選挙と比例代表選挙を同時に行う小選挙区比例代表並立制が導入された。

ハ. 1994年は金権政治が社会問題として騒がれていた時期でもあった。政党助成法の制定とともに改正された政治資金規正法は，資金管理団体について新たに規定し，企業・団体からの献金に制限を設けるものでもあった。「規制」ではなく，「規正」であることに注意。

ニ. 選挙制度改革後の政権交代は，自由民主党政権から民主党政権への交代，すなわち，麻生太郎内閣から鳩山由紀夫内閣への交代が行われた2009年，民主党政権から自由民主党政権への交代，すなわち，野田佳彦内閣から安倍晋三内閣への交代が行われた2012年の二度である。

ホ. 1つ目の空欄からインターネット上のコミュニケーションが大きな影響を与えて形成されるもの，2つ目の空欄から調査され，政策形成に影響を与えるものであることがわかる。近年の世論形成は，SNSなどインターネットを介したソーシャル・メディアに影響を受けている。また，日本の世論調査は政府やマス・メディア（マスコミ）によって随時行われている。

へ．ルソーは間接民主制を批判して，直接民主制を唱えた。

B．2．a．不適当。憲法改正の発議は，衆議院・参議院の総議員のともに3分の2以上の賛成によって成立するものであり，衆議院の優越にはあたらない。

3．a．適当。2010年，イギリスでは下院議員総選挙の結果，労働党政権から保守党政権への交代が行われた。

4．①制限選挙の下での政党は，財産・教養・地位を持つ有力者，すなわち，名望家によって構成される名望家政党であり，また，議会外に組織を持たない議員政党であった。

②選挙権が拡大し，普通選挙が行われるようになると，議会の外に組織を持ち，宣伝を通じて一般大衆の政治的要求を集約する大衆政党（組織政党）が力を持つようになった。

5．c．正文。大日本帝国憲法も日本国憲法も硬性憲法である。

a．誤文。大日本帝国憲法には，学問の自由を保障する規定はなかった。

b．誤文。大日本帝国憲法は政教分離の原則を定めていなかったため，国家と神道が結びついた国家神道が形成された。

d．誤文。大日本帝国憲法は天皇主権であった。

6．b．正文。憲法第77条で明文化されている。

a．誤文。下級裁判所も違憲審査権を持つ。

c．誤文。憲法第79条によれば最高裁判所の裁判官には定年制が設けられている。

d．誤文。最高裁判所は長官を含め15名の裁判官で構成される。

7．d．誤文。憲法第68条は，国務大臣の過半数は，国会議員の中から選ばれなくてはならないと規定しているので，半数未満であれば，国会議員でなくてもよい。

8．①・②冷戦構造の下では，東側陣営と西側陣営のイデオロギーの対立があった。現状の体制を維持し，西側陣営との同盟関係を強化しようとする政治的志向を保守といい，現状の体制を変革して，東側陣営とも友好関係を築こうとする政治的志向を革新と呼んだ。

③特定の支持政党を持たない有権者を無党派層という。無党派層は選挙の

際に投票する政党や候補者が固定されていないため，その票を浮動票と呼ぶ。支持政党を持つ有権者の票は固定票と呼ぶ。

9．c．適当。プライバシーの権利とは，私生活を公開されない権利のことである。柳美里の小説『石に泳ぐ魚』は私的事柄が多く記述されていたことから，モデルとなった人物が訴訟を起こした。

10．ｉ．d．誤文。アメリカ合衆国憲法修正22条は1951年に制定され，大統領の3選を禁止している。修正条項成立以前には，フランクリン=ローズベルトが4期（1933～45年）にわたって大統領を務めているが，それ以外には3期以上にわたって大統領を務めた人物はいない。

ⅱ．b．適当。民主党のクリントン大統領は，1998年に下院で弾劾訴追を受けた。なお，dのニクソン（共和党）はウォーターゲート事件で大統領を辞任したが，弾劾訴追は受けていない。

11．b．正文。尊属殺人重罰規定の判決は，普通の殺人と比べて，尊属殺人に著しく重い刑罰が科されているとして，違憲であった。

c．正文。婚外子相続訴訟では，家族構成の多様化などが考慮され，違憲判決が下された。

12．c．誤文。日本の司法制度には刑事手続きに人権保障，すなわち，デュー・プロセス（法の適正な手続き）が組み込まれているが，公開法廷で犯罪被害者が意見を述べる権利は憲法で保障された権利ではない。

13．a．誤文。議会の解散については，住民の直接請求権として，原則有権者の3分の1以上の署名を選挙管理委員会に提出すれば，住民投票に付すことができ，過半数の同意で議会を解散することができる。

14．ｉ．様々な人権侵害に対して抗議活動や人権擁護活動を行っている非政府組織（NGO）は，アムネスティ・インターナショナルであり，1977年にノーベル平和賞を受賞している。

ⅱ．b．不適当。国際人権規約を日本は批准しているが，自由権規約の第一選択議定書（個人通報制度）と第二選択議定書（死刑廃止条約）に関しては批准を留保している。

15．d．誤文。2010年の南極海捕鯨事件で日本はオーストラリアから国際司法裁判所に訴えられ，当事国となった。

16．国際法の父と呼ばれるのは，『戦争と平和の法』の中で自然法の立場から国際法の重要性を主張したグロティウスである。

II　解答

A．イ．スタグフレーション　ロ．フリードマン
ハ．サッチャー　ニ．企業別組合　ホ．バーゼル
ヘ．サブプライムローン
B．1―b　2―d　3．i―d　ii―d
4．i―c　ii―b　iii．①―c　②―d　③―a　④―b
5―d　6―c　7―d　8．i―b　ii．内部留保　9．資産効果
10―d　11―b・c　12―a　13．i―b　ii―b

◀解　説▶

≪日本経済史≫

A．イ．一般的に不況期には物価が継続的に下落するデフレーションが進行するが，不況期に物価が継続的に上昇するインフレーションが進行した状態をスタグフレーションという。スタグフレーション（stagflation）という言葉は stagnation（停滞）と inflation（物価上昇）を合成したものである。

ロ．マネタリズムを主張した新自由主義者であり，アメリカの経済学者はフリードマンである。ケインズ経済学に基づく「大きな政府」を批判し，「小さな政府」を唱えた。

ハ．1970年代末から1980年代のイギリスで新自由主義的政策を採った首相はサッチャーである。その政策は，サッチャリズムと呼ばれた。

ホ．1988年，国際業務を行う銀行の自己資本比率の規制に関する国際統一基準が設けられたが，その合意は国際決済銀行（BIS）の常設事務局が置かれた場所にちなんでバーゼル合意という。

ヘ．アメリカで低所得者向け住宅融資の多くが返済されずに不良債権化した問題をサブプライムローン問題という。サブプライムとは優良ではないことを意味する。

B．2．d．誤文。地主制の復活を防止するため自作農主義を徹底させたのは，1952年に制定された農地法である。農業基本法は，農業政策の基本方針を示した法律で，農業の生産性の向上と，農業と他産業との所得格差の解消を目的とした。

3．i．d．誤文。地方公務員には，争議権が保障されていない。

ii．d．誤文。労働基準法は，労働条件に関する最低限度の基準を定めた法律である。

4．ｉ．c．誤文。GNP（国民総生産）は，GDP（国内総生産）から海外に支払った所得を差し引き，海外から受け取った所得を加えたものである。

ⅱ．b．適当。実質経済成長率は，求めたい年の実質 GDP から前年の実質 GDP を差し引いたものを，前年の実質 GDP で割り，100 を掛けて算出する。実質 GDP は，名目 GDP を物価指数（GDP デフレーター）で割り，100 を掛けて算出する。この 2 点から，X 年の実質 GDP は

$$258 \div 120 \times 100 = 215 \text{兆円}$$

X－1 年の実質 GDP は

$$198 \div 90 \times 100 = 220 \text{兆円}$$

となる。実質経済成長率は

$$(215 - 220) \div 215 \times 100 = -2.3 \fallingdotseq -2 \,[\%]$$

6．c．正文。マネタリズムの骨子は，物価や名目国民所得の変動の要因を通貨供給量（マネーサプライ）の変動に求めるところにある。

7．d．正文。アメリカの包括通商法の条項の一つである 301 条は，1988 年に貿易不均衡の是正強化が内容に加えられたため，スーパー 301 条と呼ばれることになった。

a．誤文。繊維製品は 1950 年代から，鉄鋼は 1960 年代から，自動車は 1970 年代から，半導体は 1980 年代から貿易摩擦が生じた。

b．誤文。日本は 1993 年に大規模小売店舗法を改正し，規制緩和を受け入れた。

c．誤文。1989 年から日米構造協議が，1993 年から日米包括経済協議が行われた。

8．ｉ．b．正文。株式会社の所有者である株主は，株主総会で基本方針を決定し，実際の経営を専門経営者からなる取締役会にまかせている。

a．誤文。株主は有限責任であり，負債を弁償する必要はない。

c．誤文。株主総会は一株一票であり，株主は多くの株式を所有するほど，多くの議決権を持つ。

d．誤文。上場（株式公開）には条件があり，すべての株式会社が上場しているわけではない。

ⅱ．配当や税金などに回された後の利益の残りは内部留保として資産の部に回されることになる。

9．バブル期には地価や株価は上昇していったが，そのような資産価値の上昇は消費を刺激し増加させた。このことを資産効果といい，景気過熱の一つの要因となった。

10．d．誤文。戦後初めての特例国債（赤字国債）の発行は，1965年である。プラザ合意は1985年のことである。

11．b．誤文。労働者災害補償保険が適用されるのは，業務上や通勤途上の災害にあった全労働者である。

c．誤文。労働基準法は就業形態等を問わず，全労働者に適用される。

12．a．正文。第3次男女共同参画基本計画（2010年）では，2020年までに指導的地位に女性が占める割合を30％程度とすることを目標として掲げた。

13．i．a．誤文。後期高齢者医療制度に入るのは，75歳以上の高齢者である。

c．誤文。生活保護制度の費用は地方と国が負担する。

d．誤文。公的年金保険の給付の種類は，老齢年金，障がい年金，遺族年金の3種類である。

ii．b．誤文。図の国民負担率を見ると，スウェーデンは租税負担率が53.6％と他国に比べ高いことがわかる。社会保険ではなく公費を中心とした社会保障制度である。

❖講　評

Ⅰ　民主主義に関する本文から，政治分野を中心とした全般的な知識が記述式と選択式で問われた。国際政治分野からも数問ほど出題されたが，過去10年間で政権交代した国が問われた問題（B－3）や過去に弾劾訴追されたアメリカ大統領と所属政党が問われた問題（B－10－ii）は時事的な関心や知識が求められる問題であった。2021年度と同様の傾向である。

Ⅱ　第二次世界大戦後からの日本経済史をテーマとした本文から，経済分野を中心とした全般的な知識が記述式と選択式で問われた。2021年度に続き，計算式の問題が実質経済成長率を算出する問いとして出題された（B－4－ii）。また，社会保障制度に関する国際比較のグラフを読み取り，基礎知識に基づいて誤文を選択する問題（B－13－ii）が出題された。

数学

◀2月6日実施分▶

I

解答　(i)ア．$2\sqrt{5}$　(ii)イ．$\frac{1}{2}$, $\frac{3}{2}$　(iii)ウ．4，5　(iv)エ．$\frac{13}{32}$

(v)オ．m^2-2m+2　カ．45　(vi)キ．8

◀解　説▶

≪小問6問≫

(i)　$\frac{1}{x}+\frac{1}{y}=\frac{x+y}{xy}=\frac{2}{xy}=-\frac{1}{2}$ より

$$xy=-4$$

$$\begin{aligned}|x-y|^2&=(x-y)^2\\&=(x+y)^2-4xy\\&=2^2-4\cdot(-4)=20\end{aligned}$$

$|x-y|>0$ より

$$|x-y|=\sqrt{20}=2\sqrt{5}\quad(\toア)$$

(ii)　$|x-|x-2||=1$ より

$$x-|x-2|=1$$

または

$$x-|x-2|=-1$$

(1)$x-|x-2|=1$ のとき

$$|x-2|=x-1$$

$x-1\geqq0$ であって

$$x-2=x-1$$

または

$$x-2=-(x-1)$$

$x-2=x-1$ を満たす x は存在しない。

よって　　$x=\dfrac{3}{2}$

(2)$x-|x-2|=-1$ のとき

$$|x-2|=x+1$$

$x+1\geqq 0$ であって

$$x-2=x+1$$

または

$$x-2=-(x+1)$$

$x-2=x+1$ を満たす x は存在しない。

よって　　$x=\dfrac{1}{2}$

(1), (2)より　　$x=\dfrac{1}{2}, \ \dfrac{3}{2}$　(→イ)

参考

$$y=|x-|x-2||$$

$$=\begin{cases} 2 & (x\geqq 2) \\ |2x-2| & (x<2) \end{cases}$$

$$=\begin{cases} 2 & (x\geqq 2) \\ 2x-2 & (1\leqq x<2) \\ -2x+2 & (x<1) \end{cases}$$

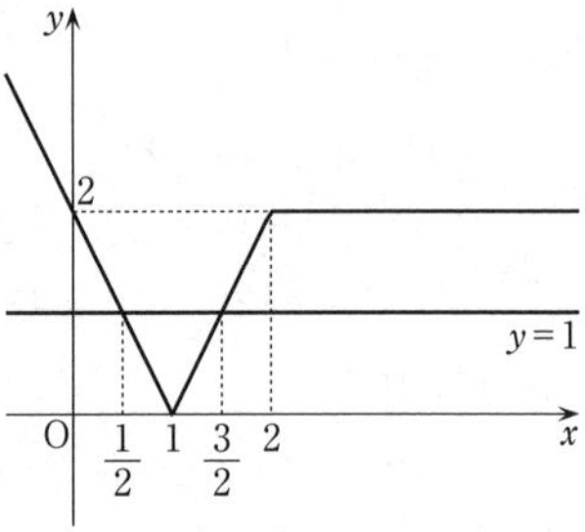

これと，$y=1$ の交点の x 座標を見ればよい。

(iii)　3次式 $F(x)$ を2次式 $G(x)=(x-1)(x-2)$ で割った余りは，1次以下より

$$R(x)=bx+c$$

とおける。商を $Q(x)$ としたとき

$$x^3-6x+a=(x-1)(x-2)Q(x)+bx+c$$

とかける。$x=1$ を代入して

$$-5+a=b+c \quad \cdots\cdots ①$$

$x=2$ を代入して

$$-4+a=2b+c \quad \cdots\cdots ②$$

①，②より，$b=1$，$c=a-6$ となり

$R(x)=x+a-6$

$G(x)=(x-1)(x-2)$ が $R(x)=x+a-6$ で割り切れるので

$a-6=-1$　または　$a-6=-2$

よって　$a=4,\ 5$　(→ウ)

別解　$F(x)$ を $G(x)$ で割ると

$$\begin{array}{r|l} & x+3 \\ \hline x^2-3x+2 & x^3 \qquad -6x+a \\ & x^3-3x^2+2x \\ \hline & 3x^2-8x+a \\ & 3x^2-9x \quad +6 \\ \hline & x+a-6 \end{array} \qquad \begin{array}{r|l} & x+(-a+3) \\ \hline x+a-6 & x^2 \qquad -3x \qquad\qquad +2 \\ & x^2+(a-6)x \\ \hline & (-a+3)x \qquad\qquad +2 \\ & (-a+3)x+(a-6)(-a+3) \\ \hline & a^2-9a+20 \end{array}$$

左上の計算より

$R(x)=x+a-6$

$G(x)$ を $R(x)$ で割った余りは，右上の計算より

$a^2-9a+20$

条件より，$G(x)$ は $R(x)$ で割り切れるので

$a^2-9a+20=0$

$(a-4)(a-5)=0$

よって　$a=4,\ 5$

(iv)　表の 2 回以上の連続はない，つまり表が連続して出ることはない。それは，表の枚数に注目して場合分けする（次図は裏を×，表を○とする）。

(1)表 0 枚，裏 5 枚のときは適する。1 通り。

(2)表 1 枚，裏 4 枚のとき，右図のように

$_5C_1=5$ 通り

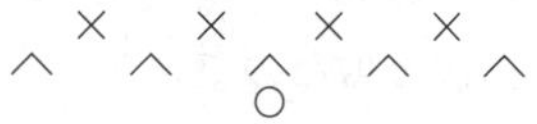

(3)表 2 枚，裏 3 枚のとき，右図のように

$_4C_2=6$ 通り

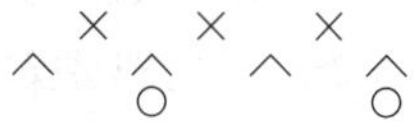

(4)表 3 枚，裏 2 枚のとき，右図のように 1 通り。　○ × ○ × ○

(5)表 4 枚以上のときは，必ず表が連続して不適。

以上より

$1+5+6+1=13$ 通り

全事象は，毎回が表か裏の 2 通りなので

$2^5=32$ 通り

よって，求める確率は　$\dfrac{13}{32}$　(→エ)

別解　n 個のコインを並べるとき，表が連続しない並べ方の総数を a_n とする。次の2通りの場合分けをして考える。

(1)最初が裏のとき，残り $n-1$ 個の条件にあう並べ方は a_{n-1} 通り。

(2)最初が表のとき，表は連続しないので，次は必ず裏，残り $n-2$ 個の条件にあう並べ方は，a_{n-2} 通り。

以上より，$a_n = a_{n-1} + a_{n-2}$ という漸化式が成り立つ。

ここで，$a_1 = 2$ は明らか，$n=2$ のとき（表，表）以外で

$$a_2 = 2^2 - 1 = 3$$

漸化式より

$$a_3 = a_2 + a_1 = 3 + 2 = 5$$

$$a_4 = a_3 + a_2 = 5 + 3 = 8$$

$$a_5 = a_4 + a_3 = 8 + 5 = 13$$

よって，求める確率は　$\dfrac{13}{2^5} = \dfrac{13}{32}$

(v)　自然数 n が $2n-1$ 個並ぶ集まりを第 n 群とする。第 n 群には $2n-1$ 個の項があるので，第 n 群の末項はこの数列の

$$\sum_{k=1}^{n}(2k-1) = 2\sum_{k=1}^{n}k - \sum_{k=1}^{n}1 = 2\cdot\frac{1}{2}n(n+1) - n$$

$$= n^2 \text{ 項}$$

したがって，第 $n-1$ 群の末項は，この数列の第 $(n-1)^2$ 項。

自然数 m が初めて現れるのは，第 m 群の初項，つまり第 $m-1$ 群の末項の次の項なので

$$(m-1)^2 + 1 = m^2 - 2m + 2 \text{ 項}\quad(\to オ)$$

また，第2022項が，第 n 群にあるとすると

$$(n-1)^2 < 2022 \leqq n^2 \quad \cdots\cdots ③$$

ここで，$44^2 = 1936$，$45^2 = 2025$ より，③を満たす自然数 n は

$$n = 45$$

よって，第2022項は第45群にあるので，その数は　45　（→カ）

(vi)　n 個のデータを x_1，x_2，x_3，…，x_n とする分散を V とする。

$$V = \frac{1}{n}\sum_{i=1}^{n}{x_i}^2 - \left(\frac{1}{n}\sum_{i=1}^{n}x_i\right)^2$$

なので，条件より

$$3=\frac{1}{n}\cdot 26-\left(\frac{1}{n}\cdot 4\right)^2$$

よって

$$3n^2=26n-16$$

$$3n^2-26n+16=0$$

$$(3n-2)(n-8)=0$$

n は自然数より　　$n=8$　(→キ)

II　解答

(i) $\overrightarrow{AN}=-\vec{a}+\frac{1}{3}\vec{b}$，$\overrightarrow{BM}=\frac{1}{2}\vec{a}-\vec{b}$

(ii) $\overrightarrow{AN}\cdot\overrightarrow{BM}=-\frac{1}{3}t^2+\frac{7}{6}t\cos\theta-\frac{1}{2}$

(iii) $\cos\theta=\frac{1}{7}\left(2t+\frac{3}{t}\right)$

(iv)　$2t>0$，$\frac{3}{t}>0$ なので，正の数の相加平均と相乗平均の関係より

$$2t+\frac{3}{t}\geqq 2\sqrt{2t\times\frac{3}{t}}$$

$$\therefore\quad 2t+\frac{3}{t}\geqq 2\sqrt{6}\quad\left(\text{等号成立は }\frac{3}{t}=2t=\sqrt{6}\text{，つまり，}t=\frac{\sqrt{6}}{2}\text{ のとき}\right)$$

よって

$$\cos\theta=\frac{1}{7}\left(2t+\frac{3}{t}\right)\geqq\frac{2}{7}\sqrt{6}$$

最小値は　　$\frac{2}{7}\sqrt{6}$　$\left(t=\frac{\sqrt{6}}{2}\text{ のとき}\right)$　……(答)

(v)　$0<\theta<\frac{\pi}{2}$ のとき

$$0<\cos\theta<1\quad\cdots\cdots①$$

$\cos\theta=\frac{1}{7}\left(2t+\frac{3}{t}\right)$ より，①を満たす θ が存在するには

$$0<\frac{1}{7}\left(2t+\frac{3}{t}\right)<1$$

を満たす t が存在すればよい。

$t>0$ なので，$0<\frac{1}{7}\left(2t+\frac{3}{t}\right)$ は成り立つから，$\frac{1}{7}\left(2t+\frac{3}{t}\right)<1$ が成り立てばよい。分母をはらって整理すると

$$2t^2-7t+3<0$$

$$(2t-1)(t-3)<0$$

よって　$\frac{1}{2}<t<3$　……(答)

◀解　説▶

≪ベクトルの内積，垂直，相加平均と相乗平均の関係，２次不等式≫

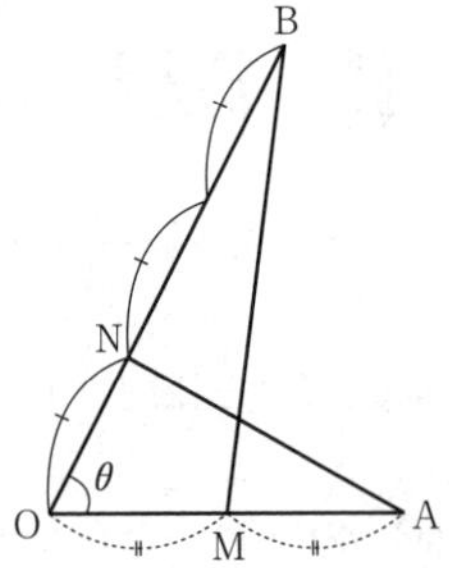

(i)　$\overrightarrow{AN}=\overrightarrow{ON}-\overrightarrow{OA}=\frac{1}{3}\vec{b}-\vec{a}=-\vec{a}+\frac{1}{3}\vec{b}$

$\overrightarrow{BM}=\overrightarrow{OM}-\overrightarrow{OB}=\frac{1}{2}\vec{a}-\vec{b}$

(ii)　条件より

$|\vec{a}|=1,\ |\vec{b}|=t$

$\vec{a}\cdot\vec{b}=|\vec{a}||\vec{b}|\cos\theta=1\times t\times\cos\theta=t\cos\theta$

$$\begin{aligned}\overrightarrow{AN}\cdot\overrightarrow{BM}&=\left(-\vec{a}+\frac{1}{3}\vec{b}\right)\cdot\left(\frac{1}{2}\vec{a}-\vec{b}\right)\\&=-\frac{1}{2}|\vec{a}|^2-\frac{1}{3}|\vec{b}|^2+\frac{7}{6}\vec{a}\cdot\vec{b}\\&=-\frac{1}{2}\times1-\frac{1}{3}t^2+\frac{7}{6}t\cos\theta\\&=-\frac{1}{3}t^2+\frac{7}{6}t\cos\theta-\frac{1}{2}\end{aligned}$$

(iii)　$\overrightarrow{AN}\perp\overrightarrow{BM}$ より

$$\overrightarrow{AN}\cdot\overrightarrow{BM}=-\frac{1}{3}t^2+\frac{7}{6}t\cos\theta-\frac{1}{2}=0$$

これより

$$\cos\theta=\frac{6}{7t}\left(\frac{1}{3}t^2+\frac{1}{2}\right)=\frac{1}{7}\left(2t+\frac{3}{t}\right)$$

(iv)　正の数の相加平均と相乗平均の関係を，$a+b\geqq2\sqrt{ab}$ の形で用いる。$a=2t,\ b=\frac{3}{t}$ として $ab=6$ が定数であることを利用する。

(v)　$0<\theta<\frac{\pi}{2}$ のとき，$0<\cos\theta<1$ を利用する。

III **解答** (i) $p=-\dfrac{1}{\sqrt{3}}$, $q=\dfrac{5}{4}$ (ii) $a=\dfrac{5\sqrt{3}}{4}$

(iii) Qを中心とする半径rの円がlとただ１つの共有点を持つとき，その共有点はPである。

$\mathrm{P}\left(\dfrac{\sqrt{3}}{2},\ \dfrac{3}{4}\right)$, $\mathrm{Q}\left(\dfrac{5\sqrt{3}}{4},\ 0\right)$ より

$$r=\mathrm{PQ}=\sqrt{\left(\frac{\sqrt{3}}{2}-\frac{5\sqrt{3}}{4}\right)^2+\left(\frac{3}{4}-0\right)^2}$$

$$=\sqrt{\left(\frac{3}{4}\sqrt{3}\right)^2+\left(\frac{3}{4}\right)^2}=\frac{3}{4}\sqrt{3+1}$$

$$=\frac{3}{2}\quad\cdots\cdots(\text{答})$$

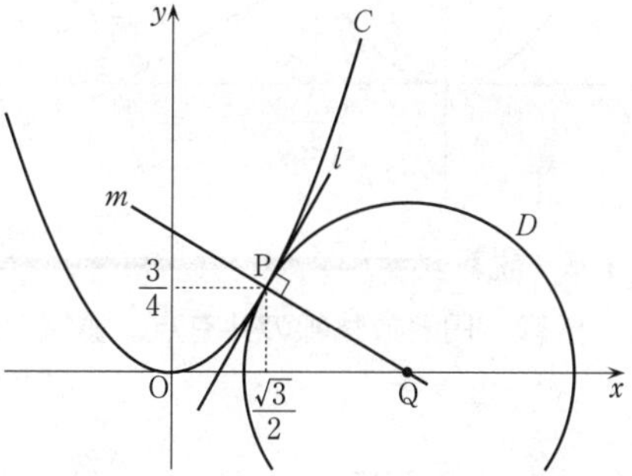

(iv) この領域は，右図の網かけ部分である。

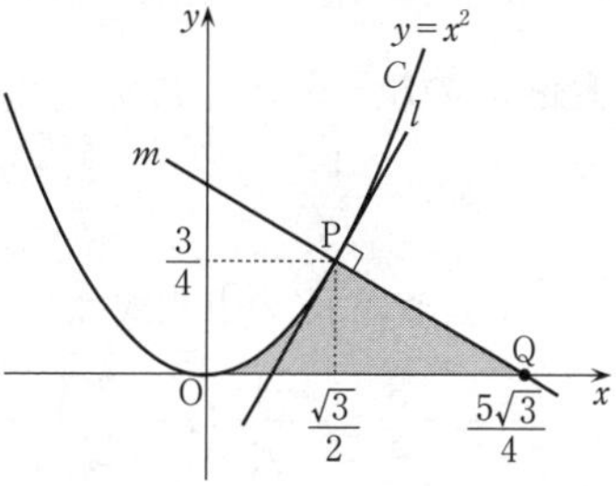

$$S_1=\int_0^{\frac{\sqrt{3}}{2}}x^2dx+\frac{1}{2}\times\left(\frac{5\sqrt{3}}{4}-\frac{\sqrt{3}}{2}\right)\times\frac{3}{4}$$

$$=\left[\frac{1}{3}x^3\right]_0^{\frac{\sqrt{3}}{2}}+\frac{1}{2}\times\frac{3\sqrt{3}}{4}\times\frac{3}{4}$$

$$=\frac{1}{3}\left(\frac{\sqrt{3}}{2}\right)^3+\frac{9\sqrt{3}}{32}$$

$$=\frac{13\sqrt{3}}{32}\quad\cdots\cdots(\text{答})$$

(v) mは傾き$-\dfrac{1}{\sqrt{3}}$なので，x軸の正の向きとなす角αは，$\tan\alpha=-\dfrac{1}{\sqrt{3}}$

より，$\alpha=\dfrac{5}{6}\pi$である。

よって，次図のようにRとおくと扇形PQRの中心角は

$$\angle PQR=\frac{\pi}{6}$$

$$S_2=S_1-(\text{扇形PQRの面積})$$

$$=\frac{13}{32}\sqrt{3}-\frac{1}{2}\left(\frac{3}{2}\right)^2\cdot\frac{\pi}{6}$$

$$=\frac{13}{32}\sqrt{3}-\frac{3}{16}\pi \quad \cdots\cdots(\text{答})$$

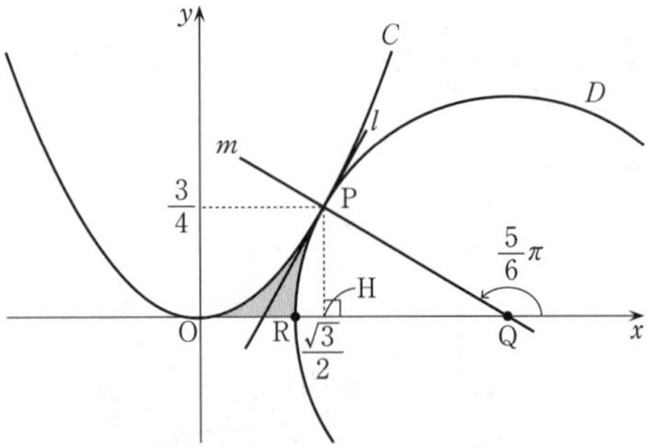

◀解　説▶

≪２次関数の接線，法線，円と放物線の共有点，領域の面積≫

(i)　$y=x^2$ のとき　　$y'=2x$

$x=\frac{\sqrt{3}}{2}$ のとき $y'=2\cdot\frac{\sqrt{3}}{2}=\sqrt{3}$ が接線 l の傾き。

直線 m の傾きを k とすると，$l\perp m$ なので，$\sqrt{3}\times k=-1$ より

$$k=-\frac{1}{\sqrt{3}}$$

よって，直線 m の方程式は

$$y-\frac{3}{4}=-\frac{1}{\sqrt{3}}\left(x-\frac{\sqrt{3}}{2}\right)$$

すなわち

$$y=-\frac{1}{\sqrt{3}}x+\frac{5}{4}$$

したがって　　$p=-\frac{1}{\sqrt{3}}$，$q=\frac{5}{4}$

(ii)　$y=-\dfrac{1}{\sqrt{3}}x+\dfrac{5}{4}=0$ を解くと

$$x=\frac{5}{4}\sqrt{3}$$

よって　　$\mathrm{Q}\left(\dfrac{5}{4}\sqrt{3},\ 0\right)$

したがって　　$a=\dfrac{5}{4}\sqrt{3}$

(iii)　PQ⊥l であって，放物線 C は直線 l に関して円と反対側にあるので，円と放物線がただ１つの共有点を持つなら，それは接点Ｐしかないことはただちに気づくだろう。このとき，円の半径 r は PQ の長さになる。

〔別解〕としては

$$y=x^2 \text{ と } \left(x-\frac{5\sqrt{3}}{4}\right)^2+y^2=r^2$$

を連立した４次方程式が重解 $x=\alpha$ をもてばよいので

$$x^4+x^2-\frac{5}{2}\sqrt{3}x+\frac{75}{16}-r^2=(x-\alpha)^2(x^2+bx+c)$$

として，係数を比較して

$$b-2\alpha=0,\ \ \alpha^2-2b\alpha+c=1,\ \ b\alpha^2-2c\alpha=-\frac{5}{2}\sqrt{3}$$

$$\frac{75}{16}-r^2=c\alpha^2$$

となり，これを解いて，$\alpha=\dfrac{\sqrt{3}}{2}$，$b=\sqrt{3}$，$c=\dfrac{13}{4}$，$r=\dfrac{3}{2}$ ともできる。このとき $b^2-4c=3-13<0$ で実数解は $x=\alpha$ のみで適する。しかし，この計算は楽ではない。

(iv)　領域をきちんと図示すること。簡単な積分計算である。

(v)　領域を図示すると，前問を利用すればよいことがわかる。S_1 から扇形の面積を除けばよい。扇形の中心角は，図で QP：PH$=\dfrac{3}{2}:\dfrac{3}{4}=2:1$ を利用してもよい。

❖講　評

大問 3 題の出題で，試験時間は 60 分である。**I** は数学Ⅰ・Ⅱ・A・Bからの広範囲にわたる小問集合で，空所補充形式の問題。残りの大問と重複しないように作成されている。**Ⅱ**，**Ⅲ** は誘導形式の小問 5 問ずつの出題。答えのみを書く問題と，途中経過を書くよう指示された問題がある。

I　(ii)は〔参考〕のように図を利用すると早い。(iii)の整式の割り算は，$F=GQ+R$ の形を利用するのが基本的。最初から $R(x)$ は $x-2$ か $x-3$ と思ってもよい。〔別解〕のように割り算してもよい。(iv)は連続しないためには間に入れていく。〔別解〕のように漸化式で数えてもよい。n が大きな値のときは有効。(v)の群数列の基本は，第 n 群の末項が初めから数えて何番目の項であるかを調べておくことである。(vi)の分散は，(2 乗の平均) − (平均)^2 で求める。

Ⅱ　平面ベクトルの内積計算の問題としては標準的である。(iv)の $\cos\theta$ の最小値は，相加平均と相乗平均の利用に気づきたい。(v)は θ が $0<\theta<\dfrac{\pi}{2}$ に存在するには，$0<\cos\theta<1$ となる t が存在すると考える。

Ⅲ　誘導の小問に従って考えていけば難しくない。(iii)のただ 1 つの共有点が，点 P であることがわかれば平易である。

◀2月9日実施分▶

I

解答　(i)ア．$(\sqrt{2},\ -\sqrt{2})$，$(-\sqrt{2},\ \sqrt{2})$　(ii)イ．$x<3$

(iii)ウ．15　(iv)エ．29　(v)オ．420　(vi)カ．$\frac{1}{3}n(n+1)$　(vii)キ．$\frac{1}{8}$

◀解　説▶

≪小問7問≫

(i)　展開して

$$a^2-b^2+2abi=-4i$$

a，b は実数で，i は虚数なので，実部と虚部をそれぞれ比べて

$$\begin{cases} a^2-b^2=0 & \cdots\cdots① \\ 2ab=-4 & \cdots\cdots② \end{cases}$$

①より

$$(a+b)(a-b)=0$$

よって　　$a=b$　または　$a=-b$

(1)$a=b$ のとき，②は

$$2b^2=-4$$

b は実数なので，$2b^2\geqq 0$ より，解なし。

(2)$a=-b$ のとき，②は

$$-2b^2=-4$$

よって　　$b=\pm\sqrt{2}$

このとき　　$(a,\ b)=(\sqrt{2},\ -\sqrt{2})$，$(-\sqrt{2},\ \sqrt{2})$　(→ア)

(ii)　(1)$x\geqq 0$ のとき，与式は

$$x^2<2x+3$$

$x^2-2x-3<0$ より

$$(x-3)(x+1)<0$$

よって　　$-1<x<3$

これと $x\geqq 0$ より

$0\leqq x<3$ は解　……③

(2)$x<0$ のとき，与式は

$-x^2<2x+3$

よって

$x^2+2x+3>0$

ここで，$x^2+2x+3=(x+1)^2+2>0$ は常に成立する。

これと $x<0$ より　　$x<0$ は解　……④

③，④より　　$x<3$　（→イ）

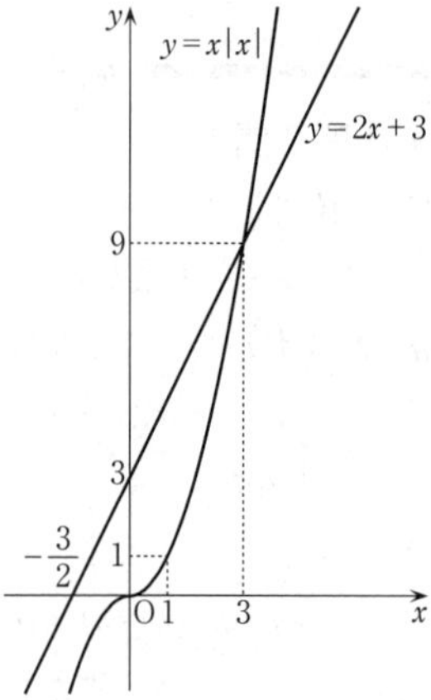

参考　$y=x|x|$ のグラフと $y=2x+3$ のグラフを見ると，ただちにこの不等式は解ける。

(iii)　$\sqrt{n^2+15n+78}$ の整数部分が $n+7$ なので

$$\begin{cases} n+7\leqq\sqrt{n^2+15n+78} & \cdots\cdots⑤ \\ \sqrt{n^2+15n+78}<n+8 & \cdots\cdots⑥ \end{cases}$$

⑤について，$\sqrt{n^2+15n+78}\geqq 0$ なので，$n+7\geqq 0$ としてよく，このとき両辺を2乗して

$n^2+14n+49\leqq n^2+15n+78$

∴　$-29\leqq n$

これと $n+7\geqq 0 \Longleftrightarrow n\geqq -7$ より

$n\geqq -7$　……⑤′

⑥について，両辺は正なので2乗して

$n^2+15n+78<n^2+16n+64$

∴　$n>14$　……⑥′

⑤′，⑥′より　　$n>14$

これを満たす最小の整数は　　$n=15$　（→ウ）

(iv)　$\log_{10}20^{22}=22\log_{10}20=22(\log_{10}2+\log_{10}10)=22(0.3010+1)$

$=28.622$

よって　　$20^{22}=10^{28.622}$

これより，$10^{28}<20^{22}<10^{29}$ となるので，この数は29桁である。（→エ）

(v)　$$\frac{{}_8C_1\times{}_7C_1\times{}_6C_2\times{}_4C_2}{3!2!}=\frac{8\times7\times15\times6}{6\times2}=420 \text{ 通り}$$　（→オ）

(vi)　連続する $2n+1$ 個の整数を，中央値を a として

$a-n,\ a-(n-1),\ a-(n-2),\ \cdots,\ a-2,\ a-1,\ a,\ a+1,\ a+2,$

$\cdots,\ a+(n-1),\ a+n$

としてよい。このデータの平均は，明らかに a であるから，分散は

$$\frac{(-n)^2+(-(n-1))^2+\cdots+(-2)^2+(-1)^2+0^2+1^2+2^2+\cdots+(n-1)^2+n^2}{2n+1}$$

この分子は

$$2\sum_{k=1}^{n}k^2=2\cdot\frac{1}{6}n(n+1)(2n+1)=\frac{1}{3}n(n+1)(2n+1)$$

よって，分散は

$$\frac{1}{2n+1}\times\frac{1}{3}n(n+1)(2n+1)=\frac{1}{3}n(n+1)\quad(\to カ)$$

(vii)　条件より

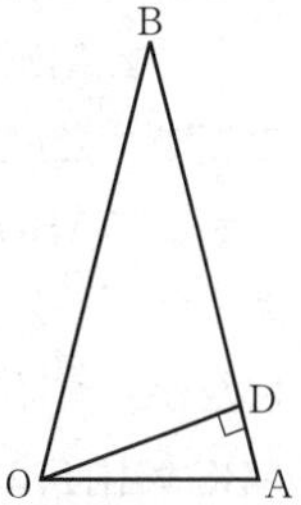

$$\overrightarrow{OA}\cdot\overrightarrow{OB}=|\overrightarrow{OA}||\overrightarrow{OB}|\cos(\angle AOB)=1\times2\times\frac{1}{4}=\frac{1}{2}$$

$\overrightarrow{OD}\perp\overrightarrow{AB}$ より，$\overrightarrow{OD}\cdot\overrightarrow{AB}=0$ なので

$$\begin{aligned}\overrightarrow{OD}\cdot\overrightarrow{AB}&=\{(1-t)\overrightarrow{OA}+t\overrightarrow{OB}\}\cdot(\overrightarrow{OB}-\overrightarrow{OA})\\&=-(1-t)|\overrightarrow{OA}|^2+t|\overrightarrow{OB}|^2\\&\qquad+(1-2t)\overrightarrow{OA}\cdot\overrightarrow{OB}\\&=-(1-t)\cdot1+t\cdot4+(1-2t)\cdot\frac{1}{2}\\&=4t-\frac{1}{2}=0\end{aligned}$$

よって　　$t=\frac{1}{8}$　(→キ)

II　解答

(i) $X=\frac{1}{2}a$，$Y=\frac{1}{2}a^2$，$Z=\frac{1}{2}a$

(ii) $P=2$，$Q=-1$

(iii)　余弦定理より

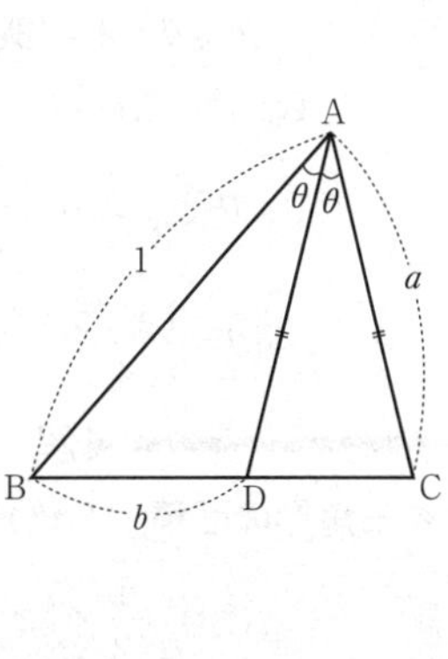

$$\begin{aligned}b^2&=1^2+a^2-2\cdot1\cdot a\cos\theta\\&=1+(2\cos\theta-1)^2\\&\qquad-2\cdot1(2\cos\theta-1)\cos\theta\\&=-2\cos\theta+2\end{aligned}$$

$$b^2=R\cos\theta+S=-2\cos\theta+2$$

$$(R+2)\cos\theta+(S-2)=0$$

$(R+2，S-2$ は有理数$)$

$0<\theta<\dfrac{\pi}{3}$ を満たすすべての θ に対して成り立つので，$\cos\theta$ が無理数になるときも考えて

$$R+2=0 \quad かつ \quad S-2=0$$

よって　$R=-2,\ S=2$　……(答)

(iv)　$AB=BC=1$ で，$\triangle ABC$ は二等辺三角形なので

$$\angle ACB=\angle BAC=2\theta$$

また，$AD=AC$ より

$$\angle ADC=\angle ACD=2\theta$$

ここで，$\angle ABD+\angle BAD=\angle ADC$ より

$$\angle ABD+\theta=2\theta$$

よって　$\angle ABD=\theta$

したがって右図のようになるので，三角形 ABC の内角の和は

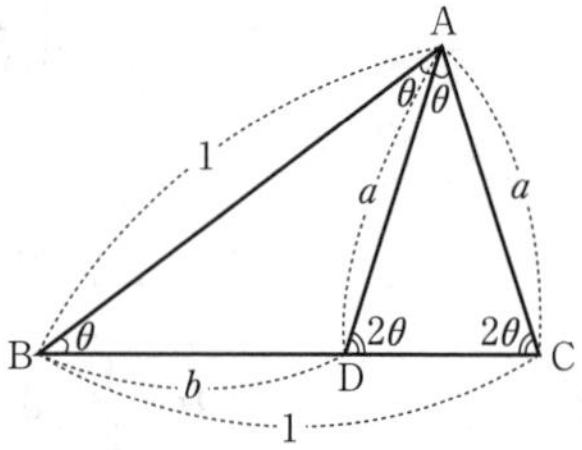

$$\theta+2\theta+2\theta=\pi$$

となり　$\theta=\dfrac{\pi}{5}$　……(答)

よって　$\angle ABC=\theta=\dfrac{\pi}{5}$　……(答)

(v)　$\triangle ABD$ は $\angle DBA=\angle DAB=\theta$ なので，$DB=DA$ の二等辺三角形である。

よって　$b=a$　……①

ここで，$a=2\cos\theta-1$，$b^2=-2\cos\theta+2$ を①より $b^2=a^2$ に代入して

$$-2\cos\theta+2=(2\cos\theta-1)^2$$

$$4\cos^2\theta-2\cos\theta-1=0$$

ここで $0<\theta<\dfrac{\pi}{3}$ より，$\dfrac{1}{2}<\cos\theta<1$ なので

$$\cos\theta=\frac{1+\sqrt{5}}{4} \quad ……(答)$$

◀解　説▶

≪三角形の面積，２倍角の公式，余弦定理，三角形の相似と cos 36°≫

(i)　$\triangle ABD=\dfrac{1}{2}\times1\times a\times\sin\theta=\dfrac{a}{2}\sin\theta$

$$\triangle ACD = \frac{1}{2} \times a \times a \times \sin\theta = \frac{a^2}{2}\sin\theta$$

$$\triangle ABC = \frac{1}{2} \times 1 \times a \times \sin 2\theta = \frac{a}{2}\sin 2\theta$$

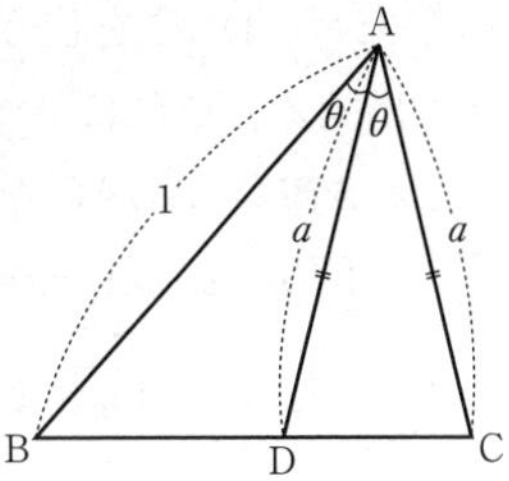

$\triangle ABD = X\sin\theta$, $\triangle ACD = Y\sin\theta$,
$\triangle ABC = Z\sin 2\theta$ と比べると

$$X = \frac{a}{2},\quad Y = \frac{a^2}{2},\quad Z = \frac{a}{2}$$

(ii)　$\triangle ABD + \triangle ADC = \triangle ABC$ なので

$$\frac{a}{2}\sin\theta + \frac{a^2}{2}\sin\theta = \frac{a}{2}\sin 2\theta$$

ここで，$\sin 2\theta = 2\sin\theta\cos\theta$ なので

$$\frac{a}{2}\sin\theta + \frac{a^2}{2}\sin\theta = \frac{a}{2}\cdot 2\sin\theta\cos\theta$$

ここで $a \neq 0$，$\sin\theta \neq 0$ なので

$$1 + a = 2\cos\theta$$

よって　　$a = 2\cos\theta - 1$

$$a = P\cos\theta + Q = 2\cos\theta - 1$$

$$(P-2)\cos\theta + (Q+1) = 0 \quad (P-2,\ Q+1 \text{ は有理数})$$

$0 < \theta < \frac{\pi}{3}$ を満たすすべての θ に対して成り立つので，$\cos\theta$ が無理数になるときも考えて

$$P - 2 = 0 \quad \text{かつ} \quad Q + 1 = 0$$

よって　　$P = 2$，$Q = -1$

(iii)　余弦定理と(ii)の結果より，〔解答〕のように

$$b^2 = -2\cos\theta + 2$$

がでるが

$$R\cos\theta + S = -2\cos\theta + 2$$

これが $0 < \theta < \frac{\pi}{3}$ のすべての θ について成り立つので，ただちに $R = -2$，$S = 2$ としたくなるが，条件文に R，S が有理数とあるので，これを用いる解答にすべきである。

(iv)　$\triangle ABC$ が二等辺三角形で，$\triangle ADC$ も二等辺三角形，かつ，

$\triangle ABC \backsim \triangle DAC$ を使うことによって，$\triangle ABC$ の内角の和が 5θ であることが出せる。これに気づかないと難しい。

(v)　$\triangle ABC \backsim \triangle DAC$ なので，$AB : AC = CA : CD$ より

$$1 : a = a : (1-a)$$

つまり，$a^2+a-1=0$ より，$a=\dfrac{-1+\sqrt{5}}{2}$ となり

$$\cos\theta=\frac{a+1}{2}=\frac{1+\sqrt{5}}{4}$$

と出すこともできるが，ここでは導入に従ったもので解答とした。(ii)の $a=2\cos\theta-1$，(iii)の $b^2=-2\cos\theta+2$ と，あと1つ式があればよい。本問では，$b=a$ を用いたが，角の2等分の性質を用いて

$$BD : DC = AB : AC = 1 : a$$

より

$$BD=\frac{1}{1+a}\times BC$$

$$b=\frac{1}{1+a}\times 1$$

を用いてもよい。(iv)ができなくても，この a，b，$\cos\theta$ の連立方程式を解けば，$\cos\theta=\dfrac{1+\sqrt{5}}{4}$ と求められ，$\theta=\dfrac{\pi}{5}$ と出せる。

III　解答

(i) $f'(x)=3p(x-a)(x-3a)$　$x=a,\ 3a$

(ii)　$y=f(x)$ の増減表を書くと，$a>0$，$p>0$ より下表のようになる。

x	$\cdots$	a	$\cdots$	$3a$	$\cdots$
$f'(x)$	$+$	0	$-$	0	$+$
$f(x)$	↗	$4pa^3$	↘	0	↗

$$\text{極大値}\ f(a)=p\cdot a(a-3a)^2 = 4pa^3$$

条件より

$$4pa^3=4a^2$$

よって　　$p=\dfrac{1}{a}$　……(答)

(iii)　$-1\leqq x\leqq 0$ で，$f(x)=\dfrac{1}{a}x(x-3a)^2\leqq 0$ である。

$$S=-\int_{-1}^{0}\frac{1}{a}(x^3-6ax^2+9a^2x)\,dx$$

$$=\frac{1}{a}\int_{0}^{-1}(x^3-6ax^2+9a^2x)\,dx$$

$$=\frac{1}{a}\left[\frac{x^4}{4}-2ax^3+\frac{9a^2}{2}x^2\right]_0^{-1}$$

$$=\frac{1}{a}\left(\frac{1}{4}+2a+\frac{9}{2}a^2\right)$$

$$=\frac{1}{4a}+\frac{9a}{2}+2\quad\cdots\cdots(答)$$

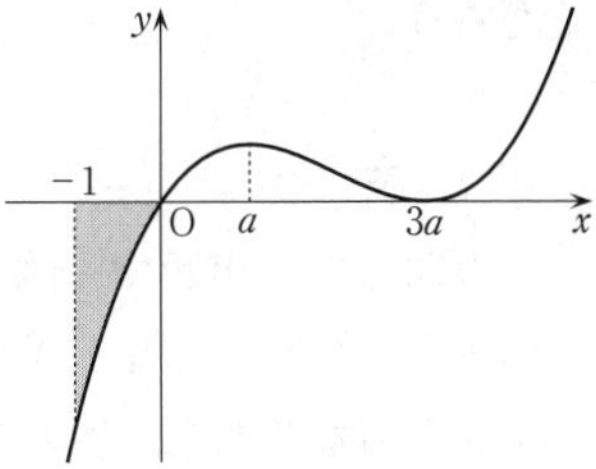

(iv)　正の数の相加平均と相乗平均の関係より

$$\frac{1}{4a}+\frac{9a}{2}\geqq 2\sqrt{\frac{1}{4a}\times\frac{9a}{2}}=\frac{3}{2}\sqrt{2}$$

等号成立は

$$\frac{1}{4a}=\frac{9a}{2}\qquad a=\frac{\sqrt{2}}{6}$$

これより

$$S=\frac{1}{4a}+\frac{9a}{2}+2\geqq\frac{3\sqrt{2}}{2}+2$$

よって，最小値は　$\dfrac{3\sqrt{2}}{2}+2\ \left(a=\dfrac{\sqrt{2}}{6}\text{ のとき}\right)$　……(答)

◀解　説▶

≪3 次関数の極値，面積の最小値，相加平均と相乗平均の関係≫

(i)　$f(x)=px(x^2-6ax+9a^2)=p(x^3-6ax^2+9a^2x)$

$$f'(x)=p(3x^2-12ax+9a^2)$$
$$=3p(x^2-4ax+3a^2)$$
$$=3p(x-a)(x-3a)$$

$f'(x)=3p(x-a)(x-3a)=0$ の解は

$$x=a,\ 3a$$

(ii)　増減表を書いて極大値を調べればよい。$a>0$ より $a<3a$ である。また，$p>0$ に注意する。

(iii)　$f(x)$ のグラフの概形を描くとよい。

(iv)　正の数の相加平均と相乗平均の関係を用いることには，すぐに気がつくだろう。

❖講　評

大問 3 題の出題で，試験時間は 60 分である。**I** は空所補充形式の小問集合。数学Ⅰ・Ⅱ・A・B の広範囲からの出題。**Ⅱ**，**Ⅲ** は 5 問ほどの小問からなる問題。答えのみを書くものと，途中経過を書くものがある。

I　全問教科書章末問題程度の出題で標準的。(iii)の，一般に正の数 x の整数部分が k であるとは，$k \leqq x < k+1$ であることより式を立てる。(vi)は連続する $2n+1$ 個のデータをどう表すかで計算が早いかどうかが決まるが，どう置いてもできる。

Ⅱ　正五角形の対角線の長さを求めたことのない受験生には難問であろう。(iii)は R，S が有理数という条件をきちんと用いた解答にすること。(iv)・(v)は，通常の問題では $\cos\theta$ の値を求めて，それを利用して θ の値を求めるが，本問は θ を求めるのが先なので，θ は有名な角ではない。三角形の相似を利用するところが，かえって難しい。

Ⅲ　微・積分法の標準的な問題。極値や面積計算などミスのないようにしたい。相加平均と相乗平均の関係を利用した最小値も平易である。

お、（注）で示された和歌の解釈が解答にかかわってくる点には注意を要する。設問はほぼすべて基本的な古語の語意にかかわる選択問題であるが、前後の内容を踏まえて答える必要があるものが含まれている。やや難の設問は(L)である。また、口語訳、助動詞の意味を識別させる設問も出題されており、基本的な文法事項を押さえておく必要がある。

(c)　直前の尊敬の補助動詞「給へ」が已然形（あるいは命令形）。四段活用動詞の已然形（あるいは命令形）に接続するのは完了（存続）の助動詞「り」であり、その連体形である。

❖講　評

一の評論は、物理的世界（第一次的現実）と頭の中の世界（第二次的現実）という人間にとっての二つの現実を取り上げ、現代の思考のあり方について論じた評論文からの出題。出典は一九八三年に書かれた『思考の整理学』である。これは異例のロングセラーを続けており、大学生が読むべき本として取り上げられることも多い。筆者の外山滋比古の名前も記憶しておきたいところである。問題文は二項対立を軸に読み進めることができる、把握しやすいものであった。設問はほとんどが内容説明の選択問題であり、内容真偽の設問を一つ含んでいる。制限字数つきの論述問題も一つ出題されている。紛らわしい選択肢を含んでいるのは(A)であり、これがやや難の設問となっている。

二の評論は、社会派の推理小説作家である松本清張（一九〇九〜一九九二）が描いた日本人の嫉妬や恨み、そこから生じる復讐欲について分析した文芸評論からの出題。この論文の掲載雑誌が一九六〇年発刊であり、やや古い論考であるものの、現代にも通じる日本人の基本的な感情について論じられており参考になる。文章そのものの論理展開は明解で、読解しやすい評論文である。設問は、空所補充を除いて、ほとんどが内容説明の選択問題であり、難解なものは含まれておらず、設問を解くことによって本文の論理展開を押さえることができる。(H)の本文内容との合致を問う内容真偽の設問もオーソドックスな出題であった。

三の古文は、中世の擬古物語からの出題。擬古物語とは、平安時代の王朝貴族を主人公にして平安時代の物語を模倣して作られたもので、鎌倉時代から近世初頭にかけて成立した物語のことである。出題文は貴族の男性が見知らぬ姫君と逢瀬を遂げた翌朝の場面が描かれており、『源氏物語』などの王朝物語の学習を終えている受験生にとっては取り組みやすい内容であったと思われる。物語内に和歌が配置されているが、解釈のしづらいものは含まれていなかった。な

(I)恋愛は、男が女のもとに通う形式である。それぞれの部分の動作主を記しておく。
(ア)手紙を書いて遣わしたのは「中将」である。
(イ)「少将」の名を覚えていて「御使ひ」(＝〝使いの者〟)に教えたのは「中将」である。
(ウ)手紙を届けた者であり「中将」の「御使ひ」である。
(エ)手紙を受け取って、その処置に悩んでいるのは「少将」である。
(オ)手紙を見ることなく、夜具をひきかぶって臥しているのは「姫君」である。

(J)「さ」は直前の「夢」を指す。「で」は打消接続の接続助詞で〝～ナイデ、～ナクテ〟の意。直前の「こは夢ならば」は〝これが夢ならば(いいのに)〟の意。これを受けて「さてもあらで」は〝そうでもなくて(困る)〟の意になる。

(K)「手」は〝筆跡〟の意。「目も及ばず」で〝正視できないほどりっぱだ・すばらしい〟の意。「中将」が書いた手紙の筆跡が実にすばらしいものだったということである。

(L)やや難。「中将」の目元の美しさを見せたい対象について考えさせる設問。王朝における「色好み」とは「風流心」や「趣」にも通じるものである。1の「色好み」は正答の可能性があるが「恋の経験が豊富」という条件は過剰である。5も「風流」心に触れており正答の可能性があるが「道に打ち込んでいる」となるとやや過剰に見えてくる。傍線部の意味は〝ものごとを見知っているような人〟つまり〝ものごとを見る目があるような人〟であり、3が「趣」の語を用いた適切な表現になっている。

(M)副詞「なべて」は〝一様に、すべて、みな同じく〟の意。

(N)(a)過去の助動詞「き」の已然形。
(b)「言ふにや」は下に(あらん)等が省略されている。「に～あり」の形で、「に」は断定の助動詞「なり」の連用形である。

は一日中、ご自分のお部屋でぼんやりともの思いにふけって過ごしなさる。目もとのあたりなどは、ものごとの趣を見知っているような人に見せたくなるほど魅力がおありであるが、ただそのお心に残る方がいないばかりに、みなつらい男女の仲であるとしてそわそわと落ち着かず、いつまでももの思いに沈みがちであるのを、（姫君とのことを知らない）父宮、母上などは悲しくお思いになる。

◀解　説▶

(A)　（注）1の和歌の内容を踏まえて考える。和歌は〝（秋の夜であっても、あなたと逢っている間は）長いとはっきり判断することはできません。昔から（言われているように）逢う人による（逢う人によって感じ方の変わる）秋の夜なのですから〟の意である。「長しとも思ひぞはてぬ」については「思ひはつ（思ひ果つ）」（〝そうだとはっきり判断する〟の意）が係助詞「ぞ」によって強調されている（結びの一語「ぬ」は打消の助動詞「ず」の連体形）こと、ゆえに二句切れであることを押さえる。秋の夜の印象が「逢う人しだいで」「短く感じられること」に触れた1が適当である。

(C)　発言者は姫君つきの女房である少将である。傍線部(3)に続いて「うち嘆けば」とあるが、これは「悲嘆」ではない。「嘆く」には〝嘆願する〟という意味があり、ここはその用法である。「少将」は「中将」に対して、他の人に見られないように早く帰ることを促しており、4の「催促」が適当である。

(E)　「あきる」（呆る）は〝（予想外の事に対して）途方に暮れる・呆然とする〟の意。「給へ」は尊敬の補助動詞「給ふ」の已然形（あるいは命令形）、「る」は完了（存続）の助動詞「り」の連体形である。

(F)　「しかるべきこと」の中の助動詞「べき」は当然（～ハズダ）の意で、この部分は〝そうなるはずのこと〟と訳すことができ、〝前世からの因縁〟を意味する。傍線部(6)に続く部分の「昔の契り」も〝前世からの因縁〟の意であり、選択肢を見極める際のヒントになる。

(G)　傍線部(7)の後に「参らむ」「訪ねむ」「来む」などの語句が省略されていると考える。王朝物語に描かれる高貴な人のけずこの男性と逢瀬をもってしまった姫君の運命はどうなることかと、姫君の母や少将以外の女房たちといった）他の人は知らない嘆かしさは、どうしようもない。

中将は、帰り道でも、（姫君の）愛らしかった面影が、からだから離れないような気がして（姫君を）恋しく思うにつけても、いつの間に習った恋心かなどと、ぼんやりともの思いに沈んで帰宅して横におなりになっても、うとうと眠ることもおできにならないので、御硯を取り寄せなさって、早くもお手紙をお遣わしになった。誰をつてにとお思いになったが、ただ（昨夜、少将と言う名を）聞き知った通りに、「少将殿へと呼んで（この文を）取らせよ」と（使いの者に）お教えになるので、（使いの者は）その通りに訪ね（少将に）会った。

（少将は）胸騒ぎがして、「これが夢ならば（いいのに）。そうでもなくて（困ってしまう）」と処置に悩むにつけても、そうはいうもののやはり今朝の（中将のすばらしい）ご様子は忘れがたくて、（この手紙を姫君のもとに）お持ちして、御枕もとに置いたところ、（姫君は）目に入れようともなさらず、（夜具を）ひきかぶりなさるので、もっともなことであるが、（少将は手紙の内容を）知りたくて見てみると、

「あなたに見せたいものだ。憎らしい明け方の鶏の声のために涙に濡れたまま着た袖の様子を（あなたとの逢瀬を）知らなかった昔は（こんなに苦しい思いはしなかったのに）」などと書き流していらっしゃるご筆跡は、本当にすばらしいので、少将は、「これもそうなるはずの（前世から因縁があっての）ことでいらっしゃるのでしょう。（このように夜具に）埋もれて寝ていらっしゃっては、かえって人も妙に思い申し上げ、母上もきっと驚いてお騒ぎになるでしょう」と、慰め申し上げるが、（姫君は）お聞き入れにならない。（中将の）使いの者には、「お目にかけ申し上げたが無駄で（お返事は頂戴できませんで）した」と言って帰した。

（中将は）もしかすると、と思って待ちなさるが、お返事もないので、（姫君は昨夜のことで動揺していて返事などできるはずもないと）もっともだとお思いになった。ただひそかに、昨夜の月明かりで見えた（姫君の）姿だけがお心にかかって、自然と恋しく身に沁みて（自分の気持ちを）知りなさるにつけても、今日は日が過ぎるのまでも長い気がして、昼

(M)　1

(N)　(a)—7　(b)—5　(c)—8

◆全　訳◆

こんなにも長い（秋の）夜であるが「逢う人しだいで（長いとも思わない）」とか聞いたのも、どのような人にそのようなことがあるのだろうと、（以前の中将は）羨ましく思いなさったものだが、なるほど（その通りだ）と（姫君と逢った）今こそ思い知りなさって、まもなく（夜が）明けてしまうのも悲しく思いなさるが、（部屋を）お出になる。（姫君に仕える女房の）少将も「人が見ないうちに（お帰りくださいませ）」と嘆願するので、（中将は）もっともだとして外へ出なさる。そうはいうもののやはり（少将は、昨夜のことは）どのようなことなのかと知りたくて、（中将の）お見送りにお供をすると、没しようとする月がはっきりとしているなか、（中将は少将の）手をとりなさって、「（姫君もあなたも、昨夜のことを）どのようなことなのかと、呆然となさっているのも、もっともなことですが、何事もそうなるはずの（前世からの因縁があっての）ことです。思いもかけず（私が姫君を）心にかけ申し上げたのも、昔からの因縁あってのこととおわかりくださるならば、嬉しく思います」などと、並々ならず、お約束なさるにつけても、（中将が）「本当に、どのようなことなのだろう（＝これほど姫君を愛しく思うとは、どういう前世からの因縁なのだろう）」と、涙までもがこらえられずに出てくるようなお顔つきで、（出ていくのを）ためらいなさっているお姿は、いかにも（感情のない）岩や木でもきっと意に従うに違いないご様子である。（中将は）「必ず、夕暮れには（またお訪ねしましょう）」などと、言うことも（でき）ないので、少しうめきなさって、

明け方の別れはいつもしてきたが、今朝ほどつらい（夜明けを告げる）鶏の声を聞いたことはなかった

今になってあちらこちらで鶏の鳴く声もするので、（中将は）気落ちして、ほんの少し引き上げていらっしゃる御袴の裾まで、しなやかで美しく、御直衣の袖も（涙で）しおれた感じで、歩いて出なさるお姿は、すばらしいとはこれを言うのだろうかと（少将は）見申し上げるにつけても、（中将を）どなたとも存じ申し上げないが身に沁みて思われて、（思いが

ハ、第五段落の「この場合、上役から親しくされている稲井は、他人の目には、恵まれた、運のいい人間として映ったはずだ」といった表現から、合致すると見ることができる。

ニ、傍線部(5)にあるように「日本における復讐は『死』を前提とし」た場合に「恨みの感情も公認される」のであり、「日本において公認される復讐」という表現は不適当である。

ホ、松本清張による『真贋の森』の引用部分の内容と合致する。

三

出典　『あきぎり』〈上〉

解答

(A)　1

(B)　5

(C)　4

(D)　2

(E)　1

(F)　4

(G)　1

(H)　さしぬき

(I)　4

(J)　夢でもなくて（七字以内）

(K)　5

(L)　3

(E) 筆者は、松本清張が作品を通じて「アカデミズムの世界」の「内部における、特権者と非特権者とのあいだの嫉妬や憎しみを明るみにだした」と述べている。この「嫉妬や憎しみ」は同じ集団「内部」の他者に対して向けられているのであり、集団の外部へは向かっていない。5は「アカデミズムの世界」の外部への敵意について述べている点で、適当でないものとなる。

(F) 「日本における復讐」とは、第二段落で「嫉妬、恨み、あるいはそこから生ずる復讐欲」と記されていることから、「嫉妬や恨み」という「日本人の国民的感情」（第一段落）から生じた「復讐」心であることがわかる。また、傍線部(5)の次段落で、「ラディカルな価値の転換」すなわち「特権への復讐」は「自らをその価値体系の外に追放し、復帰の希望を絶つ決心をしてかか」るような「死」への「覚悟」がないと「不可能」であると述べられている。これらを踏まえているのは3である。以下、不適当な点を記す。

1、「単一の価値観が支配する日本」という記述はない。

2・4、ともに「復讐」の定義が不適当である。

5、「日本には異なる価値観による批判が根づいて」いないことは、本文で触れられていない。

(G) 一つめの空欄bの一文前に「真実らしさの外観をつぎつぎとめくってい」くという行為が記されており、これが「作業」の内容である。「剝落」は〝はがれおちること、はげおちること〟の意。それぞれの選択肢の熟語の漢字を記しておく。1、剝製。2、迫真。3、薄情。4、拍車。5、伯仲。

(H) イ、ほぼ第一段落の言い換えになっている。本文では「嫉妬や怨恨はしばしば私利私欲に関わる」ことが明記されていないが、「職場」の例のなかの「すぐ一つ上の地位にあこがれ」ることや、「学界の不合理さ」の例のなかで記されている「特権者が、自らの特権をまもる」ことは「私利私欲」にあてはまる。

ロ、松本清張は「虚栄に満ちた日本社会を憎悪して」「復讐を果たそうとした」わけではなく、「日本人の社会生活を支配する基本的な感情の構造をあばきだした」（第一段落）のである。

◀解　説▶

(A) 「怒り」になぜ「ある種の美しさ、崇高さ」が備わるのかを考える。本文の終わりから四つめの段落の末尾に「怒り」の語があり、そこで「怒りや憎しみ」の「完成」形として「公然たる行為となって相手をうち、相手を倒すこと」に触れられている。これを「公然と立ち向かうこと」と表現し直した2が適当である。

(B) 傍線部(2)の次段落冒頭の「多数の競争相手にとりかこまれ」た「息づまるような生活」や、傍線部(3)の次文の「ヒエラルキーのきびしい集団内部における憎悪」といった表現に注目する。このような集団における近しい他者との差異は「相手との距離が小さいほど」過剰に意識されるのである。このことを適切に示したのは2である。以下、不適当な点を記しておく。

1、集団内部の当事者に他者との差異が意識されていることが条件であり、「甲乙がつけがた」い状況では不十分である。

3、相手の「長所」や「正当性を認め」た上でのあきらめではない。

4、近しい人との立場の差異に言及していない。

5、「本音」を隠せないことからおこる摩擦なのではなく、その「本音」の中身そのものの問題である。

(C) 空欄aの前の部分で、「磯野」が「自分だけは出世して、私を冷い眼でみて愉しんでい」ながら「私を酒や遊びに誘う」ことが「私にとっては屈辱であった」ことが記されている。「磯野」が重役になった後も、同じように「私」を遊びに誘って蔑むであろうことが予想されるので、「私」は「堪らな」くなるのである。

(D) 語句を「　　」でくる場合、本来の意味とは異なる意味を表す場合がある。ここではこの用法が採られており、単なる強調のための鉤括弧ではない。本来であれば復讐は「敵」に対して行われるはずであるが、ここでの復讐は、他人からすると身近にいる「味方」だと思われているような存在に対して行われる。このように「敵」と「味方」の意味が「一般的通念とは異な」っているのである。

二

出典　山田稔「現代の復讐者・松本清張」(『思想の科学』第二四号　中央公論社)

解答

(A)　2
(B)　2
(C)　1
(D)　4
(E)　5
(F)　3
(G)　1
(H)　イ―1　ロ―2　ハ―1　ニ―2　ホ―1

◆要　旨◆

嫉妬や恨みは一般に悪しき感情とされるが、これは日本人の社会生活を支配する基本的な感情ではないか。この構造をあばきだした松本清張は「国民的作家」と言える。清張が描く嫉妬や恨みから生ずる復讐欲の特徴として挙げられるのは、それらの感情が身近な人間に向けられ、相手との距離が小さいほど強さを増すことである。これはヒエラルキーのきびしい会社組織などの集団内部での憎悪のあり方と関連がありそうだ。また、同一の集団内部の陰湿な敵意は、清張の場合、アカデミズムの世界の不合理さをめぐって露骨にあらわれ、特権者・非特権者間の嫉妬や憎しみが明らかにされる。

日本における復讐は「死」を前提とし、その場合に恨みの感情も公認されうることがあるが、清張がこういったことを描いたのは、特権者に対する嫉妬のほかに、特権者の飾られた外観への疑惑があり、人間の真贋を見究めるための剝落作業を行っていたからである。ただし一方で、清張は「死」を覚悟したラディカルな価値の転換の挫折のさまも描いている。

換えて説明しているのは2だけであり、他の選択肢はすべて「第一次的現実」による「思考」を上位に置いている。

(D) 傍線部⑷の前文に「新しいシステムを考えないといけないことが多い」とある。この「新しいシステム」とは、「行動と知的世界とをなじませる」ための「システム」である。この「システム」の構築が難しいので傍線部⑷のような状況に陥るのである。このことを踏まえているのは4である。なお、傍線部⑷では「散発的」であっても「社会人の思考」や「知恵」が生まれている状況が想定されているが、4以外の選択肢はすべて「社会人の思考」がなされるよりも前の段階の内容を扱っている。

(E) 筆者は本文後半で〈もっと第一次的現実にもとづく思考、知的活動に注目する必要がある〉と述べ続けており、最終段落の初めの部分で「仕事をしながら、普通の行動をしながら考えたことを、整理して、新しい世界をつくる」という「ナマの生活」における「思考」のあり方を端的にまとめている。この部分に「第一次的現実」というキーワードを組み込んでまとめるとよい。

(F) イ、第三段落の内容と合致する。

ロ、傍線部⑵の前段落の内容と合致する。

ハ、傍線部⑵の部分で記されているように、筆者は「強力な映像による第二次的現実」の「出現」を問題視しているのであり、「強力な映像による現実が思考に活力をもたらす」とは言えない。

ニ、「サラリーマンの思考は、第一次的現実に根をおろしていることが多い」と記されているが、「仕事で忙しい社会人ほど」「知的活動に没入」するという相関については述べられていない。

ホ、終わりから二つめの段落の内容と合致する。

◀解　説▶

(A)　やや難。傍線部(1)の次文で「第一次的現実をはっきり認識するために」「第二次的現実の立場が必要」だと述べられている。「第一次的現実」としての「物理的世界の意味」を「明確に認識」するために「第二次的現実の形成」に向かったということを述べた4が適当である。以下、不適当な点を挙げる。

1、「観念的な世界」としての「第二次的現実」を重んじる立場からの発想になっていない。

2、「第一次的現実」の「否定」については第三段落で記されているが、これが「第二次的現実の形成」を後押ししているわけではない。

3・5、「現実」には「第一次的現実」と「第二次的現実」の「二つ」があり、「第二次的現実」のみで「現実」が作られたり、認識されたりするわけではない。

(B)　傍線部(2)の前段落で「ブラウン管から見えてくるものはいかにもナマナマし」く、「第一次的現実であるかのような錯覚を与えがちだ」と記されている。この「錯覚」によって、「映像」が「第二次的現実であることを忘れてしまう」ことが問題なのであり、この点で「現代の知的生活を複雑にしている」のである。このことから「錯覚」を「思い込んでしまう」と言い換えて説明した3が適当である。以下、不適当な点を記す。

1、「情報過多」のみでは解答として不十分である。

2・5、本文で記されていない内容である。

4、「第二次的現実が第一次的現実の現実感を強め」るのであれば、「第一次的現実」の存在が前提としてあることになり、「第一次的現実であるかのような錯覚」が与えられることにつながらない。

(C)　傍線部(3)の前段落で「従来、ものを考えるといえば、まず、第二次的現実の次元であった」とあるように、「近代人」が「第二次的現実」による「思考」を上位に置き、「第一次的現実」による「思考」を下位のものと見ていたことを「知の階級制度」と言っている。この関係について「第二次的現実」と「第一次的現実」のそれぞれを具体的に言い

▲二月八日実施分▼

一

出典　外山滋比古『思考の整理学』〈Ⅵ　第一次的現実〉（ちくま文庫）

解答

(A)　4

(B)　3

(C)　2

(D)　4

(E)　第一次的現実の場で生まれる考えや知恵を整理し、新しい世界をつくる思考。（三十五字以内）

(F)　イ―1　ロ―1　ハ―2　ニ―2　ホ―1

◆要　旨◆

わたしたちには二つの現実があり、外界の物理的世界を第一次的現実とするなら、頭の中に作られた世界は第二次的現実である。この第一次的現実の意味をはっきりと認識するために、第二次的現実の立場が求められてきた。従来の第二次的現実は文字と読書によって組み立てられていたが、テレビの登場とともに強力な映像による新たな第二次的現実が出現した。テレビの映像はわたしたちにそれが第一次的現実であるかのような錯覚を与え、現代の知的生活は複雑になった。このような第二次的現実が第一次的現実を圧倒している時代においては、あえて第一次的現実にもとづく思考、知的活動に注目する必要がある。現代の第二次的現実に従った知的活動は模倣的で、真に創造的でないところがある。この状況に活力を与えるためにも、社会人が仕事をしながら考えたこと、第一次的現実から生まれた知恵を整理し、新しい世界を作っていく必要がある。また、このような知恵を思いつきに終わらせないためのシステムが構築されねばならない。

適宜まとめて言い換えている部分をたどりながら展開を見極めていく必要がある。設問は書き取りと語意、空所補充の他は内容説明の選択問題であり、特に(C)・(E)・(G)はやや難の設問である。本文に出てくる現代語の意味や定義を把握しながら、丁寧に読み進め、選択肢を吟味していく必要がある。

三の古文は、平安時代後期頃成立の説話集からの仏教説話の出題。菩薩が美女に生まれ、女性に興味をもつ者を方便で仏道に導くという型の説話であり、本文そのものは読み取りやすいものであった。ほぼすべての設問が基本的な古語の語意にかかわるものであるが、(D)・(G)・(H)のように、一見語意が問われているようでありながら、前後の文脈からとらえられる内容を踏まえて解答しなければならないものも含まれているので、慎重に読み解いていきたい。また、助動詞の意味を識別させる設問も出題されており、基本的な文法事項を押さえておく必要がある。

の場合、「婉曲」の意となる。
(b)　推量の助動詞「べし」は強い推量を表し、ここは「命令」（～セヨ）や「適当・勧誘」（～ノガヨイ）の意があてはまる。
(M)
合致しない部分について説明する。
ロ、傍線部(6)を含む「女」の発話を受けて「女房たち」は「笑」っているので、「同情」という感情をとらえることはできない。
ニ、最終段落で、「行基菩薩」が「姫君」として生まれて「智光」を導いたことが明かされている。「姫君はひそかに行基菩薩の力を借り」たわけではない。

❖講　評

一の評論は、自然の無限性に向かって開かれた文学作品を分析することで、人間の不可解な実相を了解していくという文学研究の方法について論じた文章からの出題。文章そのものの論理展開は明快であり、読解しやすい評論文であるが、文学作品を解釈することに対する具体的イメージが備わっていない場合は、多少の理解しにくさが残ったかもしれない。日頃から人間の洞察につながるような文学作品の読解に慣れ親しんでおきたいところである。設問はほとんどが内容説明の選択問題であり、本文の論理展開を追いかけるかたちで設問が構成されており、設問を解きながら内容を把握できるように工夫されている。(G)の制限字数つきの論述問題は、本文全体の要約の要素を含んでいる点に注意して論述したい。

二の評論は、他者を理解することに関して、他者を置き換え不可能な存在としてとらえ、他者との通約できない関係の経験を反復していくことの重要性を論じた文章からの出題。出題部分の前後の内容が切り取られた状態で問題文だけを読み進めるには、やや骨の折れる評論文であり、特に哲学者レヴィナスの翻訳の引用部分は読み取りにくく、筆者が掘って、なみなみでないほどの贅沢を「尽せり」（＝〝尽くしている〟）という描写から、長者の裕福な暮らしぶりがうかがえる。

(D) 傍線部(4)に続く部分に「母怪しみて、その故をあながちに問ふ」とあるので、「真福田丸」が寝込んでしまった原因が不確かだったことがわかる。「その事となく」は〝特定の病にかかったというわけでもなく〟の意で、病の原因として身体に悪い部分が認められなかったのである。

(F) 連体詞「させる」は、下に打消の語を伴って〝これといった・たいした（ことはない）〟の意である。

(G) 「やすき事なり」は〝たやすいことである〟の意。これに続く部分で「童も親もかしこまりて、喜びて起き上がり」とあり、また、次の段落で「姫君」が今後の「忍びて文など通はさむ」ことを想定して発話していることから、「姫君」が「真福田丸」の恋心を許容したことがわかる。

(H) 「その事となき法師」とは〝特にこれという（姫君に近づく）理由のない法師〟のことである。正解は1。「姫君」は「真福田丸」に対して「法師」として「祈りせさするやうにもてなさん」と言っており、祈禱のために「心経、大般若など」を学ばせようとしているのである。傍線部(8)には5のような具体的な内容は含まれていない。

(I) 副詞「いつしか」は〝早く〟の意で、実現を待ち望む心情を表す。修行している「真福田丸」が早く故郷に帰りたいと思う理由は、姫君に逢いたいからである。

(J) 空欄に続く部分に「貴き上人にてぞおはしける」とあり、「真福田丸」が高徳の僧になったことがわかる。「道心」は〝仏法を深く信じる心〟のことであり、高徳の僧につながるものである。

(K) 「こしらふ」（誘ふ・慰ふ）は〝とりなす、とりはからう、とりつくろう、言葉たくみに誘う〟の意。直前の「方便」は〝仏・菩薩が人々を真の教えに導くために用いる便宜上の手段〟のことであり、「こしらふ」は、この「方便」を受けてのとりなしである。

(L) (a) 「ん」の下に「こと」などの名詞が省略されており、「ん」は連体形である。推量の助動詞「む（ん）」が連体形いのは、よくない。勉強をしなさい」と。童は、また勉強をして、物の道理を見きわめるほどになった。また（姫君が）言うことには、「（私のもとへ）そっと通ってくる時に、童（の姿）では、みっともない。法師になるのがよい」と。（童は）すぐに出家した。また（姫君が）言うことには、「特にこれといった理由もない法師が（私に）近づくのは、奇妙なことだ。般若心経や、大般若経などを誦むがよい。祈禱をさせるように取り扱おう」と言うので、言われるのに従って誦んだ。また（姫君が）言うことには、「さらに、少し修行しなさい。夜居の僧が加持祈禱するようにして（私に）近づきなさい」と言うので、（童は）また修行に出立した。姫君はあわれんで、藤袴を用意して与える。片袴を、姫君自身が縫った。（童は）これを着てあちこち修行し歩いているうちに、この姫君は、むなしく病にかかって亡くなってしまった。（童は）このように修行して回って、早く（姫君に逢いたいと思いつつ）帰ったところ、「姫君は亡くなってしまった」と聞いて、悲しいことこの上ない。それ以来仏道を信じる心が心底からおこったので、あちこち修行し回って、尊い高徳の僧におなりになった。名を智光と申し上げた。最後は極楽に往生したのだった。

残された弟子たちが、（智光の）供養のために、行基菩薩を導師としてお招き申し上げたが、（行基は）礼盤に上って、「真福田丸の藤袴、私が縫った片袴」と言って、ほかの事は言わないで（台から）下りなさった。弟子たちが不思議に思って、（行基に）尋ね申し上げたところ、「亡くなった智光は、必ず往生するはずの人であった。（それなのに）思いがけず迷いの道に入ってしまったので、私が、真の教えに導くための便宜上の手段として、このように取りはからったのだ」とおっしゃった。

行基菩薩は、この智光を（仏道に）導くために、仮に長者の娘としてお生まれになったのであった。行基菩薩は文殊菩薩（の生まれ変わり）である。真福田丸は智光の幼名である。だから、このように、仏や、菩薩も、男や女になって（衆生を仏道に）お導きになったのである。

▲解　説▼

(A)　「長者」は〝富豪、大金持ち〟、形容詞「いみじ」は〝はなはだしい、なみなみでない〟の意。邸内に山を築き、池を

(K)　5

(L)　(a)－3　(b)－7

(M)　イ－1　ロ－2　ハ－1　ニ－2　ホ－1

◆全　訳◆

今となっては昔のことだが、大和の国に長者がいた。家には山を作り、池を掘って、なみなみでないほどの贅沢を尽くしていた。門番の女の子供である童で、真福田丸という者がいた。春、池のほとりに行って、芹を摘んでいた間に、この長者の大切に育てている姫君が、外に出て遊んでいたのを見ると、（姫君の）容貌は言いようがないほど美しい。これを見てから後、この童は、（姫君への）身分不相応な恋心をおこして、嘆き続けているが、（姫君に）このように思っているとだけでもほのめかして言う手段もなかったので、とうとう病気になって、身体のどこが悪いということはなく臥せってしまったので、母は不思議がって、その理由を強引に問うたところ、童は、事実そのままを（母に）語る。（姫君に恋心をおこすなど）まったくあるべきことではないので、（叶わぬ恋の病に臥せっている）自分の子が死んでしまうことを嘆いているうちに、母もまた病気になった。

その時、この家に仕える女房たちが、この女の居宅で遊ぼうということで、入って見ると、二人が、病気で臥している。不思議に思って聞いたところ、女が言うことには、「これといった病気ではない。これこれのことがございますのを、思い嘆いたことで、親子とも死にそうになっているのである」と言う。女房たちは笑って、このことを姫君に語ると、（姫君は）気の毒に思って、「たやすいことだ。早く病気から回復せよ」と言ったので、童も母親もありがたく思って、喜んで起き上がって、食事などをして、元のようになった。

姫君が言うことには、「秘かに手紙などをやりとりするとしたら、（あなたが）文字を書けないのは、残念です。字を習いなさい」と。童は、喜んで、一日か、二日のうちに習得した。また（姫君が）言うことには、「私の父が亡くなるのはそう先のことではない。（父の）死後は、何事も（あなたに）取りはからわせようと思うが、（あなたが）学問をしていな関係の経験」なのであり、この「経験を反復すること」が「保持されるべき」だ、という主張が見えてくる。ここに「他者理解の過程」も見てとれよう。この内容に合致するのは3である。以下、不適当な点を記す。

1、後ろから二つ目の段落で否定されている「たがいに通約不能なもの……無理やり同一のものへと縫合する」ことの言い換えになっている。

2・4、本文では「不等性」の「解消」や「同一性へ」の「収斂」は不可能だとしている。

5、「他者」を「置き換え不可能な存在」ととらえているのはよいが、そこにある「関係の経験」を「反復」することに触れていない。

三

出典 『古本説話集』〈真福田丸事 第六十〉

解答

(A) 3
(B) 2
(C) 5
(D) 3
(E) 2
(F) これといった（七字以内）
(G) 4
(H) 1
(I) 4
(J) 1

している。

2、本文に「媒介者の役割をはたす第三項の周囲に必然的に生じる集団性」という表現は見られるが、これをそのまま「集団を作り出す」とは読み替えられない。

3、「意のままに取り替えることができる」という表現が不適当である。

5、「異質性を用いて」とあるが「媒介となる」のは「共通のもの」である。

(F)

空欄bの直前部分で述べられているのは、ここでの「他者」は「もうひとりのわたし自身」ではなく、「中立化された他者」であり、「自己同一性」（＝〝自分がなにものであるかがわかっており、自分が自分であることを確信していること〟）すなわち「自分自身」につながっているものである。空欄bに語句を補った場合に「自己同一性」の意味から離れていかない語を選択する。

(G)

やや難。「〈同化〉の思考」とは、傍線部(3)の二文前で述べられている「包摂や綜合といった〈同化〉の操作」をもたらす「思考」であり、設問(E)の解説で触れた「全体性の思考」のことである。「他者」を「もうひとりのわたし自身」として「置き換え可能な存在」とした上で、「全体性」を「生きる世界をひとつにまとめあげようとする」と言い換えた2が適当である。以下、不適当な点を記す。

1、「わたし自身」を「他者の他者性に合わせていこうとする」点で「他者」が「置き換え」不「可能な存在」となる。

3、ここで触れられているような「内部の認識枠組を強固に」するといった記述は本文にない。

4、「全体性」に触れていない。

5、1と同じく「お互いの共通点や相違点を認め」る点で「他者」が際立っている。

(H)

本文の最終部分で筆者の考えがまとめられている。言葉を並べ替えてみると、「他者を理解するといういとなみは」、「他者にふれればふれるほど」「差異」と「それぞれの特異性が、きわだってくる」という「通約されることのないれるものではなく、他者に触れることでその差異と特異性が際立ってくるという経験の反復から始まるものなのである。

◀解　説▶

(B)　(あ)「称揚」は〝ほめたたえること、ほめあげること、称賛〟の意。
(い)「与る」は〝関係する、関与する、かかわりをもつ〟の意。

(C)　やや難。傍線部(1)の前段落に「多様性の議論が、人びとを彼らの世界のなかに隔離し、幽閉しようという《認識論的アパルトヘイト》の主張になってしまう」とある。「わたしたち」が「《認識論的アパルトヘイト》的状況に陥るしかないのかどうかを確かめるために、「他の人たちの生をじぶんたち自身が磨いたレンズを通して見る」ことの「吟味」が必要なのである。1にある「世界や他者を自分なりの見方で見ること」について「そのようにしか見られない」と考えることが「《認識論的アパルトヘイト》」の状況であり、1は「《認識論的アパルトヘイト》」への対抗的措置としての「吟味」につながる内容となっている。なお、本文では「多様性」について言及されており、2の「多様性」の語に引っ張られる恐れがある。ただし、最後から二つ目の段落で述べられている「多様性」は「何かとしてまとめることのできない多様性」と意味づけられており、2の「多様性を認め合っていけるかどうか」といったレベルの「多様性」とは異なっているため、不適当である。

(D)　空欄aの直前にある「〈同〉が地球市民にまで拡げられ」という表現に注目し、「地球市民」の「延長線上」にあるものとして「人類」の語を選択する。

(E)　やや難。傍線部(2)にある「特権」とは同段落の「自己と他者とをともに包摂しうる第三者」に備わったものであり、ここではその存在が否定されている。この「第三者の思考」について、傍線部(2)の次文で「それぞれに特異な者たちの関係をいわば上から俯瞰して、それを相互的・共同的なものとして取り扱うような」「全体性の思考」であると説明されている。この「全体性」にまで説明が及んでいるのは4である。各選択肢の不適当な点を記しておく。

1、「他者性の中立化」が前提となっているが、後半の「第三者が自他の共通性を見出す」こととの因果関係が逆転

二

出典　鷲田清一『〈ひと〉の現象学』〈8　ワン・オブ・ゼム──「多様性」という名のアパルトヘイト〉（ちくま学芸文庫）

解答

(A)　(イ)幽閉　(ロ)融合

(B)　(あ)─5　(い)─2

(C)　1

(D)　6

(E)　4

(F)　5

(G)　2

(H)　3

◆要　旨◆

異文化との接触において、わたしたちは他者の生をじぶんたち自身が磨いたレンズを通してしか見られないのだとしたら、多様性を称揚しながらも、独我論的な世界しかもてないことになる。他者を理解するとはどういうことなのか、さらに吟味されねばならない。他者を理解することを他者と同じ考えになることだと考える人は多いが、そこでは他者の考えをじぶんに置き換えるうちに徐々に理解可能なものに変わっていくというプロセスがとらえられている。これに対して、このような理解の深まりのプロセスは他者理解とは関係がなく、むしろ他者理解から遠ざかるというレヴィナスの見方がある。それぞれに特異な者たちの関係を俯瞰してとらえた全体性の思考のなかにある他者性というものは、自己同一性の裏返しでしかないのであり、レヴィナスは多様性を〈同化〉の思考のうちへと回収することなく、こういった全体性の思考と絶縁することを求めている。他者との関係は交換可能なものではないのであり、通約されることのない関係の経験が保持されるべきである。他者を理解するいとなみとは、他者とのあいだに共有できることがらを見いだすかたちで拡張さ

(D) 文学研究の「出発点」とは、第一段落で記されているように、「作品そのもの、テキストそのものを読む」ことである。一方、「終着点」とは、第二段落で記されているように、「広い意味での自然」「広大な自然のなかで人間が生きているという事態」へ「眼差し」を向け「できるだけ近づく」ことである。傍線部(3)を含む段落では、この「出発点」と「終着点」とを逆転させてみせる。すなわち、ある人間がそういう方向を持った眼差しを生まれつき持っており、それゆえ「たまたま自分の出会った文学作品に愛着を覚え」ることになるという逆転である。この因果関係について正しく説明しているのは4である。

(E) 傍線部(4)は、人間とは「自然」の内側にあることが絶対的に規定された存在であり、その外側には出られないことを伝えている。「想像力などの助けを借りて、外側に出たと幻想すること」はできても、「それは結局幻想に過ぎ」ず、「外側に出ることは」「宿命的に」「できない」のである。このことを「自然の無限性」に触れながら言い換えた3を選ぶ。

(F) 傍線部(5)で述べられている「秀れた」「芸術作品」が「本質的に完結していない」ことについて、傍線部(5)の次文で「必ず何処かに未完成なところ、自然の無限性へ向かって開いているところがある」と言い換えられている。このことに合致するのは5である。

(G) 基本的には最終段落の語句に注目しながらまとめていくが、本文全体を意識した要約になるようキーワードになる語を的確に用いること。「文学研究」とは、「作品の持つ芸術としての必然的非完結性」を手掛かりに、「世界の無限性へ向けて」「分析、展開」することで、「人間が置かれた不可解な事態の実相に接近し」「了解する」行為である。これを四十字以内の表現に改めるために、〔解答〕では「非完結性」について、終わりから二つめの段落にある「未完成なところ、自然の無限性へ向かって開いているところがある」という部分を用い、さらに「人間」の定義も踏まえて記している。

れた芸術作品は完結しているように見えても、未完成な、自然の無限性へ向かって開かれているところがあるのだ。生まれながらにして無限のなかに放置されていることを不可解だと感じる人間は、自然の無限性へ向かって開かれた芸術作品を対象にして分析することで人間が置かれた不可解な実相に接近し、了解しようとする。これが文学研究の作業なのである。

◀解　説▶

(A) 空欄の次文で「自分の頭の体操をして、その動きの良さを誇示してみせるのも確かになかなか楽しいこと」だと記されていることから、「誇示してみせる」ことにつながる1を選ぶ。「展示場」の語には見せびらかすイメージが含まれている。

(B) 終わりから二つめの段落で「芸術」と「文化」についての比較として、「文化」は「自然の無限性に対抗し、そのなかで人間が支配する有限の領域をわがものとして囲い込む意志である」と記されており、「文化」が「人間」を優位に置いていることに触れられている。

(C) 傍線部(2)を含む段落で、まず述べられているのは、人間は「自然」を「分節化」(＝対象に区切りを入れて意味づけること)して「さまざまな相」でとらえるが、根元の「自然」は「分節化」されない「ひとつ」のものだということである。このことに触れたのは3である。こういった「ひとつの自然」(「時空そのもの、無限性そのもの」としての「自然」)のなかで営まれる「人間の生を了解することが、文学研究の眼差しの向く方向」なのである。以下、不適当な点を記す。

1、「人類の歴史」と「自然の歴史」の順序については述べられていない。

2、実際に人間は「宇宙、生命、存在、世界」などと意味づけながら「分節化」している。

4、「根元」としての「ひとつの自然」という見方に反する。

5、このような因果関係は本文に記されていない。

国語

▲二月六日実施分▼

一

出典　柴田翔『闊歩するゲーテ』〈第3章　文学研究方法私的序説あるいは山の登り方についておよび実例の試み〉（筑摩書房）

解答

(A)　1

(B)　4

(C)　3

(D)　4

(E)　3

(F)　5

(G)　自然の無限性へ開かれた芸術作品を分析し自然の内側にいる人間の実相を了解する行為。（四十字以内）

◆要　旨◆

あらゆる文学研究の出発点は作品そのものを読むことであるが、終着点は無限性としての自然のなかで営まれる人間の生に眼差しを向けて了解することであり、ここに文学研究の本質がある。有限の存在である人間は無限の存在である自然の内側にいるがゆえに、宿命的にその限界を知ることができず、無限の外側を想像することは、結局幻想に過ぎない。秀

//////////////////// · memo · ////////////////////

//////////////////// · memo · ////////////////////

//////////////////// · memo · ////////////////////

////////////////////// · memo · //////////////////////

////////////////////// · memo · //////////////////////

教学社 刊行一覧

2025年版 大学赤本シリーズ

国公立大学（都道府県順）

374大学556点
全都道府県を網羅

全国の書店で取り扱っています。店頭にない場合は，お取り寄せができます。

1 北海道大学（文系−前期日程）
2 北海道大学（理系−前期日程） 医
3 北海道大学（後期日程）
4 旭川医科大学（医学部〈医学科〉） 医
5 小樽商科大学
6 帯広畜産大学
7 北海道教育大学
8 室蘭工業大学／北見工業大学
9 釧路公立大学
10 公立千歳科学技術大学
11 公立はこだて未来大学 総推
12 札幌医科大学（医学部） 医
13 弘前大学 医
14 岩手大学
15 岩手県立大学・盛岡短期大学部・宮古短期大学部
16 東北大学（文系−前期日程）
17 東北大学（理系−前期日程） 医
18 東北大学（後期日程）
19 宮城教育大学
20 宮城大学
21 秋田大学 医
22 秋田県立大学
23 国際教養大学 総推
24 山形大学 医
25 福島大学
26 会津大学
27 福島県立医科大学（医・保健科学部） 医
28 茨城大学（文系）
29 茨城大学（理系）
30 筑波大学（推薦入試） 医 総推
31 筑波大学（文系−前期日程）
32 筑波大学（理系−前期日程） 医
33 筑波大学（後期日程）
34 宇都宮大学
35 群馬大学 医
36 群馬県立女子大学
37 高崎経済大学
38 前橋工科大学
39 埼玉大学（文系）
40 埼玉大学（理系）
41 千葉大学（文系−前期日程）
42 千葉大学（理系−前期日程） 医
43 千葉大学（後期日程） 医
44 東京大学（文科） DL
45 東京大学（理科） DL 医
46 お茶の水女子大学
47 電気通信大学
48 東京外国語大学 DL
49 東京海洋大学
50 東京科学大学（旧 東京工業大学）
51 東京科学大学（旧 東京医科歯科大学） 医
52 東京学芸大学
53 東京藝術大学
54 東京農工大学
55 一橋大学（前期日程）
56 一橋大学（後期日程）
57 東京都立大学（文系）
58 東京都立大学（理系）
59 横浜国立大学（文系）
60 横浜国立大学（理系）
61 横浜市立大学（国際教養・国際商・理・データサイエンス・医〈看護〉学部）
62 横浜市立大学（医学部〈医学科〉） 医
63 新潟大学（人文・教育〈文系〉・法・経済科・医〈看護〉・創生学部）
64 新潟大学（教育〈理系〉・理・医〈看護を除く〉・歯・工・農学部） 医
65 新潟県立大学
66 富山大学（文系）
67 富山大学（理系） 医
68 富山県立大学
69 金沢大学（文系）
70 金沢大学（理系） 医
71 福井大学（教育・医〈看護〉・工・国際地域学部）
72 福井大学（医学部〈医学科〉） 医
73 福井県立大学
74 山梨大学（教育・医〈看護〉・工・生命環境学部）
75 山梨大学（医学部〈医学科〉） 医
76 都留文科大学
77 信州大学（文系−前期日程）
78 信州大学（理系−前期日程） 医
79 信州大学（後期日程）
80 公立諏訪東京理科大学 総推
81 岐阜大学（前期日程） 医
82 岐阜大学（後期日程）
83 岐阜薬科大学
84 静岡大学（前期日程）
85 静岡大学（後期日程）
86 浜松医科大学（医学部〈医学科〉） 医
87 静岡県立大学
88 静岡文化芸術大学
89 名古屋大学（文系）
90 名古屋大学（理系） 医
91 愛知教育大学
92 名古屋工業大学
93 愛知県立大学
94 名古屋市立大学（経済・人文社会・芸術工・看護・総合生命理・データサイエンス学部）
95 名古屋市立大学（医学部〈医学科〉） 医
96 名古屋市立大学（薬学部）
97 三重大学（人文・教育・医〈看護〉学部）
98 三重大学（医〈医〉・工・生物資源学部） 医
99 滋賀大学
100 滋賀医科大学（医学部〈医学科〉） 医
101 滋賀県立大学
102 京都大学（文系）
103 京都大学（理系） 医
104 京都教育大学
105 京都工芸繊維大学
106 京都府立大学
107 京都府立医科大学（医学部〈医学科〉） 医
108 大阪大学（文系） DL
109 大阪大学（理系） 医
110 大阪教育大学
111 大阪公立大学（現代システム科学域〈文系〉・文・法・経済・商・看護・生活科〈居住環境・人間福祉〉学部−前期日程）
112 大阪公立大学（現代システム科学域〈理系〉・理・工・農・獣医・医・生活科〈食栄養〉学部−前期日程） 医
113 大阪公立大学（中期日程）
114 大阪公立大学（後期日程）
115 神戸大学（文系−前期日程）
116 神戸大学（理系−前期日程） 医
117 神戸大学（後期日程）
118 神戸市外国語大学 DL
119 兵庫県立大学（国際商経・社会情報科・看護学部）
120 兵庫県立大学（工・理・環境人間学部）
121 奈良教育大学／奈良県立大学
122 奈良女子大学
123 奈良県立医科大学（医学部〈医学科〉） 医
124 和歌山大学
125 和歌山県立医科大学（医・薬学部） 医
126 鳥取大学 医
127 公立鳥取環境大学
128 島根大学 医
129 岡山大学（文系）
130 岡山大学（理系） 医
131 岡山県立大学
132 広島大学（文系−前期日程）
133 広島大学（理系−前期日程） 医
134 広島大学（後期日程）
135 尾道市立大学 総推
136 県立広島大学
137 広島市立大学
138 福山市立大学 総推
139 山口大学（人文・教育〈文系〉・経済・医〈看護〉・国際総合科学部）
140 山口大学（教育〈理系〉・理・医〈看護を除く〉・工・農・共同獣医学部） 医
141 山陽小野田市立山口東京理科大学 総推
142 下関市立大学／山口県立大学
143 周南公立大学 新 総推
144 徳島大学 医
145 香川大学 医
146 愛媛大学 医
147 高知大学 医
148 高知工科大学
149 九州大学（文系−前期日程）
150 九州大学（理系−前期日程） 医
151 九州大学（後期日程）
152 九州工業大学
153 福岡教育大学
154 北九州市立大学
155 九州歯科大学
156 福岡県立大学／福岡女子大学
157 佐賀大学 医
158 長崎大学（多文化社会・教育〈文系〉・経済・医〈保健〉・環境科〈文系〉学部）
159 長崎大学（教育〈理系〉・医〈医〉・歯・薬・情報データ科・工・環境科〈理系〉・水産学部） 医
160 長崎県立大学 総推
161 熊本大学（文・教育・法・医〈看護〉学部・情報融合学環〈文系型〉）
162 熊本大学（理・医〈看護を除く〉・薬・工学部・情報融合学環〈理系型〉） 医
163 熊本県立大学
164 大分大学（教育・経済・医〈看護〉・理工・福祉健康科学部）
165 大分大学（医学部〈医・先進医療科学科〉） 医
166 宮崎大学（教育・医〈看護〉・工・農・地域資源創成学部）
167 宮崎大学（医学部〈医学科〉） 医
168 鹿児島大学（文系）
169 鹿児島大学（理系） 医
170 琉球大学 医

2025年版　大学赤本シリーズ

国公立大学 その他

171 〔国公立大〕医学部医学科 総合型選抜・学校推薦型選抜※ 医 総推
172 看護・医療系大学〈国公立 東日本〉※
173 看護・医療系大学〈国公立 中日本〉※
174 看護・医療系大学〈国公立 西日本〉※
175 海上保安大学校／気象大学校
176 航空保安大学校
177 国立看護大学校
178 防衛大学校 総推
179 防衛医科大学校（医学科） 医
180 防衛医科大学校（看護学科）

※No.171～174の収載大学は赤本ウェブサイト（http://akahon.net/）でご確認ください。

私立大学①

北海道の大学（50音順）

201 札幌大学
202 札幌学院大学
203 北星学園大学
204 北海学園大学
205 北海道医療大学
206 北海道科学大学
207 北海道武蔵女子大学・短期大学
208 酪農学園大学（獣医学群〈獣医学類〉）

東北の大学（50音順）

209 岩手医科大学（医・歯・薬学部） 医
210 仙台大学 総推
211 東北医科薬科大学（医・薬学部） 医
212 東北学院大学
213 東北工業大学
214 東北福祉大学
215 宮城学院女子大学 総推

関東の大学（50音順）

あ行（関東の大学）

216 青山学院大学（法・国際政治経済学部－個別学部日程）
217 青山学院大学（経済学部－個別学部日程）
218 青山学院大学（経営学部－個別学部日程）
219 青山学院大学（文・教育人間科学部－個別学部日程）
220 青山学院大学（総合文化政策・社会情報・地球社会共生・コミュニティ人間科学部－個別学部日程）
221 青山学院大学（理工学部－個別学部日程）
222 青山学院大学（全学部日程）
223 麻布大学（獣医、生命・環境科学部）
224 亜細亜大学
226 桜美林大学
227 大妻女子大学・短期大学部

か行（関東の大学）

228 学習院大学（法学部－コア試験）
229 学習院大学（経済学部－コア試験）
230 学習院大学（文学部－コア試験）
231 学習院大学（国際社会科学部－コア試験）
232 学習院大学（理学部－コア試験）
233 学習院女子大学
234 神奈川大学（給費生試験）
235 神奈川大学（一般入試）
236 神奈川工科大学
237 鎌倉女子大学・短期大学部
238 川村学園女子大学
239 神田外語大学
240 関東学院大学
241 北里大学（理学部）
242 北里大学（医学部） 医
243 北里大学（薬学部）
244 北里大学（看護・医療衛生学部）
245 北里大学（未来工・獣医・海洋生命科学部）
246 共立女子大学・短期大学
247 杏林大学（医学部） 医
248 杏林大学（保健学部）
249 群馬医療福祉大学・短期大学部
250 群馬パース大学 総推
251 慶應義塾大学（法学部）
252 慶應義塾大学（経済学部）
253 慶應義塾大学（商学部）
254 慶應義塾大学（文学部） 総推
255 慶應義塾大学（総合政策学部）
256 慶應義塾大学（環境情報学部）
257 慶應義塾大学（理工学部）
258 慶應義塾大学（医学部） 医
259 慶應義塾大学（薬学部）
260 慶應義塾大学（看護医療学部）
261 工学院大学
262 國學院大學
263 国際医療福祉大学 医
264 国際基督教大学
265 国士舘大学
266 駒澤大学（一般選抜T方式・S方式）
267 駒澤大学（全学部統一日程選抜）

さ行（関東の大学）

268 埼玉医科大学（医学部） 医
269 相模女子大学・短期大学部
270 産業能率大学
271 自治医科大学（医学部） 医
272 自治医科大学（看護学部）／東京慈恵会医科大学（医学部〈看護学科〉）
273 実践女子大学 総推
274 芝浦工業大学（前期日程）
275 芝浦工業大学（全学統一日程・後期日程）
276 十文字学園女子大学
277 淑徳大学
278 順天堂大学（医学部） 医
279 順天堂大学（スポーツ健康科・医療看護・保健看護・国際教養・保健医療・医療科・健康データサイエンス・薬学部） 総推
280 上智大学（神・文・総合人間科学部）
281 上智大学（法・経済学部）
282 上智大学（外国語・総合グローバル学部）
283 上智大学（理工学部）
284 上智大学（TEAPスコア利用方式）
285 湘南工科大学
286 昭和大学（医学部） 医
287 昭和大学（歯・薬・保健医療学部）
288 昭和女子大学
289 昭和薬科大学
290 女子栄養大学・短期大学部 総推
291 白百合女子大学
292 成蹊大学（法学部－A方式）
293 成蹊大学（経済・経営学部－A方式）
294 成蹊大学（文学部－A方式）
295 成蹊大学（理工学部－A方式）
296 成蹊大学（E方式・G方式・P方式）
297 成城大学（経済・社会イノベーション学部－A方式）
298 成城大学（文芸・法学部－A方式）
299 成城大学（S方式〈全学部統一選抜〉）
300 聖心女子大学
301 清泉女子大学
303 聖マリアンナ医科大学 医
304 聖路加国際大学（看護学部）
305 専修大学（スカラシップ・全国入試）
306 専修大学（前期入試〈学部個別入試〉）
307 専修大学（前期入試〈全学部入試・スカラシップ入試〉）

た行（関東の大学）

308 大正大学
309 大東文化大学
310 高崎健康福祉大学
311 拓殖大学
312 玉川大学
313 多摩美術大学
314 千葉工業大学
315 中央大学（法学部－学部別選抜）
316 中央大学（経済学部－学部別選抜）
317 中央大学（商学部－学部別選抜）
318 中央大学（文学部－学部別選抜）
319 中央大学（総合政策学部－学部別選抜）
320 中央大学（国際経営・国際情報学部－学部別選抜）
321 中央大学（理工学部－学部別選抜）
322 中央大学（5学部共通選抜）
323 中央学院大学
324 津田塾大学
325 帝京大学（薬・経済・法・文・外国語・教育・理工・医療技術・福岡医療技術学部）
326 帝京大学（医学部） 医
327 帝京科学大学 総推
328 帝京平成大学 総推
329 東海大学（医〈医〉学部を除く－一般選抜）
330 東海大学（文系・理系学部統一選抜）
331 東海大学（医学部〈医学科〉） 医
332 東京医科大学（医学部〈医学科〉） 医
333 東京家政大学・短期大学部 総推
334 東京経済大学
335 東京工科大学
336 東京工芸大学
337 東京国際大学
338 東京歯科大学
339 東京慈恵会医科大学（医学部〈医学科〉） 医
340 東京情報大学
341 東京女子大学
342 東京女子医科大学（医学部） 医
343 東京電機大学
344 東京都市大学
345 東京農業大学
346 東京薬科大学（薬学部） 総推
347 東京薬科大学（生命科学部） 総推
348 東京理科大学（理学部〈第一部〉－B方式）
349 東京理科大学（創域理工学部－B方式・S方式）
350 東京理科大学（工学部－B方式）
351 東京理科大学（先進工学部－B方式）
352 東京理科大学（薬学部－B方式）
353 東京理科大学（経営学部－B方式）
354 東京理科大学（C方式、グローバル方式、理学部〈第二部〉－B方式）
355 東邦大学（医学部） 医
356 東邦大学（薬学部）

2025年版　大学赤本シリーズ

国公立大学 その他

医学部医学科 総合型選抜・
選抜※ 医 総推
大学〈国公立 東日本〉※
大学〈国公立 中日本〉※
174 看護・医療系大学〈国公立 西日本〉※
175 海上保安大学校／気象大学校
176 航空保安大学校
177 国立看護大学校
178 防衛大学校 総推
179 防衛医科大学校（医学科） 医
180 防衛医科大学校（看護学科）

の収載大学は赤本ウェブサイト（http://akahon.net/）でご確認ください。

私立大学①

50音順）
学
学
学
大学
大学
女子大学・短期大学
学（獣医学群〈獣医学類〉）
音順）
学（医・歯・薬学部） 医
総推
科大学（医・薬学部） 医
学
学
学
子大学 総推
音順）
さ）
学（法・国際政治経済学部
日程）
学（経済学部－個別学部日程）
学（経営学部－個別学部日程）
学（文・教育人間科学部－個
学（総合文化政策・社会情
共生・コミュニティ人間科
学部日程）
学（理工学部－個別学部日程）
学（全学部日程）
医、生命・環境科学部）
学・短期大学部
学）
（法学部－コア試験）
（経済学部－コア試験）
（文学部－コア試験）
国際社会科学部－コア試験）
理学部－コア試験）
大学
（給費生試験）
一般入試）
大学
学・短期大学部
子大学
学
学
学部）
学部） 医
学部）
護・医療衛生学部）
来工・獣医・海洋生命科学部）
学・短期大学
学部） 医
健学部）
祉大学・短期大学部
大学 総推

251 慶應義塾大学（法学部）
252 慶應義塾大学（経済学部）
253 慶應義塾大学（商学部）
254 慶應義塾大学（文学部） 総推
255 慶應義塾大学（総合政策学部）
256 慶應義塾大学（環境情報学部）
257 慶應義塾大学（理工学部）
258 慶應義塾大学（医学部） 医
259 慶應義塾大学（薬学部）
260 慶應義塾大学（看護医療学部）
261 工学院大学
262 國學院大學
263 国際医療福祉大学 医
264 国際基督教大学
265 国士舘大学
266 駒澤大学（一般選抜T方式・S方式）
267 駒澤大学（全学部統一日程選抜）

さ行（関東の大学）

268 埼玉医科大学（医学部） 医
269 相模女子大学・短期大学部
270 産業能率大学
271 自治医科大学（医学部） 医
272 自治医科大学（看護学部）／東京慈恵会医科大学（医学部〈看護学科〉）
273 実践女子大学 総推
274 芝浦工業大学（前期日程）
275 芝浦工業大学（全学統一日程・後期日程）
276 十文字学園女子大学
277 淑徳大学
278 順天堂大学（医学部） 医
279 順天堂大学（スポーツ健康科・医療看護・保健看護・国際教養・保健医療・医療科・健康データサイエンス・薬学部） 総推
280 上智大学（神・文・総合人間科学部）
281 上智大学（法・経済学部）
282 上智大学（外国語・総合グローバル学部）
283 上智大学（理工学部）
284 上智大学（TEAPスコア利用方式）
285 湘南工科大学
286 昭和大学（医学部） 医
287 昭和大学（歯・薬・保健医療学部）
288 昭和女子大学
289 昭和薬科大学
290 女子栄養大学・短期大学部 総推
291 白百合女子大学
292 成蹊大学（法学部－A方式）
293 成蹊大学（経済・経営学部－A方式）
294 成蹊大学（文学部－A方式）
295 成蹊大学（理工学部－A方式）
296 成蹊大学（E方式・G方式・P方式）
297 成城大学（経済・社会イノベーション学部－A方式）
298 成城大学（文芸・法学部－A方式）
299 成城大学（S方式〈全学部統一選抜〉）
300 聖心女子大学
301 清泉女子大学
303 聖マリアンナ医科大学 医
304 聖路加国際大学（看護学部）
305 専修大学（スカラシップ・全国入試）
306 専修大学（前期入試〈学部個別入試〉）
307 専修大学（前期入試〈全学部入試・スカラシップ入試〉）

た行（関東の大学）

308 大正大学
309 大東文化大学
310 高崎健康福祉大学
311 拓殖大学
312 玉川大学
313 多摩美術大学
314 千葉工業大学
315 中央大学（法学部－学部別選抜）
316 中央大学（経済学部－学部別選抜）
317 中央大学（商学部－学部別選抜）
318 中央大学（文学部－学部別選抜）
319 中央大学（総合政策学部－学部別選抜）
320 中央大学（国際経営・国際情報学部－学部別選抜）
321 中央大学（理工学部－学部別選抜）
322 中央大学（5学部共通選抜）
323 中央学院大学
324 津田塾大学
325 帝京大学（薬・経済・法・文・外国語・教育・理工・医療技術・福岡医療技術学部）
326 帝京大学（医学部） 医
327 帝京科学大学 総推
328 帝京平成大学 総推
329 東海大学（医〈医〉学部を除く－一般選抜）
330 東海大学（文系・理系学部統一選抜）
331 東海大学（医学部〈医学科〉） 医
332 東京医科大学（医学部〈医学科〉） 医
333 東京家政大学・短期大学部 総推
334 東京経済大学
335 東京工科大学
336 東京工芸大学
337 東京国際大学
338 東京歯科大学
339 東京慈恵会医科大学（医学部〈医学科〉） 医
340 東京情報大学
341 東京女子大学
342 東京女子医科大学（医学部） 医
343 東京電機大学
344 東京都市大学
345 東京農業大学
346 東京薬科大学（薬学部） 総推
347 東京薬科大学（生命科学部） 総推
348 東京理科大学（理学部〈第一部〉－B方式）
349 東京理科大学（創域理工学部－B方式・S方式）
350 東京理科大学（工学部－B方式）
351 東京理科大学（先進工学部－B方式）
352 東京理科大学（薬学部－B方式）
353 東京理科大学（経営学部－B方式）
354 東京理科大学（C方式、グローバル方式、理学部〈第二部〉－B方式）
355 東邦大学（医学部） 医
356 東邦大学（薬学部）

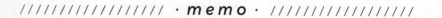

////////////////// ・memo・ //////////////////

////////////////// ・memo・ //////////////////

教学社 刊行一覧

2025年版 大学赤本シリーズ

国公立大学（都道府県順）

全国の書店で取り扱っています。店頭にない場合は，お取り寄

1 北海道大学（文系−前期日程）
2 北海道大学（理系−前期日程） 医
3 北海道大学（後期日程）
4 旭川医科大学（医学部〈医学科〉） 医
5 小樽商科大学
6 帯広畜産大学
7 北海道教育大学
8 室蘭工業大学／北見工業大学
9 釧路公立大学
10 公立千歳科学技術大学
11 公立はこだて未来大学 総推
12 札幌医科大学（医学部） 医
13 弘前大学 医
14 岩手大学
15 岩手県立大学・盛岡短期大学部・宮古短期大学部
16 東北大学（文系−前期日程）
17 東北大学（理系−前期日程） 医
18 東北大学（後期日程）
19 宮城教育大学
20 宮城大学
21 秋田大学 医
22 秋田県立大学
23 国際教養大学 総推
24 山形大学 医
25 福島大学
26 会津大学
27 福島県立医科大学（医・保健科学部） 医
28 茨城大学（文系）
29 茨城大学（理系）
30 筑波大学（推薦入試） 医 総推
31 筑波大学（文系−前期日程）
32 筑波大学（理系−前期日程） 医
33 筑波大学（後期日程）
34 宇都宮大学
35 群馬大学 医
36 群馬県立女子大学
37 高崎経済大学
38 前橋工科大学
39 埼玉大学（文系）
40 埼玉大学（理系）
41 千葉大学（文系−前期日程）
42 千葉大学（理系−前期日程） 医
43 千葉大学（後期日程） 医
44 東京大学（文科） DL
45 東京大学（理科） DL 医
46 お茶の水女子大学
47 電気通信大学
48 東京外国語大学 DL
49 東京海洋大学
50 東京科学大学（旧 東京工業大学）
51 東京科学大学（旧 東京医科歯科大学） 医
52 東京学芸大学
53 東京藝術大学
54 東京農工大学
55 一橋大学（前期日程）
56 一橋大学（後期日程）
57 東京都立大学（文系）
58 東京都立大学（理系）
59 横浜国立大学（文系）
60 横浜国立大学（理系）
61 横浜市立大学（国際教養・国際商・理・データサイエンス・医〈看護〉学部）
62 横浜市立大学（医学部〈医学科〉） 医
63 新潟大学（人文・教育〈文系〉・法・経済科・医〈看護〉・創生学部）
64 新潟大学（教育〈理系〉・理・医〈看護を除く〉・歯・工・農学部） 医
65 新潟県立大学
66 富山大学（文系）
67 富山大学（理系） 医
68 富山県立大学
69 金沢大学（文系）
70 金沢大学（理系） 医
71 福井大学（教育・医〈看護〉・工・国際地域学部）
72 福井大学（医学部〈医学科〉） 医
73 福井県立大学
74 山梨大学（教育・医〈看護〉・工・生命環境学部）
75 山梨大学（医学部〈医学科〉） 医
76 都留文科大学
77 信州大学（文系−前期日程）
78 信州大学（理系−前期日程） 医
79 信州大学（後期日程）
80 公立諏訪東京理科大学 総推
81 岐阜大学（前期日程） 医
82 岐阜大学（後期日程）
83 岐阜薬科大学
84 静岡大学（前期日程）
85 静岡大学（後期日程）
86 浜松医科大学（医学部〈医学科〉） 医
87 静岡県立大学
88 静岡文化芸術大学
89 名古屋大学（文系）
90 名古屋大学（理系） 医
91 愛知教育大学
92 名古屋工業大学
93 愛知県立大学
94 名古屋市立大学（経済・人文社会・芸術工・看護・総合生命理・データサイエンス学部）
95 名古屋市立大学（医学部〈医学科〉） 医
96 名古屋市立大学（薬学部）
97 三重大学（人文・教育・医〈看護〉学部）
98 三重大学（医〈医〉・工・生物資源学部） 医
99 滋賀大学
100 滋賀医科大学（医学部〈医学科〉） 医
101 滋賀県立大学
102 京都大学（文系）
103 京都大学（理系） 医
104 京都教育大学
105 京都工芸繊維大学
106 京都府立大学
107 京都府立医科大学（医学部〈医学科〉） 医
108 大阪大学（文系） DL
109 大阪大学（理系） 医
110 大阪教育大学
111 大阪公立大学（現代システム科学域〈文系〉・文・法・経済・商・看護・生活科〈居住環境・人間福祉〉学部−前期日程）
112 大阪公立大学（現代システム科学域〈理系〉・理・工・農・獣医・医・生活科〈食栄養〉学部−前期日程） 医
113 大阪公立大学（中期日程）
114 大阪公立大学（後期日程）
115 神戸大学（文系−前期日程）
116 神戸大学（理系−前期日程） 医

171 〔国公立大
学校推薦
172 看護・医療
173 看護・医療
※No.171〜1

北海道の大学
201 札幌大学
202 札幌学院
203 北星学園
204 北海学園
205 北海道医
206 北海道科
207 北海道武
208 酪農学園
東北の大学（
209 岩手医科
210 仙台大学
211 東北医科
212 東北学院
213 東北工業
214 東北福祉
215 宮城学院
関東の大学（
あ行（関東の
216 青山学院
一個別学部
217 青山学院
218 青山学院
219 青山学院
別学部日
220 青山学院
報・地球社
学部−個別
221 青山学院
222 青山学院
223 麻布大学（
224 亜細亜大
226 桜美林大
227 大妻女子
か行（関東の
228 学習院大
229 学習院大
230 学習院大
231 学習院大
232 学習院大
233 学習院女
234 神奈川大
235 神奈川大
236 神奈川工
237 鎌倉女子
238 川村学園
239 神田外語
240 関東学院
241 北里大学
242 北里大学
243 北里大学
244 北里大学
245 北里大学（
246 共立女子
247 杏林大学
248 杏林大学
249 群馬医療
250 群馬パー

2025年版　大学赤本シリーズ

私立大学②

357 東邦大学（理・看護・健康科学部）
358 東洋大学（文・経済・経営・法・社会・国際・国際観光学部）
359 東洋大学（情報連携・福祉社会デザイン・健康スポーツ科・理工・総合情報・生命科・食環境科学部）
360 東洋大学（英語〈3日程×3カ年〉）
361 東洋大学（国語〈3日程×3カ年〉）
362 東洋大学（日本史・世界史〈2日程×3カ年〉）
363 東洋英和女学院大学
364 常磐大学・短期大学 総推
365 獨協大学
366 獨協医科大学（医学部） 医

な行（関東の大学）

367 二松学舎大学
368 日本大学（法学部）
369 日本大学（経済学部）
370 日本大学（商学部）
371 日本大学（文理学部〈文系〉）
372 日本大学（文理学部〈理系〉）
373 日本大学（芸術学部〈専門試験併用型〉）
374 日本大学（国際関係学部）
375 日本大学（危機管理・スポーツ科学部）
376 日本大学（理工学部）
377 日本大学（生産工・工学部）
378 日本大学（生物資源科学部）
379 日本大学（医学部） 医
380 日本大学（歯・松戸歯学部）
381 日本大学（薬学部）
382 日本大学（N全学統一方式－医・芸術〈専門試験併用型〉学部を除く）
383 日本医科大学 医
384 日本工業大学
385 日本歯科大学
386 日本社会事業大学 総推
387 日本獣医生命科学大学
388 日本女子大学
389 日本体育大学

は行（関東の大学）

390 白鷗大学（学業特待選抜・一般選抜）
391 フェリス女学院大学
392 文教大学
393 法政大学（法〈Ⅰ日程〉・文〈Ⅱ日程〉・経営〈Ⅱ日程〉学部－A方式）
394 法政大学（法〈Ⅱ日程〉・国際文化・キャリアデザイン学部－A方式）
395 法政大学（文〈Ⅰ日程〉・経営〈Ⅰ日程〉・人間環境・グローバル教養学部－A方式）
396 法政大学（経済〈Ⅰ日程〉・社会〈Ⅰ日程〉・現代福祉学部－A方式）
397 法政大学（経済〈Ⅱ日程〉・社会〈Ⅱ日程〉・スポーツ健康学部－A方式）
398 法政大学（情報科・デザイン工・理工・生命科学部－A方式）
399 法政大学（T日程〈統一日程〉・英語外部試験利用入試）
400 星薬科大学 総推

ま行（関東の大学）

401 武蔵大学
402 武蔵野大学
403 武蔵野美術大学
404 明海大学
405 明治大学（法学部－学部別入試）
406 明治大学（政治経済学部－学部別入試）
407 明治大学（商学部－学部別入試）
408 明治大学（経営学部－学部別入試）
409 明治大学（文学部－学部別入試）
410 明治大学（国際日本学部－学部別入試）
411 明治大学（情報コミュニケーション学部－学部別入試）
412 明治大学（理工学部－学部別入試）
413 明治大学（総合数理学部－学部別入試）
414 明治大学（農学部－学部別入試）
415 明治大学（全学部統一入試）
416 明治学院大学（A日程）
417 明治学院大学（全学部日程）
418 明治薬科大学 総推
419 明星大学
420 目白大学・短期大学部

ら・わ行（関東の大学）

421 立教大学（文系学部－一般入試〈大学独自の英語を課さない日程〉）
422 立教大学（国語〈3日程×3カ年〉）
423 立教大学（日本史・世界史〈2日程×3カ年〉）
424 立教大学（文学部－一般入試〈大学独自の英語を課す日程〉）
425 立教大学（理学部－一般入試）
426 立正大学
427 早稲田大学（法学部）
428 早稲田大学（政治経済学部）
429 早稲田大学（商学部）
430 早稲田大学（社会科学部）
431 早稲田大学（文学部）
432 早稲田大学（文化構想学部）
433 早稲田大学（教育学部〈文科系〉）
434 早稲田大学（教育学部〈理科系〉）
435 早稲田大学（人間科・スポーツ科学部）
436 早稲田大学（国際教養学部）
437 早稲田大学（基幹理工・創造理工・先進理工学部）
438 和洋女子大学 総推

中部の大学（50音順）

439 愛知大学
440 愛知医科大学（医学部） 医
441 愛知学院大学・短期大学部
442 愛知工業大学 総推
443 愛知淑徳大学
444 朝日大学 総推
445 金沢医科大学（医学部） 医
446 金沢工業大学
447 岐阜聖徳学園大学 総推
448 金城学院大学
449 至学館大学 総推
450 静岡理工科大学
451 椙山女学園大学
452 大同大学
453 中京大学
454 中部大学
455 名古屋外国語大学 総推
456 名古屋学院大学 総推
457 名古屋学芸大学 総推
458 名古屋女子大学 総推
459 南山大学（外国語〈英米〉・法・総合政策・国際教養学部）
460 南山大学（人文・外国語〈英米を除く〉・経済・経営・理工学部）
461 新潟国際情報大学
462 日本福祉大学
463 福井工業大学
464 藤田医科大学（医学部） 医
465 藤田医科大学（医療科・保健衛生学部）
466 名城大学（法・経営・経済・外国語・人間・都市情報学部）
467 名城大学（情報工・理工・農・薬学部）
468 山梨学院大学

近畿の大学（50音順）

469 追手門学院大学 総推
470 大阪医科薬科大学（医学部） 医
471 大阪医科薬科大学（薬学部） 総推
472 大阪学院大学 総推
473 大阪経済大学 総推
474 大阪経済法科大学 総推
475 大阪工業大学 総推
476 大阪国際大学・短期大学部 総推
477 大阪産業大学 総推
478 大阪歯科大学（歯学部）
479 大阪商業大学 総推
480 大阪成蹊大学・短期大学 総推
481 大谷大学 総推
482 大手前大学・短期大学 総推
483 関西大学（文系）
484 関西大学（理系）
485 関西大学（英語〈3日程×3カ年〉）
486 関西大学（国語〈3日程×3カ年〉）
487 関西大学（日本史・世界史・文系数学〈3日程×3カ年〉）
488 関西医科大学（医学部） 医
489 関西医療大学 総推
490 関西外国語大学・短期大学部 総推
491 関西学院大学（文・法・商・人間福祉・総合政策学部－学部個別日程）
492 関西学院大学（神・社会・経済・国際・教育学部－学部個別日程）
493 関西学院大学（全学部日程〈文系型〉）
494 関西学院大学（全学部日程〈理系型〉）
495 関西学院大学（共通テスト併用日程〈数学〉・英数日程）
496 関西学院大学（英語〈3日程×3カ年〉） 新
497 関西学院大学（国語〈3日程×3カ年〉） 新
498 関西学院大学（日本史・世界史・文系数学〈3日程×3カ年〉） 新
499 畿央大学 総推
500 京都外国語大学・短期大学 総推
502 京都産業大学（公募推薦入試） 総推
503 京都産業大学（一般選抜入試〈前期日程〉）
504 京都女子大学 総推
505 京都先端科学大学 総推
506 京都橘大学 総推
507 京都ノートルダム女子大学 総推
508 京都薬科大学 総推
509 近畿大学・短期大学部（医学部を除く－推薦入試） 総推
510 近畿大学・短期大学部（医学部を除く－一般入試前期）
511 近畿大学（英語〈医学部を除く3日程×3カ年〉）
512 近畿大学（理系数学〈医学部を除く3日程×3カ年〉）
513 近畿大学（国語〈医学部を除く3日程×3カ年〉）
514 近畿大学（医学部－推薦入試・一般入試前期） 医 総推
515 近畿大学・短期大学部（一般入試後期） 医
516 皇學館大学 総推
517 甲南大学 総推
518 甲南女子大学（学校推薦型選抜） 新 総推
519 神戸学院大学 総推
520 神戸国際大学 総推
521 神戸女学院大学 総推
522 神戸女子大学・短期大学 総推
523 神戸薬科大学 総推
524 四天王寺大学・短期大学部 総推
525 摂南大学（公募制推薦入試） 総推
526 摂南大学（一般選抜前期日程）
527 帝塚山学院大学 総推
528 同志社大学（法、グローバル・コミュニケーション学部－学部個別日程）

2025年版　大学赤本シリーズ

私立大学③

529 同志社大学(文・経済学部−学部個別日程)
530 同志社大学(神・商・心理・グローバル地域文化学部−学部個別日程)
531 同志社大学(社会学部−学部個別日程)
532 同志社大学(政策・文化情報〈文系型〉・スポーツ健康科〈文系型〉学部−学部個別日程)
533 同志社大学(理工・生命医科・文化情報〈理系型〉・スポーツ健康科〈理系型〉学部−学部個別日程)
534 同志社大学(全学部日程)
535 同志社女子大学 総推
536 奈良大学 総推
537 奈良学園大学 総推
538 阪南大学 総推
539 姫路獨協大学 総推
540 兵庫医科大学(医学部) 医
541 兵庫医科大学(薬・看護・リハビリテーション学部) 総推
542 佛教大学 総推
543 武庫川女子大学 総推
544 桃山学院大学 総推
545 大和大学・大和大学白鳳短期大学部 総推
546 立命館大学(文系−全学統一方式・学部個別配点方式)／立命館アジア太平洋大学(前期方式・英語重視方式)
547 立命館大学(理系−全学統一方式・学部個別配点方式・理系型3教科方式・薬学方式)
548 立命館大学(英語〈全学統一方式3日程×3カ年〉)
549 立命館大学(国語〈全学統一方式3日程×3カ年〉)
550 立命館大学(文系選択科目〈全学統一方式2日程×3カ年〉)
551 立命館大学(IR方式〈英語資格試験利用型〉・共通テスト併用方式)／立命館アジア太平洋大学(共通テスト併用方式)
552 立命館大学(後期分割方式・「経営学部で学ぶ感性＋共通テスト」方式)／立命館アジア太平洋大学(後期方式)
553 龍谷大学(公募推薦入試) 総推
554 龍谷大学(一般選抜入試)

中国の大学(50音順)

555 岡山商科大学 総推
556 岡山理科大学 総推
557 川崎医科大学 医
558 吉備国際大学 総推
559 就実大学 総推
560 広島経済大学
561 広島国際大学 総推
562 広島修道大学
563 広島文教大学 総推
564 福山大学／福山平成大学
565 安田女子大学 総推

四国の大学(50音順)

567 松山大学

九州の大学(50音順)

568 九州医療科学大学
569 九州産業大学
570 熊本学園大学
571 久留米大学(文・人間健康・法・経済・商学部)
572 久留米大学(医学部〈医学科〉) 医
573 産業医科大学(医学部) 医
574 西南学院大学(商・経済・法・人間科学部−A日程)
575 西南学院大学(神・外国語・国際文化学部−A日程／全学部−F日程)
576 福岡大学(医学部医学科を除く−学校推薦型選抜・一般選抜系統別日程) 総推
577 福岡大学(医学部医学科を除く−一般選抜前期日程)
578 福岡大学(医学部〈医学科〉−学校推薦型選抜・一般選抜系統別日程) 医 総推
579 福岡工業大学
580 令和健康科学大学 総推

医 医学部医学科を含む
総推 総合型選抜または学校推薦型選抜を含む
DL リスニング音声配信　新 2024年 新刊・復刊

掲載している入試の種類や試験科目，収載年数などはそれぞれ異なります。詳細については，それぞれの本の目次や赤本ウェブサイトでご確認ください。

akahon.net
赤本　検索

難関校過去問シリーズ

出題形式別・分野別に収録した
「入試問題事典」
20大学 73点
定価2,310〜2,640円(本体2,100〜2,400円)

先輩合格者はこう使った!
「難関校過去問シリーズの使い方」

61年，全部載せ!
要約演習で，総合力を鍛える
東大の英語
要約問題 UNLIMITED

国公立大学

- 東大の英語25カ年[第12版] 改
- 東大の英語リスニング20カ年[第9版] DL 改
- 東大の英語 要約問題 UNLIMITED
- 東大の文系数学25カ年[第12版] 改
- 東大の理系数学25カ年[第12版] 改
- 東大の現代文25カ年[第12版] 改
- 東大の古典25カ年[第12版] 改
- 東大の日本史25カ年[第9版] 改
- 東大の世界史25カ年[第9版] 改
- 東大の地理25カ年[第9版] 改
- 東大の物理25カ年[第9版] 改
- 東大の化学25カ年[第9版] 改
- 東大の生物25カ年[第9版] 改
- 東工大の英語20カ年[第8版] 改
- 東工大の数学20カ年[第9版] 改
- 東工大の物理20カ年[第5版] 改
- 東工大の化学20カ年[第5版] 改
- 一橋大の英語20カ年[第9版] 改
- 一橋大の数学20カ年[第9版] 改
- 一橋大の国語20カ年[第6版] 改
- 一橋大の日本史20カ年[第6版] 改
- 一橋大の世界史20カ年[第6版] 改
- 筑波大の英語15カ年 新
- 筑波大の数学15カ年 新
- 京大の英語25カ年[第12版]
- 京大の文系数学25カ年[第12版]
- 京大の理系数学25カ年[第12版]
- 京大の現代文25カ年[第2版]
- 京大の古典25カ年[第2版]
- 京大の日本史20カ年[第3版]
- 京大の世界史20カ年[第3版]
- 京大の物理25カ年[第9版]
- 京大の化学25カ年[第9版]
- 北大の英語15カ年[第8版]
- 北大の理系数学15カ年[第8版]
- 北大の物理15カ年[第2版]
- 北大の化学15カ年[第2版]
- 東北大の英語15カ年[第8版]
- 東北大の理系数学15カ年[第8版]
- 東北大の物理15カ年[第2版]
- 東北大の化学15カ年[第2版]
- 名古屋大の英語15カ年[第8版]
- 名古屋大の理系数学15カ年[第8版]
- 名古屋大の物理15カ年[第2版]
- 名古屋大の化学15カ年[第2版]
- 阪大の英語20カ年[第9版]
- 阪大の文系数学20カ年[第3版]
- 阪大の理系数学20カ年[第9版]
- 阪大の国語15カ年[第3版]
- 阪大の物理20カ年[第8版]
- 阪大の化学20カ年[第6版]
- 九大の英語15カ年[第8版]
- 九大の理系数学15カ年[第7版]
- 九大の物理15カ年[第2版]
- 九大の化学15カ年[第2版]
- 神戸大の英語15カ年[第9版]
- 神戸大の数学15カ年[第5版]
- 神戸大の国語15カ年[第3版]

私立大学

- 早稲田の英語[第11版] 改
- 早稲田の国語[第9版] 改
- 早稲田の日本史[第9版] 改
- 早稲田の世界史[第2版] 改
- 慶應の英語[第11版] 改
- 慶應の小論文[第3版] 改
- 明治大の英語[第9版] 改
- 明治大の国語[第2版] 改
- 明治大の日本史[第2版] 改
- 中央大の英語[第9版] 改
- 法政大の英語[第9版] 改
- 同志社大の英語[第10版]
- 立命館大の英語[第10版]
- 関西大の英語[第10版]
- 関西学院大の英語[第10版]

DL リスニング音声配信
新 2024年 新刊
改 2024年 改訂

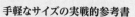

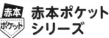

2025年版　大学赤本シリーズ　No. 421

立教大学（文系学部－一般入試〈大学独自の英語を課さない日程〉）

2024年7月10日　第1刷発行
ISBN978-4-325-26480-4
定価は裏表紙に表示しています

編　集　教学社編集部
発行者　上原 寿明
発行所　教学社
〒606-0031
京都市左京区岩倉南桑原町56
電話　075-721-6500
振替　01020-1-15695
印　刷　太洋社